생각의
역사

생각의 역사

OUT
OF
OUR 우리의 생각,
MINDS 그리고
우리가
그것을
생각하게 된
경로

펠리페 페르난데스아르메스토
Felipe Fernández-Armesto

홍정인 옮김

교유서가

그리고 생각은 불멸하는 것이기에—그것을 생각한 사람이 이 세상을 떠난 뒤에도 자연 세계에 흔적을 남기기에—산 사람의 생각은 죽은 사람의 생각을 깨우고 되살릴 수 있습니다—마치 생각에 생명이 있는 듯이……

에드워드 로버트 불워 리턴(Edward Robert Bulwer-Lytton)
「홀린 넋과 유령들(The Haunted and the Haunters)」

'정신(Mind)'이 뭐지? 물질은 아니야(No matter).
'물질(Matter)'은 뭐지? 정신은 아니지(Never mind).

『펀치Punch』(1863)

서문

우리의 정신에서 나온 생각들은 우리가 제정신이 아닌 것처럼 보이게 만들 수도 있다.

일부 우리의 강력한 아이디어들은 이성, 통념적 지혜, 상식을 넘어선다. 이 아이디어들은 깊은 땅속에 도사리다 과학으로 접근할 수 없고 이성으로 헤아릴 수 없는 우묵한 지점으로부터 모습을 드러낸다. 나쁜 기억력은 그것들을 왜곡한다. 뒤틀린 이해, 광기 어린 경험, 주술적 환상, 순전한 망상도 마찬가지다. 아이디어의 역사는 여기저기를 미친듯이 덧댄 포장도로다. 이곳을 주파할 직선로가 있을까? 그러니까 이 모든 긴장과 모순을 끌어안으면서도 우리가 여전히 수긍할 수 있는 하나의 이야기가 있을까?

그러한 것을 찾으려는 시도는 충분히 가치 있는 일이다. 아이디어는 역사에서 모든 것의 출발점이기 때문이다. 아이디어는 우리가 사는 세계의 모양을 빚는다. 진화, 기후, 유전, 카오스, 무작위로 돌연변이한 미생물, 지각 변동 같은 비인격적인 힘들은 우리의 통제를 벗어난 곳에서 우리 능력의 한계를 정한다. 그렇지만 이러한 힘들은 세계를 다시 상상하고 이 상상을 현실로 만들려는 우리의 시도를 멈출 수 없다. 아이디어들은 어떠한 유기체보다 굳건하다. 사상가들을 사살하고 불태우고 매장해도 그들의 생각은 남는다.

우리의 현재를 이해하고 가능한 미래들을 끌어내려면 우리가 무엇을 생각하는지, 우리가 그것을 어떻게, 그리고 왜 생각하는지에 관한 참된 서술이 필요하다. 즉, 우리가 아이디어라고 부르는 재상상 (reimaginings)을 촉발하는 인지 과정, 아이디어를 전파한 개인·학파·전통·네트워크, 아이디어를 채색하고 조건 짓고 미조정하는 외부 영향으로서의 문화와 자연이 설명되어야 한다. 이 책은 그러한 서술을 제공하려는 하나의 시도다. 이 책에 모든 아이디어를 담으려는 의도는 없다. 이 책은 과거에 시작되어 오늘날에도 여전히 우리의 세계에 형태를 부여하고 지식을 제공하며 우리의 세계를 만들고 오도하는 아이디어만을 다룬다. 내가 "아이디어"라는 말로 의미하는 바는 생각이고 그것은 상상력의 산물이다. 이러한 생각은 경험을 능가하며 단순한 예측보다 탁월하다. 아이디어는 평범한 생각과 다르지만, 이는 그것이 그저 새로운 것이어서만이 아니라 예전에 본 적이 없는 것을 보는 일을 수반하기 때문이다. 이 책이 다루는 아이디어는 환영이나 영감의 형태를 띨 수도 있지만, 그것은 정신적 '환각'—지리멸렬한 도취 상태나 황홀감—이나 머릿속의 음악(가사가 없거나 가사가 붙기 전까지의 음악)과는 다르다. 아이디어는 세계를 변화시키기 위한 모델들을 구성하기 때문이다. 이 책의 부제에는 "우리의 생각(What We Think)"이라는 말이 들어 있다. 나는 진지한 의도로 이 말을 썼다. 일부 역사가들은 이것을 '현재주의(presentism)'로 여기고 개탄할지 모르나 나는 이것을 오로지 선별의 원칙으로만 사용했다. 이것은 과거로부터 쏟아진 빛을 현재에 맞게 굴절시키는 렌즈가 결코 아니다. 그리고 나는 오해를 피하기 위해 "우리의 생각"이라는 말로 우리가 생각이라고 부르는 모든 정신적 사건이나 과정을 통칭하지 않았음을 밝혀두어야 하겠다. 그것은 과거에 시작된 아이디어 중에 오늘날에도 여전히 생각되는 것만을 가리킨다. 과거로부터 이어져 내려왔거나 우리 시대에 새로 등장한 문제에 대처하도록 우리가 물려받은 정신적 무기고라는 의미에서 "우리의 생각"이다. 그리고 여기서 "우리"는 '모든 사람'을 지칭하지 않는다. 내가 "우리"라고 쓴 것은 아이디어가 기원한 지역을 초월해 호소력을 발휘하며 전 세계의 모든—또는 거의 모든—사람에 의해 모든—또는 거의 모든—문화에서 채택된 아이디어를 가리키려는 의도에서였다. 어느 아이디어나 추종자가 있듯이 반대자도 있지만 우리는 한 번도 생각해본 적 없는 아이디어에 반대할 수는 없다. 많은 사람, 아니 어쩌면 대부분의 사람은 여기에 선별된 아이디어들을 대체로 잘 모르고 관심조차 없을 것이다. 그러나 이 아이디어들은 심지어 그것에 무관심한 사람들에게도 널리 퍼져 있는 지혜 또는 우몽의 배경을 이룬다.

세 가지 측면에서 나는 나보다 앞서 아이디어의 역사를 쓰려고 시도한 여느 저자들과 다르다. 첫째, 나는 우리가 애초에 어떻게 그리고 왜 아이디어들을 갖게 되었는가라는 문제를 다룬다. 이 문제는 지금까지 제대로 탐구된 적이 없다. 우리의 상상은 어째서 우리와 진화적으로 유사한 다른 동물들의 그것에 비해 새로움이 그토록 가득하고, 경험으로부터 그토록 멀리까지 나아가 탐색하며, 그토록 다양한 현실을 그려낼까? 나는 인지과학에서 밝혀낸 사실들을 이용해 인간이 유사 종들에 비해 이례적으로 더 많은 아이디어를 생산하게 만드는 능력들을 밝히고자 한다. 이론적인 예비 논의에 관심이 없는 독자들은 이 부분을 건너뛰고 77쪽부터 읽어도 좋다.

둘째, 흔히 따르는 관례와 달리 나는 문헌 기록에만 의지하지 않고 증거의 심층에서부터 이야기를 시작한다. 제한적이나마 사료가 허락하는 초기 구석기시대 선조들의 생각을 최대한 재구성해, 호미니드(사람과[科]. 현생 인류, 침팬지, 고릴라, 오랑우탄과 그 직계 조상을 포함한 모든 대형 유인원—옮긴이)와 호미닌(현생 인류와 멸종한 인간 종 그리고 우리의 모든 직계 조상. 한동안 인류의 조상이라는 의미로 '호미니드'가 광범위하게 사용되었으나 오늘날에는 '호미니드'와 '호미닌'으로 명칭이 세분화되었다—옮긴이)에 속한 종과 유사하거나 그에 선행한 종의 정신에서 나온 아이디어도 함께 다루려고 한다. 희망컨대 대부분의 독자는 여기서 밝히는 내용이 사뭇 놀라울 것이나. 우리가 오늘날 의존하는 아이디어 도구 상자는 그 구성물의 상당수가 까마득히 먼 과거로부터 왔기 때문이다. 아울러 초기 호모 사피엔스의 생각은 상당히 미묘하고 심오했다. 아득한 과거로부터 물려받은 아이디어의 저장고에 우리가 새로 추가한 것은 그리 많지 않다.

마지막으로, 나는 아이디어의 역사를 쓸 때 이것이 마치 개별 사상가들의 행진인 양 기술하는 관행에서 벗어나고자 한다. 물론 공자와 그리스도, 아인슈타인과 에피쿠로스, 다윈과 디오게네스를 언급하지 않을 수는 없었지만, 이 책에서는 몸이 없는 아이디어들이야말로 주인공 영웅이요 악당들이다. 나는 아이디어가 착상하고 받아들여진 정신에 드나든 이주의 과정을 따라가고자 한다. 나는 아이디어가 자율적인 존재라고 생각하지는 않는다. 그와는 반대로, 아이디어는 정신 밖에서 작동하지 않는다. 그럴 수 없기 때문이다. 그러나 우리가 아이디어를 이해하기 위해서는 천재성은 아이디어를 고무하는 체계에서 일부를 차지할 뿐이고, 사람들과 더불어 상황이나 문화적 맥락, 환경적 제약도 이야기에서 각기 역할을 한다는 것을 인정해야 한다. 아울러 나는 아이디어의 출생만큼이나 전파에도 관심이 있다. 아이디어의 전파는 아이디어를 때로는 오염·변형시키는 매개체를 통해 이루어진다. 그 과정은 결코 완전무결할 수 없다.

시대와 문화들을 가로질러 아이디어를 추적하는 방법은 하나만 있지 않다. 아이디어의 이주는 속도와 방향, 수단의 측면에서 매우 다양하기 때문이다. 이따금 아이디어들은 얼룩처럼 번지기 때문에 멀리 갈수록 희미하고 옅어진다. 이따금은 벼룩이나 이처럼 기어가면서 숙주들을 짜증 나게 만들어 그들의 관심을 끈다. 이따금은 바람 없는 날의 낙엽처럼 땅에 떨어져 한동안 썩다가 어느 날 완전히 새로운 것이 된다. 이따금은 바람에 날려 어느 불규칙한 대열에 끼어들어가 예상치 못한 곳에 내려앉는가 하면 그저 바람이 부는 대로 정처 없이 떠다니기도 한다. 이따금 아이디어들은 원자 속 입자들처럼 정상적인 운동 법칙을 따르기를 거부하고 서로 멀리 떨어진 다른 장소에 동시에 나타나기도 한다.

이 이야기는 전반적으로 역사의 행렬과 조응한다. 문화처럼 아이디어도 증대하고 발산하고, 번식하고 사멸하며, 교류하고 재수렴한다.

아이디어는 결코 지속적인 방식으로 진보하거나 발달, 진화하지 않고, 단순성이나 복잡성이 증가하지 않으며, 그 어떠한 다른 공식에도 맞지 않는다.

이 이야기의 초기 단계에서 우리가 아는 모든 아이디어는 인류의 공통 자산으로 보일 것이다. 즉 그것들이 기원한 어느 하나의 문화로부터 세월이 지나도 잊히지 않은 채 이주자들의 변화무쌍한 환경의 구석구석으로 옮아간 것처럼 보일 것이다. 그러나 이야기의 후반부로 갈수록 점차―그 이유는 내가 탐구하고자 하는 주제이기도 한데―몇몇 특정 지역과 문화가 특별히 풍부한 창의성을 드러내 보일 것이다. 그리하여 이 책의 초점은 뒤로 갈수록 좁아진다. 처음에는 유라시아의 특별히 혜택받은 몇몇 지역에 초점이 맞춰지지만 이후 우리가 관행적으로 "서양"이라고 부르는 지역으로 옮겨간다. 책의 끝부분에서 세계의 다른 지역들은 대부분 유럽과 북미에서 기원한 아이디어들을 일방적으로 수용하는 지역으로서만 등장한다. 나는 이것을 저자의 근시안적 시각이나 선입견 탓으로 오해하는 독자가 없기를 바란다. 이것은 현상을 있는 그대로 반영한 것에 지나지 않는다. 비슷하게 앞서 등장하는 장들에서 내가 전 세계적인 관점을 취하고 초점을 자주 이동하는 것도 정치적 올바름이나 문화적 상대주의 또는 반(反)유럽중심주의 때문이 아니다. 당시 세계의 문화적 교류가 다양한 방향에서 발생했기에 이를 있는 그대로 반영했을 뿐이다. 아울러 이 책에서 흔히 또는 적절하게, 서양에서 기원했다고 간주되는 아이디어나 지적 운동에 비서양 지역이 기여한 바를 연구하기 위해 내가 바친 노력을 독자들이 알아보고 인정해주기를 소망한다. 그런데 내가 그렇게 한 것은 정치적 올바름을 위해서가 아니라 진실을 존중하기 때문이다. 이 책의 초점은 자주 서양에 맞춰지지만, 이 책은 일차적으로 서양의 아이디어들에 관한 책이 아닌, 어디에서 기원했든 널리 확산되어 그 결과가 좋든 나쁘든 인류의 지적 유산의 일부로서 우리가 충분히 이해할 수 있게 된 아이디어들에 관한 책이다. 마찬가지로 내가 언급하는 사상가들은 대체로 남성이지만 그 이유는 이 책이 한 가지 성별이 불균형적으로 우위를 점한 인간의 활동 분야를 다루기 때문이다. 21세기의 아이디어를 다룰 역사가들은 이 주제를 충분한 거리를 두고 돌아볼 수 있는 특권을 누려 마땅히 많은 여성을 언급할 수 있게 되기를 소망한다.

흔히 함께 떠올리는 범주들을 확실히 구분하고자, 정치 및 도덕 사상, 인식론 및 과학, 종교 및 초이성적 또는 준이성적(subrational) 개념들을 각 장에서 개별적으로 다루었다. 대부분의 맥락에서 이러한 구분은 기껏해야 부분적으로만 타당하다. 이러한 구분은 편의를 위한 전략이며, 나는 매 단계에서 구분된 범주 간의 교차와 중첩, 모호한 경계들을 드러내려고 노력했다.

압축과 선별은 필요악이다. 선별은 저자에게보다 일부 독자에게 더 중요해 보이는 것이 생략되었을 때 분노를 유발하기 마련이다. 독자들이 부디 관용을 베풀어주기를 부탁한다. 내가 파악해 선별한 아이디어들은 다른 역사가들이 이러한 책을 쓰려고 했다면 포함하고 싶었을 후보군과는 최소한 작은 부분이라도 분명히 차이가 있을 것이다. 여기서 나는 모든 작가가 누리는 특권에 기대겠다. 어느 작가나 다른 작가를 위한 책을 쓰지 않아도 된다. 압축은 어떤 면에서는 자멸적인 장치다. 책의 진행 속도가 빨라지면 빨라질수록 독자들은 모든 것을 흡수하기 위해 더 느려질 수밖에 없기 때문이다. 하지만 독자의 시간을 장황함으로 낭비하기보다는 간명함으로 채우는 편이 나을 것 같다. 이 시점에서 내가 적용한 선별의 원칙을 하나 더 밝혀야겠다. 이 책은 오로지 정신적 사건으로서 이해되는 아이디어에 관한 책이다(여기서 정신적 사건이란 어쩌면 뇌에서 일어나는 사건이라고 표현할 수도 있을 것이다. 그러나, 추후 그 이유가 명확히 드러나겠지만, 나는 이 표현을 최소한 잠정적으로는 사용하지 않을 것이며 정신과 뇌를 분명하게 구분할 것이다). 나는 각각의 아이디어가 어째서 중요한지에 관해서도 설명하려고 노력하겠지만, 주로 아이디어들이 촉발한 기술이나 그것들이 영감을 준 운동에 더욱 관심이 있는 독자들이라면 다른 책을 참고할 필요가 있다.

앞으로 펼쳐질 내용은 그동안 여러 해에 걸쳐 흩어져 있었던 작업을 한데 모은 것이다. 내가 쓴 다양한 책, 여러 다른 저널이나 공동 작업물에 발표한 수십 편의 글, 다양한 학술 행사에서 한 강연들과 발표한 논문 수십 편을 토대로 삼았다. 과거에 나는 주로 환경사와 물질문화의 역사를 다루었기 때문에 일부 독자에게는 이번에 내가 정신을 경유한 것이 새로운 접근방식으로 보일지 모르겠다. 그러나 정신은 우리가 인간의 과거에 관해 갖고 있는 거의 모든 증거의 매개체이거나 기원이었다. 정신적 행위는 우리의 신체적 행동들을 형성한다. 문화는 정신에서 시작된다. 문화는 정신들이 서로 만날 때 배움 속에서, 그리고 그 배움을 세대 간에 전달하는 본보기 안에서 형태를 갖춘다. 나는 언제나 아이디어들은 말 그대로 원시 시대부터 존재했다고 생각해왔으며 자주 이 점을 전면에 내세웠다. 진실을 허위로부터 구분하기 위해 다양한 문화에서 의존한 다양한 기법을 유형별로 분류하려는 시도인『진실의 역사*Truth: A History*』(1997), 182개의 주요 개념 (거의 모두 이 책에서 다양한 방식으로 다시 등장한다)을 각각 300에서 500단어 이내로 쓴 간략한 에세이들의 모음집『아이디어*Ideas*』(2003) (한국어판은『세계를 바꾼 아이디어』[사이언스북스, 2004]―옮긴이), 문화의 변화를 주제로 생물학적 설명과 문화적 설명을 비교한『강물에 한 발을 담그고*A Foot in the River*』(2015)에서 그러한 노력을 특히 많이 기울였다. 세계사를 다루며 국가, 공동체, 종교, 문명이 아닌 생물군계 (biome)를 연구 단위로 삼은『문명*Civilizations*』(2001)과『세계사*World: A History*』(2007)를 읽은 일부 독자는 나를 유물론자라고 했다. 하지만 이 두 책에서도 상공을 맴돌고 사방을 나다니는 아이디어들은 혼합물을 거세게 휘젓고 사건들의 발생을 추진했다. 나는 이 책에서 내가 아는 아이디어들의 역사를 전부 이제껏 시도되지 않은 방식으로 기술했다. 낱낱의 실을 꼬아 전 세계를 아우르는 서사로 엮고, 그 사이사이에 전에는 한 번도 직접 다룬 적이 없는 정신적 사건들을 꿰어 넣었다. 이 책의 편집자들―샘 카터(Sam Carter), 조너선 벤틀리 스미스(Jonathan Bentley-Smith), 캐슬린 매컬리(Kathleen McCully)―과 학계의 익명의 독자 네 분이 특히 많은 도움을 주었다. 나는 매 단계에서 일일이 열거할 수 없을 만큼 많은 분으로부터 조언과 유용한 의견을 얻었다. 특히 내가 노터데임대학교에서 여러 해에 걸쳐 진행한 아이디어의 역사에 관한 강의에서 나를 바로잡아주기 위해 수고를 아끼지 않은 학부생들의 도움이 컸다. 그 결과물을 이 책으로 묶어내는 동안 나는 윌 머피

(Will Murphy)의 제안에서 특히 덕을 보았다. 머피는 내가 "인간의 상상력을 주제로 역사를 쓰기를 바란다"고 했다. 지금도 그것은 내가 그려낼 수 있으리라고 상상하기 어려운 크나큰 상상처럼 여겨진다. 만일 그러한 역사를 쓰는 일이 가능하다면 다음 페이지부터 펼쳐질 이야기는 그리로 가기 위한 작은 기여가 될 것이다.

2017년 만성절, 미국 인디애나주 노터데임에서
펠리페 페르난데스아르메스토

제1장

물질에서 나온 정신

: 아이디어의 주요 원천

나는 그를 도저히 좋아할 수 없었기에 그가 고인이 된 지금 죄책감을 느낀다. 에드거는 내게 선배 학자였고 젊은 시절 나는 그를 따라야 했다. 에드거가 교수가 된 시기는 대학들이 거리낌 없이 몸집을 불리고 일자리가 재능 있는 사람들로 미처 다 채워지지도 못할 정도로 쏟아지던 때였다. 출중할 것까지 없이 유능함만으로도, 특별한 소명감 없이 무신경해도 충분히 교수가 될 수 있는 시절이었다. 에드거의 현실 안주와 자화자찬 뒤에는 언제나 열등감이 자리해 있었다. 그는 학생들을 괴롭히고 동료들을 하대했다. 에드거는 재미삼아 나를 괴롭히며 내가 아끼는 개를 무시했다. 에드거는 이렇게 말하곤 했다. "저놈의 콩알만 한 뇌 속에서 얼마나 시시한 일들이 벌어지고 있을지 상상해봐. 생각하는 능력이 없잖아. 그저 쉰 음식 찌꺼기나 다른 개의 오줌 냄새 같은 역겹고 시시한 자극에나 반응할 뿐이지."

"지능이 얼마나 떨어지는지 자네도 알겠지." 개가 명령을 무시하며 자신의 심기를 거스를 때마다 에드거는 이렇게 덧붙였다.

나는 조용히 속으로 애드거가 어느 기준에 갖다대도 자신의 정신이 열등하니까 스스로를 개와 비교해 위안을 얻는다고 짐작했다. 하지만 이후 나는 서서히 깨닫게 되었다. 에드거의 태도는 우리의 사고방식에 자리잡은 흔한 편견과 오류를 그대로 반영했다. 우리 인간은 스스로를 다른 종보다 지적 능력이 높은 종으로 분류하는 경향이 있다. 하지만 여기서 문제가 되는 지적 능력들은 서로 다른 질서에 속하기 때문에 어떠한 비교든 대체로 무의미하다. 개에게는 알고리즘을 짜느라 시간을 허비하는 것이 인간이 짝을 찾아 코를 킁킁대는 것만큼이나 우매한 짓일 터다. 우리는 우리에게 중요한 일의 관점에 미루어 볼 때 반대이거나 이해되지 않는 일을 어리석음으로 착각한다. 이를테면 나는 우리 개에게 막대기를 물어오라고 할 때 개가 반응을 보이지 않으면 실망한다. 반면 개는 내가 오래된 뼈를 보고도 아랑곳하지 않거나 다른 짐승이 남긴 흥미로운 흔적을 알아채지 못하는 것에 어리둥절할 것이다. 우리는 다른 동물이 우리의 명령을 따르면 똑똑하다고 칭찬하지만, 동류 인간이 똑같은 복종적인 태도를 보이면 주도성이나 비판적 사고가 부족하다고 비난한다.

입증할 수 없는 이야기지만 나는 평생 우리 가족과 함께 산 개들을 관찰한 결과 개는 합리적으로 이해득실을 계산해 명령을 구분한다고 확신하게 되었다. 이반 파블로프는 개의 행동은 조건화된다고 생각했다. 인간의 행동이 드물게나마 조건화될 때가 있듯이 개의 행동도 이따금 그렇다. 하지만 개들은 인간이 고안한 퍼즐이 아닌 그들 자신의 문제, 다시 말해 우리 인간의 호기심을 위해 만들어진 문제가 아니라 그들 자신과 관계된 문제를 해결하려고 노력할 때 우리의 예상을 뛰어넘는다. 이를테면 나는 우리 개가 수차례의 실험과 실패를 거듭한 끝에 다람쥐를 잡을 새로운 전략을 고안하는 것을 보았다. 우리 개는 두 그루의 나무 사이에 난 길에 직각이 되게 자리를 잡았다. 두 나무로부터 등거리에 해당하는 지점이었다. 결과적으로 다람쥐를 잡지는 못했지만 이 계획은 어떠한 기준에서 보더라도 지적인 사고의 산물이었다. 개의 지능을 집중적으로 연구한 두 학자가 말했듯, 우리 개 나름의 방식과 우리 개 나름의 목적에서 "당신의 개는 천재"였다.[1] 르네 데카르트는 자신이 키우는 개에게는 기계와 마찬가지로 생각이나 느낌이 없다고 판단했다(그리고 짐작건대 데카르트는 자기 개를 도덕적 가책 없이 난폭하게 다루어도 된다는 결론을 내렸다).[2] 반대로 데카르트의 개는 데카르트를 느낄 수 있고 생각할 수 있는 동료로 인정했을 것 같다. 만일 그랬다면 둘 중 누가 상식과 현실적인 지혜를 더 많이 보여주었다고 할 수 있을까?

지능에서와 마찬가지로, 인간이 다른 동물과 공유하는 능력에서 얼마나 차이가 있는지 측정하려는 노력은 대개 실패하기 마련이다. 우리 인간만이 특별히 의식이라는 특성을 갖고 있다는 주장은 어디까지나 주장에 그칠 수밖에 없다. 우리로서는 다른 생명체의 정신을 충분히 깊이 들여다볼 방법이 없기 때문이다. 우리 인간만이 고유한 감각이나 공감 능력을 갖고 있다거나, 실존적 직관을 갖고 있다거나, 시간을 인식한다거나, 신이나 자연으로부터 받은 어떤 독특하고 특권적인 능력—이를테면 '언어 습득 장치'[3]나 심미적 특성, 도덕 감각, 특유한 판단력, 영원히 다시 구원받는 이성적 영혼, 메타 정신(meta-mental) 수준의 생각에 관한 생각, 사례로부터 보편을 연역하는 탁월한 추론 능력, 인간 집단이 독점하고 있다고 자화자찬하는 그 어떤 속성—을 우리가 진정으로 타고났는지를 알려면, 우리가 그것에 관해 다른 종에 속한 생명체들과 대화를 나눌 수 있거나 지금까지 우리가 시도해보지 않은 객관적인 시험을 고안할 수 있어야 할 것이다.

지금까지 수행된 모든 관찰과 실험으로부터 우리가 확실하게 알 수 있는 것은 우리와 마찬가지로 다른 동물에게도 창조력이나 상상력 같은 정신적 특성이 있지만, 인간에게는 이러한 특성들이 명백히, 현저히, 놀라우리만치 많다는 것이다. 질적 차이가 있느냐 없느냐보다는 이러한 양적 차이가 어째서, 그리고 어떻게 발생하는지 묻는 것이 더 적절하다.

이 책은 그중에서도 가장 현격한 차이를 다룬다. 우리가 아는 한 인간은 한 가지 능력에서 개를 비롯한 다른 모든 동물을 앞선다. 이 능력은 특이하고—우리 인간에게는—몹시 짜릿하며 충분한 보상이 따른다. 그것은 바로 우리가 아이디어라고 부르는 상상된 행위(나 이러한 행위의 산물)를 이해하는(일부 비정상적으로 영리한 인간의 경우 심지어 발생시키는) 능력이다. 인간과 다른 동물 사이에서 나타나는 차이는 도구 사용 능력이나 자기 인식, 마음 이론, 효과적 의사소통 능력에서보다 창조성에서 훨씬 크다. 오로지 인간만이—나는 그렇게 말하고 싶다—바흐 개나 에드거 앨런 포 원숭이, '문자 그대로' 플라톤 파충류, 2 곱하기 2가 5일 수 있다고 주장하는 도스토옙스키 고래를 상상할 수 있다.[4] 이렇게 말해도 되는지 내가 전적으로 확신할 수는 없다. 어쩌면 침팬지나 개, 바실루스가 남모르게 그러한 상상을 품고 있을지 모를 일이니까. 하지만 설사 그렇다고 하더라도 그 동물은 이러한 상상으로 무언가를 하지 않지만, 인간은 이러한 환상을 언명하고 세계에 투사해 이따금 혁명적인 결과를 불러일으킨다. 우리는 독특한 빈도와 강도로 세계가 보이는 방식이나 우리의 감각에 부응하는 방식과 다른 방식으로 세계를 상상할 수 있다. 그러한 일이 일어날 때 우리에게는 아이디어가 있다. 내가 이해하는 아이디어란 이런 것이다.

이 능력은 놀라운 결과를 낳는다. 우리는 흔히 우리가 상상하는 방식대로 세계를 개조하기 때문이다. 그리하여 우리는 다른 어떤 종보다 더 많이 혁신한다. 우리는 다른 동물보다 더 많은 생활 방식을 고안하며, 더 다양한 문화, 더 많은 도구와 기법, 더 많은 예술과 기술을 창출하고, 더 노골적인 거짓말을 지어낸다. 인간은 음을 듣고 교향곡을 작곡한다. 막대기를 보고 머릿속에서 그것을 투창으로 바꾼다. 풍경을 관찰하고 도시를 떠올린다. 빵과 포도주의 맛에서 신의 현존을 느낀다. 수를 세고 무한과 영원으로 도약한다. 좌절을 견디고 완벽을 구상한다. 자신을 얽어맨 사슬을 보고 자유를 꿈꾼다. 다른 동물도 환상을 갖고 있을지 모르지만 우리는 환상으로부터 아주 다른 결과물을 본다.

이 능력에 '지능'이나 '이성'이라는 단어를 갖다붙이고 싶은 사람은 얼마든지 그래도 좋다. 그러나 이 능력을 가장 잘 나타내는 단어는 분명 '상상력', 아니 어쩌면 '창조력'이다. 우리가 아는 한 인간은 특출나게 창조적이다. 전통적으로 우리가 다른 동물을 앞선다고 여겨지는 그 어떤 다른 능력과 비교하더라도 그 정도는 엄청나게 크다.[5] 따라서 아이디어의 역사에서 우리가 물어야 할 첫 질문들은 '활발하고 강력하며 바글바글한 이 상상력은 어디서 나오는 것일까?'와 '어째서 인간은 유별히도 상상력이 뛰어난 동물일까?'다.

　이상하게도 이 질문들은 지금까지 소홀히 다루어졌다. 한 가지 불만족스러운 가정 때문이기도 할 것이다. 사람들은 흔히 상상력은 강도 높은 사유의 누적된 산물일 뿐이고 여기에는 다른 특별한 설명이 필요하지 않다(40쪽 참조)고 가정한다. 상상력의 기원에 대한 진화적 설명에 가장 가깝다고 할 만한 문헌에서는 인간이 상상력을 가진 이유를 성 선택(sexual selection)에서 찾는다. 이 이론에 따르면 상상적 행위는 짝을 유혹하기 위한 과시 행위다. 말하자면 공작이 꽁지 깃털을 펼치는 행위와 같은 것이다.[6] 성 선택 이론은 상상력을 진화된 능력 중 하나로 위치시킬 수는 있겠으나 상상력 그 자체를 설명하지는 못한다. 만일 상상력이 성 선택의 산물이라면 상상력은 신체적 매력이나 현실적인 고려사항들에 비해 상당히 낮은 위치를 차지할 것이다. 식스팩보다 정신의 근육이 더 섹시하다거나, 짝으로 배관공보다 시인이 더 추천할 만하다면야! 헨리 키신저의 애인이 성적 취향을 질문받고 "탱크를 멈추게 할 몸보다는 전쟁을 멈추게 할 뇌가 더 갖고 싶지 않나요?"라고 대답했다는 일화가 떠오른다. 이 여성의 판단력이나 진실성 또는 대표성에 관해서는 따로 언급하지 않겠지만.

　신경과학자들은 뇌 스캔으로 그들 나름의 화려한 꽁지 깃털을 과시한다. 모든 종류의 생각을 신경 활동과 연결 짓는 신경과학자들은 어떤 생명체가 특별히 상상적 사유를 하는 순간을 포착한 적은 없다. 여하튼 뇌 스캔으로 설명할 수 있는 범위는 제한적이며, 뇌의 전기·화학적 변화가 그 시점에 정신적 사건이 벌어지고 있음을 보여준다는 것은 분명하지만 그것은 사실 원인이라기보다는 결과일 가능성이 크다.[7] 나는 지금 신경학적 증거를 무시하는 것이 아니다. 신경학적 증거는 기억력이 활발하게 작동하는 순간을 파악하거나 상상력이 작동할 때 그 구성요소나 성분을 추적하는 데 도움이 된다. 하지만 현재로서는 어떻게 해서 인간이 강력한 상상력을 갖게 되었는지를 만족스럽게 서술하는 과학적 설명은 없다.

이 책의 주제인 아이디어를 인간이 어떻게 만들어내는지 탐구할 한 가지 좋은 방법은 아이디어와 관련해 보유하고 있는 우리의 자원을 다른 동물의 그것과 비교하는 것이다. 물론 이것은 출발점에 지나지 않는다. 다른 모든 비(非)인간종이 그러하듯 인간종 역시 다른 모든 동물과 다르기 때문이다. 하지만 천사와 외계 생명체를 제외하고, 우리와 이 행성에서 공생하는 생명체들은 분명 우리의 연구 대상이다. 인간이 가진 정신 장비의 상대적 탁월성에 대한 우리의 가정은 전적으로 틀린 것은 아니다. 하지만 앞으로 보게 되겠지만 이러한 비교는 사람들이 흔히 짐작하는 만큼 우리에게 그리 유리하게 돌아가지 않는다. 나는 현재로서는 일단 뇌에 초점을 맞추고 있지만 그 이유는 정신과 뇌가 동의어나 유사어라고 생각해서가 아니라 뇌가 우리의 몸에서 생각을 관장하는 기관이기 때문이다. 아이디어들은 물질적 우주의 바깥에 존재할지 모르지만, 우리가 아이디어들을 갖고 있다는 증거를 찾으려면 우리는 뇌를 들여다봐야 한다. 그 증거를 연구하다보면 한 가지 역설이 떠오를 것이다. 그것은 바로 우리가 수많은 아이디어를 생산하는 이유는 지적 능력의 측면에서 우리가 가진 상대적 결점들이 우리를 상상력이 풍부한 동물로 만들기 때문이라는 것이다.

진화는 이러한 배경에서 불가피한 일부분이다. 아이디어들은 아마도—우리가 현재 알고 있는 한도 내에서—유기적이거나 물질적인 것이 아닌 정신적인 것이다. '밈'(meme, 리처드 도킨스가 유전자처럼 행동한다고 상상한 '문화의 전달 단위')[8]을 믿는 사람들은 견해가 다르겠지만, 아이디어들은 그 자체로는 진화 법칙에 종속되지 않는다. 그러나 아이디어들은 우리의 신체와 더불어 작동한다. 우리의 뇌는 우리의 아이디어들을 관리하고 운영하며, 우리의 사지와 손발가락, 근육과 발성 기관은 그것들을 적용하고 전달한다. 우리가 생각으로 하는 모든 일, 그중에서도 특히 특별한 종류나 특별한 질서에 속하는 생각인 아이디어로 하는 일이라면 더욱더 우리는 진화가 우리에게 준 정신 장비를 효율적으로 사용해야 한다.

앞으로 이어질 내용에서 나는 진화가 우리에게 풍부한 예측력과 상대적으로 허술한 기억력을 주었다고 주장할 것이다. 상상력은 이 두 능력의 충돌에서 나온다. 그 한 가지 결과가 아이디어들을 풍부하게 생산하는 우리의 능력이다. 그리고 우리의 아이디어들은 우리 인간종의 불안정하고 다변하는 역사의 원천이 된다.[9]

거대한 두뇌, 거대한 생각?

세상에 널리 공유되는 에드거의 오류 중 하나는 뇌가 크면 사고력이 우수하다는 확신이었다.[10] 투르게네프의 뇌는 유난히 컸던 반면 아나톨 프랑스의 뇌는 유난히 작았다는 글을 예전에 읽은 적이 있다. 어디서 이 글을 읽었는지 기억나지 않고 그 진위를 확인할 방법도 없지만,

두 작가 모두 위대한 천재였으니 이 말은 '진실은 아닐지라도 그럴듯한 허구(se non è vero è ben trovato)'라고 할 수 있겠다. 평균적으로 여성은 남성보다 전체 몸에서 뇌가 차지하는 비율이 더 높다. 네안데르탈인은 호모 사피엔스보다 뇌가 더 컸다. 뇌의 크기로는 구석기시대 사람은 현대인을 능가했다. 이러한 차이가 사고력의 차이와 상응한다고 누가 단언할 수 있을까? 몇 해 전 인도네시아의 플로레스섬에서 고고학자들이 유해를 발견한 어느 생명체는 뇌의 크기가 침팬지의 뇌보다 작았지만 유해와 함께 발견된 도구들은 우리의 4만 년 전 조상의 유해와 함께 발견될 법한 것들이었다. 그리고 이 조상들은 평균적으로 우리보다 뇌가 컸다.

거대한 생각에 반드시 거대한 두뇌가 필요한 것은 아니다.[11] 사람의 뇌로 할 수 있는 일의 대부분을 마이크로칩 하나로 수행할 수 있다. 사실상 인간의 뇌는 상당 부분이 편의용품 같은 거추장스러운 짐이다. 인간의 뇌는 마이크로칩과 비슷한 일을 하면서 마이크로칩보다 더 많은 영양분이 필요하고 더 많은 혈액을 쓰며 훨씬 더 많은 에너지를 소비한다. 우리가 아는 한 거의 모든 뇌세포는 거의 모든 시간을 휴면 상태로 보낸다. 신경과학자들은 예전부터 비활성 상태로 보이는 별아교 세포의 역할이 무엇일지 추측해왔다. 비활성 별아교 세포는 기능성 신경세포보다 수가 훨씬 더 많다. 뇌 용적의 대부분이 무엇에 사용되는지, 아니, 애초에 하는 일이 있기나 한지에 관해 아직 아무런 합의에 도달하지 못했다.[12]

그러므로 인간 뇌의 크기는 인간의 방식으로 생각하기 위한 필요조건이 될 수 없다. 하지만 인간의 큰 뇌는 진화론 용어로 '스팬드럴

(spandrel, 아치를 세우고 돔을 올리는 과정에서 생기는 빈 공간. 스티븐 제이 굴드가 적응주의적 진화론을 주장하며 이 개념을 비유적으로 제시했다 —옮긴이)'이라고 부를 수 있을 것이다. 간단히 말해 인간의 큰 뇌는 사고에 필요한 능력들이 진화하는 과정에서 나온 부산물이다.[13] 인간 뇌의 대부분이 솔직히 말해 편도선이나 맹장처럼 아무런 쓸모가 없는 부분일 가능성이 크다. 누군가가 우리 몸에는 우리가 그 기능을 미처 다 알지 못하는 것일 뿐 쓸모없는 부분이 있을 수 없다고 말한다면 그것은 명백한 오류 또는 진화의 효율성에 대한 과신이다.[14] 다윈이 인정했듯 진화는 아마도 방심한 순간에 바람처럼 일관된 목표의식이 없는 요인의 작용으로 일어나기도 한다.[15]

인간의 뇌는 어느 신중하고 유능한 설계자가 구상했다면 나왔을 크기보다 더 크다. 그 이유를 이해하기는 어렵지 않다. 섭식은 뇌의 성장을 좌우한다. 잎보다는 열매가 영양분이 많고 구하기도 어렵다. 고기는 열매보다 더더욱 그렇다. 가장 많이 잡식하는 유인원이었던 우리 선조들은 가장 큰 뇌가 필요했고 가장 큰 뇌에 영양을 공급해야 했다.[16] 아니면 다른 모든 생명체보다 더 큰 집단을 이루며 살기 위해서라도 더 많은 뇌세포가 필요했을 것이다. 집단이 커질수록 다루어야 할 정보도 그만큼 증가하기 때문이다. 이럴 때 자연은 뇌를 용도에 맞게 처음부터 다시 설계하기보다는 두개골을 피질로 채우고 주름과 언덕을 늘리며 새로운 소엽을 압출하여 기존의 뇌 용량을 키운다. (영장류가 다 그렇지는 않아도) 유인원의 뇌 크기가 집단의 크기에 대략 비례하는 것은 아마도 이러한 이유에서일 것이다.[17] 이점들은 축적되고 그 결과 다른 종의 뇌보다 인간의 뇌에서 더 많은 신경세포가 상호작용할 수 있었다. 하지만 더욱 효율적인 압축 역시 동일한 효과를 꾀할 수 있다. 우리의 뇌는 다른 동물의 뇌에 비해 사고를 위한 공간이 훨씬 더 넓다. 하지만 우리가 파악할 수 있는 모든 정신 기능—가령 뇌의 특정 부위가 망가지거나 절단되면 무엇을 할 수 없게 되는지를 관찰해 파악할 수 있다—은 다양한 다른 종 역시 보유하고 있는 장비다. 간단히 말해 뇌의 크기는 다른 유인원보다 우리가 생각하는 활동을 어째서 더 많이 하는지 설명하는 데 도움을 줄 수 있지만 우리가 어째서 다른 질서를 생각해내는지를 설명하는 데는 도움을 줄 수 없다.

은하계적 관점

그러므로 우리 뇌가 크다고 자화자찬하거나 인간의 지능이 우월하다고 자축하기보다는, 우리 종이 특별히 많이 부여받은 것으로 보이는 대뇌 기능이나 제일 능숙해 보이는 지적 행동의 사례에 집중하는 편이 더 도움이 될 듯싶다.

하지만 우리는 즉각 난관에 부딪힌다. 대부분의 인간은 생각을 많이 하지 않기 때문이다. 사람들은 암암리에 키츠의 말을 반복한다. "오, 생각이 아닌 감각의 삶을 위하여!" 대체로 인간의 뇌는 정말이지 자기가 가진 능력 이하의 일을 한다. 우리 대부분은 다른 사람이 우리 대신 생각하도록 내버려두고 절대로 다른 사람이 우리의 머릿속에 주입한 것 이상을 생각하지 않는다. 이것이 광고와 선전이 성공하는 이유다. 어떤 기준에서 보면 모방과 반복 그리고 '나처럼 해봐요, 요렇게'

놀이도 지적 행동으로 분류할 수 있다. 나를 먹여 살리는 폭군에게 순종하지 않을 이유가 무엇이겠는가? 나보다 지혜롭고 강해 보이는 이들을 흉내 내지 않을 이유가 무엇이겠는가? 이러한 전략들은 적대적인 환경에서 생존을 추구하거나 제재가 따르는 환경에서 편안함을 좇는 등의 제한적인 목적에 한해 좋은 선택이 될 수도 있다. 그런데 이러한 종류의 지적 행동은 가축화된 비인간 동물, 그러니까 복종하는 사냥개나 고분고분한 양에게서도 흔히 볼 수 있다. 인간에게 고유한 사유를 발견하려면 우리는 생각을 많이 하는 상당 수의 소수자들에게 집중해야 한다. 그들은 우리의 삶과 다른 생명체의 삶 사이에서 크고 뚜렷한 차이들을 빚는 사람들이다.

이러한 차이들이 과연 무엇인지 이해하려면 우리는 관점을 이동시킬 필요가 있다. 사실 차이를 알아차리는 것은 거의 전적으로 관점의 문제다. 예를 들어 내가 노터데임대학교에서 내 강의를 듣는 학생 한 명에게 다른 수강생들 간의 차이를 말해보라고 하면 그 학생은 주로 작고 사소한 사항들을 지적할 것이다. 마우라는 엘리자베스보다 주근깨가 많다, 빌리는 늘 긴소매 셔츠를 입지만 아먼드는 티셔츠를 즐겨 입는다, 샤오싱은 다른 학생들보다 한 살 어리다. 하지만 외부자에게는 이보다 더 큰 그림이 보일 것이다. 내부자보다 더 객관적으로 관조할 수 있기 때문이다. 외부자는 이 문제에 접근할 때 개인적인 사항은 고려하지 않을 것이다. 그는 분류할 수 있는 차이들을 포착할 것이다. 외부자는 "40퍼센트는 남성이고 나머지는 여성입니다. 대부분의 학생이 백인이지만, 세 명은 동아시아인의 특징이 눈에 띄고 두 명은 남아시아 출신 같아 보이며 두 명은 흑인이군요. 이름을 보면 놀랍게도 아일랜드 출신이 많고요"라고 말할 것이다. 두 관점 모두 사실에 부합하는 관찰 결과를 제시하지만, 우리의 현재 목적을 위해서는 외부자의 시각에서 더 잘 보이는 종류의 데이터가 필요하다. 인간의 사고가 다른 동물의 그것에 비교해 나타나는 주요 특색을 발견하려면 우리는 후자와 비슷한 객관성을 확보할 수 있도록 노력해야 한다.

한 가지 사고 실험이 도움이 될 것이다. 나는 가능한 한 가장 객관적인 관점을 취하기 위해 코스모스(정연한 질서로서의 우주나 세계를 나타내는 그리스어―옮긴이) 차원에 사는 까마귀의 둥지를 떠올리겠다. 이곳에서는 신적인 시야가 확보되기 때문에 행성 전체를 한눈에 둘러볼 수 있다. 광대한 시공간을 아우르며 이 행성에 사는 모든 종의 전체 역사를 단 한 번의 눈길로 굽어볼 수 있는 것이다. 이것은 호르헤 루이스 보르헤스의 단편소설 「알레프」의 주인공이 모든 생명체의 과거에 일어난 모든 사건을 동시에 바라본 것과 비슷하다. 이 특권적 구경꾼은 우리와 다른 동물 간의 차이를 어떻게 평가할까? 이 코스모스적 구경꾼은 아마도 이렇게 평가할 것이다. "기본적으로 여러분 모두 똑같습니다. 그저 비효율적이고 단명하는 세포들의 배열들이지요. 하지만 당신들 인간에게는 몇 가지 특이한 점이 있어요. 당신들은 다른 종이 하는 대부분의 일을 하는데 다만 다른 종보다 굉장히 많이 합니다. 내가 아는 한에서 당신들은 더 많이 생각하고 더 많은 과제를 다루며 더 많은 곳에 침투하고 더 많은 것을 먹이로 삼고 더 많은 사회 및 정치 형태를 발명합니다. 그래서 더 많은 계층화와 전문화, 경제 활동이 나타나지요. 당신들은 생활 방식, 의례, 테크놀로지, 건물, 미적 환상, 환경 변화, 소비와 생산, 예술품과 공예품, 통신 수단을 더 많이 개발합니다. 당신들은 더 많은 문화를 고안합니다. 간단히 말해 당신들은 내가 본 다른 어떤 생명체보다 더 빠르고 다양하게 더 많은 아이디어를 생각해내지요. 내가 아는 한에서 당신들은 다른 동물보다 더 많은 시간과 노력을 투입해 스스로를 성찰하고, 가치들을 파악하며, 일반화와 분석을 시도합니다. 방대한 정신 자원을 사용해 이전에 어느 입으로도 이야기하지 않은 이야기를 말하고, 어느 눈도 본 적이 없는 이미지를 구성하며, 어느 귀도 들어보지 못한 음악을 만듭니다. 당신들은 경쟁 종과 비교해 둔하고 약하고 꼬리도 없고 기량이 서툴며 송곳니와 발톱이 시원치 않습니다(다행히 창 던지기에 능하고 손놀림이 빠르지요). 타고난 것이 적고 생김새도 형편없는 몸을 갖고 있지만 당신들은 최소한의 해결책 이상을 모색하고 미래를 재고하며 문제에 대응하는 역량을 가진 덕분에 이 행성에서 놀라울 정도로 막대한 장악력을 발휘해왔습니다."

이 구경꾼은 우리에게 꼭 감탄하지만은 않을 것이다. 그 또는 그녀는 모든 종의 특유함 역시 알아챌 것이고, 우리의 특유함이 반드시 다른 모든 종보다 우월한 질서를 띠고 있다고 생각하지 않을지 모른다. 우리만 고유하게 혁신적이고 창조적이지는 않을지라도(이미 증명되었듯이 이 자족적 주장 역시 우리의 착각이다) 우리의 혁신성과 창조성은 범위와 깊이와 풍부함에서 고유한 것으로 보인다. 이러한 측면에서 인간과 비인간 사이의 차이는 우리를 문화—우리가 앞으로 보게 되겠지만 다른 종도 문화를 형성할 수 있다—를 넘어선 어딘가, 즉 우리가 문명이라고 부르는 인간만의 독특한 관습으로 이끈다. 그리고 우리는 문명 안에서 세계를 우리 마음대로 개조한다.[18]

풍부한 상상력

어떻게 우리의 뇌는 우리가 이 미증유의 기발한 도착지에 이르도록 도울 수 있었을까? 다른 모든 진화된 기관처럼 뇌도 환경 조건이 일부 유전적 돌연변이의 생존과 전파를 더 선호했기에 지금의 형태를 띠게 되었다. 뇌의 기능은 뇌의 바깥 세계에 반응하는 것이다. 뇌는 세계가 제기하는 현실 문제를 해결하고, 세계의 긴급한 요구에 응하며, 세계가 만든 함정과 한계에 대응한다. 이 책에 실린 생각들은 종류가 다른 생각들이다. 그것들은 어떤 다른 질서에 속한다. 이 생각들은 '판타지아(fantasia)'라는 매혹적인 이탈리아어 단어로 불리는 창조성을 구성한다. 이 창조성에는 현실을 넘어선 환상의 공명들이 있다. 이 생각들은 우리가 사는 세계들과는 다른 세계들을 창조한다. 이 세계들은 우리의 정신 바깥에서 입증할 수 없는 세계들과 기존의 경험으로 실현되지 않은 세계들(가령 재구축된 미래들과 가상의 과거들), 또는 우리가 알고 있는 자원, 그러니까 우리가 이용할 수 있는 경험이나 관찰로는 결코 깨달을 수 없는 세계들(가령 영원이나 천국이나 지옥)이다. 인간과 다른 유인원의 차이점을 용기 있게 탐색한 신경학자 V. S. 라마찬드라(V. S. Ramachandra)는 이를 다음과 같이 표현했다. "어떻게 1.3kg짜리 물컹한 덩어리가 (…) 천사를 상상하고 무한의 의미를 고찰하고 코스모스에서의 자기 위치를 물을 수 있을까?"[19]

　여기에는 두 가지 전통적인 답변이 있다. 첫번째 답변은 과학적 전통에서 인기가 있고, 두번째 답변은 형이상학에서 인기가 있다. 엄격한 과학적 답변은 양적 차이는 역치를 넘어서면 질적 차이를 가져온다는 것이다. 이러한 생각에 따르면 인간의 뇌는 다른 유인원의 뇌보다 양적으로 훨씬 더 크기 때문에 질적으로 달라진다. 뇌는 창조성이나 아이디어의 생산에 특화된 기능을 갖고 있을 필요가 없다. 이러한 사건은 그저 큰 두뇌에서 나온 평범한 종류의 사유가 순전히 양적으로 많기 때문에 초래된 결과일 뿐이다.

반면 형이상학적 답변에서 창조성은 우리가 흔히 정신이나 이성적 영혼이라고 부르는 비물질적인 능력에서 나온 기능이다. 그러니까 인간만이 정신이나 이성적 영혼을 지닌다거나, 인간의 정신이나 이성적 영혼은 고유하다는 설명이다.

둘 다는 아니더라도 최소한 둘 중 하나는 진실일지도 모른다. 하지만 어느 쪽도 모두가 수긍할 만한 답변은 아닌 것 같다. 첫번째 답변을 받아들이려면 우리는 뇌가 반응성에서 창조성으로 도약하는 역치를 파악할 수 있어야 한다. 두번째 답변을 받아들이려면 우리는 형이상학을 인정해야 한다. 회의주의자들은 정신이란 그저 우리가 현재 알고 있는 지식만으로 신경과학이 확실하게 규정할 수 없는 뇌의 기능들을 지칭하는 그럴듯한 단어일 뿐이라고 주장한다.

우리는 이 전통적인 답변들을 어떻게 발전시킬 수 있을까? 나는 질문 자체를 덜 모호하게 만들자고 제안한다. 우리가 설명하고 싶은 뇌의 기능, 그러니까 정확히 말해서 생각을 발생시키는 뇌의 기능을 구체적으로 명시해보자. 인간 사유의 특징을 가장 잘 나타내는 용어는 아마도 '상상력'—판타지아, 혁신성, 창조성, 오래된 생각을 새롭게 다듬는 능력, 새로운 생각을 발생시키는 능력, 영감과 황홀경의 모든 결실—일 것이다. 상상력은 크고 거창한 단어이지만, 이는 결국 우리가 쉽게 이해하는 한 가지 현실에 해당한다. 상상력이란 그 자리에 있지 않은 것을 보는 힘이다.

이를테면 나 같은 역사가는 사라진 과거를 상상력으로 재구성한다. 종교를 창설하는 선지자들은 보이지 않는 세계들을 머릿속에 떠올릴 것이다. 이야기꾼은 결코 실제로 일어나지 않은 일을 서술하기 위해 자신의 경험을 초월해야 한다. 화가와 조각가는 셰익스피어의 표현처럼 "삶을 뛰어넘어야" 하며, 사진작가들도 기록물이 아닌 예술작품을 생산하려면 아무도 갖지 못한 관점을 포착하거나 현실을 재배치해야 한다. 분석가는 데이터에서 자신이 아니면 보지 못했을 결론들을 끌어내야 한다. 발명가와 기업가는 지금 살고 있는 세상을 넘어서서 그들이 다시 만들 수 있는 세상을 생각해야 한다. 정치가와 개혁가는 가능한 미래들을 재고해 더 나은 미래들을 실현하고 더 나쁜 미래들을 방지할 방법들을 발명해야 한다. 이름을 댈 만한 가치가 있는 모든 아이디어의 심장부에는 상상이라는 행위가 있다. 그것은 앞지르고 초월하는 경험이며, 스냅사진이나 메아리 이상의 무언가를 생성하기 위해 재가공한 현실이다.

그렇다면 무엇이 인간을 극도로 상상력이 풍부하게 만들까? 나는 상상력의 구성요소로 세 가지 능력을 제시한다. 이중 두 가지는 명백히 진화의 산물이다. 세번째 능력은 아직 두고 봐야 한다.

첫번째는 기억력이다. 기억력은 우리가 발명을 위해 사용하는 정신 능력 중 하나다. 우리는 새로운 어떤 것을 생각하거나 만들 때 언제나 이전에 생각했거나 만든 것에 대한 기억에서 출발한다. 우리는 대부분 기억이 그대로 유지되기를, 그러니까 기억이 정확하고 실제 과거에 충실하며 미래를 위한 토대로 신뢰할 수 있기를 바란다. 하지만 놀랍게도 상상력을 만드는 과정에서는 오히려 나쁜 기억력이 가장 큰 도움을 주는 것 같다.

기억의 오류

인간의 사고력과 다른 동물의 사고력을 비교하는 테스트에서는 대체로 인간이 높은 점수를 받는다. 여하튼 그 테스트들은 우리 인간들이 고안한 것이니까. 인간은 비교적 한 번에 두 가지 이상을 생각하는 일을 잘한다. 다른 생명체의 생각을 예측하거나 인간이 고른 상징들로 구성된 커다란 레퍼토리들을 처리하는 일에도 뛰어나다.[20] 하지만 기억력에서만큼은 다른 동물이 우리와 비슷한 능력을 보이거나 우리를 능가한다. 심지어 인간의 기준에서 보더라도 그렇다. 여러 연관된 정보를 기억하는 능력은 비인간 동물이 우리보다 훨씬 뛰어난 기량을 보이는 가장 뚜렷한 능력 중 하나다. 우리 개 보우는 사람과 경로를 기억하는 능력에서 나를 제압한다(은유적 표현이다. 개를 함부로 때렸다는 데카르트가 사용한 의미가 아니다). 보우는 한 번이라도 갔던 산책 경로는 자발적으로 재연할 수 있다. 보우는 내 오래된 친구를 6년 만에 만났을 때도 그 친구를 즉각 기억해냈으며 지난번에 그녀가 선물로 준 장난감을 가져와 보여주었다. 보우를 보고 있으면 나는 영웅 오디세우스가 오랜 세월을 헤맨 끝에 집으로 돌아왔을 때 오로지 오디세우스의 집에서 키우는 개만 그를 알아보았다는 이야기를 믿지 않을 수 없다. 보우는 장난감이나 뼈를 매번 정확하게 찾아오는 반면 나는 엉뚱한 파일에 꽂힌 노트나 자꾸만 어디론가 사라지는 독서용 안경을 찾느라 시간을 허비하곤 한다.

반려동물과 살거나 동물과 공동으로 작업하는 사람이라면 누구나 그들의 부러운 기억력에 관한 여러 일화를 덧붙일 수 있을 것이다. 하지만 사람들은 대개 여전히 영국 시인 로버트 번스가 쥐를 측은히 여기며 지은 시에 익숙하다. 번스는 이 작은 짐승은 과거와 미래로부터 고립된 채 시간 속에 응결되어 있다고 여긴다. 번스는 "작고 약고 웅크린 겁보" 쥐에게는 "오로지 현재만이 있을 뿐"이라고 생각한다.[21] 하지만 동물과 인간의 기억력을 이런 식으로 구분 짓는 것은 아마도 인간의 온당하지 않은 자화자찬의 또다른 사례에 불과하다. 미심쩍은 개인적 일화에만 의존할 필요는 없다. 다수의 통제된 실험 연구는 우리의 기억력이 다른 동물의 기준에서 보면 몇몇 측면에서 몹시 허술하다는 것을 보여주었다.

예를 들어 어치는 자기가 숨긴 먹이가 무엇인지 그리고 그 먹이를 언제 어디에 숨겼는지 기억한다. 쥐는 굳이 먹이로 유인하지 않아도 복잡한 미궁에서 자신이 지나간 길을 되짚어간다. 나는 아주 단순한 미로 정원에서도 길을 잃는데 말이다. 쥐는 냄새를 맡은 순서를 기억해낸다. 그러니까 쥐는 전문가들이 말하는 일화적 기억력(episodic memory)—경험을 순차적으로 회상함으로써 시간을 거슬러 여행할 수 있는 이른바 인간의 특권적 능력—검사를 확실히 통과한다.[22] 박쥐가 된다는 것은 어떤 것일지를 생생하게 상상해 명성을 쌓은 비인간 동물 정신 연구의 개척자 클라이브 윈(Clive Wynne)은 이와 관련된 실험 결과들을 간단히 제시한 바 있다. 원에 따르면 비둘기는 모이와 연합된 임의의 시각적 패턴 수백 개를 수개월에 걸쳐 또렷하게 기억할 수 있다. 비둘기는 고향으로부터 오랫동안 떠나 있어도 결국 돌아온다. 벌은 먹이가 있던 자리나 미로에서 먹이를 찾아가는 길을 기억한다. 침팬지는 견과류를 깰 때 모루로 쓰는 바윗돌을 임의로 정한 위치에 두고 필요할 때 꺼내 쓴다. 보상이 주어지는 실험실 상황에서 침팬지는 컴퓨터 화면이나 자판에서 키를 누르는 올바른 순서를 기억한다. 그리고 "흡혈박쥐는 과거에 자신에게 피를 나누어준 흡혈박쥐가 누구인지 기억했다가 피를 조금 나눠달라는 부탁을 받을 때 그 기억을 참조해 응할지 말지 결정한다".[23]

비인간 동물의 기억력을 얕보는 사람은 많은 비인간 동물이 보인 이러한 반응들은 생각하기의 증거가 아닌 파블로프의 개가 보인 복종과 순종에 지나지 않는다고 주장할지 모른다. 1890년대에 파블로프의 개는 자신에게 먹이를 주는 사람을 보고 침을 흘렸는데 이는—나중에 악명을 떨치게 될 '행동주의' 이론에 따르면—개가 그 사람을 기억해서가 아니라 그 사람의 모습이 심리적 연합을 촉발하기 때문이었다. 아직도 행동주의자가 남아 있다면 그는 쥐와 박쥐, 비둘기, 유인원은 언뜻 대단한 기억력을 가진 것처럼 보이지만 그것은 장기기억에서 끌어낸 회상이라기보다 조건화된 반사작용이나 자극에 대한 반응에 가깝다고 주장할 것이다. 하지만 이 둘을 구별하는 근거를 편견 말고는 찾을 수 없다. 나는 성 아우구스티누스를 거의 모든 면에서 명료한 사고의 모범으로서 존경한다. 하지만 아우구스티누스는 행동주의자라는 말이 생기기 전에 이미 행동주의자였다. 아우구스티누스는 말이

전에 가본 길을 기억할 수 있는 이유는 한 걸음이 다음 걸음을 촉발하기 때문이라고 생각했다. 아우구스티누스가 보기에 마구간으로 복귀한 말은 그 길을 회상할 수 없었다. 그러나 아무리 아우구스티누스가 성인(聖人)이라고 해도 그 역시 이 생각의 진위를 확인할 길은 없었다. 어떠한 실험도 이 가정을 입증할 수 없다. 아우구스티누스가 그렇게 생각한 근거는 오로지 하나, 종교적 확신이었다. 그러니까 신이 선택한 종의 정신을 닮은 어떤 것을 말에게도 부여했을 리 없었다. 오늘날 똑같은 교조주의적 후예들이 비슷한 실수를 저지른다. 대부분의 심리학자는 더이상 인간 행동을 조건화로 통제할 수 있다고 믿지 않는다. 그런데 어째서 이렇듯 신뢰할 수 없는 똑같은 신념을 다른 동물을 이해하려고 할 때는 그대로 유지하는 것일까? 인간의 경험과 직접적으로 비교할 수 있는 자료로 침팬지와 고릴라 실험을 살펴보자. 침팬지와 고릴라는 이 주제에 유의미한 방식으로 우리와 닮았다. 우리는 침팬지와 고릴라의 행동에 대한 그들 자신의 설명에 접근할 수 있다. 우리는—공통된 관심사가 허락하는 제한된 영역 내에서—침팬지나 고릴라와 대화할 수 있다. 이때 사용되는 언어는 인간이 고안한 언어이지만, 침팬지와 고릴라의 발성기관이 낼 수 있는 소리의 범위는 인간의 입말에 사용되는 소리의 범위와 다르다. 하지만 비인간 유인원은 다른 종류의 상징체계—즉, 언어—의 용법을 배우는 능력이 탁월하다. 유인원들은 훌륭한 인간 학습자 못지않게 예시를 잘 따르고 규칙을 지킴으로써 인간이 사용하는 수화나 상징적인 문자, 이미지를 활용할 수 있다.

　일례로 조지아 주립대학교의 암컷 침팬지 팬지는 상징의 활용에 이례적으로 탁월한 능력을 보인다. 팬지는 사육사들과 의사소통할 때 카드를 쳐들거나 자판을 누름으로써 특정 기호들을 제시한다. 어느 전형적인 실험에서 연구자는 팬지가 지켜보는 가운데 과육이 풍부한 과일, 장난감 뱀, 풍선, 종이 도형 등 수십 가지의 사물을 숨겨두었다. 별다른 힌트 없이 단순히 각 사물의 상징을 차례차례 보여주기만 해도 팬지는 이 작은 보물들이 어디에 있는지를 기억하고 사육사를 그 위치로 안내했다. 최장 16시간까지 상대적으로 긴 시간 간격을 두었을 때도 팬지는 90퍼센트 이상의 정확도로 위치를 기억했다. '속임수'는 없었다. 팬지는 그때까지 자신이 사는 공간 밖에서 장소를 가리키는 행동으로 먹이를 획득한 적이 한 번도 없었다. 아울러 팬지의 사육사들은 사물을 숨긴 위치에 관한 사전 정보가 없었으므로 의식적으로든 무의식적으로든 어떠한 도움도 줄 수 없었다. 팬지는 침팬지가 야생환경에서 먹이를 발견하는 본능을 갖고 있다는 것을 보여주는 이상의 의미가 있었다. 팬지는 침팬지가—아니면 적어도 팬지 그녀만큼은—독특한 사건들을 기억할 수 있다는 것을 분명히 보여주었다. 팬지는 이른바 회상 능력뿐만 아니라 기억력을 자신에게 유리하게 활용해 어디서 먹이를 발견할 수 있을지를 예상함으로써 미래를 예측하는 능력까지 보여주었다.[24] 또다른 흥미로운 실험에서 팬지는 숨겨져 있는 사물들의 위치를 사육사에게 자판을 사용해 안내했다. 이러한 사물 중에는 팬지가 좋아하는 땅콩뿐만 아니라 팬지가 딱히 관심이 없을 것이 분명한 먹을 수 없는 사물도 있었다. 연구소를 이끄는 찰스 멘젤(Charles Menzel)은 "동물의 기억 체계는 언제나 과소평가되어왔다. 사실 동물 기억력의 한계점은 아직 알려진 바가 없다"고 말했다.[25]

교토 연구시설의 영민한 암컷 침팬지 아유마는 기억력에서 팬지와 견줄 만하다. 아유마는 2008년 컴퓨터 기반의 기억력 게임에서 사람들을 완파하며 TV쇼의 샛별로 떠올랐다. 출전자들은 화면에 제시된 숫자를 1초도 채 되지 않는 짧은 시간에 암기해야 했다. 아유마의 기억력은 80퍼센트의 정확성을 보여주었다. 아유마와 경쟁한 아홉 명의 사람들은 모두 0점을 기록했다.[26] 사람들도 반복 연습을 통해 아유마를 흉내낼 수는 있었다.[27] 하지만 침팬지의 승리를 확정 짓는 증거는 계속 누적되어왔다. 천재인 경우를 제외하면 사람들은 대체로 순차적으로 나열된 수를 일곱 개까지 기억할 수 있다. 다른 유인원은 그 이상을 더 빨리 외운다. 비디오 게임 〈유인원 메모리(Ape Memory)〉는 유인원의 탁월함에 도전하는 인간 동물들을 위해 제작되었다. 한편 미국 플로리다주 마이애미 소재의 '멍키 정글(Monkey Jungle)'에 사는 고릴라 킹은 〈고릴라 메모리〉라고 불리는 비디오 게임에 영감을 주었다. 킹은 숫자를 잘 센다. 킹은 손을 흔들거나 카드에 인쇄된 상징을 가리킴으로써 사람들과 소통한다. 영장류학자들이 기억력 테스트의 대상자로 선정했을 때 킹은 이미 서른 살이었다. 새로운 기술을 배우기에는 지나치게 원숙한 나이라고 생각할 수도 있을 것이다. 그러나 킹은 오랜 경험을 통해 인간의 특이한 버릇들을 잘 알고 있었다. 킹은 과거의 사건들을 시간 내에 완벽히 외울 수 있었고 그것들을 순서대로 배열했다. 킹은 우연적인 결과라고 판단할 수 있는 수준을 유의미하게 뛰어넘는 수행 능력을 보여주었다. 세 가지 먹이를 하나하나 회상할 수 있었고, 실험자가 요청하면 자신이 먹이를 먹은 순서와 반대되게 배열할 수도 있었다.[28] 누가 어떤 먹이를 주었는지 사육사가 잊어버렸을 때도 킹은 먹이와 그 먹이를 준 사람을 연결할 수 있었다. 이것은 마치 우리 개 보우가 자신에게 장난감을 준 사람과 그 장난감을 연결해 기억한 것과 비슷하다. 킹와 보우 둘 다 칸막이 너머로 여러 용의자를 세우고 범인을 지목할 때 대체로 사람보다 훨씬 더 나은 증인이 될 것이다. 한 연구팀은 킹에게 새로운 동작을 보여주는 시험을 했다. 실험자들은 킹에게 여러 가지 몸짓 연기—전화기를 훔치는 척한다거나 허공에 대고 기타 연주를 하는 등—를 보여주었다. 그들이 킹에게 누가 어느 동작을 했느냐고 묻자 킹은 60퍼센트의 정확도로 대답했다. 점수가 그리 높지 않아 보인다면 사람들을 상대로 이 테스트를 시도해보길 바란다.[23]

침팬지들은 지난 기억을 찾아 순서대로 배열할 수 있으며 이 기억들을 이용해 미래를 예측할 수 있다. 이것이 인간의 고유한 능력이라는 주장에 도전을 제기한 실험이 여럿 있었다. 그중 라이프치히 동물원의 제마 마틴 오르다스(Gema Martin-Ordas)의 연구는 특히 눈에 띈다. 2009년 마틴 오르다스는 침팬지 여덟 마리와 오랑우탄 네 마리가 지켜보는 가운데 긴 막대기를 써서 바나나를 끌어왔다. 그다음 이 막대기와 이 작업을 하기에는 길이가 다소 짧은 다른 막대기 하나를 유인원들에게 발견될 만한 장소 여기저기에 숨겨두었다. 3년 뒤, 막대기들을 예전 위치에 다시 놓아두었다. 그사이에 어떠한 유도 행위도 없었다. 바나나도 원래 자리에 놓였다. 이 유인원들은 바나나를 막대기로 끌어왔을까? 오랑우탄 한 마리를 제외한 모든 참가자가 특별히 애쓰지 않고도 적당한 길이의 막대기가 놓여 있었던 위치를 올바로 기억했다. 이전 연습에 참가하지 않은 다른 유인원들은 그렇게 하지 못했다. 기억을 포착해 미래에 이용할 수 있도록 저장하는 것은 인간이 유인원과 공유하는 인지적 장비로 보인다.[30]

심리학자 콜린 캐머러(Colin Camerer)와 영장류학자 마쓰자와 데쓰로(松沢哲郎)가 설계한 한층 더 정교한 실험은 침팬지와 인간이 기억하는 사건들을 토대로 앞날을 예측하는 능력을 시험했다. 실험 대상자들은 터치스크린에서 보여주는 개체들의 움직임을 관찰하고 그들이 다음에 무엇을 선택할지 맞히면 보상을 받는 게임에 참여했다. 평균적으로 침팬지가 사람보다 패턴을 더 잘 감지했는데 이는 침팬지가 동작의 순서를 더 오래 기억하기 때문으로 보인다. 이 게임의 관건은 우월한 기억력과 전략적 능력이다. 즉, 이 게임은 참가자들이 상대방의 선택을 얼마나 잘 기억하는지, 선택의 패턴을 얼마나 잘 감지하는지, 얼마나 영리하게 예측하는지를 시험한다. 이 실험의 결과는 이러한 기량에서 적어도 일부 침팬지는 일부 인간을 앞선다는 것을 시사했다.[31]

이러한 맥락에서 보면 에드거가 비인간 동물의 지적 능력을 얕본 것은 부당했다. 나는 인간이 탁월한 기억력을 발휘할 수 없다고 말하는 것이 아니다. 설교사나 공연가, 수험생은 종종 어마어마한 양의 정보를 과시한다. 예전에 어느 보드빌(춤과 노래 따위를 곁들인 가볍고 풍자적인 통속 희극—옮긴이) 공연에는 히치콕의 영화 〈39계단(The Thirty-Nine Steps)〉의 '미스터 메모리' 같은 기인이 등장해 엄청난 양의 정보를 줄줄 외웠다. 서번트증후군 환자들은 전화번호부의 내용을 줄줄 외운다. 하지만 비인간 동물은 기억력이 개입되는 일부 비교 가능한 실행 능력에서 단연코 우리를 앞선다. 우리가 사는 행성에서 기억력이 가장 뛰어난 동물은 인간이 아니라고 이야기하면 사람들은 대개 흠칫 놀란다. 하지만 우리는 잠시 멈추어 이 직관에 반하는 개념을 숙고해볼 필요가 있다. 사람들은 거의 언제나 우리 인간을 다른 짐승과 따로 분류하는 것을 정당화할 능력은 반드시 우월한 능력이어야 한다고 가정해왔다. 하지만 우리는—적어도 일부 측면에서만큼은— 우리 안의 열등한 면을 바라보아야 했는지 모른다. 다른 동물과 비교해 기억력은 어느 모로 보나 인간의 가장 영광스러운 재능은 아니다. 빈약함, 낮은 신뢰성, 결함, 왜곡은 우리의 기억력을 좀먹는다. 자긍심을 내려놓기란 항상 어려운 일이므로 이 사실을 인정하고 싶지 않을지 모른다. 우리가 우리의 기억력에 찬사를 보내고 자부심을 갖는 이유는 우리의 자아 감각에서 기억력이 매우 중대한 부분을 차지하는 것처럼 보이기 때문이다. 우리는 최근에 들어서야 다른 동물에게도 자아 감각이 있음을 인정하기 시작했다.

각종 문헌—심리학 문헌, 법정 문서, 상상 문학 등—은 인간의 기억이 얼마나 허술한지를 보여주는 증거로 가득하다. 우리의 기억력이 얼마나 형편없게 작동하는지를 환기할 가장 효과적인 방법은 아마도 살바도르 달리의 가장 유명한 작품을 보는 것일 터다. 이 그림에서는 불안한 느낌을 주는 기이한 형상의 사물들이 을씨년스러운 풍경에 흩어져 있다. 살바도르 달리는 이 그림에 〈기억의 지속(The Persistence of Memory)〉이라는, 이 화가 특유의 아이러니가 묻어나는 제목을 붙였다. 작품의 진정한 주제는 기억이 시들고 뒤틀리는 방식이다. 그림의 배경에는 황혼이 드리운 하늘이 있다. 빛은 흐릿한 바다 너머로 사그라진다. 모든 특징이 바다로 용해되는 것만 같다. 그리고 무너지는 절벽이 있다. 절벽은 마치 기억처럼 시간의 흐름에 따라 침식되는 듯하다. 그리고 모든 흔적이 지워진 빈 석판이 있다. 끝이 잘려나간 죽은 나무는 모든 생명이 빠져나간 채 중앙의 바닥으로 가지를 뻗고, 그 아래에 펼쳐진 해안에는 거의 아무런 흔적이 남아 있지 않다. 거대한 정밀 시계들은 늘어지고 시든 모습으로 마치 시간이 부린 변덕과 시간이 풀어낸 모순을 선언하듯 각기 다른 순간에 멈춰 있다. 벌레들은 전경의 또다른 시계의 외피를 조금씩 먹어치운다. 작품의 중앙에는 마치 히에로니무스 보스(Hieronymus Bosch)가 그린 사악한 상상화에서 가져온 것 같은 괴기스럽고 위협적인 형상이 자리해 있다. 기억은 괴물로 변한다. 시간은 회상을 전복한다. 회상은 부패한다.

인간의 비효율적인 기억력은 기억력과 상상력의 차이에 다리를 놓는다. 그 차이는 어떤 경우든 그리 크지 않다. 상상력과 마찬가지로 기억력도 우리가 지금 이 시점에서 감각할 수 없는 것을 보는 능력이다. 앞서 정의된 것처럼 상상력이 실제로 거기에 있지 않은 것을 보는 힘이라면, 기억력은 거기에 더는 있지 않은 것을 우리가 볼 수 있게 해준다. 어떤 의미에서 기억력은 특수한 형태의 상상력이다. 기억력은 사실과 사건의 표상을 형성함으로써 작동한다. 이것은 상상력이 하는 일이기도 하다.

고대 로마의 키케로는 법정이나 원로원에서 연설할 때 '기억술(mnemotechnics)'을 활용했다. 그는 각각의 강조점에 생생한 이미지를 배치했다. 이러한 이미지는 꼭 자연스럽게 연상되는 상징이 아닐 수도 있다. 피 묻은 손은 연설의 단조로운 부분을 나타낼 수 있고, 사랑스러운 장미나 달콤한 과일은 연사의 적이 지닌 개탄스러운 악덕을 나타낼 수도 있다.[32] 뇌의 작동 방식을 관찰하면 기억력과 상상력이 얼마나 가까운지 확인할 수 있다. 지금까지 알려진 바로는 기억 활동과 상상 활동이 '일어나는' 뇌 부위는 서로 겹친다. 상상력과 기억력이 작동할 때 뇌에서 일어나는 전기·화학적 활동은 거의 동일하다.

기억력과 상상력은 중첩된다. 하지만 일부 철학자들은 이 사실을 인정하기 꺼린다.[33] 나는 이것을 아리스토텔레스의 탓으로 돌린다. 아리스토텔레스는 상식(common sense, '공통감각'으로도 일컬어진다―옮긴이)에 따라 기억은 과거를 지칭함이 마땅하다고 주장했다. 아울러 과거의 사건은 실제로 일어났으므로 상상 속의 사건과는 근본적으로 다르다고 주장했다. 하지만 이따금 삶은 상식을 왜곡한다. 현실에서 기억과 상상은 융합한다.

그런데 기억은 허위일 때 상상과 가장 가깝다. 기억의 창조적인 힘은 회상을 왜곡하는 데 있다. 거짓 기억은 현실을 환상으로, 경험을 추측으로 재구성한다. 우리는 오래된 일을 잘못 기억할 때마다 새로운 것을 상상하는 셈이다. 우리는 과거를 결코 일어나지 않은 일과 뒤섞고 난도질한다. 그렇지 않다면 삶은 견딜 수 없는 것이 될 것이다. 하버드대학교 인지과학자 대니얼 샥터(Daniel Schacter)는 기억이 형성되거나 인출될 때 뇌에서 일어나는 일을 모니터링한다. 진화는 우리가 정신을 잡동사니로 채우지 않도록 우리에게 나쁜 기억력을 주었다고 샥터는 지적한다. 우리는 잡동사니로 가득한 방에서 정말로 필요한 것에만 집중하기 위해 비교적 중요하지 않은 자료는 버려서 공간을 확보해야 한다.[34]

출산의 진정한 고통을 고스란히 기억하는 여성은 다시 그 고통을 겪기를 주저할 것이다. 사교계의 명사들이나 인맥을 잘 활용하는 사람들은 자신에게 필요하지 않은 사람들의 이름과 얼굴은 추려내야 한다. 군인들은 전쟁의 공포를 억압하거나 낭만화하지 않으면 결코 참호로 돌아가지 않을 것이다. 노인은 삶의 성취를ㅡ셰익스피어에 따르면ㅡ"자기에게 유리하게" 기억한다. 이렇듯 기억을 자신에게 이로운 대로 수정하기 위해 우리는 명백한 오류를 덧붙인다. 우리는 이처럼 상상으로 변형된 기억을 우리가 회상한 사건의 정확한 사본으로 착각한다. 우리가 최면이나 심리치료에서 "되찾은" 기억들은 사실 환상이나 왜곡일 수 있다. 다만 그것들은 좋은 쪽으로든 나쁜 쪽으로든 삶을 바꾸는 힘이 있다.

우리의 삶에서 개개의 기억은 변화무쌍하게 미끄러지고 빠져나간다. 하지만 우리가 그것들을 지속적인 형태로 공유하고 기록할 때 그것은 사회적 기억이 된다. 그것은 한 가지 수용된 버전의 과거, 그러니까 어떤 개인도 정확히 기억한다고 주장할 수 없는 시간의 과거다. 여기에서도 똑같은 악덕ㅡ사리사욕, 장밋빛 채색, 전달상의 과실ㅡ이 사회적 기억과 함께 엮인다. 프로파간다는 주춧대에 거짓을 새기고 교과서에 거짓을 베껴쓰며 게시판에 거짓을 붙이고 의례에 거짓을 불어넣는다. 그 결과 사회적 기억은 사실에 제대로 부응할 수 없으며 역사 왜곡에는 대응하기 어렵게 된다. 거짓 기억 증후군을 개인에게서 찾아내는 사람이 심리학자라면 사회 전체 내부의 이 증세를 폭로하는 사람은 역사학자다.

법조계에 종사하는 이들은 여기에 이의를 제기하고 싶을지 모른다. 기억과 상상의 유사성은 법정 증언의 가치를 뒤엎는다. 법정에서는 상상적 진술을 사실적 진술로부터 구분하는 것이 편리하다. 하지만 우리는 증인의 진술이 사실과 일치하는 경우는 매우 드물다는 것을 안다. 이와 관련해 가장 널리 인용되는 텍스트가 있다. 소설이되 극히 사실적인 이 텍스트는 아쿠타가와 류노스케(芥川龍之介)의 1922년 단편소설 「덤불 속(藪の中)」이다. 영화감독 구로사와 아키라(黑澤明)는 이 소설에서 영감을 얻어 걸작 〈라쇼몽(羅生門)〉을 제작했다. 이 이야기의 살인 사건 목격자들은 서로 모순되는 증언을 내놓는다. 죽은 피해자 역시 무당을 통해 증언한다. 하지만 독자—영화의 경우 관객—는 여전히 아무것도 확신할 수 없다. 재판을 거듭하고 증언을 비교할수록 기억을 믿을 수 없다는 것만이 확인될 뿐이다. 뮤지컬로 각색된 〈지지(Gigi)〉에서 한 늙은 연인은 "당신은 그날 온통 황금빛으로 치장했었지"라고 회상하며 노래한다. 여자는 연인의 말을 바로잡는다. "난 파란색 옷을 입고 있었어요." "아, 그랬지." 남자가 대꾸한다. "선명하게 기억나는군." 우리는 다양한 방식으로 모두 똑같이 잘못 기억한다.

이렇듯 허술하게 작동하는 기억력 덕분에 인간은 특출하게 상상적인 동물이 된다. 모든 거짓 기억은 어느 가능한 새로운 미래를 흘끗 내다보는 것과 같다. 그러니까 우리의 선택에 따라 우리 스스로 만들어보려고 시도해볼 수 있는 어떤 미래 말이다.

정확한 예측력

기억의 왜곡이 상상력을 확장하지만 이것은 상상력을 전부 설명하지 않는다. 생물의학 의생명 과학자 로버트 아프(Robert Arp)가 말한 '시나리오 시각화 능력(scenario visualization)' 역시 필요하다. 이름이 거창해 보이지만 간단히 현실적인 상상력이라고 불러도 좋다. 아프는 이 능력을 우리의 호미닌 조상이 사냥용 투창 같은 복잡한 도구를 만드는 과정에서 생겨난—아프가 보기에는 인간에게 고유한—어떤 심리적 적응 과정과 연관 짓는다.[35] 현재까지 생존한 종 중에 막대기를 창으로 바꾸고, 상상의 도약을 통해 여기에 창날을 추가할 정도로 강력한 정신의 눈을 가진 생물은 인간밖에 없다는 것이다.

이렇게 판단하는 것은 불공정할지 모른다. 다른 동물도 머릿속에서 막대기를 다른 것으로 떠올리기 때문이다. 이를테면 침팬지는 막대기를 흰개미를 잡는 낚싯대로 보는 능력이 있다. 침팬지에게 막대기는 강물에 떠내려가는 물건을 둑 쪽으로 끌어오는 도구, 견과류를 내려치는 도구, 공격성을 과시하고 싶을 때 더욱 강렬한 효과를 내기 위해 휘두를 수 있는 도구가 된다. 침팬지들이 막대기를 잠재적인 창으로는 보지 않는다면, 그것은 아마 그들이 인간보다 던지기를 잘하지 못하기 때문일 것이다.[36] 비인간 유인원은 막대기를 던지는 경우가 비교적 많지 않고 이를 통해 얻는 효과도 비교적 적다. 하지만 그들 역시 막대기를 보고 현실적인 용도를 떠올린다. 그리고 이 모든 행위에는 '시나리오 시각화'나 상상력을 써서 해결책을 예견하는 능력이 결부된다. 많은 동물, 특히 진화의 역사에서 포식자이거나 피식자였던 동물들은 문제 해결에 상상력을 활용한다. 쥐가 미로를 탈출하는 경로를 찾아낸다면 이 쥐는 자신이 어디로 가고 있는지 안다고 가정하는 것이 합당하다. 우리 개는 어릴 때 (헛수고로 끝났지만) 다람쥐를 잡기 위해 몇 주간의 시행착오 끝에 영리한 전략을 개발했다(27쪽 참조). 우리 개 역시 소소하게나마 상상적 예측력을 보여준 셈이다.

개도 꿈을 꾼다. 고양이도 그렇다. 개나 고양이는 자다가 문득 몸을 움찔대거나 앞발을 허우적댄다. 평소 신이 나거나 불안할 때 내는 소리를 잠결에 내기도 한다. 반려동물들은 수면중에 눈동자가 돌 듯이 움직이기도 하는데 이것은 인간이 꿈을 꿀 때 나타나는 급속 안구운동(REM, rapid eye-movement)과 유사하다.[37] 꿈을 꾸며 전에 해본 놀이를 다시 하며 즐거워하거나, 느긋하게 긴장을 풀거나, 사냥감이나 다른 먹이를 쫓는 모험을 예측하고 있는지도 모른다. 그렇다고 해서 개나 고양이가 깨어 있을 때도 사람처럼 실재하지 않는 것을 자유자재로 상상할 수 있다는 뜻은 아니다. 잠은 예외를 허락하는 특별하고 비전형적인 의식의 형태다. 하지만 비인간 동물은 꿈을 꿀 때 인간 정신의 환영적 속성을 분명히 공유한다.

비인간 동물은 또한 우리가 우리 조상들이 어떤 상황에서 상상력을 획득했는지 추측하는 데 도움을 준다. 아프의 도구 제작자들처럼 우리 개도 사냥을 한다. 사실 개와 사람은 유구한 사냥의 역사를 공유한다. 혹시 개 진화 심리학자가 있다면 그는 아주 순한 반려견들조차도 포식 행위의 산물로 보이는 행동들을 보인다는 것을 알 것이다. 북슬북슬한 솜인형의 속을 몽땅 끄집어내놓는다거나, 재미로 가짜 싸움을 벌이거나, 토끼굴이나 여우굴을 찾는 듯 카펫에서 냄새나는 곳을 거칠게 긁는 행동이 그렇다. 나는 여기에서 페미니스트들이 문제를 제기할 "맨 더 헌터(Man the Hunter, '수렵꾼' 또는 '사냥하는 남자')" 개념을 끌어오고 싶지는 않다(내게 '맨[man]'이라는 단어는 한 가지 성에 국한되지 않는 공통 젠더의 단어다). 그보다는 사냥은 자연의 자원을 약탈하는 행위(foraging)의 한 형태이므로 "더 휴먼 포리저(The Human Forager, '약탈꾼' 또는 '약탈하는 인간')"라는 표현이 어느 경우든 더 나을 것이다(여기서 '약탈[foraging]'은 자연의 자원을 약탈하는 행위인 수렵 및 채집 활동을 일컫는다—옮긴이). 여하튼 사냥은 먹잇감을 쫓거나 먹잇감이 된 종에게 장기적으로 상상력의 발달을 자극한다. 나는 이것이 사냥을 하거나 사냥을 당하는 동물은 내가 예측력(anticipation)이라고 부르는 매개 능력을 키워야 하기 때문이라고 생각한다.

상상력이 거기에 있지 않은 것을 보는 힘이고 기억력이 더이상 거기에 있지 않은 것을 보는 힘이라면 예측력도 비슷하다. 예측력은 아직 거기에 있지 않은 것을 보는 힘, 그리하여 다음 언덕을 넘었을 때나 다음 나무둥치 뒤에서 출현할 위험이나 기회를 머릿속에 떠올리는 힘, 먹이가 발견될 장소나 위험이 잠복한 장소를 미리 내다보는 힘이다. 그러니 예측력도 기억력과 마찬가지로 상상력의 문턱에 자리해 있다. 예측력은 성가신 영업사원이나 전화벨 소리처럼 언제든 문턱을 넘을 준비가 되어 있다. 예측력을 관장하는 뇌 부위도 기억력과 마찬가지로 상상력과 중첩된다. 이 세 능력은 현재 있지 않은 장면을 만들어낸다. 나쁜 기억력과 좋은 예측력이 결합하면 상상력이 나타난다.

아마도 예측력은 진화의 산물, 즉 생존을 위해 선택되어 유전자에 부호화된 능력일 것이다. 대략 사반세기 전 '거울 뉴런'—인간을 포함한 일부 종의 뇌에 있는 신경세포로 우리가 타인의 행위를 관찰할 때나 우리 스스로 그 행위를 할 때나 비슷하게 반응한다—이 발견되면서 어쩌면 공감과 모방 능력의 기원이 확인될지 모른다는 기대감을 불러일으켰다. 하지만 그보다 더욱 주목할 만한 사건이 있었는데 그것은 대뇌 고랑(sulcus)에서 일어나는 활동을 측정해 마카크원숭이에게도 예측력이 있음을 확인한 일이다. 2005년에 수행된 실험에서 한 집단의 원숭이들이 사람들이 먹이를 움켜쥐는 시늉을 하는 것을 지켜보았다. 다른 집단의 원숭이들은 실제 동작을 지켜보았다. 두 집단은 동일한 반응을 보였다.[38]

문화는 예측력의 발달을 촉진할 수 있지만, 이는 진화가 그렇게 할 수 있는 재료를 공급할 때만 그렇다. 포식자와 피식자 모두 예측력이 필요하다. 둘 다 상대의 움직임을 미리 내다볼 필요가 있기 때문이다.

인간에게는 예측력이 풍부하다. 인간은 풍부한 예측력이 필요하기 때문이다. 우리는 우리의 경쟁 종보다 더 많은 예측력이 필요하다. 우리는 다른 중요한 것들을 대체로 아주 조금밖에 갖고 있지 않기 때문이다. 우리는 포식자를 피하거나 먹잇감을 잡거나 먹이 경쟁에서 상대를 물리쳐야 할 때 지나치게 행동이 굼뜨다. 나무를 오르는 데 서투르기 때문에 손에 닿지 않는 열매가 많고 높은 쉼터는 포기해야 한다. 우리는 대체로 경쟁 동물보다 시력이 나쁘다. 먹잇감이나 위험한 상황의 냄새를 감지하는 능력, 멀리서 나는 소리를 듣는 능력은 아마도 호미니드 시기부터 쇠퇴했을 것이다. 갯과나 고양잇과 동물과 청력이 비등했던 적조차 없었을 터다. 우리의 송곳니와 손발톱은 안쓰러우리만치 부실하다. 우리보다 우월한 장비를 갖춘 다른 종은 각자의 생태적 틈새를 장악했지만 우리 조상들은 사냥에 전념해야 했다. 턱뼈에서 내장에 이르기까지 호미닌의 소화 기관은 대다수의 식물을 감당하지 못했다. 따라서 아마도 300만 년 또는 400만 년 전부터 육식은 필수적이었다. 지금의 우리를 만든 진화 과정에서 호미닌 조상들은 처음에는 다른 동물이 먹다 남긴 음식을 뒤지다 이후 점차 식량으로 쓸 고기를 직접 구할 방법을 찾아 수렵민이 되어야 했다.

진화는 우리에게 결함을 보완할 신체적 장점은 거의 주지 않았다. 이족보행으로 두 손이 자유로워지고 머리를 바로 쳐들 수 있었지만, 전반적으로 민첩성은 개선되지 않았고 다리의 말단은 그냥 발이되었다. 그것들은 이제 더는 유용한 여분의 손이 아니었다. 진화가 우리에게 가져다준 가장 유리한 변화는 무언가를 던지거나 투척물과 투척 도구를 제작하는 우리의 기술이 평균적으로 다른 어느 종보다 월등하게 뛰어나다는 것이었다. 그래서 우리는 우리가 직접 잡을 수 없는 먹잇감이나 우리를 잡으려는 포식자에게 무언가를 던질 수 있다. 그런데 움직이는 사물을 명중시키려면 목표물이 어떻게 이동할 가능성이 큰지 미리 내다볼 수 있는 명민한 예측력을 개발해야 한다. 예측은 우리의 결점을 최소화하고 잠재력을 최대화한 진화된 기술이다. 인간의 예측력을 설명할 때 동원되는 여러 근거는 사실 다른 영장류에게도 적용될 수 있다. 모든 영장류는 동일한 능력을 부여받은 것으로 보인다. 심지어 일부 영장류는 인간과 확연히 비슷하게 상상의 나래를 펼칠 잠재력을 갖고 있음을 보여준다. 일부는 그림을 그리고(콩고라는 이름의 침팬지가 캔버스 천에 그린 작품들은 경매에서 수천 달러에 팔렸다) 일부는 새로운 단어를 만든다. 여키즈 연구소(Yerkes

Institute)의 언어 능력이 탁월한 유인원 워슈(Washoe)는 미국의 수화 언어를 써서 브라질산(産) 견과류를 '바위베리(rock-berry)'라고 지칭했다. 사육사가 이름을 붙이지 않은 항목을 가리키는 새 용어를 만든 최초의 사례였다. 또한 워슈는 육지에 나와 있는 백조를 가리켜 '물 새(water birds)'라는 말을 만들기도 했다. 다른 비인간 유인원은 기술을 개발하고 문화적 관습을 도입하며 다양한 미적 감각을 발휘해 스스로를 치장하고 외양을 바꾼다. 하지만 이들은 이러한 실천을 결코 인간만큼 확장하지는 않는다.

그렇다면 우리를 가장 상상력이 풍부한 영장류로 만드는 것은 무엇일까? 침팬지와 고릴라의 특출하게 우월한 기억력이 그 차이를 일부나마 설명한다. 앞서 보았듯이 상상력을 극대화하려면 기억력이 나빠야 한다. 아울러 영장류는 신체적 역량의 성취도가 각기 다르다는 점을 지적할 수 있다. 우리는 영장류 중에서 예측력이 가장 많이 필요한 동물이다. 힘과 민첩성이 부족하기 때문이다. 나머지 대답은 진화심리학—옹호자와 비판자가 극명하게 나뉘는 학문 분야—이 제공해 줄 수 있다.

현존하는 영장류 중 인간은 수렵의 역사가 특히 장구하다. 우리는 식량을 구하기 위해 수렵에 크게 의존했다. 침팬지도 보노보원숭이(한때 '난쟁이 침팬지'로 분류되기도 했다)를 사냥하지만 우리만큼 많이 하지는 않는다. 침팬지에게 사냥은 인간에게보다 훨씬 덜 중요하다. 침팬지가 먹잇감을 추적하고 사냥하기 적당한 자리를 선정하는 솜씨는 감탄스러우리만치 능숙하지만 1960년대까지는 아무도 침팬지가 사냥하는 모습을 관찰한 적이 없었다. 이는 그저 증거의 속임수일지도 모르지만, 이때를 즈음해 침팬지들은 인간의 침입으로 인한 환경적 압박 때문에 어쩔 수 없이 새로운 식량의 원천을 개발해야 했던 것인지도 모른다. 여하튼 수렵은 침팬지에게 주된 생존 활동이 아니었다. 반면 인간 사회에서는 호모 사피엔스가 살았던 시간의 90퍼센트에 달하는 시기에 수렵은 생존의 기반이었다. 수렵 침팬지는 일반적으로 그들이 섭취하는 열량의 최대 3퍼센트를 사냥으로 얻는다. 반면 침팬지가 선호하는 서식지와 비슷한 열대 환경에 사는 전형적인 수렵민 열 개 부족은 훨씬 더 높은 수치의 열량을 사냥으로 얻는다. 조사에 선정된 공동체들은 평균적으로 거의 60퍼센트에 가까운 열량을 수렵으로 구한 육류에서 섭취했다.[39]

더욱이 육식성 침팬지는 수렵의 대상을 제한된 범위의 종에 집중한다. 대체로 콜로부스원숭이를 선호하고 가끔 야생돼지와 작은 영양도 먹는다. 적어도 대부분의 관찰이 수행된 나이지리아 곰베에서만큼은 그렇다. 반면 인간 공동체는 먹잇감이 아주 다양하다. 이렇듯 침팬지와 인간의 먹잇감이 다른 주된 이유는 아마도 침팬지 집단에서 수렵은 여전히 흔한 일이 아니고 어린 침팬지는 기술을 습득할 기회가 드물기 때문일 것이다. 침팬지가 최고 수준의 수렵꾼이 되기까지는 최장 20년이 걸린다. 사냥에 숙련된 침팬지는 도망가는 콜로부스원숭이를 앞을 가로막거나 퇴로를 차단함으로써 함정에 빠뜨린다. 초보 침팬지들은 인간 몰이꾼들이 하듯 덫을 직접 던져 원숭이가 겁을 먹고 도망가게 만든다. 반면 인간은 나이가 어린 초심자라도 사냥을 몇 차례 경험하면 충분한 기술을 습득한다.[40] 수렵 경험이 많지 않은 침팬지도 예측력을 발달시키면 먹잇감의 이동 경로를 추측하고 여럿이 합심해 계획을 세우고 먹잇감이 지나갈 길을 내어준 다음 퇴로를 차단하는 모습을 볼 수 있다. 이는 마치 미식축구 경기에서 러닝백이나 리시버를 추적하는 우아한 방어 기술을 보는 것 같다. 모든 수렵 생물은 사냥을 하며 예측력을 연마한다. 하지만 호모 사피엔스가 다른 어떤 생물보다—우리와 가장 가까운 생존 종보다도—더욱 발달된 예측력을 갖고 있다는 것은 그리 놀라운 일이 아니다.

고도로 발달된 예측력은 풍부한 상상력에 앞서 나타날 가능성이 높다. 우리는 예측할 때, 다음 장애물 뒤에 먹잇감이나 포식자가 있을 거라고 상상한다. 우리는 위험이나 기회가 어떤 방식으로 나타날지 추측한다. 하지만 상상력은 예측력 이상의 능력이다. 상상력은, 부분적으로는, 예측력의 과잉으로 빚어진 결과다. 일단 우리가 적이나 먹잇감, 문제, 결과 따위를 눈으로 직접 보지 않아도 머릿속에 떠올릴 수 있다면, 우리는 아마도 개연성이 더 적은 대상, 그러니까 경험하지 않았거나 눈에 보이지 않거나 형이상학적이거나 불가능한 어떤 것이라도 마찬가지로 머릿속에 떠올릴 수 있을 것이기 때문이다. 가령 새로운 종, 과거에 먹어보지 않은 음식, 한 번도 들어보지 않은 음악, 환상적인 이야기, 새로운 색깔, 괴물, 요정, 무한대보다도 거대한 어떤 수, 신 등을 말이다. 우리는 심지어 '무(無)'를 생각할 수도 있다. 이는 아마도 상상력이 이루어낸 가장 대담한 도약이었을 것이다. 무라는 아이디어는 정의상 경험으로 예시할 수 없고 현실에서 파악할 수 없다. 우리의 예측력은 바로 이러한 방식으로 상상력을 통해 우리를 아이디어로 이끈다.

상상력은 예측력과 기억력이 접근할 수 있는 범위를 넘어선다.

상상력은 진화의 일반적인 결과물들과 달리 생존 요구를 넘어서고 우리에게 어떤 경쟁적 우위를 부여하지 않는다. 문화는 상상력에 보상을 제공하고 그 지위를 드높임으로써 상상력을 자극한다. 우리는 시인을 칭송하고 백파이프 연주자에게 돈을 내고 샤먼을 두려워하며 사제에게 순종하고 예술가를 떠받든다. 우리는 춤과 북과 음악과 술과 흥분제와 마약으로 환영의 빗장을 푼다. 하지만 나는 독자들이 상상력을 두 가지 진화된 능력, 즉 우리의 나쁜 기억력과 과잉 발달된 예측력이 결합한 결과물로 보는 것에 동의하기를 희망한다. 우리의 나쁜 기억력은 경험을 마구잡이로 왜곡해 창의성을 낳고, 우리의 과잉 발달된 예측력은 우리의 머릿속을 우리에게 필요한 것을 넘어서는 이미지들로 채운다.

기억과 예측이 상상을 구성한다는 말이 여전히 설득력이 부족하다고 느끼는 독자가 있다면 한 가지 사고 실험을 해보자. 기억과 예측이 없는 삶은 어떤 것일지 상상해보자. 하지만 그러려면 우리는 일단 기억의 효과를 상기하지 않거나 기억이 없는 채 미래를 내다볼 수 있어야 할 텐데 그것은 불가능하다. 우리가 기댈 수 있는 최선의 방법은—다시 한 번, 기억을 이용해—이 두 가지 능력이 결핍된 소설 속 인물을 참조하는 것이다. 『성난 군중으로부터 멀리 Far From the Maddening Crowd』의 부사관 트로이에게는 "기억은 거추장스러운 짐이고 예측은 없어도 되는 잉여였다". 그리하여 트로이의 정신적·정서적 삶은 황폐했다. 트로이의 삶에는 타인에 대한 진정한 공감도 스스로에게 보람된 성취도 없었다.

언어로 생각하다

기억력·예측력과 더불어 언어는 상상력의 마지막 재료다. 내가 여기서 '언어'라는 말로 의미하는 것은 상징체계다. 언어는 몸짓과 발화의 합의된 패턴이나 기호의 체계다. 이 몸짓과 발화는 실제 대상과 명백한 유사성을 반드시 띠지는 않는다. 당신이 나에게 돼지 그림을 보여주었을 때 내가 당신이 지칭하는 것이 무엇인지 알아챘다면 그것은 이 그림이 재현적이기 때문이지 상징적이기 때문은 아니다. 하지만 단어는 상징이다. 따라서 당신이 내게 '돼지'라고 말할 때 만일 내가 그 기호를 모르면 나는 당신이 의미하는 바를 알 수 없다. 언어는 이러한 방식으로 상상력에 이바지한다. 이미지나 소리이 형태를 취하는 상상을 의사소통이 가능한 아이디어로 바꾸려면 언어가 필요하다.

　어떤 사람들은 어떤 대상에 해당하는 단어를 우리가 갖고 있지 않다면 우리는 그 대상을 애초에 머릿속에 떠올릴 수 없다고 생각한다. 제이콥 브로노우스키(Jacob Bronowski)도 그렇게 주장했다. 최후의 위대한 박식가 중 한 명인 브로노우스키는 상상력은 인간만의 고유한 재능이라고 열렬히 믿었다. 1974년 브로노우스키는 임종 직전에 이렇게 말했다. "현재 감각할 수 없는 것을 머릿속에 떠올리는 능력은 인간의 발달에서 매우 중요하다. 그리고 이 능력은 거기에 있지 않은 어떤 대상에 대한 상징이 마음속 어딘가에 반드시 있어야만 가능하다."[1] 언어에 의존하는 종류의 사고는 분명히 있다. 예를 들어 영어나 네덜란드어 사용자는 스페인어나 프랑스어로 생각하는 사람과 성과 젠더의 관계를 다르게 이해한다. 스페인어나 프랑스어 사용자는 공통

젠더에 속하는 단어를 갖고 있지 않지만, 남성 생명체를 여성형 단어로 지칭하거나 여성 생명체를 남성형 단어로 지칭하는 데 익숙하다. 스페인어권 페미니스트들은 어느 정도는 이러한 이유에서 여성 변호사와 여성 목사를 지칭하는 여성형 단어를 새로 만든 반면 다른 명칭은 그대로 두었지만, 영어권 페미니스트들은 똑같이 터무니없는 논리로 '여배우(actress)'나 '여류작가(authoress)' 같은 여성형 단어를 폐기했다.

그러나 한때 학자들은 우리가 사용하는 언어가 우리가 세계를 인식하는 방식에 미치는 영향을 과장하곤 했다.[12] 현재 우리가 가진 증거에 미루어 볼 때 우리는 대체로 우리의 아이디어를 표현하기 위해 단어를 고안한 경우가 그 반대 경우보다 더 많다. 예를 들어 여러 실험을 통해 유아들은 상징적 발화를 하기에 앞서 체계적인 선택을 거친다는 것이 밝혀졌다.[13] 우리는 어떻게 언어 없이 생각하는 것이 가능한지 말할 수 없을지 모르지만 적어도 어떤 것을 머릿속에 떠올린 다음 그것에 대한 단어나 다른 상징을 나중에 발명하는 것은 분명 가능하다. 움베르토 에코가 단테의 사상을 요약해 말했듯 "천사들은 말하지 않는다. 그들은 일종의 즉각적 정신 읽기를 통해 서로를 이해하고, 그들이 알도록 허락된 모든 것을 알기 때문이다. (⋯) 언어를 전혀 사용하지 않고 그저 '신적인 정신'을 쳐다보는 것만으로".[14] 언어는 상상력의 전제 조건인 동시에 상상력의 결과물이라고 말하는 것이 합당하다.

상징들─과 언어는 상징체계이고 여기서 발화를 비롯한 기호들은 지시대상을 나타낸다─은 도구를 닮는다. 지금까지의 내 주장이 타당하다면, 상징과 도구는 둘 다 그것들을 고안한 생물체가 지닌 한 가지 동일한 속성, 즉 거기에 있지 않은 것을 보는 능력의 결과물이다. 이 능력은 시각적 빈틈을 메우는 능력, 즉 한 사물이 마치 다른 어떤 것인 양 다시 그려낼 수 있는 능력이다. 이렇게 해서 막대기는 거기에 없는 팔의 대용물이 되고 렌즈는 눈을 변화시킨다. 비슷하게 언어에서 소리는 감정이나 대상을 나타내거나 거기에 없는 존재들을 떠올리게 한다. 내가 이 글을 쓰는 지금 내 아내와 우리 개는 6000킬로미터 떨어진 곳에 있지만 나는 이렇게 그들을 언급함으로써 그들을 상징적으로 소환할 수 있다. 나는 커피 한 잔을 다 마셨다. 하지만 커피가 가득 채워진 잔에서 김이 모락모락 피어오르는 이미지가 내 머릿속에 있어서 나는 글을 쓰는 중에 그것의 환영을 떠올릴 수 있다. 당연히 일단 우리가 상징의 레퍼토리를 갖게 되면 상징이 상상력에 미치는 영향은 더욱 자유롭고 풍성하다. 그리고 상징이 많을수록 결과도 더욱 풍부해진다. 언어(또는 모든 상징체계)와 상상력은 서로에게 양분을 제공한다. 하지만 이 둘의 기원은 각기 독립적일 수 있다.

언어는 짐작건대 사람들이 개발한 최초의 기호체계였다. 그런데 과연 얼마나 오래전이었을까? 우리의 언어에 관한 거의 모든 생각의 기저에는 오류들—아니면 적어도 부적절한 억측들—이 있다. 최초의 언어 발달 시기에 관한 초창기 논쟁을 지배한 것은 턱과 입천장의 배열이었지만, 사실 발성 기관은 이 문제에서 그리 중요하지 않다. 발성 기관은 우리가 사용할 수 있는 언어의 종류에 영향을 미치되 언어의 사용 가능성에는 전반적으로 영향을 주지 못하기 때문이다. 어느 경우든 우리는 언어의 목적이 의사소통과 사회화라고 가정하는 경향이 있다. 언어는 상호이해의 유대관계를 창출하며 협력을 가능하게 한다는 것이다. 원숭이가 다른 원숭이의 이를 잡아주고 개들이 서로 킁킁대고 혀로 핥듯이 인간은 언어를 사용한다는 생각이다. 하지만 언어는 단순히 자기표현으로 시작했을 수도 있다. 그저 스스로 고통이나 기쁨, 좌절, 만족을 나타내기 위해 입 밖에 낸 소리였을지 모른다. 우리 조상들이 낸 최초의 소리는 짐작건대 재채기, 기침, 하품, 객출, 호흡, 방귀처럼 몸에서 갑자기 나는 소리였을 것이다. 더 깊은 의미를 띤 최초의 발화는 만족감에서 나온 그르렁 소리나 입을 쩝쩝 다시는 소리, 생각에 잠겨 내뱉은 중얼거림이었을 수 있다. 맨 처음 의식적으로 소음이나 몸짓 또는 발화를 통해 의사를 전달하려고 했을 때 그것은 적대적인 의사 표현이었을 가능성이 크다. 포식자나 경쟁자 앞에서 으르렁거리거나 비명을 지르거나 기량을 과시해 그들을 위협하고 쫓아내려고 했을 것이다. 아마도 단순히 성적인 성격을 넘어서는 파트너십을 확립하기 위해서 말이다.

게다가 만일 언어의 목적이 의사소통이라면 사실 언어는 제 역할을 다하지 못하고 있다. 어떠한 상징도 그것이 의미하는 대상에 정확히 대응하지 않는다. 심지어 대상과 구체적으로 닮게 디자인된 기표도 종종 모호하고 오해를 불러일으킨다. 어느 날 나는 고급 식당에 함께 간 동행이 화장실을 찾지 못하고 헤매는 모습을 발견했다. 그는 딸기 그림이 붙은 문과 바나나 그림이 붙은 문 사이에서 머뭇거리며 서 있다가 마침내 무언가를 깨달았다는 표정을 지었다. 나는 내 컴퓨터 화면에 디자이너들이 뿌려놓은 아이콘들을 제대로 이해하지 못해 눈을 끔뻑거리곤 한다. 어느 기발한 신문기사에서는 글쓴이가 세례성사 선물로 금으로 된 작은 십자가 모양 펜던트를 사러 갔는데 매장 직원이 이렇게 물었다고 한다. "조그마한 사람이 올려진 것으로 하실래요?" 언어가 사용하는 기호는 대부분 임의적이고 실제 대상과 유사성이 전혀 없기 때문에 오해를 빚을 가능성은 증가한다.

오해—평화를 깨뜨리고 결혼생활을 망치며 수업을 방해하고 효율성을 해친다고 우리가 늘 탓하는 그것—는 유익할 수 있다. 오해는 아이디어들을 증가시킬 수 있기 때문이다. 흔히 새로운 아이디어는 오래된 아이디어를 잘못 이해한 것이다. 언어는 성공적인 의사소통 못지않게 왜곡과 재앙을 통해 아이디어의 형성과 혁신의 흐름에 이바지한다.

문화의 생산

그렇다면 기억력과 예측력은 언어로부터 약간의 도움을 받아 상상력을 만드는 공장이다. 지금까지의 내 주장이 옳다면 아이디어들은 이 공정의 최종 생산물이다. 그래서 뭐가 어떻단 말인가? 아이디어들이 실제 세계에서 진정으로 어떤 차이를 빚어낼까? 이 세계를 형성하는 것은 거대한 힘들—기후와 질병, 진화와 환경, 경제 법칙과 역사적 결정요인—이 아니던가? 인간의 힘은 어차피 일어나게 되어 있는 일을 변화시킬 수는 없지 않은가? 당신은 코스모스의 시계를 벗어난 방식을 생각할 수 없다. 아닌가? 당신은 톱니 사이에서 으스러지지 않고 바퀴에서 탈출할 수 있는가?

나는 세계를 만드는 것은 비인격적인 힘이 아닌 아이디어라고 주장한다. 우리가 하는 거의 모든 일은 우리의 머릿속에서, 우리가 현실에 건설하기 위해 노력하는 재상상된 세계들과 더불어 시작된다. 우리는 자주 실패하지만 이 실패들마저도 사건들에 영향을 미치고 그로 인한 충격은 새로운 패턴들과 새로운 과정들을 낳는다.

우리의 경험이 기묘하다는 것은 다시 한번 우리 자신을 다른 동물과 비교해보면 분명하다. 수많은 종이 사회를 이루고 산다. 이들은 다양한 복잡성을 띠는 무리나 떼 또는 군을 이루어 살지만—종별로, 그리고 서식지별로—그들이 사는 방식은 대체로 획일적인 패턴을 띤다. 우리가 아는 한에서는 본능이 이들의 관계를 규정하고 행동을 예견한다. 일부 종에게는 문화가 있다. 여기서 말하는 문화란 생명체들이 경험을 통해 행동을 배우고 이 행동을 모범과 교습, 학습, 전통을 통해 다음 세대에 전달하는 것이다. 이는 비(非)문화적이거나 전(前)문화적 사회화와 구분된다.

비인간 동물의 문화는 1953년 일본에서 최초로 발견되었다. 이때 영장류학자들은 이모(いも, 일본어로 고구마, 감자, 토란 등의 총칭—옮긴이)라는 젊은 암컷 마카크원숭이가 일찍이 아무도 본 적이 없는 방식으로 행동하는 것을 관찰했다. 이모의 부족 구성원들은 그때까지 고구마를 먹기 전에 흙을 털어냈다. 이모는 샘물이나 바다에서 고구마를 씻을 수 있다는 것을 발견했다. 이모의 동료 마카크원숭이들은 고구마에 자꾸만 달라붙는 모래알을 떼어내느라 몹시 애를 먹었다. 이모는 고구마를 물에 담그면 흙이 쉽게 분리된다는 것을 발견했다. 무거운 모래알이 물에 가라앉는 동안 고구마를 건져 올리기만 하면 되었다. 그런데 이모는 그저 천재이기만 한 것이 아니라 좋은 교사

이기도 했다. 이모의 엄마, 형제자매, 그리고 점차 부족의 나머지 구성원들도 이모가 가르쳐준 기술을 사용했다. 이 원숭이들은 오늘날에도 이 관습을 실천하고 있다. 이 실천은 명백한 의미에서 문화가 되었다. 이제 단순히 실용적 효과보다는 전통을 받들기 위해 실천하는 의식이 되었기 때문이다. 이 원숭이들은 바로 먹을 수 있도록 깨끗하게 씻은 고구마를 주어도 여전히 고구마를 바다에 담근다.[15]

　　지난 70여 년에 걸쳐 과학은 비인간 동물의 영역에서 문화의 사례를 점점 더 많이 밝혀냈다. 처음에는 영장류 집단에서, 이어 돌고래와 고래, 까마귀, 명금, 코끼리, 쥐 집단에서도 잇따라 발견했다. 심지어 어느 연구자는 문화적 역량은 박테리아에서도 감지될 정도로 보편적이기 때문에 잠재적으로는 어느 종이든 시간과 적절한 환경적 압력 또는 기회가 주어신다면 문화를 발달시킬 수 있다고 주장한다.[16] 설사 그렇다 하더라도 지금까지 어떠한 종도 호모 사피엔스가 밟아온 문화적 궤적을 따라 그렇게 많이 문화를 발달시켰다는 증거는 발견되지 않았다. 우리는 문화가 발산하는 방식을 측정할 수 있다. 변이가 많을수록 문화적 변화의 총량도 크다. 그런데 오로지 인간에게서만 이 측면에서 다량의 연구 소재가 나타난다. 고래들은 대개 서로를 스쳐 지나가거나 울음소리를 냄으로써 어디서나 대체로 동일한 사회적 관계를 맺는다. 대부분 다른 사회적 종들도 마찬가지다. 침팬지에게서는 문화의 발산이 나타난다. 이를테면 일부 지역에서는 견과류를 돌로 깨뜨리는가 하면 일부 지역에서는 흰개미를 잡을 때 막대기를 낚시대처럼 사용한다. 하지만 인간 문화의 다양성은 이와 비교가 되지 않는다. 개코원숭이의 짝짓기 습성은 일부일처제식 결합부터 술탄같이 수

많은 처첩을 두거나 반복적으로 짝을 바꾸는 경우들에 이르기까지 흥미로우리만치 폭넓은 영역에 걸쳐 있지만, 이 역시 인간이 짝을 맺는 다양한 형식에 비할 바는 못 된다.

다른 동물의 문화가 정체되어 있는 것은 아니지만 우리의 문화와 비교하면 언뜻 그렇게 보인다. 최근에 생긴 침팬지 고고학이라는 독립된 하위 학문 분야가 있다. 캘거리대학교의 훌리오 메르카데르(Julio Mercader)와 그의 동료와 학생들은 침팬지들이 수천 년간 자주 드나들던 현장을 찾아 땅을 파보았다. 그들은 오늘날의 침팬지들이 도구를 선택하고 사용하는 방식과 연속성이 있다고 짐작되는 여러 주목할 만한 증거들을 발견했다. 하지만 그들은 침팬지들이 최초로 돌을 사용해 견과류를 깨기 시작한 이래 이렇다 할 만한 혁신이 일어났다는 증거를 찾지 못했다. 침팬지의 정치 역시 연구할 거리가 많은 분야이다. 여키즈 연구소 소속의 프란스 드 발(Frans de Waal)의 전문 분야는 이른바 '침팬지 마키아벨리즘(Chimpanzee Machiavellianism)'이다.[42] 당연히 침팬지 사회는 리더십 쟁탈전 형태의 정치 변화를 겪는다. 이러한 쟁탈전의 결과, 이런저런 알파 메일(우두머리 수컷-옮긴이)이나 최고 유인원 역할을 자처하는 후보자들을 옹호한 폭력배 갱들은 잔인한 운명의 전환점을 맞곤 한다.

이따금 침팬지들에게서는 혁명적인 변화의 잠재력이 엿보이기도 한다. 이를테면 어느 영리한 침팬지가 알파 메일의 지위를 찬탈할 때가 그러했다. 고전적인 사례로 곰베의 몸집이 작고 허약하지만 영리했던 침팬지 마이크를 들 수 있다. 마이크는 1964년 부족의 권력을 장악했다. 마이크는 영장류학자들의 연구 캠프에서 훔쳐 온 커다란 깡통을 요란하게 치며 공격성을 과시했다. 겁에 질린 알파 메일은 마이크에게 항복했고 마이크는 이후 6년간 권력을 유지했다.[18] 그러니까 마이크는 우리가 아는 최초의 침팬지 혁명가다. 마이크는 지도자의 지위를 찬탈했을 뿐만 아니라 지도자가 출현하는 방식 자체를 혁신했다. 우리는 먼 과거 호미니드 사회에서도 비슷한 혁명이 발생했으리라고 추정해볼 수 있다. 하지만 영리한 마이크도 다른 알파 메일이 일으킨 또다른 쿠데타의 개입 없이 권력을 이양할 수 있는 방법을 생각해내지는 못했다.[19]

정치 문화의 주목할 만한 변화는 1986년 개코원숭이들 사이에서 일어났다. 이때 엘리트층이 전멸했는데 아마도 사람들의 두엄더미에서 나온 유독한 음식쓰레기를 먹어서 발생한 일로 짐작된다. 아마도 폐결핵이 돌았을 것이다. 그런데 시간이 지나도 정권을 장악할 새로운 알파 메일이 나타나지 않았다. 그 대신 여러 마리의 암컷 개코원숭이들이 주된 역할을 맡는 공동 권력 체계가 등장했다.[50] 침팬지 부족은 가끔 젊은 수컷 침팬지들이 소속 집단 밖에서 짝을 구하기 위해 이탈해 부족 자체가 분리되기도 하는데 이는 흔히 분리주의자들과 구세대 사이의 전쟁으로 이어진다. 하지만 이러한 변동은 전반적으로 일정한 연속성을 띠는 패턴으로 발생한다. 침팬지 사회의 구조는 대체로 좀처럼 변화를 겪지 않는다. 인간 정치체제의 급속한 전복과 놀라운 다양성과 비교하면 다른 영장류의 정치에서 나타나는 변동은 사실 미미한 수준이다.

생각의 힘

따라서 역사가들이 풀어야 할 문제들은 다음과 같다. '대체 왜 역사라는 것이 생겨날까?' 다른 사회·문화적 동물들의 생활 방식은 시간이나 장소에 따라 발산의 정도가 크지 않는 데 비해 인류의 역사는 어째서 그토록 많은 변화와 사건으로 빽빽이 들어차 있을까?

지금까지 두 가지 이론이 제기되었다. 첫번째는 역사는 온전히 물질과 연관이 있다는 이론이다. 두번째는 역사는 온전히 정신과 연관이 있다는 이론이다. 한때 사람들은 정신과 물질은 전혀 다른 종류에 속한다고 생각했다. 이 책의 앞에 등장하는 『펀치』의 재담가는 물질과 정신 개념의 완벽한 상호 배타성을 표현했다. '정신은 물질이 아니었고, 물질도 결코 정신이 아니었으니(mind was no matter, and matter never mind. 'mind['정신' 또는 '신경쓰다']'와 'matter['물질' 또는 '중요하다']'의 중의적 의미를 이용한 언어유희로 '정신이 무엇이든 상관없고, 물질 따위는 신경쓰지 말 것'이라고도 해석이 가능하다—옮긴이)'. 정신과 물질의 이러한 구분은 이제 더는 신뢰할 수 없는 듯하다. 인문학자들과 과학자들은 이른바 '심신 이원론'을 거부한다. 이제 우리는 아이디어를 떠올릴 때, 또는 더 일반적으로 우리 머릿속에 생각이 떠오를 때 여기에는 뇌의 물리·화학적 과정이 수반된다는 것을 안다. 더구나 우리가 생각하는 방식은 물질 세계에 갇혀 있다. 우리는 환경의 제약에서 벗어날 수 없고 우리 바깥으로부터의 압박과 스트레스는 생각의 자유를 잠식한다. 우리는 진화라는 감옥에 갇혀 있다. 우리는 자연이 우리에게 부여한 역량의 한계를 벗어날 수 없다. 물질적 충동—이를테면 허기, 성욕, 공포 등—은 우리의 대사활동에 중대한 영향을 미치며 우리의 생각을 침범하고 왜곡한다.

하지만 나는 인간의 행동을 오로지 물질적 필요에 대한 반응 차원에서만 설명할 수 있다고 생각하지 않는다. 첫째, 생명의 물리적 구조로부터 발생되는 스트레스는 다른 동물에게도 영향을 주기 때문에 이것만으로 인간의 특징을 설명할 수는 없기 때문이다. 둘째, 진화와 환경에서 변화의 리듬은 상대적으로 느리거나 단속적인 반면 인간에게 나타나는 새로운 행동의 전환은 놀라우리만치 빠르다.

그 대신, 또는 덧붙여, 나는 정신—여기서 나는 정신이라는 말로 아이디어들을 생산하는 속성을 의미한다—을 변화의 주된 원인으로 제시한다. 그러니까 정신은 인간의 다양성이 시작되는 장소다. 이러한 의미에서의 정신은 뇌와 같은 것이 아니다. 뇌의 일부이거나 입자인 것도 아니다. 아마도 정신은 여러 뇌 기능들 간의 상호작용에 더 가까울 것이다. 그것은 기억과 예측이 불꽃을 일으키며 서로 부딪혀 긁힐 때 우리에게 보이고 들리는 창조적 섬광과 마찰음이다. 자유로부터 흘러나오는 끔찍한 책임을 두려워하는 사람들에게는 우리가 우리 자신의 세계를 만든다는 주장이 공포스러울 수 있다. 미신은 우리의 아이디어가 도깨비와 천사, 악마와 신을 만들어낸다고 탓하고, 우리 조상들이 이루어낸 혁신이 외계 생명체의 속삭임이나 조작으로 이루어진 것이라고 주장한다. 마르크시스트 같은 역사주의자들에게 우리의 정신은 우리가 조절하거나 거스를 수 없으므로 순종하는 것이 나을, 역사의 과정에 의해 운명이 결정된 비인격적인 힘의 장난감이다. 사회생물학자들이 보기에 우리는 우리의 유전자에 있는 것만을 생각할 수 있다. 밈 연구자들에게 아이디어는 자율적인 존재로서 그 자체의 역학에 따라 진화해 바이러스가 우리의 몸에 침투하듯 우리의 뇌에 침투한다. 내게는 이 모든 것이 회피로, 우리가 실제로 아이디어를 경험하는 방식을 정면으로 마주하는 데 실패한 것으로 보인다. 우리는 아이디어를 우리 스스로 생각해내기 때문에 아이디어를 갖는다. 우리 자신 바깥의 어떤 힘 덕분에 아이디어를 갖게 되는 것이 아니다. 정보를 축적하고 병치시키기 위해 노력하는 것은 우리가 정보를 이해하기 위한 본능적인 방식일지 모른다. 하지만 그 과정에서 문득 우리가 지식으로부터 얻은 '의미'가 우리 경험의 무언가를 초월하고 지적쾌락이 물질적 필요를 넘어서는 지점이 나타난다. 아이디어는 바로그 지점에서 태어난다.

인간이 삶을 사는 방식이 변화무쌍한 것은 그것이 아이디어에 반응해 변화하기 때문이다. 나머지 생물과 비교해 우리 종이 갖는 가장 범상치 않은 능력은 아이디어를 생성하는 역량이며, 이러한 아이디어는 너무도 강력하고 집요해서 우리로 하여금 이 아이디어들을 현실에 적용하고, 우리 주변을 변화시키고, 더 많은 변화를 일으킬 방법을 모색하도록 만든다. 이렇게 표현해보자. 우리는 우리의 세계를 새로운상으로 다시 그려낸다. 자연이 제공하는 것보다 더 효율적인 쉼터, 우리의 팔보다 더 강력한 무기, 더 많은 소유물, 도시, 다른 짝, 죽은 적, 내세를 상상한다. 우리가 그러한 아이디어들을 갖게 되면, 그리고 그 아이디어들이 바람직해 보인다면 이 아이디어들을 현실화하기 위해 분투한다. 또는 아이디어들이 우리에게 공포감을 안겨준다면 우리는 이 아이디어들을 좌절시키려고 애쓴다. 둘 중 어느 경우든 우리는 변화를 점화하는 것이다. 아이디어가 중요한 이유는 바로 이것이다. 아이디어는 진정으로 인간의 경험을 다른 것과 구별되게 하는 거의 모든 이종적(異種的) 변화의 원천이다.

제2장

생각을 채집하다

: 농경 이전의 사고

지금까지 내가 한 말이 옳다면, 우리가 도달할 논리적 결론은 생각의 역사에 비인간 동물을 포함해야 한다는 것이다. 하지만 우리는 가장 가깝게 상호작용하는 동물들의 생각에도 좀처럼 또는 아예 접근하지 못한다. 그러나 호미니드 선조의 멸종된 종들이나 호미닌 조상들은 그들이 갖고 있었던 아이디어들에 대한 흥미로운 증거를 남겨두었다.[1]

도덕적 카니발: 최초의 아이디어?

내가 아는 최초의 아이디어는 약 80만 년 전 스페인 아타푸에르카 동굴에서 열린 카니발 축제의 잔해에서 확인된다. 이 축제 참가자들의 종을 분류하는 문제에서 전문가들은 이견을 보인다. 아마도 우리의 조상이되 우리에 선행한 종이었을 것으로 짐작되지만, 무엇이든 우리와 공통점이 있다는 것 자체가 놀라울 정도로 그 시간적 간격—약

60만 년—은 너무나도 크다. 그들은 자신들과 같은 종의 뼈를 부수고 골수를 빨아먹었다. 그런데 이 잔치에는 허기나 탐식 이상의 무언가가 있었다. 그것은 생각이 수반된 카니발 축제였다. 우리는 카니발리즘(동족 포식 행위나 풍습—옮긴이)을 혐오하고 우리 종에 대한 배반으로, 다시 말해 인간 이하의 미개성의 한 형태로 여기도록 배워왔다. 그러나 지금까지 발견된 증거는 정반대를 암시한다. 카니발리즘은 전형적으로—어쩌면 독특하게, 심지어 결정적으로—인간적이며 문화적인 현상이다. 모든 문명의 주춧돌 아래에는 부서지고 골수가 빨린 뼈가 묻혀 있다. 침팬지가 이따금 카니발리즘적 일탈을 벌이는 동료 침팬지를 바라볼 때 그렇듯 오늘날 우리는 이러한 행동을 도저히 이해할 수 없다는 듯 반응한다. 하지만 대부분의 인간 사회에서 대부분의 시기에 카니발리즘은 정상적인 것으로 용인되었고 사회가 작동하는 방식의 일부를 이루었음이 확실하다. 우리 인간만큼 빈번하게 그리고 대규모로 카니발리즘을 실천한 포유류는 없다. 사실 다른 포유류는 극단적인 환경에서가 아니라면 카니발리즘을 기피한다. 그러니 우리 조상들에게도 카니발리즘은 '자연스럽게' 떠오른 행위는 아니었을 것이다. 그들은 카니발리즘에 관해 생각했음이 틀림없다.

아타푸에르카 동굴의 카니발 축제가 생각이 깃든 의례 행위였고 그 기저에는 한 가지 아이디어가 있었다는 가정은 우리가 카니발리즘의 성격에 관해 알고 있는 거의 모든 것에 부합한다. 그것은 어떤 상상된 효과를 성취하려는 시도였다. 그들은 인육을 먹은 자가 힘이 세고 본성이 변하리라고 상상했다. 카니발 축제의 참가자들은 이따금 기아나 궁핍을 이겨내거나 부족한 단백질을 보충하기 위해 인육을 먹기도 한다.² 그러나 그보다는 사색적인 목표들―도덕적이든 정신적이든, 심미적이든 사회적이든―이 영감을 불어넣는 경우가 압도적으로 더 많다. 그것은 자기 변형이 될 수도 있고, 힘의 전유가 될 수도 있고, 먹은 자와 먹힌 자 사이의 관계를 의례화하는 것일 수도 있으며, 복수일 수도, 승리의 윤리일 수도 있다. 카니발리즘이 정상으로 간주되는 사회에서 이것은 일반적으로 전쟁중에 발생한다. 그것은 패자에 대한 지배력을 상징하는 행위다. 어떤 경우에는 인육은 신의 음식이고 카니발리즘은 일종의 성찬식이다.

1870년 프랑스 도르도뉴강 오트파이 마을의 사람들은 광란에 휩싸여 이웃 한 명을 먹어치웠다. 그는 광기어린 루머로 인해 '프로이센'의 침입자이거나 첩자라는 오해를 받고 있었다. 카니발리즘 말고는 마을 사람들의 분노를 가라앉힐 방법이 없었다.³ 파푸아의 오로카이바(Orokaiva)족에게 카니발리즘은―섬 당국이 1960년대에 금지령을 내리기 전까지―잃어버린 전사들의 "영혼을 붙잡는" 그들만의 방식이었다. 뉴기니의 후아(Hua)족은 자연적으로 재생되지 않는다고 믿는 활력수(活力水)를 보전하기 위해 시신을 먹었다. 역시 파푸아 뉴기니의 고원지대에 사는 기미(Gimi)족 여성들은 생식 능력의 연장을 위해 죽은 남성의 시신을 먹곤 했다. "우리는 남자가 썩게 내버려두지 않겠어요!"는 기미족의 전통 곡소리였다. "가여운 사람! 나에게 오세요, 그러면 당신은 땅에서 썩지 않을 거예요. 내 안에 당신의 몸이 녹아들게 해요!"⁴ 기미족 여성들은 스스로는 몰랐겠지만 실은 브라만들의 말을 되풀이하고 있었다. 헤로도토스의 일화에서 브라만들은 시신을 다른 식으로 처리하는 것은 불경하다는 이유로 카니발리즘을 옹호했다.[5] 아마존강의 후아리(Huari)족은 1960년대의 '화해'가 있기 전까지 그들이 도살한 적을 '복수' 차원에서 먹었고, 시신이 썩는 치욕을 면하게 해준다는 의미에서 자신들과 가까운 친척을 '온정' 차원에서 먹었다. 아스테카 전사들은 덕성과 용맹을 획득하기 위해 전투에서 붙잡은 포로들의 시신 일부를 먹었다.[6] 그러니까 아타푸에르카 동굴의 호미니드들은 생각에서 하나의 모험을 개시한 셈이다.[7]

아타푸에르카 동굴 호미니드들의 아이디어는 후대에서 되찾을 수 있는 최초의 아이디어였다. 이 아이디어는 인지적 지층의 저 깊은 자리에 기록되었다. 이 아이디어는 사상가들이 자기 자신을 바꿀 수 있다는 아이디어, 자신의 것이 아닌 특성들을 전유할 수 있다는 아이디어, 원래의 모습과는 다른 어떤 것이 될 수 있다는 아이디어다. 뒤이어 나온 모든 아이니어는 아타푸에르카의 동굴 벽으로부터 메아리치며 반향을 일으키는 셈이다. 우리는 여전히 우리 스스로를 변화시키고 우리의 세계를 다시 만들고자 시도하고 있다.

대략 30만 년 전 즈음─아직 호모 사피엔스가 출현하기 훨씬 전─산사태가 입구를 봉쇄해 아타푸에르카 동굴을 일종의 타임캡슐로 만들어버렸을 즈음, 그 지역 주민들은 시신들의 뼈를 누구라도 쉽게 알아볼 수 있는 패턴으로 쌓고 있었다. 이 행위의 의미는 우리가 미처 다 짐작할 수 없지만 그것은 분명 의례였다. 이 의례에는 의미가 있었다. 이 의례는 적어도 또다른 아이디어─삶과 죽음의 구분─를, 그리고 아마도 망자를 명예로운 존재로 대우하거나 살아남은 자의 아픔으로서 대하는 일종의 종교적 감성을 시사한다.

사후세계의 암시

4만여 년 전의 매장지에서 앞의 사례와 비슷하지만 더 쉽게 해석할 수 있는 증거가 발견되었다. 이 증거는 호모 사피엔스가 살았던 시기와 일치할 만큼 시기적으로 우리와 가깝지만 실제로는 우리와 다른 종, 그러니까 네안데르탈인에 속하는 증거다. 원칙적으로 네안데르탈인이 우리 종의 사람들보다 상상력이 덜 풍부했다거나 아이디어를 덜 생산했다고 볼 수 있는 합당한 근거는 없다. 스페인 북부에서 볼 수 있는 재현적이고 상징적인 동굴벽화(예를 들어 앞 절에서 살펴본 것과 같은 동굴의 그림들)의 연대는 고인류학계에서 2018년부터 활용한 우라늄-토륨 연대 측정 기법에 따라 기원전 7만여 년으로 재조정되었다. 한때 이러한 동굴벽화에서 발견되는 동물 스케치, 손 모양 도장, 기하학적인 모양들은 약 3만 년이나 4만 년 전의 호모 사피엔스 화가들의 작품으로 여겨졌었다.[8] 조개껍데기로 만든 유물과 안료 역시 우라늄-토륨 기법에 따라 11만 5000년 이전의 것으로 파악되었다.[9] 새 연대가 타당하다면 이 그림을 그린 화가들은 그 지역에 호모 사피엔스가 존재했다는 최초의 증거보다 시기적으로 훨씬 앞선 시기의 종에 속한다. 당시 이 지역에는 네안데르탈인이 살고 있었다. 네안데르탈인의 무덤에서 발견되는 활기찬 상상과 강력한 사고의 흔적이 놀랍지 않은 이유다.

예를 들어 프랑스 라페라시 무덤의 유적에는 성별이 다른 두 명의 성인이 웅크린 태아 자세로 누워 있다. 네안데르탈인의 무덤에서 발견되는 전형적인 자세다. 그들 가까이 놓인 부싯돌과 동물 뼈 잔해 사이에 서너 살로 보이는 아이 셋과 신생아도 누워 있다. 태아의 두 잔해도 똑같이 품위 있게 매장되어 있다. 다른 네안데르탈인 망자들은 더욱 귀한 부장품과 함께 경건하게 매장되었다. 한 젊은이는 아이벡스 뿔 한 쌍과 함께 묻혔고, 다른 젊은이는 오커(산화철이 포함된 점토에서 얻은 안료—옮긴이)가 장식처럼 주변에 흩뿌려져 있다. 오늘날의 이라크에 위치한 샤니다르 유적지에는 한 노인이 누운 자리에 꽃과 약초가 놓여 있다. 노인은 한쪽 팔이 없고 두 다리에는 심각한 손상을 입었다. 한쪽 눈마저 실명한 그는 여러 해에 걸쳐 공동체의 돌봄을 받으며 살았던 것으로 보인다. 회의적인 학자들은 이를 비롯한 여러 사례에서 발견된 물건들이 우연히 부장품처럼 보일 뿐이라거나 누군가가 일부러 위조한 것이라고 "해명"하지만, 그렇게 보기에는 이러한 무덤들은 그 수가 너무나 많기 때문에 상식석으로 이 유불들은 진짜라고 보는 것이 합당하다. 다른 쪽 극단에서는 네안데르탈인은 이미 인류라는 폭넓은 개념, 사회복지 체계, 영혼의 불멸성에 대한 믿음, 철학자-장로정치가가 지배하는 정치체계를 갖추고 있었다는 무리한 추론을 하기도 한다.[10]

　이러한 매장지들이 우리에게 보여주는 것은 부단한 사유의 흔적이다. 이것은 사체를 찾아다니는 짐승들의 습격으로부터 망자를 지키거나 시신이 썩어가는 모습이 보이지 않게 가리려는, 육체의 최후를 위한 노력이기도 하고 삶을 죽음으로부터 차별화하려는 시도이기도 했다. 삶과 죽음의 구분은 사람들이 흔히 짐작하는 것보다 미묘하다. 수정(受精)이 이루어지는 순간을 제외하고—일부는 여기에도 이의를 제기한다—삶의 시작 그 자체를 규정하는 순간은 없다. 감각이 없는 혼수상태(코마)는 오늘날에조차도 삶의 끝이 어디인지 분명히 말하기 어렵게 만든다. 그런데 네안데르탈인들은 이미 3만 년 또는 4만 년 전에 우리가 지금 하는 것과 똑같은 개념적 구분을 시도했고, 그러한 구분을 망자를 차별화하는 의례들을 통해 드러냈다. 추도는 삶을 숭상한다. 매장 의례는 단순히 삶을 소중히 여기는 본능적 행위 그 이상이다. 매장 의례를 치르는 사람들은 삶은 존중받아 마땅하다는 확신을 드러내며, 이것은 인간의 모든 도덕적 행위의 기반이다.

누군가는 매장 의례를 사후세계에 대한 믿음을 보여주는 증거로 취급하고 싶은 유혹이 들 것이다. 하지만 매장 의례는 단순한 추념 행위나 존경의 표시였을지 모른다. 부장품에는 현세를 달래는 주술을 작동시키려는 의도가 담겨 있었는지도 모른다. 한편, 3만 5000년에서 4만 년 전 사이에 세계 모든 거주지에서 망자를 묻을 때 생존 도구 일체—식량, 의복, 양도 가능한 귀중품, 직업과 관련된 도구 등—를 같이 묻었다. 마치 무덤이나 그 너머에서의 삶에 필요한 장비를 마련해준 듯이 말이다. 사회에서 아무리 낮은 지위에 속한 사람의 무덤이라도 최소한 황토로 만든 선물이 놓여 있었다. 지위가 높은 이들은 높은 지위에 어울리는 도구와 장식물이 놓였다.

죽음 너머에도 삶이 있다는 아이디어를 최초로 생각한 사람은 아마도 그 아이디어를 어렵지 않게 떠올렸을 것이다. 우리의 살아 있는 몸은 끊임없이 변하지만 언뜻 이것은 우리 개개인의 정체성에 아무런 손상을 입히지 않는 것처럼 보인다. 우리는 사춘기와 갱년기, 정신적 외상을 겪더라도 결코 우리 자신이기를 그치지 않는다. 죽음은 아주 급진적인 변화이기는 하지만 죽음 역시 그러한 변화 중 하나에 지나지 않는 것은 아닐까? 죽음이 우리의 소멸이리라고 기대할 이유가 무엇인가? 일반적으로 선정된 부장품에 미루어 판단하건대 애도자들은 사후세계는 그들이 경험에서 익숙해진 삶과 닮았으리라고 기대했던 것 같다. 중요한 것은 영혼의 존속이 아닌 지위의 존속이었다. 이 원칙에는 줄곧 이렇다 할 만한 변화가 없었지만 기원전 제1천년기에 이르러 비로소 세계의 일부 지역에서 조금씩 다소 다른 양상이 나타났다.[11]

이후의 변화는 기존의 사후세계 아이디어를 수정했다. 그들은 다음 세계에서 보상이나 처벌이 있으리라고 예상하거나 지상에서 환생하거나 새로운 존재로의 기회를 상상했다. 이제 사후세계의 위협이나 약속은 이 세계에서 도덕적 영향력의 원천이 될 수 있었고 적당한 사람들의 손에 들어갔을 때 사회의 기틀을 잡는 수단이 되었다. 이를테면 샤니다르 매장을 앞을 거의 보지 못하던 장애 입은 노인이 마지막 몇 년간 동료 네안데르탈인들의 돌봄 덕분에 생존할 수 있었던 증거로 보는 것이 맞다면 그 노인은 약자에게 돌봄을 제공하는 사회에 소속되어 있던 것이다. 이는 오늘날 사회민주주의자들이 옹호하는 고비용의 도덕률이 당시에도 이미 존재했을 수도 있음을 암시한다. 또는 어쩌면 노인의 지혜나 노인만이 알고 있는 어떤 특별한 지식을 전수받고 싶은 사람들이 노인을 돌본 것인지도 모른다.

최초의 윤리학

모든 사람은 언제나 자신이 하는 일에 대한 현실적인 이유를 댈 수 있다. 그런데 우리는 왜 간혹 현실적인 고려를 무시할 수 있을 만큼 강력한 양심의 가책을 느낄까? 도덕률―선악을 구별하는 체계적인 규칙들―의 아이디어는 어디에서 왔을까? 흔히들 도덕률은 아주 먼 옛날에 시작되었으리라고 생각한다. 대부분 사회의 기원 신화에서 도덕적 판별력은 인간의 최초 발견이나 계시에서 중요하게 등장한다. 「창세기」에서 아담이 얻게 되는 것 중에 세번째는 도덕률이다(그 앞에는 언어와 사회가 있었다). 「창세기」에서 '선악의 앎'은 아담에게 가장 중요한 단계이며 이후의 이야기를 지배하는 주제다.

도덕성의 출현을 추적하기 위한 시도로 우리는 사심 없는 행동의 증거를 찾아 고고학적 기록을 뒤질 수도 있다. 하지만 기록에 드러나지 않는 계산이 개입되어 있었을 수도 있다. 이를테면 우리는 샤니다르의 돌봄 제공자들이 받은 대가에 관한 정보가 없어서 네안데르탈인의 이타심에 경의를 표하고 있는 것인지도 모른다. 더욱이 우리가 아는 한, 많은 비인간 동물은 윤리 법칙이 없어도 사심 없는 행동을 한다(다만 이러한 동물들은 그러한 노력에 보상이 따르지 않으면 때때로 침울해한다. 어느 믿을 만한 이야기에 따르면 지진 현장 구조견들은 한동안 구출할 사람이 없으면 사기를 잃기 때문에 구조견을 돌보는 사람들은 자신이 마치 생존자인 척 연기를 해야 한다고 한다). 우리는 이타심 때문에 윤리학이 생겼으리라고 속기 쉽다. 하지만 이타심은 그저 우리가 보상이나 협력을 기대하며 서로 돕게 만드는 생존 메커니즘에 지나지 않을지 모른다. 어쩌면 도덕은 자기 이익(self-interest)의 한 형태이며 '도덕성'이란 은밀히 계산된 이익을 가리키는 겉으로만 고상한 용어일지 모른다. 또는 우리는 우리 자신을 위해 도덕성을 스스로 고안해냈기 때문이 아니라, 진화적 결정 요인들이 우리에게 도덕성을 강요하기 때문에 착하게 행동하고 있는 것일지 모른다. 어쩌면 "이기적 유전자"가 우리의 유전자 풀을 보존하기 위해 우리를 이타적으로 만드는 것일 수도 있다. 문자 이전의 사료에서 옳고 그름의 구분에 대한 증거는 현실적 의미에서가 아니라면 언제나 애매하다.

그 차이는 오늘날에도 여전히 애매하다. 한 강력한 철학적 전통에 따르면 옳음과 그름은 우리가 쾌락과 고통의 특정한 비율에 부여하는 단어다. 회의주의 전통에서 선과 악은 이해하기 몹시 까다로운 개념이며 둘 다 자기 이익의 추구 양상으로 정의할 수 있다. 진정으로 옹호할 수 있는 규칙이라는 지위를 도덕성에 부여하는 철학자들조차도 도덕성이 나약함의 원천이라고 주장하기도 한다. 도덕성은 사람들이 사신의 권력을 극대화하는 것을 가로막는다는 것이다. 하지만 이보다 더 그럼직한 주장은 선은 모든 위대한 목표와 같다는 것이다. 즉, 선은 지극히 도달하기 어렵지만 우리를 노력과 수련, 자기 수양으로 이끈다는 것이다.[12] 그리고 여기에는 부수적인 이득이 있다. 그것은 바로 헌신적인 시민들의 충성심 그리고 자기희생으로 풍요로워진 사회다. 증거—또는 현존하는 증거—가 폭발적으로 증가하는 시기인 약 17만 년 전으로 눈을 돌리면, 우리는 선악에 관한 최초의 파악 가능한 생각들에 관해서도 더 가까이 다가갈 수 있다. 아타푸에르카 동굴의 사례와 비교하면 17만 년 전은 상당히 최근으로 보일지 모르겠지만 이 역시 아이디어의 역사에서 지금까지 좀처럼 다루어지지 않은 매우 이른 시기다.

호모 사피엔스의 초기 생각들을 확인하다

우리와 더 오랜 기간 함께한 아이디어일수록 더 오랜 기간 세계를 변화시켜왔을 것이 분명하다. 그러므로 가장 영향력 있는 아이디어를 찾으려면 우리는 우리가 재구성하거나 상상할 수 있는 가장 오래된 과거로부터 출발해야 한다. 아득한 고대에서 아이디어들을 찾기란 무척 어려운데, 이는 증거가 흐릿해졌기 때문이기도 하고 아이디어와 본능을 구별하기 어렵기 때문이기도 하다. 아이디어는 머릿속에서 생겨난다. 본능은 '이미' 거기에 있다. 본능은 짐작건대 진화에 의해 깊이 새겨진 채 태어날 때부터 갖고 있는 것이거나, 또는 일부 이론에 따르면 처음에 환경적 조건이나 우발적 경험에 대한 반응으로서 생겨난다. 찰스 램(Charles Lamb)은 어느 가정집에 불이 나서 타 죽은 돼지를 통해 화식(火食)의 발견이 이루어졌다고 상상했다. 다윈도 비슷한 방식으로 농사의 시작을 설명했다. 어느 "지혜로운 늙은 원시인"이 두엄더미에서 씨앗이 싹튼 것을 알아챘으리라는 것이었다(158쪽 참조).

아이디어 등장의 초기 사례가 무릇 그렇듯 우리는 불완전한 정보에 근거해 판단할 수밖에 없다. 예를 들어 우리가 말하고 쓰는 이유는 어느 조상 또는 조상들에게 언어─그 자신이 아닌 것을 의미하기 위해 체계적으로 배치된 상징들─의 아이디어가 떠올랐기 때문일까? 아니면 우리가 우리 자신을 상징적으로 표현하는 능력은 태어날 때부터 이미 "내장된(hard-wired)" 것일까? 아니면 상징은 인간의 집단 "무의식"의 산물일까?[13] 또는 우리가 몸짓이나 표정을 사용하는 경향성에서 언어가 진화해나온 걸까?[14] 우리 대부분이 스스로를 옷으로 감싸고 주변 환경을 장식하는 것은 우리 조상들이 옷이 입혀지고 주변이 장식된 세계를 상상했기 때문일까, 아니면 어떤 동물적 충동이 따뜻함과 안식처를 구할 수단들을 찾게 만들고 그 부산물로서 예술이 생겨난 것일까? 우리가 오래전부터 갖고 있었던 개념 중 일부는 인간이 구상한 것이 아니라 '자연적으로' 발원한 것인지도 모른다.

그러므로 이 장에서 다루어야 할 다음 과제는 증거를 평가할 수단을 구성하는 것이다. 우리는 가장 오래된 생각의 기록이 과연 얼마나 오래된 것인지 설정하고, 유물은 생각에 대한 단서로서 얼마나 유용한지 살피고, 최근에 인류학자들이 내놓은 수렵채집인에 대한 관찰 결과가 얼마나 활용성이 있는지 확인해야 한다. 그리고 나서 우리는 마침내 마지막 빙하시대의 심층부에 고드름처럼 열린 아이디어들을 하나하나 열거할 수 있을 것이다.

상징들의 충돌

흔히 아이디어의 역사는 명백히 기원전 제1천년기보다 멀지 않은 과거인 고대 그리스에서 시작되었다고 가정하기 때문에 이렇게까지 먼 과거에서 우리의 탐구를 시작할 수 있다는 주장이 놀랍게 느껴질지도 모르겠다.

대략 기원전 8세기에서 기원전 3세기까지 그리스인들은 분명 머릿수에 비해 큰 영향력을 행사했다. 역사가라면 누구나 세계에서 가장 놀라운 영향력을 행사한 사람들의 목록을 정리할 때 각기 다른 시기의 유대인들, 영국인들, 스페인인들, 그리고 아마 15세기 피렌체 사람들이나 19세기 맨체스터 사람들, 20세기 시카고 사람들과 함께, 고대 그리스인들을 절대로 빠뜨리지 않을 것이다. 하지만 그리스인들의 기여는 인간의 역사에서 상당히 늦게 등장했다. 호모 사피엔스는 그리스인들이 등장하기 대략 20만 년 전부터 지구상에 존재했다. 그리고 이때도 이미 많은 생각이 생겨난 터였다. 세계에서 가장 뛰어난 생각 중 일부는 그보다 수천 년이나 앞서 나타났다.

확실한 기록을 찾는다면 이 이야기는 아마도 문자의 기원으로 시작되어야 할 것이다. 그렇게 하는 데는 세 가지 이유가 있다. 세 가지 다 나쁘다.

첫째, 사람들은 오로지 문자 증거만이 아이디어를 드러낼 수 있다고 가정한다. 하지만 대부분의 사회에서 과거 대부분의 기간에 구술 전통은 문자보다 더 많은 존경을 받았다. 아이디어들은 다른 식으로 쓰여왔다. 고고학자들은 유물의 파편들을 체에 걸러 아이디어들을 찾을 것이다. 심리학자들은 현대인의 저 깊은 무의식의 지층에서 아이디어들을 발굴할 것이다. 인류학자들은 이따금 여러 전통 사회가 오래전부터 보존해온 관습들 사이에서 아이디어들을 찾아낸다. 확고한 문서 형태의 증거만큼 좋은 증거는 없지만 과거의 사건들은 대부분 그러한 증거를 남기지 않고 일어났다. 그토록 긴 역사를 배제한다는 것은 타당하지 않은 희생이 될 것이다. 비록 조각난 상태일지라도 우리는 우리가 가진 자료를 신중하게 활용해 문자 이전의 생각에 드리워진 불투명한 막을 걷어낼 수 있다.

둘째, 한 가지 오만한 가정─한때 서양의 거의 모든 사람이 공유했다―은 "원시적"이거나 "미개한" 사람들은 머릿속이 신화로 혼탁하며 주목할 만한 아이디어를 거의 또는 아예 갖고 있지 않으리라고 상정한다.[15] "전(前)논리적" 사고나 "미신"이 그들의 발달을 지체하거나 정지시킨다는 것이다. 근대 인류학의 창시자로 손꼽히는 뤼시앵 레비브륄은 1910년, "원시적인 정신에겐 모든 것이 기적이다. 아니, 더 정확히 말하면 기적이란 없다. 그러니 우리는 모든 것을 신뢰할 수 있으며 불가능하거나 부조리한 것은 아무것도 없다"고 주장했다.[16] 사실 어떠한 정신도 원시적이지 않다. 모든 인간 공동체는 동일한 양의 시간에 걸쳐 구축되는 동일한 정신적 장비를 갖고 있다. 공동체마다 다른 것을 생각하지만, 원칙적으로 모두가 명료히 생각하고 진실을 감지하며 오류에 빠질 동등한 가능성을 갖는다.[17] 미개함은 과거의 특성이 아니다. 그것은 그저 일부 정신들의 결함일 뿐이다. 그러한 정신들은 소속 집단의 긴급한 일이나 다른 사람들의 요구나 감수성을 조금도 중요하게 여기지 않는다.

셋째, 진보라는 개념은 우리를 오도할 수 있다. 우리의 아득한 조상들을 무시하는 선입견을 갖고 있지 않은 연구자라도 흔히 최첨단 기계나 신약 같은 가장 최근의 생각이 가장 좋은 생각이라거나, 아니면 적어도 무엇이든 가장 새롭고 가장 빛나는 것이 가장 좋은 것이라는 신조에 빠지기 쉽다. 하지만 진보가 일어나고 있을 때라도 오래된 것이 모조리 쓸모없는 것이 되지는 않는다. 지식은 분명히 축적된다. 어쩌면 지식은 높이 쌓여 한때 우리가 우러러보았던 천장을 뚫고 과거에는 닿을 수 없었던 다락방의 새로운 생각들에까지 가닿을 수 있을지 모른다. 이 책에서 반복적으로 보게 될 것이지만, 아이디어들은 사람들이 관점과 경험을 주고받을 때 배가된다. 그래서 일부 시대와 장소—고대 아테네, 르네상스 시대의 피렌체, 분리파(Sezessionist) 예술이 유행한 빈 등 문화의 교차로—가 다른 곳보다 더 많은 창조성을 낳았다. 하지만 생각이 시간의 흐름에 따라 개선된다거나 생각의 방향이 늘 미래를 향한다는 가정은 틀렸다. 유행은 돌고 돈다. 혁명이나 르네상스는 과거를 돌아본다. 전통은 새로 태어난다. 한때 망각되었던 것은 진정한 혁신이 띠고 있는 새로움보다 더 놀라운 새로움과 더불어 복원된다. 회상할 가치조차 없는 시대라는 것이 있다는 생각은 경험과 어긋난다.

어쨌든 빙하시대에서 우리가 쉽게 문자로 인식할 수 있는 것은 아무것도 전해지지 않는다. 하지만 2만 년에서 3만 년 전 사이의 미술에는 표상적 상징들이 명징하게 나타난다. 인간의 각종 몸짓과 자세가 어휘 사전으로 정리할 수 있을 만큼 반복적으로 나타나기 때문에 우리는 이러한 인간의 몸짓과 자세가—최소한 보는 이에게 일정한 반응을 불러일으킨다는 점에서—당시에 무언가를 의미했다고 확신할 수 있다.[18] 이 시기의 예술작품에는 흔히 마치 주석(註釋)으로 보이는 것들이 나란히 나열되어 있고 이러한 주석들은 수(數)를 암시하는 점이나 표시 등으로 이루어져 있다. 언뜻 수수께끼처럼 보이지만 이것이 체계적인 관습적 표기임을 분명히 알 수 있다. 이를테면 프랑스 로르테의 뼛조각에는 여울을 건너는 사슴이 돋을새김으로 과감하게 표현되어 있고 사슴 위로는 여러 개의 마름모가 단정하게 새겨져 있다. 오늘날 이 기호를 읽을 수 있는 사람은 없지만, 아마도 당대의 화가와 관람객들은 그 의미를 이해했을 것이다. '동굴 미술'에는 알파벳문자

P를 닮은 소용돌이무늬가 광범위하게 나타난다. 몇몇 사람은 알파벳 문자 P가 화가들이 여자 몸의 굴곡을 묘사할 때 그리는 고리 모양 곡선과 닮았다는 것에 착안해 해석을 시도했다. P자 형태가 '여성'을 의미한다고 읽는 것은 지나친 상상일지 모르지만 어쨌든 이것을 상징으로 보고 싶은 마음은 억누르기 쉽지 않다.

어떤 것이 또다른 어떤 것을 의미할 수 있다는 아이디어는 기묘하다(하지만 이 아이디어에 아주 익숙한 우리로서는 그 기묘함을 이해하기 어렵다. 잠시 상징이 없는 세계로 이동해보자. 그곳에서는 언제나 정확히 당신에게 보이는 것이 실상의 전부이고 그 이상은 없다. 그것은 글을 읽지 못하는 이가 보는 도서관이고, 도로 없이 도로표지판만 가득한 야적장이다). 짐작건대 상징이라는 아이디어는 연합—어떤 사건이 다른 사건의 단서가 된다거나, 어떤 대상이 다른 대상과 인접해 있음을 알려준다는 것을 알아채는 것—이 발전한 것이다. 정신의 연합들은 생각의 산물들이며 아이디어의 사슬들이 내는 소음이다. 상징적 표상이라는 아이디어가 처음 생기면서 상징들을 고안한 사람은 정보를 전달하고 그것이 비판적 검증을 받게 할 수단을 갖게 되었다. 상징은 인간이 경쟁 종을 앞지르게 해줄 이점을 제공했고, 궁극적으로 소통을 확대하고 기억의 일부 형태들을 더 오래 간직할 수 있는 수단을 제공했다.

기호가 있으면 그것의 신뢰성에 대한 질문이 있기 마련이다. 다시 말해, 우리는 어떤 기호가 그것이 표상하도록 고안된 사실과 과연 일치하는지 묻는다. 우리가 어떤 사건에 관심을 집중시킬 때, 말하자면 마스토돈이나 송곳니가 날카로운 호랑이가 가까이 다가오고 있다거나 불이 났다거나 빙하에 금이 갔다고 남들에게 알릴 때, 우리는 우리가 생각하는 것이 실재함을 안다. 우리는 그것의 실재성을 단어(또는 몸짓, 으르렁 소리, 찡그림, 모래밭이나 나무껍질이나 암석 같은 세계의 표면에 남긴 자국)로 나타낸다. 많은 신화에서 태초의 인간이 이제 막 동트는 세계에서 자신이 나아갈 길을 찾을 때 흔히 그러했듯 우리는 실재를 '명명한다'. 「창세기」에 따르면 신이 빛과 어둠과 하늘과 바다를 창조한 다음 맨 처음 한 일은 명명하는 것이었다. 그러고 나서 신은 아담에게 생물체에게 이름을 붙이는 일을 맡겼다. 동물은 의식적으로 의도하지 않고 울부짖음이나 몸부림으로 위험이나 기회를 주변에 알리는 것으로 보인다. 위험이나 기회는 이를테면 감각이나 소음 또는 통증을 통해 파악할 수 있다. 수많은 종이 개체들 사이에서 본능만으로 위험을 알린다.

그러나 현실의 위험이나 고통 또는 기쁨을 다른 개체에게 전달하고 싶은 마음을 스스로 의식하는 어느 생물은 진실의 탐색에 나섰다. 그것은 말하자면 사실의 표현 수단에 대한 탐색이었다. 우리는 가장 위대한 현대 철학자들에게 질문하듯 최초의 사람들에게도 이 질문을 던지는 것이 합당하다. '그들은 어떻게 진실을 허위로부터 구분했을까? 말해진 것이 어느 때 진실이 되는지, 그리고 말해진 것이 진실인지 아닌지를 그들은 어떻게 판단했을까?'

현대의 석기시대: 수렵채집인의 정신

고대의 수렵채집인들이 사용한 상징이 우리의 해석을 거부한다면, 우리는 그들의 생각을 탐지하기 위해 어디에서 도움을 얻을 수 있을까? 일단, 물질적인 유물이 있다. 전문가들이 '인지 고고학'이라고 부르는 기법을 활용하면 우리는 유물로부터 데이터를 구할 수 있다. 현대 인류학의 관찰 연구는 여기에 한층 더 심도 있는 길잡이를 제공해줄 수 있다.

익살로 표현된 진실들 중에서 〈고인돌 가족 플린스톤(The Flintstones)〉은 단연 돋보인다. 한나·바버라 스튜디오의 '현대의 석기 시대 가족'은 1960년대 초에 전 세계 텔레비전 화면을 통해 현대 미국 중산층의 일상에서 일어나는 좌충우돌을 고스란히 동굴에서 보여주었다. 콘셉트는 환상적이었고 이야기는 우스꽝스러웠다. 이 만화 시리즈가 성공을 거둔 여러 이유 중 하나는 '혈거인'이 우리와 무척 비슷해 보인다는 데 있었다. 그들은 우리와 같은 종류의 정신으로 수많은 같은 종류의 생각을 했다.

원칙적으로 수렵·채집의 시대를 살았던 사람들이 우리 시대의 아이디어를 앞지르는 아이디어들을 갖고 있었을 리 없다고 볼 이유는 없다. 일단 그들의 뇌는 적어도 우리의 뇌만큼 컸다. 앞에서 보았듯이 비록 뇌의 크기와 지적 능력은 연관성이 불분명하지만 말이다. 우리 종의 전체 역사를 살펴볼 때 인간의 생각하는 능력에서 좋은 방향으로든 나쁜 방향으로든 어떤 전면적인 변화가 있었다는 뚜렷한 증거는 없다. 호모 사피엔스가 출현하기 훨씬 전, 삶이 "곤궁하고 끔찍하며 잔인하고 짧았던" 때, 호미니드들이 추론 같은 것을 할 여가 없이 버려진 짐승 사체를 찾아다니던 시절이 아마 있었을 것이다. 하지만 우리가 아는 한, 이후 수십만 년에 걸쳐 우리의 조상들은 힘든 현실에 시달리며 조급하게 사체를 찾아다니는 처지가 아니었다. 그들은 비교적 유유자적한 수렵채집인으로 살았다.[19] 이들이 남긴 유물에서는 창조적인 정신이 엿보인다. 약 7만 년 전부터, 그리고 그로부터 약 4만 년이 지나, 미술은 계속 빙하시대 사람들이 그들이 현실에서 본 것을 어떻게 머릿속에서 다시 상상했는지를 암시하는 상징들을 풍부하게 보여준다.[20] 미술작품은 일종의 문서 자료다. 만일 과거 사람들이 무엇을 생각했는지 알고 싶다면 그들의 글을 보기 전에 그림을 보라. 그들의 미술은 그들의 세계를 그들이 경험한 대로 정확히 그려 보이기 때문이다.

미술과 더불어 우리는 수많은 출토물을 통해서도 당대의 정신에서 무슨 일이 벌어졌는지 짐작할 물질적 단서들을 얻을 수 있다. 그 가능성을 간단한 테스트로 가늠해볼 수 있다. 우리는 오늘날 사람들이 무엇을 먹는지, 어떻게 몸을 치장하는지, 어떻게 집을 장식하는지 등의 정보에 근거해 그들의 종교, 윤리 원칙이나 사회관, 정치, 본성 등에 관해 결론을 도출할 수 있다. 혹시 사냥으로 잡은 동물을 박제해 벽에 부착하고 벽난로 앞에 동물 가죽을 깔아두는가? 아니면 친츠와 캔버스, 또는 태피스트리와 오크 몰딩, 또는 타일과 포마이카 장식을 좋아하는가? 링컨(미국제 대형 고급 승용차―옮긴이)을 모는가, 라다(러시아제 소형 승용차―옮긴이)를 모는가? 초기 구석기시대의 취향도 비슷한 단서가 된다. 예를 들어 2만 년도 더 전에 지금의 러시아 남부에 자리한 스텝 지대에서 사냥으로 매머드를 멸종으로 내몬 빙하시대 사람들은 매머드의 상아로 돔 모양의 거주지를 지었다. 일반적으로 지름이 3.5미터에서 4.5미터 정도 되는 뼈를 모아서 지은 이 원형 주택은 상상력이 거둔 드높은 성취로 보인다. 이 집을 지은 사람들은 매머드의 본성을 재구성하고 인간적으로 재상상했다. 아마도 매머드의 힘을 자신의 힘으로 취하거나 매머드에게 주술적 힘을 발휘하기 위해서였을 것이다. 매머드를 보고 그 뼈가 집으로 변형되는 것을 상상하는 능력은 이후 일어난 그 어떤 혁신보다 눈부신 창조성이 요구되는 일이다. 그들은 뼈로 만든 건축물 안에서 먹고 자고 가족과 일상을 꾸렸다. 이 집뿐만 아니라 어떠한 집도 순수하게 실용적이지만은 않다. 집은 그 사람이 세계에서 차지하는 자리에 관한 그의 아이디어를 반영한다.

　미술과 인지 고고학에 덧붙여, 비교 인류학에서도 단서를 얻을 수 있다. 인류학자들은 아이디어들이 얼마나 오래되었는지를 측정할 수단을 제공해 미술이나 다른 물질적 유물의 증거를 해석하는 데 도움을 준다. 엄격히 말해 원시적 정신이란 것이 따로 없듯이 원시인이라는 것도 따로 없다. 우리는 모두 같은 길이의 기간에 걸쳐 이 행성에 머무른다. 우리의 모든 선조는 똑같이 오래전에 우리가 인간이라고 알아볼 수 있는 무언가로 진화했다. 하지만 일부 사람들은, 어떤 의미에서는, 다른 사람들보다 더 원시적인 생각—이러한 생각은 꼭 지적으로 덜 발달했다거나 더 단순하다거나 미신적이라거나, 더 조악하거나 열등하거나 덜 추상적인 것은 아니다—을 갖고 있다. 그것은 그저 먼저 생긴 생각일 뿐이다. 완강하게 보수적인 사회는 변화에 저항하고 오래된 전통을 가까이하기에 그들의 가장 오래된 생각을 간직하고 있을 가능성이 매우 크다. 고고학 발견물의 증거를 검토하거나 설명할 때 우리는 오늘날 세계에 현존하는 사회 중에 가장 일관되게 복고적이고 가장 성공적으로 보수적인 사회 즉, 여전히 수렵과 채집으로 살아가는 사회의 관습과 믿음을 활용할 수 있다.

물론 오늘날의 수렵채집인이 어떤 아이디어들을 갖고 있다는 사실은 반드시 수만 또는 수십만 년 전에 비슷한 문화에 속한 사람들이 그러한 아이디어들을 앞서 가지고 있었음을 의미하지는 않는다. 하지만 분명 그러한 가능성은 제기한다. 이것이 고고학을 지성적으로 이해할 수 있는 학문으로 만든다. 일반적으로 광범위하게 퍼진 아이디어는 오래된 아이디어일 가능성이 크다. 사람들은 무언가를 거래하거나 어딘가로부터 이주하는 동안 그 아이디어를 주고받거나 옮겼을 것이기 때문이다. 이것은 절대적으로 확실한 규칙은 아니다. 우리 시대 세계화의 들불을 통해 알 수 있듯이 나중에 생긴 아이디어더라도, 세인트루이스에서 베이징으로 '도약'한 햄버거나 실리콘밸리에서 인도네시아 순다해협으로 간 IT 기업가 정신을 따라 전염병처럼 퍼져나갈 수 있기 때문이다. 우리는 최근의 역사에서 전 세계를 장악한 기술에 의해 문화가 세계 도처로 전파되는 과정에서 아이디어들이 어떻게 확산되었는지 잘 알고 있다. 우리는 비교적 최근에 발생한 사건들이 원인이 되어 재즈, 청바지, 축구, 커피 등이 전 세계적인 인기를 누리게 된 것을 알고 있다. 하지만 문헌으로 접할 수 있는 시기보다 앞선 문화에서 나타나는 보편적 특징들을 보면 우리는 이 특징들이 호모 사피엔스가 아프리카로부터 나와 흩어지기 전에 이미 생겨났고 이 이주민들에 의해 전파되었다고 상당히 자신 있게 말할 수 있다. 그들은 약 1만 5000년 전과 10만 년 전 사이에 세계 대부분 지역에 정착해 살고 있었다.

콜드 케이스*: 빙하시대 아이디어의 환경과 증거

문제의 이주는 마지막 대빙하시대를 즈음해 일어났다. 상징적 기록과 물리적 단서가 오늘날까지 상당히 많이 전해지는 시기이고, 현대 인류학의 관찰 연구 결과를 충분히 적용할 수 있고 상당히 많은 생각을 상당히 세부적인 부분까지 재구성해볼 수 있는 시기다.

일단 무엇이 빙하시대를 창의성 촉진의 시기로 만들었는지, 그리고 어째서 추운 기후가 정신 활동을 활발하게 만들었는지 알아야 한다. 우리는 호모 사피엔스의 출현을 지금으로부터 약 15만 년 전에서 20만 년 전의 한랭기와 연결 지을 수 있다. 전 세계적으로 유례없는 규모로 이주가 일어난 약 10만 년 전은 시기적으로 북반구의 빙하 작용 시기와 일치한다. 빙하 작용은 남쪽으로 오늘날 미국 미주리주와 오하이오주의 낮은 지대, 그리고 지금의 영국제도 안까지 깊게 걸쳐 있었다. 빙하는 스칸디나비아를 뒤덮었다. 약 2만 년 전 유럽의 나머지 지역은 대부분 툰드라나 타이가 지대였다. 유라시아 중부에는 툰드라가 거의 오늘날 흑해의 위도까지 걸쳐져 있었다. 스텝 지대는 지중해 연안까지 펼쳐져 있었다. 신대륙에서는 툰드라와 타이가가 오늘날의 미국 버지니아주가 위치한 곳까지 이어졌다.

빙하가 세계를 잠식하는 사이 인류의 동아프리카의 '요람'에서 나온 이주민들은 오늘날 우리가 가진 생각과 감정과 연관 지을 만한

---

* cold case, 직역하자면 '추운 사례'를 뜻하지만 미해결 사건이라는 뜻도 있다—옮긴이.

인공물들을 갖고 갔다. 조개껍데기로 만든 장신구, 패턴이 새겨진 오커 판 등이었다. 당시 동아프리카 이주민들이 정착했던 남아프리카의 블롬보스 동굴에는 안료를 섞을 때 사용하던 조개껍데기 도가니와 주걱의 파편이 남아 있다.[21] 동일한 시기의 예술품 중에는 실용적인 목적으로만 보기에는 지나치게 정교한 물품들이 있다. 케이프타운에서 북쪽으로 180여 킬로미터 떨어진 딥클루프 바위 그늘에서 나온, 기하학적 문양이 세심하게 조각된 타조알 껍데기가 그 예다. 거의 같은 시기에 보츠와나 초딜로힐스의 라이노동굴에서 창끝을 장식하던 사람들은 수 킬로미터 밖에서 다채로운 색깔의 돌을 모아오고 안료를 갈았다. 이토록 창의적이고 이토록 구조적인 상상력의 증거가 많은 상황에서는 이러한 물건을 만든 사람들에게 '마음 이론'—자기 자신의 의식에 대한 의식—이 있었다는 가정을 물리치기란 참으로 어려운 일이다. 이들은 재상상(reimagine)에 필요한 정신적 장비를 갖추고 있었다.[22] 그렇지 않았다면 그들은 다른 대부분의 현생 유인원처럼 그들의 조상들이 진화한 환경에 그대로 머물렀을 것이다. 또는 근접하고 광범위하게 유사한 생물군계에만 머무르거나, 환경 조건—충돌·포식·기후변화 등—때문에 어쩔 수 없이 적응된 가까운 공간에 머무를 수밖에 없었을 것이다. 블롬보스 동굴에 도착한 이주민들은 훨씬 더 독창적인 일을 했다. 그들은 마치 변화된 환경을 예견할 수 있었던 듯 낯선 환경을 훌쩍 뛰어넘었다. 그들은 자신들 앞에 놓인 새로운 세계를 보았고 그곳을 향해 조금씩, 또는 성큼성큼 걸어갔다.

 그들이 견딘 추위는 언뜻 여가와 어울리지 않을지 모른다. 오늘날 우리는 추위를 정신이 얼얼해지는 때, 에너지 결핍, 노동이 요구되는 상황과 연결 짓는다. 하지만 우리는 빙하시대의 이미지를 재고할 필요가 있다. 빙하시대를 경험한 사람들에게 이 시기는 전문화된 엘리트층, 수많은 독창적 생각, 창의적 작업을 뒷받침한 생산적인 시간이었기 때문이다.[23] 사실 일부 사람들에게는 추위가 잘 맞는다. 유라시아의 상당 부분을 뒤덮은 광활한 툰드라의 수렵인들에게 빙하의 변방은 참으로 살기 좋은 곳이었다. 그들은 대형 포유동물의 사체를 먹으며 생존할 수 있었다. 이들 대형 포유류는 체지방을 효율적으로 저장함으로써 환경에 적응한 터였다. 오늘날 식이 지방은 악명이 높지만, 대부분 역사에서 대부분 사람은 열심히 식이 지방을 찾아다녔다. 동물성 지방은 세계에서 가장 큰 에너지 원천 식량으로 다른 음식에 비교해 단위당 평균 세 배의 열량으로 전환된다. 툰드라에는 인간이 포획할 수 있는 작은 동물들이 있었다. 이를테면 북극 토끼 같은 생물체는 약 2만 년 전 출현한 활과 화살로 쉽게 잡을 수 있었다. 하지만 빙하시대 수렵인들은 흔히 몸집이 크고 지방이 많은 종을 잡았다. 이러한 동물은 오랜 기간에 걸쳐 여러 명에게 영양분을 제공했고 낮은 기온 덕분에 죽은 동물의 살코기가 장기간 신선하게 유지되었다. 매머드와 북극 무스, 황소, 사슴 같은 군생 동물은 특히 잡기가 쉬웠다. 수렵인들은 이 동물들을 절벽이나 수렁, 호수로 몰면 한꺼번에 여러 마리를 잡을 수 있었다.[24] 비축한 식량이 오래 간다면, 수렵인들에게는 상대적으로 적은 노력만으로 지방 풍년을 맞는 것이나 다름없었다.

그들은 대체로 후대에 살았던 사람들보다 평균적으로 영양을 더 잘 섭취했다. 일부 빙하시대 공동체 사람들은 매일 약 2킬로그램의 식량을 소비했다. 열매와 뿌리를 비교적 다량으로 채집해 비타민C 평균

섭취량의 경우, 오늘날 미국 시민의 다섯 배를 섭취했다. 탄수화물이든 곡류의 섭취도 부족하지 않았고, 동물의 내장육과 혈액을 통해 아스코르빈산도 다량 섭취했다. 이후의 대부분 사회와 비교해 높은 수준의 영양 섭취와 긴 여가는 사람들이 자연을 관찰하고 그들이 본 것들에 대해 생각할 시간이 많았음을 의미했다.

미적, 정서적, 지적 선택들은 음식의 선호도를 반영한다. 빙하시대 예술가들에게 지방은 아름다운 것이었다. 거의 3만 년 전에 제작된 빌렌도르프의 비너스는 세계에서 가장 오래된 예술작품 중 하나로 손꼽힌다. 이 작고 통통하고 아름다운 여성 형태의 조각품은 이 작품이 발견된 독일의 지역명을 따서 이름이 붙여졌다. 다른 사람들은 이 조각품을 여신이나 통치자 또는—이 여성이 임신부로 보인다는 이유에서—다산을 기원하는 물건으로 분류했다. 조금 더 최근에 발견된 비슷한 조각상으로는 로셀의 비너스가 있다. 이 조각상은 프랑스의 어느 동굴 벽에 돋을새김 기법으로 표현되었다. 대략 2만 5000년 전에 제작된 것으로 보이는 로셀의 비너스는 오늘날 우리가 그렇듯 마음껏 먹고 욕망을 한껏 충족시키며 뚱뚱해진 것이 분명하다. 이 여성은 뿔을 든 채 동굴 벽에서 바깥을 내다본다. 이 뿔은 짐작건대 음식이나 술이 가득 든, 그야말로 코르누코피아(cornucopia, 신화에 나오는 과일과 곡식이 가득한 풍요의 뿔—옮긴이)다.

빙하시대의 심층부에서는 영리한 생활방식이 형태를 갖추었다. 2만 년에서 3만 년 전에 동굴 벽화의 화가들은 구불구불한 터널을 기어가서 도착한 깊은 동굴에서 남몰래 희미한 횃불을 곁에 두고 작업했다. 그들은 공들여 세운 비계 위에서 안간힘을 써가며 암벽의 굴곡과 조화롭게 어울리는 작품을 그렸다. 팔레트에는 겨우 서너 가지의 진흙과 염료만이 있었다. 붓은 잔가지와 노끈과 뼈와 털이었다. 하지만 그들의 터치는 자유롭고 단호했다. 그들은 그림의 대상을 예민하게 관찰하고 특징을 세심하게 포착했고 동물들의 외양과 유연한 자세를 생생하게 머릿속에 담았다. 이러한 그림들은 숙련되고 전문화된 솜씨가 돋보이는 원숙한 전통에서 나왔다. 그 결과물은, 피카소를 비롯한 여러 섬세하고 정통한 현대 감상자들의 의견에 따르면 후대에서는 절대 따라잡을 수 없는 높은 성취도의 미술 작품이었다.[25] 입체로 표현된 현실적인 상아 조각품과 같은 이 시대의 조각품들 역시 대등한 성취를 이루었다. 예를 들어 독일 남부 포겔헤르트의 3만 년 된 말들은 목을 둥글게 구부리고 있는 모습이 몹시 우아하다. 프랑스 브라상푸이에서 그로부터 약 5000년 이후에 만든 단정한 머리 모양의 미인을 표현한 초상은 아몬드 모양 눈과 들창코와 보조개 팬 볼이 돋보인다. 같은 시기에 동굴 벽에 사냥감들이 새겨지고 도구에 조각되었다. 체코공화국 베스토니체의 2만 7000년 된 가마는 진흙으로 만든 곰, 개, 여성 조각품을 구워냈다. 분명 다른 지역에서도 다른 미술 작품이 있었겠지만 추측건대 대개는 암석의 표면에서 희미해졌거나, 신체나 가죽에 그린 탓에 지워졌거나, 흙바닥에 그려서 바람에 날려 사라졌을 것이다.

빙하시대 미술의 기능은 지금도 그렇고 아마 앞으로도 해결되지 않는 쟁점일 것이다. 하지만 빙하시대 미술은 분명히 이야기를 전했고 의식을 수반했으며 주술을 불러냈다. 일부 동굴 벽화에서 발견된 동물 그림에는 마치 상징적 희생물인 양 반복적으로 베이고 찔린 자국이 있다. 일부는 사냥꾼들의 기억술(mnemonics)에서 나온 것으로 보인다. 이 시기 화가들이 그린 이미지 레퍼토리에는 발굽 모양, 짐승의 발자국, 계절별 습관과 선호하는 먹이 등이 있었다. 초창기에는 모래나 흙에 남은 발자국과 손자국이 그들에게 영감을 불어넣은 것 같다. 빙하시대 미술에서는 스텐실이나 손바닥 찍기가 흔한 기법이기 때문이다. 암벽에 숨은 주술을 찾으려 했는지 손바닥 자국이 동굴 벽 여기저기에 찍혀 있다. 2만여 년 전 오스트레일리아의 케니프 바위 표면에 인간의 손과 도구를 찍은 스텐실 무늬는 오늘날 색이 바랬다. 하지만 시대를 가로질러 소통하는 그것의 심미적 효과는 실용적 기능을 넘어선다. 이 작품은 아마도 예술을 위한 예술은 아니었을지언정 분명 예술작품이었다. 이후 이 새로운 종류의 힘은 영혼들을 일깨우고 상상력을 사로잡고 행동을 고취하고 아이디어들을 표상했다. 그리고 사회를 거울처럼 반영할 수도, 사회에 도전을 제기할 수도 있었다.[26]

감각에 대한 불신: 어리석은 유물론의 기반을 잠식하다

예술가들이 우리에게 남긴 사료는 종교사상과 정치사상을 보는 창을 연다. 먼저 종교사상을 보자. 현대인에게는 놀랍게 느껴질지 모르지만 종교는 회의주의와 함께 출발한다. 회의주의는 물질의 고유한 실재성을, 또는 오늘날 우리가 흔히 하는 말로, 과연 우리에게 보이는 것이 실상의 전부인지 의심하는 태도를 가리킨다. 따라서 우리는 먼저 초기 회의주의로 시작해 마지막에는 영혼, 주술, 마녀, 토템, 마나, 신,

유일신 등의 아이디어들을 살펴볼 것이다.

세계 최초의 회의주의자들은 무엇을 의심했을까? 분명 당대의 지배적인 통설을 의심했을 것이다. 역시 분명하지는 않지만, 당시의 통설은 아마도 유물론이었을 것이고 유물론에 도전한 사상가들은 최초로 초자연에 관한 사색을 즐겼을 것이다. 오늘날 우리는 흔히 (마치 요정은 몽상가의 머릿속에서만 산다는 듯이) 이러한 사색을 유치하거나 미신적이라고 비난한다. 특히 이러한 생각이 오래된 과거로부터 전해진 종교사상의 형태를 띨 때는 더더욱 그렇다. 이중 강력한 지지층은 과학으로 탈출했고 그들은 이 탈출을 자축하고 있다. 특히 무신론자, '의식(意識)'에 대한 전통적 이해를 비판하는 철학자, 뇌의 전기·화학적 활동(어떤 사람들은 이것을 생각으로 착각한다)에 감탄하는 신경과학자, 18세기와 19세기 초 유물론자에게 한동안 인기를 끈, 기계로서의 마음 모델을 선호하는 '인공지능'의 열렬한 지지자들이 그러한 예다.[27] 오늘날에는 똑똑하게 보이려면, 또는 일부 과학자들의 표현대로 "브라이트(bright)"하게 보이려면[28] 정신과 뇌는 같은 것이고, 생각은 전기·화학적 방출이며, 감정은 신경계가 만들어낸 효과이고, 사랑은 디드로의 표현처럼 "내장의 흥분"이라고 해야 한다.[29]

간단히 말해 우리 중 일부는 유물론적 사고방식이 현대적이라고 생각한다. 하지만 과연 그럴까? 오히려 유물론은 세계를 보는 가장 오래된 방식일 가능성이 높다. 유물론은 유충이나 파충류가 세상을 보는 방식이다. 유충이나 파충류의 세계는 진흙과 점액으로 이루어져 있고 그 안에서 감각될 수 있는 것은 모든 관심을 흡수한다. 우리의 호미닌 조상들은 필시 유물론자였다. 그들이 아는 모든 것은 물리적인 것이었다. 망막에 맺힌 인상들이 그들이 가진 최초의 생각들이었다. 그들의 감정은 사지의 떨림과 장기의 동요에서 시작되었다. 제한된 상상력을 가진 생물에게는 유물론이 상식이다. 형이상학을 거부하는 과학주의 신봉자들처럼, 그들은 감각 증거에 의존할 뿐 진실에 이르는 다른 수단을 인정하지 않는다. 그들은 우리가 보거나 만지거나 듣거나 맛보거나 냄새를 맡을 수 없는 실재가 있을 수 있음을 받아들이려고 하지 않는다.

하지만 표면은 안에 있는 것을 좀처럼 드러내지 않는다. 5세기 말 압데라의 데모크리토스가 말했듯 "진실은 심층에 있다".[30] 감각이 기만적일 수 있다는 깨달음이 언제 처음 일어났는지 우리는 알 수 없다. 하지만 적어도 호모 사피엔스만큼은 오래되었을 것이다. 경험들을 비교하고 그로부터 추론을 끌어내는 데 관심이 있는 생물체는 하나의 감각이 다른 감각과 상충된다는 것, 감각은 시행착오를 통해 인식을 축적한다는 것, 우리는 결코 가상(假像, semblance)의 끝에 도달했다고 가정할 수 없음을 알아챌 가능성이 크다.[31] 큼지막한 발사나무 토막은 놀라우리만치 가볍다. 수은덩어리는 손에 잡히지 않는다. 굴절된 빛은 기만적으로 꺾여 있다. 우리는 멀리 떨어진 곳에 놓인 사물의 형태를 착각한다. 우리는 신기루에 무릎을 꿇는다. 왜곡되어 비친 상은 때로는 흥미롭고 때로는 충격적이다. 달콤한 독이 있는가 하면 쓰디쓴 약이 있다. 극단적인 형태의 유물론은 우리의 머리로 이해하기 몹시 어렵다. 아인슈타인 이후의 과학에는 우주라는 그림에 에너지와 반물질 등 엄밀히 말해 비물질적인 힘을 포함시켜야 한다. 이러한 측면에서 최초의 물활론자들은 현대의 유물론자들보다 앞선 사람들이었다. 어쩌면 그들은 오늘날의 생각을 더 훌륭하게 미리 내다보았는지 모른다.

감각의 범위를 초월해, 눈으로 볼 수 있고 손으로 만질 수 있으며 코로 맡을 수 있고 혀로 맛볼 수 있는 것 이상의 무언가가 이 세계 또는 이 세계 너머에 있으리라고 생각하기까지는 매우 큰 폭의 추측이 필요했다. 우리가 꼭 감각만을 신뢰해야 하는 것은 아니라는 아이디어는 만능키 아이디어였다. 그것은 정신 세계로 가는 곁쇠였다. 이 아이디어는 무한한 사변의 파노라마를 열어젖혔다. 나중에는 종교와 철학이 이 사상의 영토를 지배하게 되었다.

사상가들이 처음에 어떻게 해서 유물론보다 더 미묘한 이론을 갖게 되었는지를 추측해보는 것은 상당히 구미가 당기는 일이다. 혹시 꿈에서 그런 암시를 얻었을까? 환각제—이를테면 야생 글라디올러스 구근, '신성한 버섯', 메스칼린, 나팔꽃 등—덕분에 이러한 확신을 갖게 되었을까? 솔로몬제도의 티코피아에서 꿈은 "영혼과의 교류"였다. 콩고민주공화국 카사이강의 렐레(Lele)족에게 예언가들은 꿈꾸는 자들이었다.[32] 실망감은 인간의 상상을 제물로 삼고 우리를 물질적 제약 너머로 데려간다. 이를테면, 사냥에서 성공했을 때 얻게 될 결과물을 머릿속에 정확하게 그린 사냥꾼은 아마도 이 상상된 승리를 물리적 현실에서의 성공 경험으로 다시 기억하게 될 것이다. 이는 그가 육중한 짐승을 만나기에 앞서 그 그림자를 일별한 것과 같다. 한편 실패한 사냥꾼은 자신이 앞서 머릿속에 그렸던 것이 그 바깥에서 일어나지 않았음을 안다. 사냥꾼은 이제 순수하게 정신적인 사건들의 가능성에 바짝 주의를 기울이게 될 것이다. 우리가 앞서 본 빙하시대 화가들은 분명히 이러한 일을 경험했을 것이다. 그들에게 상상된 사건들은 이렇듯 관찰되고 상기된 사건들과 충돌했다.

눈에 보이지 않는 세계를 발견한 사람들은 감각 지각으로부터 끌어낸 가정들을 뒤엎고 어쩌면 감각 자료는 환상일지도 모른다고 의심하기 시작했다. 그렇게 그들은 철학자가 되었다. 그들은 두 가지 최대 난제를 제기했고, 이 질문들은 이후 모든 철학자를 곤란에 빠뜨렸다. 그것은 참과 거짓, 그리고 옳음과 그름을 어떻게 구분하는가의 문제였다. 빙하시대 화가들이 찬탄한 동물들과 자기 자신을 비교한 것이 여기에 일조했는지 모른다. 그들은 인간은 상대적으로 약한 감각을 갖고 있음을 더욱 깊이 자각했을 것이다. 우리의 동물 경쟁자들은 대부분 우리보다 우월한 후각 기관을 갖고 있다. 많은 동물이 우리보다 더 멀리 더 또렷하게 볼 수 있다. 많은 동물이 우리보다 훨씬 더 넓은 범위의 소리를 듣는다. 제1장에서 보았듯이 우리는 우리의 신체적 결함을 상상력으로 메워야 한다. 따라서 어쩌면 우리의 조상들은 감각보다 정신이 그들을 더 멀리 데려다주리라는 것을 알아챘는지 모른다. 감각을 불신하고 상상적 재능을 선호하는 것은 위험하지만 매혹적이었다. 그것은 재앙을 자초하는 한편 위대한 성취로 가는 문을 열어주었다.

이 아이디어가 곳곳에 퍼져 있다는 점에 미루어 보건대 이 도약은 아주 오래전에 일어났다. 인류학자들은, 유물론을 철저히 거부하며 세계를 환상으로 치부하는 사람들을 언제나 의외의 장소에서 발견한다. 이를테면 전통적인 마오리족은 물질적 우주는 신들이 거주하는 실제 세계를 반사하는 거울에 지나지 않는다고 생각했다. 기독교 사상의 영향을 받기 전에 북아메리카 평원의 다코타족 사제들은 진짜 하늘은 눈에 보이지 않는다는 것을 꿰뚫어보았다. 우리가 보는 것은 하늘의 푸른 투영에 지나지 않는다. 분명 그들은 파란빛이 쉽게 굴절되기 때문에 하늘이 전반적으로 파랗게 보인다고 나에게 알려준 과학 교과서 저자들보다 하늘에 관해 더욱 면밀하게 사고했다. 다코타족은 우리가 보고 있는 흙과 돌은 그저 토누암피(tonwampi)—보통 '신성한 가상(假象)'이라고 번역된다—에 지나지 않는다고 주장했다.[33] 이 통찰은 이 주제에 관한 플라톤의 생각과 닮았다. 이 통찰은 틀렸을지 모르지만 똑같은 흙과 똑같은 돌을 안일하게 응시하고 그것들 너머에서는 아무것도 찾지 않는 유물론자들의 통찰보다 더 성찰적이고 심오했다.

지각 불가능한 것의 발견

이 세상이 환상일지 모른다는 아이디어는 정신을 자유로이 놓아주어—비물질적이기에—볼 수 없고 들을 수 없고 만질 수 없는 실재, 인간이 감각을 통해 접근할 수 없지만 다른 수단을 통해서는 다다를 수 있는 실재가 있음을 발견 또는 추측하게 해주었다. 이제는 여기에 또다른 가능성이 뒤따랐다. 무형의 존재들이 이 세계에 생기를 불어넣는다거나 무형의 존재들이 우리가 지각하는 사물들 속에 우글거리고 있으며 그것들을 활기로 채운다는 생각이었다.[34] 일부 그럴듯한 설명은 영혼에 대한 믿음을 미개인의 넋두리로 치부하지만, 이것은 아이디어의 초기 역사에서 통찰력 있는 한 걸음이었다. 일단 감각의 세계를 거부하기 시작하면, 우리는 살아 있는 힘들이 있으리라고 짐작하게 된다. 이 힘들은 바람의 속도를 당기고 수선화를 춤추게 하며 화염을 날름거리게 하고 물살의 방향을 돌리며 나뭇잎을 시들게 한다. 우리는 은유적으로 여전히 물활론적 우주의 언어를 사용하고—이것은 초기 사상가들이 우리에게 남긴 위대한 유산이다—마치 우주가 살아 있는 것처럼 말한다. 지구는 신음하고 불길은 날뛰며 개울은 재잘대고 바위는 증언한다.

생기발랄한 움직임의 원인을 전부 영혼으로 돌리는 것은 틀린 생각일 수 있지만 그렇다고 이것이 투박하거나 '미신적'인 생각인 것은 아니다. 이것은 비록 진실 여부는 입증할 수 없더라도 세계가 존재하는 방식을 관찰해 끌어낸 결론이다. 불이나 파도, 바람의 들썩임, 바위의 참을성, 나무의 성장을 일으키는 원천은 어떤 능동적 속성일 거라고 충분히 믿을 만하다. 밀레토스의 탈레스는 기원전 585년에 일식을 예측했을 정도로 과학적이었지만 자기(magnetism)를 설명할 때 자석에는 매력을 불러일으키고 혐오를 자극하는 영혼들이 있다고 말했다. 탈레스는 "만물은 신들로 가득하다"고 했다.[35] 관찰에 더해 생각도 어디에나 영혼이 있음을 시사한다. 일부 인간적 특성—이를테면 정신이나 영혼이나 성격 또는 무엇이든 본질적으로 인간을 인간이게 하는 것—이 비물질적이라면 우리는 그러한 특성을 다른 존재들은 갖고 있지 않다고 확신할 수 없다. 다른 개인들은 분명히 갖고 있을 것이다. 우리가 우리 집단이라고 인정하는 집단 밖의 사람들은 아마도 그러한 특성을 갖고 있을 것이다. 만일 가능성을 극대화한다면 동물, 식물, 광물도 마찬가지로 그러한 특성을 갖고 있을지 모른다. 『인도로 가는 길A Passage to India』에서 브라만들이 묻듯 "오렌지, 선인장, 수정, 진흙"은 어떨까?

유물론을 넘어서면 온 세계가 살아 움직이는 것처럼 보일 수 있다.

　과학은 우리가 '무생물(inanimate)' 물질이라고 부르는 것에서 영혼들(spirits)을 내쫓았다. '무생물' 물질이라는 표현은 그야말로 '영혼 없는' 물질을 의미한다. 한편, 세상에는 몸에서 분리된 영혼 또는 '정령' —요정이나 악령처럼 서양의 사고에 친숙한 것도 있고, 처녀 귀신 윌리나 물귀신 켈피처럼 덜 친숙한 것도 있다— 이 많아졌다. 과학이 발전한 사회에서도 이러한 정령들은 여전히 어떤 사고방식 안에 떠돈다. 정령들은, 누군가가 최초로 알아챘을 때, 미묘하고도 놀라운 착상이었다. 정령들은 삶에서 앞날을 상상할 수 있는 사람들에게 돌파구를 제시했다. 물질적 세계에서 삶의 제약에 복종해야 했던 생명체는 이제 무한히 변화무쌍하고 예측할 수 없는 미래가 가져다주는 자유를 만끽할 수 있었다. 살아 있는 환경은 유물론자들이 사는 따분한 우주보다 더 많은 자극을 주었다. 살아 있는 환경은 시상(詩想)을 전해주고 경이감을 불러일으켰다. 사멸에 저항하고 불멸의 가능성을 제기했다. 불은 꺼지고 파도는 부수어지며 나무는 베어져나가고 바위는 깨어지지만 영혼은 산다. 영혼에 대한 믿음은 사람들이 자연에 개입하는 것을 주저하게 했다. 일반적으로 물활론자들은 나무를 뽑거나 동물을 죽이기 전에 희생물의 허락을 구한다.

　빙하시대 사상가들은 생명체를 그리거나 조각할 때 생명체의 실재성을 감각으로는 지각할 수 없다는 것을 알거나 안다고 여겼다. 이번에도 인류학적 증거를 통해 확인할 수 있다. 이후 시대의 암벽 화가나 동굴 화가들에게서 유추해 빙하시대 미술은 이 세계를 초월한 세계들, 물질을 초월한 영혼에 다가가는 수단이었음을 이해할 수 있다.

빙하시대 미술은 상상의 영역을 그렸다. 신비로운 무아지경 상태로 접근할 수 있는 영역이며, 사람들에게 필요하고 선망의 대상인 동물들의 영혼이 거주하는 영역이었다.[36] 동굴 벽화 화가들은 사람의 형상을 특별한 형식으로 표현해 나머지 무리와 구분했다. 동물 가면—사슴뿔 장식이나 사자 같은 가면—을 쓴 사람은 다른 것으로 변형된다. 역사적 문헌을 살펴보면 일반적으로 가면을 쓴 샤먼은 망자나 신과 소통하기 위해 노력한다. 샤먼은 고통스러운 정신적 자기 변형 속에서, 또는 춤을 추거나 북을 치다가 의식(意識)이 변해, 자기 몸 바깥의 누군가와 만나는 영혼의 여행을 떠난다. 샤먼은 동물처럼 꾸미고 다른 종의 속도나 힘 따위를 전유하거나 자신을 토테미즘 '조상'과 동일시하고자 한다. 여하튼 비인간 동물은 인간에 비해 신에 더 가까운 만큼 이해하기 더 쉬운 존재였다. 이것은 이를테면 비인간 동물이 인간보다 용맹하고 민첩하며 감각 능력이 뛰어난 이유를 설명해주었다. 극도의 흥분 상태에 빠진 샤먼은 이 세상에 무언가를 말하는 영혼들의 매개자가 되었다. 샤먼들이 치르는 제의는 베르길리우스가 『아이네이스』6권에서 황홀경에 빠진 쿠마이의 시빌라에 관해 기술한 대목에서 생생히 묘사되었다. "신의 숨결이 시빌라의 내면에 훅 끼쳐 들어가자 그녀는 몸이 부푼 듯했고 인간에게서 나올 법하지 않은 이상한 소리를 냈다. (…) 시빌라의 낭송 소리가 돌연 다른 음색을 띠었다. 시빌라의 얼굴과 안색과 머리 모양이 바뀌었다. 시빌라의 가슴이 부풀었다. 그 안에서는 시빌라의 심장이 미친듯이 뛰고 있었다."[37] 샤머니즘 제의는 오늘날에도 유라시아 초원, 일본 사원, 데르비시 마드라사(극도의 금욕 생활을 서약하는 이슬람교 신학교. 예배 때 빠르게 도는 춤을 춘다

—옮긴이), 아한대 툰드라 등에서 여전히 계속되고 있다. 아한대 툰드라에서는 시베리아 북부의 추크치(Chukchi)족이 그들보다 더 추운 기후에서 살았던 빙하시대 미술가들과 비슷한 생활방식을 따르고 있다. 오늘날 추크치족 사회를 비롯한 여러 사회에서 샤먼들은 여전히 상상의 여행에서 환영을 경험한다.

이러한 단서들을 한데 모으면 우리는 기록이 전해지는 세계 최초의 종교에 대한 그림을 얻을 수 있다. 그것은 샤먼들이 하던 일이다. 샤먼들은 시간이 지나도 지치지 않고 오늘날에도 여전히 동굴 벽에서 춤을 추고 있다. 그들은 깊은 암벽에 머무는 신들이나 조상들과 접촉할 수 있었다. 영혼들은 그 깊은 암벽으로부터 나와 동굴 벽에 흔적을 남겼다. 화가들은 영혼들이 남긴 윤곽에 생동감을 부여하고 그들의 에너지를 붙잡았다. 방문객들은 오커를 묻힌 손바닥을 가까운 자리에 찍었다. 아마도 매장지를 장식하는 오커는 (오디세우스가 하데스의 문에서 망자에게 내주었던 것과 같은) '유령들을 위한 피'로 이해할 수 있을 것이다. 빙하시대 조각품에서도 종교의 또다른 면을 보여주는 듯한 단서들을 발견할 수 있다. 빌렌도르프의 비너스나 로셀의 비너스 같은 빙하시대 조각품들은 엉덩이에 살이 많은 양식화된 모습을 보인다. 동쪽으로 시베리아까지 이르는 광범위한 지역에서 조각가들은 수천 년에 걸쳐 볼록한 배와 펑퍼짐한 엉덩이를 재현했다. 빙하시대의 정신적 코스모스 어딘가에는 엉덩이가 커다란 여성 조각상을 통해 표현된 힘있는 여성들이, 또는 어쩌면, 여신 숭배가 자리해 있었다.

또다른 증거는 우리를 종교 너머로 데려간다. 엄격히 본다면 우리가 초기 철학이라고 부를 수 있을 이 증거는 인류학의 현장 연구에서 발견된다. 인류학자들은 전통을 따르는 민족들이 사물의 본성과 특징을 어떻게 설명하는지 연구했다. "지각하는 대상이 실재함을 어떻게 아는가?"라는 질문은 철학과 시험에나 나올 법한 어려운 문제로 들릴 것이다. 어떻게 해서 나는 변화해도 여전히 나일 수 있는지, 어떻게 대상은 변화가 가능한 동시에 동일성을 유지하는지, 어떻게 사건들이 펼쳐져도 주변 환경의 연속성이 깨지지 않는지도 마찬가지로 어려운 질문들이다. 그런데 초기 인간들은 이 모든 질문을 스스로에게 물었고, 어떤 사물이 무엇인지와 그 사물이 가진 속성들 사이에 어떤 차이가 있는지 숙고했다. 그들은 어떤 사물의 '존재'—그것의 본질 또는 철학 용어로 '실체(substance)'—는 그것의 '우유성(accidence, 사물이 일시적으로 우연히 갖게 된 성질—옮긴이)'이나 '겉모습'과 다름을 이해했다. 이 둘의 관계를 탐구하기 위해서는 집요한 사고가 필요하다. 우리는 이 두 가지가 동사로 구분되는 스페인어에서 단서를 얻을 수 있다. 스페인어에서는 지칭된 것의 본질을 의미하는 동사 세르('ser'), 그리고 역시 '이다' 또는 '있다'로 옮길 수 있지만 대상의 변화 가능한 상태나 그것의 일시적 특성만을 지칭하는 동사 에스타르('estar')를 구분한다. 하지만 스페인어 사용자들조차도 이 구분의 중대한 함의를 좀처럼 깨닫지 못한다. 이 구분은 가령 당신의 아름다움(세르)이 당신의 예쁜 외모(에스타르)보다 오래 유지될 수 있다는 것을, 또는 아름다움이 흉한 외모와 공존할 수 있다는 것을 알려준다. 비슷하게, 원칙적으로 당신의 정신은 뇌에서 분리될 수 있다. 이 둘은 당신 안에 하나로 통합되어 있지만 말이다.

그리하여 두 가지 질문이 제기된다. 무엇이 사물을 그것이게 하는가? 그리고 무엇이 사물의 겉모습을 그렇게 만드는가? 초기 물활론을 창안한 사람들에게 '영혼들'은 이 두 가지 질문에 대한 답이 될 수 있었다. 만일 영혼들이 존재한다면 그것들은 어디에나 있을 수 있다. 하지만 어디에나 있다는 것이 반드시 보편적이라는 것과 같은 말은 아니다. 영혼들은 그것이 거주하는 대상에 특유하다. 하지만 적어도 똑같이 오래되었고 광범위한 인류학 문헌에서 증거를 발견할 수 있는 한 가지 아이디어는 모든 사물에 어떤 보이지 않는 존재가 스며들어 있다는 아이디어다.

이 개념은 가령 '무엇이 하늘을 푸르게 만들고, 물을 습하게 만드는가?'라는 물음으로부터 합리적으로 따라 나온다. 푸름은 하늘의 본질적 속성으로 보이지 않는다. 하늘은 색깔이 바뀐다고 해서 하늘이기를 그치지 않기 때문이다. 하지만 물의 습함은 어떨까? 이것은 다른 문제 같다. 마른 물은 물이 아닐 것이기 때문에 습함은 물의 본질적 속성이다. 어쩌면 모든 속성의 기저에 단일한 실체가 자리해 있어 이 외견상의 충돌을 해결해줄 수 있을지 모른다. 당신은 창이나 낚싯대를 만들 때 그것이 작동하리라는 것을 안다. 하지만 당신이 어째서 그러한지 계속 질문한다면 당신은 관련된 대상의 본성에 관한 심층적이고 철학적인 질문을 하는 셈이다. 우리가 만일 인류학적 증거에 기댈 수 있다면, 가장 오래된 대답 중 하나는 보이지 않고 보편적인 동일한 힘이 모든 것의 본성을 설명하고 모든 활동이 실행되게 한다는 것이었다. 이 아이디어에 이름을 붙이기 위해 인류학자들은 남해의 언어에서 '마나'라는 말을 빌려왔다.[38] 그물의 마나는 물고기를 잡는다. 물고기의 마나는 물고기가 잡히게 한다. 칼의 마나는 상처를 낸다. 허브의 마나는 상처를 치유한다. 이와 비슷하거나 같은 개념이 세계의 여러 다른 지역에서 다양한 이름으로 이야기와 의례의 주제로 보고된다. 오스트레일리아의 일부 지역에서는 아룽퀼타(arungquiltha), 북미 원주민 지역에서는 와칸(wakan), 오렌다(orenda), 마니토우(manitou) 등으로 불린다.

아이디어가 얼마나 널리 퍼져 있는가로 얼마나 오래되었는지를 판단하는 것이 옳다면, 마나 아이디어는 상당히 오래되었을 가능성이 크다. 하지만 이 아이디어가 언제 처음 나타났는지 밝히려는 노력은 그저 추정에 그칠 수밖에 없다. 고고학은 그 시점을 파악할 수 없고, 상당히 최근까지도 기록되지 않았던 전통들만이 그런 추정을 할 수 있다. 당파성은 종종 이 논쟁을 왜곡한다. 영혼과 마나 중 어느 쪽이 먼저 나타났는지에 대한 논란이 매우 치열하기 때문이다. 만일 마나가 먼저라면 물활론은 상대적으로 세계에 대한 더 "발달된" 아이디어로, 그러니까 단순히 "원시적" 아이디어 이상으로 보인다. 주술보다 뒤에 나온 것이 되고 따라서 더 원숙한 아이디어가 된다. 이러한 질문들은 일단 미해결로 남겨두어도 될 것이다. 영혼과 마나는 순서와 상관없이 처음으로 상상된 것들이었을 수 있고, 어쩌면 동시에 나타났던 것인지도 모른다.

주술과 마법

흔히들 묻지만 사실상 답할 수 없는 한 가지 질문이 있다. '마나를 바꾸거나 영향을 주거나 장악할 수 있을까?' 혹시 이것은 주술의 출발점이 아니었을까? 주술은 마나를 회유하고 제어하려는 시도에서 기원한 것이 아닐까? 사회인류학회 초대 의장을 역임한 브로니슬라브 말리노프스키는 그렇다고 생각했다. 말리노프스키는 지금으로부터 100여 년 전에 다음과 같이 썼다. "과학은 자연적 힘이라는 개념에 기반을 두는 반면 주술은 멜라네시아 사람들이 마나라고 부르는 (…) 어느 신비롭고 비인격적인 힘에 관한 아이디어로부터 나온다. (…) 이 아이디어는 주술이 성행하는 곳 어디에서나 거의 보편적으로 나타난다."[39] 자연을 무척 친밀하게 알고 있었던 초기 인간들은 자연에서는 모든 것이 어떻게 서로 연결되어 있는지 알 수 있었다. 무엇이든 체계적인 것은 어느 일부분을 통제함으로써 조작이 가능하다. 이렇듯 자연을 조작하려는 노력 중에서도 주술은 가장 오래전부터 이어져온 방법이다. 20세기 초의 중요한 두 인류학자에 따르면 "최초의 과학자들은 주술사였다. (…) 주술은 신비로운 생명의 천 가지 균열로부터 나온다. (…) 주술은 구체적인 것을 다루고 종교는 추상적인 것을 다룬다. 주술은 본질적으로 사물들을 다루는 기술이었다".[40] 앙리 위베르(Henri Hubert)와 마르셀 모스(Marcel Mauss)는 옳았다. 주술과 과학은 같은 선상에 있다. 양자 모두 자연을 지성으로 지배해 인간의 통제하에 두려고 한다.[41]

주술 아이디어는 두 가지의 뚜렷하게 다른 생각들로 이루어져 있다. 첫째, 우리는 감각으로는 지각할 수 없지만 정신으로는 그려낼 수 있는 원인으로부터 결과를 끌어낼 수 있다. 둘째, 정신은 이러한 원인을 불러내어 활용할 수 있다. 우리는 눈에 보이지 않는 것에 접근함으로써 눈에 보이는 것을 장악할 힘을 획득한다. 주술은 진정 강력하다. 지금도 주술은 자연의 다른 부분에 대해서는 아니더라도 인간에게만큼은 강력한 힘을 발휘하며 모든 사회에서 되풀이해 나타난다. 숱한 실망들도 이 사실을 바꿀 수 없었다. 주술은 작동하지 않는다. 적어도 지금까지는 그랬다. 하지만 그러한 실패들에도 불구하고 주술사들은 희망에 불을 붙이고 공포심을 자극했으며 존경과 보상을 끌어냈다.

선사시대의 주술은 아마도 우리가 접할 수 있는 최초의 증거보다 앞서 존재했을 것이다. 호미니드가 살았던 과거의 심층부, 그러니까 관찰과 상상이 서로에게 자양분을 제공했던 그 느린 과정 속에 존재했을 것이다. 우리는 주술의 증거를 찾으려면 주술사들이 품었던 열망의 대상에 초점을 맞추어야 한다. 주술사들은 한 물질을 다른 물질로 바꾸는 변형 과정에 집중했다. 우연한 사건들은 주술적 변형을 야기할 수 있었다. 이를테면 분명히 먹을 수 없었던 물질이 이로운 박테리아의 작용으로 소화할 수 있는 물질로 변한다. 불은 음식이 캐러멜 빛을 띠고 바삭해지게 만든다. 열은 축축한 진흙을 딱딱하게 만든다. 별생각 없이 움켜쥔 막대나 뼈는 도구나 무기가 된다. 우연한 변형은 모방할 수 있다. 하지만 어떤 변형은 반드시 급진적인 상상 행위가 수반되어야만 가능하다. 위빙(weaving, 천 짜기)을 예로 들자. 여러 가닥의 섬유를 결합해 한 가닥으로 얻을 수 없는 강도와 두께를 얻는 위빙은 참으로 기적적인 기술이다. 침팬지들도 기초적인 방식으로 나뭇가지나 줄기를 꼬아 둥지를 만든다. 위빙이 인류 출현 이전의 기원으로 거슬러올라가는 아득한 과거로부터 축적된 역사를 지니고 있음을 보여주는 증거다. 이와 유사하게 물질적 필요를 충족시키기 위해 즉흥적으로 취한 현실적인 조치들이 주술적인 사고를 자극했을 가능성이 있다. 이를테면 빙하시대 스텝 지대의 매머드 뼈로 지은 집은 뼈라는 재료를 웅장한 사원 같은 건물로 변형시켰다는 점에서 주술적이다. 빙하시대의 경우 주술이 발휘된 시대와 맥락은 우리가 복원할 수 없는 아득한 과거이지만 이 시대로부터 전해지는 증거에는 주술의 징후가 가득하다. 블룸보스 동굴(101쪽 참조)에서 발견된 7만 년 이상 된 레드 오커(대자석)는 최초로 의례에서 특정한 역할을 담당했던 물질로 짐작되는데, 레드 오커에 새겨진 십자 자국 장식들로 보아 이것은 아마도 주술사가 사용한 최초의 보조 도구가 아니었을까 추정해볼 수 있다. 피를 연상시키는 생생한 색깔로 미루어 레드 오커는 살아 있는 사람들이 시신에게 새 생명을 주입하기 위해 망자 곁에 제물로 놓았을 가능성을 짐작해볼 수 있다.

원칙적으로 주술은 '백마술'—선한 의도를 띠고 있거나 딱히 악한 의도가 없는 주술—이거나 흑마술이었다. 하지만 원인과 결과는 눈에 보이지 않게 연결되어 있으며 주술로 상황을 조작할 수 있다고 생각한 누군가는 또다른 아이디어를 떠올릴 수 있었다. 즉, 해로운 주술로 파괴와 폐허를 부를 수 있다는 아이디어다. 사람들이 자연을 이용하고 변화시킬 수 있다면 그들은 자연으로 선뿐만 아니라 악을 행할 수도 있다. 그들은 이를테면 마녀가 되거나, 되려고 시도할 수 있다. 마법(witchcraft)은 세계에 가장 널리 퍼져 있는 아이디어 중 하나다. 일부 문화에서 마법은 사람들이 몸이 아플 때 가장 먼저 떠올리는 원인이다.[12] 1920년대에 E. E. 에번스프리처드가 수행한 선구적인 인류학 현장 연구는 수단 지역 아잔데(Azande)족의 마법을 학문적으로 이해하기 위한 시도였다. 아잔데족은 매우 독특한 관습과 믿음을 갖고 있다.[13] 아잔데족에게 마법은 물려받은 신체적 상태다. 그들에게 마법은 말 그대로 내장 속에 자리한 털 뭉치다. 이것은 단순히 마법의 징후가 아닌 원천이다. 마녀는 이 털 뭉치의 힘을 일부러 불러낼 필요가 없다. 그것은 그저 거기에 있기 때문이다. 그것은 부검으로도 그 존재를 확인할 수 있다. '독약 신탁'은 마법의 작용을 확인할 수 있는 방법이다. 희생자나 제삼자가 어느 마녀가 나쁜 짓을 저질렀다고 고발하면 사람들은 그 내용의 진실 여부를 독약을 이용한 시험을 통해 판단한다. 그들은 닭의 목구멍에 강제로 독약을 흘려 넣는다. 닭이 살아남으면 마녀는 무죄이고 반대의 경우에는 유죄다. 다른 문화에서 마녀를 탐지하는 흔한 방법은 신체적 특이성이나 기형—로알드 달(Roald Dahl)의 동화에 등장하는 발가락 없는 마녀들은 이러한 전통들을 암시한다—또는 추함을 통해서다. 일부 민족들은 이러한 특징들 그 자체를 마녀가 사악한 짓을 저지르는 원인으로 보기도 한다.

어느 시대나 마법에 관한 새로운 아이디어들이 등장했다.[14] 기원전 제2천년기 메소포타미아에서 쓰인 세계 최초의 상상 문학에서 마법을 피하기 위한 주문은 흔히 신들이나 불에 호소하거나 소금이나 수은 등 주술에서 자주 쓰이는 화학물질을 활용한다. 아울러 마녀는 사람과 동물에게 해를 끼칠 수 있더라도 대지와 천상에는 이 힘을 발휘할 수 없다.[15] 지금까지 전해지는 고대 로마의 문학 작품에서 마녀들은 남자를 방해하고 거세시키는 능력을 지닌다.[16] 15세기 유럽에서는 마녀가 가진 힘을 사악한 계약을 통해 얻을 수 있었다. 현대 학자들은 마법 자체에 관한 설명보다는 사람들이 어째서 마법을 믿는지에 주된 관심을 둔다. 그들은 마법을 이교의 잔존 문화라고, 또는 사회를 통제하는 수단[47]이거나 단순한 정신적 망상[48]이라고 설명한다. 첫번째 이론은 거의 확실히 잘못되었다. 과거에 마법과 이교를 박해한 사람들은 이 둘을 '악마 숭배'라고 비난했지만, 마법과 이교 사이에 어떠한 연관성이나 공통점이 있다는 실질적 증거는 전무하다. 두번째 이론은 혁신적이고 자부심이 강했던 16세기 스위스의 의사 파라셀수스가 처음 제기했다. 1560년대와 1570년대에는 네덜란드의 의사 요한 와이어(Johann Weyer)가 스스로 마녀라고 생각하는 정신적 문제가 있는 환자들의 사례를 모아 발표했다. 이후 1610년에 심문관 살라자르(Alonso de Salazar Frías)가 이 이론이 옳음을 확인했다. 바스크 마을에서 마녀로 의심받는 이들을 조사하던 그는 그들이 망상에 시달리는 환자들이라고 판단했다. 그러다 결국 살라자르는 애초에 마법이라는 것이 과연 존재하는지 자체를 의심하기에 이르렀다.[49] 그럼에도 17세기에 유럽과 미국에서 마녀 박해에 과도하게 열중한 사람들은 정신 이상, 히스테리, 과도하게 자극된 상상력의 수많은 사례를 오판했다.

더 최근으로 오면 역사가들은 마법이 일종의 사회적 메커니즘이라는 이론을 자세히 검토하고 이따금 여기에 찬성을 표하기도 했다. 그러니까 마법은 사법 제도로 인해 좌절을 겪거나 사법 제도 자체에 아예 접근할 수 없는 사회 주변부 사람들이 스스로에게 권력을 부여하는 장치였다는 것이다. 마법이 기만적 행위라고 인정하는 다른 학자들은 마녀에 대한 박해를 사실상 사회적으로 달갑지 않은 개인들을 제거하는 수단으로 본다. 여기서도 이웃 사이에 발생한 분쟁을 다룰 수 있는 법정과 법률이 충분하지 않은 것이 문제가 된다. 근대 초 서양에서 일어난 마녀 박해 현상의 지역적 분포 양상은 이러한 설명을 뒷받침한다. 마녀 박해는 개신교 지역에서 치열했던 반면 스페인에서는 그 빈도가 상대적으로 낮았다. 스페인에서는 '종교 재판(Inquisition, 12세기에서 16세기 사이에 로마가톨릭교회를 옹호하고 이단을 심문하기 위해 열린 재판—옮긴이)'이 값싼 대안을 제공했다. 가난한 사람들, 또는 사리사욕을 위해서라면 아무리 성가신 일도 마다하지 않은 사람들은 이웃이나 주인, 친척, 경쟁자가 몹시 밉지만 정식 사법 절차로는 그들을 어찌할 수 없을 때 종교 재판에 호소했다. 확실히 박해는 사법 제도가 사회적 분쟁을 제대로 해결하지 못할 때 횡행했던 것으로 보인다. 하지만 그 기원에 미루어보면 마법은 주술의 아이디어로부터 나온 완벽하게 합리적인 추론이라는 설명은 퍽 적절해 보인다.

마법은 이제 지나간 과거의 관습일까? 오늘날 미국에서는 스스로를 마법사라고 부르거나 마법사를 추종하는 100만 명의 사람들이 자비로운 이교 신앙 '위카(Wicca)'를 되살렸다고 주장한다. 어느 현대 작가가 쓴 이교 지하 조직 경험담을 보면 그녀는 시체 도굴꾼들을 선망하고, '레즈비언빌(Lesbianville)'을 방문하며, 마녀들의 '인지 부조화'를 확인한다. 또한 "동물의 뼈를 멋진 머리핀으로 활용하며 머리칼이 허리까지 내려오고 턱수염은 젖꼭지까지 내려오는" 평범한 이교도 생활인들과 파티를 한다. 이 애처로운 장광설을 밝게 만들어주는 것은 끝없이 반복되는 한 가지 농담이다. 이 글에 등장하는 마법사들은 우스꽝스러울 정도로 어울리지 않는 직업에 종사한다. 마법사들은 낮에는 사람들에게 문신을 새기고 밸리댄스를 추고 스콘을 굽는다. 마법사들 사이에 공통점은 많지 않다. 다만 그들은 대체로 나체주의자들이고("인간의 몸은 벗은 상태에서 날것의 힘을 발산할 수 있다는 믿음" 때문에), 성관계는 "봉헌"이라고 믿으며, 위카 신도들은 청동기시대부터 이어져온 이교적 전통을 옹호하고 있다는 황당한 주장에 동의한다.[50]

이와 유사한 단체들은 계속 증가할 것으로 보인다. 하지만 가장 일반적인 수준에서 이해하자면 초자연적인 수단을 통해 누군가에게 해를 끼칠 수 있다는 믿음인 마법은 오늘날 거의 모든 사회에서 발견되며 우리는 이 사실을 통해 마법이 아주 먼 과거에서 기원했음을 짐작할 수 있다.

자연에서의 자리: 마나, 신, 토테미즘

마나는 마나를 믿는 사람들에게 지각된 세계를 실재로 만들어준다. 우리는 여기서 한 걸음 더 나아가 "마나는 타당한가?"라는 질문을 제기할 수 있다. 이것은 "마나 아이디어는 자연을 이해하기 위한 최선의 방법인가?"를 묻는 것이 아니라 "마나 아이디어는 영리한 정신들이 사실에 부합하도록 합리적으로 고안한 방법인가?"를 묻는 질문이다. 우리가 똑같은 사실들을 설명하기 위해 사용하는 현대의 패러다임과 마나를 비교해보는 것이 도움이 될지도 모르겠다. 우리는 근본적으로 유기물과 무기물을 구별하며, 모든 물질은 근본적으로 유사한 입자들 간의 관계에 의해 특징지어진다고 생각한다. 양자 전하(quantum charges)는 역동적이고 조형적이라는 점에서 마나와 상당히 비슷하다. 아울러 둘 다 '힘'의 원천이다(마나는 대체로 목적 지향적으로 보이는 반면 양자 전하는 그렇지 않다는 데 차이가 있긴 하다). 지금까지 이 장에서 다룬 내용에 비추어 볼 때 어떤 경우에서든 마나는 지적으로 인상적인 개념으로 묘사된다.

여기서 한층 더 심층적인 질문이 제기된다. 마나에 관한 생각은 우리가 곧 다루게 될 (세계에서 가장 흥미롭고 일견 가장 설득력 있는) 아이디어, 즉 유일하고 보편적인 신이라는 아이디어의 기원에 어떻게 이바지했을까? 19세기 북미와 폴리네시아의 선교사들은 신과 마나는 동일하다고 생각했다. 최소한 신이 마나라는 아이디어—또는 그러한 아이디어 중 하나—에서 나왔다고 말하는 것은 상당히 유혹적이다. 하지만 마나는 신보다는 현대인의 정신에서 여전히 사라지지 않는 것처럼 보이는 일부 기이하고 비전적(祕傳的)인 믿음과 더 긴밀한 유사성을 보인다. 그러한 믿음의 한 가지 예로 대체 의학에서 자주 등장하는 특징적 개념인 '아우라(aura)'를 들 수 있다. 동아시아의 영향을 받은 '신물리학(new physics)' 지지자들이 모든 물질에서 감지된다고 주장하는 '유기적인 코스모스적 에너지'라는 이해하기 까다로운 개념이 그 한 가지 예다.[5] 생명을 살아 있는 것들에 내재한 특성으로 직관적으로 파악하는 생기론 철학(vitalist philosophy)도 그렇다.

대부분의 사람은 이러한 개념들을 넓게는 종교적인 것으로 분류하려고 할 것이다. 그리고 이러한 개념들은 대부분이 거의 확실히 허위일 것이다. 그러나 이 개념들 역시 과학적이다. 왜냐하면 이 개념들은 실제로 관찰한 내용 그리고 사물이 자연에 존재하는 방식에 관한 믿을 만한 지식에서 나왔기 때문이다. 비교 인류학에서 밝혀낸 거의 똑같이 오래된 아이디어들 역시 인간과 자연의 관계를 다루므로 우리는 이것들 역시, 살짝 다른 의미에서, 과학으로 분류할 수 있다. 이를테면 토테미즘은 인간이 동물이나 식물과 맺는 친밀한 관계—대개 공통의 조상을 갖는 것으로 표현되며 이따금 육화(incarnation)의 형식을 띤다—가 한 개인이 자연에서 차지하는 자리를 결정한다는 아이디어다. 이 아이디어는 명백히 과학적이다. 진화론에서 하는 이야기도 여하튼 이와 비슷하다. 진화론에 따르면 우리 모두는 인간과는 다른 생물군(biota)의 후손이다. 사람들은 막연히 토테미즘을 인간과 다른 자연적 대상(특히 동물)을 하나로 긴밀하게 묶는 생각들을 아우르는 말로 쓴다. 이제부터 소개할 가장 강력한 형태의 토테미즘에서 토템은 인간의 사회적 관계를 다시 상상하기 위한 장치다. 같은 동식물을 토템으로 삼는 사람들은 공통의 정체성을 띠고 상호적 의무로 묶인 하나의 집단을 형성하며 그 집단이 속한 사회의 나머지 구성원들로부터 구별된다. 공통의 조상을 둔 사람들—추정이든 사실이든—은 서로에 관해 잘 알고 지낼 수 있다. 토템은 공통의 의례적 삶을 만들어낸다. 구성원들은 독특한 금기를 준수해야 하는데 특히 토템 동식물의 섭취를 자제해야 한다. 집단 구성원들끼리만 결혼해야 할 수도 있고 이럴 때 토템은 잠재적 파트너의 범위를 규정하는 역할을 한다. 아울러 토테미즘은 혈연관계가 전혀 없는 사람들이 마치 혈연관계인 것처럼 행동하게 만들기도 한다. 다시 말해 사람들은 출생 환경과 무관하게 어느 토템의 '일족'에 동참할 수 있는 것이다. 대부분의 토템 사회에서 사람들은 자신의 토템을 꿈에서 (재차) 확인한다. 다만 이러한 연결이 실제로 어떻게 시작되는지, 토템이 되는 대상의 선택은 무엇을 의미하는지 등은 결론이 나지 않는 학문적 논쟁의 주제들이다. 다만 모든 이론에 공통적으로 나타나는 한 가지 흔하고 상식적인 특징이 있다. 바로 토테미즘은 초창기 사고의 두 범주인 '자연'—토템 동식물이 표상하는 것—과 '문화'—집단의 구성원들을 묶는 관계들—사이의 차이를 가로지른다는 생각이다. 간단히 말해 토테미즘은 수렵채집인 사회를 위한 효과적인 초기 아이디어였다.⁵²

물활론과 토테미즘, 마나, 그리고 실질적인 삶의 영위를 위해 사람들이 상상한 그 모든 유용한 자원들에도 불구하고 감각 지각의 불신은 위험을 수반한다. 사람들은 환영, 상상, 광기와 황홀경이 일으키는 망상 등을 통찰의 원천으로 믿게 되었다. 이러한 통찰의 원천들이 설득력을 갖는 유일한 이유는 이것들은 검증이 불가능하기 때문이다. 이러한 통찰의 원천들은 흔히 사람들을 오도하지만 동시에 언제나 영감을 준다. 그것들은 경험을 초월할 가능성을 열어 보이고, 그리하여 —아마도 모순적으로 보이겠지만—진보를 가능하게 한다. 심지어 환상(illusions)도 이로울 수 있다. 환상은 초월성, 주술, 종교, 과학에서 새로운 시도를 격려하는 개념들이 싹트도록 도울 수 있다. 환상은 예술에 자양분을 제공한다. 환상은 경험으로는 획득할 수 없는 아이디어 —영원, 무한, 불멸 등—의 착상에 일조할 수 있다.

질서를 상상하다: 빙하시대의 정치사상

환영(visions)도 정치를 만든다. 빙하시대의 정치사상은 접근하기 매우 어려운 영역이지만 우리는 지도력, 질서에 관한 폭넓은 아이디어들, 빙하시대 정치경제학이라고 할 만한 것에 관해 이야기해볼 수 있다.

호미니드와 호미닌, 초기 호모 사피엔스의 사회에 지도자가 있었다는 것은 명백하다. 다른 유인원들의 사례에서 유추하건대 알파 메일은 위협과 폭력을 동원해 규칙을 강요했다(72쪽 참조). 그러나 정치 혁명이 일어난 덕분에 권위를 부여하고 추장을 선정하는 다양한 방법이 나타났다. 빙하시대의 그림과 조각에서 우리는 새로운 정치사상을 엿볼 수 있다. 이때에도 새로운 형태의 지도력이 출현해 환영을 보는 선지자들이 권력을 손에 넣었다. 폭력보다는 카리스마가, 신체적 강함보다는 영적 재능이 선호되었다.

프랑스 남부의 레 트루아 프레르 동굴 벽은 그 증거를 검토하기에 적합한 장소다. 벽화에는 신이나 동물로 변장하고 환상적인 여행을 하거나 사냥꾼처럼 위협적인 분위기를 풍기는 사람들이 있다. 사제처럼 보이는 그들은 전례가 없는 새로운 권력을 행사하는 이들이 출현했다는 증거다. 그것은 영혼들, 신들, 망자들—이 세계를 현재의 모습으로 만든 힘들—과 접촉하는 권력이었다. 우리의 세계는 또다른 세계 안에서 구축되었고, 샤먼들은 우리 세계에서 현재 일어나고 있는 일과 미래에 일어날 일에 관한 내부 정보를 이 또다른 세계로부터 얻을 수 있는 특권을 가졌다. 심지어 샤먼은 신과 영혼이 계획을 바꾸도록 영향을 줄 수도 있었다. 신과 영혼이 이 세계의 질서를 인간에게 이롭게 다시 정하도록, 말하자면 비가 내리거나 홍수가 멈추거나 곡식이 무르익게 해가 들도록 유도할 수 있었다.

동굴 벽의 샤먼들은 엄청난 사회적 영향력을 행사했다. 사람들은 영혼과 접촉하는 이 엘리트의 환심을 사기 위해 그들에게 선물과 경배를 바치고 순종하며 봉사했다. 샤먼의 재능은 권위의 경이로운 원천이 되곤 했다. 샤먼은 이제 알파 메일이나 장로정치의 가부장들보다도 더 높은 자리에 올랐다. 이들 동굴을 둘러보면 우리는 영혼과 소통하는 재능으로 무장된 지식 계층을 만난다. 지식 계층은 무력 계층과 나란히 부상하며 현자와 선지자들을 동원해 힘센 자들과 겨루거나 그들의 자리를 차지한다. 영혼과 소통하는 재능에 대한 경배는 확실히 리바이어던(구약성서 욥기에 등장하는 바다 괴물—옮긴이)에의 복종을 대체하는 초기—아마도 최초—의 대안이었다. 리바이어던을 이전에 도덕적 강자로 만든 특징은 오로지 육체적 힘이었다.

그 결과, 신성이나 망자에 대한 특별한 접근권은 이때부터 강력하고 지속적인 정치적 정통성의 중요한 일부가 되었다. 예언자들은 이 특권을 이용해 권력을 차지했다. 똑같은 근거로 교회는 현세에서의 우월성을 주장했다. 왕들도 똑같은 수단을 통해 신성을 가장했다. 기원전 제2천년기 메소포타미아에서 신들은 그들이 거주하는 도시의 명목적 통치자였다. 도시의 신들은 환영에 명령을 담아 인간 관리인들에게 전달했다. 전쟁을 개시하라, 사원을 건설하라, 법률을 제정하라. 가장 생생한 예는—시기적으로는 나중에 나온 것이지만—마야 미술, 그리고 오늘날 과테말라와 그 이웃 나라에서 발견되는 서기 7~9세기의 비문에서 볼 수 있다. 오늘날 멕시코 남부에 위치한 서기 8세기 약스칠란(Yaxchilán) 유적지의 돋을새김 조각에 묘사된 통치자들은 약물에 적신 나무껍질 종이를 대접에 담고 불에 태우며 거기서 피어오르는 환각성 연기를 들이마시고 있다. (여왕인 경우) 뾰족한 못이 달린 가죽끈으로 혀를 찔러 피를 모으거나, 조개껍데기로 만든 칼이나 선인장 가시로 성기를 찌르는 장면도 볼 수 있다. 이 의례는 조상의 영혼들이 뱀의 목구멍으로부터 나타나는 환영을 불러일으켰고 여기에는 흔히 전쟁 출두 명령이 수반되었다.[53]

인지 고고학이 밝힌 바에 따르면 빙하시대의 대략 마지막 1000년 사이에 또다른 새로운 종류의 리더십인 세습이 등장했다. 모든 인간 사회는 어떻게 권력, 재산, 지위를 갈등 없이 이양할 것인가라는 문제에 부딪친다. 어떻게 하면 지도자층은 후계 경쟁이 유혈 분쟁과 내전으로 번지는 것을 막을까? 더 일반적으로는, 어떻게 하면 사회의 모든 수준에서 계층 갈등이나 개개인의 분노로 인한 폭력행위의 증가를 초래하지 않으면서 불평등을 조절할 수 있을까? 세습은, 만일 이를 선호하는 사회적 합의가 확립될 수 있다면 후계 분쟁을 막거나 제한할 수 있는 한 가지 수단이다. 하지만 디즈니가 그려낸 세계가 아니고서야 동물의 왕국에 이에 상응하는 것은 없다. 아버지의 탁월함이 어느 개인의 장점을 보장하지 않지만, 경쟁에서 쟁취한 리더십은 객관적 정당화가 가능하다. 하지만 대부분의 사회에서 과거 대부분의 기간에 ─20세기에 들어서고 한참이 지나기 전까지도─ 세습은 높은 지위에 오르는 일반적인 경로였다. 세습은 어떻게, 그리고 언제 시작되었을까?

우리는 빙하시대 세습 권력층의 성격에 관해서는 확신할 수 없지만 이때 세습 권력층이 존재했다는 것만큼은 알고 있다. 사람들이 매장된 방식에서 불평등이 확연하게 드러나기 때문이다. 모스크바 인근 숭기르의 무려 2만 8000여 년 전에 조성된 것으로 추정되는 한 묘지에는 늙은 남자가 여우 이빨을 엮어 만든 모자, 수천 알의 상아 구슬을 꿰맨 옷, 상아 팔찌 등 약 스무 점에 이르는 화려한 선물과 함께 매장되어 있다. 이 선물들은 아마도 활동적인 삶에 대한 보상이었을 것이다. 그런데 근처에 묻힌, 여덟 살과 열두 살로 추정되는 어느 소년과 소녀의 부장품은 더더욱 화려하다. 주로 동물 조각상과 아름다운 무기인데 그중에는 매머드 상아로 만든 길이 180센티미터 정도의 창, 상아 팔찌, 목걸이, 여우 이빨로 만든 단추가 있다. 애도자들은 각 어린이 머리맡에 섬세하게 세공한 상아 구슬 3500여 점을 흩뿌려놓았다. 전리품을 축적하기에는 지나치게 어린 이 아이들이 이러한 부를 직접 획득했을 가능성은 거의 없다. 게다가 소녀는 한쪽 다리가 살짝 기형이어서 신체적 작업을 효율적으로 하는 데 장애를 겪었을 것으로 보인다. 일반적으로 신체적 표본으로서 선망을 받기도 어려웠을 것이다.[54] 그러므로 우리는 이 사회에서 부의 분배가 객관적 장점과 무관한 기준에 따라 이루어졌음을 알 수 있다. 다시 말해, 이것은 최소 유년기부터 미래의 위대한 지도자로 주목받을 수 있는 어떤 정치체계를 보여주는 증거다.

따라서 이 시기에 높은 지위의 개인을 선별하는 과정에서 세습이 이미 일정한 역할을 하고 있었던 것으로 보인다. 유전 이론은 오늘날 이 흔하게 관찰되는 문제에 관해 복잡한 설명을 제공한다. 많은 정신적·신체적 자질이 유전될 수 있으며 여기에는 아마도 좋은 통치자를 만드는 일부 자질이 포함되어 있으리라는 것이다. 이 이론에 따르면 자수성가한 지도자들의 자녀를 선호하는 체계는 합리적이다. 어쩌면 양육자의 성향이 일정 역할을 할 수도 있다. 다시 말해, 자리나 지위, 직위 등 자신이 가진 것을 자식에게 물려주고 싶어 하는 부모는 세습 원칙을 지지할 가능성이 크다는 것이다. 전문화는 계층별로 누릴 수 있는 여가의 격차를 벌린다. 자녀가 부모를 계승할 수 있도록 그들을 훈련시키는 것이 전문가의 몫이 되면 부모는 이 역할에서 해방된다. 무엇보다 정치적 맥락에서 세습 원칙은 경쟁을 불필요한 것으로 만들어 평화를 가져온다. 엘리트층은 각축전이나 부패한 선거 유세를 벌일 필요가 없다. 이러한 이점을 고려해 일부 국가는 여전히 국가수반의 자리를 세습하고 있다(영국의 경우 입법부의 일부 자리가 세습된다). 우리가 반드시 지도자를 두어야 한다면 세습은 현실적인 기준에서 지도자를 선택하는 그리 나쁜 방법은 아니다.[55]

빙하시대 사회에 권력이 어디에 있었는지 이해하려는 노력에서 우리가 가진 마지막 증거의 파편들은 부자들의 식탁 밑에 떨어진 부스러기다. 연회는 죽은 동물을 우연히 발견하거나 큰 동물을 사냥했을 때 즉석에서 열리기도 했지만, 대개는 지도자가 후한 인심을 과시해 권력을 얻고 충성을 확보하는 정치적 행사였다. 연회를 열기 위해서는 막대한 노력과 비용이 들기 때문에 연회를 여는 이유는 정당해야 했다. 연회는 상징적이거나 주술적 차원에서 열리기도 했고, 현실적 차원에서 열리기도 했다. 가장 오래된 확실한 증거는 약 1만 년에서 1만 1000년 전에 아나톨리아의 할란 케미 테페시(Hallan Çemi Tepesi)에서 만찬을 즐긴 사람들이 떨어뜨린 채소와 사냥한 동물의 잔해다. 이들은 수렵과 채집에만 의존하지 않고 직접 식량을 생산하기 시작한 사람들이었다. 그런데 스페인 북부의 발굴 현장에서 할란 케미 테페시 유적보다 적어도 두 배는 오래된 비슷한 증거가 집중적으로 모여 있는 곳이 발견되었다. 고고학자들은 알타미라동굴에서 대량으로 요리하면서 나온 재와 석회화된 음식의 잔해를 발견했는데 연대는 대략 2만 3000년 전으로 추정된다. 막대기 자에 그어진 금은 비용을 기록한 것으로 보인다. 현대의 수렵 민족들의 풍습에 유추해 판단하건대 이러한 행사들은 공동체 간의 동맹을 축하하는 자리였을 수 있다. 남자들끼리의 결속을 구실 삼은 행사는 아니었던 것 같다. 만일 그랬다면 여성과 아이들을 떼어놓기 위해 거주지에서 먼 장소에서 연회가 열렸을 것이다. 초기의 농업과 목축업 사회의 추장들은 공동체의 잉여 생산물 분배를 관장하기 위해 연회를 활용했다. 아울러 이러한 연회는 주최자의 권력이나 지위를 드높이거나 피보호자 인맥을 두텁게 하기 위한 것이기도 했고, 참가자 간의 호혜적 연대를 창출하기 위한 것이기도 했으며, 주최자가 필요에 따라 노동력을 집중시키기 위한 것이기도 했다. 나중에 나타난 일부 사례에서는 접근이 제한되는 특권적 연회가 엘리트를 규정하고 그들끼리 유대를 구축할 기회를 제공했다.[56]

코스모스적 질서: 시간과 금기

권력 유지가 세습으로 보장되는 전문화된 특권층 엘리트들은 생각에 몰두할 시간이 많았다. 우리는 이들이 자기 일에 필요한 자료를 얻기 위해 하늘을 샅샅이 살피며 떠올린 몇 가지 생각들을 알아낼 수 있다. 그때는 달리 책이 없었으므로 하늘은 초기 인간들에게 눈을 뗄 수 없을 만큼 흥미진진한 읽을거리였다. 일부 인간의 눈에 별은 하늘이라는 장막에 난 바늘구멍 같았다. 그들은 이 작은 구멍들을 통해 다른 방법으로는 다가갈 수 없는 천상으로부터 나오는 빛을 일별했다. 이러한 초기 탐색자들의 발견 중 하나는 시간이라는 혁명적인 아이디어였다.

시간은 생각의 역사에서 커다란 돌파구가 된 아이디어다. 우리 대부분은 성 아우구스티누스가 시간을 정의할 수 없어서 느낀 절망감에 공감한다(아우구스티누스는 누군가로부터 질문을 받기 전까지는 시간이 무엇인지 알고 있었다고 말한다). 시간을 이해하는 가장 좋은 방법은 변화에 관해 생각하는 것이다. 변화가 없다면 시간도 없다. 우리는 상호 연결된 변화의 과정들이 어떤 결과를 낳을지 계산할 때마다 시간 감각에 접근하거나 그것에 관해 숙고하는 셈이다. 예를 들어 당신은 추적자를 피하거나 먹이를 쫓으며 속도를 올린다. 딸기는 수확기에 무르익으리라는 것을 안다. 우리는 여러 다른 변화들을 비교할 때 사실상 변화 각각의 속도나 폭을 잰다. 따라서 우리는 시간을 일련의 변화들이 일어나는 속도라고 정의할 수 있다. 그리고 이 속도는 다른 어떤 것에 견주어 잰 것이다. 이때 반드시 보편적 측정치가 필요한 것은 아니다. 우리는 유리창에 부딪히는 빗방울의 진행 속도를 시계의 운동에 견주어 측정할 수 있지만, 시계가 없어도 흘러가는 구름이나 기어가는 벌레에 견주어 측정할 수도 있다. 제4장에서 보겠지만(236쪽 참조) 누에르(Nuer)족은 시간의 경과를 그들이 키우는 가축의 성장 속도에 견주어 계산한다. 다른 문화에서는 정권이나 통치자의 교체, 또는 '퀴리니우스가 시리아의 총독을 지낸 때' 등 온갖 불규칙한 기준을 사용한다. 북미의 라코타(Lakota)족은 전통적으로 매해 첫눈이 내린 날을 하나의 새로운 '긴 수 세기(long count)'의 시작점으로 삼았다.[57]

그럼에도 한결같은 규칙적인 측정 기준을 원한다면 하늘을 보자. 천상의 순환 주기와 기타 자연적 리듬들—특히 우리 신체와 우리가 속한 생태계의 리듬—사이의 조화는 최초의 보편적인 시간 기록을 가능하게 했다. 플라톤은 말했다. "낮과 밤의 광경과 달, 해의 순환은 수를 창조했고, 우리에게 시간이라는 개념을 주었다."[58] 이를테면 태양의 순환 주기는 잠들고 깨어남의 필요와 어울린다. 달의 주기는 월경 주기와 비슷하다. 암소는 계절의 행진에 맞춰 살이 오르고, 태양은 다시 계절을 규정한다. 천체를 기준으로 삼으면 예측이 가능해서 만물의 때를 맞추기 좋다. 별의 시간—가령 금성의 순환 주기는 584일이다—은 장기 기록과 큰 수를 이용한 연산을 선호하는 문화권에서 중요하게 간주된다. 유럽을 비롯한 일부 사회는 태양과 달의 주기를 정교하게 조화시키려고 애쓰지만, 일부 사회는 이 둘의 계산 결과가 불완전한 연계 상태를 유지하도록 내버려두기도 한다. 우리가 아는 한에서 모든 민족은 태양을 기준으로 하루와 한 해를 기록하고, 달을 기준으로 한 달을 기록한다.

천체의 운동을 측정의 보편적 기준으로 사용하는 아이디어가 생기면서 이 아이디어를 활용하는 사람들의 생활은 근본적으로 달라졌다. 사람들은 이제 유례없는 방법으로 기억과 예측을 정리하고, 일의 우선순위를 설정하고, 협동 작업을 조정하기 시작했다. 이때부터 사람들은 시간 아이디어를 모든 행동을 조직하고 모든 경험을 기록하는 기반으로 사용했다. 이 아이디어는 시간 기록의 기초가 되었고, 그리하여 모든 협동 작업을 조정하는 기초가 되었다. 이는 우리만의 시간이 생기기 전까지는 줄곧 그러했다(이후 세슘 원자를 활용한 시간 기록이 천체 관찰을 대체했다). 이 아이디어는 물론 관찰에서 나왔다. 다시 말해, 어떤 변화—특히 천체들의 상대적 위치의 변화—는 규칙적이고 순환적이며 따라서 예측이 가능하다는 인식에서 나왔다. 하지만 천체들이 다른 변화의 측정 기준으로 사용될 수 있다는 깨달음은 관찰을 넘어서는 것이었다. 이것은 아주 평범한 천재의 위업이었다. 그리고 이 위업은—아이러니하게도—우리가 시간을 측정할 수 없는 아득히 먼 과거에 모든 인간 사회에서 이루어졌다.

달력으로 추정되는 가장 오래된 유물은 대략 3만 년 전의 평평한 뼈다. 도르도뉴에서 발견된 이 뼈에는 초승달 모양과 원으로 구성된 패턴—달의 위상을 기록한 것으로 짐작된다—이 새겨져 있다. 중석기시대 발굴 현장에서는 규칙적인 눈금이 있는 물건이 자주 발견된다. 다만 이 눈금들은 단순히 '낙서'나 놀이나 의례 또는 즉석 계산의 흔적일지도 모른다. 이후 시기로 가면 달력과 관련된 계산의 흔적을 더 많이 볼 수 있다. 기원전 제5천년기의 거석들 사이에 남겨진 수평선을 긋는 장치들이 그 예다. 이 시기 사람들은 바윗돌을 세우기 시작했고 태양은 이 돌들에 손가락 모양의 그늘을 드리우거나 그 사이로 형성된 기묘한 안식처에 환한 빛을 비추었다. 이 시기의 통치자들은 천체와의 관계를 중재하는 시간 기록자가 되었다. 지도자의 본질과 역할에 관한 것만이 정치적 아이디어가 아니다. 그것은 또한 지도자가 추종자들의 생활을 규제하는 방법에 관한 것이기도 하다. 이러한 의미의 정치사상이 얼마나 일찍 출현했는지 파악할 수 있을까? 짐작건대 초기 호미니드의 생활은 친족과 힘, 필요에 의해 유대를 맺는 원시 무리의 그것과 비슷했을 것이다. 초기 호미니드의 사회를 아이디어의 규제를 받는 새로운 종류의 사회로 변모시킨 최초의 법은 과연 어떤 것들이었을까?

일단 코스모스적 질서에 대한 감각이 사회를 조직하는 방법에 관한 초기 개념에 영감을 주었다고 잠정적으로 가정할 수 있다. 자연은 언뜻 카오스 즉 무질서한 상태로 보이지만 약간의 상상력을 발휘하면 그 아래나 내부에는 세계를 지탱하는 질서가 있음을 발견할 수 있다. 이 질서를 알아보는 데 그리 많은 생각이 필요하지는 않다. 심지어 벌레나 들소─대단한 정신 능력으로 칭송받는 동물은 아니다─도 자신에게 중요한 사실들 사이의 연관성, 이를테면 죽은 동물, 구할 수 있는 식량, 비나 눈이 올 때 몸을 피할 만한 장소 등을 파악할 수 있다.

기억력이 좋은 생물은 벌레와 들소보다 더 많은 것을 알아챈다. 사람들은 자연에서 산발적으로 깨달은 질서의 예, 즉 생명 주기의 패턴, 인간의 신진대사, 계절, 천구의 회전 등을 연관 짓는다. 초기 사상가들이 질서 있는 우주라는 아이디어를 수립할 때 그들이 발 딛고 선 비계는 이러한 관찰들로 이루어져 있었다. 그런데 질서정연한 관계에 대한 자각만으로는 부족하다. 이 질서가 보편적이라는 추론에 도달하려면 커다란 정신적 도약이 필요하다. 대부분의 시간에 세계는 무질서해 보인다. 대부분의 사건은 제멋대로 벌어지는 것 같다. 따라서 우리가 질서를 떠올리기 위해서는 상상력이 일정한 역할을 했다. 아인슈타인이 말했던 것처럼 "신은 주사위 놀이를 하지 않는다"는 것을 이해하려면 활발한 정신이 필요하다.

질서라는 아이디어는 너무나 오래된 것이어서 생성 연대를 추정할 수 없다. 하지만 일단 이 아이디어가 생기자 우주는 상상할 수 있는 어떤 것으로 바뀌었다. 질서라는 아이디어를 갖게 된 정신들은 세계 전체를 단일한 체계 안에 그려내기 위해 노력했다. 현재까지 전해지는 가장 오래된 우주의—예술적·종교적·주술적—그림은 그러한 결과물들을 포착한다. 예를 들어 인도 마디아 프라데시주 자오라 동굴의 바위 그림을 통해 우리는 화가의 눈에 비친 세계를 엿볼 수 있다. 이 그림을 그린 화가가 본 세계는 일곱 지역으로 나뉘어 있고 물과 공기를 연상시키는 동그라미들이 쳐져 있다. 4000년 된 이집트 그릇은 또 다른 세계상을 보여준다. 지그재그로 둘러싸인 이 세계는 일출과 일몰 사이에 갇힌 두 개의 피라미드를 닮았다.

오스트레일리아 원주민의 '드림타임(Dreamtime, '꿈의 시대')' 설화에서도 이러한 초기 설명이 되풀이된다. 온 우주의 분리될 수 없는 얇은 천이 이 드림타임으로부터 짜여 나왔다. 광범위한 지역에서 발견되는 암각화와 보디 아트(body art, 문신처럼 인체를 작품의 재료로 삼는 미술 양식—옮긴이)도 마찬가지다. 예를 들어 파라과이 협곡의 카두베오(Caduveo)족에게 세계의 이미지는 서로 구별되는 동등한 힘을 보유한 네 개의 영역으로 이루어져 있으며 그들은 얼굴을 사등분해 색칠한다. 넷으로 나뉜 세계는 말리의 도곤(Dogon)족 염소치기들이 장식한 바위에서도 볼 수 있다. 콩고의 도공들은 작업을 개시하는 의례를 치르고 그들이 생각하는 코스모스의 이미지를 그릇에 담는다. 코스모스적 질서라는 개념, 그러니까 예측이 가능하고 원인과 결과의 순서를 조작할 수 있는 질서라는 개념이 사전에 없었다면, 주술과 신탁점이 발달할 수 있었으리라고 상상하기 어렵다.[55]

정치에서 질서는 각기 다른 사람에게 각기 다른 것을 의미할 수 있다. 하지만 최소한 우리는 사회를 규제하기 위한—사람들의 행동을 어떤 모범이나 양식에 맞추기 위한—모든 노력에서 질서의 개념을 발견할 수 있다. 아주 먼 고대에도 사회적 규범이 있었음이 확인된다. 사회적 규범이 매우 광범위하게 퍼져 있는 것을 보면 이것은 짐작건대 세계가 인류로 채워지기 전부터 존재했을 것이다. 인류학적 증거로 미루어 볼 때 가장 오래된 사회적 규범은 크게 두 가지, 금기 음식과 근친상간 금기였던 것 같다.

먼저 금기 음식을 보자. 이론의 여지 없이 음식 금기는 아이디어의 영역에 속한다. 인간은 본능적으로 음식에 관해 유난스럽지 않았을 것이다. 영양분을 마다하는 것은 분명 자연스럽지 않다. 그런데도 모든 사회에는 금기 음식이 있다.

보츠와나의 유목민 바틀로크와(BaTlokwa)족은 우리가 그 이유를 이해하는 데 가장 도움이 되는 사례를 제공한다. 바틀로크와족은 유례없이 폭넓고 다양한 음식을 금지한다. 누구도 땅돼지나 돼지를 먹어선 안 된다. 그 지역에서 난 오렌지도 금기 음식이지만 수입산 오렌지는 괜찮다. 어떤 음식은 나이와 성별에 따라 제약이 있다. 꿀, 거북, 뿔닭은 노인만 먹을 수 있다. 임신한 여성은 소의 내장을 먹어선 안 된다. 일부 금기는 특정 계절에만 해당되고, 일부 금기는 아픈 아이가 함께 있다든가 하는 특정 조건하에 해당된다. 바틀로크와족이 현장 연구 인터뷰에서 인류학자들에게 설명한 이유에는 대체로 체계가 없었다. 그들은 건강, 위생, 기호 등의 문제를 두루 탓했다. 바틀로크와족의 경우가 극단적이기는 하더라도 이러한 복잡성은 전 세계의 음식 금기에 나타나는 전형적인 특징이다.[60] 음식 금기를 합리적으로 설명하려는 시도는 모두 실패했다.

고전의 사례를 들자면 가장 유명한 고대 텍스트 중 하나인 유대교 경전에 기록된 음식 금기가 있다. 이 규율들은 분석적 연구가 불가능하다. 금기 목록에 오른 생물체 사이에는 어떠한 공통점도 없다(역설적이게도 단 한 가지의 예외가 있는데, 인류학자 메리 더글러스[Mary Douglas]가 지적했듯 이 생물들은 일부 분류법에서 하나같이 비정상적인 것에 속한다. 짐작건대 고대 유대인의 분류법에서도 그랬을 것이다). 다른 경우들 역시 이치에 닿지 않으며 포괄적 분석이 불가능하다. 유명한 이론들은 다 실패했다. 그중 가장 잘 알려진 예는 경제학적 주장과 위생학적 주장이다. 귀한 음식을 보존하거나 몸에 해로운 물질을 먹지 못하게 하려고 금기가 존재한다는 논리인데 사실 둘 다 앞뒤가 맞지 않다.[61] 이렇듯 합리적인 설명이나 물질적인 설명이 모두 실패하는 이유는 음식 금기가 본질적으로 이성으로 이해할 수 없는 문제이기 때문이다. 음식에 부여된 의미는 모든 의미가 그렇듯 사용법에 관한 합의된 관습이다. 음식 금기는 금기를 존중하는 사람들을 결속시키고 반대로 그것을 위반하는 사람들에게 낙인을 찍는다. 이 규칙들은 합리성 차원에서 존재하지 않는다. 만일 그렇다면 외부인들도 이 규칙들을 따를 것이다. 엄밀히 이 규칙들은 외부인을 배제하고 집단에 결속력을 부여하기 위해 존재한다. 허용된 음식은 정체성을 확인시켜주는 한편 배제된 음식은 정체성을 규정하는 데 도움을 준다.[62]

최초의 사회적 규범 탐색에서 음식 금기를 제칠 강력한 후보는 근친상간 금기다. 지금까지 알려진 모든 인간 사회는 근친상간을 금지하며, 그 양상은 바틀로크와족의 음식 금기만큼이나 다양하다. 일부 문화에서는 남매끼리는 결혼할 수 있지만 그보다 혈연관계가 먼 근친끼리는 결혼할 수 없다. 일부 문화에서는 근친끼리 결혼할 수 있어도 절대 같은 세대에서는 안 된다. 심지어 친족 간이 아니어도 결혼이 금지될 수 있다. 이를테면 교회법에 따르면 단순히 형식적인 인척관계라도 결혼할 수 없다.

그러므로 근친상간 금기가 어떻게 시작되었는지 이해하기 위해서는 일단 이 금기가 세계 어디에나 있으며 그 양상이 매우 다양하다는 점을 고려해야 한다. 단순한 혐오감—설사 모든 인간이 그러한 감정을 공통적으로 느끼는 것이 진실이라고 하더라도—은 적절한 설명이 될 수 없다. 작곡가 아널드 백스(Arnold Bax)는 "사람은 살면서 근친상간과 포크댄스만 빼고 뭐든 한 번은 시도해봐야 한다"고 권하기도 했지만 말이다. 하지만 이 두 행위가 모든 사람에게 혐오감을 불러일으키는 것은 아니다. 근친상간 금기는 자기 종을 강화하기 위해 근친교배가 초래할 수 있는 나쁜 결과를 막기 위해 성 충동을 통제하려는 진화된 본능의 분별 있는 행위라는 주장도 있지만, 이 역시 설득력이 부족하다. 지금까지 알려진 대부분 사례에서 그러한 결과는 나타나지 않았다. 근친상간으로 태어난 아이들은 대개 건강하다. 원시 우생학 때문도 아니다. 대부분 사회에서 대부분 시간 동안 대부분 사람은 족외혼이 유전적으로 이점이 있다는 말을 좀처럼 알지 못하거나 개의치 않는다. 일부 사회는 유전적 측면에서 문제가 있을 가능성이 거의 없는 먼 혈족과의 혼인도 금지한다. 반면 일부 사회는 좋지 않은 유전적 결과가 나타날 가능성이 더 큰, 놀라우리만치 가까운 근친끼리의 결혼도 허락한다. 예를 들어 이집트 왕가의 남매들이 그러했고 "아버지와 함께 눕는 것"이 의무였던 롯의 딸들이 그러했다. 미국의 스물여섯 개 주에서는 사촌 간 결혼이 합법이지만 다른 형태의 근친상간은 금지된다. 다른 대부분 기독교도와 달리 아미시파 기독교도는 친척 간 결혼을 권장한다. 일부 전통적인 아랍 사회에서 삼촌은 조카딸을 아내로 맞을 권리가 있다.

1940년대에 클로드 레비스트로스가 근친상간 규범이 이토록 광범위하게 퍼져 있고 복잡성을 띠는 이유에 관해 내놓은 유명한 설명은 퍽 그럴듯하다. 레비스트로스는 손님이 북적대는 작은 식당에서 프랑스인들이 부득이하게 낯선 사람들과 동석할 때 생기는 어색한 분위기를 깨뜨리는 방법을 관찰하다 이 생각을 떠올렸다고 한다. 손님들은 이럴 때 똑같은 하우스 와인을 채운 잔을 서로 교환했다. 물질적인 의미로만 보면 이 피상적이고 우스꽝스러운 거래로 이득을 얻는 사람은 없다. 하지만 사심 없는 선물 교환이 으레 그렇듯 이 쌍방적 제스처는 그들 사이에 어떤 관계를 창출한다. 레비스트로스는 술집에서 관찰한 내용으로부터 근친상간에 관한 논의를 발전시켰다. 사회는 그 사회를 구성하는 가문들에게 여성을 교환할 의무를 지운다는 것이다. 그 결과 잠재적 경쟁 관계에 있는 혈족들은 연대를 맺고 서로 협동할 가능성을 키운다. 그리하여 다수의 가문으로 이루어진 사회는 결속력과 힘을 얻는다. 과거에 여성은 귀중한 재산으로 간주되었다. 천체의 운동을 되풀이하고 아기를 낳는 주술적인 신체를 갖고 있기 때문이었다(불행히도 거의 모든 사회에서 거의 모든 사람은, 이용할 수 있고 이용자 사이에 양도가 가능한 재산으로서 기능한다). 남성들은 여성 교환의 의무가 없다면 여성들을 독점하려고 할 것이다. 음식 금기처럼 성관계

금기도 그 자체로 이치에 맞아서가 아니라 이 금기가 해당 집단을 공고히 하는 데 도움이 되기 때문에 존재한다. 근친상간을 규제함으로써 사회는 더욱 협동적이고 더욱 단합된 크고 강한 집단이 된다. 근친상간 금기가 보편적인 이유는 어쩌면 단순할 수도 있다. 근친상간 금기가 없는 사회는 그저 생존을 위한 장비가 허술할 것이기 때문인지도 모른다.[63]

아이디어 교환: 최초의 정치경제학

사회 규범에 관한 최초의 생각이 음식과 성관계 금기로 이어졌다면 사회 간 관계의 규범은 어떠했을까? 당연히 우리는 여기서 교역이라는 맥락을 살펴야 한다.

경제학자들은 일반적으로 교역을 잉여 생산물 처리를 위해 합리적으로 계산된 체계로 생각해왔다. 하지만 사실 교역은 근친상간 통제와 마찬가지로 선물의 교환 차원에서 시작되었고, 물질적 편익이나 단순한 이윤보다 의례적 필요와 더 연관이 있었다. 고고학적 증거나 인류학적 추론을 통해 우리는 공동체끼리 교환한 가장 오래된 상품은 불―일부 민족은 의례에서 금지했기 때문인지 절대로 불을 직접 피우지 않고 외부에서 얻어오는 것을 선호했다―과 오커였음을 알 수 있다. 오커는 광범위한 지역에서 빙하시대에 의례를 주관한 이들에게 '필수품'으로 통했다. 과거에 고고학자들은 특정한 패턴의 도끼 머리나 특이한 모양으로 깨뜨린 부싯돌은 해당 집단에 생산자가 따로 있었다는 증거라고 간주했다. 하지만 이제는 오늘날 아주 희미한 흔적만이 전해지는 아주 오래전 시대에도 그러한 인공물이 무역 상품이었을 수 있음을 인정한다.[64] 하지만 이것은 말하자면 월마트(Walmart)나 비톨(Vitol) 같은 기업이 이해하는 무역과 다른 것이다. 초기 무역가들은 오로지 의례를 위한 목적에서만 상품을 교환했다. 탁월한 자본주의 비판자 중 한 명인 칼 폴라니는 1944년에 이렇게 썼다.

최근의 역사적·인류학적 연구에서 나온 두드러진 발견은, 인간의 경제는 일반적으로 인간의 사회 관계 속에 깊숙이 감춰져 있다는 것이다. 인간은 물질적 재화의 소유라는 개인적 이익을 지켜내기 위해 행동하는 것이 아니다. 그가 행동하여 지키려는 것은 그의 사회적 지위, 사회적 권리, 사회적 자산이다. 인간이 물질적 재화에 가치를 부여하는 것은 오로지 이러한 목적들에 기여하는 만큼으로 한정된다.[65]

의례품은 탄탄히 확립된 무역망의 일부를 차지했다. 그뿐만 아니라 무역은 세계 여러 지역에서 그 자체로 일종의 의례처럼 실행되었다.

1920년대 인류학자들이 뉴기니 동쪽 솔로몬해에서 발견해서 널리 알려진 한 사례는 이후 표준으로 통하고 있다. 이 지역 주민들은 정성스레 윤을 낸 조개껍데기로 만든 장식물과 가재도구를 관례적으로 신성시되는 경로를 거쳐 이 섬에서 저 섬까지 힘들여 운반했다.[66] 지불 조건은 전통에 따라 정해졌다. 그런데 이러한 상품이 존재하는 목적은 오로지 교환 그 자체 말고는 없었다. 이러한 상품은 어느 지역에서 나왔든 형태와 재료 측면에서 거의 차이가 없었기 때문이다. 이 상품들의 객관적인 가치는 동일했다. 오히려 오래된 물건에 웃돈이 얹어졌다. 하지만 이 시스템은 각각의 물건에 특별한 성격과 가치를 부여했고, 언뜻 임의적으로 보이는 이 척도는 보편적인 것으로 인정받았다. '쿨라'라고 불린 이 시스템은 어떻게 희귀성이나 유용성 측면에서 평범한 상품이 교역의 대상이 될 수 있는지 보여준다. 전 세계를 아우르는 인류학 연구를 수행한 메리 W. 헬름스(Mary W. Helms)는 먼 거리를 여행한 상품은 광범위한 문화적 환경에서 부가 가치를 획득한다고 설명했다. 이러한 상품은 신성한 수평선이나 순례의 축성 따위와 상징적으로 결합되기 때문이다. 우리가 잘 아는 헤르메스는 장인, 음악가, 운동선수의 수호신이기도 하지만 전령, 상인, '경계를 넘나드는 전문 직업인'의 수호신이기도 하다.[67] 아울러 현대의 무역 관습은 이러한 원시적인 아우라를 여전히 미약하게나마 간직하고 있다. 가령 우리 동네의 모퉁이에 자리한 한 식료품점에서는 국산 파르메산 치즈의 가격은 이탈리아산 수입 치즈의 3분의 1밖에 되지 않는다. 나는 이 치즈를 강판에 갈아서 스파게티에 뿌린 상태로는 어떠한 미식가라도 맛의 차이를 구분하지 못하리라고 생각한다. 그럼에도 소비자들은 이 수량화할 수 없는 이국성으로 인해 덧붙여진 가치에 기꺼이 웃돈을 치른다. 애덤 스미스는 "누구나 어느 정도는 상인이 되기 마련이다"라고 말했다.[68] 그러나 오늘날 우리가 이 말을 당연하게 받아들인다고 해도 상품에 가치를 더하는 교역이 이윤을 위한 관습이라는 아이디어는 사실 언제나 모든 사람에게 자명한 것은 아니었다. 이 아이디어 역시 놀라운 혁신으로 여겨지던 때가 있었다.

이 장에서는 상당 부분 아득하게 오래되고 불투명한 소재를 다루었다. 하지만 우리가 여기서 얻을 수 있는 교훈은 분명하다. 세계의 가장 탁월한 아이디어들, 즉 상징적 의사소통, 삶과 죽음의 구분, 물질적 코스모스 이상의 존재, 다른 세계·영혼·마나 심지어 신에 접근할 수 있는 가능성 등의 아이디어는 이미 빙하시대가 끝나기 전에 우리의 삶에 등장했고 세계를 바꾸었다는 것이다. 이때의 정치사상은 이미 지도자를 선택하는 다양한 방법—무력뿐만 아니라 카리스마와 세습을 수단으로 삼는 방법—그리고 금기 음식과 성과 관계된 금기를 비롯한 사회를 규제하는 다양한 장치들, 상품 교환의 의례화를 낳았다. 그런데 빙하가 물러가고 사람들이 소중하게 여기던 환경이 사라졌을 때 무슨 일이 일어났을까? 1만 년 전과 2만 년 전 사이에 지구 온난화가 딘속적으로 재개해 전통적인 생활방식의 익숙한 편안함을 위협할 때 사람들은 과연 어떻게 반응했을까? 환경의 변화에 대응해 또는 그와 무관하게 또 어떤 새로운 아이디어들이 생겨났을까?

제3장

정착된 정신

: '문명화된' 사고

그들은 낙석 사이로 찬바람이 새어 나오는 것을 느꼈다. 몸이 가느다란 엘리에트 데샹(Eliette Deschamps)은 동료 동굴학자들이 애써 벌려준 틈새를 비집고 안으로 들어갔다. 저 앞으로 뻗은 터널을 본 데샹은 장마리 쇼베(Jean-Marie Chauvet)와 크리스티앙 일레어(Christian Hillaire)를 불러 그들도 안으로 들어오게 했다. 세 사람은 동굴의 크기를 가늠하기 위해 메아리가 울리도록 어둠에 대고 크게 소리쳤다. 광활한 공간은 소리를 그대로 삼켰다.

그들이 우연히 발견한 이 동굴은 프랑스 남부 아르데슈에서 발견된 동굴 중 가장 컸다. 이곳의 작은 굴과 복도는 마치 석회석으로 만든 벌집 같았다. 이어지는 방에는 더더욱 놀라운 광경이 기다리고 있었다. 그곳에는 붉은색 오커로 그린 곰이 앞발을 든 채 꼿꼿이 서 있었다. 과연 몇천 년 동안 이 곰이 그렇게 서 있었는지는 오직 곰 자신만이 알았다.[1]

탐사자들은 1994년에 발견한 이 동굴에 쇼베 동굴이라는 이름을 붙였다. 쇼베 동굴은 세계에서 가장 오래되고 잘 보존되었으며 빙하시대 예술품이 가장 많이 보관된 곳으로 손꼽힌다. 일부 권위자들은 쇼베 동굴의 그림이 3만 년 전보다도 훨씬 앞선 시기에 그려졌으리라고 추정한다.[2] 쇼베 동굴의 벽에는 들소와 야생 소가 뛰어다니고 말이 떼 지어 가며 사슴이 풀을 뜯거나 먼 곳을 응시한다. 아이벡스가 달리고 코뿔소가 생각에 잠겨 있다. 추적을 피해 도망치는 동물이 있는가 하면 마침내 붙잡힌 동물도 있다. 예전 학자들은 미술은 초기의 "원시적" 낙서로부터 후기 빙하시대의 웅장한 그림으로 "진화"했다고 추측했다. 우리에게 오래전부터 익숙한 프랑스 라스코 동굴의 벽화는 후기 빙하시대 작품이다. 그러나 쇼베 동굴의 일부 작품은 기법과 숙련도 면에서 수천 년 뒤에 비슷한 환경에서 그려진 그림들 못지않게 뛰어난 기량이 돋보인다. 쇼베 동굴의 작품을 역시 오래된 다른 미술 작품, 즉 스페인이나 인도네시아 술라웨시섬처럼 멀리 떨어진 동굴에서 겨우 흔적이나 단편으로만 전해지는 작품들만큼 이른 시기의 작품으로 보는 것은 충분히 신뢰할 만한 판단이다. 그렇지만 쇼베 동굴의 풍경화는 후기의 라스코 동굴이나 스페인 북부 알타미라 동굴에 갖다놓아도 조금도 위화감이 없을 것이다. 만일 라스코 동굴의 화가들이 쇼베 동굴의 선배 화가들의 작품을 봤다면 두 동굴의 그림이 보이는 유사성에 그들 역시 우리처럼 놀랐을 것이다.

빙하시대는 물질적인 풍요와 여유로운 엘리트층을 뒷받침했을 뿐만 아니라 안정된 사회에도 알맞았다. 미술이 사회를 비추는 거울이라면, 저 그림들은 놀라울 정도로 연속성이 두드러진다. 그 속에서 발견되는 작은 변화들도 당시에는 분명 역동적으로 느껴졌을 것이다. 하지만 이 시기의 변화는 지금 시점에서 보면 현대 생활의 흥분감과 조바심에는 도저히 비교할 수 없다. 우리는 한 가지 미술 양식을 1000년이나 1만 년은커녕 단 10분도 고수하지 않는 것 같다. 빙하시대 사람들은 단호할 만큼 보수적이었고 그들의 문화를 매우 가치 있게 여겨 좀처럼 변화를 주지 않았다. 앞서 빙하시대 정신들이 낳은 결과물을 통해 이미 보았듯이 그들은 절대 진취성이 부족하지도 정체되어 있지도 않았다. 다만 그들은 세상을 있는 그대로의 모습으로 좋아했으므로 기존의 생활방식과 세계관을 고수했다.

기후변화는 그들의 세상을 위협했다. 우리는 그들의 마음을 충분히 이해할 수 있다. 우리도 걱정스러우리만치 온난화가 심각한 세계에 살고 있기 때문이다. 과도기의 급격한 기온 변화는 심각한 한파나 한파의 장기화를 초래한다. 게다가 인간의 활동은 현재의 추세를 더욱 심화하고 있다. 하지만 길게 보면 빙하시대를 종식한 온난화는 지금도 여전히 진행중이다. 지금으로부터 1만 년에서 2만 년 전, 기후 불안정의 시대에 전 세계 기온이 상승하기 시작했을 때 사람들은—대략적으로—둘 중 한 가지 방식으로 반응했다. 일부 공동체는 익숙한 환경을 찾아 이주했다. 일부 공동체는 그 자리에 그대로 머물며 새로운 환경에 적응하려고 애썼다.

빙하시대 이후: 중석기시대의 정신

먼저 이주민을 따라가보자. 그들이 잠깐씩 머문 장소와 최종 정착지의 흔적을 좇으며 그들의 생각을 탐색해보자. 이주민의 이동 경로는 각 지역에서 지방을 구하기 힘들어진 시기와 겹친다. 지방은 빙하의 끄트머리에 사는 네발짐승들에게 주요 영양분이었다. 이때도 여전히 이주민들의 기본적인 생존 수단은 수렵이었지만, 우리는 그들이 환경의 변화를 맞아 적어도 한 가지의 새로운 아이디어를 갖게 되었다는 증거를 확인할 수 있다.

1932년 독일 북부에서 알프레트 루스트(Alfred Rust)는 약 1만 년 전에 사슴 사냥꾼들이 머물렀던 야영지를 파헤치고 있었다. 그가 찾아 헤맨 위대한 예술 작품은 단 한 점도 발견하지 못했다. 그 대신 루스트는 호수 세 곳에서 도축하지 않은 커다란 짐승 서른 마리의 잔해를 발굴했다. 각 사체는 의례에 따라 칼로 죽임을 당한 다음 갈비뼈 사이에 거다란 돌이 박힌 채 수장되었다. 이는 매우 이례적인 도살 방식이었다. 앞서 발견된 사례에서는 의례에서 짐승을 죽이고 난 다음에는 곧장 연회를 벌이거나 사자와 호랑이 같은 다른 경쟁 포식자들을 목표물로 삼았다. 하지만 이 호수의 죽음은 달랐다. 이 짐승들을 죽인 사람들은 식량을 포기했다. 그들은 순수한 희생제의를 거행했다. 음식을 공동체의 손길이 닿지 않는 신의 발치에 가져다두는 이 행위는 완전한 자기 절제였다. 루스트가 발굴한 사체의 잔해는 초월성에 관한 새로운 생각을 시사하는 최초의 증거였다. 배고파하고 질투하는 신들이 나타났으며 분명하게 그들을 회유하기 위한 종교가 출현한 것이다.

우리가 아는 한, 이후의 희생제의에서는 일반적으로 희생물을 바치는 자와 신들은 혜택을 더 공평하게 나누었다. 공동체는 희생제물을 소비할 수 있었다. 신들이 싫어하는 음식을 먹거나, 신들의 영광을 기리는 건물에서 살고, 신들에게 제물로 바친 노동력을 직접 사용하기도 했다. 우리는 인류학에서 이에 대한 신빙성 있는 설명을 찾을 수 있다. 선물은 흔히 호혜 관계를 수립하고 인간들 간의 관계를 공고히 한다. 그러므로 선물은 인간을 넘어선 관계도 개선할 수 있었다. 아울러 신들이나 영혼들을 인간 탄원자들에게 결속시키고, 신들을 세속 세계와 연결해 그들이 세속의 요구와 걱정에 마음을 쓰도록 주의를 환기했다. 만일 희생제의가 신들이나 영혼들과의 선물 교환의 형태로 처음 발생했다면, 사람들은 희생제의를 그들 사이에서 이루어지는 교환의 맥락에서 이해했을 것이다.

희생제의라는 아이디어는 아마도 지금까지 전해지는 가장 오래된 증거보다도 훨씬 앞서 생겼을 것이다. 이 아이디어를 기후변화 위기나 새로운 종교의 출현에 대한 반응과 연결 짓는 것이 그리 터무니없는 생각은 아닐 것이다. 새로운 종교가 출현한 시기에는 상설 예배소나 신을 회유하기 위한 새롭고 정교한 의례가 발달했다. 우리가 아는 최초의 사원─오롯이 예배만을 위해 마련된 최초의 공간─은 루스트가 발견한 희생제의보다 오래되었다. 대략 가로 3미터 세로 6미터 면적의 이 공간은 현재 이스라엘 내 팔레스타인 지구 예리코 성벽 아래 깊이 자리해 있다. 한때 예배자들이 열심히 비로 쓸던 바닥에는 두 개의 바윗돌이 박혀 있다. 지금은 사라진 제례 물품을 올려두는 곳이었다.

희생제의 아이디어가 사람들의 마음을 끈 이유는 아마도 이 의례가 사람들에게 잠재된 파괴적인 폭력성을 통제 가능한 통로로 분산시켰기 때문인지도 모른다.[3] 희생제의를 비판한 사람들, 특히 유대교와 이슬람교, 개신교의 비판자들은 희생제의는 신을 조종하려는 유사 주술적 시도라고 매도했다. 하지만 지난 1만여 년 동안 대부분 종교는 이러한 비판에 개의치 않고 희생제의를 치러왔다. 그 과정에서 희생은 여러 가지 방식으로 이해되어왔고, 이 방식들은 때로는 서로 대조적이기도 하고 때로는 보완적이기도 했다. 희생은 때로 속죄이자 감사, 신에 대한 경배이고, 때로 우주에 힘과 조화를 더하는 기여이며, 때로는 신성화된 베품의 행위—타인에게 선물하는 행위나 타인을 위해 신에게 선물을 바침으로써 신을 경배하고 모방하는 것—로서 이해되기도 한다.[4]

진흙과 함께 생각하다: 최초 농경 생활자들의 정신

빙하를 좇아 새로운 위도에 정착한 사람들은 전통적 생존 수단을 고수했다. 한편 이제부터 보게 될 사람들은 고향에 머물며 적응하는 쪽을 선호했다. 그들은 기후변화에 그들 스스로가 변화하는 것으로 맞섰다. 그들은 한 장소에 머물며 우리가 오늘날 고고학적으로 찾아낼 수 있는 증거들을 층층이 쌓았다. 그 덕분에 우리는 그들의 머릿속에 무엇이 떠올랐는지에 관한 많은 이야기를 할 수 있다. 우리는 경제적 아이디어에서 시작해, 당대의 사유를 도맡은 전문 직업인들을 잠시 만난 다음, 이어서 정치·사회사상을 다루고, 마지막으로 도덕과 형이상학의 더 깊은 문제들을 다룰 것이다.

지구 온난화로 인간이 활용할 수 있는 새로운 생태적 틈새가 열렸다. 빙하가 물러간 자리에는 진흙이 있었다. 작업하기 수월한 이 진흙으로부터 이 시대의 가장 거대하고 영속적인 새로운 경제적 아이디어가 싹텄다. 그것은 먹이를 번식시킨다는 아이디어, 즉 식량의 원천인 동식물을 직접 사육·재배(domestication)한다는 아이디어였다. 물과 햇빛이 풍부하고 흙이 포슬포슬한 곳에서 사람들은 점차 수렵과 채집 활동을 줄이고 땅에 움푹한 자국을 내거나 막대로 흙을 파내는 등의 기초적인 기술만으로 농사를 시작했다. 이러한 변화는 서로 멀리 떨어진 세계의 여러 다른 지역에서 다양한 전문화의 양상을 띠며 독립적으로 일어났다. 뉴기니에서는 토란 재배를 최소 7000년 전—아마도 9000여 년 전일 것이다—에 시작했다.⁵ 적어도 이와 비슷한 시기에 중동에서는 밀과 보리를, 페루에서 덩이줄기 작물을, 동남아시아에서는 쌀을 재배했다. 이어 중국에서 수수를 길렀고, 인더스 유역에서 보리를, 에티오피아에서 알갱이가 작은 곡식 테프를 길렀다. 이후 2000년에서 3000년에 걸쳐 농업은 농경에 필요한 기술이 갖추어진 거의 모든 지역에 전파되거나 독립적으로 시작되었다. 농업의 발명은 전 세계를 연금술사의 도가니에 빠뜨리며 지난 수백만 년에 걸쳐 일어난 진화의 방향을 뒤바꾸었다. 그때까지 생물체의 다양성이 창출되는 수단은 자연 선택이 유일했다. 이제 인간 행위자들의 인간적 목적에 따른 '부자연 선택(unnatural selection)'이 새로운 종을 산출했다.

나는 사람들이 원활한 식량 조달을 위해 맨 처음 선택해 기른 식량은 달팽이나 이와 비슷한 연체동물이었으리라고 추측한다. 이것은 어느 정도 논리적인 추측이다. 몸집이 크고 동작이 큰 네발짐승이나 경작하기 힘든 식물보다는 달팽이처럼 다루기 쉬운 종으로 시작하는 것이 더 현명하다. 달팽이는 손으로 고를 수 있고, 가두어 키우더라도 웅덩이를 만드는 정도의 간단한 기술이면 충분하다. 어디로 몰고 다닐 필요도 없고, 개나 다른 동물을 훈련해 감시하게 할 필요도 없다. 게다가 달팽이들은 그 자체로 껍데기에 이미 포장되어 있다. 이 추측을 뒷받침하는 증거는 상당히 많다. 1만여 년 전에 형성된 지층의 심층부를 살피면 전 세계에 걸쳐 분포되어 있는 고대 두엄더미에서 달팽이 껍데기를 발견할 수 있다. 당시의 생태적 환경이 달팽이의 개체 증식에 유리했던 곳이라면 어디나 그렇다. 이는 흔히 정교한 포획 기술이 필요한 식량이 발견되는 층위보다 더 깊은 층위에 속한다.[6] 이 껍데기를 집으로 삼았던 연체동물 중 일부는 지금은 멸종된 다양한 종에 속한다. 이 연체동물은 현존하는 그 어느 연체동물보다 크다. 사람들이 크기를 이유로 이 동물들을 선택했음을 짐작할 수 있다.

농사는 혁명이었다. 그러나 농사를 아이디어라고 할 수 있을까? 진흙투성이의 수작업이 동반되는 이 관습을, 몸을 쓰는 이 육체 활동을 세계의 지성사에 포함해야 할까? 이를 부정하거나 폄하하는 이론 중 하나는 농사는 인간이 다른 동식물과 특별한 환경을 공유하며 상호 의존 관계를 서서히 발전시키는 점진적 공진화(共進化) 과정에서 "자연적으로" 발생했다고 주장한다.[7] 어떤 면에서 농업으로의 이행은 갑작스러운 정신적인 불꽃으로 점화된 사건이라고 하기에는 지나치게 느린 과정이었던 것 같다. 수렵채집인이 식물을 이식하는 일은 흔하고 그 과정에서 선택을 하기 마련이다. 오스트레일리아의 원주민 수렵채집인들은 네가레(nardoo) 줄기를 땅에 옮겨 심었다. 캘리포

니아 사막의 파파고족은 철마다 방목지를 옮겨 다니며 그 경로를 따라 콩을 심었다. 이들을 관찰한 사람은 누구나 채집과 농업의 장기적 연속성을 알아챌 것이다. 그러니까 어느 하나가 다른 어떤 것으로 변할 때 여기에 반드시 대단한 정신적 투입이 필요한 것은 아니다. 수렵민이 포획한 동물을 울타리에 가두거나 그중에서 몇 마리를 추려내는 사이 수렵은 목축으로 서서히 바뀔 수 있다. 인간의 야영지 인근이나 쓰레기더미 사이에서 새로운 작물이 자생적으로 자랐는지도 모른다. 일부 동물은 인간의 돌봄에 의존하게 되었거나 사람들이 선호하는 거주지에 함께 머물다 인간과 떼 지어 다니게 되었을 수도 있다. 전형적인 공진화 과정에서 개와 고양이는 아마도 자기 자신의 목적에 따라 인간을 받아들였는지 모른다. 죽은 짐승을 함께 찾아다니며 먹이를 조금씩 얻어먹거나, 사냥에 동행하거나, 남은 음식이나 쓰레기를 찾아 인간의 야영지에 드나드는 작은 설치류가 집중된 곳을 덮칠 수도 있었다. 인간이 개와 고양이를 길들인 것이 아니라 어쩌면 오히려 그 반대였을 수도 있다.[8]

또다른 이론은 농사를 환경 결정론의 결과물로 이해한다. 인구 증가나 자원 감소 때문에 새로운 식량 생산 전략이 요구되었다는 것이다. 역사적으로 문헌이 남아 있는 시기에 생존을 위해 농사를 채택한 수렵채집인 부족들의 사례가 최근에 발견되었다.[9] 하지만 일단 인구 증가와 자원 부족이 동시에 압박으로 작용했을 가능성은 거의 없다. 후자가 전자를 방해할 것이기 때문이다. 그리고 농업 출현의 역사에서 이 둘 중 한쪽이라도 관련 있는 시기에 대한 증거가 없다. 오히려 동남아시아에서 농사는 전통적인 자원이 풍부한 시기에 시작되었다.

엘리트층이 식량 공급을 늘릴 더 나은 방법을 궁리해볼 시간이 더 많았기 때문이다.[10] 농업은 어떤 비자발적이고 불가피한 반응이 아니라 사람들이 직접 생각한 아이디어였다.

한때 인기를 끌었던 또다른 이론에 따르면 농사는 우연한 사건처럼 시작되었다. 식물이 자라기 좋은 흙에 수렵채집인들이 실수로 씨앗을 떨어뜨렸다는 것이다. 찰스 다윈은 어느 여성—이 이론의 신봉자들은 여성을 전경에 두는 경향이 있는데 아마도 흔히 여성은 양육자로 여겨지거나 그러한 역할을 도맡았기 때문일 것이다—이나 어느 '지혜로운 늙은 원시인'이 우리 조상들의 첫 농업 실험을 시도했으리라고 생각했다. 다윈은 이렇게 표현했다. "보기 드물게 훌륭한 품종의 토종 야생 식물이 눈에 띄면 (…) 그는 이 식물을 옮겨 심고 그것의 씨를 뿌릴 것이다." 이러한 서술은 농사를 아이디어의 산물로 보지만, 다윈은 이어서 "이것은 사전 숙고를 거친 판단이라기보다는 문명화의 조야한 초기 단계를 시사한다고 보는 편이 옳다"고 말한다.[11] 누군가는 농사를 원숭이 공동체에서 발명되고 확산된 새로운 식량 전략과 동일한 선상에 놓을지 모른다. 일본 마카크원숭이 이모가 고구마를 갖고 떠올린 혁신과 같게 보는 것이다(69쪽 참조).

경작의 시작을 지적인 것으로 만드는 세 가지 지성적 맥락이 있다. 음식은 양분을 제공하고 갈증을 해소하는 이상의 일을 한다. 음식은 정신의 상태를 변화시키고 권력과 명예를 부여한다. 정체성을 상징하고 의례를 만들어낼 수 있다. 위계적인 사회의 엘리트층은 거의 언제나 그들이 먹는 것보다 더 많은 식량을 필요로 한다. 이는 엘리트층의 안전을 보장하기 위해서일 뿐만 아니라 음식을 낭비하며 부를 과시하기 위해서이기도 했다.[12] 그러므로 우리는 식량 전략에 정치와 사회 그리고 종교가 미치는 영향을 고려해야 한다.

이를테면 연회는 정치적이다. 연회는 음식을 베푼 자와 받아 먹는 자 사이에 권력 관계를 수립한다. 연회는 집단적 정체성을 예찬하거나 다른 공동체와의 관계를 공고히 한다. 우리가 앞서 본 경쟁적 연회, 즉 농업 시대 이전의 연회에서 지도자들은 충절과 음식을 맞교환했다. 그런데 이 전략은 음식이 대량으로 한꺼번에 집중적으로 모여 있어야만 실행할 수 있다. 그러므로 연회로 결속된 사회는 집약적 농업과 식량의 대량 비축을 선호할 것이다. 심지어 리더십이 느슨한 형태를 띠거나 집단적 의사결정을 따르는 사회에서도 연회는 식량의 생산량 증대와 대량 축적을 위해 필요하다면 무력까지 동원할 정도로 강력한 유인책이 될 수 있다. 어떠한 경우라도 농업이라는 아이디어는 사람들의 정신을 자기 이익에 따라 지배하려는 시도와 떼어놓을 수 없다.[13]

정치와 마찬가지로, 또는 정치 대신, 종교가 일부 영감을 제공했을 수 있다. 거의 모든 문화의 신화에서 식량이 자라게 하는 힘은 신의 선물이나 저주, 또는 영웅이 신에게서 훔친 비법에서 나온다. 노동은 일종의 희생제물이며 신은 여기에 양식으로 보답한다. 재배는 어쩌면 다산을 기원하는 의식으로 볼 수 있고, 관개는 헌주(獻酒)로 볼 수 있으며, 작물의 주변에 울타리를 치는 것은 신성한 식물을 경외하는 행위로 볼 수 있다. 이 모두가 충분히 상상이 가능한 개념들이다. 사람들이 동물을 가축화한 것은 식량을 얻기 위해서이기도 했지만 희생물로 쓰거나 예언을 구하기 위해서이기도 했다. 많은 사회에서 식탁보다 제단에 올리기 위해 식물을 재배한다. 이를테면 향과 환각 약물, 또는 일부 안데스 고산지대 공동체에서 희생제의에 올리는 옥수수가 그렇다. 정통 기독교 전통에서 밀은 성찬식에 허락되는 유일한 곡식이다. 종교가 농업에 영감을 주었다면, 황홀경을 일으키는 술의 효능이 매력으로 작용해 발효에 좋은 밀이 성찬식용 곡식으로 선택되었을 수도 있다. 흙을 뒤엎고 홈을 내어 씨를 뿌리고 밭에 물을 대는 행위는 농사꾼이 앞으로 제물을 바치게 될 신을 출산하고 양육하는 의례로서 출발한 것인지도 모른다. 간단히 말해 작물이 신이라면 농사는 예배가 된다. 농업은 사제 역할을 하는 안내자들의 정신 속에서 태어났을 수도 있다. 물론 이들은 세속적 지도자의 역할을 겸했을 것이다.

마지막으로, 어쩌면 보수주의가 일정한 역할을 했을지 모른다. 고고학자 마틴 존스(Martin Jones)에 따르면 온난화된 환경에 정착한 수렵채집인들은 기후의 위협을 받는 농작물을 보살피느라 점차 더 큰 노고를 쏟아부어야 했다. 기존의 생활방식을 수호하기 위해 사람들은 부지런히 김을 매고 작물을 돌보고 물을 주고 부실한 개체를 골라냈을 것이다. 수확성이 높은 개체는 더 잘 자라도록 물을 더 많이 대주고 자라기 가장 좋은 자리로 옮겨 심기도 했을 것이다. 비슷하게 수렵으로 포획한 동물도 잘 지키기 위해 열심히 목초지를 관리했을 것이다. 결국 사람들은 그들이 식량으로 삼는 동물 종과 서로 필수적인 상호 의존 관계를 형성했을 것이다. 변화하는 기후에서 식량의 원천을 그대로 보존하고 싶어 하는 사람들은 새로운 생활방식을 추구하지 않았다. 그들은 오래된 것이 영속하기를 바랐다. 농업은 의도치 않게 초래된 결과였다. 이러한 결과를 가져온 과정에는 많은 생각이 수반되었으되 다른 목적을 향한 생각이었다.[14]

농사가 모두에게 잘 맞았던 것은 아니다. 허리가 부러질 듯한 중노동과 사람들이 밀집한 환경은 건강에 좋지 않았다. 농사가 가져온 부정적인 결과들은 그 외에도 많았다. 생태적인 위협이 될 정도로 인구가 증가했고, 제한된 농작물에 지나치게 의존했기 때문에 기아의 위험이 높아졌으며, 한두 가지 대표 농산물만 주로 섭취하게 되어 비타민 결핍을 겪는 지역도 있었고, 가축화된 동물이 모인 곳에서—지금도 여전히 그렇듯—감염병이 발생하는 등 새로운 생태 환경의 새로운 질병이 생겼다. 그러나 새로운 생활방식이 확립된 곳에는 새로운 아이디어가 수반되고 새로운 형태의 사회·정치 조직이 뒤따랐다. 이제 시선을 그리로 돌려보자.

농부들의 정치: 전쟁과 일

농경의 시작에 필요한 것은 적절한 물질적 조건 이상이었다. 농사는 상상 행위의 산물이기도 했다. 그것은 인간의 손으로 땅의 모양을 다시 빚을 수 있다는 깨달음이었다. 그 땅은 기하학의 이미지를 띠는, 가장자리가 반듯하고 고랑과 용수로로 구획화된 잘 가꿔진 밭이었다. 농업이 먹여 살린 정신은 거대한 도시를 상상했다. 강력하고 새로운 국가가 출현해 계절에 따른 잉여 식량을 관리하고 조절하고 재분배했다. 추장은 왕에게 자리를 내주었다. 전문가 엘리트층이 빠르게 성장했다. 예술가와 학자가 후원받을 기회가 많아지자 아이디어의 순환이 활발해졌다. 대단위로 조직화된 노동력에 복종이 강요되고 창고에 보초가 세워졌다. 농업과 압제의 연결은 피할 수 없다. 정착을 원하는 사람들이 땅을 차지하기 위해 서로를 침략하며 전쟁은 거의 확실히 증가했다. 군대의 규모가 커지고 전투 기술을 향상시키기 위한 투자가 늘어났다.

교환 의례는 평화 유지를 도왔다. 하지만 이러한 의례들이 실패했을 때 전쟁은 새로운 행동 양식을 생각해낼 것을 요구했다. 흔히들 인간은 "자연적으로는" 평화로운 생명체라고 주장한다. 그들을 타락시키는 사회적 절차들 탓에 보편적 평화의 황금시대로부터 쫓겨났다는 것이다. 영향력 있는 인류학자 마거릿 미드에 따르면 전쟁은 "생물학적 요구가 아니라 발명된 것"이다.[15] 이 이론은 최근까지도 반박할 증거가 많지 않았다. 구석기시대 초기의 공동체 간 갈등에 관한 고고학적 기록을 구하기가 상대적으로 어려웠기 때문이다. 하지만 이 이론은 이제 더는 방어할 수 없는 관점이 된 것 같다. 유인원의 전쟁, 오늘날의 수렵채집인 사회에서의 전쟁, 심리학에서 본 공격성, 석기시대 고고학 연구에서 발견된 부러진 뼈 같은 유혈사태의 흔적 등에 관한 연구를 통해 폭력성은 어디에나 존재했음을 보여주는 증거가 축적되었다.[16] 이런 의미에서 육군 원수 버나드 로 몽고메리가 인간 사회의 갈등의 원인에 관해 질문한 사람들에게 모리스 마테를링크의 저작 『개미의 삶The Life of the Ant』을 읽어보라고 한 것은 온당한 조언이었다.[17]

그러므로 공격성은 자연적인 것이다. 폭력 사태는 쉽게 발생한다.[18] 자원 확보 경쟁에서 우위를 차지하기 위한 방법으로서 전쟁은 인류보다 오래되었다. 하지만 의외로 적을 몰살시키기 위해 전쟁을 일으킨다는 아이디어는 늦게 나타났다. 자원을 확보하거나 수호하기 위해, 권위를 과시하기 위해, 두려움을 달래기 위해, 선제공격 차원에서 전쟁을 일으키는 데에는 딱히 정신적 노력이 필요하지 않다. 폭력 사태의 이러한 원인들은 무리를 지어 다니는 동물들 사이에서 관찰된다. 하지만 대량학살 전략 따위를 떠올리려면 지식인이 필요하다. 대량학살은 어떤 완벽한 세계, 적이 없는 유토피아의 비전을 암시한다. 완벽은 실제 경험과는 너무나 동떨어져 있기에 접근하기 어려운 아이디어다. 완벽성에 관한 서술들은 대부분 단조롭기 짝이 없다. 이것이나 저것이나 별반 다를 것이 없으며 지겨우리만치 자주 되풀이된 이야기들이다. 낙원의 비전은 이제 물릴 대로 물린 느낌을 준다. 그런데 최초로 민족 말살과 대량학살을 자행한 자들, 최초의 학살 이론가들은 진정으로 급진적인 유토피아주의자들이었다. 네안데르탈인의 운명을 다룬 몇몇 이야기에 따르면 우리 종은 네안데르탈인을 멸종시켰다. 윌리엄 골딩이 자신의 작품 중 최고로 꼽는 『상속자들 The Inheritors』 —4만여 년 전 어느 너도밤나무 숲의 광경에 대한 낭만적이고도 으스스한 묘사가 탁월하다—은 이 조우를 다시 상상했다. 이 소설에서 네안데르탈인들은 소박하고 남을 잘 믿는 반면 "새로운 사람들"은 기이하고 사악하고 낯선 침략자들을 닮았다. 그들은 좀처럼 이해하기 어렵고 냉혹하며 사랑을 나눌 때조차도 이상하리만큼 폭력적이다. 이 새로운 사람들은 학살 전략을 세우지만 네안데르탈인들은 거의 마지막 순간까지도 그들을 의심하지 않는다.

골딩의 이러한 상상을 비롯해 우리의 조상이 네안데르탈인의 말살을 계획했다는 주장들을 뒷받침하는 증거는 충분하지 않다. 침팬지들이 이웃 무리를 상대로 벌이거나 식량 자원이나 암컷들을 빼앗으려는 분리주의 집단이 일으키는 소규모 전쟁 같은 사례 역시 고고학 기록에서 찾기 어렵다.[19] 전쟁은 분명 가장 오래된 증거가 남아 있는 시기보다도 더 오래전에 일어났다. 우리가 아는 최초의 총력전은 농업이 막 시작될 즈음인 1만 1000년 전과 1만 3000년 전 사이에 수단 북부의 제벨 사하바에서 일어났다. 여자와 아이들도 이 전쟁에서 희생되었다. 많은 사람이 여러 번에 걸쳐 심각한 상처를 입었다. 한 여성은 칼에 스물두 번이나 찔렸다. 살인자들의 동기는 정확히 알 수 없지만, 농경 시대였음을 고려할 때 전쟁을 일으킬 정도로 그들에게 중요한 것이라면 아마도 농부들의 생존과 번영에 가장 필수적인 영토의 확보가 아니었을까 싶다.[20] 반면 오늘날 케냐에 해당하는 나타루크에서 1만 1000여 년 전에 살육된 스물일곱 명의 성인남녀와 어린이는 수렵과 채집에 의존했지만 그들 역시 살을 파고드는 화살과 뼈를 으스러뜨리는 몽둥이를 피할 수 없었다.[21] 농부들이 정착지를 요새화한 방식을 보면 당시 갈등이 어느 정도로 고조되었는지를 잘 알 수 있다. 지금의 독일과 오스트리아의 발굴 현장에서 발견된 "죽음의 구덩이"가 그 예다. 7000여 년 전 이 구덩이에는 수백 명에 이르는 대량학살 희생자의 시신이 내던져졌다.[22] 오늘날 기초적인 수준의 농업에 종사하는 민족들은 대량학살 전략을 선호하는 경우가 많다. 뉴기니의 마링(Maring)족은 적이 사는 마을을 습격할 때 보통 주민 전체를 몰살하는 전략을 쓴다. "선진" 사회도 종종 이 점에서 좀처럼 다르지 않은 것 같다. 다른 점이 있다면 더 효율적인 대량학살 기술을 이용한다는 것뿐이다.

일이 새로운 형태를 띠게 된 것도 농업 혁명의 또다른 결과였다.

일은 "저주"가 되었다. 농사는 중노동을 요구했고, 착취적인 지배자들은 다른 사람들을 일하게 만들 정교한 구실을 떠올리는 데 능수능란했다. 풍요로운 석기시대(97쪽 참조)에는 매주 이틀이나 사흘 정도의 수렵과 약탈만으로도 공동체 구성원 대부분을 충분히 먹여 살릴 수 있었다. 우리가 아는 한, 약탈자들은 그들의 활동을 정례화된 어떤 것으로 개념화하지는 않고 다만 그에 동반되는 행사나 놀이처럼 의례 행위로서 실천했다. 그들에게는 일로부터 여가를 구분할 이유나 계기가 없었다.

농업은 일을 "발명"하고 일을 삶에서 여가나 즐거움과 구별되는 부분으로 분류함으로써 이 모든 것을 뒤바꾸어놓은 것으로 보인다. 단순한 농경 사회에는 많은 경우 여전히 수렵인의 접근방식이 유산으로 남아 있다. 그들은 흔히 밭 가는 일을 집단적 의례이자 놀이의 한 형태로 취급한다.[23] 그러나 초창기 농부들은 대체로 초기 구석기시대 사람들처럼 느긋할 수 없었다. 초창기 농부들이 가진 기초적인 연장으로는 아주 건조하거나 아주 무른 흙만 다룰 수 있었다. 사람들은 힘겹게 관개용 도랑을 만들어야 했고, 그렇지 않으면 따분함을 견디며 물이 닿지 않는 둔덕을 높이 쌓아 올려야 했다. 일에 바치는 시간은 갈수록 늘었다. 일은 점차 파종과 추수의 리듬이나 일상적 과제의 리듬에 민감해졌다. 사람들은 잡초를 뽑고 도랑과 제방을 살폈다. 4000여 년 전 고대 메소포타미아, 이집트, 인더스 유역, 중국에 나타난 '수력사회(hydraulic societies)'[24]와 '농업적 전제정치'는 집약된 인구를 쉼 없는 식량 생산을 위해 조직화해 기존의 일과 여가의 비중을 뒤집어놓았다. 이러한 작업이 중단되는 간절기에 소농과 잡역부들은 대규모 공공 작업에 투입되었다. 소농과 잡역부들이 폭동을 일으키지 못할 정도로 바쁘게 만들기 위해 기획된 사업이었다.

　권력을 거머쥔 두터운 엘리트층이 부상했다. 일하는 사람들에게 닥친 정치적 영향은 끔찍했다. 사람들이 흔히 믿는 것과 달리 '노동 윤리'는 개신교나 산업화의 근대적 발명품이 아니다. 일이 더는 즐거운 것이 되지 못하자 엘리트층이 사람들에게 일을 강요하기 위해 만든 규율이었다. 고대 중국과 메소포타미아의 시인들은 들판에서 이어지는 쉼 없는 노고를 열성적으로 찬미했다. "엿새 동안 힘써 네 모든 일을 행하라"는 에덴동산에서 쫓겨난 이들에게 내려진 저주였다. 카인의 암울한 소명은 밭을 경작하는 일이었다.[25] 적어도 한동안은 여성들이 가장 고통받는 부류였던 것 같다. 수렵 사회에서 남자들은 식량을 구하기 위한, 비교적 위험하고 신체적으로 힘든 활동에 특화되었다. 초기 농업 노동에서 여자들은 씨를 뿌리고 김을 매고 열매를 거두는 일을 남자들만큼 잘했다. 그 결과, 농사가 확대되자 여성들은 자녀 양육과 집안일이라는 피할 수 없는 역할에서 전혀 벗어나지 못한 채 여기에 추가적으로 식량 마련에도 참여해야 했다. 정주하는 삶은 유목하는 삶을 살았던 조상들보다 더 많은 아기를 낳고 먹이고 기를 수 있음을 의미했다. 여성들은 아마도 무거운 쟁기나 말을 잘 듣지 않는 거친 동물들을 다루어야 하는 일에서는 물러나 있었겠지만, 어떤 면에서 일의 저주는 남성과 여성 모두에게 결코 줄어들지 않았다. '발전된' 사회의 역설은 늘어난 여가가 결코 우리를 해방시키지 않는다는 것이다. 일은 고역이 되고 스트레스는 증가한다.

도시 생활

농업은 지독한 문제들을 일으키기도 했지만 원대한 기회를 점화하기도 했다. 여가가 늘어난 신흥 엘리트층은 과거 그 어느 때보다 많은 시간을 생각에 쏟을 수 있었다. 농경 사회는 기근이 반복되었지만 그렇지 않은 시기에는 풍요로운 일상이 배경을 이루었다. 농사는 도시를 가능하게 했다. 농사는 모든 전문화된 경제 활동의 형태를 고루 갖출만큼 큰 정착지에 식량을 조달했다. 도시에서 기술은 더욱 정교해지고 향상되었다. "사회적 본능은 자연이 모든 사람에게 심어준 것이지만 가장 큰 은인은 최초로 도시를 건설한 사람들이다"라고 아리스토텔레스는 단언했다.[26]

　도시는 지금까지 인간의 정신이 환경을 변화시키기 위해 고안한 수단 중 가장 급진적인 수단이다. 인간은 세상의 풍경을 속속들이 재상상한 새로운 거주지로 뒤덮었다. 그것은 오로지 인간만이 고안할 수 있는 목적을 위해 세심히 조성한 새 환경이었다. 생태적 순수성의 황금시대 같은 것은 당연히 존재한 적이 없다. 우리가 아는 한, 사람들은 언제나 원하는 것을 얻기 위해 최대한 환경을 착취했다. 빙하시대 수렵인들은 그들이 의지하는 종이 멸종에 이르러도 개의치 않았던 것 같다. 농부들은 언제나 토지를 황폐하게 만들고 건조지대를 파헤쳤다. 그럼에도 구축 환경(built environment)은 자연에 대한 도전이라는 아이디어의 극단적인 표현이다. 인간은 사실상 인간의 용도에 맞게, 그리고 인간적 상상력이 이끄는 대로, 다른 종을 상대로 전쟁을 일으키고 지형을 바꾸며 환경을 개조하고 생태계를 새로 조성했다. 예리코의 벽돌집들은 이미 기원전 제10천년기부터 60센티미터 두께의 벽과 초석으로 대지를 내리눌렀다. 예리코의 면적은 초창기에 대략 4만 제곱미터에 지나지 않았다. 그로부터 약 3000년 뒤에 오늘날 터키에 해당하는 위치에 세워진 도시 차탈휘위크(Çatalhöyük)는 초창기 예리코보다 세 배 이상 컸다. 오늘날 우리가 아는 도로가 아닌 평평한 지붕을 따라 도보로 다닐 수 있는 길이 벌집처럼 생긴 집들을 연결하고 있었다. 주택들은 생김새가 일정했다. 돌판, 출입구, 화덕, 아궁이 등의 모양과 크기가 통일되어 있었고 심지어 벽돌의 크기와 패턴도 동일했다. 비슷한 도시의 풍경을 담은 그림 한 점이 이곳의 벽에 오늘날까지 남아 있다.

이러한 도시의 거주민들은 이미 도시를 이상적인 생활환경으로 여기고 있었던 것 같다. 기원전 제3천년기 메소포타미아에서는 분명 그러한 의견이 우세했다. 이때 널리 받아들여진 지혜에 따르면 카오스란 "벽돌이 하나도 놓이지 않고 (…) 도시가 하나도 건설되지 않은" 때였다.[27] 기원전 2000년경 메소포타미아 남부에서는 인구의 90퍼센트가 도시에서 살았다. 세계의 다른 지역들은 오늘날에야 이 수치를 따라잡고 있다. 도시가 사람들에게 제기한 건강, 안전, 생존력(viability) 등의 문제를 극복했다고 말할 수 있기까지 그만큼 오랜 시간이 걸린 셈이다. 우리는 도시-거주 종(種)이 되고 있지만, 니네베와 티레를 수도로 두었던 문명들을 비롯해 지금까지 존재한 모든 도시 문명을 덮친 재난을 우리가 과연 피할 수 있을지는 알 수 없다.[28]

신흥 국가의 리더십

농업은 도시의 탄생을 자극했을 뿐만 아니라 국가를 공고히 했다. 두 결과는 서로 연결되어 있었다. 공동체들은 노동력을 관리하고 비축 식량을 규제하기 위해 지배자들에게 강력한 힘을 부여했다. 식량 생산량이 증가할수록 먹여 살릴 입이 많아지고 관리해야 할 인력도 증가했다. 권력과 양식(糧食)은 마치 덩굴식물처럼 한데 엉켜 나선을 그리며 뻗어 올라간다. 정치과학자들은 흔히 약탈 문화에서 전형적으로 나타나는 정치 권력 구조인 '추장제(chieftaincy)'와 유목·농경 사회가 선호하는 '국가(state)'를 구분한다. 추장제에서 정부의 역할은 분리되지 않는다. 지배자는 법을 만들고 분쟁을 해결하며 정의를 실현하고 생계를 부양하는 모든 역할을 도맡는다. 반면 국가는 똑같은 역할을 전문가에게 분배한다. 아리스토텔레스에 따르면 국가는 인구 증가에 대한 대응이었다. 최초의 사회는 가족이었고, 그다음에 부족, 마을, 국가가 생겼다. 마을은 중요한 국면을 상징했다. 마을은 수렵과 채집을 목축과 농사로 대체하며 정주적인 삶으로 이행하는 국면의 상징이었다. 그리고 그 정점에 자리한 국가는 "완벽하고 자족적인 생활을 누리는 가족과 마을의 연합"이었다.[29] 우리는 아득히 먼 과거에 관해 여전히 이러한 종류의 서사에 의존하고 있다. 사회학자와 정치과학자가 흔히 언급하는 모델에서 부랑하는 '무리'들은 추장의 통치를 받지만 정착이 시작되면서 무리는 국가가 되고 추장제는 왕국이 되었다.

어찌 됐든 기원전 제3천년기와 제2천년기의 정치 관련 이미지들을 보면 이 시기에 국가에 관한 아이디어들이 출현하는 것을 확인할 수 있다. 예를 들어 고대 이집트에서 가장 흔한 국가의 이미지는 사람들의 무리였다. 왕은 그들의 목자 역할을 맡았다. 이것은 목축민의 정치 아이디어와 수렵채집인의 정치 아이디어 사이의 진정한 차이를 반영했다고 볼 수 있다. 농사는 토지 확보 경쟁을 부추기고 그 결과 분쟁과 전쟁이 증가하면 지배자 체계가 강화된다. 분쟁의 시기에 무력이나 지혜를 앞세워 선발된 지도자들은 대체로 추장과 원로를 최고 통솔권 자리에서 쫓아냈다. 이러한 환경에서라면 '원시적 자유'는—그러한 것이 존재한 적이 과연 있었다면—강력한 행정부에게 자리를 내줄 것이다. 이 시기의 메소포타미아 문헌은 엄격한 집행자들에게 순종하라고 이른다. 현장에서 관리자에게, 집안에서 아버지에게, 그리고 모든 일에서 왕에게 복종해야 한다. 어느 대표적인 문헌에는 "왕의 말씀은 옳다. 왕의 말씀은 신의 말씀과 같아 바뀔 수 없다"고 쓰여 있다.[30] 메소포타미아의 한 돋을새김 조각품에서 왕은 다과를 먹으면서 사람들을 굽어본다. 왕은 탄원자들을 만나고, 공물을 받으며, 벽돌로 도시와 사원을 짓는다. 공공건물에 쓸 첫번째 벽돌을 진흙으로 빚는 것은 왕의 특권이었다. 국가가 관리하는 가마는 왕의 이름이 찍힌 벽돌을 구워냈다. 왕의 주술은 진흙을 문명으로 탈바꿈시켰다. 그러나 전제정치가 존재하는 이유는 시민을 위해 봉사하기 위해 즉, 신과의 관계를 중재하고, 경작과 관개 작업을 조율하고, 힘든 시기에 대비해 식량을 보관했다가 공익을 위해 분배하기 위해서였다.

가장 온건한 국가도 누군가를 압제한다. 좋은 시민은 순종해야 하기 때문이다. 이따금은 정치과학자들이 사회계약이라고 부르는 것에 시민들은 자발적으로 동의해 순종하기도 하지만 여기에는 언제나 강요가 수반된다. 사회계약이란 개인이 혼자 있을 때 누릴 수 있는 자유의 일부를 공동체에 재통합시키는 것을 말한다. 하지만 많은 사람이 모였을 때 관계들을 규제할 더 공정하고 현실적인 방법은 아직 아무도 발견하지 못했다.[31]

우주론과 권력: 이항론과 일원론

국가는 인구가 점점 더 늘어났다. 국가를 통제하는 지배자에게는 새로운 전문 공직자 핵심 집단이 필요했다. 권력에 정통성을 부여할 방법도 필요했다. 지배자들은 농부들이 수렵채집인들로부터 물려받은 세계상으로부터 출발했다. 사람들은 나이와 관계없이 정합성(coherence)을 추구한다. 모두가 자신의 느낌과 지각을 다른 정보에 맞춰보면서 세계를 이해하고자 한다. 보편적 모형—우주에 관해 얻을 수 있는 모든 정보와 일치하는 의미 있는 도식—에 대한 탐색은 생각의 역사 전반을 통해 잔물결처럼 번진다. 우리가 아는 한, 사람들이 만물을 이해하기 위해 떠올린 최초의 아이디어는 코스모스를 둘로 나누는 것이었다. 나는 이 아이디어를 이항론(binarism)이라고 부른다(전통적인 용어는 이원론[dualism]이지만 이 용어는 다른 여러 아이디어에서 사용되기 때문에 혼란을 피하기 위해 여기서는 사용하지 않겠다).

이항론이 그리는 우주는 두 부분으로 이루어져 있다. 이항론의 우주는 만족스럽게 대칭적이며, 그래서 질서정연하다. 대부분의 모델에서 상충적이거나 상보적인 두 원리가 만물을 관장한다. 두 원리의 균형은 체계를 규제한다. 흐름 또는 유동은 체계의 변화를 가능하게 한다. 이항론 아이디어는 아마도 두 가지 경험에서 나왔을 텐데, 둘 다로부터 나왔을 수도 있고 그중 한 가지에서만 나왔을 수도 있다. 첫째, 우리는 무엇이든 떠올리면 즉시 그것을 다른 모든 것으로부터 갈라놓는다. 그렇게 해서 우리는 두 개의 상보적이고—그 둘을 합쳐—포괄적인 범주들을 갖게 된다. 우리는 'x'를 떠올리자마자 이른바 'x가 아닌 것'이라는 두번째 범주를 암시한다. 어느 재담가는 이렇게 말했다. "세상에는 두 부류의 사람들이 있다. 세상이 두 부류의 사람들로 나뉜다고 생각하는 사람들과 그렇지 않은 사람들." 둘째, 이항론은 피상적으로는 모두 암컷 아니면 수컷으로 보이는 생명체나 모든 것이 대지 아니면 대기에 속하는 환경에 대한 관찰에서 나온다. 양성(兩性)은 서로에게 스며든다. 하늘과 땅은 입을 맞추고 충돌한다. 이항론의 구조는 관찰하는 정신에게 깊은 인상을 남긴다.

이항론은 이항론을 믿는 사람들의 신화와 도덕을 형성한다. 그리고 인류학자들이 수집한 우주론에 관한 공통된 기록으로 판단하건대 이항론을 믿는 사람은 예나 지금이나 많다. 이항론자들은 아득히 먼 과거의 조상들이 그린 세계에 산다. 코스모스에 관한 여러 상충적인 묘사 중에 가장 흔히 보고되는 이미지 중 하나는 빛과 어둠이나 악과 선처럼 이원적인 힘들 사이의 불안한 균형이나 상보성이다. 과거 세대의 학자들은 빙하시대 유럽의 동굴 벽화를 수렵인들의 정신구조를 보여주는 증거로 보았다. 그들이 보기에 수렵인들은 자신들이 본 모든 것을 젠더에 따라 두 범주로 나누었다[32](하지만 그들이 그림에서 남근과 음부로 파악한 것은 무기나 짐승 발자국, 또는 어떤 아직 알려지지 않은 상징 부호였을 수 있다). 우리가 알고 있는 일부 오래된 창세 신화는 세계를 땅과 하늘의 생식 활동의 결과로 본다. 이렇듯 창조적 결합을 표상하는 그림들은 고전기 아테네에서도 여전히 영향력을 발휘했다. 에우리피데스의 희곡에 등장하는 한 인물은 "어떻게 하늘과 땅이 하나였는지, 언제 하늘과 땅은 서로에게서 떨어져 나와 빛, 나무, 새, 짐승, 소금물 바다의 어린 생명체들과 인간종을 비롯한 모든 것들을 태어나게 했는지를 나는 어머니로부터 배웠다"고 말했다.[33] 지난 3000여 년 동안 우주를 설명한 새로운 사상 체계는 대체로 이항론을 부정했지만 도교 사상은 예외였다. 도교는 중국 사상의 형성에 중요한 영향을 주었다. 아울러 도교 사상은 중국의 영향을 받은 모든 지역에서 아이디어의 역사에 중요하게 이바지했다. 주류 유대교에서 우주는 하나이지만, 신은 우주 창조를 빛을 어둠으로부터 분리하는 것으로 시작했다. 기독교는 공식적으로는 이항론을 부정하지만 이항론으로부터 많은 영향을 받았다. 천사가 가진 빛의 힘의 개념, 혹은 적어도 그 이미지는 사탄의 어두운 힘과 영속적인 대조를 이루어왔다.

어느 알려지지 않은 시기에 새로운 우주론인 일원론(monism)이 이항론에 도전을 제기했다. 일원론은 세상에는 사실 오로지 하나만 있고, 겉으로 드러난 코스모스의 모든 다양성은 이것으로부터 펼쳐져 나온 것이라는 신조다. 기원전 제1천년기에 이르러 일원론은 평범한 것이 되었다. 소크라테스 이전 현자들이 세계는 하나라고 말했을 때 이 말은 문자 그대로를 뜻했을 것이다. 즉, 모든 것은 다른 모든 것의 일부다. 기원전 6세기 중반 밀레토스의 아낙시만드로스는 "모든 세계들을 아우르는" 무한하고 영원한 실재가 반드시 있다고 믿었다.[34] 그로부터 한두 세대 이후 파르메니데스는—순수 합리론의 초기 주창자인 그를 우리는 나중에 다시 만나게 될 것이다—이렇게 표현했다. "지금의 존재 외에는 아무것도 없으며 앞으로도 없을 것이다. (…) 모든 존재는 존재에 밀착해 있으므로 연속적이다."[35] 이 계열의 사고에 따르면 1과 무한대 사이에는 아무 수도 없고, 1과 무한대는 서로 동등하고 서로의 경계를 공유함으로써 모든 것을 연결하고 모든 것에 중첩된다. 그 사이에 있다고 주장되는 모든 수는 환상이거나 그저 우리가 편의상 이용하는 분류를 위한 장치에 지나지 않는다. 2는 하나가 두 개 있는 것이고, 3은 하나가 세 개 있는 것이며, 나머지도 마찬가지다. 우리는 다섯 송이의 꽃을 나열할 수 있지만, 이 꽃들과 독립적인 '5' 같은 것은 없다. 무엇을 가져와도 마찬가지다. '하나임'은 존재하지만 '다섯임'은 존재하지 않는다. 기원전 400년경의 어느 풍자가는 당대의 일원론자들에 대해 이렇게 투덜거렸다. "그들은 존재하는 모든 것이 하나라고 말한다. 하나인 동시에 모든 것이라는 것이다. 하지만 그들은 그것을 무엇으로 부를지는 합의할 수 없을 것이다."[36] 하지만 일원론자들은 풍자에는 관심이 없었던 것 같다. 일원론은 아이디어가 문헌으로 남아 있는 모든 곳에 등장한다. 전설적인 도가 사상가 장자는 "너 자신을 차별 없이 파악하라"고 말했다.[37] 기원전 4세기에 혜시(惠施)는 같은 생각을 "무수한 것들을 차별 없이 대하라. 우주는 하나다"라고 표현했다.[38]

일원론적 아이디어는 유라시아 사상이 활발하게 형성된 수 세기 동안 매우 두드러진 사상이었기 때문에 우리는 이 아이디어가 분명 아주 오래되었을 것이라고 쉽게 추측할 수 있다. 가장 오래된 증거는 연대를 파악하기 어렵기로 악명 높은 문헌인 우파니샤드이다. 그 중에서도 가장 오래된 문헌으로 꼽히는 케노파니샤드는 대략 기원전 제2천년기 정도의 먼 과거에 형성된 전통들을 소중히 품고 있다. 케노 파니샤드에는 코스모스적 저항의 이야기가 담겨 있다. 자연의 힘들은 자연 그 자체에 맞서 저항했다. 작은 신들은 브라만의 우월성에 도전을 제기했다. 하지만 불은 브라만 없이 지푸라기를 태울 수 없었다. 바 람은 브라만 없이 지푸라기를 날릴 수 없었다. 텍스트만 따로 떼어서 보면 이것은 유대교, 기독교, 이슬람교의 가르침처럼 신은 전능하다거 나 전능한 신이 존재한다는 신조 이상으로 보이지 않을 것이다. 그러 나 이 문헌의 맥락을 고려하면 우리는 여기에 한층 더 보편적이고 신 비로운 믿음이 작동하고 있는 것을 볼 수 있다. 그것은 무한하고 영원 한 우주는 하나라는 믿음, 즉 '모든 것의 이론(theory of everything)'이 다. 이보다 앞선 문명에서는 이러한 유례를 찾아볼 수 없다. 실제로 후 기 우파니샤드에서 '브라만'은 모든 것을 아우르는 단일한 실재로 분 명하게 규정된다.

인도에서 발현한 일원론은 기원전 제1천년기에 그리스와 중국으 로 전파되었을 것이다. 나중에 일원론은 힌두교의 주요한—누군가는 심지어 본질적이라고도 할 것이다—신조가 되었다. 모든 것이 하나라 는 명제와 "무한대 = 하나"라는 등식은 계속해서 매력을 발산했다. 그 리하여 일원론은 여전히 현대성을 잃지 않는 고대 아이디어 중 하나 이다. 오늘날의 실질적인 일원론인 전체론(holism)은 모든 것은 서로 연결되어 있으므로 어떤 문제도 따로 떼어서 다룰 수 없다는 신념이 다. 사실 이것은 어디에도 도달할 수 없는 해결책이다. 그러나 한 가지

약한 형태의 전체론은 현대의 문제 해결에서 대단히 큰 영향력을 발휘해왔다. 이 형태의 전체론은 모든 것을 더 큰 상호연결된 체계의 일부로 여기며, 모든 문제는 체계적인 전체를 참조해 다루어야 한다고 주장한다.[39] 현대의 전체론자는 이렇게 말할 것이다. 경제 전체를 고려하지 않고 세법을 손보지 말라, 사법 체계 전체를 생각하지 않고 형사법의 범위를 확장하지 말라, 정신적 효과를 염두에 두지 않고 신체적 질병을 다루지 말라.

일원론은 즉각적으로는 어떤 분명한 정치·사회·경제적 영향을 미치지 않을지 모른다. 그러나 일원론은 분명 세계의 작동 방식에 관한 다른 아이디어들을 촉발해 정치적 영향력을 발휘한다. 모든 것이 서로 연결되어 있다면, 한 영역에서 발생한 사건들의 단서는 분명 다른 영역에 있을 것이다. 예를 들어 새의 비행, 별, 날씨, 개인의 운명은 모두 연결되어 있으며, 이러한 연결은 추적이 가능할지 모른다. 이것이 신탁 점의 배후에 자리한 생각이다.

신탁과 왕: 새로운 권력 이론

영혼들과 밀접한 관계를 맺는 매개자는 어마어마한 권력을 손에 넣는다. 따라서 대부분의 사회는 신이나 망자와 소통할 수 있는 대체 수단을 개발했다. 사람들은 환상의 벽에서 틈을 찾았고 이 틈을 통해 우리가 사는 세계보다 더 실재처럼 느껴지는—진실에 더 가까운—어떤 세계로부터 빛이 새어 들어왔다. 이러한 새로운 방법 중에서 우리가 아는 첫번째 방법은 "자연이라는 책에" 선명하게 적힌 신탁이었다. 그리스인들의 가장 오래된 사당은 도도나의 숲에 있었다. 이곳에서 그리스인들은 졸졸 흐르는 시내와 바스락거리는 잎사귀 소리에서 신의 음성을 들을 수 있었다. 자연적 규범에서 벗어난 일탈도 메시지가 담긴 부호일 수 있었다. 기원전 제2천년기 메소포타미아에서 전해져 내려오는 현전하는 세계 최고(最古)의 문헌은 불길한 징조에 대한 암시로 가득하다. 신들은 이례적인 날씨나 특이한 천체 배열을 통해 전조를 드러냈다. 이와 같은 변칙들은 신탁적 지혜와 관련한 다른 자료에서도 주된 특징을 이룬다. 밤하늘에 나타난 희귀한 징후나 변화는 계시인지도 몰랐다. 평소와 다르게 비행하는 새나 희생 제물의 내장에서 관찰된 특이점도 마찬가지였다. 고대 메소포타미아인들에게 양의 간은 "신의 서판"이었다. 화산이나 지진의 노호나 언뜻 저절로 붙은 듯한 불도 똑같은 신성한 원천으로부터 나온 메시지일 수 있었다. 이러한 목적을 위해 특별히 지정된 동물—예를 들어 고대 로마의 신성한 거위나 수단 나일강 유역 아잔데족 주술사가 독약을 먹이는 닭—의 행동은 예언을 품고 있었다. 집시들의 찻잎점은 신들에게 음료를 바치는 전통에서 유래했다.

일부 초기 신탁자들은 그 발표 내용을 기록으로 남겼다. 중국에서는 황허강이 크게 굽이지는 지점에서 기원전 제2천년기의 문헌 수십만 점이 발견되었다. 인간의 눈에는 보이지 않는 먹으로 휘갈긴 메시지 같은 비밀을 세상에 드러내기 위해 금이 갈 때까지 뜨겁게 달구었던 뼈나 딱지의 파편들이었다. 조상의 혼령들은 갈라진 금의 형태를 통해 날씨나 기억을 알려주었고 점술사들은 이것을 읽어냈다. 해석가나 그의 조수는 금이 간 곳 옆에 그 내용을 번역문처럼 새겨두기도 했다. 그중에는 범죄 사건의 해결책도 있었고, 숨겨진 보물의 위치나 신이 점지한 관료의 이름도 있었다.

메소포타미아의 천체 신탁이 그랬듯 이러한 내용 역시 대부분 공식적인 메시지였다. 명백히 국가 정책의 정당성을 드높이기 위한 획책이기도 했다. 이러한 신탁은 사회의 대항 세력들에게 매우 유용했다. 당시에는 국가 권력이 급부상하며 사제 엘리트들이 피지배민에게 행사하는 영향력에 도전을 제기하고 있었다. 신탁은 샤먼이 영혼의 전령으로서 누린 독점적 지위에 균열을 냄으로써 권력의 원천을 다원화하고 정치 경쟁을 심화했다. 특별 사제나 세속 지배자는 신탁을 읽을 수 있었다. 그들은 샤먼이 신으로부터 전해 들었다고 주장하는 것과 다른 내용을 신탁에서 발견했다. 정치 권력자들은 사당을 통제하고 메시지를 조작할 수 있었다. 초기 구석기시대 샤먼들이 영혼들에게 접근할 수 있어서 춤을 추고 북을 치며 통솔하는 지위에 올랐듯이, 농업 국가의 왕들은 샤먼들의 역할을 찬탈하고 그들의 권위를 전유했다. 신탁의 부상은 세계 최초의 위대한 정치 혁명 중 하나로 간주될 수 있다. 국가는 신탁을 통해 권력을 얻은 다음에는 영혼의 매개자인 샤먼들에게 그동안 베풀었던 후원을 점차 거둬들이고 그들을 통제하고 박해했다. 샤먼들은 잘 버텨냈다. 특히 중국에서는 제국이 지속되는 동안 몇몇 황제가 기분에 따라 샤먼들을 찾았고 그렇게 그들은 지속적으로 정치적 의사결정에 개입했다. 하지만 샤먼들은 점차 정치에서 물러나거나 배제되었다. 그들은 대중적인 주술의 매개자나 대리인 그리고 가난한 사람들의 예언자가 되었다.[40]

신성 왕과 제국 아이디어

"왕의 입술은 신탁을 말한다"고 구약의 잠언은 말한다. 신탁자 역할을 차지한 지배자들은 인간과 신 사이에서 중심축이 되었다. 이 관계는 한 걸음 더 나아간 주장을 촉발했다. 통치자가 곧 신이라는 주장이었다. 인류학자들과 고대 역사가들은 이러한 사례들을 수백 건, 아니 아마도 수천 건을 수집했다. 이것은 권력을 정당화하고 반대파를 추방하기 위한 편리한 장치였다. 통치자가 신이라는 주장은 애초에 어떻게 생겨났을까?

상식적으로 떠올릴 만한 순서는 이렇다. 먼저 신이 등장했다. 그리고 왕이 생겼다. 왕은 권력을 강화하기 위해 스스로를 신으로 재분류했다. 하지만 현실의 사건들이 반드시 상식에 부합하지는 않는다. 일부 역사가들은 지배자들이 반대파를 무력화시키기 위해 신을 발명했다고 생각한다. 볼테르는 그렇게 암시했고 카를 마르크스도 그렇게 믿었다. 그들의 생각을 뒷받침하는 것으로 보이는 사례들이 있다. 파라오의 명문에는 흔히 이렇게 적혀 있다. "내 말을 들어라." 초기 통치자들의 문자로 남겨진 선언이 대개 그렇듯 이 명문 역시 왕의 음색을 생생하게 포착하고 있어 마치 그가 곁에 있는 듯하다. "내 너희에게 말한다. 나는 '레'의 몸에서 난 그의 아들임을 너희에게 말하노라. 나는 기뻐하며 '레'의 권좌에 앉노라. 이는 '레'가 나를 왕으로 만들었기 때문이니라."[1] 이집트인들이 그들의 왕이 신이라고 한 의미를 우리는 정확히 알기 어렵다. 파라오는 많은 신의 이름과 역할을 취할 수 있었기 때문에 어느 한 파라오의 정체성은 어느 신과도 정확하게 겹치지 않았다. 이해에 도움이 될 만한 사실은 고대 이집트인들은 신들의 이미지를 만들고 신들이 소망하면 출현할 수 있다고 믿는 장소로 제단을 세웠다는 것이다. 신이 어느 이미지에 거주해 그의 모습을 나타내면 그 이미지가 곧 신'이었다'. 최고의 신 이시스는 몇 가지 특징들—아마도 세계에서 가장 오래된 것들을 포함해—을 통해 그 자신이 신성화된 왕이었다. 이와 같은 의미에서 파라오는 신일 수 있었다. 「창세기」를 쓴 사람들은 인간이 신의 이미지라고 했을 때 이와 비슷한 어떤 것을 뜻했는지 모른다.

신성 왕 아이디어는 왕권 강화에 확실히 이바지했다. 아마르나 편지라고 알려진 고대의 외교 서신은 이집트에 바친 공물에 쓰인 것으로서 굴종적인 글귀가 귀에 울리는 듯 생생하다. 기원전 14세기 중반 가나안 세겜의 통치자는 이렇게 썼다. "저의 주인이시고 저의 태양신이신 전하. 저는 전하의 종복이자 전하의 발에 묻은 티끌, 라바야이옵나이다. 저의 전하, 저의 태양신의 발치에서 저는 일곱 차례, 그리고 또 일곱 차례 떨어져 나옵니다."[42] 기원전 1800년경 회계원 세헤테프-이브-레(Sehetep-ib-Re)는 자녀에게 보낸 편지에 "영원의 조언과 올바른 삶의 방법"을 전했다. 세헤테프-이브-레는 왕은 태양신 레이며, 오로지 그보다 우월한 존재라고 주장했다. "그분은 이집트를 태양보다 밝게 비추시며 이 땅을 나일강보다 푸르게 만드신다."[43]

나중에 신성 왕은 이집트의 일반적인 모델이 되었다. 그러나 이 시대의 다른 문명에서는 다른 형태의 정부가 지배적이었다. 인더스 문명은 지금까지 왕과 관련해 전해지는 증거가 없다. 기숙사처럼 생긴 궁전에 거주하는 협력 집단이 국가를 운영했다. 중국과 메소포타미아에서 군주들은 신은 아니었다(다만 신이 그들에게 정통성을 부여했고 그들의 전쟁을 정당화했다). 지배자들은 하늘의 지위로 승격되었고 한층 더 넓은 시야를 확보했다. 그들은 천상을 매개했고 신의 가호를 누렸으며 신들이 그들에게 기꺼이 알려주는 미래의 전조에 반응했다. 신들은 왕을 선택해 그를 신적인 지위까지는 아니더라도 대표자의 지위에 올리고 그가 세계에서 신적인 권리를 주장할 기회나 의무를 부여했다. 선택받은 지배자는 신들의 유산과 더불어 세계의 지배권도 부여받았다. 기원전 2350년경 메소포타미아 아카드의 왕 사르곤은 최초로 보편 제국을 열망한 왕으로 평가받는다. 사르곤의 군대는 강줄기를 따라 고지대의 요새에서 페르시아만 쪽으로 쏟아져 나왔다. "웅장한 산들을 청동 도끼로 정복했노라"*라는 사르곤의 선언이 담긴 역사적 문헌의 단편이 오늘날까지 전해지고 있다. 사르곤은 후계 왕들에게 그의 선례를 따르라고 권했다. 중국은 기원전 제2천년기에 황허강 중류의 중심지에서 시작된 국가의 성장이 역시 국경 없는 제국이라는 정치적 야망을 자극했다.

종교와 철학은 공모했다. 하늘은 막강한 신이었다. 광활하며 언뜻 형체가 없어 보이는 하늘은 빛과 온기와 비라는 선물을 불룩하게 품은 동시에 폭풍과 불과 홍수의 위협으로 가득 차 있었다. 지평선으로 드러난 하늘의 경계는 국가에 손짓했다. 이리로 달려와 "명백한 운명(manifest destiny, 1840년대 미국의 영토 확장주의를 상징하는 표어—옮긴이)"을 실현하라. 그것은 신적인 질서의 반향이었다. 제국주의는 일원론과 잘 맞았다. 통일된 세계는 코스모스의 통일성에 부합할 것이었다. 중왕국시대 이집트인들은 그들의 국가가 이미 세계의 주요 지역을 통일했다고 생각했다. 이집트 국경 너머에 사는 이들은 인간 이하의 미개족일 뿐이었다. 중국은 기원전 제1천년기 초 '천명(天命)'이라는 문구를 사용하기 시작했다. 중앙아시아에서는 너른 지평선, 드넓은 스텝 지대, 광활한 하늘이 비슷한 생각을 부추겼다. 칭기즈칸은 "하늘은 하나의 영역이므로 땅도 하나의 제국이어야 마땅하다"고 선포해 고대의 전통을 환기했다.[15]

수백 년 동안, 아니 어쩌면 수천 년 동안, 유라시아의 제국들은 모두 보편 제국을 꿈꾸었다. 중국이나 인도, 유럽의 상당 지역에서 분열된 국가를 재통일한 모든 정복자는 똑같은 계획을 지지했다. 기원전 4세기의 알렉산드로스 대왕이나 서기 5세기의 아틸라 왕과 같은 정복자들은 꿈을 이루었다. 또는 적어도 잠시나마 전통적인 한계를 넘어선 세국의 수립에 성공했다. 로마와 페르시아가 멸망한 다음에는 중세 기독교와 이슬람교가 전 세계를 아우르겠다는 야망을 물려받았다. 중국의 지배자들은 그들의 손길을 벗어난 '오랑캐'의 영토가 있음을 인정하면서도 자신들의 학식이 우월하다는 확고한 입장을 견지했다. 오늘날, 실패한 보편주의라는 쓸쓸한 경험은 우리가 사는 행성은 정치적으로 다원적인 곳이라는 생각을 유일하게 가능한 현실로 만들었다. 하지만 이상주의자들은 미래를 위한 비전으로서 "세계 정부"를 되살리려는 시도를 멈추지 않는다. 세계 정부의 최초 옹호자들은 바로 이를 정복을 통해 이루려고 했던 고대의 지배자들이었다.

전문가의 등장: 초기 농경 국가의 지식인과 법률가

국가에는 국정을 운영하고 자원을 극대화하며 피지배층을 설득하고 경쟁국들과 협상하고 권위의 다른 경쟁적 원천들과 교섭할 지식인들이 필요하다. 우리는 기원전 제1천년기 이전 정치사상가들의 이름을 알지 못한다(물론 지배자들이 독창적인 정치사상을 스스로 생각해냈을 수도 있다. 이것은 전혀 불가능하지는 않지만 매우 이례적인 일일 것이다). 하지만 우리는 그들의 생각의 일부를 확인할 수 있는데 그것은 전문가들이 개발한 한 가지 기술, 그러니까 오늘날 우리가 문자라고 부르는 상징적 표기 체계 덕분이다. 문자 기술은 왕의 명령과 일화를 기념비에 새기고 편지에 써서 주고받아 영속화할 수 있게 했다. 문자는 지배자가 물리적으로 존재할 수 있는 범위 너머까지 지배력을 확장할 수 있게 했다. 이후 다른 모든 중요한 아이디어 역시 문자를 통해 표현되었다.

정치의 영역을 잠시 벗어나 이야기하자면, 사람들은 대개 글쓰기를 가장 고무적이며 해방적인 아이디어 중 하나로 보는 낭만적인 시각에 동의한다. 문자는 최초의 정보 폭발에 불을 붙였다. 문자는 의사소통과 자기표현이라는 새로운 힘을 가져다주었다. 문자는 의사소통을 확대했다. 문자는 이후 나타난 모든 사고의 혁명을 개시했다. 과거 그 어느 때보다 장기적인 기억(반드시 정확한 것은 아니지만)을 가능하게 했다. 지식의 축적을 도왔다. 문자가 없었다면 진보는 정체 또는 지체되었을 것이다. 이모지(emoji, 유니코드 체계를 이용해 만든 그림 문자—옮긴이)와 전기 통신의 시대에도 우리는 아직 문자보다 더 나은 부호를 찾지 못했다. 문자는 너무나 강력했기 때문에 지금까지 기록이 남아 있는 거의 모든 민족의 기원 신화는 문자가 신으로부터 왔다고 본다. 현대 이론들은 문자가 정치적 또는 종교적 지배계층에게서 기원했다고 본다. 지배계층은 권력을 유지하고 주술이나 점괘 그리고 신과 이른바 소통했다는 내용을 기록할 은밀한 부호가 필요했다는 것이다.

그러나 문자의 실제 기원은 놀라우리만치 평범하다.

낭만과는 거리가 멀게도 문자는 일상적인 발명품이었다. 우리가 아는 한, 문자는 지금으로부터 약 5000년 전에서 7000년 전 사이에 상인들 사이에서 사용되기 시작했다. 초기 구석기시대 예술에서 발견한 상징체계(66쪽 참조)를 제외한다면 최초의 사례는 대략 7000년 전 오늘날 루마니아 땅에 묻힌 세 개의 둥근 점토판에서 발견된다. 이 점토판들의 용도를 추측할 만한 단서는 없다. 거의 모든 문명에서 지금까지 문자와 관련해 알려진 가장 오래된 유물은 이론의 여지 없이 상인들이 사용한 꼬리표나 물표이거나, 세금 또는 공물 징수원이 종류와 수량, 가격 등을 기록한 자료였다. 중국에서 지금까지 알려진 가장 오래된 유물이 최근에 발견되었는데 항아리에 표시가 남겨져 있었다. 예전에 문자의 발상지로 칭송받던 메소포타미아에서는 쐐기꼴 상징이 찍힌 얇은 점토판이 발견되었고, 인더스 유역에서는 농산물 꾸러미를 표시하는 압인 자국이 있는 유물이 발견되었다. 간단히 말해 문자는 사소한 목적에서 시작되었다. 문자는 굳이 기억할 만한 가치가 없는 지루한 내용을 기록했다.

위대한 문학이나 중요한 역사 기록처럼 소중한 내용은 직접 외워서 입에서 입으로 전했다. 시인의 걸작이나 현자의 지혜는 일반적으로 구술로 전해졌고 수 세기가 지나서야 예찬자들이 이를 문자로 받아적었다. 그전까지 문자로 옮겨 적는 행위는 그 자체로 신성 모독으로 비쳤다. 사하라사막의 투아레그(Tuareg)족에게는 문자가 있지만 가장 훌륭한 시는 여전히 글로 옮기지 않는다. 고대 그리스에서 신비 의식을 주관한 사제들은 문자가 등장했을 때 의구심과 경멸을 드러냈다. 문자의 발명을 다룬 플라톤의 재치 있는 글에는 이러한 대화가 등장한다. "이 업적을 보옵소서, 전하." 사제 테우트가 말했다. "이것은 이집트인들이 더 지혜로워지고 더 잘 기억하도록 만들 것입니다." "그렇지 않습니다, 테우트." 타무스 왕이 대답했다. "(…) 이것은 그것을 배우는 자들이 기억술 수련에 소홀하게 만들어 그 혼들에게서 망각을 초래할 것이기 때문입니다. (…) 당신이 발견한 것은 기억의 비법이 아니라 회상의 비법입니다."[46] 마치 타무스 왕은 우리가 오늘날 컴퓨터와 인터넷에 관해 흔히 내뱉는 불평을 미리 내다본 것 같다. 하지만 글쓰기는 보편적으로 우리가 거부할 수 없는 매력을 지닌 기술이다. 글을 쓸 줄 아는 사람들은 간직하거나 소통하고 싶은 모든 생각과 느낌과 사실을 글로 적는다.[47]

전문가들은 문자를 국가의 필요에 맞게 조정했고 이어 법을 성문화하는 아이디어를 냈다. 최초의 법규는 오늘날 전해지지 않는다. 아마도 사례들로부터 추출한 일반론, 즉 모든 종류의 사례에 적용할 수 있도록 변형한 계율들이었을 것이다. 이집트에서 법은 신성한 파라오의 입에 있었으므로 성문화가 불필요했다. 지금까지 알려진 가장 오래된 법은 메소포타미아의 법이다. 앞서 보았듯이 메소포타미아의 왕은 신이 아니었다. 기원전 제3천년기 우르의 법 중에서 벌금 목록의 일부가 오늘날까지 전해진다. 그런데 기원전 19세기 초 수메르와 아카드의 리피트-이슈타르(Lipit-Ishtar) 왕의 법전은 전 사회를 아우르는 규율을 확립하려고 시도했다. 엔릴 신이 영감을 주었고 엔릴 신 "의 말씀에 따라" 규정된 법을 설명한 이 법전의 제작 취지는 "자식은 아버지를 아버지는 자식을 부양하며, (…) 적개심과 반항심을 물리치고, 눈물과 탄식을 몰아내며, (…) 정의와 진실을 불러오고, 수메르와 아카드에 안녕을 가져오기 위함"이었다.[18]

기원전 18세기 전반 바빌론의 함무라비 왕은 어느 우연한 계기로 상당히 과분한 찬사를 받았다. 함무라비 왕의 법전은 그가 어느 신으로부터 이 텍스트를 전해 받는 모습이 묘사된 돋을새김 기법의 석조물이다. 함무라비 법전은 전승 기념물로서 페르시아로 운반된 이래 지금까지 손상되지 않고 전해지고 있다. 이 법을 문자로 옮긴 이유가 맺음말에 명시되어 있다. "억압받는 자 중에 사유가 있는 자는 누구라도 정의의 왕인 나의 조각상을 찾아와 돌에 새긴 이 법전을 읽고 나의 귀한 말을 따르게 하라. 그가 이 법전을 보고 자신의 사건을 분명히 이해하도록 하라."[19] 함무라비 법전은 지배자의 물리적 현전과 발언을 대신해 거기에 있었다.

이들 초기 법전에는 명백히 신의 약속이라는 개념이 자리해 있었다. 그런데 기원전 제1천년기의 히브리법인 '모세의 법'에는 새로운 점이 있었다. 모세의 법은 인간 입법자가 신과 맺은 계약서처럼 제시된다. 모세가 이 계약서를 중재했지만 이 법의 정통성은 여전히 신의 재가(裁可)에 의존했다. 신은 적어도 일부 계명을 "직접 손으로" 썼고, 심지어 모세가 최초의 계명이 적힌 돌판을 깨뜨린 다음에도 신은 스스로 몸을 낮추어 돌판에 계명을 다시 써주었다. 신의 계명을 대신하는 내용이거나 어쩌면 다른 법을 전파하는 수단에 대한 설명일 수도 있는「출애굽기」24장에서 신의 대필자는 신의 말씀을 듣고 나머지 내용을 받아적는다. 다른 문헌에서도 마찬가지였다. 어디에서나 법을 신의 의지와 동일시하는 관점이 지배적이었다. 기원전 제1천년기 중반 중국과 그리스에 세속적 법률 이론이 등장할 때까지 이 추세는 줄곧 계속되었다.

오늘날에 이르기까지 수많은 아이디어들이 성문법과 다투었다. 법은 조상들로부터 물려받은 전통의 총체이므로 법을 성문화하는 것은 전통을 축소하고 경직되게 만들 수 있다는 아이디어가 있는가 하면, 법은 정의의 표현이므로 원칙들에 준거해 어느 경우에나 독립적으로 적용되고 또 재적용될 수 있다는 아이디어도 있다. 현실적으로 성문화는 불가피한 것으로 입증되었다. 판사의 결정은 성문법이 있어야 비로소 객관적으로 검증 가능한 것이 된다. 판사의 결정을 법전과 대조할 수 있기 때문이다. 상황에 따라 필요하다면 법은 검토하고 개정할 수도 있다. 성문법은 민주주의와 잘 맞는다. 법은 판사들—정도의 차이는 있지만 대부분 사회에서 엘리트층이 스스로 맡았다—로부터 국민을 대표한다고 상정된 입법자들에게 권력을 이양하기 때문이다. 점진적으로 거의 모든 법이 성문화되었다. 여러 법률 원칙이 상충하는 지역—가령 잉글랜드에서는 과거 대영제국에서 법률 체계, 형평법, 관습 등 여러 전통이 형성된 방식이 판사의 의사결정에 여전히 확고한 영향력을 발휘하고 있다—에서도 사법적 결정을 내릴 때 관습이나 원칙보다는 법규를 우선시하는 경향이 있다.

양떼와 양치기: 사회사상

법은 정치와 사회의 연결고리다. 다시 말해 지배자들은 법이라는 수단을 통해 사람들이 서로를 대하는 방식에 영향을 주려고 노력한다. 이들 여러 관료국가들은 법을 성문화했고, 새롭고 때로는 충격적인 방식으로 국가 권력을 정당화했다. 이 변화무쌍한 관료국가들 사이에서 우리는 새로운 사회사상이 싹트는 조짐을 포착할 수 있다. 대체로 여기서 논의되는 신조들은 여러 초기 법전이 품었던 선량한 목표들을 반영한다. 내부분 세승 산, 성별 간, 세대 간 관계를 규제하는 문제와 관련이 있었다.

모든 사람은 평등하다는 아이디어가 그 대표적인 예다. 우리는 이 아이디어가 현대적인 이상이라고 생각한다. 평등을 이루기 위한 지속적인 방식의 진지한 노력이 지난 200여 년 동안에만 있었다고 생각하는 것이다. 하지만 이 아이디어는 어느 시대에나 모습을 드러냈다. 그 시초는 언제였을까?

평등이라는 신조에 대한 최초의 기록은 아문-레 신의 입에서 나왔다고 전해지는 유명한 이집트 문헌이다. 이 문헌에서 아문-레 신은 "모든 사람을 그의 친구처럼" 창조했고, "모든 사람이 그의 친구로서 숨을 들이마시도록" 바람을 보냈으며, 강을 범람케 하며 "가난한 사람도 부유한 사람처럼 범람에 대한 권리를 누리도록" 했다고 말한다.[50]

그러나 악행은 불평등을 낳았으니 이것은 순전히 인간의 책임이었다. 이 문헌은 기원전 제2천년기 이집트의 관(棺)에서 자주 나타난다. 하지만 평등의 신조는 선사시대 초기에 나타났을 수도 있다. 일부 사상가들은 평등의 신조가 인류의 초기 단계, 즉 원시적 순수의 '황금시대'에 형성된 일종의 집단 기억이라고 주장한다. 이 원시적 순수의 '황금시대'에는, 기록이 시작된 시대보다, 또는 루소가 상상한 전(前)사회적 과거보다, 또는 수렵채집인들이 공동체를 이루어 살았다고 추정되는 때보다 덜 불평등했다는 것이다. 일부 인상적인 사상가들이 이 개념에 동조해왔다. 선량한 기독교인이자 선량한 마르크시스트인 동시에 탁월한 중국 과학사가였던 조지프 니덤(Joseph Needham)에 따르면 기원전 7세기 중국의 시가에서는 종종 지주에 대한 증오심이 엿보인다. 누군가는 지주들에 관해 이렇게 노래했다. "그대들은 씨를 뿌리지 않는다. 그대들은 곡식을 거두지 않는다. 그런데도 저 300뙈기 밭의 소출은 대체 어디서 났는가?"[51] 니덤은 이러한 시가는 "청동기시대의 원형적 봉건제도와 사유재산 제도보다도 앞서는 (…) 초기 사회의 단계"로부터 울려 나온 메아리라고 보았다.[52]

우리가 기억하는 한 평등한 시대는 결코 없었다. 하지만 그러한 시대를 상상하는 것은 가능하다. 대부분의 문화는 오늘날의 악덕을 고발하기 위해 '참으로 좋았던 과거의 한때'라는 신화를 만들어낸다. 고대 이집트의 속담은 그러한 시절을 "신들의 뒤를 이었던 시대"라고 불렀다. "지혜의 책들이 그들의 피라미였던 시대, 여기 누구라도 [그들과] 같은 이가 있는가?"[53] 현전하는 세계 최고(最古)의 서사시인 기원전 제2천년기 메소포타미아의 『길가메시』는 운하, 감독관, 거짓말, 질병, 노년 등이 존재하기 전의 시대를 그렸다. 세계에서 가장 긴 시로 알려진 기원전 4세기 또는 5세기의 『마하바라타』에는 같은 주제의 고대 인도 전통들이 응축되어 있다. 그것은 모든 사람이 평등하게 축복받은 세계, 부유한 자와 가난한 자가 나뉘지 않은 세계였다.[54] 얼마 지나지 않아 중국에서는 『장자』로 알려진 책이 현자와 관료, 예술가가 덕(德)과 본연적인 자유를 타락시키기 전에 모든 사람과 모든 생명체가 하나였던 고대의 "순수한 단순성의 상태"를 그렸다.[55] 오비디우스는 비슷한 그리스와 로마 전통을 요약했다. 오비디우스에 따르면 최초의 인간들은 오로지 한 가지 이치—그들의 심장에 적힌 법—만이 그들을 다스리게 하며 편안한 일상을 보냈다. 그 이치란 위계란 무의미하다는 것이었다.[56]

평등의 아이디어는 신화에서 기원했고 많은 사람이 격찬했지만 믿는 사람은 적었다. 이상주의자들이 가끔씩 평등의 아이디어를 진지하게 받아들였을 때 그것은 언제나 소외계층이 지배적인 질서에 맞서 폭력적인 반란을 일으키도록 자극했다. 평등은 실현 불가능하지만, 가난한 사람들과 억압받는 사람들을 끌어올리는 것보다는 부유한 사람들과 힘 있는 사람들을 학살하는 편이 더 쉽다. 우리는 성공한 반란을 '혁명'이라고 부른다. 이 책의 나머지 부분에서 다시 보게 되겠지만 현대에 혁명은 흔히 평등을 표방했다. 하지만 혁명은 결코 영속적인 평등을 성취하지 못했다.[57]

그러니 평등주의자들은 불평등을 줄이거나 선택적으로 해소하기 위해 노력할 수 있을 뿐이다. 여성들은 평등에서 자주 배제된 집단에 속한다. 여성은 열등하다는 주장이나 이 주장을 정당화하는 이론들은 기원전 제3천년기와 제2천년기부터 문헌으로 전해져 내려온다. 그렇지만 이 이론들은 대모신 숭배가 유일한—또는 하나의—보편적 원시 종교였다는 증거 자료와 명백히 상충한다. 이것을 증거라고까지 할 수 없다고 할지라도 적어도 분명히 숱하게 제기되어온 주장이다. 페미니스트들은 흔히 이 주장이 진실이기를 선호할 것이다. 그것은 진실일까?

앞서 보았듯이 초기 구석기시대 수렵인들은 여성 조각상을 제작했다. 이러한 조각상들을 원시적 대지모신(大地母神)의 표현이라고 보는 것은 매력적인 가설이다. 하지만 이 조각상들은 단순히 부적이나 탄생 의례의 장식물이거나 다산을 기원하는 제물 또는 인공 남근이었을 수도 있다. 반면에 여러 초기 농경 사회에서 여신들을 숭배했음은 분명한 사실이다. 지금까지 전해지는 다수의 사례에서 여신에 대한 묘사는 상당히 일관된 특징을 보인다.

아나톨리아 차탈휘위크는 지금까지 발굴된 가장 오래된 도시 중 하나라고 봐도 무방할 것이다. 이곳에는 한 멋진 여성이 머리에 띠 혹은 왕관만 하나 걸친 채 표범 모양의 왕좌에 앉아 있다. 임신한 듯 불룩한 배와 덜렁거리는 가슴, 살진 엉덩이가 눈에 띈다. 여인의 두 손은 각각 양쪽에 앉은 두 표범의 머리에 놓여 있고 표범들의 꼬리는 여인의 어깨를 감싸고 있다. 이와 비슷한 "동물들의 여주인" 이미지들이 근동 전역에서 오늘날까지 다수 전해지고 있다. 세계에서 가장 오래된 석조 사원들 중 하나인 몰타섬의 타르시엔 신전에는 신성한 모성을 표현한 비슷한 조각상이 안치되어 있고 근처에는 고고학자들이 "잠자는 미녀들"이라고 별명을 붙인 더 작은 여성 조각상들이 놓여 있다. 기원전 제2천년기의 메소포타미아 문헌은 한 여신을 "남자의 창조주이신 어머니 자궁"이라고 일컫는다.[58] 아무래도 이들 초기 사상가들은 "여자는 신의 두번째 실수"라고 말한 니체의 악명 높은 견해를 지지하지는 않는 듯싶다.[59]

어떤 단일한 보편적 숭배라는 것이 존재했을 가능성은 본래 적지만, 여성성(womanhood)을 이해하고 숭상하는 한 가지 방식이 널리 퍼져 있었다는 증거에는 이론의 여지가 없다. 심지어 연관성이 전혀 알려지지 않은 문화인 북미와 오스트레일리아의 원주민 미술에서도 동일하게 양식화된 큰 엉덩이를 지닌 몸(오늘날의 콜롬비아 화가 페르난도 보테로[Fernando Botero]의 작품을 아는 사람들에게는 익숙할 것이다)을 볼 수 있다. 여신 고고학은 영향력은 높지만 불안정한 두 이론에 자극을 주었다. 첫번째는 수천 년 전 종교를 장악한 남성들이 여신 숭배를 억압했다는 이론이고, 두번째는 그때까지 남아 있던 여신 전통을 기독교가 전유해 성모 마리아 숭배로 통합했다는 이론이다.

이 이론들이 썩 그럴듯하지 않더라도 여자들이 열등하다는 아이디어가 등장한 원인은 남자들일 가능성이 크다. 이 아이디어는 직관에 반한다. 여자들은 남자들이 하는 거의 모든 일을 할 수 있다. 어느 여자보다도 육체적으로 힘이 센 남자가 있다는 극단적인 경우를 제외하면 여자들은 평균적으로 모든 일을 동등하게 잘할 수 있다. 종을 재생산하는 역할에서 대부분의 남자는 엄격히 말하면 군더더기에 속한다. 그야말로 여자들이 더 귀중하다. 사회에서 남자가 대부분 사라져도 여전히 재생산이 가능하기 때문이다. 이것이 전쟁에서 흔히 남자가 총알받이로 이용되는 이유다. 여자의 몸은 천상의 리듬을 반향한다는 이유로 여성은 늘 신성한 존재로 이해 또는 오해되었다. 경제 활동을 성별에 따라 특화하는 가장 오래된 방식에서 남자는 주로 수렵에 여자는 주로 채집에 배치되었다. 이때 여성의 노동은 사용된 에너지 단위당 획득된 열량 값으로 볼 때 남성의 노동에 비해 생산성이 더 높았을 것이다. 하지만 우리가 오늘날 성차별주의—극단적인 경우 여자는 단지 여자이기 때문에 태생적으로 열등하다고 보는 신조—라고 부르는 이 아이디어는 일부 사람들의 정신에서 절대 근절할 수 없는 것처럼 보인다. 성차별주의 아이디어의 기원은 어디에서 찾을 수 있을까?

세 가지 단서를 떠올릴 수 있다. 첫번째는 모계 중심 체계에서 (어머니가 아니라 아버지로부터 지위를 물려받는) 부계 중심 체계로의 이행이고, 두번째는 여자를 자녀 양육에 묶어두고 다른 역할을 위한 경쟁에 참여하지 못하게 한 출산율의 급격한 증가이며, 세번째는 여성에게 복종적인 지위를 부여하는 회화 작품들이다. 기원전 제2천년기 인더스 유역의 입술을 부루퉁하게 내밀고 나른한 춤을 추는 소녀의 청동상은 초기 사례에 속한다. 여성의 복종적인 지위에 관해 모든 사람이 동의하는 것으로 보이는 한 가지 생각은 남자들이 여기에 책임이 있다는 것이다. 이집트의 『훈육서Book of Instructions』는 아내는 "유익한 밭이다. 여자와 법률로 다투지 말 것이며 여자가 통제권을 얻지 못하게 하라"고 설명한다.[60] 하와와 판도라—두 여자 모두 각자 속한 문화에서 세계의 모든 불행에 책임이 있다—는 더욱 위협적이다. 하와는 악마와 공모했고 판도라는 어리석고 부정직했다.[61] 성차별주의와 여성혐오는 다르다. 하지만 아마도 후자는 전자로부터 나왔거나 그렇지 않더라도 최소한 둘의 기원은 동일할 것이다.

결혼을 국가가 협력자나 집행자 역할을 하는 계약으로 보는 아이디어의 가장 오래된 증거 역시 기원전 제2천년기의 함무라비 법전에서 찾을 수 있다. 함무라비 법전에는 결혼이 이미 오래된 전통임을 자명하게 보여주는 내용이 대단히 상세하게 정리되어 있다. 결혼 관계는 성문 계약에 의해 엄숙히 맺어진 관계로 규정된다. 단, 이 계약은 불임, 유기, 그리고 오늘날 흔히 말하는 "돌이킬 수 없는 파탄"의 경우, 어느 한쪽에 의해 해지될 수 있다. 함무라비법에 따르면 "여자가 남편을 몹시 싫어해 '당신은 날 가질 수 없습니다'라고 말하면 시 위원회에서 조사에 착수한다. (…) 여자의 잘못이 아닐 경우 (…) 여자는 지참금을 갖고 아버지의 집으로 돌아갈 수 있다". 어느 쪽이든 간통을 저지른 자는 사형에 처할 수 있다.[88] 물론 이것은 함무라비 법선이 나오기 전에는 아무도 성적(性的) 파트너십을 정식화하지 않았다는 뜻은 아니다.

결혼을 아이디어가 아닌 진화적 메커니즘으로 보는 관점도 있다. 우리처럼 정보에 크게 의존하는 종은 새끼를 기르고 가르치는 데 많은 시간을 할애해야 한다. 다른 대부분의 영장류 암컷과 달리 여자는 보통 한 번에 다수의 아이를 기른다. 따라서 우리는 종을 번식시키고 축적된 지식을 다음 세대에게 전파하는 일을 부모가 함께 수행해야 하기 때문에 두 사람 사이에 장기적인 협력 관계가 필요하다. 자녀 양육의 역할을 공유하는 방식은 시대와 장소에 따라 다양했다. 하지만 '핵가족'—자녀를 기르는 데에 특화된 한 쌍—은 호모 에렉투스 시대부터 줄곧 있었다. 성생활에는 당사자 두 사람 외에 다른 어떤 누구의 개입도 필요하지 않으며, 파트너십의 엄숙함이 파경을 막아주지도 않는다. 하지만 현전하는 가장 오래된 법전을 쓴 전문가들은 한 가지 새로운 아이디어, 즉 결혼을 사적인 협의 이상으로 여기는 아이디어를 발명한 것 같다. 이는 아마도 국가라는 아이디어의 부수적인 효과였을 수도 있고, 농경 사회에서 여성과 남성이 맡는 역할의 상보적 성격에 대한 대처였는지도 모른다. 결혼은 계약 당사자들에게 법적 강제력이 있는 헌신을, 그리고 어떤 의미에서는 사회적 동의를 요구했다. 예전의 강제성이 없는 계약으로는 건드릴 수 없었던 문제들—이를테면 성적 파트너들이 자신들이 맺고 있는 관계의 지위에 동의하지 않으면? 그들이 쌍방 간 의무에 동의하지 않는다면? 그들이 자녀에 대한 책임을 방기한다면? 제삼의 파트너가 그들 관계에 개입하거나 기존의 파트너를 대체해 그들의 관계가 종결되거나 바뀐다면?—을 이제는 법으로 다룰 수 있었다.

결혼은 놀라울 정도로 탄탄한 제도다. 대부분의 사회에서 결혼을 통제하는 권력은 치열한 경쟁을 낳았고 현대 서양 사회에서는 교회와 국가 사이에서 특히 그랬다. 이러한 권력을 뒷받침하는 근거는 문제가 많지만, 종교적 신념을 가진 사람들에게는 그렇지 않다. 세속 세계에서 뭐라고 하든 그들은 원한다면 자신들의 믿음에 따라 그들의 결합을 엄숙한 것으로 만들 수 있다. 하지만 일부의 성적인 결합 관계에 국가가 특혜를 부여할 이유를 납득하기는 어렵다. 결혼에 대한 국가의 개입이 현대 세계에서도 여전히 유지되고 있는 이유는 아마도 결혼에 수반되는 유용성보다는 전통에서 비롯된 타성 때문일 것이다.

일부 페미니스트들은 여성의 예속은 다른 생각을 지배하는 메타 원리였다고 생각한다. 이 아이디어는 대부분의 사람들이 속한 가부장제를 형성한 주된 아이디어였다는 것이다. 그런데 여러 시대와 장소에서 여성은 그들 자신이 맺고 있는 공식적인 종속 관계의 공모자였다. 조지 버나드 쇼가 쓴 페미니즘 희곡의 걸작 〈위대한 바버라(Major Barbara)〉의 서로 경쟁하는 여자 주인공들 중 한 명처럼 여성들은 남자들에게 비공식적인 권력을 휘두르기를 선호한다. 남자 꼭두각시들은 여성들의 앞치마 끈에 매달려 있다. 성별에 따라 차별화된 역할을 할당하는 것은 자식이 주된 자원인 사회의 요구와 잘 맞는다. 이러한 사회는 대개 자녀를 낳고 기르는 일에 여성의 특화된 노동력을 요구한다. 오늘날 아동의 경제적 가치가 크지 않은 지역—이를테면 아동의 노동 자체가 불법화되었거나 아동의 신체나 정신이 효율적으로 일을 하기에는 미성숙한 지역 또는 오늘날 대부분의 서양 사회처럼 부모가 아동을 돌보고 기르고 가르치는 데 대체로 큰돈이 드는 지역—에서 여성은 자녀를 여러 명 낳으라는 요구를 받지 않는다. 무생물 상품과 마찬가지로 여기에서도 수요와 공급의 원리가 모습을 드러낸다. 다시 말해, 수요가 줄면 아동의 공급은 줄어든다. 그리하여 남자는 여자를 이제 다른 종류의 생산 활동에 동원할 수 있다. 한때 산업 사회와 포스트 산업 사회에서 남자가 전담하던 노동에 여성도 참여할 수 있도록 그들을 해방시킨 것은 실질적으로는 남자에게 더 유리하게 작용했으며 여자에게 전보다 더 많은 책임을 지운 것으로 보인다. 여자가 더 힘들게 더 많이 일하면, 가계와 가정에 대한 남자의 기여도는 상대적으로 감소하고 남성의 여가와 자기중심주의는 증가한다. 페미니즘은 여성에게 공정한 공식이 무엇일지, 그리고 진정으로 여성의 재능을 최대한 펼칠 수 있는 공식이 무엇일지 여전히 탐색하는 중이다.[63]

여가의 결실: 도덕적 사고

유한 계급은 법을 고안하고 국가를 규정했으며 새로운 통치 개념을 발명하고 여성과 커플들에게 새로운 역할과 의무를 배정했다. 그들은 이제 당장에는 급하지 않은 생각, 이를테면 오늘날 우리가 철학적 또는 종교적 사색으로 분류할 만한 것에 시간을 쓸 수 있었다. 기원전 제2천년기까지 흔적이 확인되는 상호 연관된 세 가지 개념으로 시작해 보자. 개개인들을 코스모스에 관한 사색으로 이끈 이들 세 가지 아이디어는 운명이라는 아이디어, 불멸성의 아이디어, 그리고 영원한 보상과 처벌이라는 아이디어였다.

먼저 운명을 보자. 우리의 평범한 경험은 적어도 어떤 사건들은 미리 결정되어 있음을 암시한다. 그것들은 언젠가는 일어날 수밖에 없다는 의미에서 그렇다. 일부는 일어나는 시점을 어느 정도 앞당기거나 늦출 수 있을지 모르지만 부패, 죽음, 계절의 순환, 생명의 반복적 리듬은 진정 피할 수 없는 것들이다. 여기서 시대를 불문하고 사상가들의 관심을 벗어날 수 없었던 문제들이 부상한다. 불가피한 변화들은 어떤 식으로 서로 연결되어 있을까? 어느 단일한 원인이 그것들을 규정할까? (거의 모든 문화가 '그렇다'라고 답하고 이것을 운명 또는 그와 비슷한 이름으로 부른다.) 어떤 행위를 돌이킬 수 없는 것으로 만드는 힘은 어디에서 나올까? 그 힘의 한계는 무엇일까? 그 힘은 모든 것을 통제할까, 아니면 인간의 분투에 약간의 가능성이 주어져 있을까, 아니면 모든 것은 그저 우연에 맡겨지는 것일까? 우리는 운명을 정복할 수 있을까, 아니면 최소한 일시적으로나마 운명을 지배하거나 운명의 작용이 멈추도록 유도할 수 있을까?

대체로 인간의 본성은 운명에 저항한다. 우리는 운명을 제어하거나 아예 거부하고 싶어 한다. 그렇지 않다면, 우리는 전형적으로 인간적인 것으로 보이는 저 건설적인 사업들을 추진할 동기를 좀처럼 얻지 못할 것이다. 하지만 경험은 우리를 낙담하게 한다.

운명 아이디어의 가장 오래된 증거는 운명에 맞서는 영웅들의 신화다. 예를 들어 수메르의 신 마르두크는 미래의 역사가 새겨진 서판을 천상으로부터 빼돌렸다. 이 이야기는 이중으로 흥미롭다. 지금까지 운명과 관련해 알려진 가장 오래된 신화인 이 이야기는 운명은 코스모스적 힘의 투쟁을 다루는 주제이며 운명의 힘은 신들의 힘과 별개임을 보여준다. 고대 그리스 신화에서도 이와 똑같은 갈등이 나타난다. 제우스는 운명의 여신들과 다툰다. 가끔은 그들을 지배하기도 하지만 대개는 그들에게 굴복한다. 이집트의 초기 문헌들은 운명을 마음대로 다룰 수 있다는 믿음에 차 있지만 얼마 지나지 않아 이 확신은 차츰 희미해진다. 기원전 17세기경 이집트인들은 개인에게 자기 삶을 직접 개척할 자유가 있는가의 문제에서 비관적이다. "인간이 하는 말과 운명이 하는 일은 별개의 것이다"라고 말하는가 하면 "인간의 숙명과 행운은 신의 첨필로 새겨져 있다"고 말하기도 한다. 중왕국시대 이집트의 금언은 이렇다. "너의 심장을 부의 추구에 바치지 말라. 숙명이나 운을 무시할 수 없으니. 세속의 성취에 마음을 두지 말라. 모든 사람의 때는 반드시 오게 되어 있으니."[64]

운명 아이디어는 그 자체로는 세계를 바꿀 수 없다. 하지만 운명론은 행동을 단념시킬 수 있기에 세계를 변화시킨다. 어떤 문화는 다른 문화에 비해 운명론에 더 치우쳐 있다는 주장은 흔히 여러 다른 문화의 발달 속도를 설명하려는 시도에서 등장한다. 이를테면 19세기 말과 20세기 초 서양의 이슬람 관련 연구에서 오리엔탈리즘학파로 불리는 일부 학자들은 '동양의 운명론(oriental fatalism)'이 이슬람 문화의 발달을 지체시켰다고 주장했다. 젊은 시절의 윈스턴 처칠은 이 주제에 관한 독서에서 얻은 감상을 스스로 관찰한 증거와 버무려 글로 완벽하게 담아낸 바 있다. 처칠은 무슬림들에게서 감지한 "부주의한 습관, 엉성한 농업 체계, 방만한 교역 절차, 자산의 불안정성"의 원인을 "예언자의 추종자들이 지배하거나 거주하는 곳 어디에나 만연한 (…) 무시무시한 운명론적 냉담함"에서 찾았다.[65] 서양인들이 이른바 '동양의 수동성'을 혐오하는 이유는 '신의 계율(Decree of God)'이라는 이슬람교의 개념을 철저히 오해한 데서 나온 것으로 보인다. 이 철학적 장치에 따르면 신은 자신의 의지에 따라 과학 법칙이나 논리 법칙의 제약으로부터 면제된다. '신의 계율'은 사람들이 신에게서 받은 자유의지라는 선물을 포기해야 한다는 의미를 띠지 않는다. '인샬라 (inshallah, '신이 원하신다면'이라는 뜻이다—옮긴이)'는 이슬람교에서 이제 더는 문자 그대로 받아들여지지 않는다. 기독교인이 관용적으로 말하는 '하느님의 뜻이라면(Deo volente)'을 아무도 심각하게 여기지 않는 것과 마찬가지다.[66]

운명론은 시간 개념 안에서 이해하면 타당하다. 시간 안에서— 거짓일 테지만 널리 옹호되듯이—모든 사건은 원인이자 결과다. 달리 말하면 아무리 덧없어 보이는 사건이라도 궁극적으로는 영원의 노끈이 그리는 영속적 패턴의 일부라는 뜻이다. 이러한 맥락에서 우리는 운명 아이디어보다 한층 더 심화된 불멸성의 아이디어가 고대의 엘리트들 사이에서 인기를 끈 이유를 이해할 수 있다. 오늘날까지 인간이 만든 가장 큰 구조물인 쿠푸 왕의 거대 피라미드는 매우 꼼꼼한 계획에 따라 건설되었다. 각각의 무게가 50톤에 달하는 바위 200만여 개로 만들어진 피라미드는 밑면이 완벽한 정사각형을 이룬다. 한 변의 길이에서 찾아볼 수 있는 최대 오차는 0.0001인치 미만이다. 남북축을 기준으로 피라미드 방향의 편차는 10분의 1도 미만이다. 사막의 희부연 먼지 속에 빛나는 쿠푸 왕의 거대 피라미드는 오늘날에도 여전히 영적인 힘을 연상시킨다. 평원에 솟은 산, 모래밭의 거대한 석조물, 구리보다 예리한 것이 없었던 시대의 정밀한 도구 사용에 대한 감동이 어우러져ー예민한 정신의 소유자라면ー어떤 주술적 에너지를 목도한 기분마저 들 법하다. 당시에는 아마도 황금으로 뒤덮여 있었을 빛나는 봉우리 아래로는 부드럽고 매끈한 석회석이 건물 전면을 감싸고 있었다.

쿠푸는 어떻게 해서 이토록 독창적인 모양과 기함할 만한 비율의 기념물을 소망하게 되었을까? 오늘날 우리는 위대한 예술작품이 나오기 위해서는 예술가의 자유가 필수라고 생각하는 경향이 있다. 하지만 역사에서 대개는 그 반대가 진실이었다. 대부분의 사회에서 기념비적인 업적을 쌓으려면 압제자나 억압적 지배층의 포악한 권력과 괴물 같은 자기중심주의가 활동을 촉발하고 자원을 동원해야 했다. 후대 파라오들을 위해 제작된 피라미드 갓돌의 명문은 피라미드의 건설 목적을 요약한다. "'천상의 주(主)'께서 하늘을 건널 때 왕의 얼굴이 열리어 그가 주를 볼 수 있게 하옵소서! 주께서 왕이 빛나게 하옵소서!

영원의 주이자 파괴되지 않는 신이 되게 하옵소서!" 또한 기원전 25세기의 한 피라미드에는 이렇게 쓰여 있다. "오, 우니스 왕이시여, 당신은 죽어서 떠나지 않으셨습니다. 당신은 살아서 떠나셨습니다."[67] 아득한 과거에 세워진 대부분의 기념비적 건물에 영감을 부여하고 그 모양을 빚은 것은 이상주의의 한 형태, 그러니까 어느 초월적이고 완벽한 세계를 거울처럼 비추고 거기에 이르고자 하는 열망이었다.

피라미드들을 세운 사람들의 삶에서 가장 중요한 일은 죽음이었다. 헤로도토스에 따르면 이집트인들은 만찬의 취객들에게 영원을 상기시키기 위해 만찬장에 관(棺)을 전시했다. 오늘날, 파라오들의 궁전은 사라졌지만 무덤은 남아 있는 이유는 그들이 덧없는 삶을 위한 조잡한 거주지에 헛되이 공들이지 않고 영원을 위한 무덤을 더욱 단단하게 지었기 때문이다. 피라미드는 그 안에 거주하는 사람을 불완전성과 타락의 영역으로부터 꺼내어 오점이 없는 불변의 영역으로, 태양과 별들이 사는 천상으로 들어 올렸다. 서쪽으로 기우는 빛을 받아 빛나는 피라미드를 본 사람은 누구나 불멸의 존재가 된 파라오가 태양에게 한 말을 떠올렸다. "나는 나 자신을 위해 당신의 햇빛을 내 발아래 계단으로 놓았나이다."[68]

사후세계에 관한 초기 아이디어들을 떠올린 사람들은 대개 파라오들처럼 사후세계는 최소한 어떤 의미에서는 이번 생의 연장이라고 가정한 것 같다. 하지만 이 가정에는 의문의 여지가 많다. 앞서 보았듯이 초기의 부장품 중에는 돌이나 뼈로 된 도구, 선물로 받은 오커, 뼈로 만든 구슬 목걸이 등 망자가 생전에 아끼던 소유물과 유용한 도구가 있었다. 무덤을 지은 사람들은 다음 세계가 이번 세계의 모사(摹寫)일거라고 예상했다. 그런데 어느 불분명한 시기에 사후세계의 새로운 아이디어가 출현했다. 이 아이디어에서 사후세계는 우리가 사는 세계의 불균형을 바로잡기 위해 생겨난 또다른 세계다. 우리는 이 이행을 고대 이집트 사료에서 확인할 수 있다. 이집트 엘리트층은 사후세계에 대한 견해를 고왕국시대와 중왕국시대 사이인 기원전 제3천년기 말에 대부분 바꾼 것으로 보인다. 고왕국시대에 무덤은 미래로 가기 위한 대기실이었고 현세는 미래를 위한 실용적인 훈련장이었다. 중왕국시대의 망자들에게 이번 생은 다음 생을 준비할 기회이되 실용적인 기회가 아닌 도덕적인 기회였다. 이들의 무덤은 심문의 장소였다. 벽화에 채색된 신들은 망자의 영혼의 무게를 잰다. 보통 자칼 머리를 한 지하세계의 신 아누비스가 측정을 감독하고 있다. 한쪽 저울판에는 망자의 심장이 놓여 있고 반대쪽에는 깃털이 놓여 있다. 죄악의 짐이 전혀 없는 심장이 아니라면 평형을 이루기란 불가능하다. 이어 신의 법정에서 망자의 심판이 열린다. 검증받는 영혼은 길게 나열되는 신성 모독, 성적 도착, 약자에 대한 권력의 남용 등의 죄악들과 결별을 선언한다. 그다음에는 인간의 법과 신의 뜻에 대한 순종과 자비의 행위, 신과 영혼에게 바친 제물, 배고픈 자에게 준 빵, 헐벗은 자에게 준 옷, "그리고 섬에 고립된 자에게 보내준 배편" 등의 선행이 나열된다.[69] 심판장을 무사히 통과한 사람들은 한때 코스모스의 지배자였던 오시리스의 동행하에 새로운 삶을 부여받는다. 그렇지 못한 자들에게 내려지는 벌은 사멸이다. 이 이야기보다는 덜 생생하지만 여러 속담에도 이와 유사한 개념들이 나타난다. "악행을 저지르는 사람의 황소를 받느니 마음밖에 가진 것이 없는 사람의 품성을 받는 편이 낫다"는 속담

이 그러한 예다.[20]

영원한 보상과 처벌이라는 아이디어는 호소력이 컸고 이후 거의 모든 주요 종교에서 반복해 등장했다. 그리스인들은 아마도 이 아이디어를 이집트인들로부터 전해 들었을 듯하지만, 그리스인들은 이 교훈의 기원을 오르페우스에서 찾는 쪽을 선호한다. 신화 속 예언자 오르페우스의 숭고한 음악은 그에게 자연을 장악할 수 있는 힘을 주었다고 전해진다. 고대 히브리인들은 이 똑같은 아이디어로 어떻게 전능하고 자애로운 신이 이 세계에 불의를 허락했는가라는 문제를 손쉽게 해결했다. 그들은 궁극적으로는 모든 것이 정의롭게 풀리리라는 것을 답으로 여겼다. 같은 시기—기원전 제1천년기—에 도교 사상가들은 영혼이 행한 미덕과 악덕에 따라 고문과 보상 칸이 정교하게 나뉜 사후세계를 상상했다. 오늘날 양쯔강을 찾은 관광객들은 펑두에 소재한 '유령 도시'의 잔혹한 조각상들을 보고 아연한다. 망자에게 가하는 고문의 이미지—몸뚱어리가 톱으로 썰리고, 몽둥이에 두들겨 맞고, 고깃덩어리처럼 고리에 걸리며, 물이 펄펄 끓는 솥에 내던져진다—가 넘쳐나는 이곳에서 사람들은 이제 공포감보다 만족감을 느낀다. 초기 불교도와 힌두교도 역시 현세에서 저지른 잘못을 현세 너머에서 바로잡을 수 있었다. 신적 정의라는 아이디어의 가장 놀라운 결과는 이것이 거둔 결실이 실은 대단히 적다는 것이다. 유물론자들은 흔히 정치 지배계층이 사회를 통제할 수단으로 이 아이디어를 만들어냈다고 주장했다. 국가의 부족한 권력을 보완하기 위해 내세에서 벌을 받는다는 위협을 동원해 사회적 의무를 충실히 이행하는 자에게는 희망을 주고 반대자에게는 겁을 주는 수단이었다는 주장이다. 만일 이

것이 이 아이디어의 시작이었다면 그 시도는 지금까지 거의 완벽하게 실패한 것으로 보인다.[2]

신의 꿈을 읽다: 우주론과 과학

그렇지만 운명, 불멸성, 영원한 처벌 모두 사회적 유용성을 위해 떠올린 아이디어로 보인다. 똑같이 위대하지만 언뜻 유용성은 없어 보이는 두 가지 생각이 있다. 이제부터 하나씩 살펴보게 될 이 생각들 역시 같은 부류의 전문 지식인들로부터 나온 것으로 보인다. 하나는 세계는 환상이라는 아이디어이고, 다른 하나는 바로 이 책에 영감을 준 개념, 즉 생각은 창조적인 힘이라는 아이디어다. 후자는 사유에 대해 사상가들이 품은 자기 본위의 존경심에서 나왔을 것이다.

제1장에서 보았듯이 앞서 빙하시대 사상가들이 감각 지각이 환상에 지나지 않을 수 있다고 깨달은 바 있지만, 이것은 우리가 경험하는 세계 전체가 환상일 수 있다는 생각과는 다르다. 인도 사상에서 말하는 영적 세계에서 물질은 신기루다. 이는 인도에서 가장 오래전부터 가장 끈질기게 지속되어온 획기적인 생각 중 하나다. 리그베다에 등장하는 고대의 찬가나 우파니샤드에서 감각의 영역은 환상에 지나지 않는다. 또는 더 정확히 말하자면 환상과 실재의 구분은 사태를 오도한다. 세계는 브라만의 꿈이다. 창조는 잠이 드는 것과 비슷하다. 감각기관은 참된 것은 아무것도 알려줄 수 없다. 언어는 입술과 혀와 신경절에 의존하므로 우리를 기만한다. 오로지 언어로 표현되지 않는

것, 나중에 신비주의자들이 영혼의 어두운 밤이라고 부른 것만이 실재다. 생각은 신체 안에서 생겨나거나 적어도 신체를 통과하기 때문에 신뢰할 수 없다. 신경과 오장육부가 포착한 느낌은 대부분 거짓이다. 진실은 오로지 순수하게 영적인 환각에서만, 또는 신체가 포착한 느낌이 들어 있지 않은 정서, 이를테면 사심 없는 사랑이나 특정할 수 없는 슬픔에 어렴풋이 비칠 뿐이다.[72]

환상이든 아니든 우리는 세계에 존재한다. 따라서 무력감을 권장하려는 것이 아니라면 도처에 만연한 환상이라는 신조는 실질적인 효과를 발휘하기 어려울 것이다. 이 신조를 믿는 사람은 거의 없다. 하지만 어쩌면 이 말이 진실일지 모른다는 의심은 결코 완전히 사라지지 않는다. 이 의심은 일부 사람들이 느끼는 방식을 변화시킨다. 신비주의와 수행주의(asceticism)를 부추긴다. 종교들을 갈라놓는다. 기독교의 '그노시스주의(Gnostics)'와 그 뒤를 길게 이은 이단들은 이 신조를 옹호해 분열과 박해, 성전(聖戰)을 초래했다. 이 신조는 일부 사상가들이 과학과 세속주의로부터 멀어지게 만들었다.

물론 생각에 기만적인 힘이 있다는 것은 지식인이나 바보도 감지할 수 있다. 그렇지만 생각의 창조적인 힘은 이를 먼저 알아챈 영리한 사람의 설명을 들으면 누구에게나 그럴듯해 보인다. 우리는 매일의 경험을 통해 생각에는 행동을 자극하는 힘이 있음을 안다. "무엇이 바람보다 빠른가?" 마하바라타는 묻는다. "정신이 바람보다 빠르다. 무엇이 풀잎보다 많은가? 생각이 풀잎보다 많다."[73] 내가 이 책의 제1장에서 창조력을 낳았다고 공을 돌린 '상상'은 그 자체로 생각인 동시에 생각하는 행위다. 사람들은 생각의 힘을 멀리에서 행동을 일으키는 데 이용할 방법을 모색했다. 그들은 생각의 힘으로 무언가를 바꾸거나, 어떤 것에 관해 생각함으로써 그것이 생겨나게 하거나, 생각에 집중함으로써 세계를 바꿀 방법을 찾으려고 했다. 사람들은 여기에서 영감을 받아 많은 노력을 기울였지만 그 결과로 나온 것은 다수가 긍정적 사고, 의지력, 초월 명상, 텔레파시 등 비현실적인 것들이다. 생각이 지닌 창조적 역량은 과연 어느 정도일까?

고대 이집트와 인도의 사상가들은 생각을 창조의 기원으로 본 최초의 사람들일 것이다. 그들에게 생각은 다른 모든 것을 태어나게 한 힘이었다. 대영박물관에 소장된 한 이집트 문헌에서는 '멤피스 창세 신화(Memphite Theology)'라고 알려진 교리를 볼 수 있다.[24] 이 문헌은 기원전 700년경에 작성되었지만, 그 안에 담긴 내용은 이 글이 작성될 당시 이미 수천 년째 선해져 내려온 생각이었던 것으로 추정된다. 프타는 카오스의 화신이지만 생각하는 힘을 부여받았다. 프타는 "신들을 낳았다". 프타는 "심장"—우리는 이것을 생각의 보좌(寶座)인 정신이라고 불러야 할 것이다—을 써서 계획을 구상하고 "혀"를 써서 이를 실천했다. "참으로 모든 신성한 질서는 심장이 생각하고 혀가 명한 것을 통해 태어났다."[25] 당시에도 발화의 힘은 이미 익숙한 개념이었지만, 생각이 발화보다 우선한다는 개념—생각만으로 창조가 가능하다는 것—은 이보다 더 오래된 문헌에서는 아직까지 발견되지 않는다. 우파니샤드에서 가장 오래되었으며 분명 가장 시적인『문다카』의 연대는 기원전 제2천년기 말까지 거슬러올라간다.『문다카』역시 비슷한 어떤 것을 의미하는지 모른다. 세계를 브라만—실재하고 무한하며 영원한 자—이 내뿜은 것으로 표상하기 때문이다. 화염이 불꽃을 일으키듯 또는 "거미가 실을 뽑아 잣듯, 살아 있는 몸에서 털이 나듯, 겉으로 보이는 모든 것은 불멸하는 것으로부터 나온다".[76] 이것은 대단히 매혹적인 아이디어이긴 하지만 생각이 다른 모든 것을 창조했다는 것은 좀처럼 납득하기 어렵다. 생각의 대상이나 생각의 수단이 되는 어떤 것—이를테면 정신이나 말(言)—이 틀림없이 있어야 한다.[77]

어떤 점에서는 이번 장에서 다룬 시기의 전문 지식인들은 여러 가지 철학적 또는 원시 철학적 문제들을 개시한 것으로 보인다(아니면 적어도 이 문제들을 최초로 기록했다). 아울러 새로운 정치 및 사회 사상을 다수 고찰했다. 그러나 이 시기에 나온 아이디어의 총량은 후대와 비교하면 실망스러울 정도로 적다. 농경이 발명된 이후 쇠퇴하거나 우리가 검토한 대부분의 증거를 만든 위대한 농업 문명들이 변화하기까지는 대략 8000년에서 9000년이 흘렀다. 이 시기에 처음으로 구상되거나 기록된 아이디어들을 다음 장에서 다룰 그다음 1000여 년의 아이디어들에 비교한다면, 이 시기는 상대적으로 활기 없고 소극적인 시기로 보일 것이다. 이 시기의 사상가들은 우리가 아직 잘 이해하지 못하는 어떤 이유로 인해 비교적 자주 과거로 회귀했고 전통적이며 정적이었다. 아이디어들에 관해서라면 심지어 정체되어 있었다고도 할 수 있을 것이다. 어쩌면 농경 초기의 생태적 취약성이 그들을 지나치게 신중하게 만든 터라 사상가들의 정신 역시 보수적인 전략에 집중했는지도 모를 일이지만 이 역시 그리 만족스러운 설명은 아니다. 생태적 환경이 다양했던 이집트와 중국은 어느 정도는 환경적 재앙에 면역력이 있었기 때문이다. 어쩌면 외부의 위협이 방어적이고 제약적인 정신구조를 유발했는지도 모른다. 이집트와 메소포타미아의 국가들은 불화가 잦았고 모든 정착 문명은 변경의 탐욕스러운 '야만족'들과 싸워야 했다. 하지만 갈등과 경쟁은 대개 새로운 사고를 자극한다. 여하튼 이제 그다음에 이어진 시대로 나아가 이때가 얼마나 더 생산적이었는지를 확인하면 그때 우리는 초기 농경시대를 살았던 정신들의 보수주의를 가늠할 잣대를 비로소 갖게 될 것이다.

제4장

위대한 현자들

: 이름을 남긴 최초의 사상가들

문명에는 불리한 시기였다. 한때 새로운 아이디어로 활기찼던 지역들이 기원전 제2천년기 후반 장기화된 전환기—또는 역사가와 고고학자의 논쟁적인 용어로 "위기"—를 맞았다. 여전히 수수께끼로 남아 있는 대재앙들이 진보를 지연 또는 단절했다. 미로 같은 왕궁들로부터 통제를 받던 중앙 집권적 경제체제들이 사라졌다. 장거리 교역 관계가 흔들리거나 무너졌다. 정착지들이 텅 비었다. 기념비들은 무너져 트로이아의 성벽이나 크노소스의 미궁같이 오로지 기억에만 살아 있거나 메소포타미아의 지구라트같이 폐허가 되어 아주 먼 훗날의 계승자들에게 영감을 주게 될 터였다.

자연재해가 한몫했다. 인더스 유역에서는 물길이 바뀌어 도시들이 흙더미가 되었다. 크레타섬의 도시들은 화산재와 부석(浮石) 층으로 뒤덮였다. 충격적인 대이주로 이집트는 멸망의 위협에 처했다. 아나톨리아와 레반트(그리스와 이집트 사이에 있는 동지중해 연안 지역을 통틀어 이르는 말. 좁게는 시리아, 레바논 두 나라를 이른다—옮긴이)의 국가들이 흔적 없이 사라졌다. 이러한 변화는 이따금 놀라우리만치 갑작스러웠다. 이를테면 시리아의 도시국가 우가리트는 무너지기 직전에—이후 결코 재건되지 않았다—누군가가 해안 병력의 강화를 요청하는 다급한 메시지를 보내려 했지만 이 메시지는 채 끝맺지 못한 상태로 남았다. 오늘날 우리는 이 이주민들이 어디서 왔는지 알지 못하지만 위기감은 상당히 광범위하게 팽배해 있었던 것 같다. 그리스 남부 필로스에는 무너진 수많은 궁전의 벽에 가죽옷을 입은 야만족과의 전투장면이 그려져 있다. 투르크메니스탄의 이란고원 북부에 요새화된 정착지는 한때 청동과 황금 작업장이 번창했지만 이제 목축민으로 북적였다.

물론 운명은 각기 달랐다. 중국에서는 황허강과 양쯔강 유역을 통일한 싱나라가 기원전 제1천년기 초를 즈음해 멸망했지만 이 사건은 중국 문명의 연속성을 해치지 않은 듯하다. 전쟁으로 대치하는 나라 간의 경쟁으로 현자와 지식인 관료에 대한 왕실의 후원 기회는 오히려 늘어났다. 기원전 제1천년기 이집트에서는 국가는 존속했지만 문화적으로나 지적으로 예전보다 메마른 시기를 보냈다. 다른 지역에서도 지속 기간은 각기 다르지만 '암흑시대'가 이어졌다. 그리스와 인도에서는 문자 기술을 잊어버렸다가 수백 년이 흐른 다음 처음부터 새로 발명했다. 언제나 그렇듯이 전쟁이 터지고 국가들이 충돌할 때는 기술 발전이 가속화되었다. 용광로는 더욱 뜨거워지고 무기와 연장은 더욱 단단하고 날카로워졌다. 하지만 아이디어에서는 혁신이 일어난 흔적이 보이지 않는다.

흔히 부흥은 기나긴 휴지기가 지난 다음 새로운 장소에서 새로운 민족들 사이에서 일어났다. 이를테면 인도 문명은 인더스 문명으로부터 멀리 떨어진 곳에서 발달했다. 기원전 제1천년기 중반을 즈음해 갠지스강 유역에 논리학, 창작문학, 수학, 사변적 과학(speculative science)이 다시 등장했다. 그리스 세계의 변두리에서도 문명이 형성되었는데 이오니아해의 섬과 그 주변이었다. 페르시아에서는 그때까지 활동이 둔했던 머나먼 파르스 지역이 비슷한 역할을 했다.

자연환경은 나빴지만 이는 새로운 시작을 가능하게 했다. 과거의 문명이 지속할 때 사람들은 현재의 상태를 유지하고 연속성을 지키기 위해 노력했다. 문명이 무너지자 후계자들은 앞을 내다보았고 새로운 것을 반겼다. 위기와 전환기는 언제나 해결책에 관한 생각을 부추긴다. 장기적으로 보면 제국이 파편화되어 출현한 새로운 국가는 새로운 지식인 집단을 선호했다. 정치적 경쟁자들에게는 선전가와 중재자, 특사가 필요했다. 국가가 재난에서 벗어나기 위해 교육에 의지하자 전문가 양성의 기회가 증가했다. 그리하여 그리스도가 등장하기 전 1000년은 학파와 현자의 시대였다.

시대적 개관

앞선 시대에서 아이디어들은 익명으로 발생했다. 간혹 아이디어에 누군가의 이름이 붙었다면, 그것은 신의 이름이었다. 이와는 대조적으로 기원전 제1천년기의 새로운 아이디어들은 명성을 얻은 개인들의 업적이었(거나 그렇게 전해졌)다. 수행하는 삶을 살던 예언자들과 성인들은 이제 모습을 드러내고 신성한 텍스트에 저자 혹은 영감을 부여한 자가 되었다. 카리스마 넘치는 지도자들은 이러한 비전을 공유하고 다른 모든 사람에게도 강요하려고 했다. 전문 지식인들은 공직 후보자나 지식인으로서의 경력을 추구하는 사람들을 가르쳤다. 일부는 통치자의 후원이나 정치적 조언자 자리를 구하기 위해 애썼다.

그들은 우리가 오늘날 생각하는 방식을 선취했고 그것에 영향을 미쳤다. 지난 2000년 동안 그 모든 기술적·물질적 진보가 있고 난 뒤에도 우리는 여전히 머나먼 과거의 생각에 의존하고 있다. 거기에 우리가 새로 보탠 것은 깜짝 놀랄 정도로 적다. 세계를 바꾼 힘으로 볼 때 그리스도가 죽기 전 대략 600년 동안 나온 아이디어들과 견줄 만한 아이디어는 그 뒤로 아마 열 가지도 채 나오지 않았다. 그 시대 현자들은 논리와 과학의 관례를 만들었고 우리는 지금도 여전히 그 안에 살고 있다. 우리가 여전히 골몰하는 인간 본성의 문제들을 그 현자들이 훨씬 앞서 제기했고, 우리가 여전히 대안으로 활용하고 폐기하는 답안들 역시 그들이 훨씬 앞서 제시했다. 그들은 영속적인 힘을 발휘하는 종교들을 창설했다. 지금도 여전히 신자가 있는 조로아스터교는 기원전 제1천년기 전반에 등장했다. 유대교와 기독교가 제공한 가르침은 나중에 이슬람교의 기반이 되었다. 이 세 종교는 '아브라함' 전통을 이루며 오늘날 전 세계 인구의 3분의 1가량이 이를 따르고 있다. 자이나교와 불교 역시 이 시기에 일어난 혁신이었고 힌두교의 경전이 된 대부분의 텍스트도 마찬가지다. 기원전 6세기에 공자는 정치와 윤리에 관한 가르침을 만들어냈고 이 가르침은 여전히 세계에 영향을 미치고 있다. 도교의 기원은 기원전 5세기에서 4세기로의 전환기 즈음으로 거슬러올라간다. 같은 기간에 중국 '제자백가(諸子百家)'가 과학과 철학에서 이룬 업적과 인도 니야야학파가 이룬 업적은 고대 그리스의 현자들의 업적에 필적한다. 아테네 고전기 이래 서양 철학은 흔히 "플라톤에 대한 각주"라고 일컬어진다. 우리들 대부분은 여전히 플라톤의 제자 아리스토텔레스가 고안한 논리적 사고의 규칙을 따른다.

만일 이 시기에 속한 일부 사람들이 우리에게 즉각적으로 이해되는 듯 느껴진다면 그것은 우리가 그들이 널리 알린 아이디어를 그들이 물려준 도구와 그들이 발달시킨 기량을 이용해 그들이 생각했던 방식대로 생각하기 때문이다. 하지만 그들의 삶이나 그들이 처했던 환경에 관한 사실들은 포착하기 쉽지 않다. 영웅적인 스승들은 경외어린 존경심을 불러일으켰고 바로 그 존경심으로 인해 그들은 우리의 시야에서 가려져 있다. 추종자들은 스승을 초인으로, 심지어 신으로 떠받들었고 스승의 명성에 전설과 설화를 흩뿌렸다. 그들의 업적을 이해하고 그 업적이 어째서 그토록 영향력을 발휘할 수 있었는지 이해하려면 우리는 과거의 맥락, 즉 아이디어들을 소통시키고 그 과정에서 이따금 이 아이디어들을 변화시키기도 한 수단들―네트워크, 경로, 연결고리, 텍스트―을 재구성하는 것으로 시작해야 한다. 그때 비로소 우리는 핵심 아이디어들의 형성 요인들을 개괄할 수 있을 것이고 이어 그들의 종교적·세속적 지혜와 더불어 그들이 제시한 도덕적·정치적 처방을 살펴볼 수 있을 것이다.

유라시아 고리

인도, 서남아시아, 중국, 그리스는 서로 지리적으로 멀리 떨어져 있지만 비슷한 주제에 관한 비슷한 생각을 낳았다. 여기에는 단순한 우연 이상이 작용했다. 유라시아의 사람들은 다른 지역의 아이디어를 접할 수 있었다.[1] 천재성이 활발히 나타나는 때는 지식인들이 교육기관과 연구기관에 모여 대화할 수 있을 때다. 토론장은 넓을수록 좋다. 여러 문화가 소통하면 아이디어들은 증식해 서로를 풍부하게 하고 새로운 생각을 발생시킨다. 바로 이것이 그리스도가 등장하기 전 1000년 동안 이 세계의 중심 벨트―유라시아를 가로질러 쭉 뻗은 호(弧)처럼 인구 밀도가 높은 문명들이 점점이 놓여 있었다―에 그토록 많은 천재가 등장한 이유다. 문명 간 접촉은 문화 교류를 가능하게 했다.

　　문자 텍스트의 사용이 가능해진 것도 분명 도움이 되었다.[2] 흔히 현자들은 가르침을 문자로 남기는 일에 무관심했고 더러는 이를 못마땅하게 여기기도 했다. 우파니샤드는 '스승에게 가까운 자리'를 뜻한다. 이 말은 지혜를 신성한 것으로 여기고 외우는 것이 마땅하다고 여겼던 시대, 그래서 글로 남기지 않고 입에서 입으로 전하던 시대를 우리에게 환기한다. 우리가 아는 한 그리스도는 아무것도 글로 남기지 않았다. 그가 흙바닥에 손가락으로 쓴 몇 마디 말은 바람에 날려 사라졌다. 불교 신자들은 수 세기가 지나고 나서야 창시자의 가르침을 왜곡 없이 글로 남길 생각을 했다. 이때―오늘날에도 그렇듯이―영적 지도자들 사이의 경쟁은 신속한 해결책을 제시하는 지침서에 대한 요구를 낳았다. 신자에게 필요한 모든 진리가 담겨 있다고 주장하는 만능의 성전(聖典)들은 이렇게 해서 나왔다.

이른바 신적인 계시에는 인간 대필자가 필요하다. 모든 경전은 전통에 따라 선별되고, 전달되며 수정되고, 번역에서 왜곡되고, 읽히며 곡해된다. 십계명을 "신이 손가락으로 새겼다"는 성서의 언급처럼, 경전은 다른 어떤 것도 섞이지 않은 순수한 신의 말씀이라는 주장이나 그러한 가능성의 제기는 분명 비유 또는 거짓이다. 경전은 축복과 더불어 해악을 가져온다. 종교개혁 시대 개신교도들은 성서의 권위가 교회의 권위를 대체할 수 있다고 생각했지만, 페이지와 행 사이에 도사린 악령은 누군가가 어서 성서를 펼치기만을 기다리고 있다. 이른바 신성한 텍스트는 합리적이고 분별 있는 독자가 학식을 쌓기 위해 막대한 노력을 쏟은 다음에야 오로지 시험적으로 독해할 수 있을 뿐이다. 반지성적이고 축어적인 해석은 원리주의 운동을 부채질하며 여기에는 흔히 폭력적인 결과가 동반된다. 변절자, 테러리스트, 폭군, 제국주의자, 메시아를 참칭하는 사람들은 텍스트를 오용한다. 거짓 예언자들은 자신의 비뚤어진 독해를 정당화한다. 하지만 일부 경전은 이례적인 성공을 거두었다. 우리는 이제 문자가 신성한 메시지의 전달에 적절한 매체라는 아이디어를 당연하게 여긴다. 영적 지도자를 자처하는 이들은 자신의 지혜를 설명서인 양 판매한다. 위대한 텍스트—우파니샤드, 불경, 성서, 나중에 등장한 쿠란—는 우리에게 경외감을 선사하는 길잡이를 제공한다. 이 텍스트들은 이제 거의 모든 사람의 종교적 신념과 의례적 생활의 기반이 되었고, 심지어 종교를 거부하는 이들의 도덕적 아이디어에도 깊은 영향을 주었다. 다른 종교들은 이 텍스트들을 모방한다.

텍스트는 스스로 협곡을 건널 수 없다. 누군가가 옮겨주어야 한다. 현자들의 아이디어는 기원전 제1천년기 중반을 즈음해 중국의 비단을 운반한 경로를 따라 유라시아를 가로질러 아테네로, 이어 지금의 헝가리와 독일의 매장지까지 확산되었다. 무역과 외교, 전쟁, 방랑은 사람들을 고향으로부터 먼 곳으로 데려가고 새로운 네트워크를 탄생시켰다. 대략 기원전 제1천년기의 세번째 세기부터 항해사들과 상인들은 깨우침을 구하는 아시아 해양국가 사람들에게 보리(菩提, 불교 최고의 이상인 불타 정각의 지혜—옮긴이)의 이야기들을 전했다. 이곳에서 "별에 관한 지식으로" 배를 모는 능력은 신에게서 받은 선물로 여겨졌다. 이러한 이야기에서 붓다는 스리랑카에서 마귀의 유혹으로부터 선원들을 보호했다. 붓다는 어느 신실한 탐험가에게 절대 물에 가라앉지 않는 배를 상으로 주었다. 어느 수호신은 조난당한 사람들 중에서 교역과 순례를 신실하게 결합한 사람이나 "부모를 공경"하는 사람을 구해주었다.[3] 페르시아의 문헌에 기록된 비슷한 전설로는 잠쉬드의 이야기가 있다. 배를 건조하는 왕 잠쉬드는 "이 지역에서 저 지역으로 엄청난 속도로" 바다를 건너다녔다.[4]

그런데 이러한 이야기들의 배후에는 기원전 제1천년기 중반의 실제 여행담들이 있었다. 페르시아의 다리우스 1세의 바다 원정이 그러한 예다. 다리우스 1세는 홍해의 북단에서 아라비아를 빙 둘러 인더스강 하구에 당도했다. 그리스 상인들이 '에리트라이해'라고 부른 지역의 상업도 그렇다. 그리스 상인들은 이 지역에서 유향, 몰약, 카시아(아라비아의 계피 대용품) 따위를 구해 왔다. 아라비아의 연안 지대에는 인도양 교역을 위한 항구들이 줄지어 있었다. 타즈(Thaj)는 둘레가

2.4킬로미터가 넘는 약 4.6미터 두께의 돌벽으로 에워싸여 있었다. 이곳은 기원전 제1천년기 말에 매장된 공주들을 장식한 금, 루비, 진주 등의 수입품을 보관하기 좋은 장소였다. 게르하(Gerrha)에서 상인들은 인도에서 온 제조품을 하역했다. 기원전 3세기의 석관에 누군가가 새긴 어느 인생 이야기로부터 우리는 마인(Ma'in) 왕국 출신의 한 상인이 여러 이집트 사원에 향을 공급했음을 알고 있다.[5]

　몬순 기후의 규칙적인 계절풍은 인도양에서 장기 항해의 과감한 탐험 전통을 가능하게 했다. 적도 위쪽에서는 겨울이 끝날 때까지 북동풍이 우세했고 이후에는 따뜻해진 대기가 상승하며 아시아대륙을 향하는 바람을 빨아들여 남서풍이 불었다. 따라서 장기 항해자들은 언제 고향에서 나가기 좋은 바람이 불고 언제 고향으로 돌아가기 좋은 바람이 부는지 알 수 있었다. 오늘날 미풍을 등지는 편을 선호하는 요트 조종자들에게는 이상하게 보일지 모르지만, 역사상 대부분의 해양 탐사자들은 거센 바람에 몸을 내맡겼다. 이는 귀향의 가능성을 높이기 위해서였다. 몬순 계절풍은 항해사들에게 모험의 자유를 선사한다.

　해상에서는 육상에서보다 더 다양한 상품을 대량으로 빠르고 저렴하게 운송할 수 있었다. 하지만 장거리 교역은 항상 시장이나 중개인을 통해 고가품과 제한된 부피의 물건을 중심으로 소규모로 시작되었고 고대 유라시아 전역에서 이루어진 교역도 마찬가지였다. 따라서 광활한 대륙을 가로지르는 육로들도 기원전 제1천년기의 교역망 형성에서 일정한 역할을 했다. 각기 다른 문화권의 사람들을 한데 모으고, 아이디어의 흐름을 촉진했으며, 사람들의 취향에 변화를 주고 생활양식에 영향을 미친 상품과 예술작품을 전파했다. 알렉산드로스 대왕이 무려 인도까지 이어진 페르시아 왕도(王道)를 따라 행군할 때 그는 사실 기존의 교역로를 따라가고 있었다. 알렉산드로스 대왕이 여기저기에 배치한 식민지들은 아이디어 교환의 거점이 되었다. 박트리아도 그중 하나였다. 기원전 139년경 중국이 파견한 대사 장건(張騫)은 박트리아를 방문했다. 장건은 박트리아에서 중국 옷이 팔리고 있는 것을 보고 "이 물건들이 어디서 났느냐고 물으니, 사람들은 그에게 자기네 상인들이 인도에서 사 왔다고 말해주었다". 장건이 박트리아를 다녀온 다음부터 "기이한 견본들이 도처에서" 중국으로 "흘러들기 시작했다".[6] 기원전 제1천년기가 끝날 즈음 중국산 물품은 카스피해에서 흑해로 흘러들어갔고, 마침내 유라시아 스텝 지대의 서단에 자리한 황금이 풍부한 왕국들로도 유입되었다.

　여행사들의 쉼터였던 어느 농굴에 새겨진 시는 중국의 서쪽 경계너머의 사막과 산악 지대에 자리한 둔황에 "서쪽 바다로 가는 길"이 목구멍의 혈관들처럼 몰려 있었다고 전한다.[7] 이곳에서 장건이 대사를 지낸 때로부터 한 세대가 지나, 전쟁에서 승리한 중국의 장수 무제(武帝)는 페르가나에서 말을 탈취한 것을 자축하며 "황금 인간"—불상으로 착각하고 포획해 온 우상이었다—앞에 무릎을 꿇었다.[8] 이른바 '실크 로드'는 둔황부터 타클라마칸사막을 지나 파미르고원 너머에 자리한 왕국으로까지 이어졌다. 이 경로에서 갈라진 어느 길은 티베트나인도로 이어졌고 다른 길은 이란고원을 건너 뻗어나갔다. 타클라마칸사막은 물이 흘러나오는 고지대의 가장자리를 따라 이쪽 끝에서 저쪽끝까지 가는 데 30일 정도가 소요되었다. 이 대담한 여행에 관한 어느중국 문헌의 묘사에서 맹렬한 바람은 괴성을 지르며 북을 치는 악령으로 그려진다. 하지만 사막에서는 최소한 노상강도나 주변 산악 지대의 약탈 유목민들과 마주칠 일은 없었다.

여행과 무역이 유라시아 전역을 저인망으로 샅샅이 훑고 있었으니 사상적 스승들이나 당시의 유명 인사들은 당연히 모두 이 그물에 포착되었던 것 같다. 우리는 이 대어들이 잠시 반짝하고 빛을 내다 이내 누가 누구인지 알 수 없는 제자들로 이루어진 물고기떼 사이로 사라져버리는 모습을 일별할 수 있다. 그들과 그들의 추종자들은 흔히 순례자나 파견단, 신성한 텍스트의 수집자, 전파자로서 떠돌아다녔으므로 우리는 세속적인 주제를 다루기에 앞서 현자들의 종교 사상을 따로 떼어내 먼저 살펴보는 것이 타당할 듯싶다.

새로운 종교들?

현자들의 진정한 생각에 다가가기 위해서는 우리는 우선 자료의 신빙성 부족을 인정해야 한다. 현자들의 텍스트라고 일컬어지는 문헌은 흔히 그들이 죽고 몇 세대가 지나 추종자들이 그저 더는 구전된 내용의 진본성을 확신할 수 없어서 문자로 받아적은 것이 지금까지 전해진 것이다. 온전히 신실한 마음에서였든 이익을 좇는 마음에서였든 이러한 텍스트에는 허위가 많다. 대개는 연대도 모호하다. 1000여 년 동안 이란의 주류 사상을 지배했으며 유라시아의 여러 종교에 영향을 미친 조로아스터도 그러한 예에 속한다. 조로아스터는 기원전 7세기 말과 6세기 초에 이란에 살았던 것으로 추정된다. 조로아스터의 생애나 배경에 관해 알려진 것은 아무것도 확실하지 않다. 조로아스터의 텍스트라고 전해지는 것들은 불완전하고 오염되고 모호하여 확신을 가지고 내용을 재구성하기란 불가능하다.[9] 전승에 따르면 조로아스터는 초기 전통들 중에서 이원론을 연상시키는 교리를 설파했다. 선과 악, 두 대립적인 힘이 세계를 형성한다. 선한 신 아후라 마즈다는 불과 빛에서 살았다. 아후라 마즈다를 숭배하는 의례는 새벽을 호출하고 불을 붙이는 반면 악의 신 아흐리만의 영역은 밤과 어둠이었다. 현자 마하비라도 조로아스터 못지않게 접근하기 어렵다. 마하비라는 기원전 6세기 인물로 부유한 왕자였으나 세상에 염증을 느끼고 부를 포기했다고 전해진다. 마하비라를 창시자로 숭배하는 종교 전통인 자이나교의 초기 텍스트는 그를 아예 언급하지 않는다. 자이나교는 순결, 초탈, 진리, 무아(無我), 아낌없는 사선을 통해 악으로부터 영혼을 해방하기 위해 수행적인 생활 방식을 따른다. 자이나교는 평범한 사람들의 마음을 끌었고 지금도 평신도 수가 수백만 명에 이르지만 철저한 수칙을 모두 지키려면 엄격한 종교 공동체에서 생활해야 한다. 신앙심이 두터운 자이나교도들은 비열한 삶을 사느니 차라리 굶어죽는 편을 택하며 벌레를 밟지 않기 위해 비질을 하며 길을 걷는다. 인도 출신의 이주자 공동체 말고는 인도 밖에서 자이나교 신자층이 생긴 적은 없다.

새로운 종교들에 관한 증거의 불완전성을 인정하는 것도 중요하지만 덧붙여 우리는 지금의 우리에게 종교처럼 보이는 것이 당시의 현자들에게는 그렇지 않았을 수 있음을 받아들여야 한다. 우리가 오늘날 이해하는 방식대로의 종교가 그 시대의 모든 새로운 지적인 출발을 촉발했다는 억측을 내리지 않도록 주의해야 한다. 이 시대에는 아무도 종교와 세속적 삶 사이에 엄정한 차이가 있다고 보지 않았다. 이를테면 오늘날도 여전히 우리는 공자가 종교를 창시했다고 확실하게 말하기 어렵다. 공자가 신과 조상을 숭배하는 의례를 올리라고 이르기는 했으나 그는 우리가 사는 세계가 아닌 다른 세계에는 관심이 없었다. 공자에 반기를 든 사상가 묵자는 (나중에 다시 보겠지만) 기독교가 등장하기 무려 400년 전에 세속적 기반에서 보편적인 사랑의 실천을 호소했다. 공자와 묵자의 가르침과 마찬가지로 고타마 싯다르타의 가르침도 우리가 흔히 말하는 종교의 변두리에 위치한다. 싯다르타는 기원전 6세기 중반과 4세기 초 사이(최근 연구에 따르면 정밀한 연대 추정은 불가능하다)에 인도 동부의 불특정한 지역을 돌며 가르치고 방랑했다.[10] 싯다르타도 마하비라처럼 신자들을 이 세계의 고난으로부터 해방시키고 싶어했던 것 같다. 싯다르타의 제자들은 그를 '붓다', 즉 '깨어난 자'로 부르며 욕망에서 벗어남으로써 행복을 추구하는 법을 배웠다. 각기 다른 개인은 삶에서 어떤 소명을 따르는가에 따라 각기 다른 강도의 힘을 갖게 되고, 명상, 기도, 사심 없는 행동은 가장 영예로운 실천자를 자아의 모든 감각에서 벗어나는 신비로운 상태, 즉 니르바나(또는 '불이 꺼짐')로 이끌 수 있다. 붓다의 언어는 전통적인 종교 용어들을 되풀이하는 것을 피했다. 붓다는 '신'에 관해 어떠한 주장도 하지 않았다. 붓다는 개개인에게 본질적이거나 변하지 않는 어떤 것이 있다는 개념에 반대했다. 따라서 지금도 불교 신자들은 '영혼'이라는 말을 쓰지 않는다.

하지만 종교적 사고방식은 불교를 잡아끌었다. 초기 불교의 문헌에서는 자아는 육신의 죽음 뒤에도 살아남는다는 개념, 아마도 죽음과 환생이 이어지는 오랜 순환의 과정에서 그러한 죽음을 수차례 겪으리라는 개념이 울려나온다. 8세기 중국에서 기록된 한 유명한 문헌에서 붓다는 의로운 사람은 수백 또는 수천 번의 영겁의 시간 동안 황제로 태어날 수 있다고 약속한다. 이처럼 개인의 자기 정제를 통해서든 무아의 상태로 자신을 내려놓는 것을 통해서든, 이 세계로부터 자기 해방을 추구하는 것은 인도의 종교에서 공통적으로 나타난다. 어떤 경우든 이것은 오랜 세월을 걸쳐 이루어야 했다. 이 과정에 관한 붓다의 설명에서 특징적인 요소는 이것은 윤리적인 과정이라는 것이다. 정의가 이 과정을 지배했다. 영혼은 선행에 대한 보상이나 악행으로 인한 타락에 따라 이어지는 각각의 생에서 "더 높은" 또는 "더 낮은" 몸에 기거할 것이다.

붓다의 제자들은 이러한 다소 불확실한 형태의 깨달음을 지향하며 서로를 이끌어주기 위해 승원에 모여 생활했다. 하지만 속세에 사는 개인도 이러한 깨달음을 얻을 수 있었다. 이를테면 초기 불교 이야기에는 상인과 선원, 통치자가 등장한다. 불교는 이러한 유연성 덕분에 광범위하고 강력한 대규모 신도 단체를 창출했다. 기원전 3세기부터 통치자들은 이따금 붓다가 설파한 평화주의에 아랑곳하지 않고 불교를 무력으로 강요했다. 이를테면 기원전 260년에 인도 황제 아소카는 칼링가 왕국의 정벌에서 초래된 유혈사태에 대해 후회하는 글을 남긴 바 있다. 이때 15만 명이 강제로 추방당하고 10만 명이 죽임을 당했다. "그리고 그 몇 배가 사멸했다. (…) 북소리는 붓다의 가르침의 소리가 되었고 그 민족에게 천상의 마차와 코끼리와 불덩어리와 다른 신성한 형태들을 보여주었다."[11] 이러한 측면에서 불교 역시 다른 종교들과 비슷한 데가 있다. 그 뜻은 거룩했을지 모르나 사람들을 선하게 만드는 일에는 좀처럼 성공을 거두지 못했다.

마지막으로 언급할 이 시대의 위대한 현자는 가장 분명하게 종교적인 아이디어를 제시했다. 우리가 보통 그리스도라고 부르는 이 마지막 현자는 나중에 유대인—이들은 각기 다른 시기에 각기 다른 저자에 의해 히브리인, 이스라엘인 등 다양한 이름으로 불려왔다—으로 알려진 민족에게서 나왔다. 이 정도 규모의 집단 중에서 세계 형성에 이토록 많이 관여한 민족은 없을 것이다. 당시의 유대인들과 그 후손들은 서양 사회에 오랜 기간 이바지하며 그들 삶의 거의 모든 측면에 변화를 주었고 이후 일종의 연쇄 효과로 다른 지역에서도 미술, 과학, 경제 발전, 그리고 무엇보다 종교에 영향을 주었다. 유대인의 종교적인 생각은 기독교의 기틀을 형성했다(기독교는 처음에 유대교의 이단으로 시작해 궁극적으로 세계에서 가장 널리 전파된 종교가 되었다). 유대교는 이후 이슬람교에도 깊은 영향을 주었다. 앞으로 보게 되겠지만 유대교는 무함마드의 정신에 깊이 스며들었다. 장기적으로 볼 때 기독교와 이슬람교는 유대교의 영향을 전 세계로 확산시켰다. 이 세 전통의 일부 추종자들이 이 세 전통을 서로 적대적인 것으로 여긴다는 것, 그리고 그들이 공유하는 기반을 그토록 모르고 있다는 것은 참으로 놀라운 일이다.

그리스도는 독립적인 정신을 지닌 유대인 랍비로 급진적인 메시지를 설파하다 서기 33년경 사망했다. 일부 추종자들은 그리스도를 유대교 전통의 정점으로 보았다. 그리스도가 유대교 전통을 체현하고 쇄신했으며 심지어 대체했다고 여기기도 했다. 추종자들이 붙여준 '그리스도'라는 이름은 '성유를 바른 자'라는 의미의 히브리어 '하-마시드(ha-mashid)' 또는 메시아를 그리스어로 옮긴 단어가 변형된 것이다. '성유를 바른 자'라는 표현은 유대인들이 기다리는 왕을 지목하기 위해 사용한 말이었다. 천상을 지상으로 끌어올 왕, 아니면 적어도 로마 정복자들을 유대인의 땅에서 몰아내줄 왕을 의미했다. 그리스도의 추종자들은 사실상 그의 생애를 기록한 유일한 사람들이다. 그리스도에 관한 이야기 중 다수는 이교도들의 신화나 유대교의 예언으로부터 파생된 것이므로 문자 그대로 받아들일 수 없다. 그러나 그리스도의 가르침은 그가 한 말을 사후 30년 또는 40년 이내에 기록해 수집했기 때문에 대체로 증언이 잘되어 있다. 그리스도의 요구는 통렬했다. 그는 부패로 일룩진 유대인 사제들을 몰아내라고, 예루살렘의 신전은 돈벌이 관행을 "씻어" 내라고, "이 세계에 속하지 않는 왕국"을 위해 세속의 권력을 버리라고 요구했다. 그리스도는 위계질서를 거꾸로 뒤집어 부유한 자에게 회개하라고 말하고 가난한 자를 칭송했다. 더 큰 논란을 불러일으킨 것은 그리스도의 추종자들이 전한 한 가지 교리였다. 인간은 신과의 약속―즉 유대교 전통의 '계약(Covenant)'―에 호소해서는 신의 은혜를 구할 수 없다는 것이었다. 정통 유대교에 따르면 신은 법과 규칙에 순종하는 자에게 응답했다. 기독교도들은 우리의 행동이 아무리 의로울지라도 우리는 여전히 신이 자유로이 내려준 은혜에 의지한다고 생각하는 편을 선호했다. 만일 그리스도가 정말 그렇게 말했다면 그는 윤리의 새로운 경지를 개척한 셈이다. 그리스도가 표명한 진리는 구체적으로 설명하기 전에는 이해하기 다소 까다롭다. 그것은 바로 선행은 우리가 아무런 보상을 기대하지 않을 때만 선하며, 그렇지 않은 선행은 그저 자기 이익이 변장하고 나타난 것에 불과하다는 것이었다. 그리스도 다음에는 한동안 그에게 필적할 만큼 영향력 있는 현자가 나타나지 않았다. 그러다 이슬람교의 창시자 무함마드가 나타났다. 무함마드가 사망한 해는 그리스도가 죽고 600여 년 뒤였고 그뒤로 적어도 1000년 동안 또다시 아무도 없었다.

회의적인 사람들은 위대한 현자들은 새로운 종교가 아닌 오래된 주술을 처방한 것에 불과하다고 주장하기도 한다. "이 세계를 벗어나기" 위한 시도나 "자아를 꺼뜨리기" 위한 시도 또는 "브라만과의 합일"을 성취하기 위한 시도는 그저 불멸성에 대한 소망을 표현하는 거창한 미사여구였을 뿐이고, 신비스러운 실천은 삶을 연장하거나 고양하기 위해 설계된 일종의 대체 의학이었다는 것이다. 또는 기도나 금욕은 샤먼처럼 스스로를 탈바꿈시키는 힘을 갖기 위한 기술이었을 수 있다. 종교와 주술을 구분하는 선은 이따금 과학과 주술을 가르는 선처럼 흐릿하다. 붓다는 스스로를 가르치는 자라고 부르는 한편 치유하는 자라고도 불렀다. 이 시기의 전설은 종교 창시자들을 마법으로 보이는 것들과 연결시킨다. 예를 들어 기원전 5세기 중반 시칠리아에서 불분명한 형태의 이항론을 가르친 엠페도클레스의 추종자들은 그에게 질병과 악천후를 주술로 해결해달라고 간청했다.[12] 피타고라스부터 그리스도에 이르기까지 여러 현자의 추종자들은 그들이 기적을 행했다고 적곤 했다. 기적은 주술과는 다르지만 이 둘의 차이를 보지 못하는 사람들에게 기적은 쉽게 주술과 같은 것으로 여겨졌다. 비슷하게 불멸성은 반드시 세속적 목표는 아니지만 마술의 대상으로 주술

안에서 고려될 만도 하다. 도가의 창시자인 노자가 썼다고 간주되는 글은 이 점을 명시적으로 지적한다. 불멸성의 추구는 국가 간의 전쟁이 난무해 삶이 불안정한 이 세계를 초탈하려는 시도의 한 가지 형식이라는 것이다. 초탈은 도가에 고통을 초월하는 힘을 부여한다. 노자가 썼다는 글에 따르면 초탈의 힘은 물의 힘과 같아서 언뜻 굴복하는 듯 보일 때에도 상대를 무력화한다. "천하에 물보다 부드럽고 약한 것은 없지만 단단하고 강한 것을 공격할 때 물보다 좋은 것이 없다."[13] 노자의 독자들은 묘약과 주문으로 불멸을 얻고자 했다.

전통적인 주술에 진 빚이 얼마나 많든 새로운 종교들은 인간이 자연이나 모든 신적인 것과 맺은 관계를 조정할 진정으로 새로운 방법을 제시했다. 모든 새로운 종교들은 형식적 의례와 더불어 도덕적 실천을 옹호했다. 단순히 유일신이나 여러 신에게 정해진 제물을 바치라고 요구하는 것만이 아니라 추종자들의 윤리를 바꾸라고 요구했다. 자연을 달래는 의식을 거행하기보다는 개인의 도덕적 발전을 위한 여정을 밟아나감으로써 추종자들의 마음을 얻었다. 현세에서든, 죽어서든, 시간의 끝에서 이루어질 변화에 의해서든, 선의 완성 또는 "악으로부터의 구제"를 약속했다. 이 새로운 종교들은 단순히 생존의 종교가 아닌 구원의 종교였다. 새로운 종교들이 제시한 신에 관한 아이디어들은 그들이 영감을 불어넣은 새로운 생각들을 자세히 살펴볼 수 있는 최적의 장소다.

무(無)와 신

신은 중요하다. 만일 당신이 신을 믿는다면 신은 우주에서 또는 우주를 초월해 가장 중요하다. 만일 당신이 신을 믿지 않는대도 신을 믿는 사람들에게 그 믿음이 영향을 미치는 방식 때문에 신은 중요하다. 신에 관한 예전의 생각에 현자들이 새로 보탠 내용 중에는 세 가지의 새로운 생각이 눈에 띈다. 우주에서 다른 모든 것의 원인인 신적인 창조자라는 아이디어, 유일무이한 신 또는 유일무이한 방식으로 신이 유일신이라는 아이디어, 자신이 창조한 세계의 삶에 적극적으로 개입하는 신이라는 아이디어가 그 세 가지다. 이 아이디어들을 차례차례 살펴보자.

창조의 아이디어를 이해하려면 우리는 창조보다도 더 까다로운 무(無, '없음')의 아이디어에서 시작해야 한다. 창조가 일어났다면 창조에 앞서 무가 있어야 한다. 무는 흥미롭게 보이지 않을지 모르지만 어떤 의미에서 무는 바로 그 점에서 흥미롭다. 무는 이 책에 등장하는 어떤 아이디어보다 더 많은 상상력을 요구한다. 무는 우리가 경험을 초월해 생각을 극한까지 밀어붙이게 만드는 아이디어다. 무는 분통이 터지도록 까다로운 아이디어다. 무는 아무것도 아니므로 우리는 무가 무엇이냐고 물을 수도 없다. 무는 우리가 무를 떠올리자마자 무이기를 그치고 무언가가 되어버린다. 수의 기본을 배운 사람들은 0(零)이라는 수를 익숙하게 다룬다. 하지만 수학적 표기법에서 0은 무의 개념을 의미하지 않는다. 0은 그저 거기에 10들이나 어떤 단위들이, 그러니까 종류가 무엇이든 어떤 수들의 집합이 거기에 있지 않음을 의미할 뿐이다. 아무튼 산수의 역사에서 0은 놀라울 정도로 늦게 나타났다. 0은 서기 7세기 캄보디아에서 발견된 명문에 최초로 등장한다. 실재하는 0은 산수에서 조커다. 함수에 관계없을 수도 있고 수식을 아예 파괴해버릴 수도 있다.[14]

어쩌면 당연한 이야기겠지만 무라는 아이디어의 기원은 파악 불가능하다. 우파니샤드는 '대공(大空)'을 말했고, 대략 기원전 제1천년기 중반의 중국 문헌은 보통 '허(虛)'로 번역되는 개념을 언급했다. 하지만 '대공'이나 '허' 모두 무와는 달랐던 것이, 그것들은 물질적 우주를 초월한 공간이나 천구들 사이의 틈새에 있었다. 더욱이 중국 문헌에서는 (메타포로 해석해야 할지도 모르지만) 이곳에서 '바람'이 일어난다고도 묘사한다.

그럼에도 우리는 우파니샤드의 현자들에게 '비유(非有, '있지 않음')'라는 개념이 있었던 것을 알고 있다. 우파니샤드 문헌에 가장된 정합성에 대한 조소가 재차 등장하기 때문이다. 한 경전은 이렇게 야유한다. "어찌해서 있지 않음에서 있음이 만들어질 수 있는가?"[15] 또는 셰익스피어의 희곡에서 리어왕은 딸에게 이렇게 말한다. "아무것도 아닌 것(무)으로부터는 아무것도 아닌 것(무)밖에 나올 수 없어. 다시 말해보아라!" 짐작건대 '공(空)'을 상정한 사상가들은 운동을 설명하고자 했을 것이다. 무로 들어가는 것이 아니라면 무언가가 저항 없이 움직이는 것이 어떻게 가능하겠는가? 무를 부정하는 사람들은 대부분 두 가지 근거를 댔다. 첫번째는 사물들 사이에 공기가 있다는 것이 발견됨으로써 공을 상상해야 할 필요성이 의심스러워졌다는 것이다. 두번째는 다소 무적의 논리로 보인다. 기원전 5세기 그리스에서 레우

키포스가 항변했듯이 "공은 있지 않음이다. 그리고 있음의 없음은 있지 않음이다. 왜냐하면 엄격히 말해 있음은 있음으로 가득하기 때문이다".[16] 그럼에도 당신은 일단 무라는 개념을 갖게 되면 그때부터는 무엇이든 가능해진다. 당신은 불편한 현실들을 있지 않음으로 분류해 그것들을 제거할 수 있다. 플라톤을 비롯한 이상주의자들은 모든 물질을 그렇게 했다. 실존주의자라고 불리는 일부의 현대 사상가들처럼 당신은 무를 존재의 본질이자 대단원으로 볼 수 있다. 이때 무는 삶의 원천이자 종착지이며 삶을 의미 있게 만드는 맥락이다. 무라는 아이디어는 심지어 무로부터의 창조―또는 더 정확하게는 비물질로부터 물질의 창조―를 상상할 수 있게 만든다. 이것은 거의 모든 현대인이 따르고 있는 종교의 핵심을 이루는 사상적 전통을 이해할 열쇠다.

앞 장에서 우리가 본 창세 신화들 대부분은 사실 창조에 관한 것이 아니었다. 그 신화들은 이미 존재했으되 지금과는 달랐던 물질적 코스모스가 어떻게 지금의 모습을 띠게 되었는지를 설명하려고 했을 뿐이다. 우리가 아는 한, 기원전 제1천년기까지 창세에 관해 생각한 거의 모든 사람은 우주는 항상 존재했다고 상정했다. 우리가 앞 장에서 본 고대 이집트 신화는 비활성 상태의 카오스를 변화시킨 신을 이야기한다. 하지만 그가 이 작업을 하기 전에 거기에는 이미 카오스가 있었다. 앞서 보았듯이 브라만은 세상을 무에서 창조하지 않았다. 브라만은 거미가 실을 뽑아내듯 그 자신으로부터 코스모스를 뽑아냈다. 일부 고대 그리스의 시는 무로부터의 창세를 이야기하지만, 고전기 철학은 대체로 이러한 아이디어를 혐오한다. 플라톤의 '창조신'은 이미 있는 것을 재배치했을 뿐이다. 빅뱅 이론은 이러한 초기의 우주 창조론과 닮았다. 빅뱅 이론은 극미하게 압축된 물질에 관해 설명한다. 폭발이 이 물질을 재배치해 우리가 아는 우주로 확대시키기 전에 이 물질은 이미 거기에 있었다. 창세를 과학적으로 설명하려는 더욱 급진적인 시도들을 보면 이미 거기에는 누군가가 빚을 수 있는 어떤 원형질이 있다. 또는 전하(電荷), 육체에서 이탈한 에너지, 진공에서의 무작위적 출렁임, "창발(emergence)의 법칙"이 있다.[17] 무로부터의 창조는 문제가 많아 보이지만, 영원한 물질도 마찬가지다. 변화는 시간 없이 일어날 수 없으므로 영원한 물질은 영원 속에서 변하지 않을 것이다. 그렇다면 이것을 역동적으로 만들려면 똑같이 문제가 많은 어떤 다른 행위자가 필요할 것이다. 우리는 인류학에서 아주 드물게 물질세계보다 선행하는 어떤 순수한 영적·정서적·지적인 존재가 등장하는 창세 신화, 그리고 물질이 저절로 생기거나 아니면 비물질로부터 물질이 호출되거나 빚어지는 창세 신화와 마주친다. 예를 들어 북미의 위네바고(Winnebago)족에 따르면 세상의 창조자는 경험을 통해 자신의 감정이 사물이 된다는 것을 깨달았다. 그는 외로울 때 눈물을 흘렸고 이 눈물은 태고의 물이 되었다.[18] 표면적으로 이 신화는 브라만이 그 자신으로부터 코스모스를 만들어냈다는 이야기를 환기하지만, 우리는 이 눈물을 문자 그대로 생각하지 말아야 할 것이다. 위네바고족의 설화에서 감정은 물질세계를 만든 창조적 힘의 원천이었다. 일부 고대 그리스 현자들에게는 생각이 같은 역할을 했다. 사실 감정과 생각은 서로를 규정할 수 있다. 그러니까 감정은 정식화되지 않은 생각이고, 생각은 소통할 수 있는 방식으로 표현된 감정이다. 요한복음은 고전기 그리스 철학을 빌려와 지적 행위가 세계를 낳았다는 신비로운 개념을 말한다. "태초에 로고스(Logos)가 있었다." 여기서 로고스의 축어적 의미는 생각이다. 이것은 성서의 영역본에서 언제나 "말씀(Word)"으로 옮겨졌다.

이렇듯 요한복음서의 저자는 그리스와 유대교의 생각을 융합할 수 있었다. 구약성서(기원전 제1천년기 후반의 논평가들이 나중에 이해한 대로)가 가장 오래되고 가장 도전적인 창세 이야기, 즉 세계는—더도 덜도 아닌—생각의 산물이라는 이야기를 제시했기 때문이었다. 이 세계는 물질이 없는 영역에 유와 무를 초월해 생겨났다. 창조를 이런 방식으로 이해하는 것은 창조에 관해 생각한 거의 모든 사람에게 갈수록 더 설득력을 얻었고 결국에는 창조에 관해 생각하지 않은 거의 모든 사람이 별다른 생각 없이 받아들이는 추정이 되었다.[19]

두번째 새로운 아이디어—유일무이한 창조자 신—는 첫번째 아이디어와 떼어놓을 수 없다. 이 관계가 언제부터 시작되었는지 그 연대는 분명하지 않다. 이 두 아이디어 중 어느 것도 기원전 제1천년기 후반이 지날 때까지는 우리가 확신을 가질 수 있을 만큼 충분한 문헌이 남아 있지 않다. 우리는 문제의 사상가들이 유일신이라는 아이디어를 처음 떠올리고 그로부터 무에서의 창조를 끌어낸 것인지, 아니면 창조를 먼저 떠올리고 그다음에 유일신을 추론한 것인지 알 수 없다. 어느 경우든 신은 다른 모든 것을 창조하기 전까지 혼자였을 것이므로 두 아이디어는 상호의존적이었다. 우리는 우리가 만든 것을 다시 만들 수도 있고 부술 수도 있다. 따라서 창조는 신에게 모든 것을 다스릴 힘을 부여한다. 창조는 신을 순수하게 영적인 존재, 또는 거기서 더 나아가 형언할 수 없는 존재, 이름을 붙일 수 없는 존재, 무엇과도 비교할 수 없는 존재로 만들었다. 이 유일무이한 창조자, 무로부터 다른 모든 것을 만든 신, 자연을 상대로 독점적 권력을 갖는 신은 오늘날 우리에게는 너무나도 익숙하기 때문에 우리는 사람들이 처음으로 신에 관해 생각했을 때 신이 얼마나 이상하게 보였을지를 미처 다 헤아릴 수 없다. 오늘날의 대중적 무신론은 신이 마치 유아적인 아이디어인 양 말하지만, 사실 신이라는 아이디어에 도달하기까지는 상당히 치열한 사유가 필요했다. 단순하게 사고하는 사람들—언제나 그랬고 지금도 그렇듯 오로지 볼 수 있고 만질 수 있는 것만 존재한다고 생각했던 사람들—은 분명 놀라워했을 것이다. 눈에 보이지 않는 세계를 상상한 사람들—자연 너머의 세계를 상상하고 그 세계를 통제할 수 있다고 상상한 사람들—은 초자연을 다채로운 것으로 상정했다. 자연이 생명체로 가득하듯 그곳은 신들로 북적댈 것이었다. 그리스인들은 신들을 질서 있게 배치했다. 페르시아인들은 앞서 보았듯이 신들을 둘—선한 신과 악한 신—로 줄여놓았다. 인도의 단일신교(henotheism, 여러 신의 존재를 인정하면서도 하나의 특정 신을 최고신으로 받드는 종교 형태—옮긴이)에서는 다수의 신이 한데 어우러져 신적 일체성을 표현했다. 힌두교도들은 일반적으로 유일신교를 논리적으로 반박한다. 하나의 신이 언제나 존재했다면, 다른 신들은 그렇지 않을 이유가 무엇일까? 우리가 아는 대부분의 단일체는 쪼갤 수 있다. 바위는 부술 수 있고 빛은 굴절에 의해 여러 색깔의 무지개로 퍼진다. 만일 신이 유일하다면 이러한 종류의 유일함이리라. 또는 신의 유일함은 일종의 아우름일지 모른다. 그것은 자연의 아우름과 같은 것, 즉 다른 모든 것의 유일무이한 총합일지 모른다. 여기에는 다수의 다른 신들도 포함될 것이다. 아니면 다른 신들도 '신'의 창조물의 일부일 수 있다.

유일신이 가장 강력하게 정식화된 사례는 유대인들의 성전(聖典)에서 찾을 수 있다. 유대 민족의 신 야훼는 아마도 서기 제1천년기의 전반으로 추정되는 시기에 그들의 유일신이었다. 또는 그때 유일신이 되었다. 야훼는 "나 이외에 다른 신들을 섬기지 말라"고 선포했다. 야훼 신에 대한 환상이 깨진 순간은 역설적으로 야훼가 유일하고 전능한 존재로 변형되는 시작점이 되었다. 유대인들은 기원전 580년대에 전쟁에서 패배하고 대규모 강제 이주를 당해 고향을 떠나 있을 때 자신들이 겪는 고통을 신앙의 시험으로 받아들였다. 즉, 유대인들은 신이 그들에게 불굴의 믿음과 숭배를 요구하고 있다고 보았다. 유대인들은 야훼를―다른 신에게는 신적 지위를 허용하려 하지 않는―"질투하는" 신이라고 부르기 시작했다. 숭배에 대한 배타적인 권리의 엄격한 요구는 이른바 "계약"의 일부였다. 이 계약에서 야훼는 순종과 경배의 대가로 은혜를 약속했다. 야훼는 그의 백성에게 유일한 신이었다. 그뿐 아니라 궁극적으로 야훼는 세상에 존재하는 유일한 신이 되었다.[20]

신과 함께: 유대교의 다른 아이디어들

더불어 나타난 결과 중에 우리가 지금도 여전히 지지하는 세 가지 개념이 있다. 바로 선형적 시간, 사랑의 신, 신이 인간에게 주인이나 관리인 역할을 부여한 위계적 자연 질서다.

앞에서 보았듯이 일반적으로 사람들은 끝없이 반복되는 천상의 회전을 기준 삼아 시간을 측정하는 방법을 모형화한다. 그러나 많은 문화에서 시간 기록자들은 선형적인 변화를 순환적인 변화와 연관 짓는 대신—이를테면 나의 (선형적인) 나이를 태양의 (순환적인) 움직임과 연관 짓는 대신—선형적인 변화에 속하는 둘 이상의 연속적 사건을 비교한다. 앞서 본 수단의 누에르족이 모든 사건을 가축이나 자녀의 성장과 연관 짓는 것이 적절한 예다. 기아나 전쟁, 홍수, 전염병이 일어난 시기는 이를테면 '우리 집 소가 제일 많이 컸을 때'나 '누구와 누구 세대가 막 성년이 되었을 때'로 표현될 수 있다.[21] 연대기를 작성하는 사람들은 흔히 이 두 가지 방식을 혼합한다. 고대의 이집트에서, 그리고 역사상 대부분의 시기에 중국에서는 재위 시기나 왕조의 순서를 기본 뼈대 삼아 다른 역사적 변화가 발생한 시기를 가늠했다. 구약성서에서 저자들은 사건의 연대를 말할 때 되도록 천문학적 순환을 언급하지 않고 인간의 세대를 시대구분의 단위로 선호하는 것을 볼 수 있다.

각기 다른 측정 기법은 각기 다른 시간 개념을 낳는다. 시간은 순환적이며 끝이 없을까? 아니면 단일하고 반복이 없는 궤적을 그리는 어떤 직선일까?[22] 선형적 개념이 등장하는 현존하는 최고(最古)의 텍스트는 히브리 성서의 첫번째 책이다. 여기서 시간은 유일무이한 창조 행위를 통해 개시된다. 「창세기」를 보면 일관된 선형적 서사가 반드시 불가피한 것은 아니다. 시간은 화살이 활시위에서 풀려나듯 시작되었을 수도 있지만, 시계태엽 장치처럼 시작되었을 수도 있으며, 두 가지 특징을 모두 드러낼 수도 있다. 그러나 유대인들을 비롯해 히브리 성서를 채택한 사람들은 주로 선형적 모형을 고수했다. 이 모형에서는 시작이 있고 짐작건대 끝이 있다. 일부 사건은 반향을 일으키거나 반복될 수는 있지만 전체 역사는 유일무이하다. 과거와 미래는 결코 똑같은 것으로 보일 수 없었다.

유대교가 기독교와 이슬람교에 미친 영향 때문에 현대 세계는 선형적 세계관을 물려받았다. 기독교도들에게 순환적 모형은 성립될 수 없었다. 성육신(成肉身, 기독교에서 신의 아들 예수가 마리아의 태내에서 사람으로 잉태된 일—옮긴이)은 단 한 번 일어난 일이고 그리스도의 희생은 한 번으로 영원히 충분했기 때문이다. 그리스도의 '재림'은 반복되는 사건이 아니라 모든 것의 끝을 알리는 마지막 커튼콜이 되리라. 선형적 시간관은 무시무시하기도 했지만 풍부한 영감을 제공하기도 했다. 천년왕국설이 등장해 사람들은 당장에 세상이 끝날지도 모른다는 믿음에서 곧장 행동을 취했다. 선형적 시간관은 역사는 발전하며 모든 수고는 가치 있다는 확신을 주기도 했다. 목표나 정점을 향한 역사의 질주에 참여하고 있다는 희열에 들뜬 지도자들과 이데올로그들은 미국 독립 혁명과 프랑스 대혁명, 마르크시즘, 나치즘 등 다양한 운동에 불을 붙였다.

유대인들은 그들의 아이디어를 다른 이들에게 좀처럼 강요하지 않았다. 오히려 역사상 대부분 기간에 그들의 종교를 남들과 나누기에는 너무나도 귀한 보물처럼 여겼다. 그러나 세 가지 새로운 역사적 흐름은 유대인의 신을 세계에서 가장 인기 있는 신으로 만들었다.[23] 첫째, 유대인들이 겪은 희생과 고통의 "신성한" 역사는 구약성서의 독자들에게 신앙의 탁월한 본보기를 제공했다. 둘째, 그리스도가 유대교의 분파인 기독교를 창설하고 비유대인에게도 문을 개방한 다음 활발하고 가끔은 공격적이기까지 한 개종 활동의 전통을 세웠다. 기독교가 세계에서 가장 널리 전파된 종교가 된 이유 중 하나는 강렬한 구원의 '복음'이었다. 마지막으로, 서기 7세기 초에 유대교와 기독교를 흡수한 예언자 무함마드가 유대교의 신에 대한 이해를 이슬람교에 통합했다. 이 새로운 종교는 서기 제2천년기 말에 기독교 못지않게 많은 신자를 확보했다. 이슬람교는 유대교적 기원이나 기독교적 영향력과 동떨어진 방식으로 발전했다. 하지만 이 세 전통의 신은 오늘날까지도 여전히 하나이며 동일한 신으로 남아 있다는 사실을 누구나 쉽게 알아챌 수 있다. 기독교도들과 무슬림들이 '그분'을 마음에 품을 때 '신'의 숭배는 보편적인 전파, 그리고 심지어 보편적인 동의를 요구했나. 이 두 종교에는 분화 충돌과 유혈 전쟁의 기나긴 역사가 뒤따랐다. 더욱이 두 종교가 유대교로부터 받아들인 유산에서 신은 흔히 엄격한 도덕적 주문에 순응할 것을 요구했고, 이러한 도덕적 주문은 세속의 현실적인 문제와 자주 충돌했다. 그리하여 유대인들이 고대에 떠올린 신의 아이디어는 이후 개개인의 삶과 집단적 행동 수칙 그리고 공동체간 분쟁의 모양을 빚어왔다. 그것은 깊은 감성의 수준에서 내면적인 양심의 갈등을 일으켰고, 어쩌면 그 결과로서 이 아이디어가 스쳐 간 모든 사회에서 위대한 예술에 영감을 주었다.

신(대부분 정의에 따른)이 존재한다는 아이디어는 완벽하게 합리적이다. 우주가 신의 창조물이라는 아이디어를 지성적으로 이해하기가 쉽지는 않지만 그렇다고 아예 불가능한 것은 아니다. 하지만 신이 이 세계를 창조한 것은 변덕스러운 기분에서였을 수도 있고, 실수에서였을 수도 있으며, 또는 그 자신도 알 수 없고 굳이 알려고 하는 것은 시간 낭비에 지나지 않을 어떤 이유에서였을 수 있다. 신이 자신의 창조물에 변함없는 관심을 갖고 있으리라는 개념은 성급한 추정으로 보인다. 고전기 시대의 그리스 사상가들은 대체로 그러한 생각을 무시하거나 거부했다. 이를테면 아리스토텔레스는 신은 완벽하며 따라서 아무것도 필요하지 않은 존재라고 여겼다. 신은 완수되지 않은 목적은 아무것도 갖고 있지 않으며 감정이나 고통을 느낄 이유가 없었다. 하지만 생각은—만일 이것이 창조의 원인이라면—분명 창조를 목적이 있는 행위로 만들었다.

창조물에 관심을 두는 신이라는 아이디어에서 한 걸음 더 나아가 그 관심의 초점이 특히 인류에 맞춰져 있다는 주장에는 불온한 구석이 있다. 코스모스는 오로지 우리—아주 작은 점에 붙어 있는 보잘것없는 하나의 종—를 위한 것이라는 주장은 수상쩍을 만큼 자기중심적으로 보인다.[24] 신이 우리에게 갖는 관심이 사랑에서 나왔다는 것은 더더욱 이상하다. 사랑은 가장 인간적인 감정이다. 사랑은 우리를 약하게 만들고 고통을 초래하며 우리를 자기희생으로 이끈다. 흔히 말하는 전능함의 개념 중에 이러한 약점이 들어설 자리는 없다. 새뮤엘 버틀러는 "감히 말하건대 신은 사랑이다. 하지만 사랑은 어찌나 짓궂은 악당인지!"라고 익살을 부린 바 있다.[25] 하지만 사랑의 신이라는 이미지는 정서적 호소력뿐만 아니라 놀라우리만치 지적인 호소력을 발휘해왔다.

사랑의 신이라는 아이디어는 어디에서 왔을까? 누가 이 아이디어를 처음으로 생각했을까? "누군가가 서쪽의 봉우리에 대고 울부짖으면 그 봉우리는 자비로우리라"[26]는 중왕국시대 이집트의 속담이다. 하지만 이것은 신적인 사랑보다는 신적인 정의를 표현한 것으로 보인다. 기원전 제1천년기 중반의 중국 문헌은 흔히 "하늘의 인자함"을 언급한다. 하지만 이 글귀는 사랑과는 거리가 다소 멀어 보인다. 묵자는 그리스도가 나타나기 400년도 더 전에 기독교적 사랑을 말했다. 묵자는 적들도 인정했듯이 "인류의 이로움을 위해서라면 기꺼이 한 몸을 바칠" 사람이었다.[27] 하지만 사랑으로 하나된 인류에 대한 묵자의 비전은 신학적 영감을 통해 얻은 것이 아니다. 묵자는 원시적 과거의 이른바 '위대한 연대(連帶)'의 황금시대를 그리는 낭만적인 정신적 이상을 품었다. 이는 그리스도가 제자들에게 "서로를 순수한 마음으로 완벽하게 사랑하라"고 말할 때 의미한 것과는 전적으로 달랐다. 묵자는 현실적인 윤리, 즉 우리가 세계를 운영하는 데 유용한 전략을 추천한 것이었지, 신적인 계명을 전하려 한다거나 신을 모방하려는 욕망에서 그런 것이 아니었다. 묵자의 조언은 '황금률'과 닮았다. 네가 사랑하면 타인의 사랑이 보답으로 돌아오리라. 이 주제에 관한 붓다의 가르침도 이와 비슷했지만 분명한 차이점이 있었으며 새롭게 변형이 가능했다. 묵자는 사회를 위해 사랑을 옹호했지만, 붓다는 스스로를 위해 사랑하라고 명했다. 붓다의 이른바 마하야나 전통을 따르는 스승들은 기원전 2세기에 이를 더욱 발전시켰다. 그들은 사랑은 오로지 이타적이고 보상을 바라지 않을 때만 깨우친 자의 모든 동료 인간을 향한 대가 없는 선물로서 가치 있다고 주장했다. 이것은 그리스도의 사심 없는 사랑이라는 교리와 매우 가깝다. 여러 학자가 불교가 그리스도에게 영향을 주었다고 생각한다. 만일 그렇다면 그리스도는 이 사상을 살짝 비틀어 사심 없는 사랑을 신의 속성으로 만든 셈이다.

이 교리의 기원을 이해하기 위해서는 아마도 우리는 수많은 사상 가가 열거된 명단과 그들의 사상에 관한 긴 설명 너머를 볼 수 있어야 할 것이다. 그리스도의 생각은 짐작건대 고대 유대교의 창조 교리에서 시작되었다. 신이 세계를 창조했다면 세계 안에 신을 위한 것은 무엇이 있을까? 구약성서는 여기에 대해 아무런 답도 주지 않는다. 다만, 구약성서에는 신은 자신이 "선택한 민족"과 특별한 관계를 맺고 있다는 주장이 담겨 있다. 성서의 저자들은 흔히 이것은 "충실하고 영원한 사랑"이라며 이를 어머니가 자식에게 느끼는 감정에 빗댔다. 그럼에도 대체로 그들은 대가 없이 주는 사랑보다는 합의와 '계약'을 말했지만, 1950년대에 사해 근처의 동굴에서 발견한 한 문헌을 통해 기원전 제1천년기 말에 일부 유대교 집단이 신을 다시 정의하려고 시도했다는 것이 알려졌다. 이 유대교 집단은 계약을 사랑으로 대체했다. 그들은 모두가 경험을 통해 알고 있는 강력하고 영적이며 창조적인 감정을 불러일으켜 신을 인간적으로 이해할 수 있는 존재로 만들었다. 그리스도와 그의 추종자들은 이 '사해 문서(Dead Sea Scrolls)'의 저자들과 동일한 접근방식을 취해 신을 사랑과 연관 지었다. 신의 사랑에—선택받은 민족에게만 은혜를 내리는 것이 아닌—보편적 포용성을 부여함으로써 이제 그들의 교리는 보편적 호소력을 띠게 되었다. 이렇게 해서 그들은 창조를 신의 본성과 일치하는 사랑의 행위로서 표현할 수 있게 되었다.

사랑의 신이라는 교리는 많은 문제를 해결한 반면 또다른 문제를 야기했다. 신은 어째서 악과 고통을 허락하느냐는 문제였다. 기독교도들은 여기에 기발한 대답을 내놓았다. 신의 본성이 고통받는 것이다. 고통은 그 안에 빠져 있는 자들은 쉽게 생각할 수 없는 더 큰 선의 일부이다. 악은 선의 뒷면이다. 선은 악이 없다면 무의미하다. 악이 없다면 창조는 선이 될 수 없고 그저 무미건조한 것에 지나지 않을 것이다. 자유에는 악을 행할 수 있는 자유가 포함되며 그 이유는 오로지 신만이 안다. 자유는 최고의 선이다. 고통은 두 가지 이유에서, 즉 악을 꾸짖고 선을 완성하기 위해 필요하다. 선은 보상이 없을 때만이 완벽한 선이기 때문이다. 비(雨)는 의로운 자에게 내린다.[28]

인류에 대한 신의 사랑이라는 아이디어는 한 가지 더욱 중요한 아이디어를 낳았다. 그것은—사실 과거를 돌아볼 때 아이러니하게 보이지만—인류는 나머지 창조물보다 우월하다는 아이디어이다. 자기자신을 자연의 다른 존재사들과 차별화하려는 인간의 충동은 분명 인간 정체성의 일부를 차지하지만, 초기 인간들은—상당히 올바르게—그들 자신이 더 큰 동물 연속체(animal continuum)의 일부라고 느꼈던 것 같다. 초기 인간들은 동물이나 동물 모양의 신을 숭배했고, 토템 조상을 섬겼으며, 다른 동물도 인간처럼 의례를 통해 매장했다. 우리가 아는 한 초기 인간의 사회는 대부분 인류라는 큰 개념을 갖고 있지 않았다. 그들은 자기가 속한 부족 바깥의 사람들은 모두 짐승이나 인간 이하로 분류했다.[29] 반면 「창세기」에서 신은 창조의 최절정에 인간을 만들고 이어 인간에게 다른 동물들에 대한 지배권을 준다. "땅에 충만하라, 땅을 정복하라, 바다의 물고기와 하늘의 새와 땅에 움직이는 모든 생물을 다스리라 하시니라"가 신의 첫번째 계명이었다. 기원전 제1천년기 후반의 유라시아의 문헌 전반에 비슷한 아이디어들이 나타난다.

아리스토텔레스는 살아 있는 영혼들의 위계를 도식화했는데, 여기에서 인간의 영혼은 식물과 동물의 영혼보다 우월한 것으로 간주된다. 인간의 영혼은 생장 능력과 감성 능력에 더해 이성을 갖고 있기 때문이었다. 불교도들의 감성은 모든 생명체를 포용하는 데까지 확장되었지만 환생에 관해서는 인간을 다른 생명체보다 더 높은 위치에 두었다. 중국에서는 그다음 세기 초반의 인물인 순자를 예로 들면 "인간은 정신, 생명, 지각에 더해 정의감을 갖고 있다. 따라서 인간은 지상에서 가장 고귀한 존재다"라고 말했다.[30] 따라서 힘센 생명체들은 인간에게 종속되는 것이 마땅했다. 이와 반대되는 전통들도 있었다. 마하비라는 영혼은 모든 것에 깃들며, 인간의 우월성에 대한 확신은 다른 모든 창조물을 돌볼 의무를 인간에게 부과했다고 생각했다. '동물'의 영혼을 지닌 생물체는 인간과 가장 닮았기 때문에 특별한 존중심을 갖고 대해야 했다. 마하비라와 거의 동시대의 인물인 이탈리아 남부의 피타고라스는 "생명을 갖고 태어난 모든 것은 동류로 대해야 한다"고 가르쳤다.[31] 그렇다면 인간의 우월성은 인간에게 특혜를 의미할까, 책임을 의미할까? 인간은 주인일까, 관리인일까? 이것은 인간이 자기 자신의 이익을 위해 다른 생명체를 어느 정도로 이용할 것인가에 관한, 지금도 여전히 답이 나오지 않은 기나긴 논쟁의 시작이었다.[33]

조롱하는 빌라도: 진리에 이르는 세속적 수단들

기원전 제1천년기에는 종교적 아이디어뿐만 아니라 다른 개념도 출현했고, 이 개념들은 세속적 아이디어로 분류하는 편이 더 쉬울 것이다. 당시에는 아무도 이러한 구분을 하지 않았으리라고 생각한다. 오늘날에도 여전히 우리는 붓다와 공자의 가르침을 구분하는 데 어려움을 겪는다는 점이 이를 예증한다. 그러나 종교가 미치는 범위나 중요성을 과장해서는 결코 종교를 제대로 이해할 수 없다. 사실 종교는 거의 모든 사람의 생활에 별다른, 아니 어쩌면 아무런 차이를 가져오지 않는다. 심지어 스스로 종교적인 사람이라고 말하는 사람들에게도 마찬가지다. 양심의 자극을 받는 몇몇 순간을 제외하면 거의 모든 사람은 안타깝게도 자신이 믿는 신의 경고를 무시하고 자신이 아무튼 하고자 하는 일—전쟁, 폭력, 박해 따위—을 정당화하고 싶을 때만 종교를 들먹인다.

위대한 현자들은 사기 사신만의 시간에 신에 관해 생각했다. 현자들은 대개 낮에는 본업으로 후원자, 제자, 대중 등 오늘날 대부분 교육의 '고객들'을 위해—아, 슬프도다!—그러니까 돈을 치를 만한 가치가 있는 직업 훈련 서비스를 원하는 이들을 위해 일했다. 일부 현자들은 충분히 부유해 재정적으로 독립적이었으므로 재미로 또는 자신의 영광을 위해 가르쳤다. 붓다와 마하비라는 왕족 출신이었다. 플라톤은 부유한 귀족으로 자신이 운영하는 학교에 두둑한 후원금을 냈다. 그렇지만 대부분의 다른 현자들은 일에 대한 대가로 돈을 받는 전문 직업인으로서 현실적인 사고를 중시해야 했다. 특히나 그리스나 제자백가 시대의 중국처럼 정치 세계가 분열되어 경쟁이 치열한 곳에서 현자들은 통치자들의 요구를 우선시해야 했다. 현자들은 특사의 능력을 키워줄 논증의 규칙이나 더 나은 선전을 위한 설득의 규칙, 명령을 강화할 법의 규칙, 지배계층의 의사결정에 지침이 될 정의의 규칙, 또는 통치자의 주장을 강화할 권리의 규칙을 제시해야 했다. 고매한 태도를 고수할 수 있을 만큼 부유했던 플라톤은 장사꾼들과 아첨꾼들을 맹렬히 비난했다. 덕성을 드높일 가르침을 주려고 하기보다 수사학이라는 유용한 기술을 물건처럼 판다는 것이었다.

하지만 현자들은 고객들이 유용하다고 여기는 것의 한계 너머로 생각을 확장해 초월과 진리에 닿는 사변의 영역으로 진입하는 일을 결코 피할 수 없었다. 이를테면 존재나 브라만, 실재는 우파니샤드에 담긴 가르침의 핵심을 이룬다. 누군가는 "저를 비실재에서 실재로 이끌어주소서"라고 기도한다.[33] 이러한 문제들에 관한 숙고가 사사로운 마음을 완전히 초탈한 것은 아니었다. 이러한 숙고는 아마도 학생들이 능숙하게 다른 사람들의 오류를 찾아내고 자신의 오류를 가릴 방법을 가르쳐주기 위해 수사학적 기법을 연구하다가 시작되었을 것이다. 오류를 폭로하는 것에 대한 열망은 가장 근본적으로 보이는 문제에 생각을 집중하도록 만들었다. 무엇이 실재인가? 다른 모든 것에 대한 지식—이 세계와 다른 모든 세계의—에 대한 접근 가능성의 여부는 어쩌면 바로 이 대답에 달려 있지 않을까?

그 결과 오늘날에도 여전히 우리의 세계를 형성하고 있는, 또는 최소한 우리가 우리의 세계에 관해 생각하는 방식을 형성하고 있는 가장 강력한 아이디어들 중 일부가 출현했다. 다음 절들은 형이상학, 실재론, 상대론, 순수 합리론, 논리학을 다룬다. 그다음 우리는 이에 대한 반작용으로 나온 아이디어인 회의론, 과학, 유물론을 살펴볼 것이다.

실재론과 상대론

이 모든 진전의 출발점은 모든 감각 지각의 대상은, 심지어 생각의 대상조차 환상일 수 있다는 아이디어였다. 앞서 보았듯이(204쪽) 우파니샤드에서 열렬히 표현된 이 아이디어는 아마도 인도로부터 유라시아 전역으로 확산된 것으로 보인다. 이 아이디어는 이해하기 매우 까다롭기 때문에 언제 어떻게 사람들이 이 아이디어를 처음 생각하게 되었고 이 아이디어가 그 사람들이나 이 아이디어를 이어받은 계승자들에게 얼마나 많은 변화를 일으켰는지 의문을 품게 된다.

모든 것이 환상이라는 개념의 주창자들은 통념적인 지혜와 겨루고 있었다. 그들이 이 주장을 얼마나 열렬히 내세웠는지가 이를 예증한다. 기원전 4세기 중반 중국에서 장자는 나비가 된 꿈을 꾸고 깨어난 뒤 혹시 자신이 실제로는 사람이 된 꿈을 꾸는 나비인 것은 아닌지 궁금히 여겼다. 장자보다 조금 앞서 플라톤은 동굴 벽에 비친 그림자들을 보고 비슷한 의심을 품었다. "보게." 플라톤은 썼다. "동굴에 사는 사람들이 있네. (…) 우리처럼, 그들은 불빛이 동굴 벽에 비추는 자기 자신의 그림자나 다른 사람의 그림자밖에 보지 못하네."[34] 우리는 우리를 오도하는 감각을 가진 정신적 혈거인이다. 어떻게 해야 우리는 우리의 동굴 바깥을 볼 수 있을까?

플라톤을 비롯한 여러 현자들에게 최선의 길은 여러 수준의 일반화로 이어지는 듯했다. 이를테면 당신은 어느 특정한 사람의 실재성을 확신할지 모르겠지만 '사람'의 실재성은 어떨까? 우리가 알 수 있고 감지할 수 있는 특수성들로부터 우리의 시야와 감각을 넘어선 광범위한 개념들—가령 존재나 브라만 따위—로 어떻게 나아갈 수 있을까? 예를 들어 당신이 '사람은 죽는다'고 말할 때 당신은 단순히 모든 사람을 개별적으로 지칭하고 있는 것일 수 있다. 기원전 4세기 인도의 니야야학파 철학자들의 주장처럼 말이다. 하지만 '사람'은 단지 개별 사람들의 집합이나 그 부류를 일컫는 이름에 불과할까? 아니면 '개별 사례들과 독립적으로 존재하는 실재'라는 별개의 의미가 있는 것일까? 플라톤과 그의 서구 계승자들은 대부분 별개의 의미가 있다고 믿었다. 플라톤의 언어에서는 본능적인 이상주의가 드러난다. 플라톤은 일상적 경험의 상흔과 얼룩을 혐오했다. 플라톤은 말했다. "영혼이 어떻게 신적인 것, 불멸하는 것, 영원한 것에 속하는지, 그리고 영혼이 얼마나 그것들과 함께하기를 열망하는지 보라. 만일 영혼이 그것들에 거리낌없이 다다를 수 있다면 어떨지 생각해보라. 이것이 삶의 진창에서 벗어나는 길이다." 플라톤은 오로지 보편자만이 실재하며 개별 사례들은 불빛이 동굴에 드리운 그림자처럼 불완전한 투사라고 생각했다. "절대적인 것과 영원한 것과 불변하는 것을 본 사람들은 그저 의견이 아니라 실제 지식을 갖고 있다고 말할 수 있다네."[35]

중국과 인도에서 이 논쟁에 참여한 현자들도 대체로 여기에 동의했다. 그런데 기원전 3세기에 공손룡(公孫龍)은 스스로를 "선대 왕들의 길"을 공부하는 학인이라고 일컬으며—우리는 그를 역사가라고 부를 수 있을 것이다—"백마는 말이 아니다"라는 놀라운 잠언을 남겼다.[36] 공손룡은 이 잠언을 통해 중대한 문제를 드러냈다. 우리는 감각을 신뢰할 수 있는 한 우리의 감각을 통해 백마가 존재한다고 확신한다. 더불어 우리가 말이라고 부르는 다른 수많은 특수한 생명체가 존재한다고 확신한다. 하지만 일반 개념으로 지칭되는 말은 어떨까? 그러니까 '어떤 다른 색깔을 띠는 말', 즉 회색도 아니고 밤색도 아니고, 팔로미노(갈기와 꼬리는 흰색이고 털은 크림색이나 황금색인 말—옮긴이)도 아닌 말, 여타의 말과 다름을 표시해줄 특이성 중 그 어느 것으로도 구별되지 않는 말은? 그 말은 존재하는가? 공손룡을 비판하는 사람들은 이 역설을 '궤변'으로 치부했지만 여기에는 쉽게 지나칠 수 없는 암시가 있다. 공손룡의 역설은 오로지 개별적인 말만 실제로 존재하고 보편적 용어 즉 총칭은 실재적으로 아무것도 의미하지 않을 수 있음을 시사한다. 그리하여 우주는 이제 누덕누덕 단편적으로밖에 이해할 수 없는 것이 된다. 보편적 진리는 눈 녹듯이 사라진다. 보편적 도덕 수칙도 바스러진다. 야심만만하던 보편 제국들은 금방이라도 무너질 것만 같다. 이 신조는 등장한 이래 모든 시대의 급진주의자들을 고무했다. 16세기와 17세기에 루터는 '교회'에 도전을 제기했고 개인주의자들은 사회의 오래된 유기체적 개념들에 맞섰다. 20세기에 이 신조는 실존주의자들과 포스트모던 저항 세력들에게 자양분을 제공해 하나의 정합적인 체계가 있고 그 안에서 모든 사람은 각자의 자리를 차지한다는 아이디어에 맞서도록 했다.

유명론이라고 불리게 된 이 신조는 진리를 정식화하는 일—즉, 실재와 상응하는 언어를 고안해내는 일—이 얼마나 어려운지를 보여준다. 이것은 참으로 어려운 일이어서 일부 현자들은 그러한 시도를 아예 피하라고 제안했다. 진리는 추상적인 아이디어인 한편 현실적인 문제다. 우리는 판단과 행동의 타당한 근거를 갖기 원하기 때문이다. 하지만 어떻게 우리는 여러 정식 중 한 가지를 선택할까? 고대 그리스에서 프로타고라스는 객관적 검증이란 존재하지 않는다고 이 문제를 일축해버린 인물로 악명이 높다. 프로타고라스는 "인간은 만물의 척도다. 존재하는 것에 대해서는 존재의 척도이고, 존재하지 않는 것에 대해서는 존재하지 않음의 척도다"라고 말했다. 플라톤의 대화편에서 지혜의 목소리인 소크라테스는 이 혼란스러운 진술의 의미를 정확히 간파했다. 그것은 상대론, 즉 한 사람의 진리는 다른 사람의 진리와 다르다는 신조였다.[37] 고대 중국에도 상대론자들이 있었다. 장자는 일찍이 기원전 3세기에 "원숭이는 나무를 좋아한다. 그러니 절대적으로 바른 거주지라는 것이 있다고 말할 수 있겠는가? 까마귀는 쥐를 보고 반가워한다. 물고기는 남자들이 사랑스럽다고 여기는 여자를 보고 달아난다. 누구의 기호가 절대적으로 바른가?"라고 지적했다.[38]

사상가들은 대체로 상대론은 취향의 문제에는 적용될 수 있을지 몰라도 사실의 문제로 확장될 수는 없다는 것을 받아들이기를 꺼려왔다. 현대 철학자 로저 스크루턴(Roger Scruton)은 상대론에 깔끔하게 반대를 표명했다. "'진리는 없다'고 말하는 사람은 자신이 하는 말을 부디 믿지 말라고 상대방에게 당부하는 셈이다. 그러니 믿지 말기를." 하버드대학교 논리학 교수 힐러리 퍼트넘(Hilary Putnam) 역시 똑같이 재치있는 역설을 말한 바 있다. "상대론은 한마디로 나한테는 진리가 아니다."[39] 그러나 프로타고라스의 주장을 선호한 사람들은 급진적인 결론을 받아들일 수 있었다. 그들은 마치 각 개인이 개별적인 우주를 구현하듯 모두에게는 각자의 실재가 있다고 생각한다. 진리는 단지 화려한 수사, 즉 우리가 인정하는 발언에 부여하는 칭찬, 또는 반대자를 억누르기 위해 만든 주장에 지나지 않는다. 모든 관점은 똑같이 무가치하다. 아무도―주교도, 왕도, 판사도, 테크노크라트(과학적·전문적 지식이나 능력을 가지고 현대의 조직이나 사회의 의사 결정과 관리·운영에서 중요한 역할을 맡고 있는 사람―옮긴이)도― 의견 충돌에서 적절한 중재자가 될 수 없다. 그러니 포퓰리즘이 최고의 정치다. 상대론에 답을 제시하려는 현자들은 흔히 수(數)에 호소한다. 다섯 송이의 꽃은 실재한다. 다섯은 어떤가? 그것 역시 실재가 아닌가? 설사 셀 수 있는 것이 아무것도 없다고 해도 수는 존재하지 않을까? 초기 구석기시대 막대에 새겨진 눈금이나 동굴 벽에 긁은 흔적으로 보건대 셈은 인간이 자신의 경험을 정리하는 자연스러운 방법이었다. 수학은 더 많은 것을 제공했다. 수학이라는 열쇠는 우리가 예전에는 접근할 수 없는 세계로 들어가게 해주었다. 생각 속에서 이 새로운 세계와 일별한 사람들에게는 우리의 감각을 통해 지각하는 세계보다 이 새로운 세계가 더 귀중했다. 기하학은 감각 때문에 가려지고 왜곡되는 실재에 어떻게 정신이 다가갈 수 있는지를 보여주었다. 크기가 없는 완벽한 원과 직선은 눈에 보이지 않고 손으로 만질 수도 없지만 실재였다. 산수와 대수학은 우리가 도달할 수 없는 수가 있음을 밝혔다. 0과 음수, 결코 정확히 규정할 수 없지만 우주를 떠받치고 있는 듯한 비율들. 이를테면 , 즉 원주율. 또는 그리스 수학자들이 '황금 수(數)'라고 부른, 완벽한 비율을 표상하는 듯한 수와 같은 무리수는 한층 더 신비로웠다. 무리수는 비율로도 표현되지 않았고, 그리하여 이치에 닿지 않는다는 뜻의 무리수(無理數)라고 불렸다.

피타고라스는 수의 세계에 대한 탐험의 역사에서 매우 중요한 인물이었다. 기원전 6세기 중반에 이오니아섬에서 태어난 피타고라스는 인생의 거의 모든 시기를 이탈리아의 식민지에서 학생들을 가르치면서 그리스 세계 전역에 영향을 미쳤다. 피타고라스는 많은 화제를 불러일으켰다. 신들과 소통했고, 황금 허벅지를 갖고 있었다(아마도 해부학적으로 허벅지에 인접한 신체 부위에 대한 완곡한 표현이었을 것이다). 추종자들에게 피타고라스는 단순히 인간이 아니라 인간과 신 사이에 위치한 어떤 유일무이한 존재였다. 피타고라스는 상대적으로 소소한 두 가지 통찰 덕분에 현대의 학교를 다니는 어린이들에게 유명인사로 통한다. 하나는 화음은 특정한 수학적 비율의 울림이라는 것이고, 다른 하나는 직각삼각형의 두 변의 길이는 언제나 같은 비율을 이룬다는 것이다. 하지만 피타고라스가 중요한 인물인 이유는 이보다 훨씬 더 심층적인 데에 있다.

우리가 아는 한 피타고라스는 수가 실재한다고 말한 최초의 사상가다.[10] 분명 수는 우리가 사물을 분류하는 방법이다. 꽃 두 송이, 파리세 마리. 하지만 피타고라스는 수는 그것이 열거하는 사물들과 별개로 존재한다고 생각했다. 말하자면 수는 그저 형용사가 아닌 명사다. 피타고라스는 여기서 한 걸음 더 나아갔다. 수는 아키텍처이고 코스모스는 이에 따라 건설되었다. 수는 형태와 구조를 규정하고, 우리는 여전히 정사각형과 정육면체를 말한다. 수적 비례는 모든 관계의 근간을 이룬다. 피타고라스는 이를 "만물은 수"[11]라고 표현했다.

피타고라스의 시대에 문명은 여전히 자연을 깎아 들판과 거리를 만들고 풍경에 기하학적 격자무늬를 찍고 있었다. 따라서 피타고라스의 아이디어가 이치에 닿았다. 하지만 모든 현자가 이 시각을 공유한 것은 아니다. 한 제자는 공자의 말을 이렇게 전했다. "나는 측정과 수에서 진리를 모색했다. 다섯 해가 지났지만 나는 여전히 진리를 찾지 못했다."[12] 그러나 수의 실재성은 고대 그리스로부터 서양 세계 전역으로 확산된 지적 전통에 깊숙이 뿌리내렸다. 그 결과 대부분 사람은 다른 실재하는 것들도 보이지 않고 만질 수 없어도 이치를 받아들일 수 있다는 가능성을 받아들였다. 그리고 이것은 과학, 이성, 종교의 불편하지만 지속적인 동맹의 기반이 되어왔다.

합리론과 논리학

만일 당신이 수가 실재한다고 믿는다면 당신은 초감각적인 세계가 있다고 믿는 셈이다. 버트란드 러셀은 이렇게 말했다. "더 나아가 사유가 감각보다 더 고상하며, 사유의 대상이 감각·지각의 대상보다 더 실재적이라고 주장하는 것은 당연하다."[13] 이를테면 완벽한 원이나 삼각형 또는 완벽한 직선은 신과 같다. 아무도 본 적이 없지만 인간이 만든 투박한 유사물은 흔하게 볼 수 있다. 우리가 아는 삼각형은 오로지 우리의 생각 속에 있다. 우리가 종이나 칠판에 그린 것은 그저 우리가 그것을 머릿속에 떠올릴 수 있도록 도움을 줄 뿐이다. 마치 반 고흐의 하늘이 별빛을 시사하고 장난감 병정이 병정을 시사하듯. 어쩌면 모든 것이 이와 같을지 모른다. 실재하는 나무는 우리가 생각하는 나무이지 우리가 보고 있는 나무가 아닐지 모른다.

생각은 대상을 생각 밖에서 찾을 필요가 없다. 생각은 스스로 대상을 만들 수 있다. 일부 현자들이 칭송하는 창조적인 힘은 그렇게 해서 나타난다. 이성은 경험의 매력에 미혹되지 않는 순결한 합리론이다. 이것은 혜시의 생각이었다. 혜시는 기원전 4세기 중국 최고의 다작가로 그가 쓴 책은 수레를 몇 대씩 채웠다. 혜시는 듣는 이의 머릿속을 멍하게 만들고 눈앞을 흐리게 하는 역설을 말한 바 있다. "불은 뜨겁지 않다. 눈은 보지 않는다."[44] 우리가 진정으로 아는, 유일하게 실제로 뜨거운 것은 불에 대한 생각이며 데이터가 정신에 직접 작용한다는 뜻이었다. 그러고 나서야 비로소 우리가 그것들을 감각한다. 우리가 실제로 보는 것은 정신에 떠오른 인상이지 외부의 대상이 아니다. 우리는 실재를 우리의 정신 안에서 조우한다. 어떠한 도움도 받지 않은 이성만이 진리의 유일한 안내자다.

우리가 이름을 아는 최초의 합리론자는 파르메니데스였다. 파르메니데스는 기원전 5세기 초 이탈리아 남부의 그리스 식민지에서 시와 역설을 통한 자기표현을 추구했다. 파르메니데스는—내가 그를 상상하는 방식으로는—불완전한 언어에 갇힌 위대한 정신의 고통을 인내했다. 파르메니데스는 결함이 있는 마이크 때문에 좌절하는 웅변가와 비슷했다. 우리가 생각할 수 있는 범위는 우리가 말할 수 있는 범위를 제한하고 우리가 생각할 수 있는 범위는 다시 우리가 고안해낼 수 있는 언어의 범위로부터 제한을 받는다는 것을 파르메니데스는 깨달았다. 우리는 진리로 가는 유일한 도정에서 감각된 것을 우회하고 사유된 것을 취해야 한다. 그 결과는 다소 충격적이다. 만일 분홍색 장미가 감각적 대상으로서가 아니라 생각으로서 실재한다면 파란색 장미도 똑같이 그렇다. 만일 당신이 어떤 것을 생각하면 그것은 실제로 존재한다. 당신은 어느 것의 비존재도 말할 수 없다.[45] 이 정도까지 밀고 나가는 합리주의자는 거의 없지만 확실히 이성에는 관찰과 실험이 갖지 못한 힘이 있는 듯하다. 이성은 우리 머릿속의 비밀스러운 동굴을 열 수 있다. 이 동굴에는 진리가 묻혀 있다. 플라톤이 말한 동굴 벽의 울퉁불퉁한 굴곡에 조금도 손상되지 않은 채 말이다. 합리론 아이디어는 이후 이어질 아이디어의 역사에서 가장 좋은 것의 원인도 되고 가장 나쁜 것의 원인도 되었다. 가장 좋은 것의 원인이 된 이유는 이성에 대한 확신이 사람들이 도그마에 의문을 제기하고 거짓말을 파헤치게 했기 때문이고, 가장 나쁜 것의 원인이 된 이유는 이성에 대한 확신이 이따금 과학을 방해하고 자기 탐닉적 사변을 부추겼기 때문이다. 아마도 그 영향은 전반적으로 반반이었을 것이다. 이론적으로는 이성은 법을 만들고 사회를 형성하고 세계를 발전시켜야 한다. 그러나 현실적으로 이성은 지배계층의 바깥에서는 결코 호소력을 갖지 못했다. 이성이 사람들이 행동하는 방식에 지대하게 공헌한 적은 거의, 어쩌면 아예 없다. 역사책에서 '이성의 시대'에 관한 장(章)들은 여지없이 다른 것에 관해 이야기한다. 그러나 이성의 명성은 도그마나 카리스마, 감정, 벌거벗은 권력에 근거한 정치 체제를 누그러뜨리거나 제한하는 데 도움을 주었다. 이성은 과학, 전통, 직관 등과 더불어 진리 발견을 위한 필수 연장통의 일부를 이루었다.

일부 합리주의자들에게 이성은 도피주의적인 장치, 즉 우리가 실제로 거주하는 이 진저리나는 세계를 제압하고 폄하할 수단이 되었다. 이성을 이용해 코스모스를 조롱한 극단적인 사례로는 역설을 즐긴 엘레아의 제논을 들 수 있다. 혜시도 비슷한 역설을 들었지만 제논이 시기적으로 앞선다. 기원전 5세기 중반 즈음 제논은 아테네로 여행을 가서 자신의 기술을 뽐내고 안일한 아테네인들에게 놀라움을 선사했으며 스승 파르메니데스의 비판자들을 충격에 빠뜨렸다. 일례로 제논은 날아가고 있는 화살은 매 순간 자신의 크기에 꼭 맞는 공간만을 차지하기 때문에 항상 정지해 있다는 황당한 주장을 펼쳤다. 제논에 따르면 모든 여행은 결코 끝날 수 없는데, 이는 종착지에 다다르기 전에 항상 남은 절반을 마저 가야 하기 때문이었다. 혜시는 대나무 줄기는 날마다 반으로 잘라도 영원히 절반이 남는다고 지적한 바 있는데 제논 역시 놀라우리만치 비슷한 예를 들어 물질은 절대 쪼갤 수 없다는 재담을 했다. "막대기를 날마다 절반 길이로 줄이면 그 막대기는 만 세대가 지나도 여전히 얼마간 남아 있을 것이다."[46]

제논의 비현실적이지만 몹시 인상적인 결론들은 이성과 실험을 멀리 떨어뜨려놓았다. 다른 현자들은 이 틈을 메우려고 했다. 이러한 시도를 가장 잘 대표하는 인물은 아리스토텔레스다. 그리스 북부에서 의사의 아들로 태어난 아리스토텔레스는 플라톤에게서 배웠고 뛰어난 학생들이 무릇 그렇듯 스승의 가르침을 반박함으로써 스스로를 발전시켜나갔다. 그리스 철학에 관한 독보적인 케임브리지대학교의 학자 월터 거스리(Walter Guthrie)는 플라톤과 아리스토텔레스를 읽었던 학창시절을 회상한 적이 있다. 플라톤의 산문은 아름다웠지만 이해하기 어려웠다. 하지만 당시 거스리는 아직 소년이었음에도 자신이 아리스토텔레스를 완벽하게 이해할 수 있다는 사실이 몹시 놀라웠다. 아리스토텔레스는 어린 월터가 사는 시대의 사상을 마치 기적처럼 미리 내다본 "시대를 선취한" 인물 같았다. 훗날 거스리는 지혜가 한창 무르익었을 때야 비로소 진실을 깨달았다. 우리가 아리스토텔레스의 생각을 이해할 수 있는 것은 아리스토텔레스가 우리처럼 생각했기 때문이 아니라 우리가 아리스토텔레스처럼 생각하기 때문이었다. 아리스토텔레스가 현대적인 것이 아니라 우리 현대인들이 아리스토텔레스주의자인 것이다.[47] 아리스토텔레스는 논리학과 과학의 바퀴 자국들을 추적했고 우리들의 사유는 여전히 그 안을 맴돈다.

논리학에 이르는 과정은 기원전 제1천년기 중반 즈음 시작되었다. 이때 인도와 그리스, 중국의 교사들은 현실적인 수사법 수업을 고안하려고 했다. 그들은 법정에서 탄원하는 법, 대사들 사이에서 주장을 펴는 법, 적을 설득하는 법, 후원자를 칭송하는 법을 가르쳤다. 이성의 올바른 사용을 위한 규칙은 설득하는 자가 갖추게 될 기술의 부산물이었다. 하지만 크리스토퍼 말로의 파우스투스 박사가 물었듯 "논리학의 최고 목적이 논쟁을 잘하는 것일까? 이 기술로 그보다 더 위대한 기적은 기대할 수 없을까?" 아리스토텔레스는 더 순수한 목적을 제시하고 더 위대한 기적을 구상했다. 논리학은 참을 거짓으로부터 골라내는 체계였다. 이것으로 우리는 상식(공통감각)과 현실 규칙을 함께 묶을 수 있을 터였다. 아리스토텔레스는 타당한 논증은 모두 세 단계를 거쳐 분석할 수 있음을 보여주었다. 앞서 이루어진 증명이나 합의로 수립된 두 개의 전제가 마치 화려하게 휘저은 마법사의 요술봉처럼 필연적인 결론을 끌어낸다. '삼단논법'의 교과서적 예시를 보면 '모든 사람은 죽는다'와 '소크라테스는 사람이다'가 참이면 이로부터 '소크라테스는 죽는다'라는 결론이 도출된다. 이 규칙들은 수학을 닮았다. 2 더하기 2는 4가 될 때 2는 두 개의 알이 될 수도 있고, 두 개의 다리미가 될 수도 있고, 두 마리의 쥐가 될 수도 있고, 두 명의 사람이 될 수도 있다. 마찬가지로 논리학도 주제가 무엇이든 동일한 결과를 도출한다. 실제로 우리는 주제를 가리고 이 자리에 대수학에서 사용하는 부호를 넣을 수 있다. 한편 인도에서 니야야학파의 고대 문헌 주석가들도 비슷한 프로젝트에 착수해 논리 과정을 다섯 단계로 나누었다. 그런데 니야야학파 주석가들은 한 가지 근본적인 측면에서 아리스토텔레스와 달랐다. 그들은 이성을 신이 부여한 특별한 인식 수단으로 보았다. 아울러 그들은 엄격한 합리주의자도 아니었다. 의미는 머릿속에서 발생하는 것이 아니라 신으로부터 파생된다고 믿었다. 신은 전통이나 구성원 간 합의를 경유해 생각의 대상에 의미를 부여한다. 분명 논리학은 공리에 의존하기 때문에 불완전하다. 명제들은 진리로 여겨지지만, 이것은 논리 체계 안에서 검증될 수 없다. 그러나 아리스토텔레스 이래로 이 부분에서 서양 논리학자들이 할 수 있는 일은 그저 그가 남긴 규칙들을 정교히 다듬는 것 말고는 그리 많지 않은 듯했다. 공리공론이 펼쳐졌다. 이 작업을 마칠 즈음 서양 논리학자들은 모든 가능한 논증을 256개로 분류했다.[48]

이성 그리고 관찰이나 경험 사이에는 충돌이 있을 수 없다. 이것들은 진리를 확립하기 위한 상호보완적 수단들이다. 그러나 사람들은 편을 갈라 일부는 '과학'을 불신하고 증거의 신빙성을 의심했으며 일부는 경험의 편에 서서 논리를 거부했다. 과학은 실험을 우선시함으로써 이성에 대한 불신을 조장한다. 합리론자들이 세계를 바라보는 방식에 따르면 우리는 감각을 신뢰할 수 없으므로 관찰과 경험은 열등한 기술이다. 최고의 실험실은 정신이고 최고의 실험은 사고다. 반면 비타협적인 과학적 정신이 보기에 합리주의는 형이상학적이며 경험에 근거해 있지 않다.

순수 이성으로부터의 퇴각: 과학, 회의론, 유물론

기원전 제1천년기 사상가들은 플라톤의 동굴에서 빠져나가기 위해 과학과 이성으로 저글링 묘기를 했다. 이때 발생한 충돌에서 우리는 오늘날 교조적 과학—반대자들은 이것을 '과학주의'라고 부른다—과 영적 사유방식 사이에서 벌어지는 문화 전쟁의 기원을 발견할 수 있다. 동시에 회의론자들은 과연 허위(falsehood)의 한계를 폭로할 수 있는 기법이 정말로 있는지에 관한 의심을 발전시켰다. 이후 이성과 과학 사이의 간극에는 단 한 번도 다리가 다시 놓이지 않았다.

　　어떤 의미에서 과학은 회의주의의 한 형태인 감각에 대한 불신에서 시작된다. 과학은 외양을 뚫고 들어가 그 아래에 자리해 있는 진리를 드러내는 것을 목표로 삼는다. 3세기 중국의 백과전서 『여씨춘추(呂氏春秋)』—힘든 시기에 야만족의 약탈 행위로부터 중국의 학문을 수호하기 위해 편찬한 귀중한 전집—는 유익한 역설을 제시한다. 부드러운 두 금속을 섞으면 강한 금속이 되고, 옻은 액체로 보이지만 다른 액체를 섞으면 단단하게 굳으며, 독이 있는 약초들도 잘 섞으면 약이 된다. "단지 어떤 것의 성분들을 안다고 그것의 속성을 전부 알 수는 없다."[49]

　　그럼에도 우리가 과학으로 분류하는 모든 책이 그렇듯, 『여씨춘추』도 현실적인 목적을 위해 신뢰할 수 있는 것이 무엇인지를 파악하는 데 집중한다. 이 책에 초자연적인 것은 등장하지 않는데 이는 초자연적인 것이 허위라서가 아니라 유용하지 않으며 진위를 확인할 수 없기 때문이다. 아리스토텔레스가 그저 생각이 아닌 이른바 사실을 요구했을 때 그는 스승 플라톤의 불가사의한 정묘함에 대한 지적 저항을 감행한 셈이었다. 하지만 사실 이 시대의 과학에서는 한층 더 깊고 오래된 반감이 작동하고 있었다. 이 시대의 과학은 보이지 않고 감지할 수 없는 영혼을 사물의 속성이나 생명체의 행동이 비롯되는 원천으로 보는 입장(116~117쪽 참조)을 거부했다. 영혼들은 과학을 방해했다. 우리가 자연적 원인의 결과로 이해할 수 있는 변화를 설명할 때 영혼이 동원되곤 했기 때문이다.

우리가 말할 수 있는 한, 기원전 제1천년기 이전에는 아무도 자연적인 것과 초자연적인 것 사이에 분명한 선을 그을 수 없었다. 과학은 종교적이었으며 의학은 주술적이었다. 둘 사이의 구분이 분명하게 나타난 가장 오래된 증거는 기원전 679년 중국에서 찾을 수 있다. 이때 현자 신서(申胥)는 혼령은 그것을 보는 사람의 두려움과 죄책감의 발로라고 설명했다고 전해진다. 공자는 제자들에게 "산 사람을 알기 전까지 죽은 사람에 관해" 생각하는 것을 피하라며[50] 귀신을 냉담하게 거리를 두어 섬기라고 권했다. 유가 사상가들에게 자연에서 인간사—정치와 윤리—는 나머지보다 우위에 있었다. 하지만 유가 사상가들은 오늘날 우리가 과학이라고 부르는 것을 실천할 때 미신으로 여겼던 것에는 이의를 제기했다. 그들은 무생물에 감정이나 의지가 있다는 견해를 거부했다. 모든 물질에 영혼이 깃들어 있다는 개념에 반대했고, 자연 세계가 인간의 죄나 정직함에 반응을 보인다는 주장—일부 학식 높은 사상가들도 코스모스의 상호연결성을 근거로 이러한 주장을 발전시켰다—을 조롱했다. 유가의 어느 기원전 239년경 문헌에는 이렇게 쓰여 있다. "원인을 모르면 아무것도 모르는 것과 같다. 물이 산을 떠나는 것은 물이 산을 싫어해서가 아니라 높이로 인한 것이다. 밀은 자라거나 추수되어 곡창으로 가고자 하는 욕망이 없다. 따라서 현자는 선이나 악에 관해 물을 것이 아니라 이유에 관해 물어야 한다."[51]

유라시아의 여러 지역에서 자연적 원인은 지식인의 담론에서 주술을 다양한 수위에서 자연의 영역으로부터 쫓아냈다. 그러나 과학은 자연을 완전히 탈신성화할 수는 없었다. 영혼과 악령이 물러나자, 현자들의 정신에서 자연은 대체로 신의 손에 남겨졌다. 종교는 환경과 인간 사이의 관계 수립에서 활발한 역할을 했다. 중국에서 황제들은 여전히 우주의 조화를 유지하기 위한 의례를 거행했다. 서양 사람들은 여전히 자연재해를 피하게 해달라고 기도하고 고난의 원인을 죄악에 돌렸다. 과학은 결코 종교와 완벽하게 분리된 적이 없다. 사실 세계에 대한 이 두 가지 접근방식은 주제넘게 상대방의 영토를 식민지화하기도 했다. 심지어 오늘날에도 일부 종교 교리 해설가들은 신학에 과학 교과목을 가미하려고 시도하고, 일부 과학자들은 마치 무신론을 종교인 양, 진화가 신의 섭리인 양, 다윈이 선지자인 양 옹호한다.

과학이 번성하려면 과학의 아이디어만으로는 충분하지 않았다. 사람들은 자연을 체계적으로 관찰하고 가설을 검증하고 결과로 얻은 자료를 분류할 필요가 있었다.[52] 우리가 경험론이라고 부르는 방법론은 이러한 요구에 부응했다. 경험론은 어디에서 왔을까? 우리는 경험론의 지적 기원을 도교의 자연에 대한 신조 그리고 초기 의학에서의 활용에서 찾아볼 수 있다.

초기 도교에서 주술이나 점술의 관습은 관찰과 실험에 특별한 지위를 부여했다. 유가에서는 흔히 도교를 주술을 들먹이는 허튼소리로 치부하는 반면 서양인은 도교를 경외의 눈길로 신비롭게 바라본다. 그러나 도교에서 사원을 일컫는 유일한 단어인 '도관(道觀)'은 자연을 탐구하는 망루를 의미한다. 도교의 가르침은 일상적인 관찰에서 출발한다. 이를테면 물은 세계를 반영한다. 물은 다른 모든 물질에 스미고 굴복하고 껴안으며 무언가에 닿으면 모양을 바꾼다. 하지만 물은 가장 단단한 바위를 침식한다. 그리하여 도교에서 물은 모든 것의 모양을 만들고 모든 것을 에워싸며 모든 것에 스미는 '도(道)'의 상징이 되었다. 도교의 이미지—뱀처럼 굽은 곡선이 가운데를 가르는 원—에서 우주는 두 개의 파도가 뒤섞이는 듯이 묘사된다. 도교 신자들은 오로지 지식의 축적을 통해서만 지혜를 얻을 수 있다. 도교는 자연을 길들여야 할 짐승이나 지배해야 할 적과 닮았다고 여김으로써 주술을 주변으로 밀어낸다. 일단은 자연을 알아야 한다. 도교는 경험주의적 습관을 갖도록 강요한다. 그리고 아마도 이것은 중국으로부터 서양으로 확산되었을 것이다. 중국의 과학은 항상 이론적 측면에서는 약하되 기술적 측면에서는 강했다. 서양에서 실험 과학의 현대적 전통이 발전한 것은 아이디어들이 유라시아의 양쪽을 활발히 오간 기원전 제1천년기였다는 것은 어쩌면 단순한 우연의 일치가 아닐지 모른다. 이후 아이디어들의 활발한 여행은 13세기에 재개되었는데—이후에는 다시는 역전이 발생하지 않는다—나중에 다시 보겠지만 13세기에는 유라시아 대륙의 이 끝과 저 끝 사이에서 접촉이 다시 큰 폭으로 증가

하면서 중국의 수많은 아이디어와 발명품이 스텝 지대와 실크로드를 통해 유럽으로 전해졌다.[53]

경험론이 실제로 활용된 가장 오래된 증거는 의학적 민간전승에서 찾을 수 있다.[54] 우리는 오늘날 모든 질병은 신체로 설명이 가능하다는 명제를 대체로 큰 의심 없이 받아들이지만 이 명제가 처음 제시되었을 때 이것은 퍽 이상한 아이디어였다. 질병은 광기를 포함한 여느 비정상적인 상태와 마찬가지로 어떤 영혼이 누군가에게 덮쳐서 생긴 결과일 수 있었다. 일부 질병에는 물질적 원인이 있을 수 있겠지만 일부는 영혼이 원인일 수 있었다. 아니면 이 두 가지가 복합적인 원인일 수도 있었다. 아울러 아픈 상태는 죄에 대한 신의 벌일 수 있었다. 대략 기원전 제1천년기 중반부터 중국과 그리스의 치유 전문가들은 이 균형을 밝혀내려고 했다. 그 결과, 주술과 의학 사이에 일대 논쟁이 벌어졌다. 아니, 그것은 어쩌면 단지 주술의 다른 두 가지 형태 사이의 경쟁이었을까? 기원전 540년에 쓰였다고 기록된 중국의 어느 일화에서 한 관료는 왕에게 신체의 건강을 바란다면 강, 산, 별의 혼령들이 아닌 식사, 운동, 품행에 힘쓰라고 권한다. 그로부터 200여 년 뒤에 유가 사상가 순자는 "습기 때문에 생긴 관절염을 쫓는답시고 북을 치고 귀신에게 바친답시고 새끼 돼지를 삶는" 사내를 비웃는다. 그 결과는? "북은 닳고 돼지를 잃을 뿐 회복의 기쁨은 얻지 못할 것"이었다.[55] 기원전 5세기 말 그리스에서 세속의 의사들은 경쟁 상대인 신전의 의사들과 논쟁했다. 세속의 의사들은 환자들이 구토제를 쓰거나 사혈을 하거나 불규칙적으로 식사하라고 처방했다. 건강은 본질적으로 인체의 네 가지 체액―혈액, 점액, 흑담즙, 황담즙―의 평형상태라고 간주했기 때문이다. 이 균형을 맞추면 환자의 건강은 호전될 수 있다는 것이 그들의 생각이었다. 이 이론은 틀렸지만 진정으로 과학적이었다. 이론의 기반을 통증이나 질병을 앓는 신체가 배출하는 물질에 대한 관찰에서 찾았기 때문이다. 당시 뇌전증은 신들린 상태로 여겨졌지만 히포크라테스가 썼다는 어느 논문은 여기에 자연주의적인 설명을 제시했다. 이 문헌은 인상적인 결론과 그것을 뒷받침할 기이한 근거를 내놓는다. 논문에서는 뇌전증 증상이 있는 염소를 찾으라고 지시한다. "머리를 자르고 열어보면 뇌에 (…) 유체가 가득하고 악취가 풍길 것이다. 이것은 염소의 몸을 해친 것은 질병이지 신이 아님을 확실히 증명한다. (…) 나는 이른바 '신성한 질병'이 다른 질병보다 신적이거나 신성하다고 믿지 않는다. 그와는 반대로, 모든 질병에는 구체적인 특징과 분명한 원인이 있다. (…) 나는 인간의 신체가 신에 의해 오염될 수 없다고 믿는다"라고 히포크라테스로 추정되는 작가는 썼다.[56]

사원의 치유술은 전문 의학과 나란히 존속했다. 세속의 전문가들이 쩔쩔맬 때—흔한 일이었다—사람들은 흔히 질병에 대한 종교적 설명을 추종했다. 오늘날에도 통상적인 치료법이 실패할 때 민간요법, 동종요법, 신앙 치료, 무자격 진료, 기적, 심리분석 등이 여전히 도움을 준다. 그런데 기원전 제1천년기 의사들은 치료법을 혁신했다. 그들은 과학을 말하고 실천했다. 기원전 제1천년기 의사들은 신적인 용어로 설명되어야 할 것은 아무것도 없다는 신념을 도입했고 이는 이후 폭넓은 지지를 얻었다. 생물학, 화학, 물리학은 모든 것을 설명할 수 있다. 아니, 시간이 좀더 주어진다면 반드시 설명해낼 것이다.

과학은 목적을 발견하기 어렵다는 것을 알게 되었다. 과학은 세계에 과연 목적이 있는가라는 의구심을 제기했다. 만일 세계에 목적이 없다면 과거의 수많은 통설이 깨진다. 만일 세계가 무작위적인 사건이라면 세계는 인간을 위해 만들어진 것이 아니다. 우리는 무의미로 축소된다. 아리스토텔레스가 목적인이라고 부른 것—사물의 목적으로서 그것의 본성을 설명해주는 것—은 모순된 개념이 된다. 유물론자들은 목적이라는 개념 전체가 미신적이며 이 세계가 어째서 존재하는가 또는 어째서 지금의 모습을 띠고 있는가를 묻는 것은 무의미하다고 여전히 당당하게 주장한다. 기원전 200년경 중국의 현자 열자(列子)는 그들보다 앞서 있었다. 열자는 아마도 이 지나치게 위험한 아이디어에 대한 정통파 비판자들의 공격을 피하기 위해 한 일화에서 어린 소년을 무목적성의 대변자로 내세웠다. 일화는 이렇다. 어느 신앙심 깊은 주인이 세상에는 먹을 것이 넘쳐난다며 신의 너그러움을 칭송하자 소년이 말했다. "모기는 인간의 피를 빨아먹고 늑대는 사람의 살점을 뜯어 먹습니다. 그렇다고 우리는 '하늘'이 모기와 늑대를 위해 사람을 만들었다고 주장하지 않지요." 그로부터 300여 년 뒤에 등장한 왕충(王充)은 목적이 없는 우주의 탁월한 옹호자였다. 왕충은 한층 더 자유롭게 의견을 피력했다. 사람은 우주에서 "옷 주름 사이의 이처럼 산다. 우리는 벼룩이 귓속에서 소리를 내도 알아채지 못하는데 신이 사람의 소망을 들어주기는커녕 목소리나 들을 수 있겠는가?"[57]

목적이 없는 우주에서 신은 있으나 마나 한 존재다. 사람들은 이제 무신론을 떠올리게 된다.[58] "어리석은 자는 자신의 마음에 이르기를 하느님이 없다고 한다"고「시편」은 노래한다. 그런데 이 말은 무엇을 뜻할까? 고대에 무신론자라는 비난이 신을 전면적으로 부정했다는 의미에 이르는 경우는 드물었다. 기원전 5세기 중반의 아낙사고라스는 아테네의 반(反)무신론법 위반으로 고발당한 최초의 철학자이지만 아낙사고라스의 신조는 우리가 지금 알고 있는 무신론과 다르다. 아낙사고라스가 받은 유일한 혐의는 태양은 뜨거운 돌이고 달은 "흙으로 이루어져" 있다고 말한 것이었다. 프로타고라스의 경우, 만일 그가 무신론자였다면 그는 불가지론자의 가면을 쓰고 있었다. 프로타고라스는 이렇게 말했다고 전해진다. "신들에 관해서라면 나는 그들이 존재하는지 여부를 알지 못한다. 그것을 알기에는 장애물이 많기 때문이다. 주제가 모호한데다 인간의 삶이 짧지 않은가."[59] 소크라테스는 그가 인정하는 신은 아테네 대중의 기호에 비추어 지나치게 미묘하다는 이유로 무신론자라는 선고를 받았다. 시노페의 디오게네스는 누구도 말릴 수 없는 급진적인 회의론자이자 수행자이며 광대였다. 디오게네스는 알렉산드로스 대왕과 재담을 나누었으며 인간은 깃털이 없는 두 발 달린 동물이라는 소크라테스의 정의가 틀렸음을 보여주기 위해 닭을 가져다가 깃털을 몽땅 뽑았다고 전해진다. 디오게네스의 말을 직접 듣거나 읽은 고대 사람들은 디오게네스가 신에 대해 언급한 내용을 모두 아이러니로 이해했다.[60]

서기 1세기 말경 다른 사람들의 아이디어들을 파괴하는 데 일가견이 있었던 섹스투스 엠피리쿠스는 신에 대한 믿음을 주저 없이 거부할 수 있었다. 엠피리쿠스를 보면 종교는 대중의 아편이라는 마르크스의 비판이 그리 독창적인 것이 아니었음을 알 수 있다. 엠피리쿠스는 그의 시대에 이미 500년이 된 한 격언을 인용하며 "어느 약삭빠른 사람이 신에 대한 두려움"을 사회 통제의 수단으로서 "발명"했다고 주장했다. 그가 보기에 신의 전지전능함은 양심의 자유를 억압하기 위해 만든 허깨비였다. 엠피리쿠스는 이렇게 결론 지었다. "신이 모든 것을 통제한다고 말하는 사람은 신이 죄악의 연출자라고 말하는 셈이다. 우리는 신에 관해 말을 할 뿐 믿음을 표현하지 않음으로써 교조주의자의 죄악을 피한다."[6]

신에 대한 거부는 더 넓은 맥락에서 볼 때 쉽게 이해될 수 있다. 이것은 합리론으로부터의 퇴각이고, 진리의 안내자로서 감각 인식의 부흥이며, 유물론의 복귀다. 앞서 보았듯이 유물론은 호기심이 없는 정신의 기본 상태로 이 책에 등장한 합리론, 경험론, 상대론 등 다른 대부분의 '-론'들보다 먼저 나타났다(106쪽 참조). 있는 그대로의 단순한 정신, 아마도 그래서 오랜 세월 부정되었던 유물론은 기원전 제1천년기 중반에 이르러 이윽고 자신의 주장을 드러낼 시기를 만났다. 이때 오늘날에는 잘 알려지지 않은 흥미로운 인도의 현자 아지타 케사캄발라(Ajita Kesakambala)가 유물론을 되살렸다. 케사캄발라의 생각은 붓다의 제자들이 나중에 그를 비판하며 남긴 분개어린 기록을 통해서만 전해지고 있다. 붓다의 제자들이 남긴 기록이 믿을 만하다면, 케사캄발라는 여기 그리고 지금의 세계 말고는 어떠한 세계도 없다고 주장했다. 인간을 비롯한 모든 것은 흙, 공기, 불, 물로 이루어진 물질이었다. "육신이 죽으면 아둔한 자든 현명한 자든 똑같이 중단되고 사멸한다. 사람은 죽으면 존속하지 않는다." 깊은 신앙심의 실천에는 아무런 의미가 없으며 '선한' 행동과 '악한' 행동 사이에는 실제로 아무런 차이가 없었다. 케사캄발라는 어쩌면 뚜렷이 구별되지만 동류인 전통을 완벽하게 선취했다. 그것은 도덕이나 지적·미적 쾌락보다 부처럼 정량화할 수 있는 재물과 육체적 쾌락을 우위에 두는 가치 체계, 전자는 후자의 그릇된 현시일 뿐이라고 주장하는 가치 체계였다.[62] 주류 불교, 자이나교, 힌두교의 신자들은 인도의 유물론을 결코 완전히 억누르지 못했다.

한편 그리스에서도 비슷한 유물론적 전통이 꾸준히 이어졌다. 압데라의 데모크리토스가 대표적인 철학자이며 아마 서양의 유물론을 창시한 이도 그였을 것으로 짐작된다. 여러 지역을 여행한 데모크리토스의 생애는 기원전 5세기에서 4세기로 넘어가는 시기에 걸쳐져 있었다. 일반적으로 데모크리토스는 물질이 연속적이라는 것을 최초로 부정한 인물로 유명하다. 모든 것은 극히 작고 개별적인 입자로 이루어져 있으며, 이러한 입자들은 마치 햇빛 속의 먼지들처럼 각기 다른 패턴으로 움직여 다님으로써 각기 다른 물질을 만든다고 주장했다. 이 신조가 참으로 탁월한 이유는 현대 과학이 묘사하는 세계와 몹시 닮았기 때문이다. 실제로 우리는 원자론을 과학의 모델, 즉 우리를 우주의 진정한 본성으로 이끌어줄 믿음직한 안내자로 여긴다. 그런데 데모크리토스와 그의 동료 철학자들은 이것을 순수하게 사색을 통해 성취했다. 그들은 움직이는 사물들 사이에는 반드시 공간이 있어야 하는데 만일 물질이 연속적이라면 공간이 있을 수 없다며 이것은 반박이 불가능한 주장이라고 생각했다. 당연히 데모크리토스의 반대자들은 이 말에 설득되지 않았다. 서양 세계에서 과학적 합의는 이후 2500여 년 내내 원자론에 대체로 적대적이었다.

에피쿠로스는 기원전 270년에 사망한 인물로 그 역시 주류에 맞선 소수에 속한다. 오늘날 에피쿠로스의 이름은 육체적 쾌락의 추구와 떼려야 뗄 수 없다. 하지만 사실 그는 대중이 흔히 에피쿠로스주의 하면 떠올리는 죄에 물든 방탕한 삶과는 사뭇 다른 절제된 쾌락을 권유했다. 에피쿠로스의 원자론 해석은 아이디어의 역사에서 더욱 중요한 자리를 차지한다. 에피쿠로스가 상상한 세계—원자와 빈 공간(void)만이 존재하는 세계—에는 영혼을 위한 자리가 없기 때문이다. 운명도 있을 수 없다. 원자들의 움직임은 "예측 불가능한 방향 전환"에 달려 있기 때문이다. 불멸하는 영혼도 있을 수 없다. 모든 것은 소멸 가능한 물질인 원자로 이루어져 있기 때문이다. 신들은 우리가 희망할 이유도 두려워할 이유도 없는 환상 속에서만 존재한다. 유물론자들은 에피쿠로스의 대담한 주장들을 꾸준히 활용해왔다.[63]

유물론자들은 문제를 단순화해 실재의 본성에 관해 대답하기 어려운 큰 질문들을 옆으로 치워두었다. 다른 철학자들은 현실적인 수제에 초점을 맞추는 것으로 대응했다. 엘리스의 피론이 그러한 예였다. 피론은 수많은 일화를 남긴 위대한 기인 중 한 명이다. 피론은 알렉산드로스를 동행해 인도에 가서 만난 벌거벗은 현자들의 무관심을 모방했다고도 전해진다. 피론은 매사에 무심하고 사고를 자주 겪어서 사람들은 그를 세속을 초탈한 인물로 보았다. 어느 날 피론은 고향으로 돌아가는 배에서 돼지가 폭풍을 보고도 두려워하지 않는 것에 감명을 받았다. 피론은 이성 역시 똑같은 무관심함으로 대했다. 피론은 이렇게 말했다. 우리는 어느 주장이든 양쪽 입장에 대해 똑같이 좋은 근거를 댈 수 있다. 따라서 현명한 사람이라면 사고를 중단하고 외양에 근거해 판단할 것이다. 피론은 또한 모든 추론은 가정에서 시작하기 때문에 어떠한 추론도 확실하지 않다고 지적했다. 일찍이 기원전

4세기 초 중국에서 묵자도 비슷한 깨달음을 얻었다. 묵자는 어떠한 증거도 진정으로 현재에 속하지 않으므로 모든 문제를 의심의 대상으로 삼아야 한다고 단언했다. "우리가 지금 알고 있는 것은 대부분 과거의 경험에서 온 것이 아닌가?"라고 묵자는 묻는다.[64] 회의론은 이러한 계열의 사고로부터 출발했다. 극단적인 회의론자는 우리는 아무것도 알 수 없으며 앎이라는 개념 자체가 착각이라고 여긴다.

역설적으로 보이겠지만 과학과 회의론은 더불어 성장했다. 이성과 경험은 똑같이 믿을 수 없다. 따라서 우리는 경험과 그것이 가르쳐줄 수 있는 현실적인 이득을 선호하는 편이 낫다. 예를 들어 기원전 2세기 중국의 철학서 『회남자(淮南子)』는 궁수 '이'에 관한 이야기를 전한다. 이는 현자의 조언을 듣고 서쪽 끝으로 불멸의 약초를 찾아 나섰다. 하지만 그는 약초가 자기 집 대문 밖에서 자라고 있다는 것은 몰랐다. 아는 것이 아무리 많아도 현실적이지 않은 지혜는 쓸모가 없었다.[65] 도가의 저작에 등장하는 인물들은 흔히 자신이 하는 일에 관해 잘 아는 직인들과 그런 그들에게 다른 것을 하라고 설득하지만 결국에는 재난을 초래하는 합리주의자들이다.

도덕과 정치

현자들의 노력이 과학과 회의론으로 이어졌다면 그 노력의 또다른 가닥은 윤리와 정치에 관한 생각을 고무했다. 진실과 허위의 구분에 무관심한 정신은 선과 악의 구분으로 관심을 돌릴 수 있다. 사람들을 선하게 만들고자 한다면, 또는 악을 억제하고 싶다면, 한 가지 확실한 수단은 국가다.

예를 들어 그리스에서는 플라톤과 아리스토텔레스가 인식론의 문제를 두루 다룬 듯이 보였고 철학자들은 이제 개인의 행복이나 사회의 선을 위해 최고의 현실적 선택을 내리는 문제로 관심을 돌렸다. 이타주의, 중용, 수련은 스토아주의를 특징짓는 요소들이다. 에픽테토스는 한때 노예였으나 네로가 다스리는 로마에서 유명한 스승이 되었다. 그는 이렇게 말했다. "내게 아프지만 행복하고, 위험에 직면했지만 행복하며, 죽음을 맞았지만 행복하며, 유배와 치욕을 겪었지만 행복한 사람을 보여달라, 신들에게 맹세코, 그는 스토아주의자이리라!"[66] 수많은 사상가와 무분별한 향락주의자가 행복을 상충되는 방식으로 추구하고 규정했기 때문에 행복은 아이디어의 역사에 좀처럼 어울리지 않는 것처럼 보이지만, 스토아주의자들은 서양에서 행복의 열성 지지자들로서 가장 실질적인 성공을 거두었다. 스토아주의자들의 생각은 기독교도들에게 지대한 영향을 주었고 이어 기독교도들은 행복을 위해 비슷한 미덕을 중시하고 비슷한 정식을 옹호했다. 사실상 스토아주의는 역사에 출현한 이래 대부분의 서양 엘리트들에게 윤리 지침의 원천을 제공했다. 스토아주의가 내놓은 다른 처방들, 즉 고통에 대한 치료법으로서 제시한 운명론이나 무관심은 기독교 교리와 맞지 않았지만, 이는 유라시아의 반대쪽 지역에 널리 퍼져 있었던 가르침, 특히 붓다와 그의 제자들의 가르침과 매우 비슷했다.[67]

이 장에서 지금까지 다뤄진 아이디어들은 대부분 현자의 후원자나 제자가 그들의 본업이라고 여긴 것에서 비켜나 있었다. 그것은 바로 정치다. 그러나 모든 정치 사상은 도덕적·철학적 가정에 의해 형성된다. 사상가가 인간의 조건에 관해 얼마나 낙관적이었는지 또는 비관적이었는지를 살펴보면 우리는 그가 정치 스펙트럼에서 어느 지점에 위치하는지 예측할 수 있다. 인간의 본성은 선하다고 생각하는 낙관론자는 인간의 정신을 자유롭게 해방해 역량을 최대한 발휘하기를 원한다. 인간은 구제 불능이며 사악하거나 오염되었다고 생각하는 비관론자는 사람들을 통제할 수 있는 제약적이고 억압적인 제도를 선호한다.

사람들은 동물의 왕국에서 인간만이 유일무이하게 도덕적 의식을 갖고 있다고 주장하기를 좋아한다. 그 증거는 우리가 선을 안다는 것, 그리고 우리는 우리의 의지로 악을 행할 수 있다는 데에 있다. 그렇다면 우리가 착한 것은 우리가 오도되었기 때문일까? 우리는 태어날 때부터 악할까? 이것은 현자들에게 중요한 질문이었다. 우리는 여전히 그들이 제시한 대답이 빚은 결과에 얽매여 있다. 대부분의 현자들은 인간의 본성이 근본적으로 선하다고 생각했다. 공자는 낙관론을 대표한다. 공자는 나라의 목적은 백성이 잠재력을 실현하도록 돕는 데 있다고 생각했다. "사람이 살아가는 것은 올곧음 때문이다. 올곧음을 잃어버렸다면 그것은 요행으로 살아가는 것에 지나지 않는다."[68] 따라서 유가의 정치적 신조는 나라는 백성이 잠재력을 실현할 수 있도록 그들을 자유롭게 풀어주는 것이었다. 그리스 민주주의의 정치적 신조는 가난하든 배우지 못했든 상관없이 모든 시민에게 국정에 대한 발언권을 부여하는 것이었다. 반대편에는 비관론이 있었다. 이를테면 기원전 3세기 중반에 순자는 "사람의 본성은 악한 것이다. 선이란 오로지 인위적인 노력에 의한 것이다"라고 말했다. 순자가 보기에 인간은 더럽혀진 도덕성을 지니고 난폭한 원시의 늪에서 솟아난 존재였다. 사회는 천천히, 고통을 참으며, 발전을 통해 그들을 씻기고 키워내야 했다. "그러므로 반드시 스승과 법도에 따른 교화, 의례와 정의의 안내가 있어야 한다. 그런 뒤에야 예의가 나타나고 교양 있는 행동이 보이고 좋은 다스림으로 귀결될 것이다."[69] 낙관론과 비관론은 인간 본성의 문제에 대한 현대의 정치적 대응에 여전히 깊이 뿌리박혀 있다. 자유주의와 사회주의는 자유를 강조하고 인간의 선함을 풀어내려 한다. 보수주의는 법과 질서를 강조하고 인간의 사악함을 억누르려 한다. 그래서 인간은 선한가 악한가? 여기에 「창세기」는 널리 환영받지만 논리적으로는 미심쩍은 답을 내놓았다. 신은 우리를 선하고 자유롭게 만들었으나 자유의 남용이 우리를 악하게 만들었다. 하지만 인간이 선하다면 어떻게 자유를 악하게 사용할 수 있었을까? 낙관론의 옹호자들은 끔찍한 장치를 덧붙여 교묘히 반대를 피했다. 뱀(또는 다른 전승에서는 다른 사악한 행위자)이 선을 타락시켰다. 그래서 인간은 근본적으로 악하지 않지만 우리는 인간이 외부의 강제 없이도 선하리라고 신뢰할 수 없다. 이후 정치체계의 설계자들은 자유와 강제 사이에 균형을 맞추는 문제에서 분투와 실패를 거듭해왔다.

비관론과 권력의 찬미

강한 국가는 개인의 악을 다룰 한 가지 분명한 해결책이다. 그러나 대부분의 현자들은 사람들이 국가를 이끌고 운영할 때 법으로 윤리를 구현하기 위해 노력해야 한다고 주장했다. 그리고 이 법은 백성뿐만 아니라 통치자에게도 구속력이 있어야 했다. 공자는 갈등이 있을 때 법보다 윤리를 우선시해야 한다고 호소했지만 이는 말하기는 쉬워도 지키기는 어려운 수칙이었다. 규율과 권리는 언제나 긴장 관계에 있다. 현실적으로 법은 윤리를 존중하지 않아도 작동할 수 있다. 따라서 기원전 4세기에 중국의 법가 사상가들은 법을 우선시하고 윤리는 스스로 굴러가게 내버려두었다. 법가 사상가들은 윤리는 나라를 '좀먹는 벌레'라고 했고 결국은 윤리 때문에 나라가 망한다고 여겼다. 그들은 선은 무의미하다고 주장했다. 도덕은 허풍이다. 어느 사회에나 필요한 것은 복종이다. 법가의 완벽한 대변자 한비자는 기원전 3세기 초에 "인자함, 의로움, 사랑, 은혜는 무용하다. 엄격하고 혹독한 형벌이 있어야 나라를 다스릴 수 있다"고 말했다. 법과 질서를 위해서는 압제와 불의도 불사해야 했다. 국가의 선만이 유일한 선이었다.[기] 이것은 놀라운 발상의 전환이었다. 앞서 사상가들은 인간의 법을 '신'이나 '자연'의 법과 호응하는 도덕적인 법으로 만들기 위해 노력했다. 앞에서 보았듯이 법을 만드는 사람들은 법을 공정의 원칙(186쪽 참조)에 맞춰 만들기 위해 노력을 기울였다. 법가 사상가들은 이 전통을 뒤집었다. 그들은 사람은 선하게 태어난다고 믿는 이전 시대 현자들을 비웃었다. 그들에게 법은 정의가 아니라 오로지 질서를 위해 쓰였다. 가장 좋은 처벌은 가장 가혹한 처벌이었다. 목이나 몸통을 자르거나, 두개골에 구멍을 내거나, 산 채로 불태우거나, 죄인의 갈비뼈 사이사이를 칼로 저미거나, 사지를 각각 마차에 묶고 말 그대로 찢어 죽였다.

시대의 공포가 법가 사상을 빚어냈다. 춘추전국시대에 수세대에 걸친 반목이 재앙을 일으키는 동안 윤리를 중시하는 유가와 도가의 사상가들은 아무런 도움을 주지 못했고 법가 사상은 세를 키우며 너무도 많은 고통을 야기한 탓에 이후 중국에서 수 세기에 걸쳐 비난을 받았다. 그러나 엄청난 내전의 시기에 탄생한 법가의 신조, 또는 신조라 할 수 있을 어떤 것은 이후에도 시대 상황이 좋지 않을 때 종종 다시 얼굴을 내밀곤 했다. 이를테면 파시즘은 고대 중국의 법가 사상을 떠오르게 한다. 파시즘은 전쟁을 옹호하고 미화했으며 자급자족적 국가 경제를 권장했고 자본주의를 맹렬히 비난했고 농업을 상업보다 우위에 두었으며 국가의 단결을 위해 개인주의를 억압해야 한다고 주장했다.[72]

법가와 호응을 이루는 서양 사상은—상대적으로는 더 온건했지만—플라톤에서 찾을 수 있다. 통치자를 어떤 방식으로 고르더라도 권력의 남용은 막을 수 없다. 하지만 플라톤은 그 자신이 "국가 건설의 목적, 즉 어느 한 계층이 아닌 온 국민의 최대 행복"을 성취할 수 있다고 생각했다. 플라톤은 아테네에서 교육 수준이 높은 젊고 부유한 지식인층에 속했다. 이들은 권력을 쥘 자격은 자신들에게 있다고 느꼈고 민주정에 분개했다. 플라톤의 벗이나 친척 중 일부는 과두 정치 관료들이 자리를 지킬 수 있게 도울 암살단을 고용했다. 플라톤의 주된 관심은 통치 이론이지 피비린내 나는 현실 개입은 아니었다. 하지만 플라톤이 『국가』에서 제시한 이상 국가를 위한 처방책은 가혹하고 반동적이며 반자유적인 성격을 띠었다. 이 저작에 담긴 검열제도, 억압, 군국주의, 획일화(regimentation), 극단적인 공산주의 및 집단주의, 우생학, 엄격함, 경직된 계급 구조, 국가의 국민에 대한 적극적인 기만행위 등 문제적인 요소들은 이후의 사상가들에게 악영향을 미쳤다. 하지만 사실 이러한 요소들은 부차적인 것들이었다. 플라톤이 제시한 핵심적인 아이디어는 모든 정치 권력은 스스로 나선 철인(哲人) 통치자 계급의 손에 맡겨야 한다는 것이었다. 지적 우월성이 관직을 맡는 "수호자"가 될 자격을 부여했다. 유리한 유전적 특징을 가진 사람들이 교육을 통해 이타심을 함양하면 사적으로 모범적인 삶을 영위하고 시민들에게 신처럼 훌륭한 비전을 제시할 것이었다. 플라톤은 이렇게 예상했다. "철인이 왕이 되거나, 아니면 지금 왕 또는 통치자라 불리는 자가 진정한 철인이 되기 전에는 (…) 국가의 고통은, 아니 인류 전체의 고통은 결코 종식되지 않을 것이네."[23] 철학 교육이 통치자를 선하게 만들어줄 것이라는 아이디어는 감동적이다. 어느 교사나 이와 비슷한 히브리스(hubris, 그리스 비극에서 인간의 지나친 자신만만함이나 오만함을 일컫는 말—옮긴이)에 빠지기 쉽다. 내 경우에도 수업에 들어갈 때마다 중세 고문서학을 어떻게 풀어낼지, 메소아메리카의 어느 명문을 어떻게 해석할지를 가르치기 위해 열심히 준비했으니 학생들이 이 비법에 숙달할 수 있을 것이고 도덕적 가치의 고양까지 일구어내리라고 자신하곤 한다. 플라톤의 주장은 매우 설득력이 있었고, 그의 논증은 국정 운영가들—그리고 명백히 그들의 스승들—에게 지금도 여전히 호소력을 발휘하고 있다. 플라톤이 말한 국가의 수호자는 엘리트, 귀족, 당 기관원, 그리고 스스로를 초인이라 부르며 언제나 '내가 제일 잘 안다'라는 말로 스스로를 정당화하는 압제자의 원형이다.[24]

낙관론과 국가의 적들

통치자들은 법가나 플라톤의 강력한 주장에 이끌렸지만 낙관론이 여전히 우세했다. 공자가 통치자와 지배계층에게 하늘이 그들에게 내려준 신의를 돌아보라고 호소했을 때 이는 백성의 소망과 지혜를 좇으라는 주문이었다. 맹자는 이렇게 말했다. "하늘은 백성이 보는 대로 보고 백성이 듣는 대로 듣는다."[75] 이 시대 중국과 인도의 사상가들은 통치자는 백성의 관심사와 의견을 경청해야 하고 압제자는 결국 백성의 저항할 권리에 맞닥뜨리게 된다는 것에 일반적으로 동의했다. 그러나 그들은 군주정 자체의 타당성은 문제삼지 않았다. 국가는 우주의 질서를 반영한다고 여겨졌으므로 국가의 화합을 위태롭게 할 수는 없었다.

한편, 통치의 넉성과 역량을 극대화할 확실한 방법은 참여자의 숫자를 늘리는 것이다. 그래서 고대에서는 군주정과 더불어 공화정이나 귀족정, 심지어 민주정을 옹호한 사람들과 실제 사례들을 발견할 수 있다. 국가를 신비주의적인 색채 없이 필요에 따라 조정할 수 있는 현실적 메커니즘으로 본 그리스에서는 국가와 관련한 정치적 실험이 놀라우리만치 다양하게 펼쳐졌다. 아리스토텔레스는 이러한 실험들에 관한 권위 있는 연구를 수행했다. 아리스토텔레스는 항상 최선의 인물이 왕위에 오르는 것을 보장할 수 있다면 군주정은 최선의 체제가 되리라고 인정했다. 관리 가능한 수의 우월한 사람들 사이에서 권력이 공유되는 귀족정은 실현 가능성은 더 크지만 부호들이나 세습적 패거리들이 권력을 독차지하기 쉬웠다. 모든 시민이 권력을 공유하는 민주정은 동요가 잦기는 해도 아테네에서 기원전 6세기 초부터 장기간 성공적으로 유지되었다. 아리스토텔레스는 데마고고스(demagogos, 대중 선동가―옮긴이)들이 악용할 수 있고 폭도 정치로 변질될 수 있다며 민주정을 맹렬히 비판했다.[76] 아리스토텔레스는 가장 좋은 체제에서는 법치에 따른 귀족정이 우세하리라고 생각했다. 개략적으로 말하면 아리스토텔레스의 권유는 기원전 제1천년기 후반의 로마 공화정에서 현실화되었다. 서양의 역사에서 로마 공화정은 거의 모든 공화정 체제의 생존과 부흥의 모델이 되었다. 기원전 23년 로마가 공화정 체제를 버리고 사실상 아우구스투스의 지배를 받는 군주정으로 복귀했을 때도 로마인들은 여전히 그들의 국가는 공화국이고, 황제는 단순히 국가의 '정무관' 또는 '원수(元首)'―라틴어로 프린켑스(princeps)―라고 말했다. 그리스와 로마의 정치 모델은 공화주의를 서양 문명에서 영속적으로 존경할 만한 정치 체제로 만들었다.[77] 중세시대의 지중해 지역 도시 공화국들은 고대 로마를 모방했고, 18세기 말 미국과 혁명 시기의 프랑스도 그랬다. 19세기에 새로운 국가들은 대부분 군주정을 채택했지만 20세기에는 공화주의적 이상이 확산되었고, 이어 공화주의는 전 세계에 걸쳐 정치에서 가장 뚜렷한 특징이 되었다. 1952년을 즈음해 널리 알려진 일화에 따르면 이집트의 왕이 조만간 세계에는 군주가 다섯 명만 남게 될 터인데 그중 네 명은 카드 게임 안에 들어 있을 거라고 말했다고 한다.[78]

가장 낙관론적인 정치사상가는 아마도 그리스도였을 것이다. 그리스도는 인간의 본성은 신의 은혜로 갱생될 수 있다고 생각했다. 그리스도는 한 가지 난해한 형태의 정치적 전복을 설파했다. 그것은 하나의 새로운 계명이 모든 법을 대체하리라는 것이었다. 로마 제국보다 하늘의 왕국이 더 중요했다. 바리새인들은 그리스도에게 유대인들이 로마에 세금을 내는 것이 과연 타당하냐고 질문하며 그가 정치적으로 경솔한 발언을 하도록 유도했다. 그러자 그리스도는 역사에 남을 재담을 남겼다. "카이사르의 것은 카이사르에게 돌리고 하느님의 것은 하느님에게 돌리거라"고 답한 것이다. 이 말이 왜 재담이었는지 오늘날 사람들은 잘 이해하지 못한다. 이제까지 모든 정권은 이 말을 문자 그대로만 받아들여 세금을 정당화하는 데 사용했다. 잉글랜드의 찰스 1세는 재정 문제로 저항하는 반대자들과 싸우며 전투 깃발에 "카이사르의 것은 카이사르에게"라는 표어를 수놓았다. 그러나 당시 현장에서 그리스도의 말을 경청했던 사람들은 주님의 랍비식 유머에 배꼽을 잡고 데굴데굴 굴렀을 것이 분명하다. 그리스도 시대의 유대인에게는 그 무엇도 응당 카이사르의 것이 아니었다. 모든 것은 신의 것이었다. 사실 그리스도는 징세를 통렬히 비난하고 암시적으로 로마 국가의 정통성을 부정함으로써 데마고고스다운 면모를 드러낸 것이다. 그리스도는 추방자, 매춘부, 죄인, 자신이 속한 유대민족이 업신여긴 사마리아인, 세금 징수인—그리스도의 추종자들이 보기에 가장 저열한 삶을 살고 있었던 사람들—을 환대했다. 그리스도는 소외된 사람, 고통받는 사람, 어린이, 병든 사람, 다리를 저는 사람, 눈먼 사람, 죄수, 그 외 낙오자와 이탈자들은 특별히 더 많은 '복(Beautitudes)'을 받을 것이라고 했다. 그리스도가 이례적으로 폭력을 휘두르며 채찍으로 후려쳐 예루살렘의 사원에서 내쫓은 이들은 대부업자들이었다. 이토록 급진적인 그리스도의 정치사상적 배경에 미루어 본다면 로마와 유대인 권력자들이 합심해 그를 처형시킨 사건은 전혀 놀라운 일이 아니다. 이렇듯 그리스도는 자신의 정치적 견해를 분명하게 드러내긴 했지만 사실 그리스도의 메시지는 정치를 초월해 있었다. 그리스도의 추종자들은 정치 활동으로부터 물러나 짐작건대 그리스도의 제안 중에서 가장 중요한 것을 받들었다. 그것은 이 세계에 속하지 않는 왕국에서의 개인적 구원이었다.

노예제

노예제도가 얼마나 오래되었는지는 가늠하기 어렵다. 노예제는 거의 모든 사회에 있다. 많은 사회가 노예제에 의존했고, 노예제—또는 매우 유사한 강제 노동 체제—를 지극히 정상적이며 도덕적으로 이론의 여지가 없는 제도로 여겼다. 우리가 사는 사회는 변칙적인데 공식적으로는 노예제를 폐지했지만 대체로 열악한 환경의 저임금 작업장과 매춘굴에서 사실상 노예제를 영속화하고 "불법" 이민자들의 노동력을 착취하고 있기 때문이다. 그들은 직업을 바꾸거나 노동 조건에 이의를 제기할 자유가 없다. 심지어 그리스도마저도 노예제를 문제 삼지 않았다. 다만 천국에서는 속박도 자유도 없을 거라고 약속했을 뿐이다. 그리스도의 사후에 사도로 선택된 바울은 한 노예에게 신앙을 전도했다. 그런데 바울은 이 노예의 주인에게 그를 풀어달라고는 하지 않고 다만 그를 사랑하는 형제로 대하라고 당부한다. 노예제는 예사로운 일이었다. 아리스토텔레스는 노예제를 정당화할 새로운 아이디어를 제시했다. 아리스토텔레스는 강요된 노예 상태와 여러 인간적 가치 사이의 갈등을 보았다. 인간적 가치란 모든 사람이 독립적 존재로서 갖는 가치와 행복의 도덕적 가치였다. 이에 아리스토텔레스는 어떤 사람들은 처음부터 열등하게 태어난다고 주장했다. 아리스토텔레스가 보기에 노예들이 삶에서 바랄 수 있는 최선은 자신보다 우월한 사람들을 위해 봉사하는 것이었다. 만일 열등하게 타고난 자가 정복당하기를 거부한다면 그리스인들은 그들을 포획해 노예로 만들 수 있었다. 아리스토텔레스는 이 아이디어를 발전시키는 과정에서 정당한 전쟁(正戰)이라는 신조를 정식화했다. 그리하여 어떤 사회에서는 전쟁을 정상적인 것으로, 심지어 자연이나 신들이 그들에게 부여한 의무로 여겼다. 아리스토텔레스는 침략을 받은 피해자가 침략자로부터 지배를 받아 마땅할 정도로 열등한 경우에만 정당한 전쟁이라고 평가했다. 이러한 가르침은 석어도 전쟁을 엄밀한 도덕적 탐구의 주제로 만들기는 했지만 이것은 전쟁의 피해자들에게 조금도 위안이 되지 않을 것이다.[29]

노예제가 문제시되지는 않았지만 아리스토텔레스의 신조는 타당해 보이지 않았다. 주인들은 법적 지위를 제외한 모든 면에서 노예들이 그들과 동등한 사람이라고 인정할 수 있었다. 그리고 이러한 입장은 그들의 이익에 손해를 끼치지 않았다. 그러나 법률가들은 아리스토텔레스의 주장을 무덤에서 꺼내왔다. 아메리카대륙의 원주민을 노예로 삼은 것에 대한 비판에 대응하기 위해서였다. 1513년 스코틀랜드 출신의 법률가 존 마이어(John Mair)는 이렇게 말했다. "어떤 사람은 노예로 태어나고 어떤 사람은 자유인으로 태어난다. 그리고 누군가는 주인이 되고 누군가는 복종하는 것이 정당하고 (…) 적절하다.

왜냐하면 우월성은 자연적 주인의 생득적 특성이기 때문이다."[90] 노예인 사람은 누구나 열등한 사람으로 분류되어야 했으므로 이 신조는 결과적으로 인종차별주의를 자극했다.[91]

제5장

신앙을 생각하다

: 종교적인 시대의 아이디어들

종교는 우리를 좋은 사람으로 만들어야 한다. 그렇지 않은가? 종교는 우리의 삶을 바꾸어야 한다. 종교를 만나고 삶이 바뀌었다고 말하는 사람들은 간혹 갱생에 관해 이야기한다. 하지만 막상 그들의 행동을 살펴보면 그 효과는 미미한 것 같다. 종교를 가진 사람은 평균적으로 다른 사람들 못지않게 악행을 저지를 수 있는 것으로 보인다. 내 경우에는 교회를 열심히 다니는 것 말고는 달리 고결한 일을 하지 않는다. 종교가 우리를 더 나은 사람으로 만들기 위한 장치라면 어째서 종교는 그렇게 작동하지 않는 것일까?

이 질문은 답을 찾기 어렵다. 그렇지만 종교는 우리의 행동을 우리가 바라는 만큼 변화시키지는 않더라도 우리의 생각에는 분명히 영향을 미친다. 이번 장은 그리스도 사후 1500여 년의 위대한 종교들을 살핀다. 특히 혁신적인 사상가들이 이성과 과학, 계시의 관계를 어떻게 탐구했는지, 종교와 일상생활이 갖는 관계의 문제―종교가 우리를 더 나은 사람으로 만들기 위해 과연 무엇을 할 수 있는지―에 관해 그들이 어떻게 말했는지를 살펴볼 것이다.

여기서 '위대한 종교'란 그 종교가 기원한 문화를 넘어서 전 세계적으로 확산된 종교를 말한다. 대개의 종교는 특정 문화에 속할 뿐 외부인에게는 호소력을 발휘하지 못한다. 그러므로 우리는 어떻게 해서 기독교와 이슬람교가 (그리고 이 두 종교보다는 덜하지만 불교 역시) 일반적인 기준을 훌쩍 뛰어넘는 놀라운 유연성을 보여주었는지를 살펴보는 것으로 시작한다. 일단 이 종교들이 어떻게 초창기의 제약들을 극복했는지부터 보자.

기초 점검: 기독교, 이슬람교, 불교

새로운 종교들, 그러니까 이 시기 초반에 등장한 기독교 그리고 그리스도 탄생 후 7세기에 출현한 이슬람교는 새로운 생각을 위한 가장 비옥한 영역을 개척했다. 두 종교는 비슷한 문제들을 품고 있었다. 그리고 두 종교 모두 유대교에 많은 빚을 지고 있었다. 그리스도가 프리랜서 랍비로 지내는 동안 그를 따른 제자들은 유대인이었다. 그리스도는 어느 사마리아 여성에게 "구원은 유대인들로부터 온다"고 말했다. 그리스도의 가르침을 기록한 문헌은 유대인들의 성서에 대한 언급으로 가득하다. 그리스도의 추종자들은 그를 유대인 예언자들이 예견했던 메시아로 간주했고, 복음서의 저자들은 그리스도의 생애를 다시 쓸 때 이 예언을 글에 반영했다. 무함마드는 유대인은 아니었지만 성장기에 많은 시간을 유대인들과 더불어 보냈다. 전승에 따르면 무함마드의 승천은 팔레스타인에 소재한 예루살렘에서 일어났다. 쿠란―천사가 무함마드의 귀에 속삭인 계시들―의 모든 페이지에서 유대교로부터 (그리고 정도는 덜하지만 기독교로부터도) 받은 영향이 엿보인다. 기독교와 이슬람교는 유일신, 무로부터의 창조 등 유대교의 주요 아이디어들을 받아들였다.[1]

그렇지만 두 종교 모두 유대교의 윤리를 변형했다. 기독교에서 구원의 수단은 율법에서 은혜로 대체되었고, 이슬람교는 유대교의 율법을 자신들의 율법으로 대체했다. 기독교도들은 유대교 전통이 지나치게 율법주의적이라고 생각해 종교 수칙을 간소화하거나 아예 도려내려고 한 반면 무함마드는 다시 율법을 중심에 두었다. 그러나 율법과 종교 관계의 재구성은 두 전통에서 빚어진 수많은 결과 중 일부일 뿐이었다. 아울러 기독교와 이슬람교는 고대 그리스와 로마 사상의 심장부와 그 주변까지 장악했다. 앞서 다룬 과학과 철학을 비롯한 고전기 그리스와 로마의 학문과 유대교 전통을 조화시킬 방법에 관한 논쟁은 수차례에 걸쳐 오랜 기간 계속되었다.

기독교도에게나 이슬람교도에게나 각 종교가 처한 사회적 맥락은 이 과제를 더욱 어렵게 만들었다. 사람들은 기독교가 사회적으로 배제된 사람들, 즉 노예와 여자에게나 걸맞은 종교라고 조롱했다. 첫 두 세기 동안 고위층의 기독교 개종자들은 위신의 추락을 경험했다. 복음서들은 그리스도에게 신적이고 성스러운 혈통을 부여했지만 한편으로는 그리스도의 출생이나 그가 인간으로서 감당한 소명은 겸허했다고 강조했다. 그리스도는 자신을 보좌할 사람들을 다양한 신분에서 선택했다. 비천하거나 멸시받는 사람들, 시골의 어부, 타락한 여성,

그리고—당시 유대인이 이들보다도 더 저급하고 도덕적으로 타락했다고 여긴 부류였던—세금 징수인들과 로마 제국의 협력자들이 그리스도에게 선택받았다. 기독교 성서에 쓰인 언어의 저속함도 지식인들과의 교류를 방해했다. 초기 이슬람교 역시 7세기 아랍 엘리트층의 존경을 얻는 데 유사한 어려움을 겪었다. 무함마드는 도시의 부유한 상인 계층 출신이었지만 소외자의 삶을 자청했다. 사막에 외떨어져 생활하며 수행하는 삶을 실천하고 예언가의 소명을 따르며 자신의 동류와는 다른 삶을 살았다. 무함마드는 메카와 메디나의 문명화된 거리에서 환영받지 않았다. 그는 도시인들이 업신여긴 유목민 베두인족이 거주하는 도시 밖에서 환영받았다. 기독교는 지식인들에게 존경을 받기까지 오랜 시간이 걸렸다. 지식인들은 흔히 복음서 작가들의 재능이나 교육 수준을 부시했다. 「요한복음」은 이전의 복음서 저자들이 단조로운 이야기를 늘어놓았던 것과 달리 인상적일 정도로 지적인 내용을 담았지만 역시나 현학적인 독자들의 호응은 얻지 못했다.

성 바울은 "하나님의 어리석음은 사람의 지혜보다 지혜롭다"고 말한 바 있다. 바울의 문장들은—방대하고도 탁월하나—당황스러울 정도로 형태가 기이했다. 특히 세련된 수사학자들이 혐오한 분사 구문이 길게 이어지는 문장을 썼다. 바울은 사도들 중 교육을 가장 많이 받은 인물이었지만 당대의 고상한 식자들이 보기에는 지적인 품위가 부족했다. 이러한 시각은 우리 시대에도 여전히 남아 있다. 유년 시절에 나를 지도한 선생님은 그리스어 작문 시간에 내가 분사를 서툴게 사용하면 여백에 '바울'을 뜻하는 기호를 쓰곤 했다. 구약 성서의 투박함은 당시 고전기 문헌을 공부한 사람들에게 더더욱 당황스러웠다. 4세기 말 귀족 출신의 꼼꼼한 번역가 히에로니무스는 교황 필사실에서 일하며 예언가들의 '조야함'에 혐오를 느끼는 한편 이교도들이 남긴 고전기 저작의 우아함에 매료되었다. 어느 날 히에로니무스는 환영 속에서 그리스도에게 자신이 기독교도라고 말했다. 그러자 그리스도는 이렇게 말했다. "너는 거짓말을 하고 있다. 너는 키케로의 추종자이니라."[2] 이후 히에로니무스는 다시는 양서(良書)를 읽지 않겠다고 맹세했다. 그는 성서를 라틴어로 번역하면서(히에로니무스가 번역한 성서는 오늘날에도 가톨릭교회의 공인 성서로 남아 있다) 일부러 저속하고 대중적인 문체를 선택했다. 이 문체는 히에로니무스가 일상적으로 사용했던 언어, 그러니까 그가 편지에서 다른 사람에게 추천한 고전 라틴어보다 훨씬 수준이 낮았다. 반면 거의 같은 시기에 성 아우구스티누스는 고전기 텍스트가 불쾌하리만치 선정적이라고 느꼈다. "그렇지 않았다면 우리는 '황금 소나기(imbrem aureum, 성적 쾌락을 얻기 위해 몸에 오줌을 뿌리는 행위의 라틴어 비유―옮긴이)'나 무릎 위(gremium) 또는 화장발(fucum) 따위의 어휘를 군이 알아야 할 필요가 없었으리라."[3]

한편 이교도 엘리트층은 기독교 앞에 꿇어 엎드렸다. 불안정한 로마 제국 말기의 문화에서 종교의 변화는 스타일의 변화이기라도 한 것 같았다. 오래된 신들이나 유구한 학문은 더는 경제적 쇠퇴와 정치적 위기를 저지할 수 없는 듯했다.[4] 그러나 고전기 문학은 교과목에서 배제하기에 너무나 훌륭했다. 성 바실리오스는 이렇게 인정했다. "'성서'가 이끄는 영원의 삶으로. (…) 그러나 (…) 우리는 불경한 글에서도 우리 정신의 인식 능력을 발휘한다. 이러한 글은 완전히 다르지만은 않아서 우리는 여기서도 마치 그림자와 거울에 반영된 것과 같은 진리를 인식한다."[5] 소년들은 혹독한 고전 교육으로부터 결코 완전히 벗어나지 못했다. 그러나 히에로니무스와 아우구스투스의 시대로부터 200여 년이 지났을 즈음 적어도 가치관의 전환은 완성되었다. 교황 그레고리오 1세는 "한 입으로 그리스도와 유피테르 신을 동시에 모실 수는 없다"며 교육 현장에서 고전이 활용되는 관행을 맹비난했다.[6] 13세기에 청빈한 삶을 강조한 성 프란체스코의 추종자들은 학문적 지식도 일종의 재산이라는 이유에서 학문을 포기했다. 사실 최소한 일부는 그렇게 말했지만 현실에서 성 프란체스코의 추종자들은 이제 막 서양 학문의 체계를 세우기 시작한 대학의 충실한 일꾼들이었다.

적어도 11세기부터 이슬람교에서도 이와 비슷한 추세가 나타났다. 이때부터 고전기 철학보다는 대중적 지혜와 신비주의적 통찰이 더 높이 칭송받기 시작했다. 이슬람교의 위대한 신비주의의 사도 알 가잘리(al-Ghazili)는 이렇게 말했다. "추상적인 증명과 체계적 분류(…)가 아닌 신앙이 알라가 내린 빛이다. (…) 알라는 가끔은 내면으로부터 설명할 수 있는 확신을 통해, 가끔은 꿈을 통해, 가끔은 신실한 사람을 통해, (…) 가끔은 자신의 지복의 상태를 통해 이 빛을 내리신다."[7] 무함마드 시대의 추종자들은 나중에 무슬림 철학자들이 그토록 예찬하고 높이 평가한 고전기 논리학과 학문에 관해 거의 알지 못하거나 관심조차 없었다.

이 모든 사례에서 식자들의 학문에 대한 불신은 사실 안일한 자기 본위를 드러내는 반어법에 지나지 않았다. 하지만 이들의 수사는 실질적인 영향력을 발휘했고 그중 일부는 특히 나쁜 영향력을 발휘했다. 서양 세계에서는 오늘날까지도 솔직하다는 이유로 속물근성

(philistinism)이 칭찬받고, 순수하다거나 '진정성'이 있다는 이유로 어리석음이 박수를 받는다. 서양 정치에서 무지는 장애물이 되지 않는다. 그러나 대중적 지혜로의 방향 전환이 가져온 단기적 효과 중에는 일부 긍정적인 것도 있었다. 이를테면 유럽 중세시대에 어릿광대들은 통치자에게 언제든지 뼈아픈 말을 할 수 있었고 풍자를 통해 사회에 도전을 제기할 수 있었다.[8]

한편 또다른 위대한 세계 종교인 불교의 확장세는 힘겹게 움직이다 도중에 멈춰 서고 말았다. "왜일까?" 이 중요한 질문은 여전히 답이 구해지지 않았다. 기원전 3세기에 불경이 문자화될 때 아소카 제국(앞서 보았듯이 이곳에서 불교는 사실상 국교였다)은 불교의 팽창에 도약판이 될 수도 있었다. 로마 제국이 기독교에게 그러했고, 7세기와 8세기의 칼리파 통치 지역이 이슬람교에게 그랬듯이 말이다. 우리가 중세 초기로 생각하는 시기, 그러니까 기독교와 이슬람교가 어마어마한 규모로 뻗어나간 시기에 불교 역시 비슷한 유연성을 보여주었다. 불교는 일본의 정신성에 주요한 영향을 주었고 동남아시아에서 상당히 폭넓게 확산되었다. 중국에서도 엄청난 수의 신자를 거느렸다. 일부 중국 황제들이 불교를 매우 선호했다는 점을 고려하면 불교는 중국의 황실을 장악해 세계에서 가장 강성한 국가의 종교가 되었을 법도 하다. 하지만 그러한 일은 벌어지지 않았다. 중국에서는 도교와 유교의 기득권층이 불교를 억누르고 있었다. 불교 승려들은 국가의 신의를 결코 오래 붙잡지 못했다. 버마(오늘날 미얀마), 태국, 티베트 같은 비교적 작은 주변 지역만이 예외였다. 다른 나라에서 불교는 문화에는 크게 이바지했지만, 인도의 상당 지역과 인도차이나의 일부 지역에서는 힌두교에 의해 대체되거나 저지되었다. 아시아의 나머지 지역에서는 새로운 종교인 기독교와 이슬람교가 이교도 전통에 성공적으로 도전을 제기해 성장했지만 불교는 정체되거나 쇠퇴했다. 그러다 16세기 말 몽골의 칸으로부터 후원을 받은 덕분에 중앙아시아에서 불교가 다시 성장을 재개했다.[9] 그후 20세기가 되어서야 불교는 (이후 다시 다룰 이유들로 인해) 전 세계적으로 기독교나 이슬람교와 경쟁하게 되었다.

따라서 이번 장에서 하게 될 이야기는 주로 기독교와 이슬람교의 이야기다. 이슬람교보다 기독교의 이야기가 더 많을 텐데 그 이유는 장기적으로 기독교가 더 유연한 문화적 적응력을 보여주었기 때문이다. 기독교는 다양한 장소에서 다양한 시기에 다양한 민족에게 잘 맞도록 스스로를 재정의하는 대단한 유연성을 보여주었다. 이슬람교는 옹호자들이 늘 주장하듯 그 자체로 삶의 방식이며 사회, 정치, 법률 등에 관한 강력한 규율을 제시한다. 그런데 이 처방들은 일부 사회에서는 잘 맞지만 다른 사회에는 통하지 않는다. 이슬람교는 최근 이민자들을 통해 예전에 전혀 접촉이 없었던 지역으로까지 확산되었다. 북미의 경우 노예였던 조상을 둔 일부 사람들이 이슬람교에 뿌리를 두고 있을 가능성이 재발견된 것이 도움이 되었다. 그러나 이슬람교는 지금까지 대체로 북반구의 온대 지방부터 열대 지방까지 대체로 비슷한 문화와 환경을 공유하는 '구세계'의 상당히 제한된 구역에 한정되어 있었다.[10] 기독교는 이슬람교보다 신자들에게 요구하는 규율이 더 적다. 기독교의 수칙은 더 융통성이 있어서 사람들이 거주할 수 있는 거의 모든 환경에서 거의 모든 종류의 사회에 침투할 수 있었다. 기독교 전통은 이러한 적응 과정을 거치며 변화하고 여러 새로운 아이디어를 수용하거나 발생시켰다.

신을 다시 정의하다: 기독교 신학의 전개

종교인들이 교리를 더 멀리 전파하려고 할 때 첫번째 과제는 잠재적 개종자들의 문화에 맞춘 믿을 만한 신을 제시하는 일이다. 그리스도와 무함마드의 추종자들은 그들의 가르침을 신의 가르침이라고 주장했다. 그리스도의 경우에는 그리스도가 신이었고 무함마드의 경우에는 신이 무함마드에게 최후의 예언자라는 특별한 지위를 부여했기 때문이다. 그러나 두 종교 모두 지속적으로 성장하기 위해서는 기존의 이교도 전통에 부응하고, 고전 학문으로 교육을 받은 엘리트층의 지지를 얻어야 했다. 따라서 두 종교 모두 의문의 여지가 없는 불변의 경전을 진리의 또다른 안내자, 특히 이성과 과학에 조화시켜야 하는 문제에 맞닥뜨렸다.

교리를 명료하게 설명하는 과제는 기독교 사상가들에게 특히 더 어려웠다. 무함마드와 달리 그리스도는 글을 남기지 않았기 때문이다. 「사도행전」과 다른 「신약성서」 대부분의 내용을 차지하는 각종 서간문은 정설을 표방하기 위한 교회의 노력을 잘 보여준다. 교회는 유대인의 것이었을까, 보편적인 것이었을까? 교회의 교리는 모든 사도에게 맡겨졌을까, 아니면 일부에게만 맡겨졌을까? 기독교도들은 모두 구원을 얻을까, 아니면 구원은 개인의 덕성과 무관하게 신이 내리는 것일까? 대부분의 종교는 신자들에게 오해를 부르는 교리 점검표를 들이민다. 이들 종교는 그들의 교리가 권위 있는 창시자에게서 나왔다고 주장하며 반대 의견을 자초하거나 거부한다. 그런데 실제로는 일반적으로―기독교의 사례에서는 명백히―이단이 먼저 나타나고 정설은 여러 경쟁적 의견으로부터 정제되어 나온다.[11]

초기 기독교에서 가장 논쟁적인 주제들은 신의 본성에 관한 것이었다. 성부(聖父)와 성자(聖子)와 성령(聖靈)으로 표현되는 신의 세 위격(位格)에 들어맞아 일신론을 해치지 않는 정식이 필요했다. 임시방편이 한 가지 해결책이 될 수 있었는데 성 아타니시우스의 교리가 그랬다. 삼위일체를 "세 불가해성이 아닌 (…) 하나의 불가해성"으로 규정하는 성 아타니시우스의 교리는 퍽 당황스럽지만 여전히 대부분의 기독교도가 이 교리를 인정하고 있다. 언뜻 보기에는 신에 관한 다른 기독교 교리들 역시 이해하기 어렵고 부조리하다. '그분'께는 동정녀에게서 태어난 '아들'이 있거나, 어떤 의미에서는 '그분'이 '아들'이다. '아들'은 완전한 신이면서 완전한 인간이다. '그분'은 전능하지만 자신을 희생하고, 완벽하지만 고통을 겪어야 한다. '그분'의 희생은 그 시대의 고유한 사건인 동시에 영원하다. '그분'은 진정 죽었지만 살아났다. 지상에서 피와 살로 나타난 '그분'의 임재(臨在, presence, 기독교에서 신이 인간에게 나타나는 일―옮긴이)는 교회로 구현되었다. 신학자들은 거의 모든 쟁점에서 많은 이들에게 합리적이며 정합적인 교리를 만들기 위해 긴 시간 공을 들였다. 복음서의 저자들과 성 바울은 그리스도가 신의 본성에 심오하고 특별한 방식으로 참여하고 있다고 느낀 듯하다. 성 요한의 복음서는 인간으로 태어난 신의 아들 또는 완벽하게 신을 표현한 한 인간의 이야기를 하는 데서 그치지 않고 육화된 로고스의 이야기를 한다. 로고스는 시간이 시작되기 전부터 존재한 생각, 또는 이성이다. 신의 아들이라는 말은 비물체적인 신성이 육화했음을 표현하는 은유였다. 그러나 이러한 통찰을 설명하려는 초기 기독교도들의 노력은 애매하거나 모호하거나 가장된 신비에 가려졌다. 이후 두세 세기 동안 신학은 성육신을 지성적으로 이해할 수 있는 것으로 만듦으로써 기독교의 신을 (인간이니까) 매력이 있고 (고통을 받았으므로) 동정심이 있으며 (모든 사람의 접촉과 연민과 사랑의 경험을 통해 매 순간 예시되기 때문에) 설득력 있는 신으로 만들었다.

신학이 어떻게 이 일을 해냈는지 이해하기 위해서는 전후의 맥락을 살피는 것이 도움이 된다. 우리는 기독교를 어느 특정한 역사적 인물을 육화한 신이라고 주장하는 종교로 규정할 수 있다. 그런데 신이 육신을 취할 수 있다는 아이디어는 그리스도의 시대가 도래하기 수천 년 전부터 이미 잘 알려져 있었다. 고대의 샤먼들은 어느 특정한 신의 속성을 장착함으로써 그 신이 '되었다'. 이집트의 파라오는 우리가 앞서 본 특별한 의미에서 신이었다(179쪽 참조). 신성 왕이나 인간으로 가장한 신이 등장하는 신화는 흔하다. 붓다는 일부 추종자들의 의견으로는 인간 그 이상이었다. 깨침이 그를 초월적인 존재로 승격시켰기 때문이다. 19세기의 제임스 프레이저 경부터 20세기 후반의 에드먼드 리치(Edmund Leach)까지 기독교에 회의적인 입장을 견지한 인류학자들은 수십 건에 달하는 성육신 사례를 발견했는데, 이 이야기들은 흔히 그 정점에서 그리스도처럼 인간-신이 자신을 희생한다.[12] 4세기에 힌두교에서도 이와 비슷한 아이디어가 나타났다. 비슈누는 수태에서 출생을 거쳐 고통과 죽음까지 다양한 인간의 삶을 겪는다. 특히 이슬람교(또는 원래는 이슬람교였던) 종파들, 그중에서도 특히 시아파 전통에 속하는 종파들은 알리(7세기 이슬람의 4대 칼리프—옮긴이)를 육화한 신이나 지명된 이맘 또는 이와 비슷한 영웅으로 묘사한다.[13] 레바논의 드루즈파는 광기로 가득했던 11세기 칼리프 알하킴을 살아 있는 메시아로 묘사한다. 알하킴은 그 자신을 육화한 신이라고 일컬었다. 무굴 황제 아크바르는 자신의 영토에서 벌어지는 신앙 갈등을 봉합하려는 시도로 16세기에 새로운 종교를 창시하고 자기 자신을 숭배의 대상으로 삼았다.

그렇다면 기독교의 성육신 아이디어는 과연 얼마나 새로운 것이었을까? 혹시 이 아이디어가 독특한 것이었다면, 이후에도 그러한 것으로 남았을까?

남아시아, 동아시아, 중앙아시아의 역사에 흩어진 신과 붓다의 수많은 환생 사례에서는 언제나 영혼이 인간의 몸에 '들어간다'. 시기는 출생 전, 당시, 후 등 다양하다. 반면 기독교의 성육신 아이디어에서는 몸 자체가 신성화된다. 기독교 전통 바깥에서는, 문헌으로 기록이 남아 있는 환생 사례를 살펴보면 한결같이 신성화된 개인으로부터 인간성이 제거되거나 그 개인에게 신성이 부여된다. 반면 그리스도의 경우에는 인간적 본성과 신적 본성이 한 사람 안에서 구분 없이 융합된다. "그 '말씀'은 육신이 되어 우리 가운데 사셨다. 우리는 그의 영광을 보았다. (…) 은혜와 진리가 충만하였다." 「요한복음」 도입부의 인상적인 구절이다.

그리스정교회 신학은 언제나 이 교리를 고수하며 그리스도를 단순히 신적인 존재나 인간적인 존재로만 만들려고 하거나 인간적 본성과 신적 본성을 별개의 것으로 보려는 이단들과 맞서 싸웠다. 이것은 기독교만의 독특한 교리다. 아울러 교회가 이 교리를 지키기 위해 그토록 열심히 싸운 이유이기도 하다. 많은 세력이 여기서 영감을 얻어 이 아이디어를 모방했다. 이른바 메시아들이 끊임없이 나타났다. 그들 스스로 그러한 속성을 지니고 있다고 주장하기도 하고 추종자들이 그렇게 믿기도 했다. 하지만 신의 성육신에 대한 기독교적 이해는 누가 다시 활용하기는 힘든 아이디어 같다. 그리스도 이후 그러한 주장을 펼친 이가 그토록 많은 사람을 설득한 일은 전 세계적으로 한 번도 일어나지 않았다.[14]

장기적으로 볼 때, 기독교 신학은 오랜 역사를 통해 스며든 유대교의 지혜를 고대 그리스와 로마의 아이디어들과 혼합해 합리적인 종교를 만들어내는 데 성공했다. 구약의—쌀쌀맞고 비판적이고 "질투심이 강하고" 요구가 많은—신은 유연한 철학적 사색을 통해 엄격함과 냉정함이 한층 누그러졌다. 하지만 교회는 이로 인해 한 가지 불리한 점을 안게 되었다. 그것은 바로 당황스러울 정도로 복잡해진 신학이었다. 신학은 그리하여 신학을 이해하지 못한 사람들을 배제하고 신학을 이해한 사람들은 분열시켰다. 4세기 초, 주교들과 신학자들로 구성된 한 위원회는 로마 황제의 주재하에 이 문제를 극복하기 위한 교리, 또는 모든 문제를 해결할 수는 없어도 최소한 이 모든 문제가 서로 들어맞을 수 있는 얼개를 확립시켜줄 한 아이디어를 고안했다. 니케아공의회에서 공식화한 교리는 기독교 공동체를 표방하는 거의 모든 집단이 지금도 여전히 찬성하고 있다. 니케아공의회가 '성부'와 '성자'의 관계를 일컬으며 사용한 말은 '호모우시오스(homoousios)'였다.

이 말은 전통적으로 '동일본질론'으로 번역되었고, 현대에는 다소 부정확하지만 '하나의 존재' 또는 '하나의 본성'이라고 옮긴다. 이 교리는 기독교의 메시지를 약하게 만들 수 있는 의견은 전부 배제했다. 이를테면 그리스도는 어떤 은유적 의미에서만 신이라든가, 그리스도가 신의 아들이라는 말을 그저 문자 그대로 받아들여야 한다든가, 그리스도의 인간성은 불완전하다거나 그의 고통이 가상이었다는 등의 의견은 모두 배척했다. 기독교도들은 이 그림에서 '성령'을 어떻게 배치할 것인가에 관해서는 이후에도 합의에 이르지 못했다. 하지만 호모우시오스 아이디어는 사실상 이 논쟁의 한계를 정하는 효과를 낳았다. 성부와 성자의 동일한 본질은 성령을 끌어안아야 했다. 교황 디오니시오(Dionysius)는 3세기 말에 이렇게 말했다. "하느님의 말씀은 우주의 하느님과 하나여야 하며, 성령은 하느님 안에 깃들고 거해야 하며, 따라서 성삼위는 반드시 하나로 모이고 융합되어야 한다."[15]

　　호모우시오스 아이디어는 누가 생각해냈을까? 사실 이 단어는 이 시기 신학자들의 입에 자주 오르내린 말 중 하나였다. 지금까지 전해지는 니케아공의회의 기록에 따르면 로마 황제 콘스탄티누스가 이 아이디어를 반박의 여지 없이 공식적으로 채택할 것을 결정했다. 콘스탄티누스 황제는 자신은 '사도나 다름없다'라고 주장하며 직접 의회를 주재했다. 황제는 기독교로 개종한 지 얼마 되지 않아 신학적 지식이 많지 않았지만 성공적인 협상의 공식을 잘 알아본 유능한 정치적 실세였다.

　　설교자들은 신학자들의 교리를 설파했고 서로 떼어놓을 수 없는 하나의 본질이라는 성삼위의 서민적인 이미지를 정교하게 구축했다.

그중 가장 유명한 것은 성 패트릭(St Patrick)의 토끼풀이었다. 세 장의 잎사귀가 달린 하나의 식물은 성삼위로 이루어진 하나의 본질을 상징했다. 그리고 흙, 물, 불로 이루어진 진흙 벽돌도 있었다. 성 스피리돈 (St Spyridon)은 신자들이 보는 앞에서 이 벽돌을 부수었고 벽돌은 기적적으로 세 가지 구성요소로 분해되었다. 대부분의 기독교도는 난해한 교리들을 이렇듯 소박한 이미지들에 의지해 이해했던 것 같다.[16]

공동체로서의 종교: 기독교와 이슬람교의 아이디어들

치밀한 신학 논쟁은 신자 수를 늘려주지 않는다. 대부분의 사람은 지성을 높이 평가하지 않으며 지적으로 설득력 있는 종교를 요구하지도 않는다. 그보다 사람들은 소속감을 원한다. 그리스도는 교회에 응답하는 한 가지 방법을 제공했다. 그리스도는 죽기 전날 밤 함께 식사한 사람들이 지상에서의 그의 임재를 집단적으로 영속화할 수 있는 아이디어를 남겼다. 이 일이 있었던 직후 성 바울이 충실히 기록했고 이후 복음서에서 수차례 되풀이된 전승에 따르면 그리스도는 자신을 따르는 사람들이 모여 포도주와 빵으로 식사할 때 그 자리에 피와 살로 임재하겠다고 암시했다. 이 식사는 두 가지 방식으로 창시자의 영속적인 체현(體現)을 의미했다. 첫째, 예배에서 그리스도의 부서지는 몸과 흘러내리는 피는 예배에 참여한 사람들이 나누어 먹고 소화함으로써 다시 하나가 되었다. 둘째, 교회 구성원들은 그 자체로 정신적으로 재구성된 그리스도의 몸을 상징했다. 그리스도는 축성된 빵과 그것을 나누어 먹은 사람들 안에서 "언제나 너희와 함께하리라"는 그리스도의 말대로 되었다.[17] 성 바울은 이것을 이렇게 표현했다. "빵이 하나이므로 우리가 여럿일지라도 한 몸입니다. 그것은 우리가 모두 그 한 덩이 빵을 함께 나누어 먹기 때문입니다." 이것은 한 현자의 전통이 계속해서 살아 있게 할 새로운 방법이었다. 예전에는 현자들은 핵심 구성원들을 교리의 특권적 관리인으로 지명하거나 선택했다. 유대인들의 경우 이러한 관리인 자격은 엄격히 제한되는 "선택된 사람들"의 집단 전체에 속했다.

그리스도는 이 두 가지 방법을 모두 사용해 가르침을 전달했다. 그리스도는 자신이 직접 선택한 일군의 사도들에게, 그리고 그를 오래전부터 예언된 메시아로 여긴 유대인 대중에게 메시지를 설파했다. 몇 세대가 지나며 기독교는 비유대인 신자들을 점차 더 많이 받아들이게 되었다. 그리하여 이제는 새로운 모델이 필요했다. 그것은 바로 교회였다. 교회는 이 세상에 그리스도의 지속적인 임재를 구현했고 그리스도의 권위로 말했다. 감독자라고 불리는 지도자들, 즉 주교(영어 단어 bishop은 감독자를 의미하는 라틴어와 그리스어에서 파생되었다)가 '사도직 승계'에 따라 선정됨으로써 사도 전통의 아이디어가 유지되었다. 한편 신에게 선택된 사람들(그야말로 구원받기로 선택받은 사람들) 사이에서의 자리를 보장하는 세례식은 기독교 공동체에 선택된 자들에 소속되었다는 느낌을 주었다. 서기 70년에 로마인들이 예루살렘의 사원을 파괴한 후 기독교도들은 사원의 여러 희생제의를 채택해 자신들이 유대교 전통에서 말하는 관리인이라는 주장을 더욱 강화했다. 어떤 면에서 우리는 고대 유대교 예배의 모습을 현대 유대교 회당에서보다 오래된 방식을 따르는 기독교 교회에서 오히려 더 잘 느낄 수 있다.

호소력과 지속성의 측면에서 기독교 교회는 세계사에서 가장 성공한 제도 중 하나로 손꼽힌다. 기독교 교회는 외부에서는 박해를 극복하고 내부에서는 균열과 결점을 극복했다. 그렇게 기독교 아이디어는 효과가 있었다. 하지만 문제가 많았다. 신의 특별 대우를 보장하는 세례식은 기독교에서 똑같이 중요한, 아니 어쩌면 오히려 더 중요한 개념인 모든 사람이 구원을 받기를 바라는 보편적으로 자비로운 신성이라는 개념과 조화를 이루기 어렵다. 이론적으로 교회는 그리스도와 합일한 몸이었다. 하지만 현실적으로 기독교도들은 그리스도의 뜻을 해석하는 문제에서 항상 분열되어 있었다. 교회의 분리주의자들은 공동체의 합의를 보존하려는 노력에 도전하고 반발했다. 종교개혁 시대부터 여러 단체가 기독교 교회에서 분리되어 나왔고, 이들은 합일을 상징하는 성찬식의 집단적 참여라는 개념에 의문을 제기하거나 수정을 가했다. 이들 단체는 성서에 직접 호소하거나 신과 개인의 관계를 강조함으로써, 또는 진정한 교회는 신만이 알고 있는 선택받은 사람들로 구성되어 있다고 주장함으로써 기독교 교회로부터 거리를 두었다.

어떤 면에서 이슬람교는 개종의 잠재성이 있는 다양한 이교도에게 대안으로서 대체로 더 매력적으로 보일 듯하다. 복잡한 신학이나 난해한 교리로 어지러운 기독교와 달리 이슬람교에서는 단순한 하나의 장치가 무슬림의 공통된 정체성을 보여준다. 무슬림은 단 한 줄로 신앙을 고백하고, 몇 가지 매우 힘들지만 단순한 종교의식만 치르면 된다. 그러나 이 힘든 의례들은 이슬람교에 무거운 짐이 된다. 이를테면 할례 의식은 대부분의 이슬람교 공동체에서 사실상 피할 수 없는 관습이다. 기도 관례와 금식 규정도 엄격하다. 기독교와 이슬람교는 거의 1500년 넘는 세월 동안 경쟁을 거듭했지만 어느 종교가 더 광범위한 호소력이 있다고 판단하기는 여전히 이르다. 이슬람교가 수차례 큰 성장을 보였지만 보이긴 했다. 하지만 지금까지는 아직 기독교만큼 전 세계적으로 다양한 문화와 자연환경으로부터 자양분을 얻지는 못했다.

도덕적 문제들

종교를 진파하기 위한 도구상자는 신학과 교회학만으로 불완전하다. 믿는 자에게 유익하며 세계가 나아지리라는 확신을 줄 수 있는 강력한 윤리 체계가 있어야 한다. 기독교와 이슬람교는 서로 대조적이되 효과적인 방식으로 도전에 응했다.

기독교의 도덕을 먼저 보자. 기독교에 가장 급진적으로 이바지한 성 바울의 아이디어는 가장 영감이 넘치면서 가장 문제적인 아이디어이기도 했다. 성 바울은 실질적으로 기독교를 창조했다는 찬사를 받는가 하면 기독교를 타락시켰다는 비난을 받기도 한다. 성 바울이 교리를 발전시킨 방법은 그리스도조차도 깜짝 놀라게 했을지 모른다.[18] 성 바울이 은혜라는 아이디어(226쪽 참조)를 표명했을 때 그가 주님의 진짜 생각을 포착했든 아니든 그는 후대에 절대로 잊히지 않을 유산을 남겼다. 성 바울은 신은 구원을 내릴 때 구원을 받는 자의 공과를 따지지 않는다고 생각했다. 성 바울은 「에베소서」에 이렇게 썼다. "여러분은 은혜로 구원을 얻었습니다." 그리고 그것은 성 바울이 거듭 단언하듯 구원받은 자의 공적 때문이 아니었다. 이 교리를 끝까지 밀어붙이면—바울은 이러한 입장에 이따금 우호적이었고 교회는 이 입장을 항상 공식적으로 옹호했다—우리가 행한 선은 신이 베푼 호의의 결과라는 결론에 도달하게 된다. 성 바울은 「로마서」에서 말한다. "거기에는 아무 차별이 없습니다. 모든 사람이 죄를 범하였습니다. 그래서 사람은 하느님의 영광에 못 미치는 처지에 놓여 있습니다. 그러나 사람은 하느님의 은혜를 받아 아무런 대가 없이 용서를 받습니다."

　일부 사람들은 이 아이디어—또는 성 바울의 표현대로, 인간의 자유는 설 자리가 거의 또는 아예 없다는 아이디어—에서 암울함과 무력감을 느낀다. 그러나 대부분의 사람들은 이 아이디어는 해방감을 주기 때문에 매력적이라고 느낀다. 죄를 짓는다고 해서 반드시 지옥에 떨어지는 것은 아니다. 신의 선택을 받는다면 갱생이 불가능한 사람은 없다. 삶을 어떻게 살았는가는 외적인 규칙이나 의례를 얼마나 잘 준수했느냐가 아니라 개개인의 은혜에 대한 응답의 깊이에 따라 가늠된다. 세상을 보는 눈이 밝았던 사제 티르소 데 몰리나(Tirso de Molina)가 쓴 17세기 희곡(〈불신자로 징계받은 자(El condenado por desconfiado)〉, 배우인 내 아들이 런던 국립극장 무대에 올려진 동명의 연극에 출연한 적이 있다)은 이 점을 생생하게 지적한다. 이 희곡에 등장하는 강도는 살인과 강간을 수차례 저질렀고 이러한 죄악을 과시하고 다닌다. 하지만 강도는 아버지를 사랑하며 신의 사랑을 본받은 덕분에 극의 클라이맥스에서는 결국 천국으로 간다. 내 아들이 배역을 맡은 은둔자는 종교적으로는 철저했지만 신을 믿지 않았으며 그 누구도 사랑하지 않았고 괴팍했다. 은둔자는 마지막에 지옥으로 떨어진다. 하지만 은혜를 입었다고 자신하다 극단적인 결과에 이르기도 한다. 4세기 말에 성 아우구스티누스는 이렇게 지적했다. "진리의 길이 숨겨져 있다면 인간의 자유의지는 오로지 그를 죄악으로 이끌 뿐이다."[13] 성 바울은 신은 은혜를 받을 사람이 누구인지 "세계가 창조되기 전"에 "미리 정하셨으니 (…) 그리하여 하느님께서는 이미 정하신 사람들을 부르시고, 또한 부르신 사람들을 의롭게 하셨"다고 강조했다. 이렇듯 시기적으로 지나치게 이른 신의 결정은 세상을 무의미한 장소로 만든다. 이단자들은 은혜를 마치 무엇이든 하고 싶은 대로 해도 되는 허가증으로 여겼다. 은혜를 누리는 자들이 저지른 범죄는 죄가 아니며 거룩하고 흠이 없었다. 은혜를 받지 못하면 죄악을 짓는 짓지 않든 어차피 저주받은 상태였다.

성 바울의 일부 동료 사도들은 이 교리는 기독교도가 선을 행할 책임을 면제한다며 마뜩잖아했다. 성 야고보—초기 교회에서 유력한 지도자 후보로 꼽혔고, 동시대나 거의 동시대 사람들에게 '의인'이나 그리스도의 '형제'로 칭송받았다—는 오늘날 공보 비서관들이 해명이라고 부를 만한 것을 공표했다. 성 야고보는(또는 성 야고보의 이름으로 다른 누군가가) '네 이웃을 네 몸같이 사랑하라'는 그 누구도 회피할 수 없는 규칙이라며 "누가 믿음이 있다고 말하면서도 행함이 없으면 무슨 소용이 있겠습니까?"라고 물었다. 두 입장 사이에서 기나긴 논쟁이 벌어졌다. 한쪽에서는 개인은 은혜라는 협동적인 모험 안에서 각기 적극적인 역할을 맡는다고 주장했고, 다른 쪽에서는 어떤 식으로든 죄인의 주도권을 인정함으로써 신의 전능함과 사랑을 축소해서는 안 된다고 주장했다. 후자를 지지한 사람들은 종교개혁 시대에 성 바울의 언급 중에서 그들의 입장을 뒷받침하는 대목을 인용하며 결국 기독교 교회에서 떨어져나왔다. 하지만 문제들은 여전히 남았다. 그렇다면 그리스도는 왜 특정한 시기에 죄인들을 갱생하고자 왔을까? 그리고 예전에 살다가 죽은 죄인들은 어떻게 되는가? 더 당혹스러운 질문도 있었다. 만일 신이 전지전능하다면 우리가 어떤 행위를 하기 전에 이미 우리가 그 행위를 할 것을 알고 있어야 한다. 그렇다면 신이 우리에게 준 귀중한 선물 중 하나라는 자유의지는 어떻게 되는 것인가? 그리고 성 바울이 말하듯 신은 시간이 시작되기 전부터 누가 천국으로 갈 운명인지 알고 있었다면 다른 모든 사람은 어떻게 되는가? 만일 저주받은 사람들이 진정 구원의 기회를 얻지 못한다면 어떻게 신을 의롭고 올바르다고 할 수 있을까? 성 바울이 자신의 서간문을 읽게 될 사람들의 질문을 상상했듯 "아무도 하느님의 뜻을 거역할 수 없다면 어찌하여 하느님께서는 사람을 책망하시는가"? 성 바울의 대답은 오싹하리만치 논리적이었다. 성 바울은 우리 모두가 죄인이므로 정의에 따라 모두가 저주를 받아 마땅하다고 답했다. 신은 그중 선택된 사람들의 벌을 면하여 줌으로써 탁월한 관용을 보여준다는 것이다.

신의 정의보다 자비를 칭송한 기독교도들에게 이 해답은 섬뜩하고 무정하게 느껴졌다. 성 아우구스티누스도 여기에 동의했다. 더 나은 해답은 아우구스티누스가 시간이라는 문제를 풀려고 애쓰는 과정에서 나왔다. 4세기 말, 아우구스티누스는 그가 머릿속에 떠올린 어느 탁월한 대화를 기록했다. 이 대화에서 아우구스티누스는 "누군가가 내게 묻기 전까지" 시간이 무엇인지 자신이 알고 있다고 생각했다고 고백했다. 아우구스티누스는 결코 서둘러 단정 짓지 않고 수차례 숙고한 끝에 "시간은 그저 길게 뻗어나가는 것이며 다른 어떤 것도 아니다. 그러나 나는 아직도 시간이 무엇인지 알지 못하며, 만일 그것이 정신에 속한 것이 아니라고 한다면 몹시 놀랄 것"[20]이라고 결론을 내렸다. 아우구스티누스는 사실상 시간은 현실 세계의 일부가 아니고 우리가 오늘날 정신적 구조물이라고 부르는 것, 그러니까 경험을 조직화하기 위해 우리가 고안한 방식이라고 말한 것이었다. 이 말을 이해하기 위해 어떤 여정을 떠올려보자. 땅에서 여행할 때 당신은 가령 워싱턴 D. C.나 모스크바가 캔자스 시티나 베를린보다 시간적으로 앞서 있는 것처럼 느낄 것이고, 다시 캔자스 시티나 베를린은 오스틴과 로스앤젤레스, 또는 임스테르담과 파리보다 앞서 있는 것처럼 느낄 것이다. 그렇지만 세계가 실제 모습 그대로 보이는 신의 높이에서는 이 모든 지점이 동시에 보일 것이다. 피터 쉐퍼(Peter Shaffer)는 모차르트의 일생을 그린 희곡 〈아마데우스(Amadeus)〉에서 이와 같은 방식으로 음악을 듣는 신을 상상했다. "하느님의 귀에서는 수백만 개의 음이 동시에 상승하고 뒤섞여 우리로서는 상상할 수 없고 끝이 없는 음악이 된다." 신에게 시간은 이와 비슷하다. 사건들은 순서대로 배열되지 않는다. 아우구스티누스의 시대로부터 두 세대 지나 등장한 철학자 보에티우스는 고대 로마의 원로원이자 야만족 왕을 섬기는 관리였다. 보에티우스는 아우구스티누스의 통찰에서 힌트를 얻어 예정설 문제에 해결책을 제시했다. 당시 보에티우스는 로마 제국을 복원하려는 계략을 짰다는 의혹을 받고 그를 고용한 왕이 자신을 사형시킬 날을 감옥에서 기다리고 있었다. 신은 우리를 볼 수 있으며 우리가 오늘 무엇을 생각할지 알고 있지만, 우리가 내일 무엇을 생각할지는 우리가 자유롭게 선택한다는 것이 보에티우스가 예정설을 이해한 방법이었다.

　이 문제를 해결하는 다른 시도에서는 예정(豫定)으로부터 예지(豫知)를 분리하는 데 집중했다. 신은 우리의 자유의지가 우리가 무엇을 하게 만들지 미리 알고 있다. 17세기 중반『실낙원』에서 시인 존 밀턴은 "하느님의 방식을 인간에게 정당화"하려고 시도했다. 밀턴은 신의 입을 빌려 신은 아담과 하와의 타락을 미리 볼 수는 있었지만 그것을 신이 미리 정한 것은 아니라고 설명한다. "내가 미리 알았다고 하더라도 그 사실은 그들의 잘못에 아무런 영향을 주지 않았으리라." 밀턴의 설명은 퍽 그럴듯하다. 어떤 경우든 인간의 자유가 반드시 신의 전능함을 침해하는 것으로 볼 필요는 없을 것 같다. 신은 마치 '총기 자진 신고 기간'을 발표하는 경찰서장이나 휴전을 승인하는 장군처럼 자유의지를 타협안으로 선택했지만 이 타협안을 철회할 권한을 갖고 있기 때문이다.

　이러한 정신적 균형 잡기를 통해 기독교 사상은 자유의지와 예정설 사이에서 가까스로 평형을 유지해왔다. 한편에는 원죄로 오염되지 않은 인간의 본성이라는 이상주의적인 그림이 있고, 다른 한편에는 벗어날 수 없는 저주를 마주한 비운에 찬 체념이 있다. 그렇지만 양쪽의 극단주의자들은 끊임없이 기독교 공동체에서 떨어져나왔다. 16세기에는 칼뱅주의자들이 가톨릭교에서 분리되었고, 17세기에는 아르미니위스의 추종자들이 자유의지 문제 때문에 칼뱅주의자들로부터 떨어져나왔다. 이슬람교 역시 똑같은 문제를 두고 이루 다 말할 수 없는 크나큰 논란으로 인해 분열되었다. 시아파는 전지전능한 신이 관장하는 세계에 자유의지를 끼워 넣을 방법을 궁리한 모든 기독교 논쟁가들의 말을 되풀이했다. 시아파가 발전시킨 바다(Bada')라는 아이디어는 거센 논란을 불러일으켰다. 시아파는 신이 회개하는 죄인을 위해 자신의 결정을 변경할 수 있다고 주장했다.[21]

한편 기독교는 세계의 불완전성을 견디지 못하는 사상가들로부터 고결한 도전을 받았다. 전반적으로 창조는 선과 악의 싸움에서 악마의 편에 있는 것처럼 보였다. 플라톤은 세계를 바라볼 때 완전한 것의 불완전한 그림자를 보았다. 플라톤을 읽은 사람들 중 일부는 이 생각을 그의 논리적 귀결 너머로 확장해 세계가 악하다고 추론했다. 조로아스터와 노자, 그리고 다른 여러 기원전 제1천년기 사상가들은 선과 악이 온 우주에서 아슬아슬하게 불안한 균형을 이루는 것을 감지할 수 있다고 생각했다. 추악하고 비탄에 찬 세계는 저울의 사악한 편에 놓여 있는 것이 분명했다. 물질은 기껏해야 부패하기 마련이다. 육신은 오염과 고통에 취약하다. 유대교, 기독교, 이슬람교가 공유하는 전통에서 '어둠의 제왕'은 에덴동산에 침입하고 인류를 감언이설로 속여 세계를 자신의 영토로 만들었다. 그들에게는 세계, 육체, 악마를 부도덕한 삼인조나 간악한 부조화의 삼각 편대로 보는 것이 이치에 닿았다.[22]

기원전 제1천년기의 전환기를 즈음해 이러한 방식으로 사유한 사람들은 자신들의 신념을 그노시스(gnosis)—직역하자면 '앎'—라고 불렀다. 기독교도들은 그노시스를 비틀어 교회에 끼워넣거나 교회에 도끼질을 해 그노시스를 욱여넣을 틈새를 만들어보려 했지만 결국 실패했다. 그노시스는 성육신 교리와 양립할 수 없었다. 악마는 육신을 취할 수 있지만 신은 그렇지 않았다. 그리스도가 살았다는 삶—한쪽 끝에는 피를 철철 흘리며 자궁으로부터 끌려나오는 어수선한 출생의 현장이 있고 다른 쪽 끝에는 상스럽고 천한 십자가형을 당하는 불명예가 있는 삶—은 도무지 신성과 어울리지 않았다. 애초에 이 세계에 임재했다는 것 자체가 순수하고 영적인 신에 대한 심각한 명예훼손이었다. 성 이레나에오스는 그노시스주의 지도자 바실리데스(Basilides)의 말을 이렇게 인용한 바 있다. "누구든지 십자가에 매달린 그리스도를 인정하는 사람은 우리의 육체를 만든 악마에게 복종하는 노예다."[23] 그노시스주의자들은 여러 난제를 정신적 민첩함을 발휘하여 요리조리 피했다. 그노시스주의자들의 주장은 이랬다. 그리스도의 육체는 가상이었다. 그리스도는 그저 십자가형을 당한 것처럼 보였을 뿐이다. 실상은 그리스도는 십자가에서 고통을 겪지 않았고 희생양이나 모조품을 이용했다. 극단적인 그노시스주의자들은 애초에 이 세계처럼 사악한 것을 신이 창조했을 리가 없다고 주장했다. '데미우르고스'나 다른 경쟁 신이 이 세계를 만들었다는 것이다. 그러나 신이 이 세계의 창조자가 아니라면 신은 신이 아니었다. 만일 신이 육신이라는 짐이나 신체적인 압박과 고통을 포함한 인간의 본성을 자신의 일부로 온전히 갖고 있지 않다면 기독교는 무의미했다.

그러나 교회는 그노시스주의를 거부하면서도 일부 영향은 받아들였다. 가톨릭 전통은 육체와 관련해 항상 지나치게 결벽주의적인 태도를 취해왔다. 금욕적인 기독교도들은 자신의 몸을 학대라고 할 정도로 혐오했다. 스스로에게 벌을 주기 위해 몸에 흙을 뿌리거나 자기 몸을 채찍으로 때렸고, 금식을 통해 자기 자신을 굶기거나 까끌 까끌한 헤어셔츠(면과 말의 꼬리털로 거칠게 짠 헐렁한 셔츠. 종교적 깨 달음을 얻으려고 하는 사람들이 주로 입었다—옮긴이)를 입었다. 이러 한 행위는 절제를 실천하기 위한 것이기도 했지만 육신에 대한 진정 한 혐오에서 나온 것이기도 했다. 초기 교회는 신자 수를 늘리기 위해 출산을 장려했을 법한데도 의외로 독신주의에 우호적인 편견을 부추 겼다. 공식적으로 독신주의는 기독교에서 지금도 여전히 종교적 삶 을 위한 필요조건이다. 중세시대 내내 이단자들은 이 편견을 되살리 고 이것을 하나의 수칙으로 만듦으로써 그노시스주의의 영향을 영속 화했다. 육신의 충동을 받아들이지 말라. 악마를 위한 새 일꾼을 생산 하시 말라. 순교에 대한 추종도 이 세계를 짐으로 보고 육체를 영혼의 감옥으로 보는 그노시스주의적 혐오에 빚진 것으로 보인다. 19세기의 영국 시인 제러드 맨리 홉킨스(Gerard Manley Hopkins)가 말하듯 "인 간의 고상한 정신은 뼈로 된 집, 비천한 집에 거한다". 순교는 사탄이 교도관인 감옥으로부터의 탈출구였다.

이에 대한 반작용으로 주류 가톨릭계 기독교는 육체는 사원, 자 연은 자애로운 것, 성교는 선택적으로 축성된 행위, 순교는 반갑지 않 은 희생, 독신주의는 종교적인 삶에만 제한된 것으로 보는 입장을 강 조했다. 이것은 기독교가 어떻게 해서 점차 세계에서 가장 인기 있는 종교가 되었고 놀라운 호소력을 발휘하게 되었는지 이해하는 데 도움 이 된다.

그럼에도 성(性)에 대한 기독교의 태도는 여전히 모호했다. 사람들은 여러 가지 이유로 성에 관해 모호한 태도를 보인다. 누군가는 성을 개인적이고 기능적인 영역으로 두는 것이 최선이라고 말한다. 성은 위생, 건강, 문란, 도덕, 사회 통제 등에 관련해 불안을 야기한다고 말하기도 한다. 그런데 어째서 성에 대한 일부 사람들의 반감은 종교적인 색채를 띠는 것일까? 종교 숭배는 흔히 다산에 집착했고 더러는 대부분의 종교가 성교를 권장했다고 주장하고 싶은 사람도 있을 것이다. 일부 종교에서는 성교를 예찬한다. 탄트라불교는 성교를 신성시하고 적극적으로 권장하며, 힌두교는 카르마의 쾌락과 다채로움을 극대화하라고 가르치며, 도교 전통의 수행법인 방중술(房中術)은 "규방(閨房)의 기술"이 불로장생을 가져다준다고 가르쳤다. 기독교 역시 허락하에 육체적인 사랑을 나누는 것을 용인하고 심지어 권장하는 종교에 속한다. 기독교에서는 성교를 신과 피조물, 또는 그리스도와 교회 간의 상호적인 애정에 대한 은유로 여긴다. 거의 모든 종교가 공동체에 이익이 되는 방식으로 성행위를 규제하는 관습을 처방한다. 이는 어째서 그토록 많은 종교가 특정 성적 행위를 맹렬히 비난하는지에 관한 설명을 제공한다. 예를 들어 많은 종교가 생식과 무관하다는 이유로 자위와 동성애를 반대한다. 이들 종교에 따르면 근친상간은 반사회적이다. 배우자에 대한 부정(不貞)이나 난교는 결혼과 같은 자녀 양육을 위한 사회 제도를 전복하는 행위이므로 부적절하다. 반대로 독신주의와 동정(童貞)은 성에 대한 혐오라기보다는 신에게 바치는 희생이라는 의미에서 긍정적으로 평가될 수 있다. 성 아우구스티누스는 성교를 반대하는 새로운 입장을 도입—아니면 적어도 명료하게 정식화—했다. 성적 충동을 다스릴 수 없다면 그것은 신이 우리에게 부여한 자유의지의 위반이라는 것이었다. 그러므로 성적 충동의 원인은 분명히 악마에게 있다. 이 주장을 현대적으로 표현한다면 성은 본능적인 것 그리하여 동물적인 것이고 우리는 이 유혹에 저항함으로써 우리의 인간성을 함양한다. 아우구스티누스는 청년 시절 가톨릭 기독교로 개종하기 전에 마니교를 믿었고 모든 물질은 악하다는 가르침을 추종했다. 마니교도들은 생식을 악마의 힘을 영속화하는 수단으로 보고 경멸했기 때문에 성에 대해 부정적이었다. 아우구스티누스는 자책하며 이렇게 썼다. "내 육신의 불결한 열망에서 사춘기의 욕정이 모락모락 피어올라 (…) 나는 어두운 육욕과 평온한 사랑을 구분할 줄 몰랐다."[24] 이것은 서양의 도덕이 이후 성 문제에 어째서 그토록 집착했는지에 대한 설명이 될 수도 있을 것이다. 여하튼 교회는 사람들의 성생활에 적극적으로 개입하려는 입장을 채택했을 가능성이 크나. 어쨌든 성은 대부분의 사람에게 중요한 문제이므로 이 문제를 다룰 수 있는 사람은 누구나 막강한 권력을 휘두를 수 있었기 때문이다. 오늘날 서양에서 결혼을 허락하고 인가하는 권리를 누가 가질 것인가를 두고 교회와 국가가 벌이는 갈등은 아우구스티누스가 성이라는 문제에 전혀 관심이 없었더라도 벌어졌을 가능성이 크다.[25]

이슬람교는 도덕적 사상의 거의 모든 측면에서 기독교보다 단순하고 현실적인 교리를 내놓았다. 이슬람은 직역하면 '순종' 또는 '복종'을 의미한다. 그리스도는 은혜에 응답하라고 개개인에게 요청한 반면 무함마드는 더 직설적으로 신의 율법을 따르라고 요구했다. 예언자이자 통치자였던 무함마드는 종교뿐만 아니라 국가를 위한 청사진 역시 제시했다. 그 결과 그리스도가 세속적 영역과 정신적 영역을 분명하게 구분한 것과 달리 무슬림들은 두 영역의 차이를 전혀 인정하지 않았다. 이슬람교는 예배의 방식인 동시에 삶의 방식이었다. 칼리프—직역하면 무함마드의 '계승자'라는 뜻이다—는 이 모든 영역을 관장했다. 모세의 율법은 선택받은 민족을 위한 것이었으며 그리스도는 이 세상의 것이 아닌 왕국을 말했지만, 무함마드는 삶의 모든 측면을 관장하는 보편적 행동 수칙인 '샤리아'를 제시했다. 샤리아라는 말의 의미는 "물을 찾아가는 낙타의 길"이다. "우리는 너희가 따라야 할 샤리아를 주었다. 따라서 너희는 샤리아를 좇을 뿐 그것을 모르는 자들의 열정을 좇지 말라." 그러나 무함마드가 남긴 율법은 어떻게 보아도 포괄적이라고 보기는 어려웠다. 8세기와 9세기 스승들이 창설한 율법학파는 이 빈틈을 메우고자 했다. 그들은 무함마드가 생전에 남긴 가르침들을 수집해 일반적인 명제들을 수립했다. 어떤 경우에는 이성이나 상식 또는 관례의 도움을 받기도 했다. 스승들은 이견을 드러냈고 각 스승의 추종자들은 자기네 스승의 해석을 신이 인도한 것, 그리하여 변경될 수 없는 것이라고 여겼다. 각 전통의 생도들은 여느 계보학자 못지않게 열정적으로 스승들의 승계 기록을 보존했다. 창시자의 가르침은 이 스승들을 통해 보존되었다. 그중에는 율법에 이성을 포함하려고 한 아부 하니파(Abu Hanifa)나 고대 관습법을 혼합하려고 시도한 빈 말리크(bin Malik), 이성과 고대 관습법의 영향을 완전히 배제하고 무함마드가 소망했던 것의 근원으로 다가가고자 했던 이븐 한발(Ibn Hanbal)이 있었다.

기독교에서처럼 이슬람교에도 심각한 현실적 문제들이 있었지만 양상은 서로 달랐다. 이슬람교가 처한 문제는 서로 경쟁적인 다양한 접근방식을 조화시키는 것이었다. 이슬람교는 발전해나가면서 점차 수백 갈래의 분파 및 하위 분파로 나뉘었다. 다양한 칼리프 선출 방식들은 양립할 수 없었고, 칼리프가 되기를 원하는 이들 사이에서 이슬람교는 갈수록 더 큰 균열을 겪었다. 무함마드의 사후 한 세대 이내에 생긴 갈등의 골은 이후 절대 메워지지 않았다. 분열은 갈수록 더 확대되고 분파는 늘어났다. 결과적으로 대부분의 이슬람 지역에서 통치자나 국가가 칼리프 또는 칼리프에 준하는 지위의 권위를 가로챘다. 그들이 자기 잇속을 차리느라, 또는 최근 들어 "현대화"나 "서구화 추세"를 명목으로 샤리아를 제대로 준수하지 않을 때마다 혁명가들은 —갈수록 더 자주— 무함마드의 망토를 깃발 삼고 무함마드의 책을 무기 삼아 통치자들을 "변절자"라고 부르며 비판을 제기했다.[26] 여느 제도와 마찬가지로 샤리아도 사회적 맥락과 합의의 변화에 적응해야 한다. 오늘날의 세계처럼 갈수록 서로 연결되고 인권에 대한 공통의 이해가 기독교와 인문주의의 영향에 크게 기대는 시대에는 특히 더 그렇다. 그러나 샤리아를 재해석할 필요성을 인정하는 무슬림들도 이일을 누가 맡아야 하는지에 관해서는 좀처럼 합의에 도달하지 못하고 있다. 법의 제정과 집행에 이슬람교 교리를 최우선으로 반영하는 국가에서는 신권(神權) 정치가들이 권력을 장악하고 있으며 이슬람교 운동 단체나 광신도 테러리스트들은 현대화를 주창하는 사람들을 위협하고 있다.

기독교와 이슬람교 사상가들의 미적 고찰

기독교와 이슬람교는 유대교 율법과 더불어 '우상(偶像)'에 대한 혐오감을 함께 물려받았다. 그렇지만 둘의 대응 방식은 달랐다. 모세의 시대부터 전해진 유대교 성서의 율법은 종교 성상을 금지했다. 신은 너무나 거룩하고 인간의 앎으로부터 멀찍이 떨어져 있는 존재이므로 감히 재현하기는커녕 이름조차 불러서는 안 된다는 것이었다. 아울러 우상 숭배는 유일신과 양립할 수 없었다. 유일신만을 재현한다고 하더라도, 신의 성상을 여러 개 놓아두고 예배를 보는 행위는 그의 고유한 지위를 훼손할 수 있었다. 학문적으로나 미학적으로 많은 업적을 쌓은 유대인들이 음악이나 문학에 비해 시각 예술에서는 두각을 덜 드러낸 것은 아마도 이러한 이유 때문인지도 모른다.

무함마드의 사후에 전해지는 말을 신뢰할 수 있다면 무함마드 역시 유대교 스승들로부터 조각상에 대한 거부감을 물려받았다. 무함마드가 우상 제작자들에게 '심판의 날'에 단죄를 받으리라고 나무랐다는 말도 있다. 그러나 초기 이슬람교는 모든 재현 미술을 거부하지는 않았다. 어느 초기 칼리프가 사냥을 나갈 때 숙소로 쓴 거처에는 사실적인 그림 장식들이 있어서 목욕을 즐기는 왈리드 1세를 나신의 여성들이 접대하는 다소 음란한 그림들을 오늘날에도 볼 수 있다.²⁷ 10세기에 아부 알리 알파리시(Abu 'Ali al-Farisi)는 무함마드의 맹비난을 정확하게 해석하기 위해 쿠란을 주석 없이 다시 읽었다. 알파리시는 우상 숭배를 막기 위해 신의 성상은 금지하지만 자연 세계와 피조물의 묘사를 전부 금지해야 하는 것은 아니라고 해석했다. 일부 중세 무슬림 예술작품, 특히 이란에서 오늘날까지 전해지는 14세기 회화 작품에서 무함마드는 그의 생애를 묘사한 그림에 직접 등장하기도 한다. 그중에는 출생 장면을 그린 작품도 있는데 이것은 틀림없이 그리스도의 탄생을 표현한 기독교 이콘화를 본뜬 것으로 보인다. 라시드 알딘(Rashid al-Din)이 1307년에 타브리즈에서 쓴 『세계사Universal History』의 필사본에는 천사들이 어린 무함마드 주변에서 노래를 부르는 장면을 묘사한 그림이 있는가 하면 동방박사 세 사람이 절을 하고 요셉이 사려 깊게 주변을 지키는 장면을 묘사한 그림도 있다.²⁸ 그러나 대부분의 무슬림은 사실주의 그림을 신성 모독으로 간주했고 그 결과 무슬림 화가들은 비재현적 주제에 집중하는 경향을 보인다.

어쩌면 기독교도들도 이와 비슷한 태도를 취할 수 있었을 것이다. 일부 지역에서는 실제로 그랬다. 726년 비잔티움에서는 기독교 세계에서 유명무실한 권위를 붙들고 있었던 황제 레오 3세가 그리스도와 동정녀 마리아의 성상을 금지하면서 기존에 제작된 작품까지 전부 폐기하라고 명했다. 어쩌면 성서에서 금지하는 내용을 문자 그대로 따르려는 마음에서였을 수도 있고, 그리스도의 인간적 이미지가 그의 신성한 본질과 별개로 묘사될 수 있다고 주장하는 이단으로부터 신자들을 보호하기 위해서였는지도 모르겠다. 12세기 서로마에서 경쟁 관계에 있었던 수도회들은 예술작품에 교회의 돈을 쓰는 것이 과연 정당한 일인지를 두고 격론을 벌였다. 16세기와 17세기에 일부 개신교도들은 성상을 닥치는 대로 모조리 파괴하거나 훼손했지만, 일부는 "가장 혐오스러운 형태의 우상 숭배"와 연관성이 있다고 여겨지는 관행, 즉 성상에 입을 맞추거나 양초나 봉헌물을 바치는 행위를 금하는 정도로 그쳤다. 하지만 대부분의 기독교도들은 상식적인 판단에 만족해왔다. 우상이 되지만 않는다면 성상은 유용하다. 그림은 성유물처럼 신앙을 보조하는 역할을 한다. 심지어 그 자체로 성유물이 될 수도 있다. 중세시대 콘스탄티노폴리스 성당에서 가장 귀중한 성유물은 동정녀의 초상이었다. 이 초상은 "인간의 손으로 제작된 것이 아니라" 성 누가가 휴식을 취하는 동안 천사가 그려준 것이었다.[29] 서로마 교회의 교육 수준이 낮은 신자들은 글을 읽는 대신 벽화를 보았다. 이 그림들은 "문자 없는 책"으로 천국에 사는 사람들의 행적을 기억할 수 있게 해주었다. "성상에 바친 경의는 원래의 주인에게 전달되었"으므로 신자들은 우상 숭배를 범하지 않고도 그림과 조각상을 통해 경배와 존경을 보낼 수 있었다.[30] 이 주장은 플라톤을 그리스도보다 존경했던 것으로 보이는 3세기 철학자 플로티누스가 먼저 제기한 바 있다. "예술작품을 보는 사람들은 (…) 그 아이디어 안에 자리한 것이 보여주는 것으로부터 깊은 감동을 받으며, 그리하여 진리를 알아본다. 바로 그 경험으로부터 '사랑'이 솟아난다."[31] 아무도 플로티누스의 이러한 주장에 반박하지 않았다.

　이러한 생각은 교회를 기독교 세계에서 가장 후한 예술 후원자로 만들었다. 대개의 시기에 교회는 거의 유일한 후원자였다. 중세시대 예술가들은 사람들에게 천국은 어떻게 생겼고 그곳에 사는 이들이 어떻게 지상을 드높이는지 느끼게 해주었다는 면에서 작으나마 사제나 성인의 역할을 했다. 오늘날까지 전해지지는 않지만 마세이크의 성 렐린디스(Relindis)라는 여성이 8세기에 제작한 자수 작품들은 신성으로 충만했다. 톨레도 대성당의 책임 건축가였던 페트루스 페트리(Petrus Petri)의 묘비에는 "감탄스러운 건축물을 지은 그는 결코 하느님으로부터 분노를 사지 않으리라"는 확신에 찬 문구가 쓰여 있다. 볼로냐의 성 카테리나(Caterina)와 축복받은 야코프 그리징거(Jakob Griesinger)는 정식으로 성인으로 추대되기 훨씬 전부터 신앙심을 주제로 한 작품에 자주 등장했다. 프란체스코회 소속 예술가들이 13세기에 풍경화를 그리기 시작했을 때 그들에게 영감을 준 것은 낭만주의가 아닌 신앙이었다. 피조물을 묘사함으로써 신의 영광을 드높이는 것은 무슬림이나 유대인에게는 거의 상상조차 하기 힘든 일이었다.

신앙의 지적 지평을 확장하다

현실적인 윤리학, 믿음을 불러일으킬 만한 신, 신을 제시하는 정합적인 방법을 마련한 다음에도 기독교도들과 무슬림들에게는 여전히 주요한 지적 난관들이 남아 있었다. 그들은 개별적인 종교적 경험에 대한 개인적인 믿음이나 과학 같은 잠재적으로 경쟁적인 체계들 속에 그들의 종교를 맞추어 넣어야 했다. 아울러 다변하는 정치적 맥락에 맞게 조정해야 했으며, 신념보다는 강압에 의해 마음과 정신이 더 흔들리는 폭력적인 세계에서 복음 활동의 전략을 수립해야 했다. 이러한 과제에 기독교와 이슬람교가 대처한 방식을 차례차례 살펴보자.

　고전기와 유대교의 아이디어를 종합하려는 기독교 사상가들의 시도는 서기 325년 이후 결정적 계기를 맞은 것으로 보인다. 이때 교회는 성부와 성자의 호모우시오스 또는 동일본질론ー본질적 동일성

一교리를 선포했다. 이제 집요한 이교도들을 제외하면 기독교를 사회적·지성적으로 존중할 수 있는지 의심하는 이들은 더는 눈에 띄지 않았다. 지배계층에서 점차 더 많은 개종자가 나왔다. 이 추세를 뒤집으려 했던 '배교자' 율리아누스 황제도 363년에 사망할 때 그리스도의 승리를 인정했다고 전해진다. 기독교가 확실하게 황제들의 유일 종교로 채택된 380년을 즈음해 이교주의는 한물간 조야한 사상처럼 보였다. 그런데 혼란이 가중된 5세기에 그리스도와 고전학이 만난 세계는 위험에 놓인 듯했다. 고대의 세속 학문은 종교적 광신도들 때문에 생존을 위협받았다. 야만족의 침입, 전통적 지배층이 점차 공직에서 물러나는 분위기, 오래된 이교도 교육제도가 빈곤해지고 폐기되는 추세도 마찬가지로 위협적이었다. 과거에 기원전 3세기 중국에서는 서적 편찬자들이 침략자들을 가르친 바 있었다. 그러니 사방으로 포위된 로마 세계에서도 학문을 지키기 위해 고대의 지혜를 집대성한 책이 필요했다.

앞서 우리는 시간과 예정설에 관한 아우구스티누스의 견해를 중재한 철학자 보에티우스를 만난 바 있다. 보에티우스는 이교도와 기독교도 사상의 차이에 관해 전혀 언급한 적이 없음에도 이 문제와 관련해 중요한 공적을 남겼다. 보에티우스는 아리스토텔레스 논리학 입문서를 썼다(누군가는 왕초보를 위한 입문서라고도 할 것이다). 이 책은 중세시대 내내 기독교 사상가들에게 기본 참고서로 통했다. 사람들은 이 책을 점점 더 화려하게 장식하고 내용을 갈수록 더 복잡하게 만들었다. 보에티우스 사후 100년경에는 세비야의 성 이시도로스가 사라질 위기에 처한 여러 고대 사료에서 과학적 원리들을 뽑아 모아 책을 펴냈다. 성 이시도로스의 저작은 이후 1000여 년 동안 수차례에 걸친 증보 작업을 거쳐 기독교 백과전서 편찬자들의 저작에 수록되었다. 그다음 100여 년간 무슬림에게 정복된 로마 제국의 일부 지역에서 고전기 문화는 사막 출신 광신도들에 의해 역사에서 사라질 운명에 처한 듯했다. 그러나 무슬림 지도자들은 로마의 엘리트층이 그리스와 로마의 과거로부터 배운 학문의 유용성을 재빨리 간파했다. 이슬람교 학자들은 이 문헌들을 수집하여 정리했고 나중에는 이것을 기독교 학자들에게 다시 전해주었다. 이렇게 해서 나타난 결과 중 하나가 12세기와 13세기에 서양에서 출현한 '르네상스'였다. 이때 기독교 세계와 이슬람교 세계의 교류는 풍요로운 결실을 맺었다. 한편 기원전 제1천년기에 그랬듯 스텝 지대와 실크로드 그리고 유라시아의 계절풍이 열어준 경로를 따라 교역과 여행이 늘어나면서 새로운 접촉이 늘고 풍부한 생각을 낳았다.

그 결과, 고대의 합리적 논증과 과학에 정통한 일부 기독교와 이슬람교 사상가들은 자연스럽게 세속적 학문과 종교적 학문은 양립 가능할 뿐만 아니라 서로를 반향하는 공생 관계에 있다고 여기게 되었다. 당시 서양에서 무엇이 가능했는지를 보여주는 두 가지 좋은 사례가 여기 있다. 오늘날 우리 시대의 감성과 잘 어울리게도, 피에르 아벨라르는 제자 엘로이즈와의 사랑 이야기로 주로 알려져 있다. 두 사람이 주고받은 감동적인 편지들은 중세시대부터 지금까지 전해지고 있다. 아벨라르는 사랑에서만큼은 연인보다 작은 사람이었던 것 같다. 엘로이즈의 편지는―절망으로 인한 고통, 부드러운 훈계, 솔직한 감정들이 생생히 드러난다―사랑이라는 감정이 어떻게 관습적 도덕을 능가할 수 있는지 보여주는 감동적인 통찰의 기록이다. 그러나 아벨라르는 논리학에서 단연 독보적이었다. 아벨라르는 제자 엘로이즈의 분노한 삼촌에게 거세당한 뒤 교사로서 제한된 영역에서만 활동했고, 엘로이즈는 종교적 삶의 빛나는 장식이 되었다. 아벨라르는 놀라운 역설들을 제기하며 이성과 종교 사이의 갈등을 폭로했다. 아벨라르가 자기변명을 담은 서문을 그토록 길게 쓴 목적은 자명했다. 겸손한 태도로 아벨라르의 책을 신중하게 읽은 학생들은 겉으로는 그지없이 덕망 높은 과거의 전통에 숨어 있던 오류들을 발견할 수 있었다. 아벨라르의 동시대 인물이지만 그보다 나이가 많았던 성 안셀무스도 신에 관한 생각들을 기록했다. 안셀무스는 성서나 전통이나 교회의 권위를 좇지 않고 오로지 이성만을 안내자로 삼았다. 안셀무스는 흔히 신의 존재를 '증명'한 공으로 널리 인정받지만 사실 그의 목표는 다른 데 있었다. 안셀무스는 신을 믿는 것은 이성적인 행위임을 보여주고자 했다. 그는 신이 부여한 이성의 힘 덕분에 우리가 신을 발견할 수 있다는 가톨릭교의 주장을 옹호했다. 안셀무스는 아이디어(이데아)는 실재에 대한 인식에서 나와야 한다는 아리스토텔레스의 가정에서 출발했다. 여러 사상가가 이 가정에 의문을 제기했지만 이 가정은 적어도 상당히 흥미로운 데가 있었다. 만일 우리가 경험으로부터 추출되지 않은 아이디어를 갖고 있다면 우리는 그것을 어디에서 얻었을까? 안셀무스의 논증을 내가 최대한—어쩌면 지나치게—간단히 설명하자면 이렇다. 절대적으로 완벽한 것—만일 우리가 그것을 상상할 수 있다면—은 반드시 존재해야 한다. 왜냐하면 만일 절대적으로 완벽한 것이 존재하지 않는다면 우리는 그보다 더 완벽한 어떤 것을 상상할 수 있어야 할 텐데 그런 일은 불가능하기 때문이다. 이어서 안셀무스는 이 저작의 상당한 분량을 할애해 우리는 신을—만일 그가 진정으로 존재한다면—기독교의 교리가 가르치는 대로 충분히 이해할 수 있다는 것을 보여준다. 그러니까 신은 인간적이고 자애로우며 고통을 느끼는 존재였다. 여기에는 다음과 같은 생각이 담겨 있다. 만일 신의 본성이 인간과 다르고 고통을 느끼지 않는다면 어째서 인간의 조건은 이토록 가혹하며 세계는 이토록 사악하겠는가?

기독교를 합리적이고 과학적으로 만드는 일에서 똑같이 탁월한 사람들이 있었다. 안셀무스와 아벨라르의 시대로부터 한 세기 반이 지났을 즈음 서유럽은 과학과 기술의 혁신으로 활기찬 분위기가 감돌았다. 이 시기의 끝자락에서 성 토마스 아퀴나스는 여전히 이성을 신으로 이끌 안내자로 삼았다. 그는 당대의 학문을 경이로울 만치 폭넓게 모으고 명료하게 요약했다.[32] 신이 존재한다는 것은 합리적인 가설임을 보여주기 위해 아퀴나스가 펼친 논증 중에 가장 큰 반향을 불러일으킨 것은 창조는 자연 세계의 존재에 대한 최상의 설명이라는 주장이었다. 이 논증을 비판한 사람들은 아퀴나스의 교리를 터무니없도록 지나치게 단순화했다. 그들은 아퀴나스의 생각을 존재하는 모든 것에는 반드시 원인이 있어야 한다는 말로 짐작했다. 사실 아퀴나스는 정확히 그 반대를 말했다. 만일 실재하는 모든 것에 원인이 있어야 한다면, 가령 우리가 존재하기 위해 반드시 우리를 수정시키고 낳은 부모라는 원인이 있어야 한다면, 세계에는 아무것도 존재할 수 없다. 창조되지 않은 실재가 반드시 있어야 한다. 창조되지 않은 실재란 우주 그 자체일 수도 있다. 하지만 그것은 원인이 필요한 자연에 선행하며 자연을 초월하는 다른 어떤 것일 가능성도 있다. 우리는 그것을 신이라고 부를 수 있다.

안셀무스처럼 아퀴나스도 우리가 신이 존재할 가능성을 인정한다면 신은 어떤 존재일지 이해하는 데 더 큰 관심이 있었다. 아퀴나스는 특히 논리학과 과학의 법칙이 창조자의 영역으로까지 확장될 수 있는가라는 문제와 씨름했다. 아퀴나스는 신이 할 수 없는 일이 있다고 결론을 지음으로써 신의 전능함을 논리학으로 결박했다. 신은 자신의 의지와 양립 불가능한 일은 할 수 없었다. 이를테면, 신은 비논리를 논리로, 부조리를 조리로 만들 수 없었다. 신은 악을 명령할 수 없었다. 신은 2 곱하기 3을 6이 아닌 다른 것이 되도록 만들기 위해 계산 법칙을 바꿀 수 없었다. 신은 자기 자신을 사라지게 할 수 없었다. 혹시 신이 적어도 이론적으로는 그러한 것들을 할 수 있더라도 그는 그렇게 하지 않을 것이다. 신은—우리에게 잘못할 자유를 주는 동시에—우리에게 준 선물인 이성과 과학을 우리가 사용하기를 원하기 때문에, 결코 우리를 속이거나 자기 스스로 만든 진리를 뒤집지 않을 것이다. 아퀴나스는 "우리가 신앙을 통해 신에게 배운 것은 우리가 자연을 통해 배운 것과 모순될 수 없다. (…) 우리는 이 둘을 하느님으로부터 배웠기 때문에 우리의 오류는 하느님에게 원인을 두어야 할 것이지만, 그런 일은 불가능하다"라고 주장했다.[33]

아퀴나스는 절정기를 맞은 중세 유럽에서 과학적 운동이라고 부를 만한 것—어쩌면 과학혁명이나 르네상스라고도 할 수 있을지 모른다—에 속해 있었다. 아퀴나스는 이 움직임에 동참했던 여러 석학 중 한 명의 가르침을 따랐다. 아퀴나스의 스승은 성 알베르투스 마그누스(Albertus Magnus)였다. 내가 재직하는 대학 과학관 건물의 어느 문틀에서는 알베르투스 마그누스의 조각상이 사람들을 내려다보고 있다. 알베르투스 마그누스는 신은 일차적으로 과학적 법칙, 또는 당대의 용어로는 "자연적 원인"을 통해 작동한다고 주장했다. 당시에는 경험론이 엄청난 인기를 끌고 있었다. 어쩌면 이슬람 지역과 문화 교류가 증가하면서 아리스토텔레스를 비롯해 과학적 사고가 돋보이는 고대인들의 텍스트가 다시 소개되었기 때문이었는지 모른다. 어쩌면 중앙아시아가 이례적으로 평화로운 시기를 맞으면서 중국과 다시 접촉이 늘었고 그 덕분에 서구 경험론이 대단한 반향을 일으킨 기원전 제1천년기 중반의 환경 조건이 다시 조성되었기 때문이기도 했을 것이다. 앞서 보았듯이(140쪽) 기원전 제1천년기 중반에는 유라시아를 가로지르는 길에 무역상과 여행자 그리고 전사들이 북적거렸다. 그런데 13세기 중반에는 실험에 대한 확신이 지나쳐 거의 부조리한 지경에 이르렀다. 어쩌면 부조리한 지경을 한참 넘어섰다고도 할 수 있을 것이다. 오늘날 독일과 시칠리아에 해당하는 지역을 통치한 프리드리히 2세를 일례로 들 수 있다. 과학을 광적으로 신봉한 프리드리히 2세는 당대 가장 과감한 실험가였다. 전승에 따르면 프리드리히 2세는 수면과 소화 운동의 효과를 조사하기 위해 두 성인 남성의 장기를 적출했다. 또한 어느 당대인이 쓴 글에 따르면 인간의 "본래의" 또는 "자연적인" 언어의 본질을 논쟁한 끝에 "이 문제를 해결하기 위해" 어린이들을 침묵 속에 기르게 했지만 (…) "모든 어린이가 사망했기 때문"에 황제의 "노력은 허사로 끝났다"고 적었다. 아마도 이 저자는 깨우침보다 황제의 박수를 더 원했을 것이다.[34]

13세기의 세번째 사반세기에 활동한 파리대학의 교수들은 일종의 과학 신학을 발전시켰다. 자연은 신의 작품이었고, 따라서 과학 연구는 창조의 경이를 드러내 신에게 드리워진 장막을 벗기기 위한 신성한 의무였다. 그리하여 한 가지 피할 수 없는 질문이 떠올랐다. 만일 과학과 이성이 서로 조화를 이룬다면 둘은 신의 정신을 드러내는 수단으로서 성서나 전통 또는 교회의 권위보다도 우월할까? 파리대학의 교수인 브라반티아의 시게루스와 다키아의 보에티우스는 1260년대와 1270년대에 공동 연구를 수행하며 세계의 창조와 영혼의 본성에 관한 교회의 교리가 고전기 철학이나 경험적 증거와 어긋난다고 지적했다. 그들은 "모든 논쟁적인 질문은 합리적인 논증에 의해 규정되어야 한다"고 주장했다. 이 진술은 설득력이 있었지만 그만큼 큰 충격을 불러일으켰다. 일부 사상가는—적어도 그들을 비난했거나 조롱한 비판자들에 따르면—한 가지 회피적 아이디어를 내놓았다. 그것은 바로 "이중 진리"였다. 신앙으로는 진리인 것이 철학에서는 오류일 수 있고 그 반대의 경우도 마찬가지라는 입장이었다. 1277년 파리 주교는 이 일을 대학 운영에 개입할 빌미로 삼고 이 교리를 맹비난했다(대학에서 주술, 미신, 이슬람교나 이교도의 작가들을 인용하는 관례도 아울러 비난했다).[35]

한편 파리대학의 또다른 교수 로저 베이컨은 권위—오래된 지혜, 관습, 사회적 합의—에 대한 맹종이 무지의 원인이라고 비난함으로써 과학의 대의에 힘을 보탰다. 반대로 경험은 지식의 믿을 만한 원천이었다. 베이컨은 프란체스코회 수사였다. 베이컨이 과학에 대해 보인 열정은 아마도 성 프란체스코의 자연 친화적인 사상과 연관이 있을 것이다. 세계는 "모든 피조물의 주인"이 현현하는 곳이므로 관찰할 가치가 충분했다. 베이컨은 과학은 성서의 타당성을 입증하고 신성한 텍스트에 관한 이해를 증진한다고 주장했다. 의학 실험은 지식을 증가시키고 생명을 구할 것이라고 주장하기도 했다. 심지어 시라쿠사 포위전에서 아르키메데스가 거울로 로마 함대에 불을 붙인 이야기를 인용하며 과학은 신앙심이 없는 사람들에게 겁을 주어 개종하게 할 것이라는 주장을 펼치기도 했다.

수사들은 과학의 새벽을 알리는 기이한 전령처럼 보일지 모른다. 하지만 성 프란체스코는 제대로 이해만 된다면 더할 나위 없이 좋은 사례다. 상황을 피상적으로 이해하는 학생이나 신자는 성 프란체스코를 보고 신앙심이 두텁고 완전한 사람이어서 그에게 이성은 무의미했고 승거는 불필요한 것이었으리라고 짐작한다. 성 프란체스코는 일부러 과장된 비이성적인 행동을 일삼았다. 그는 자신이 가진 모든 것을 버렸다는 것을 보여주기 위해 고향의 광장에서 벌거벗었다. 청중에 대한 불만을 드러내기 위해 까마귀들 앞에서 설교하기도 했다. 어마어마한 재산을 모조리 거지에게 주었다. 성 프란체스코는 학식은 일종의 재산이고 자만심의 원천이라고 비판하며 반지성주의를 가장했다. 성 프란체스코는 거룩한 바보처럼 행동했다. 이 세계가 아닌 다른 세계에 대한 신념을 선포하며 이 세계에 관한 지식은 쓸모없을지도 모른다는 생각을 사람들에게 심어주었다. 그러나 성 프란체스코에게 자연은 매우 중요한 것이었다. 성 프란체스코는 신의 창조물의 신성함에 눈떴—고 우리들 역시 눈뜨게 해주었—다. 겉보기에 투박하고 불결해 보이는 이 세계와 그 안에 자리한 희미한 얼룩에 지나지 않는 피조물들 역시 신성했다. 성 프란체스코가 감성의 역사에서 쌓아 올린 업적은 모든 밝고 아름다운 것에 대한 경이를 일깨운다. 풍광의 아름다움, 동물의 잠재성, 태양의 형제애, 달의 자매애. 성 프란체스코가 자연에 대해 갖고 있었던 철저하고 사실주의적인 이미지는 당대를 지배한 과학적 추세의 일부였다. 과학자들처럼 성 프란체스코에게도 관찰과 이해가 중요했다. 성 프란체스코가 영감을 준 미술작품에서 우리는 그가 중요시했던 것들을 발견할 수 있다. 프란체스코회 인물들이 그들의 교회를 위해 제작했거나 의뢰한 사실주의적 회화 작품들, 예전 같으면 금박 장식으로 채웠을 배경에 담긴 새로운 감각의 풍경, 자연 속에 재배치된 역사 속의 종교적인 장면들이 그러한 예다.

오래전부터 중세 전성기의 실험정신과 검증되지 않은 권위에 대한 새로운 불신은 과학에 중요한 도약의 기반이 되었고 이것이 장기적으로 서양 문명이 다른 경쟁 문명들보다 앞선 지식과 기술을 갖추게 해주었다고 여겨져왔다.[36] 하지만 실은 더 중요한 다른 영향이 있었던 것으로 보인다. 15세기부터 본격화된 탐험 여행은 유럽인들이 세계의 흥미로운 광경에 눈을 뜨게 해주었다. 16세기와 17세기에 유럽의 통치자들이 조성한 경이로운 지식의 방은 과학의 원재료―탐험 여행에서 가져온 샘플과 표본, 이미지와 지도―로 가득 채워졌다. 자연을 장악할 힘을 찾기 위한 주술적 탐구는 과학으로까지 흘러들어갔다. 소설 속의 파우스투스 박사는 르네상스의 마법사들이 갖고 있었던 학식에 대한 열망을 상징했다. 파우스투스 박사는 지식을 얻기 위해 악마에게 영혼을 팔았고 이러한 열망은 온갖 종류의 연구와 융합되었다. 유럽 엘리트층은 수차례의 르네상스를 연달아 경험하며 고대의 경험주의에 다시 익숙해졌다. 귀족들은 "군사 혁명"으로 더이상 전쟁에 나가지 않았고 교과목에서도 군사훈련이 사라졌다. 귀족들의 재산은 이제 과학 실습으로 흘러들어갔다.

하지만 로저 베이컨을 비롯한 13세기 과학 사상가들의 아이디어들은 그것들이 불러일으킨 반작용 때문에 더 중요했다. 비판가들은 "어떻게 초자연적인 것이 자연 법칙과 조화를 이룰 수 있는가?"라고 물었다. 만일 신의 작품이 과학적으로 이해 가능한 것이어야 한다면 기적은 어떻게 봐야 할까? 일부는 반발감 때문에 이성과 과학을 거부했다. 논리로 환원되는 신, 이성적으로 접근 가능한 신, 계시와 거리가 먼 신은 그들에게 믿을 가치가 없었다. 무감정하고 추상적이며, 그리스도로 체현된 피와 살이 없는 신, 고통과 인내가 없는 신, 이성에 갇힌 신. 신이 논리석이어야 한다면 신의 전능함은 제한되는 결과를 낳았다.

아퀴나스의 그늘에서 수많은 철학자가 이른바 "그리스식 필연주의", 즉 논리에 속박된 신이라는 아이디어를 싫어했다. 그들은 아퀴나스가 기독교를 고전기 철학과 조화시키려다 기독교를 오염시켰다고 느꼈다. 1347년에 사망한 교육자 오컴의 윌리엄은 이 움직임을 적극적으로 주도했다. 오컴은 논리학자들과 이성의 사도들이 신의 행동을 논리가 허락하는 통로 속으로 억지로 밀어넣고 있다고 통렬하게 비난했다. 오컴은 무시무시한 역설들을 제시했다. 신은 원한다면 당신에게 살인을 저지르라고 명령할 수도 있다. 신의 전능함은 이 정도다. "신은 선을 악으로 보상할 수 있다." 물론 오컴이 이 말을 할 때 그는 문자 그대로를 의미한 것은 아니다. 오컴은 논리의 한계를 보여주고자 했다. 아리스토텔레스의 가르침은 그가 저지른 오류가 '정죄(淨罪)'될 때까지 한동안 효력이 정지되었다.[37] 이성은 우리가 합의에 도달하는 주요한 수단 중 하나다. 이성에 대한 의구심은 그 수단을 무너뜨린다. 이성에 대한 의구심은 종교가 합리적이어야 한다는 믿음—가톨릭 전통에서 여전히 강력한 믿음이었다—을 약화시킨다. 도그마를 강화하고 독선적인 사람들과의 논쟁을 가로막고, 본질적으로도 명시적으로도 비합리적인 근본주의에 자양분을 제공한다. 종교개혁 시대에 많은 개신교도가 권위와 더불어 이성을 부정했고 성서를 신앙의 유일한 기반으로 삼았다. 그중 머글턴파(Muggletonians)로 알려진 18세기의 한 분파는 극단적인 태도를 보였다. 머글턴파는 이성이 인류를 오도하는 사악한 속임수라고 생각했다. 이성은 신이 우리에게 거부하라고 경고한 뱀의 사과라는 것이었다.

그러는 동안—한때 과학의 후원자였던—교회는 점차 이성을 의심하기 시작했고 이런 관계는 이후 오래 지속된다. 중세 후기에 의대를 제외한 모든 대학에서 과학에 대한 관심을 버렸다. 일부 교단은—특히 17세기와 18세기 예수회—중요한 과학 연구에 대한 후원을 이어갔다. 하지만 과학적 혁신이 등장하면 처음에는 거의 매번 거부되었고 나중에야 마지못해 수용되었다. 내가 재직하는 대학의 전설적인 총장 테드 헤즈버그(Ted Hesburgh) 신부는 우주 공간에서 미사를 집전하는 최초의 신부가 되기 위해 우주인 훈련을 받았고 현재 국제 원자력 위원회에서 교황청을 대표하고 있다. 헤즈버그는 혹시 과학과 종교가 충돌하는 것처럼 보인다면 분명 과학이 잘못되었거나 종교가 잘못되었거나 아니면 둘 다 잘못된 것이라고 말하곤 했다. 과학과 종교가 서로에게 적이라는 아이디어는 틀렸다. 과학과 종교는 일부분이 겹칠 수는 있지만 서로 엄연히 구별되는 인간의 경험 영역이다. 그러나 이 가정은 지금까지는 극복하기 극도로 어려운 것으로 증명되었다.

신비주의라는 지평

다른 중세 사상가들은 이성과 과학을 거부하는 것 말고도 아예 새로운 길을 모색했다. 그들은 진리로 가는 더 나은 접근방법을 찾았다. 그들이 가장 많이 기댄 수단은 오늘날 우리가 신비주의라고 부르는 것이었다. 신비주의란 온건하게 표현하면 비정상적인 정신 상태―황홀경, 트랜스(trance, 흔히 최면 상태나 히스테리 상태에서 외부세계와 접촉을 끊고 깊은 명상 상태에 들어가 특수한 희열에 잠기는 것―옮긴이), 환각적 열광―를 유도해 신과의 합일감에 이르러 신의 자애로운 본성과 정서적 동질감을 느낄 수 있다는 믿음이다. 일종의 직통 전화로 신을 이해하는 것이다. 나를 비롯해 이러한 느낌을 경험해본 적이 없는 사람들이 신비주의적 경험을 표현하거나 이해하거나 음미하기란 굉장히 어려운 일이다. 하지만 신비주의자가 아닌 인물인 성 아우구스티누스의 경험을 통해 이 문제에 접근해보는 것이 어쩌면 도움이 될지도 모르겠다. 논리학을 벗삼았고, 고전기 학문에 정통했으며, 아이디어의 역사에서 누구 못지않게 예리하고 유연했던 아우구스티누스이지만 그는 기독교 신비주의에 심대하게 이바지했다. 우리가 알 수 있는 한 아우구스티누스는 절대로 신비주의적 경험을 한 적이 없다. 다만 그 자신이 환시를 경험한 적이 있다고 말했다. 그것은 아마 꿈이었다고 하는 편이 더 정확할 것이다. 아우구스티누스는 삼위일체 교리로 고민하고 있던 도중에 어느 소년과 마주쳤다. 소년은 해변에서 땅을 파고 있었다. 아우구스티누스가 왜 구멍을 파고 있느냐고 물으니 소년은 구멍으로 바닷물이 몽땅 빠지게 할 생각이라고 대답했다. 아우구스티누스는 물리 법칙 때문에 그런 일이 일어나는 것은 불가능하다고 지적했다. 그러자 소년이 대꾸했다. "삼위일체를 이해할 가능성도 그만큼밖에 안 될 걸요."[38] 매력적인 이야기이긴 하지만 이것으로 아우구스티누스가 종교적 환각을 믿었다고 하기는 어려울 것이다. 아우구스티누스의 사상을 형성한 것은 어느 한 차례의 갑작스러운 사건이라기보다는 평생의 궤적이었다. 아우구스티누스는 『고백록』에 어린 시절의 이기심 때문에 겪은 죄책감과 사춘기 시절 성에 눈을 뜨며 겪은 딜레마로부터 신에게 그 자신을 의탁하기까지의 여정을 기록했다.

그렇지만 아무래도 아우구스티누스가 아이디어의 역사에서 세운 최고의 업적은 학자들이 '조명설(doctrine of illumination)'이라고 부르는 것, 즉 신이 내린 직접적인 이해를 통해 깨닫는 진리가 있다는 주장에 있다. 아우구스티누스는 가령 수학적 공리, 아름다움의 이데아, 그리고 아마도 신의 존재 같은 것이 이러한 종류의 진리라고 말했다. 이성이나 감각 지각, 계시, 회상 등으로 접근할 수 없는 사실들도 마찬가지였다. 아우구스티누스는 이러한 앎의 타당성을 "마음 속 생각의 집에서, 입이나 혀의 도움 없이, 어떠한 음절의 소리도 없이" 확인할 다른 원천이 있어야 한다는 것을 깨달았다.[39] 아우구스티누스의 이 말은 우리가 그의 생각을 알 수 있는 단서가 된다. 아우구스티누스의 자기 인식은 묵독─당시에는 이례적인 습관이었다─

을 통해 깊어졌다. 아우구스티누스의 성품이 도움이 되었다. 천재들을 괴롭히는 선택적 자기비하 때문에 아우구스티누스는 자신은 '신적 조명(divine illumation)'의 번쩍임 없이 삶의 어두운 불가사의를 모두 파악하기 어렵다고 여겼다.'[10] 이러한 아우구스티누스 사상은 지식은 바깥으로부터 들어온 것을 통해 얻는 것이 아니라 자신의 내면으로부터 접근할 수 있다는 고대 그리스의 믿음과 비교된다. 진리를 일컫는 그리스어 단어는 '알레테이아(aletheia)', 즉 '잊지 않은 것들'이다. 지식은 타고나는 것이다. 플라톤도 비슷한 말을 했다. 교육은 우리에게 앎을 상기시킨다. 회상은 우리가 앎을 의식하게 한다. 우리는 우리 내면으로부터 앎을 되찾는다. 반면, 성 아우구스티누스의 개념에서 우리의 앎은 바깥으로부터 받는 인상에 의존한다. 기독교도들에게는 사도들의 시대부터 신비주의적 관습이 있었다. 성 바울 역시 신비주의 경험으로 보이는 사례를 두 차례 기록한 바 있다. 어쨌든 아우구스티누스가 이 주제에 관한 생각을 표명하기 전부터—본래 의미대로의—신비주의자들은 이미 그들 나름대로의 노력을 경주하고 있었다. 자신들을 정당화해줄 일반적인 이론이 없더라도 그들의 메시지를 설득력 있는 것으로 만들어야 했기 때문이었다. 이때 아우구스티누스가 신비주의자들에게 허가증을 내준 셈이었다. 신비주의자들은 이제 황홀감을 계시라고 부를 수 있었다. 아우구스티누스는 기독교도들에게 지식을 얻는 새로운 수단을 열어 보였다. 신비주의는 이성, 경험, 성서, 전승의 대열에 나란히 합류했다. 이 일이 초래한 결과는 중대했다. 이때부터 서양의 신비주의는 대체로 내면적 명상의 문제가 되었기 때문이다. 신비주의의 다른 형태, 즉 자연-신비주의나 신비주의적인 반응 유발의 일환으로 외부세계를 관조하는 것은 이제 미미한 활동이 되었다. 아울러 더 심각하게 신비주의는 이단으로 빠지는 유인책을 제공했다. 신비주의자들은 이성을 초월하고, 과학을 뛰어넘고, 성서를 우회하고, 교회를 비켜 갈 수 있었다.

아우구스티누스의 조명설 아이디어는 서양에 일본식 이름 '젠(Zen)'으로 잘 알려진 '선(禪)'불교 전통과 친연성이 있다. 앞서 보았듯이(246쪽 참조) 기원전 제1천년기 인도와 중국에서는 감각 지각의 환상적인 성격—선불교의 출발점—과 관련한 전통을 흔하게 볼 수 있었다. 서기 2세기 초에 나가르주나(한자식 이름 용수[龍樹]로도 알려져 있다—옮긴이)는 이 전통들을 체계화했다. 대부분의 수련생들과 입회자들은 나가르주나를 선불교로 이어지는 전통의 지적 창시자로 여긴다. "모든 것을 꿈이나 번개를 보듯이 보아야 한다. 모든 것은 상대적이다"라고 나가르주나는 주장했다.[1] 이후 200여 년간 나가르주나의 추종자들은 이 가르침을 꾸준히 따랐고 나중에는 의심하는 정신의 실재성, 아니면 적어도 의심하는 정신의 개체성을 의심하는, 언뜻 자멸적으로도 보이는 역설에 빠지기에 이르렀다. 엄밀히 말해 (나중에 데카르트가 지적하듯—385쪽 참조) 자기 자신의 의심을 의심하는 것은 논리적으로 불가능하다. 하지만 선불교는 역설을 반긴다. 완벽한 불교식 깨달음을 얻으려면 우리는 생각을 멈추고, 언어를 포기하고, 현실의 모든 감각을 망각해야 한다. 여기에는 인정받을 만한 결과가 따른다. 의식을 포기하면 우리는 주관주의에서 벗어난다. 언어를 포기하면 우리는 말로 표현할 수 없는 것에 관여할 수 있다. 6세기 초 달마대사는 중국에 도착해 깨달음은 말로 설명할 수 없는 것이라고 선언했다. 12세기 일본의 어느 문헌은 달마대사의 교의를 아우구스티누스가 조명설에 관해 쓴 것과 같은 방식으로 규정했다. "경전 바깥의 특별한 가르침은 말이나 글에 기초하지 않고 정신에 직접 이르러 사물의 본질을 꿰뚫게 해준다."[42]

전통적인 일화에서 달마대사 이후의 선불교 스승들은 제자들을 어리둥절하게 만듦으로써 깨달음으로 이끈다. 제자의 질문에 언뜻 엉뚱해 보이는 답변이나 의미 없는 소음 또는 수수께끼 같은 몸짓으로 응수한다. 전혀 다른 질문에 똑같은 답변을 주기도 한다. 하나의 질문에 서로 모순되는 여러 다른 답변을 주기도 하고 어떨 때는 아무런 답변도 주지 않는다. 선불교는 오늘날 불확실성에 빠져든 사람들에게 인기를 끌고 있다. 모든 관점이 덧없고 객관적으로 옳은 것은 아무것도 없는 듯 보이게 만들기 때문이다.[43] 따라서 선불교는 고대 그리스와 로마의 회의론자들이 보인 무관심보다도 더욱 매력적이다. 고대 그리스와 로마의 회의론자들은 외양은 아무도 알 수 없는 진리의 역할을 대신한다며 이를 근거로 사물을 보이는 그대로 받아들이는 것에 만족했다(258쪽 참조). 대조적으로 선불교의 "하늘을 망각하고 바람으로부터 은거함"은 지각된 실재로부터의 급진적 철회를 나타낸다. 이것은 생각과 언어를 초월한 자기 소멸의 결과이자 비존재의 무력함이다. 선불교는 한낱 인간이 흙덩어리나 바위의 실재성과 객관성을 얻으려는 시도다. 『선과 모터사이클 관리술Zen and the Art of Motorcycle Maintenance』의 저자 로버트 메이너드 피어시그(Robert M. Pirsig)는 이것을 "마음속에 욕구가 전혀 없고 욕구가 없는 삶(…)을 그저 연기하듯 살아가는 것"이라고 말한다.[44]

선불교는 현실적인 시도처럼 들리지 않는다. 하지만 선불교는 굉장히 현실적인 결과를 낳았다. 선불교는 단련, 극기, 소멸까지 기꺼이 포용하는 태도를 연습하는 수행자들을 격려해 중세와 근대 일본의 무사 정신에 이바지했다. 미술 양식으로서 선은 명상 정원과 신비주의 시에 영감을 주었다. 앞으로 보게 되겠지만(635-636쪽) 20세기 말에 서양 지식인들의 정신세계는 동남아시아의 영향을 많이 받았고 선불교는 그러한 영향 중 하나였다.

신앙과 정치

종교 사상가들이 이성과 과학을 조화시키기 위해 천착한 작업은 훌륭하고 성실했지만 완벽하지는 못했다. 여기서 더 나아가 "이 세계의 것이 아닌" 신앙을 현실의 삶과 조화시키는 문제는 어떠한가? 이와 관련해 이 시기 사상가들은 두 가지 측면에서 세계를 바꾼 아이디어들을 제시했다. 첫번째는 국가에 관한 생각—국가를 거룩하게 할 방법, 당대 권력자들의 성스러운 임명식을 통해 권위에 정통성을 부여할 방법, 심지어 전쟁을 신성한 것으로 만들 방법—이었고, 두번째는 이 장을 시작하며 제기한 문제에 관련된 생각—종교를 통해 더 나은 행동을 끌어낼 방법—이었다.

정치사상을 먼저 보자. 앞서 우리는 어떻게 그리스도의 재담이 잘못 전승되었는지를 살펴보았다(278쪽). "카이사르의 것은 카이사르에게, 하느님의 것은 하느님에게 돌리거라"라는 그리스도의 명령은 오히려 세금을 강화하기 위한 말로 잘못 사용되었다. 더욱 폭넓게는 "세속적 영역과 정신적 영역의 구분을 존중하라"는 말로 오용되었다. 그리스도는 정말로 그러한 의미로 말했을까? 그리스도가 근본적으로 곡해되어왔다는 것은 놀랄 일이 아니다. 반어법이 사용된 유머는 시대와 문화의 깊은 골을 관통해 속뜻을 간파해야 하기 때문에 이해하기가 까다롭다.

교회는 항상 이 문장의 뒷부분을 강조하며 "하느님의 것"은 국가에 속하지 않는다고 주장했다. 그래서 성직자들은 법적 의무의 면제를 누려왔고 일부 기독교 국가에서는 종교 법정에서 재판받을 권리를 갖는다. 교회 재산은 흔히 세금이 면제되고, 그렇지 않더라도 적어도 재정적으로 특별 지위가 부여된다. 이렇듯 교회가 누리는 특권에 관한 기나긴 논쟁의 역사는 4세기 후반 밀라노에서 주교 암브로시우스가 황제의 징발 대리인들에게 교회를 내주기를 거부하며 시작되었다. "황제께서 제 것을 내놓으라 하시면 저는 거부하지 않겠다고 답했습니다. 그러나 하느님의 것은 황제께 속하지 않습니다."[45] 권력 투쟁이 계속되었다. 교황 보니파키우스 8세는 여느 성직자보다 치열하게 싸웠다. 13세기 말 그는 이 사태를 이렇게 요약했다. "속인들이 교회에 보인 적대감은 옛날부터 분명했다. (⋯) 아울러 그들은 성직자에게 권력을 행사하는 것이 금지된 것을 깨닫지 못한다."[46]

한편 이러한 다툼을 감당할 배짱이 없는 종교인들은 세상에서 물러나 침잠했다. 3세기 중반 신학자이자 교회 역사가 오리게네스는 신의 백성은 국가에 수동적으로만 복종하고 뒤로 물러나 있으라는 것이 그리스도 말씀의 참뜻이라 생각했다. 다른 종교인들도 차츰 비슷한 생각을 갖게 되었다. 5세기 초, 성 아우구스티누스는 두 세계―또는 아우구스티누스의 표현을 따르면 두 도성―를 구분했다. 신의 세계가 있고 국가의 세계가 있다. 후자는 기독교도와 별 관련이 없다는 것이 아우구스티누스의 주장이었다. 수행주의자들은 말 그대로 칩거하는 삶을 살았다. 그들은 사막이나 외딴 섬에 은둔처를 마련했다. 기독교 수도원 문화의 시작이었다. 하지만 교회와 국가는 항상 서로 긴밀히 얽혀 있었다. 성인(聖人)들은 순수하고 객관적인 존재로 받들어졌기 때문에 세상을 벗어나는 것이 허락되지 않았다. 사람들은 성인들에게 자신들의 문제를 가져왔다. 수도사들은 관료가 되었다. 은자들은 행정가가 되었다. 교황은 사실상 황제의 업무를 맡게 되었다.[47]

그래서 그리스도는―분명 일부 추종자에게는 몹시 실망스럽게 도―정치에 일체 개입하지 않으려 했다. 기독교도가 소수인 지역이나 그리스정교회 지역의 교회는 대체로 그러한 입장을 여전히 고수하고 있다. 서유럽에서는 로마 제국이 붕괴하며 교회가 국가의 역할을 갈수록 더 많이 맡았다. 주교들은 관료들이 포기한 행정 업무를 맡았다. 사법 제도가 무너진 곳에서 성직자들은 판사나 전문 중재자가 되었다.[48] 우리가 중세 초기로 여기는 대부분의 시기에 교황은 유럽 최고의 공문서 보관소를 소유했다. 정부에게는 교회가 필요했다. 교회는 사실상 가장 폭넓은 지식과 영향력의 정보망이었다. 정부는 교회를 통해 학식 높고 청렴한 인재를 채용할 수 있었다. 교회는 정부에 영향력을 행사하기를 원했다. 교회에는 영혼의 구원에 이바지할 법, 기독교계 안에서 평화를 지켜줄 합의, 불신자들의 공격을 막을 십자군이 필요했다.

이론가들은 교회의 정치 참여를 찬성하는 주장을 펴며 이러한 현실에 대응했다. 궁극적으로 그들은 교회가 세계를 통치해야 한다고 생각했다. 5세기 교황 겔라시우스는 '두 자루의 검'이라는 이미지를 제시했다. 그리스도가 베드로에게 검을 검집에 넣으라고 말했을 때도 검은 여전히 어떤 행동에든 동원될 수 있었다. 다시 말해, 교회에는 여전히 통치권이 남아 있었다. 8세기에 '콘스탄티누스의 기증장(Donation of Constantine)'을 위조한 자들은 여기서 한 걸음 더 나아갔다. 그들은 최초의 기독교 로마 황제가 개종하면서 황제의 권력을 교황에게 기증했다고 주장했다. 13세기에 교황 인노켄티우스 3세는 교회는 태양이고 국가는 달이라는 새로운 이미지를 고안했다. 국가는 교회로부터 반사된 권력만을 갖는다는 의미였다. 1302년 교황 보니파키우스 8세가 남긴 발언은 이 선통을 가장 뚜렷하게 드러낸다.

속세의 검이 베드로에게 있음을 거부하는 자는 진정 주님의 말씀을 곡해한 자다. (⋯) 정신의 검과 물질의 검 모두 교회에 있다. 왕과 지도자는 어디까지나 사제들의 뜻에 따라 그리고 사제들의 허락하에 후자를 사용한다. (⋯) 속세의 권위는 정신의 세계에 복속해야 한다.[49]

이 입장은 현실적으로는 오래 유지될 수 없었다. 국가가 교회보다 더 큰 군대를 거느렸기 때문이다. 그러나 기독교는 언제나 정치와 긴밀히 얽혀 있었다. 교황은 국가의 권력 투쟁에서 유용한 중재자였고 휴전을 이끌었으며 십자군을 조직했고 국경 분쟁을 조정했다. 현대에도 교회는 여전히 정치에 개입해 정치 정당이나 운동을 지지하고 노동조합을 조직하며 복음서의 내용을 얼마나 잘 준수하느냐 또는 기독교도에게 이익이 되느냐 손해가 되느냐에 따라 특정 정책을 공개적으로 옹호하거나 비판한다.[50]

이 이야기는 여전히 끝나지 않았다. 이오시프 스탈린은 "교황은 몇 개 사단을 보유했는가?"라고 조롱한 바 있다. 제2차세계대전 당시 교황이 독재자들 앞에서 드러낸 무능함이나 비겁함은 교회가 세속 정치에서 사실상 권력이 다한 세력으로 보이게 만들었다. 그러나 20세기와 21세기에 걸친 교황 요한 바오로 2세의 길고 극적이었던 임기 동안 교회는 새로운 자신감을 드러내며 정치 영역에 재진입했다. 이러한 정치적 재개입은 부분적으로 교황 바오로 2세의 진취성이 가져온 결과였다. 바오로 2세는 공산주의 정권을 전복시키고 자본주의 정권에 문제를 제기하고 교황의 외교적 활동을 활성화하고 국가 간 중재에서 교황의 역할을 되살리고자 했다. 이것은 어느 정도 정치 활동가들이 종교적 헌신에 기반해 주도한 풀뿌리 운동이기도 했다. 이러한 움직임은 때로 교황의 반대에 부딪히기도 했다. '해방 신학'에서 영감을 받아 가난한 소농과 경제적 혜택에서 소외된 원주민 공동체의 권리를 요구한 라틴아메리카의 혁명가들이 이러한 예에 속한다. 아울러 교회의 정치성이 되살아난 이유는 신뢰가 땅에 떨어진 공산주의나 무신경한 자본주의 대신 '제3의 길'을 모색하는 민주국가들의 유권자들에게서도 찾을 수 있었다. 일부는 그 길을 가톨릭교의 사회적 전통에서 구하려고 했다.

중세시대에 세속 통치자들은 교회와 충돌했을 때 대체로 매우 불리했다. 세속 통치자들은 교육을 교회에 의존했다. 행정 업무를 보거나 선전문을 작성하거나 정통성에 대한 주장을 정식화하기 위해 고용한 직원들에게 급료를 치를 때도 교회에 의존할 때가 많았다. 성 바울은 "권력은 하느님이 운명 지어준 것"이라고 말했다. 그런데 신은 그 정통성을 어떻게 전달해줄까? 신이 내린 정통성은 천상에서 성유를 바른 자에게 내려올까? 아니면 '하느님의 목소리'가 국민을 경유해 보통 선거의 결과로 나타날까? 중세 서유럽의 모든 사람, 그리고 오늘날까지 모든 열성적인 가톨릭교도는 계속해서 신에게 바치는 교회의 기도에서 정치적으로 혁명적인 의견들을 듣는다. 이 기도에서 신은 권력자들을 끌어내리고, 낮은 사람들을 높이시며, 진노의 날에 왕들을 처단한다. 하지만 교회는 대체로 혁명적 암시를 이교도들과 천년왕국실 신봉사들에게 맡겨놓았다. 그리고 가난한 자들을 향한 신의 편애를 강한 자에 대한 세상의 편애와 화합시키기 위한 현실적 방법을 모색했다.

　13세기 로마가톨릭교계는 이 딜레마를 현실적으로 해결하기 위해 고대 고전기의 모델, 즉 본래 아리스토텔레스가 권장한 모델인 '혼합' 정부 모델을 가져왔다.[51] 여기에 군주정과 귀족정과 민주정의 요소들이 결합되어 수정되었다. 아리스토텔레스는 "국가는 다양한 요소로 구성되어 있을수록 더 좋다"는 견해를 밝힌 바 있었다.[52] 일반적으로 중세 군주들은 의회를 통해 "왕국의 공동체"와 상의했다. 이 의회에서 왕의 천부적인 조언자이자 동지의 역할을 했던 거물급 인사들은 다른 '영지'의 대표들─대개 성직자와 평민(나라마다 다양하게 정의되었다)─과 만났다.

14세기 초, 교황이 권력과 재정 문제로 군주들과 갈등을 겪을 때, 파도바의 마르실리우스는 로마에 반대하는 선전가로 일했다. 마르실리우스는 아리스토텔레스가 말한 정치체를 닮은 이탈리아의 도시 공화국 세계, 즉 시민과 원로원이 통치하는 소국가에 살고 있었다. 마르실리우스는 이 정치체가 아리스토텔레스의 선택일 뿐만 아니라 신의 선택이라고도 생각했다. 신이 국민을 선택했다. 국민은 대표자를 선택했고, 그 대표자는 의회나 군주일 수 있었다. 마르실리우스는 혼합정 모델을 교회에도 적용해, 주교단의 단체성(collegiality, 주교들이 평등한 권한을 나누어 갖는 것—옮긴이)을 옹호했다. 이 경우 교황은 특권이 박탈되거나 단순히 주교 회의만 주재했다. 마르실리우스는 심지어 주교들이 보통 선거로 선출되어야 하는 게 아닌가도 따졌다. 이러한 권고들은 명백히 특정 집단의 이익을 옹호하기 위한 기획이었다. 하지만 동시에 그리스도의 가르침으로 되돌아가는 기독교의 철저한 민주적 전통에 부응하는 것이기도 했다. 그리스도는 세금 징수원과 죄인들을 부르고, 부유한 자에게 가난을 요구했으며, 어부와 매춘부를 기꺼이 제자로 받아들였다. 그리스도에게는 신의 사랑을 받기에 부족한 천한 사람은 없었다.

따라서 교황이 교회의 유일무이한 권력에 이르기 위해 밟아야 하는 모든 단계는 주교들이 단체로 재가해야 했다. 게다가 '세계 교회주의(ecumanism, 에큐매니즘이라고도 한다. 기독교의 교파와 교회를 초월하여 하나로 통합하려는 신조 및 그 운동—옮긴이)'에 기반한 결정은 신적 영감을 받은 것이므로 번복될 수 없었다. 공의회수위설(conciliarism, 공의회의 결의가 교황권보다 우위에 있다고 주장하는 학설

―옮긴이)은 오늘날에도 유효하다. 최근 몇몇 교황이 개혁 사업을 개시하고 주도할 때 교회의 평의회를 활용하면서 공의회수위설이 되살아났다. 마르실리우스의 주장을 채택한 개혁가들은 교회 정부가 개선되기를 바랐을 뿐 이 주장을 세속적 통치자들에게까지 전파할 생각은 없었다. 다만 종교개혁은 교회의 독립성을 확보하려면 반드시 교황이 필요하다는 것을 보여준 듯했다. 루터의 메시지가 큰 호응을 얻은 모든 지역에서 세속적 국가가 교황의 전통적인 역할들을 찬탈했기 때문이다. 교회를 위해 세속의 모델을 전유하려 세워진 이론인 공의회수위설은 오히려 세속 정치사상에 영향을 주었다. 이러한 영향은 명백히 15세기 독일 제국(German Reich)에서 시작되었다. 독일 제국에서는 영토가 넓은 국가의 군주들이 교회의 주교들과 비슷한 역할을 맡겠나고 나섰다. 공의회수위설은 많은 유럽 국가에서 대표 집단들이 등장하면서 유효성이 지속되었고, 이 집단들은 법 제정과 증세에서 군주와 대등한 관계를 요구했다. 장기적으로 이들 사건은 근대 정치, 즉 국민주권주의와 민주주의를 형성하는 아이디어들을 키우고 전파했다.[53]

15세기 초, 교회는 장 제르송(Jean Gerson)의 정치사상에서 주된 주제였다. 제르송의 관심은 지상에서 교회의 권위를 황제 한 명이 아니라 주교들이 집단적으로 행사했다는 견해의 타당성을 입증하는 데 있었다. 그런데 제르송은 세속 정부와 교회 정부를 비교하는 과정에서 이후 서양 세계의 정치에 영향을 미치게 될 국가 기원에 관한 이론을 발전시켰다. 국가는 죄악 때문에 발생했다. 에덴동산의 바깥에서는 부정한 행위의 제한이 없었다. 하지만 한 가지 예외가 있었으니 그것은 사람들이 평화를 위해 공동으로 자원을 모으고 서로의 자유를 구속하기로 합의했다는 것이었다. 이 과정은 자연스럽고 합리적이었다. 시민들의 합의는 국가의 유일한 정당한 토대다. 신이 내려준 교회와 달리, 국가는 인간의 자유의지에 의한 창조물로서 역사적 계약에 의해 만들어지고 암묵적 갱신에 의해 유지된다. 군주정의 경우, 통치자의 권력은 신에게 아무것도 빚진 것이 없으며, 모든 것은 사람들이 왕에게 운영을 맡기는 것이 골자를 이루는 계약에 따른 것이다.

통치자는 단순히 이 역사적 계약의 대리인이자 그가 철폐할 수도 무효화할 수도 없는 권리의 수탁자일 뿐이다. 주권은 국민에게 있다. 통치자는 국민을 대신해 주권을 행사할 뿐이다. 통치자가 계약을 깨뜨리거나 남용할 경우 국민은 주권을 되찾을 수 있다. 통치자는 공동체보다 위에 있지 않으며 공동체의 일부일 뿐이다. 통치자는 공통된 합의가 있을 경우를 제외하고 사회나 그 구성원들 또는 그들의 재산에 아무런 권리가 없다. '절대적' 통치자, 그러니까 자신의 충동에 따라 법을 바꾸거나 백성의 목숨이나 재산을 빼앗을 권리를 주장하는 통치자는 합법적 통치자가 될 수 없다. 국민에게는 그를 축출할 권리가 있다.

자유에 가치를 두는 사람에게든 시민사회의 협동이 우리 종의 본성에 자연스럽다고 생각하는 사람에게든 국가는 제약이고 말로 이루다 표현할 수 없는 크나큰 부담이다. 국가를 설명하고 정당화하는 문제는 사회계약론에서 하나로 통합되었다. 국가에 계약적 토대가 있다는 아이디어는 입헌주의와 민주주의에 자양분을 제공했다. 신을 언급하지 않고 국가에 정당성을 제공하는 사회계약론은 현대의 세속적 세계에서 특히 유용하다. 그러나 제르송이 고안한 아이디어에는 치명적인 약점이 있었다. 제르송은 통치자를 계약 당사자로 만들었다. 통치자는 사실상 계약의 바깥에 있으며 계약 조건에 구속을 받지 않는다는 문제 제기가 가능했다(450쪽 참조). 그리고 제르송은 이 계약의 조항에 관해 문제 제기의 여지가 있는 가정들을 남겼다. 절대주의 체제의 옹호자들은 다른 계약 당사자들이 그들의 권리를 국가에 위탁한 것이 아니라 양도한 것이라고 주장할 수 있었다.[54]

절대 군주의 아이디어에는 그 나름의 특정한 논리가 있다. 어떻게 입법자가 법에 구속될 수 있겠는가? 그러나 중세시대에 절대 군주라는 아이디어는 사실상 억눌렸다가 훗날 근대 서양에서 다시 제기되었다. 중세시대 군주의 주권은 네 가지 이론적 측면에서 제약을 받았다. 첫째, 중세시대 군주의 주권은 근본적으로 사법권, 즉 법 집행의 문제 때문에 생겨났다. 오늘날 우리는 입법권, 즉 법을 제정하거나 폐지할 권리를 주권의 가상 결정적인 특징으로 간주하지만 중세시대에는 상대적으로 덜 중요한 분야로 전통, 관습, 종교법, 자연법 등이 있었고 이러한 것들은 변경될 여지가 거의 없었다. 둘째, 앞서 보았듯이 기독교 공동체에서는 특정한 국가의 군주는 궁극적 권위가 아니라고 생각했기 때문에 황제는 권력이 제한되었다. 교황은 적어도 왕과 대등한 우월성을 지녔다. 셋째, 여전히 로마 제국은 절대 멸망하지 않았고 로마 황제의 기독교에 대한 권위는 교황이나 독일 제국의 선출된 수반에게 위임되었다는 생각이 남아 있었다. 독일 제국의 수반은 사실상 '로마 황제'라고 불렸다. 마지막으로, 군주들은 주인들의 주인들이었고 이른바 천부적인 조언자들에게 의견을 구할 의무가 있었다. 이 천부적인 조언자들은 사실상 귀족들이었다. 귀족들은 어떤 경우에는 황제의 성은으로부터 권력을 얻었지만 어떤 경우에는 신으로부터 직접 얻었다고 주장하기도 했다.

　중세시대 말에 군주들은 이러한 제약에 체계적으로 도전했다. 14세기 프랑스와 카스티야의 왕들과 16세기 영국의 왕은 그들의 왕국을 제국이라고 부르며 스스로가 "각자 자기 영토의 황제"라고 주장했다. 장엄한 이미지가 그들을 감쌌다. 이는 선전가들이 고안한 이념적 전략이었다. 프랑스 왕의 집무실은 신이 부여한 "대단한 미덕으로 당신이 살아 계실 때 여러 기적들을 수행하도록" 한 기적적인 장소였다.[55] 우리가 파악할 수 있는 가장 오래된 프랑스 왕의 초상화―14세기 중반에 제작된 '선량왕 장(Jean le Bon)'의 초상화―는 메달에 그려진 로마 황제나 영광스러운 원광(圓光)을 받은 성인 그림과 흡사하다. 잉글랜드의 리처드 2세는 그가 황금 들판을 배경으로 장엄하게 바라보는 모습을 그리도록 했다. 이 그림에서 리처드 2세는 동정녀 마리아로부터 그리스도의 육신을 건네받고 있다. 이러한 아이디어는 결코 현실에서는 대단한 힘을 발휘하지 못했다. 16세기 초 파리 의회의 의장 샤를 길라르(Charles Guillard)는 프랑수아 1세 왕에게 이렇게 말했다. "전하께는 하고 싶은 바를 하실 수 있는 권력이 있지만 전하는 그것을 바라지 않으십니다. 혹은 바라지 않으셔야 합니다."[56] 왕들은 이따금 후퇴를 하긴 했어도 결국 14세기에서 18세기까지 유럽 대부분 지역에서 다른 전통적 권위의 원천들, 즉 교회, 귀족, 도시 귀족계층(city patriciates)의 희생을 대가로 점진적으로 권력을 획득했다.[57]

기독교와 이슬람교의 사회사상: 신앙, 전쟁, 귀족 아이디어

도덕 철학자들이 정치사상에 많은 공을 들인 한 가지 이유는 고대의 한 가지 가정에서 찾을 수 있다. 아리스토텔레스가 거의 확실한 것으로 만든 이 가정은 국가의 목적은 덕성의 도모와 증진에 있다는 것이다. 하지만 현실에서 국가는 딱히 종교보다도 이 일을 더 잘하는 것 같지 않다. 그리하여 중세의 사상가들은 개인의 행동에 더 나은 방향으로 영향을 미치려면 어떻게 해야 하느냐의 문제를 직접적으로 다루었다. 그리스도의 생애와 업적은 현실 세계를 정화해 이 세계 사람들의 삶을 그가 천국이라고 부른 것에 걸맞게 만들겠다는 불요불굴의 열망을 보여주었다. 그러나 현실에서 그리스도의 가르침은 전반적으로 지키시 않는 편이 더 명예로웠다. 그리스도의 가장 열정적인 추종자들조차 타인에 대한 사랑, 온화, 겸손, 고통의 감수, 부부간 정절, "의로움을 향한 허기와 갈망"을 실천하기 쉽지 않았다. 그리스도도 알고 있었듯 재산이 늘어나면 선하게 행동하기 더 어려웠다. 재물은 바늘구멍을 꽁꽁 막았다. 부패하기 마련인 권력도 그랬다. 따라서 일반적으로 인간 행동의 문제는 특히 지배계층의 문제였다. 어떻게 해야 지배계층이 백성을 착취하고, 가신들을 억압하고, 귀족들이 전쟁에서 가공할 만한 수준의 폭력을 주고받는 것을 막을 수 있을까? 고고학자들이 중세 전쟁터에서 출토한 뼈에는 그러한 폭력의 상흔이 남아 있다.

가장 좋은 답은 기사도였다. 이 종교적 모델은 평신도의 삶도—수사나 수녀의 삶처럼—규율에 순종함으로써 정화될 수 있다는 아이디어를 제시했다. 이러한 규율이나 기사도 수칙은 12세기에 처음 나타났다. 이러한 규율들을 정식화한 세 명의 작가가 있었다. 부유하고 게으른 성직자를 맹비난한 금욕적인 수도원장 성 베르나르(St Bernard), 교회를 위해 평신도의 노동력을 동원할 방법을 늘 강구한 교황 에우제니오 2세(Eugenius II), 신앙심 깊은 귀족 위그 드 페이엥(Hugh de Payens)이 그 세 명이다. 이들은 전장의 열기와 공포의 떨림, 승리의 희열 속에서는 전사들이 미개해지기 쉽다는 것을 깨달았다. 기사들은 개화되어야 했다. 규율이 그들을 구원할 터였다. 초기 수칙들은 순결, 청빈, 순종 등 종교적 맹세를 반영했지만 점차 일반적인 미덕이 더 큰 중요성을 띠게 되었다. 기사들이 두려움을 이겨내게 한 힘은 유혹에 맞서는 힘으로 변형될 수 있었고, 현실적인 덕성은 치명적인 죄악에 맞서도록 변형될 수 있었다. 너그러움은 탐욕을 막고, 평정은 분노를 막고, 충성심은 거짓과 욕정을 막아주었다.[58]

기사도는 이 시대의 가장 일반적인 귀족적 에토스가 되었다. 기사도 시대 이전 왕권 국가의 영웅들—알렉산드로스 대왕, 아서왕, 페리클레스, 트로이아의 브루투스 등—은 중세시대 후기의 대중 통속소설에서 기사도 정신의 모범이 되었다. 심지어 작가들은 성서도 뒤져 다윗왕과 유다 마카베오까지 이 대열에 합류시켰다. 마카베오는 채식(彩飾)과 벽화에서 마상(馬上) 창 경연대회에서 기량이 뛰어난 인물로 등장했다.[59] 마상 창 경연대회나 시상식은 모든 군주의 궁정에서 정치적 과시의 중요한 수단이었다.

기사도는 강력한 힘을 발휘했다. 아마도 기사도는 애초의 의도대로 사람들을 선하게 만들 수는 없었을 것이다. 하지만 전쟁에서 승리를 가져다주었고 정치적 관계를 형성했다. 기사도는 아마도 유럽의 독특한 해외 진출 문화에서 중요한 요소로 작용한 것으로 보인다. 기사도는 기독교 세계를 더 역동적인 사회로 만들어 이슬람 국가와 중국이 있는 동쪽으로 준비가 더 잘 된 이웃 국가보다도 더 멀리 탐험하고 더 많이 진출하게 했다. 기사도에 자극을 받은 크리스토퍼 콜럼버스와 '항해사' 엔리케 같은 모험가들은 그들만의 기사도 로맨스의 대단원을 찾아 나섰다.[60] 에토스는 개개인이 자신의 행동을 교정하고 평가할 기준을 제공하기 때문에 행동의 형성에서 이념보다도 강력한 힘을 발휘한다. 중세 유럽에서는 기사도가 그러한 역할을 했다. 이후 서양에서 기사도는 줄곧 행동과 자기 인식을 촉진하는 힘으로 작용했다. 19세기에 기사도는 빅토리아시대의 신사들이 삐걱거리는 모조 갑옷에 억지로 몸을 욱여넣게 만들기도 했다. 위대한 센티멘털리스트 찰스 킹즐리(charles Kingsley)는 이렇게 말했다. "아직 바로잡히지 않은 잘못이 지구상에 남아 있는 한 '기사도의 시대'는 결코 과거일 수 없다."[61] 20세기 브리튼 전투(제2차세계대전 중인 1940년에 영국 공군과 독일 공군 사이에서 벌어진 전투—옮긴이)의 '상공의 기사들'에게는 기사도를 떠올리게 하는 이 별명이 그들의 대체로 보잘것없는 사회적 신분에 대한 보상이 되기에 충분했다. 기사도는 또한 할리우드의 황금기 영웅들을 만들어냈다. 하지만 오늘날 기사도는 사실상 하찮은 것으로 전락했다.[62]

기사도는 어떤 의미에서는 전쟁에 대한 사죄를 의미했다. 기사도는 피투성이가 되어 천국의 문 앞에 도착한 전사들이 구원받을 수 있는 탈출구를 제공했다. 하지만 기사도는 전쟁을 정당화할 수 없었다. 전쟁의 정당화는 사상가들로부터 별개의 관심을 요구했다.

전쟁은 고대 유대인의 신성한 역사에서 종교적 의무로서 중요하게 받들어졌다. 유대인의 신은 시신을 높이 쌓았고 머리통을 이리저리 떨구었다. 앞서 보았듯이 기원전 3세기 인도 황제 아소카는 '불교를 위해' 전쟁을 정당화했다. 하지만 전쟁을 정당화하기 위해 종교를 이용하는 것과 전쟁을 선한 것으로 보이게 만드는 것은 다른 문제다. 이슬람교 전통과 기독교 전통은 전쟁의 정당화를 전면적으로 이루어냈고 이것은 이후 끔찍한 결과를 가져왔다.

지하드(jihad)는 직역하면 '분투'를 의미한다. 쿠란에는 "예언자를 믿는 사람은 그가 가진 재산과 생명을 모조리 바친다. 알라는 그들을 위해 강이 흐르는 정원을 준비해두었다. (…) 그것은 최고의 승리다"라고 쓰여 있다. 무함마드는 지하드라는 단어를 두 가지 맥락에서 사용했다. 첫째, 무슬림이 악에 대항해 반드시 벌여야 하는 내면의 투쟁이고, 둘째, 이슬람교의 적에 맞서는 진짜 전쟁이다. 이러한 적은 진정한 위협을 제기하는 진정한 적이어야 한다. 그러나 무함마드의 시대에는 전쟁을 자주 겪었기 때문에 지하드를 지칭하는 말은 언제나 폭넓게 해석되었다. 쿠란의 '제9수라'는 다신론자나 우상 숭배자에 맞서는 모든 전쟁을 정당화하는 것처럼 보인다. 무함마드 사후에는 예언자에 대한 의무가 소멸되었다고 믿고 군영지를 떠난 변절자들이 표적이 되었다. 이후 이 교리는 아라비아 국가, 로마 제국, 페르시아 제국을 상대로 큰 성공을 거둔 침략 전쟁을 선포하는 데 이용되었다. 무슬림들은 지하드라는 수사를 흔히 서로에 대한 전쟁을 정당화하는 데 남용했다. 이 말은 오늘날까지도 아프가니스탄 부족장들의 부당한 싸움, 또는 자칭 이슬람교 지도자들에게 미움받는 지역의 무고한 사람들을 상대로 테러를 자행하는 사람들이 부당한 행위를 그럴듯하게 포장하기 위해 사용된다.

그렇지만 '성전(聖戰)'이라는 용어는 지하드의 적절한 번역어로 보인다. 성전은 무함마드의 명령으로 여겨지는 것에 대한 순종으로 정화되고 순교에 대한 약속으로 보상받는다.[63] 무함마드가 말했다는 한 격언에 따르면 전장의 순교자는 낙원의 가장 좋은 곳 즉 신의 보좌에서 가장 가까운 자리로 직행하며, 사랑하는 사람들을 위해 영혼의 선처를 구할 권리를 갖는다. 그러나 이슬람교의 법률 전통에는 대부분 전쟁에 대한 엄격한 법률 규정이 있다는 사실을 눈여겨볼 필요가 있다. 이 법률 규정들은 지하드를 분명하게 규정하며, 여기에는 비전투원, 여성, 유아, 병자, 저항하지 않은 자의 생명과 재산에 대한 배상이 담겨 있다. 이러한 제약은 사실상 모든 테러리즘과 대부분의 국가 폭력을 불법으로 규정한다.

남용의 사례와 별개로 지하드라는 아이디어는 주로 두 가지 방식으로 영향력을 발휘했다. 그중 더 중요한 첫번째 방식에서 지하드 아이디어는 무슬림 전사의 용기를 북돋웠고 이는 이슬람교가 팽창한 시기의 초기 세대들에서 특히 그랬다. 무함마드 사후 수백 년 동안 이슬람교가 지하드라는 아이디어 없이 그 정도 규모의 성공을 거둘 수 있었을 거라고는—이때 이슬람교는 지중해 대부분을 무슬림의 호수로 만들었다—상상하기 어렵다. 둘째, 지하드 아이디어는 나중에 기독교에서 복제되었다. 기독교도들은 십자군 원정을 개시할 때 두 가지 비슷한 개념들을 갖고 있었다. 하나는 정전(正戰), 즉 무슬림 거주민들이 찬탈했다고 기독교도들이 주장하는 영토를 되찾기 위한 정당한 전쟁이라는 개념, 다른 하나는 무장한 순례, 즉 참전을 속죄를 위한 종교적 의무로서 받아들이는 개념이었다. 십자군 원정에 나선 사람들이 이슬 람교 전사들과 유사한 방식으로 스스로를 『롤랑의 노래』에서처럼 "사 라센(십자군시대에 유럽인이 이슬람교도를 부르던 말—옮긴이)의 피가 죄를 씻어"줄 잠재적 순교자로 바라보기 전에는 애초 성전이라는 아 이디어가 없었다. 하지만 분쟁 지역에 그리스도와 성인들의 피와 발 자국이 남아 있다는 의미에서 그들의 목적은 높이 떠받들어졌다.[64]

중세 후기의 서양에서 십자군 원정이 시들해지고 정치와 법률 이 권력과 부를 얻는 새로운 경로를 제공하면서, 귀족 개념은 전쟁으 로부터 분리되었다. 검과 창을 쓰는 마상 전투 훈련은 돈이 많이 들었 다. 화력 기술이 발전하자 전사 귀족층은 점진적으로 덜 필요하게 되 었다. 오래된 부나 오래된 혈통이 계급을 결정하는 곳에서는 결코 기 회의 사회가 자유롭게 발달할 수 없으며, 특출한 기량이나 덕성 또는 천재성을 갖춘 개인이 아니면 엘리트층을 뚫고 들어가기란 불가능하 다. 중국은 여러 측면처럼 이 점에서도 중세시대 서양보다 훨씬 더 앞 서 있었다. 중국 황실의 엘리트층은 고된 인문주의 교과 과정에 기반 한 과거 시험을 통해 선발되었기 때문이다. 문중에 똑똑하나 가난한 친척이 있으면 돈을 걷어 공부를 도와주기도 했다. 이러한 시스템이 존재하지 않았던 서양에서는 14세기와 15세기에 종이와 인쇄술이 순 차적으로 정부를 혁신으로 이끌었다. 종이와 인쇄술 덕분에 군주의 명령은 저비용으로 신속하게 방방곡곡 전달되었다. 그 결과 나타난 관료화는 교회·전쟁·상업·모험을 경유하는 기존의 사회 진출 경로에 새로운 경로를 보탰다. 서양 국가의 권력 계급은 어디에서나 새로운 인물로 보충—그리고 일부 영역에서는 거의 완전히 대체—되었다. 서양의 도덕주의자들은 이제 귀족을 자기 인식에 걸맞게 다시 정의하기 시작했다.

어느 베네치아 대사의 문장(紋章)은 "미덕만이 진정한 귀족성이다"라고 선포했다. 1306년 파리의 어느 학자는 다른 사람들을 장악할 힘을 갖기 위해 지적인 열의만큼 좋은 장비는 없다고 선언했다. 몇년 후 독일의 어느 신비주의자는 공직을 맡기 위한 자격 요건을 말하며 혈통의 귀족성을 영혼의 귀족성보다 열등하다고 깎아내렸다. 15세기 스페인의 어느 인문주의자는 무기보다는 학문이 사람을 속속들이 고귀하게 만들어준다고 주장했다. 1395년에 밀라노를 무력으로 장악한 지안 갈레아초 비스콘티(Gian Galeazzo Visconti)는 자수성가한 인문주의 영웅 키케로와 비슷하다는 앞뒤가 맞지 않는 아첨을 받기도 했다. 오트란토의 인문주의자 안토니오 드 페라리스(Antonio de Ferraris)는 오늘날 잘 알려지지 않은 인물이지만 그만큼 그 시대의 전형적인 인물이기도 하다. 페라리스는 크로이소스의 재산도, 프리아모스 왕의 오래된 혈통도, 귀족성의 제일가는 요소인 이성을 대체할 수는 없다고 선언했다. 크리스토퍼 말로의 희곡 『탬벌레인 대왕』의 주인공은 이렇게 선언한다. "덕은 홀로 영광의 총합이며 사람들을 진정한 귀족으로 만든다."[65]

그러나 동유럽에서는 이 신조에 반대했다. 보헤미아에서 귀족성은 오로지 유구한 혈통일 뿐이었다. 헝가리 왕국에서는 귀족들만이 나라를 구성했다. 귀족이 갖는 특혜를 정당화하는 것은 훈족과 스키타이족의 후예라는 추정이었다. 훈족과 스키타이족의 지배권은 그들이 이 영토를 정복함으로써 획득한 권리를 근거로 했다. 다른 계층들은 그들의 권리를 이미 포기한 자연적 노예인 수치스러운 선조들로 더럽혀져 있었다. 그러나 이 신조는 동유럽에서도 인문주의의 영향을 받아 다소 완화되었다. 헝가리 왕국의 16세기 초 수상 이슈트반 베르뵈치(István Werbőczy)는 귀족 통치의 열렬한 옹호자였지만 귀족성은 "무술 훈련"뿐만 아니라 학식을 포함한 "몸과 마음의 다른 재능들"에 의해서도 획득될 수 있다고 인정했다. 하지만 베르뵈치는 이것을 본질적으로 계급 제도인 것에 그저 새 인물을 보충하는 수단으로 보았을 뿐 서유럽의 인문주의자들처럼 사회의 한 계급을 개방하는 방법으로 보지는 않았다.[66] 유럽이 이처럼 두 갈래로 나뉜 것은 나중에 중대한 결과들을 초래했다. '동유럽'이라는 말은 서유럽에서 경멸적인 의미가 가미되어 사회 발전이 더딘 낙후된 지역, 말하자면 비굴한 소농 계층과 엄격히 폐쇄된 엘리트층이 있는 오래된 봉건 시대에 붙들린 지역을 의미하게 되었다.[67]

영적 정복

성전이 실패하고—적어도 '성지'에서 쫓겨난 기독교도들에게는 그랬다—귀족층이 분화되자 새로운 아이디어가 출현했다. 우리는 이 아이디어를 영적 정복이라고 부를 수 있을 것이다. 근대 역사에서 가장 눈에 띄는 추세 중 하나는 기독교가 세계에서 전도에 가장 성공한 종교로 부상했다는 것이다. 히브리인들의 신이 지닌 호소력에 미루어 보건대 유대교는 기독교를 누르고 세계에서 규모가 가장 큰 종교가 되었을 만도 하다. 그러나 유대교는 전도 활동에 대체로 소극적이었기 때문에 신자 수가 줄곧 소수에 머물렀다. 이슬람교는 오늘날처럼 대규모로 확대되기까지 오랜 시간이 걸렸다. 지금도 여전히 학계에서 널리 인정받는 계산법을 고안한 리처드 W. 불리엣(Richard W. Bulliet)은 이란에서 695년까지 인구의 2.5%가 이슬람교로 개종했고, 695년과 762년 사이에 13.5%가, 762년과 820년 사이에 34%, 820년에서 875년까지 다시 34%, 그리고 875년과 1009년 사이에 남은 인구가 모두 개종한 것으로 계산했다.[68] 이슬람교는 앞서 보았듯이 성장 속도가 느렸고 특정 문화에 집중되어 있다. 이슬람교의 인기는 띠 모양으로 넓게 펼쳐진 특정 지대에만 국한해 굉장히 높고, 신자가 이민하는 경우를 제외하고는 이슬람교가 다른 지역으로 전파되기는 사실상 어렵다. 불교는 오늘날 전 세계적으로 인기를 끌고 있는 점으로 미루어 볼때 한없이 유연한 종교처럼 보이지만 사실 오랜 기간 견제를 받았다. 초기 기독교는 선교 열기로 불타올랐지만 서기 11세기부터 열기가 점차 사그라들었다. 십자군 원정으로 개종한 사람은 거의 없었다.

영적 정복의 아이디어는 복음 전도의 부흥에서 중요했다. 아마도 그리스도가 직접 남긴 말이 영감의 주요 원천이었을 것이다. 결혼식에 관한 우화에서 어느 주인은 종에게 "큰길과 샛길로 나가서 사람들을 억지로라도 데려다가 내 집을 채워라"라고 명령한다. 중세시대 말, 교회에서 선교 활동이 새로운 의미를 띠면서 이 말은 재해석이 요구되었다. 독실한 엘리트들에게 복음이 아직 미치지 않았거나 피상적으로만 침투한 사회나 지역에 교리 기반의 더욱 적극적이고 헌신적인 기독교 의식을 전파할 의무가 있다는 새로운 신념이 등장한 것이다.

그 결과 새로운 개종 전략이 나왔다. 이 전략은 두 집단을 대상으로 삼았다. 한 집단은 기독교 세계 내에서 복음을 따르지 않거나 부분적으로만 따르는 사람들이었다. 교회를 밝히는 촛불을 바라볼 기회가 없는 사람들, 즉 가난한 사람들, 한군데 정착하지 못한 사람들, 방치된 시골 사람들, 숲이나 늪지 또는 산악 지대에 사는 사람들, 고향을 떠나 지방의 교구 생활이 부여하는 계율과 연대로부터 단절된 채 도시에서 사는 사람들. 다른 집단은 탐험과 지리 지식의 증가로 드러난 광활한 불신자들의 세계였다. 가난한 사람들, 믿지 않는 사람들, 교리를 충분히 접하지 못한 사람들을 선교하는 특별 임무를 맡은 탁발 수도회의 출현도 이러한 추세를 도왔다. 교회에서 사도적 실천의 복원에 관심이 증가한 것도 마찬가지였다. 이는 수사들이 증가한 이래 종교개혁에서 중요한 주제였다. 이처럼 외부를 향한 추진력은 13세기 말과 14세기 초에 마요르카섬의 라몬 유(Ramon Llull)가 규정한 개종의 새로운 아이디어 덕분에 활기를 되찾았다. 라몬 유는 개종 활동은 문화마다 다르게 변형되어야 한다는 것을 깨달았다. 개종시키려는 사람들이 속한 문화를 이해하고 적절히 타협해야 한다는 것이었다. 무엇보다 그 사람들이 쓰는 언어로 대화해야 했다. 따라서 라몬 유는 선교사들을 대상으로 어학 수업을 개설했다. 원 문화에서 중요하지 않은 요소는 그대로 두어도 괜찮았다. 사도들에게도 이와 관련된 선례가 있었다. 성 바울은 비유대인 개종자들은 할례를 하지 않아도 된다고 판단했다. 성 베드로는 비유대인은 유대인의 식습관을 따르지 않아도 된다고 결정했다. 그 결과 개종된 사회의 기독교에서는 일반적으로

원 문화의 특성이 드러난다. 모두 쌍방향적 문화 교류의 사례들로 이해할 수 있다.[69]

이 시기에는 대중 설교자와 예언자들이 활발히 활동했다. 설교자와 예언자들은 반란을 거룩한 과업으로 만들고 엘리트층의 억압에 폭력으로 맞선 가난한 사람들을 신성시했다. 종말의 시간이 오면 신은 사회의 모든 불평등을 바로잡을 것이었다. 혁명가들에게 이번 천 년은 즉각적인 것 이상의 어떤 것을 의미했다. 가난한 사람들은 당장이라도 들고 일어나 그들의 손으로 신이 이 세계에서 목적하는 바를 지금, 여기에서 실현하고자 시도할 수 있었다. 무시무시한 괴물 같은 불평등의 문제는 그러한 수단으로 해결할 수 없었다. 다음 장에서 다룰 새로운 시대는 새로운 관점을 취하고 새로운 해답을 제시할 것이다.

제6장

미래로의 회귀

: 흑사병과 추위를 통과한 생각

지식인들이 세상을 지배했다. 16세기와 17세기 역사에서 전통적으로 조명받은 일화들에 비추어 보면 그렇다. 르네상스와 종교개혁, 과학혁명은 서로의 뒤를 이으며 왕조의 교체나 전쟁의 명운보다 더 깊은 자국을 남겼다. '팽창의 시대'—이 시대를 전반적으로 일컫는 전통적 표현이다—는 다름 아닌 팽창하는 정신들의 산물이었고 '세계의 발견이자 인간의 발견'이었다. 물론 그 배경에는 다른 힘들도 작동하고 있었다. 전염병이 재발했고, 얼얼한 추위가 찾아왔으며, 정신이 부여되지 않은 생명체(과학계 용어로 '생물군')—식물, 동물, 미생물—의 변이와 재배치가 전 세계적인 생태계 혁명을 불러왔다.

생물군의 변화는 우리가 사는 행성의 표면을 농업의 발명 이래 그 어떤 혁신보다도 크게 바꾸어놓았다. 농사는 우리가 '부자연 선택'이라고 부를 만한 것을 도입해 진화에 수정을 가했다. 하지만 16세기에 시작된 변화는 거기서 한 걸음 더 나아가 그동안 오랫동안 유지되어온 진화의 패턴을 정반대로 뒤집었다. 대략 1억 5000만 년 전, 그러니까 판게아가 쪼개지고 바다가 대륙을 갈랐을 때 각 대륙에 사는 생명체들은 점차 서로 다른 모습을 띠게 되었다. 궁극적으로 신세계에는 다른 지역에 알려지지 않은 종이 생겼다. 오스트레일리아의 동식물은 아메리카나 아프로·유라시아의 어디에서도 찾아볼 수 없는 독특한 표본들이었다. 그런데 이례적일 만치 갑작스럽게, 이 1억 5000만 년에 걸친 진화적 발산이 수렴적 추세로 대체되었다. 이 추세는 지난 몇 세기를 장악했고 그 결과 지구 전역에 비슷한 생명체들이 확산되었다. 이제 잉글랜드의 지역 공원에 라마와 왈라비가 사는가 하면, 내가 살던 스페인 지역에서는 키위가 지역 경제의 중요한 부분을 차지하고 있다. 이탈리아와 중국 쓰촨성, 벵골과 케냐의 '토착' 요리에 자생지가 아메리카인 식물—고추, 감자, '인디언' 옥수수, 토마토 등—이 재료로 사용된다. 아메리카의 여러 지역에서 유럽산 포도주와 소고기, 아랍산 커피, 아시아산 쌀이나 설탕이 없는 식탁을 찾아보기 어려울 것이다. 단일한 질병 환경이 지구를 뒤덮어 우리는 어느 전염성 질병이나 거의 어디에서든 감염될 수 있다.

전 세계를 떠도는 유럽의 식민지 개발자들과 탐험가들을 따라 생물군도 대양을 건넜다. 어떤 경우에는 일부러 동식물을 이동시켜서 새로운 가축 종을 만들거나 새로운 토양에서 식물을 재배하기도 했다. 이러한 측면에서 이 혁명적인 변화는 이 책이 주장하는 바에 부합한다. 사람들은 세계를 다시 상상했고 그 아이디어를 실현하기 위해 노력했다. 하지만 생명력이 넘치는 수많은 씨앗, 세균, 곤충, 포식자, 사람들이 귀여워해 몰래 들여간 동물 등도 사람들의 옷깃과 주머니, 선박의 창고나 밑바닥을 통해—말하자면 디즈니가 "놀라운 여행"이라고

부를 만한 여정을 거쳐―새로운 환경으로 건너가 변화를 빚어냈다.[1]

한편 전염병의 시대가 세계를 덮쳤다.[2] 14세기 들어 유라시아와 북아프리카에서 흑사병이 엄청난 수의 사람들―피해가 가장 큰 지역에서는 전체 인구의 3분의 1에 달했다―의 목숨을 앗아갔다. 이후 300년 동안 이 모든 지역에서 원인이 파악되지 않는 전염병이 수차례 다시 창궐했다. 원인균으로 짐작되는 바실루스는 우리가 오늘날 가래톳 페스트(bubonic plague)라고 부르는 것과 DNA가 거의 동일하다. 하지만 중요한 차이가 있다. 가래톳 페스트는 더운 환경을 좋아한다. 14세기에서 18세기까지의 세계는 이례적으로 추웠다. 기후 역사학자들은 이 시기를 '소빙하시대'라고 부른다.[3] 가장 치명적인 전염병은 흔히 몹시 추운 시기에 유행했다. 추위가 절정에 달한 16세기 후반과 17세기에 네덜란드 화가들이 그린 겨울 풍경화들은 당시의 정경과 느낌을 잘 전달한다. 더욱이 16세기에는 '구세계'의 질병들, 그중에서도 특히 천연두가 아메리카로 전파되었고 피해가 가장 집중된 지역에서는 원주민 인구의 90퍼센트가량이 사망했다.

그러므로 이 시대에는 지성보다는 환경이 세계에 더 많은 영향력을 미쳤다. 이 명백한 역설을 제대로 설명해낸 사람은 아직 아무도 없다. 어째서 그토록 불리한 환경에서 그토록 많은 진보―또는 우리가 진보라고 생각하는 어떤 것―가 일어났을까? 어떻게 전염병과 추위로 그토록 고생한 사람들이 우리가 르네상스나 과학혁명이라고 부르는 운동들을 개시했을까? 어떻게 그들은 세계를 탐험하고 갈라졌던 대륙들을 다시 통합했을까? 어쩌면 이것은 위대한, 그러나 지금은 인기가 식은 역사가 아놀드 토인비가 말한 "도전과 응전"의 사례일지 모른다. 어쩌면 일반적인 설명은 불가능하고 우리는 매번 새로운 주도권을 발휘해 특별한 환경들을 개별적으로 관찰해야 할지 모른다. 여하튼 비인격적인 힘들이 인간의 창조성에 엄청난 제약을 가할 때도 분명 정신들의 힘은 여전히 변화된 세계를 상상했고, 세계를 바꾸는 아이디어를 낳았으며, 변화를 이끄는 주도권을 생성할 수 있었다. 사실 일부 지역에서는 혁신적인 생각의 결과물이 어느 때보다 신속하게 나타났던 것 같다. 현재 문헌이 남아 있어 비교할 수 있는 그 어떤 시기보다 확실히 신속했다.

이 시기에 새로운 아이디어들은 불균형적으로 유럽에 집중되어 나타났다. 이 시기의 지적인 다산성 때문에 그리고 유럽의 무역과 제국주의가 유럽의 아이디어들을 다른 지역들로 확산시킨 탓에, 흑사병과 추위의 시대는 창의성과 혁신성의 시대였던 동시에 생각의 영향력 측면에서 전 세계의 균형 축이 점진적이지만 확실하게 유럽 쪽으로 이행한 길고 긴 시대이기도 했다. 역사적 주도권—다른 사람들에게 영향을 주는 일부 인간 집단의 권력—은 앞서 수천 년에 걸쳐 인도, 이슬람 세계, 그리고 특히 중국 등의 아시아 문명에 집중되어 있었다. 기술 면에서 중국은 세계의 가장 인상적인 발명품들을 가장 많이 만들어냈다. 종이와 인쇄술은 근대 통신 수단의 토대였고, 지폐는 자본주의의 기반이었으며, 화약은 근대식 전쟁에 불을 붙였고, 용광로에서 근대 산업 사회가 구축되었다. 컴퍼스, 방향타, 격벽(隔壁)은 근대 선박 제작 및 해양 기술을 낳았다. 반면에 서양이 보유한 확실히 더 우월한 주요 기술은 유리 제조술이 유일했다(어쩌면 기계식 시계 제작술도 예외로 삼아야 할지 모르겠다. 중국의 발명품일 수도 있지만 기계식 시계

는 확실히 서양의 명산품이었다).[4]

하지만 17세기 후반 들어 중국의 우월성이 유럽과의 경쟁에서 압박을 받고 있다는 징후가 쌓였다. 대표적인 사건—전환점이라고 불러도 그리 지나친 표현은 아닐 것이다—은 1674년에 일어났다. 이때 중국 황제는 황실 천문대의 감독권을 중국 학자들에게서 빼앗아 예수회 사람들에게 넘겼다. 17세기 후반, 그리고 어떤 측면에서는 19세기까지도 유럽인들은 줄곧 미학과 철학에서 중국의 모범을 눈여겨보며 "우리의 모델을 지혜로운 중국인들에게서 취하"고자 했다.[5] 한편 중국 경제의 우월성은—유라시아 전체의 무역 수지로 평가하자면—대략 1860년대까지 역전되지 않았다. 그러나 관습에 도전을 제기하고 사회를 변화시키는 큼직큼직한 아이디어들은 서양에서 압도적으로 많이 나오고 있다는 것은 갈수록 자명한 사실이 되었다. 소빙하시대, '콜럼버스의 교환(Columbian Exchange, 콜럼버스가 아메리카에 도착한 이후 광범위하게 일어난 유라시아와 아메리카 간 교류를 일컫는 말—옮긴이)', 전염병 시대의 끝이 근대 초 세계의 가장 두드러진 세 가지 특징이라면, 네번째 특징은 유럽의 약진이었다.

따라서 우리는 이 시대의 핵심 아이디어를 샅샅이 훑으려면 유럽에서 시작해야 한다. 일반적으로 '르네상스'라는 이름으로 뭉뚱그려 부르는 교육, 철학, 미학의 아이디어들을 먼저 다룰 것이다. 르네상스는 과학혁명에 선행했고 아마도 과학혁명의 발흥에 도움을 준 것으로 보인다.

무엇이 르네상스이고 무엇이 르네상스가 아닌가를 먼저 파악한 뒤, 르네상스가 일어나고 연원한 지역을 살피고, 그다음 절에서 르네상스가 어디로 전해졌는지의 문제를 다룰 것이다.

과거를 향한 전진: 르네상스

내 마음대로 할 수 있다면 우리는 '르네상스(Renaissance)'를 역사 용어집에서 지울 것이다. '르네상스'라는 용어는 1855년 프랑스 역사가 쥘미슐레가 발명했다. 미슐레는 사람들이 세계에 관해 생각하고 세계를 그리는 방식에서 고대의 학식과 고전기 문헌 그리고 그리스·로마의 예술적 유산의 복구 또는 '재탄생'이 일어나고 있음을 강조하고자 했다. 미슐레는 굉장한 재능을 타고난 작가였다. 하지만 여러 역사가가그렇듯 미슐레노 자신이 몸담은 시대를 성찰함으로써 영감을 얻었다. 미슐레는 역사를 통해 과거보다는 현재를 설명하려고 했다. 1855년에는 어느 하나의 르네상스가 실제로 일어나고 있었다. 어느 때보다 더 많은 소년들이 라틴어를―그리고 무수히 더 많은 소년들이 그리스어를―배웠다. 학자들은 유례없는 규모로 고대 문헌을 우수한 판본에 담아냈다. 학자들이 새로 발굴한 이야기와 인물들은 예술작품의 소재가 되고 작가들에게 영감을 주었다. 미슐레는 자신의 시대와 15세기 이탈리아가 유사성이 있음을 발견했다. 미슐레는 15세기 이탈리아에서 보이는 근대성이 1490년대부터 1550년대까지 일어난 수차례의 전쟁을 통해 프랑스 침략군이 이탈리아를 오가는 과정에서 프랑스로 전파되었다고 생각했다. 미슐레의 이론은 정설이 되어 교과서에 실렸고, 이를 계승한 역사가들은 이 이론을 더욱 정교화해 그들이

'근대적'이라고 생각한 모든 것의 기원을 동일한 지역과 동일한 시대에서 찾았다. 나는 어린 시절 선생님이 칠판에 둥근 글씨체로 천천히 "1494년: 근대의 시작"이라고 쓰던 모습을 생생히 기억한다. 한편 이 이론의 비판자들은 15세기 이탈리아의 대부분 지역에서 고전기 미학은 소수의 취향에 지나지 않았음을 증명해 보이며 이 철옹성 같은 정설에 흠집을 내려고 했다. 심지어 흔히 르네상스의 심장부로 꼽히는 피렌체에서도 예술 후원가들은 고전기 양식의 예술보다는 고촐리나 발도비네티의 보석처럼 화려한 작품을 더 선호했다. 이들의 작품은 흡사 밝게 빛나는 값비싼 염료를 활용해 영광을 드러낸 중세 미니아튀르(miniature, 세밀화) 같았다. 사실 피렌체의 예술가들이 그들 도시가 가진 고전기의 유산이라고 생각한 것은 상당수가 가짜였다. 피렌체의 세례성당(Battistero di San Giovanni)은 사실 중세 초의 건축물이었다. 전문가들은 바실리카 양식의 산미니아토 알몬테 성당(San Miniato al Monte)이 고대 로마의 신전이라고 생각했지만 실은 11세기 건축물이었다. 내가—그리고 아마 친애하는 독자 여러분이—학교에서 르네상스에 관해 배운 내용은 거의 전부 거짓이거나 사실을 호도했다.[6]

예를 들면 이렇다. "르네상스는 근대를 열었다." 그렇지 않다. 모든 세대에는 과거로부터 자라난 그 세대만의 근대성이 있다. "르네상스는 전대미문의 사건이었다." 아니, 그렇지 않다. 학자들은 그전에도 르네상스가 수차례 일어났음을 발견했다. "르네상스는 세속적" 또는 "이교도적이었다". 부분적으로만 그랬다. 이때도 여전히 교회가 대부분의 미술과 학문을 후원하고 있었다. "예술을 위한 예술이었다." 아니, 정치가와 금권가가 예술을 교묘하게 조종했다. "르네상스의 예술은 새로운 방식으로 사실주의적이었다." 그렇지만은 않다. 원근법은 새로운 기법이었지만, 르네상스 이전에도 상당수의 예술작품이 감정 묘사나 해부학적 측면에서 사실주의적 기법을 활용했다. "르네상스는 예술가의 지위를 드높였다." 그랬다. 하지만 이 말은 중세 예술가들이 성인으로 추대될 수 있었다는 한 가지 의미에서만 옳다. 일부 르네상스 예술가들이 받은 경제적 대가나 세속적 칭호는 그에 비하면 모욕에 가까웠다. "르네상스는 스콜라철학을 몰아내고 인문주의를 열었다." 그렇지 않다. 르네상스의 인문주의는 중세 스콜라철학의 인문주의로부터 성장했다. "르네상스는 플라톤과 헬레니즘 철학을 계승했다." 그렇지 않다. 물론 플라톤 철학의 요소가 있긴 했지만 이는 이전의 철학도 마찬가지였고 당대 학자들은 대체로 그리스어를 좀더 공부하는 것 이상을 하지 않았다. "르네상스는 잃어버린 고대를 재발견했다." 딱히 그렇지 않다. 애초에 고대를 잃어버린 적은 없다. 고전기의 영감은 (15세기에 급증한 것은 사실이나) 결코 시든 적이 없다. "르네상스는 자연을 발견했다." 이 역시 그렇다고 보기 어렵다. 그전에 유럽에 순수 풍경화가 없었긴 하지만, 13세기에 성 프란체스코가 야외에서 신을 발견하면서 자연은 이미 숭배의 대상이 되었다. "르네상스는 과학적이었다." 아니, 그렇지 않다. 앞으로 보게 되겠지만 모든 과학자의 마음속에는 마법사가 있었다.⁷

그럼에도 그동안 지속적인 또는 간헐적으로 이어진 이른바 고대의 영광을 되살리려는 중세 서양의 관심이 이 시대 들어 가속화된 것이 사실이기에 나는 감히 이것을 계속해서 르네상스로 불러야 한다고 말하겠다. 다만 연구자들은 5세기부터 15세기까지 거의 모든 세기에서 고전기 아이디어와 양식, 심상의 부흥을 발견 또는 확신해왔다. 이를테면 최후의 서로마 황제가 사망하기 전에는 로마의 바실리카 건축가들 사이에 고전기 건축의 '르네상스'가 있었다. 역사가들은 흔히 7세기 스페인에 서고트족의 르네상스가 있었다고 말하고, 8세기 잉글랜드에는 노섬브리아 르네상스가, 9세기 프랑스에는 카롤링거 르네상스가, 10세기와 11세기 독일에는 오토만제국의 르네상스 등등이 있었다고 말한다. '12세기 르네상스'는 로마가톨릭교 역사가들이 흔하게 사용하는 용어다.

어떤 면에서 고전기 전통은 결코 부흥이 필요하지 않았다. 작가와 예술가들은 가능하다면 거의 언제 어디서나 고전기 문헌과 모델을 활용했다.ᵃ 로마 집정관의 모습이 담긴 디프티카(diptycha, 나무, 상아, 금속 등의 작은 판 두 매를 경첩으로 연결해 여닫을 수 있게 만든 작품—옮긴이)는 8세기 스페인 오비에도의 어느 교회 장식가에게 영감을 주었다. 11세기 스페인 북부 프로미스타의 조각가는 라오콘을 표현한 유명한 고대 그리스 조각상은 구하지 못했어도 플리니우스가 글로 묘사한 라오콘에 기초해 건물의 기둥머리를 작업했다. 같은 시기의 피렌체 건축가들은 필리포 브루넬레스코가 로마 신전으로 착각할 만큼 탁월한 모조 건축물을 만들었다. 13세기 오르비에토의 어느 조각가는 로마 석관(石棺, sarcophagus)의 훌륭한 모조품을 만들었다. 우리가 보통 중세 전성기의 '고딕' 건축물이라고 부르는 작품들은 흔히 고전기 양식의 조각품으로 장식되어 있다. 이 사례들이 해당하는 시기 내내 도덕 및 자연 철학 작가들은 구할 수 있는 플라톤이나 아리스토텔레스의 저작을 메아리처럼 계속 되풀이했고 산문 작가들은 가능한 한 가장 고전적인 모델을 추구했다.

르네상스는 서양의 문학 작품뿐만 아니라 오래된 가치의 부흥을 다루는 다른 지역 학자들의 서술에서도 빈번하게 나타난다.[9] 비잔티움 역사가들까지도 르네상스라는 용어를 사용하는 것은 그리 놀라운 일이 아니다. 특히 인문주의 학자들의 부흥 그리고 11세기 후반 콘스탄티노폴리스의 복고적인 예술작품을 이야기하는 맥락에서 그렇다. 비잔티움의 상아 조각가들은 일반적으로 이교도적이거나 음란한 주제는 피했지만 금세 베롤리 보석함(Veroli casket)만큼 섬세한 작품을 제작할 수 있게 되었다. 베롤리 보석함의 주제는 예술과 사랑 그리고 아름다움이 모든 미개함을 길들였다는 것이었다. 헤라클레스는 리라를 켜고 아이들은 곁에서 뛰어다닌다. 켄타우루스들은 춤추는 마이나네스와 어울려 논다. 황소의 등에 새침하게 앉은 에우로페는 추종자들에게 뾰로통한 표정을 지어 보이며 얇디얇은 너울을 흔든다.[10] 고전기 모델은 동쪽의 기독교 세계, 특히 고전기 문헌의 시리아어 번역본과 비잔티움의 예술과 학문을 통해 확산되었다. 지중해의 동쪽 지역은 서로마 지역보다 고전기 전통을 유지하기 더 쉬웠다.

무슬림들은 헬레니즘 세계와 이전 로마 제국에서 고전기 문화의 심장부에 해당하는 지역을 상당 부분 점령했다. 따라서 그들은 로마 가톨릭교도들과 똑같은 유산을 접할 수 있었다. 사실 이슬람 지역은 약탈이나 파괴로 인한 피해가 상대적으로 적었기 때문에 고대 그리스·로마의 문헌이나 흠 없이 보존된 기념비를 접하기가 더 쉬웠다. 따라서 원칙적으로 르네상스에 관해 알기 위해서는 이슬람 세계를 살펴보는 것이 합리적이다. 이슬람 세계에 르네상스와 관련된 것이 아무것도 없다면 오히려 그것이 놀라운 일일 것이다. 사실 로마가톨릭교 세계가 르네상스 시대에 새롭게 알게 된 문헌 중 일부는 예전에 무슬림의 손과 아랍어 번역본을 거쳐 전해진 문헌이었다. 서양은 이 문헌들을 필사하고 다시 번역해 복원했다.

르네상스를 찾는 사냥꾼들은 중국에서도 르네상스를 발견할 수 있다. 서양에서 중세와 근대 초로 간주하는 시기에 중국에서는 유학의 새로운 학파인 성리학이 간격을 두고 부흥기를 맞았다. 아울러 일본에서도 17세기 에도시대 학자들 사이에서 고전 문헌을 재구성하고 잊힌 가치를 재발견하려는 복고적 움직임이 있었음을 어렵지 않게 발견할 수 있다. 이때 학자들은 500여 년 된 신토(神道) 시(詩)의 진본을 구하려고 노력했고, 결국 이 시들은 중간의 몇백 년을 가로질러 일본에 새로 태어난 종교 신토의 기반이 되었다.

르네상스의 중요성은 오래된 것을 부흥시키는 것보다—이것은 흔히 일어나는 일이므로—새로운 것을 개시하는 데 있었다. 예술에서 르네상스는 17세기 즈음 '고전적(classical)'이라고 일컬어지는 원칙들을 실천하는 것을 의미했다. 예술 전문학교들은 이러한 원칙들을 규칙으로 정했다. 이러한 규칙의 예로 음악을 조화롭게 만드는 수학적 비례가 있었다. 이것은 아름다움을 창출하는 비결이었다. 비슷하게 건축가와 고고학자는 시대와 학파마다 각기 다른 형태에 특별한 지위를 부여했다. 15세기와 16세기에는 원·삼각형·정사각형이, 16세기부터는 '황금' 직사각형(긴 변과 짧은 변의 비율이 3:2인 직사각형)이 특별한 도형이었다. 나중에는 나선과 '뱀처럼 구불구불한 선(serpentine line)'이 그랬다. 아울러 수학적으로 계산된 원근법(레온 바티스타 알베르티가 1418년 저작에서 최초로 설명했다)을 준수해야 했고, 미술작품은 플라톤의 이데아적 형상이나 아리스토텔레스의 내재적 실체 같은 고대 철학사상을 구현하기 위해 마치 그것이 재현하고 있는 자연의 일부를 떼어낸 것처럼 보여야 했다. 아울러 예술가는 셰익스피어가 말했듯 완벽을 묘사할 때 "삶을 능가해야" 했다. 무엇보다 사실주의란 단순한 자연의 모방 이상을 의미했다. 사실주의는 초월적 실재에 다다르기 위한 시도여야 했다. 1755년 저작에서 고전주의를 체계적으로 정리한 J. J. 빙켈만(Winckelmann)은 그의 첫 번역본에서 이렇게 말했다. "그리스인들의 추종자들이 그들의 작품에서 발견하는 것은 단지 자연만이 아니다. 그것은 자연보다 많은 어떤 것, 자연보다 우월한 어떤 것, 즉 이상적인 아름다움들이요, 머릿속에서 태어난 심상들이다."[11]

비슷하게 학문에서도 후기 중세의 서양에서 새로웠던 것은 '르네상스', 그러니까 재탄생이라기보다는 진정으로 새로운 출발이었다. 14세기 말과 15세기의 프랑스와 이탈리아 북부의 학교들은 형식 논리학의 추상적 개념이나 신학과 형이상학에서 다루는 초인간적 지평 또는 자연과학에서 다루는 인간 하위의 대상들보다는, '인간적' 주제에 집중하는 이른바 '인문주의적' 주제의 교과과정을 점차 더 많이 채택했다. 인문주의 교과과정은 도덕 철학, 역사, 시, 언어에 특권적 지위를 부여했다. 이들 교과는 프랜시스 베이컨이 학문은 단순히 장식이 아니라 실제 사용을 위한 것이라고 말할 때 염두에 두었던 것들이었다.[12] 이러한 교과과정의 목표는 학생들에게 웅변과 논증 능력을 길러주는 데 있었다. 이것은 전국시대의 중국이나 도시국가 시대의 그리스에서처럼 경쟁하는 국가와 도시로 가득한 대륙과 반도에서 시장성이 있는 기술이었다.

학자들이 세계를 바라본 방식은 그 나름의 결과를 낳았다. 인문주의자들에게는 한 가지 역사적 관점이 자연스럽게 생겼다. 그것은 문화는 변한다는 인식이었다. 오래된 텍스트—말하자면 고전기 작품이나 성서—를 이해하려면 단어의 의미나 문화적 참조물들의 복잡한 연결망이 그동안 어떻게 변천해왔는지 고려해야 했다. 언어의 기원과 사회의 발달에 대한 인문주의자들의 관심은 이제 연구의 방향을 외부로, 당대 탐험가들이 발견한 새로운 세계와 먼 지역의 문화 쪽으로 돌렸다. 보카치오는 여행자들이 새로운 언어에서 습득한 어휘들을 떼어내 다시 사용했다. 피렌체의 사제였던 메디치 가문의 주치의 마르실리오 피치노는 이집트 신성문자를 잘 이해하지 못해도 열심히 들여다보았다. 두 사람 모두 아담이 에덴동산에서 사용한 언어가 무엇이었는지, 최초의 문자가 어디에서 왔는지 알고자 했다.

르네상스는 이탈리아나 서양의 어느 지역에서 이미 완성된 채 튀어나온 어떤 것이 아니다. 이 점을 강조해야 하는 이유는 학문적 유럽 중심주의—서양만의 고유한 업적이 세계 다른 지역에 견줄 데 없는 영향을 주었다고 보는 입장—는 마치 르네상스가 서양이 세계의 다른 지역에 준 선물인 양 보이게 만들기 때문이다. 거대한 문화적 움직임은 단위생식(암컷이 수컷과 수정하지 않고 새로운 개체를 만드는 생식 방법—옮긴이)으로 일어나지 않는다. 거의 항상 타가수정(他家受精, 서로 다른 계통 간의 수정—옮긴이)의 도움을 받으며 대개는 이것이 핵심적이다. 우리는 기원전 제1천년기의 범유라시아적 접촉이 새로운 아이디어 생성에 얼마나 많이 이바지했는지 보았다. 중세 전성기를 서유럽의 사상과 기술의 개화가 '팍스 몽골리카('몽골의 평화', 서양 학자들이 '팍스 로마나'처럼 새로 만든 용어. 몽골 제국의 정복으로 원나라 시기에 유라시아가 평화로웠던 기간—옮긴이)'와 함께 흘러든 영향에서 자극을 받지 않았다는 주장은 받아들이기 어렵다. 다음 장에서 보게 되겠지만, 18세기 계몽주의는 중국, 인도, 일본으로부터 미학적·정치적 모델을, 더 멀리 떨어진 아메리카와 태평양의 문화에서 새로운 아이디어를 빌려왔다. 르네상스가 이와 유사한 외부의 영향력 없이 일어났다면 그것은 놀라우리만치 이례적인 사건이 될 것이다.

그럼에도 표면적으로는 르네상스를 유럽 외적인 영향력의 원천과 단절된 사건으로 보아야 한다는 주장이 여전히 굳건하다.[13] 페트라르카와 보카치오의 저작, 그리고 시에나와 피렌체에서 조토와 두치오의 계승자들의 작품에서 르네상스가 모습을 드러낼 무렵 범유라시아 접촉은 무너졌다. 1340년대에 암브로조 로렌체티는 성 프란체스코의 순교를 묘사한 그림에 중국인 구경꾼들을 넣었다. 거의 같은 시기에 프란체스코 발두치 파골로티(Francesco Balducci Pagolotti)는 실크로드의 이탈리아 상인들을 위한 여행안내서를 썼다. 현재 대영도서관에 소장된, 역시 같은 시기의 어느 이탈리아 미니아튀르에는 어느 그럴듯한 몽골 칸의 연회 장면이 담겨 있다. 그림 속에서 악사들은 음악을 연주하고 개들은 앞발을 치켜들고 있다. 그로부터 한 세대가 지나지 않아 안드레아 다페라라(Andrea da Ferrara)의 작품에서는 도미니코회 수사들이 당시 서양인들이 알고 있는 세계를 상대로 복음을 전파하고 있다. 이 장면에는 중국인과 인도인들이 등장하는데 아마도 이 그림은 그들을 염두에 두고 제작된 것으로 보인다. 그러나 1368년 원나라가 무너지자 팍스 몽골리카도 막을 내렸다. 또는 적어도 중국이 감시하는 구역은 축소되었다. 로마는 중국에 파견된 프란체스코회 선교단과 접촉이 끊겼다. 1390년대를 즈음해 현지에 남아 있던 선교사들이 모두 사망하면서 활동이 끊긴 것으로 보인다. 르네상스의 형성기에 서양은 대체로 고립되어 있었다. 예전에 이국적 개념과 표현으로 새로운 움직임을 불러일으키고, 유용한 지식과 기술 또는 영감을 주는 아이디어들을 전해주었던 중국, 중앙아시아, 인도와의 풍성한 접촉은 이제 거의 이루어지지 않았다. 1492년에 콜럼버스가 중국을 향해 출발할 당시 왕실이 콜럼버스에게 중국에 관해 알려준 정보는 현실에서 한참 뒤처져 있었다. 콜럼버스에게 준 외교 신임장은 몽골의 '위대한 칸' 앞으로 작성되었지만, 몽골의 칸은 이미 한 세기하고도 사반세기 전부터 중국의 지배자가 아니었다.

비록 예전 방식의 범유라시아적 접촉은 한동안 중단되었지만, 15세기에 유라시아 전역 또는 상당 지역에서 신뢰할 수 있는 문서화된 수단을 통해 이슬람 지역을 경유한 전파가 부분적으로 이루어졌다. 이슬람 세계는 유럽과 동남아시아 사이의 간극을 메우고 두 지역을 어느 정도 연결해주었다. 무슬림 지배자들이 파견한 외교 사절들은 중국과 인도의 예술품을 유럽 궁정에 선물로 가져왔고 유럽 사람들은 이것을 모방했다. 15세기 말 이집트의 술탄 카이트베이(Qa'itbay)는 유럽에 수많은 도자기 선물을 보냈다. 따라서 소수의 특권층 유럽인들은 중국의 풍경을 구경할 수 있었다. 이슬람 세계의 도자기는 이미지를 통한 대리 경험을 제공했다. 아울러 전반적으로 이슬람 세계의 영향이 없었더라면, 그러니까 고전기 문헌의 전파, 특히 천문학을 포함한 과학적 지식과 경험의 교류에서 이슬람 세계의 영향이 없었고, 서양의 미술가들이 직물, 카펫, 유리세공, 도예 등을 통해 이슬람 예술을 접하지 않았고, 장인들 간의 교류가 없었더라면, 르네상스 시대 유럽의 예술과 저작은 지금과 아주 다르게 보이고 읽혔을 것이며 그 내용도 덜 풍성했을 것이다.

르네상스의 전파: 탐험과 아이디어들

르네상스가 기독교 세계의 외부에서 받은 영향에 진 빚이 많든 적든, 우리는 분명 르네상스는 아이디어의 역사에서 사실상 최초의 전 세계적인 지성적 운동이었다고 말할 수 있다. 다시 말해, 르네상스의 효과는 북반구와 남반구 모두에서 반향을 일으켰으며, 적도의 양쪽에 자리한 모든 대륙의 내부에 깊이 침투했다. 르네상스는—'콜럼버스의 교환'의 생물군처럼—새로운 목적지로 향할 수 있었다. 고전기 고대의 연구 작업으로부터 또는 고전기 고대를 모방하려는 욕망으로부터 언어를 이해하고 현실을 재현하고 생명을 모델링하는 서양인들의 새로운 방식이 파생되었다. 그리고 이러한 새로운 방식은 전 세계에서 인문주의적 교과과정의 확산을 낳았다. 고대 그리스·로마의 가치와 미학은 이제 폭넓은 접근성을 띠었다. 그 폭은 과거에 존재한 그 어떤 텍스트와 대상과 이미지의 레퍼토리에 뒤지지 않았다.

누에바에스파냐 식민지의 초대 부왕(副王) 안토니오 데멘도사 (Antonio de Mendoza)는 비트루비우스의 건축학 저작—르네상스 시대 건축가들이 고전기 모델에 관해 알아야 할 거의 모든 것이 담긴 텍스트였다—사본의 면지에 1539년 4월에 "멕시코시티에서 이 책을 읽었다"고 기록했다. 당시 인근의 산타크루즈 데 틀라텔로코 대학의 프란체스코회 소속 교수들은 아스테카의 젊은 귀족들에게 키케로식 작문법을 가르치고 있었고, 수도 멕시코시티는 비트루비우스가 확립한 도시 계획 원리에 따라 부왕을 중심으로 격자식으로 형태를 갖추어갔다. 얼마 지나지 않아 같은 16세기에 예수회 선교사들은 아크바르 대제에게 알브레히트 뒤러의 판화를 선물했고, 무굴왕조 궁정의 미술가들은 이 작품을 모사했다. 한 세대가 조금 지나 이탈리아인 선교사 마테오 리치는 중국의 고관대작들에게 기독교적 메시지뿐만 아니라 르네상스 수사학, 철학, 천문학, 지리학, 기억술 등을 소개했다. 당시 일간지라는 게 있었다면 아마도 일면에 〈르네상스, 세계로 가다〉라는 제목이 실렸을 법도 하다. 오늘날 우리는 문화의 세계화에 익숙하다. 패션, 음식, 운동경기, 이미지, 사상, 심지어 몸짓까지 빛의 속도로 국경을 뛰어넘는다. 그러나 그 당시 르네상스가 그토록 멀리 떨어진 지역까지 침투한 것은 분명히 전례 없는 사건이었다.

탐험은 유럽의 영향을 세계 전역으로 투사했다. 아울러 탐험가들이 개척한 경로를 따라 전 세계적인 생태적 교류가 일어났다. 그러므로 콜럼버스가 세계를 상상한 방식—그는 자신이 이용할 수 있는 기술로 다 돌아볼 수 있을 만큼 세계가 작다고 생각했다—은 이례적인 영향력을 발휘한 아이디어라고 주장할 수 있을 것이다. 그때까지 알려진 세계의 크기는 탐험가들을 주저하게 했다. 콜럼버스는 작은 세계를 상상함으로써 지구 일주를 시도하도록 자극했다. 콜럼버스는 말

년에 이르러 회고록을 쓸 때도 "세계는 작다"라는 주장을 여전히 견지하고 있었다. "경험으로 입증되었다. 그리고 나는 여기에 그 증거를 적고 있다. (…) 성서의 인용에서도 볼 수 있듯이 (…) 나는 세계가 사람들이 흔히 추정하는 것만큼 크지 않다고 말한다. (…) 그것은 내가 여기 있다는 사실만큼이나 확실하다."[14] 하지만 콜럼버스의 아이디어는 어떻게 잘못된 아이디어가 세계를 변화시킬 수 있는가를 보여주는 가장 생산적인 예였다. 알렉산드리아의 사서 에라토스테네스는 기원전 200년경 절대 틀릴 수 없는 삼각법과 의심의 여지가 있는 측정법을 이용해 지구의 크기를 놀라울 정도로 정확하게 계산했다. 하지만 학자들 사이에서는 논란이 계속되었고 이윽고 콜럼버스가 새로운 계산법을 제시했다. 이 계산법에 따르면 세계는 실제 크기보다 약 25퍼센트 더 작아 보였다. 현실과 동떨어진 수치였지만 콜럼버스는 서유럽을 에워싸고 있는 대양이 분명히 일반적으로 생각하는 것보다 좁을 거라고 확신했다. 이것이 콜럼버스가 대서양을 건널 수 있다고 믿게 된 근거였다.

콜럼버스가 재난을 피할 수 있었던 것은 오로지 중간에 뜻밖의 대륙이 나타났기 때문이었다. 만일 아메리카대륙이 거기 없었더라면 콜럼버스는 결코 항해를 마칠 수 없는 기나긴 여정에 맞닥뜨렸을 것이다. 콜럼버스의 계산 착오는 신세계와 유럽을 연결하는 새로운 경로, 이전에는 아무도 여행하지 않은 경로를 탐험하도록 이끌었다. 그동안 유럽인들은 서반구에 가보지 못했다. 해류를 타고 노르웨이나 아이슬란드에서 뉴펀들랜드까지 북극의 끝 주변을 도는 별 소득 없는 바이킹의 바닷길을 여행해봤을 뿐이었다. 콜럼버스의 경로는 바람의 도움을 받았으므로 신속했을 뿐만 아니라 인구가 많고 자원이 풍부하며 시장이 커서 경제적으로 큰 이득을 취할 수 있는 지역으로 연결해주었다. 그 결과 대륙 간 생태적 교환이 시작된 것은 물론이고 다른 거대한 역사적 추세들도 뒤집혔다. 오랫동안 중국 쪽으로 기울어 있었던 경제력의 세계 균형은 서유럽인들이 아메리카에서 자원과 기회를 접한 이후 점차 서유럽 쪽으로 기울었다. 선교사와 이주민들은 신세계 주민 상당수를 기독교로 개종해 종교에서의 세계 균형을 뒤바꾸어 놓았다. 그동안 세계의 한쪽 구석에 머물러 있었던 기독교는 이제 세계 최대의 종교가 되었다. 어마어마한 규모의 대이주가 일어났다. 일부는 아프리카에서 온 흑인 노예들의 사례처럼 강요된 이주였고, 일부는 훗날 그 후손들이 아메리카대륙에 근대 국가를 건설하고 그 나라를 위해 싸운 이들의 사례처럼 자발적 이주였다. 이 모든 사건의 출발점은 지구의 크기에 대한 잘못된 아이디어였다. 그 결과들은 신세계가 구세계에 미치는 영향이 철저하고 심대한 오늘날에도 여전히 반향을 일으키고 있다.[15]

흔히 학문적 추구를 과대평가하는 역사가들은 콜럼버스가 학자였다고, 심지어 인문주의자였다고 과장한다. 르네상스 시대에 발견되었거나 당시 폭넓게 읽힌 고전기 지리학 문헌의 일부를 콜럼버스가 읽은 것은 사실이다. 그러나 콜럼버스가 최초로 대서양을 횡단한 후 자신이 세운 주장과 이론에 대한 학문적 지지와 증명을 필요로 하기 이전에 그러한 텍스트를 읽었다는 증거는 없다. 콜럼버스에게 진정으로 영향을 끼친 책들은 성서나 성인전 같은 낡은 책과 오늘날로 치면 기차역 매대에서 팔 법한 저급한 통속소설이었다. 이러한 소설에는 흔히 귀족이나 왕족 태생의 영웅이 자신의 고귀한 신분을 빼앗기고 바다로 나가 새로운 섬을 발견하고 괴물이나 식인 거인으로부터 그 섬을 쟁취해 높은 지위를 차지하는 식의 바다의 모험담이 담겨 있었다. 콜럼버스가 추구한 삶의 궤적은 이런 것이었다.

　텍스트적 권위에 대한 콜럼버스의 무관심은 사실상 그를 과학혁명의 전령으로 만들었다. 콜럼버스는 근대 과학자들처럼 문자로 기록된 권위보다는 관찰된 증거를 더 선호했기 때문이다. 콜럼버스는 프톨레마이오스가 틀렸다는 것을 자신이 직접 증명했다고 자랑스럽게 소리 높여 주장하곤 했다. 인문주의는 텍스트로 된 작업물을 비판적으로 읽는 접근방식을 장려함으로써 일부 학자들이 과학에 집중하게 만들긴 했지만, 이것은 과학혁명을 일으키기에 충분하지 않았다.[16] 과학혁명을 유도한 또다른 요소는 콜럼버스의 영향으로 탐험 지역이 확대되며 축적된 지식의 형태로 나타났다. 탐험가들은 그동안 알지 못했던 지역과 경험해보지 못한 환경을 고국에 보고했고 동식물의 견본과 민족지학적 표본이나 자료를 상자에 가득 담아 돌아왔다. 콜럼버스가 감행한 최초의 대서양 횡단 여행 이후 탐험가들은 외국에서 사람들을 납치해 와서 마치 전시물인 양 행진을 시키기도 했다. 17세기 들어 탐험가들은 흔히 자신이 다녀온 영토의 지도나 풍경화를 그렸다. 그 결과는 두 종류의 생생한 증거로 나타난다. 첫째, 세계 지도가 완전히 탈바꿈했다. 그동안 세계 지도는 세계가 실제로 어떻게 생겼는지를 알려주기 위해서가 아니라 창조에 대한 경외감을 불러일으키기 위해 제작된 종교적 대상물이었다. 둘째, 엘리트층 수집가들은 '분더카머(Wunderkammer)', 즉 진기한 물건들의 방에 탐험가들이 가져온 견본을 모았고 이로부터 박물관 아이디어가 탄생했다. 그리하여 우리는 비로소 과학에 도달한다. 과학은 서양 사상가들이 17세기에 가장 눈에 띄는 도약을 이루어낸 분야, 또는 분야들의 집합이었다. 이후 서양은 오랫동안 우위를 지켜온 아시아의 다른 국가들과 처음으로 비슷한 수준으로 올라섰고 나중에는 일부 측면에서 그들보다 우월성을 누리게 되었다.

과학혁명

서양에서 16세기 말과 17세기—대략 1543년 코페르니쿠스의 지동설 저작 출간부터 1727년 뉴턴의 사망까지의 기간—에 나타난 과학 활동의 이례적인 가속화 현상은 르네상스와 비슷한 문제를 제기한다. 과학혁명은 유럽에서 태어나고 자란 서양의 성취였을까? 과학혁명의 발흥은 더 넓은 세계로의 접근성에 의존했다. 더 정확히 말하면 과학혁명은 당대 서양 과학자들만이 특별히 활용할 수 있었던 분더카머의 수집품, 기록물, 장거리 탐험에서 나온 지도에 힘입어 일어났다. 하지만 이러한 탐험 여행에 영감을 주고 이 여행을 주도한 것은 유럽인들이었다. 서양에서 과학 탐구의 원재료가 된 "진기한 물건들"과 관찰 정보는 서양의 정신들이 파악했고 서양의 손들로 수집했다. 과학혁명이 일어난 시점은 유라시아를 횡단하는 교류가 되살아난 때였다. 1520년대에 유럽과 중국이 바다를 건너 직접 소통할 길이 열리면서 잠재적인 교류의 범위가 크게 증대된 것이다. 하지만 이러한 접촉이 서양의 과학에 어떤 중요한 방식으로 새로운 정보를 전달했다는 것을 보여주려는 노력은 모두 실패했다. 레반트 지역을 살펴보면 당시에 이슬람교와 기독교의 주변부에서 교류가 있었다. 이 시기 기독교 학자들은 「욥기」의 원본 텍스트나 피타고라스의 유실된 텍스트를 찾아다녔고 의학이나 천문학에 관한 아랍의 지식을 받아들였다.[17] 어쩌면 코페르니쿠스의 이론은 무슬림 천문학자들이 더 이른 시기에 추측한 우주의 형태를 조정한 것인지도 모른다.[18] 서양의 광학 역시 무슬림들이 수행한 연구에서 도움을 얻었다.[19] 하지만 실제로 유입된 지식의 양을 보면 이상하리만치 적었다. 또한 라이프니츠가 이진법에 관한 자신의 연구가 중국의 이론과 유사점이 있다는 것을 파악하기도 했지만, 중국을 포함해 동양이 멀리서 서양 과학에 영향을 주었다는 증거는 매우 부족하다.[20] 과학혁명은 이 시기에 유용하고 신뢰할 만한 지식이 빠르게 축적되었다는 점에서 중요하다. 하지만 과학혁명은 여기에 덧붙여 유라시아 전역에서 잠재적인 권력과 부의 균형에서 주도권의 이동이 발생했다는 점에서도 주목할 만하다. 17세기는 중국과 유럽의 관계에서 일종의 '티핑 포인트(tipping point, 급격한 변화의 지점—옮긴이)'였다. 한때 느긋했던 동양이라는 거인은 콩나무를 오르는 잭처럼 하찮아 보이던 야만인들이 뜻밖의 우월성을 과시하는 모습을 가만히 지켜봐야 했다. 1674년 중국 황제는 황실 천문대의 감독권을 예수회 사람들에게 넘겼다. 예수회 학자들은 중국의 학문적 수준을 알 수 있는 증거를 유럽에 보고했다. 5년 후 대단한 박식가였던 라이프니츠는 이 내용을 요약하며 중국과 로마가톨릭교 세계는 서로 배울 점이 많은 대등한 문명이지만 물리학과 수학에서는 서양이 앞서 있다

고 결론 지었다.[21]

　서양에서 과학에 투입될 수 있는 여가, 자금, 지식층 인력이 증가하게 한 사회적 변화들이 일어난 것도 배경의 일부를 이루었다.[22] 앞서 보았듯이 중세시대에 주로 활약한 사람들은 대개 성직자였으며 일부는 장인이었다(예술가도 있었지만 이들 역시 사회적 지위가 그리 높지 않았다). 그러나 17세기에 귀족의 경제 활동이 다양해지면서 과학은 평신도 신사들에게 존경받는 소일거리가 되었다. 앞 장에서 보았듯이 부분적으로는 화약의 발달 덕분에 귀족들은 이제 전처럼 전쟁에 몰두하지 않아도 되었다. 누구든 조금만 훈련받으면 화약 무기를 제대로 다룰 수 있었다. 평생에 걸쳐 값비싼 돈을 들여 무기 다루는 연습을 해야 할 필요가 사라진 것이다. 품위를 높일 수 있는 길은 이제 교육에 있었다. 탐험가들이 전 세계적인 무역로를 열어주어 부를 쌓는 상업적 수단이 다양해진 덕분에 예전에는 귀족들만 전문 분야로 삼았던 일을 이제 부르주아지층도 자유롭게 할 수 있게 되었고, 그리하여 간접적으로 귀족들도 기존의 제약에서 벗어나 과학 연구에 몰두할 수 있게 되었다. 로버트 보일은 귀족이었지만 품위 손상 없이 평생 과학에 전념할 수 있었다. 농부의 아들이었던 아이작 뉴턴에게는 똑같은 활동이 기사 신분으로 올라가는 계단이 되었다.

　과학혁명의 엄밀하게 지적인 기원은 어느 정도 경험론적 사고의 전통 안에 있었다. 중세 전성기를 즈음해 서양에 경험론이 다시 등장한 이래(324쪽 참조) 경험론적 사고는 점진적 또는 단속적으로 축적되어온 터였다. 하지만 주술에 관한 관심과 실천 사례가 증가한 것도 최소한 경험론적 사고만큼 중요했다. 우리는 앞선 여러 시대에서 과학과 주술 사이에 많은 연결고리가 있었음을 이미 확인했다. 이 연결고리들은 여전히 확고했다. 천문학은 점성술과 겹쳤고 화학은 연금술과 겹쳤다. 파우스투스 박사는 허구적 인물이지만 지식을 열망하는 자들이 유혹에 얼마나 많이 노출되어 있었는지를 보여주는 대표적 사례다. 파우스투스 박사는 주술을 통해 지식을 얻는 대가로 악마에게 영혼을 팔았다. 신이 솔로몬에게 내린 선물이 지혜였다면 사탄이 파우스투스에게 내린 선물은 오컬트적 지식이었다. 아마도 앞뒤 시대를 통틀어 르네상스 시대에 가장 많은 지적 능력이 주술에 쏟아졌을 것이다.

고대 후기의 주술 관련 문헌을 발굴한 학자들은 전(前)고전기—하지만 어쩌면 복원할 수 있는—과거 속 주술사들의 위대한 시대를 발견할 수 있을 거라고 생각했다. 그들은 병자들을 치유하기 위한 오르페우스의 주문, 훗날 큰 인기를 끌었던 할리우드 스타일로 이집트 파라오의 조각상에 생명을 불어넣거나 미라를 되살리는 부적, 고대 유대교의 신비주의 전통인 카발라에서 일반적으로 신에게 속한다고 믿었던 힘을 불러일으키기 위해 고안한 방법 등을 찾으려고 했다. 마르실리오 피치노를 비롯해 여러 르네상스 시대 작가들은 주술이 병자들을 고치고 자연에 관한 지식에 이바지한다면 좋은 것이라고 주장했다. 한때 고대의 주술 문헌은 이치에 맞지 않고 불경하다고 비난을 받았지만 이제는 기독교도들이 읽기에도 무방한 글이 되었다.

고대 그리스의 지혜보다 더 오래된 지혜를 찾는 사람들에게 이집트는 거부할 수 없는 매력을 발산했다. 이집트의 설화는 진실을 확인할 수 없었다. 신성문자는 해독할 수 없었고 고고학은 미숙했다. 신뢰할 만한 지식의 원천은 없지만, 학생들에게는 한 가지 통찰의 원천이 있었다. 그것은 가짜였지만 묘한 매력을 풍긴 헤르메스 트리스메기스투스(Hermes Trismegistos)라는 이름으로 쓰인 저작들이었다. 트리스메기스투스는 고대 이집트인이라는 주장이 있었지만 사실 이 저작들은 비잔티움시대의 어느 확인되지 않은 위조범의 작품이었다. 마르실리오 피치노는 이 저작들을 1460년 마케도니아에서 메디치 도서관으로 발송된 어느 도서 화물 상자에서 발견했다. 이 작품들은 고전기 학문의 엄격한 합리주의에 대한 대안으로서 큰 화제를 불러일으켰다.

16세기 말과 17세기 초에 주술사들은 신성로마제국 황제 루돌프 2세(1552~1612)에게 '새로운 헤르메스'라는 칭호를 부여했다. 루돌프 2세는 프라하 궁정에서 비전(秘傳)적 기술을 후원했다. 이곳에 모인 점성술사들, 연금술사들, 카발라주의자들은 자연의 비밀을 캐며 이른바 범지학(汎知學, pansophy)을 익혔다. 범지학은 지식을 분류함으로써 우주 지배의 문을 열 수 있게 해줄 열쇠를 얻으려는 시도였다.[23] 자연을 통제하기 위한 수단으로서 주술과 과학 사이의 구분은 거의 사라졌다. 16세기와 17세기 서양 세계에서 과학혁명의 위대한 인물들은 다수가 일찍이 주술 연구로 시작했거나 주술에 관한 관심을 유지했다. 요하네스 케플러는 루돌프 2세의 후견을 받았다. 뉴턴은 파트타임 연금술사였다. 고트프리트 빌헬름 라이프니츠는 신성문자와 신비주의 기호를 공부했다. 한때 역사가들은 서양의 과학은 합리주의와 경험주의 전통으로부터 자라났다고 생각했다. 그것도 옳겠으나, 서양의 과학은 르네상스 시대의 주술에도 상당한 빚을 지고 있다.[24]

이러한 주술은 효과는 없었지만 주술을 이용하려는 노력은 그저 낭비로 끝나지 않았다. 연금술은 화학으로, 점성술은 천문학으로, 카발라주의는 수학으로, 범지학은 자연 분류법으로 흘러들어갔다. 주술사들은 이른바 "세계의 극장"을 구축했고 모든 지식은 그 안에 칸칸이 분류되었다. 아울러 자연의 모든 것을—또는 적어도 탐험가들이 채워줄 수 있는 것을—전시하는 분더카머도 있었다. 그 결과물 중 하나는 우리가 오늘날에도 여전히 사용하는 생물 및 언어 분류법이다.

주술 이후, 또는 주술과 더불어, 아리스토텔레스—서양의 지식인들이 존경하는 인물 중 여전히 으뜸의 자리를 지키고 있었다—의 저작들은 관찰과 실험은 진리에 이르는 수단이라는 확신을 심어주었다. 아리스토텔레스의 영향은 역설적이었다. 아리스토텔레스는 실험자들이 권위에 도전하도록 자극함으로써 그가 틀렸음을 증명하도록 독려했다. 여러 면에서 프랜시스 베이컨은 과학적 사고에서 이러한 부분을 가장 잘 대표하는 인물이었다. 베이컨은 17세기 초의 과학적 분위기를 완벽하게 보여준다. 베이컨은 잉글랜드 대법관의 자리까지 오른 법률가로서 사실 혁명과는 거리가 멀어 보인다. 베이컨은 줄곧 관료로 살았고 그에게 철학적 탐구는 여가를 보내는 멋진 오락거리였다. 예순 살에 부패 혐의로 기소된 베이컨의 변론은—자신이 받은 뇌물은 공직 활동에 영향을 주지 않았다고 주장했다—강건하고 정돈된 베이컨의 정신세계를 잘 보여준다. 베이컨은 "아는 것이 힘이다"라는 명언으로 유명하며, 과학에 대한 그의 공헌은 법을 잘 알고 싶은 한 대법관의 자연스러운 욕구와 자연의 열쇠를 손에 넣으려는 주술사의 야심을 동시에 반영한다. 베이컨은 전통보다 관찰을 중시했고 과학을 위해 순교한 것으로 알려져 있다. 베이컨은 닭을 대상으로 저온의 경화(硬化) 효과를 시험하다 감기에 걸려 사망했다. "최대한 성실하게 감기의 모든 사례를 수집할 것"을 추천하던 과학자에게 참으로 걸맞은 최후가 아니었나 싶다.[25]

베이컨은 관찰 결과를 일반 법칙으로 바꿀 방법을 고안했다. 과학자들은 이 귀납법을 이용해 일련의 동일한 관찰 결과들로부터 일반적인 추론을 끌어낸 다음 그 추론을 검증했다. 그리하여 합당하다고 판단된 결론은 과학 법칙이 되어 예측에 사용될 수 있었다.

베이컨의 시대로부터 300여 년이 지나도록 과학자들은 대체로 귀납적 연구방법을 따라야 한다고 주장했다. 다윈의 행동대원 토머스 헉슬리는 훗날 이렇게 말했다. "과학의 가장 큰 비극은 흉측한 사실로 아름다운 가설의 목을 벤다는 데 있다."[26] 현실은 이 주장과 매우 다르다. 사실 아무도 검증할 가설 없이는 관찰을 시작하지는 않기 때문이다. 어떤 명제가 과학적인가 아닌가를 판단할 최선의 기준은 칼 포퍼가 마련했다. 칼 포퍼는 과학자는 일단 이론으로 시작해서 그 이론이 오류로 입증될 가능성이 있는지 검증해봐야 한다고 주장했다. 만일 그 이론이 검증을 통해 오류로 입증될 가능성이 존재한다면 그 이론은 과학적이다. 그리고 그 검증이 그 이론이 오류임을 밝히는 데 실패할 때 그 이론은 비로소 과학 법칙이 된다.[27]

베이컨에게는 경험이 이성보다 나은 안내자였다. 네덜란드 과학자 J. B. 헬몬트와 마찬가지로 베이컨도 "과학적 발견에서 논리는 쓸모없다"는 신랄한 금언에 동의했다.[28] 이 금언은 우리가 앞서 보았듯이 중세 후기 사상에서 이성과 과학 사이에 고조된 긴장과 맥을 같이한다. 그러나 이 시대의 사상에서 최종의 한 가닥이 이성과 과학의 화해를 도왔다. 르네 데카르트는 가능성이 있는 유일한 확실성으로 가는 열쇠를 의심하게 만들었다. 눈에 보이는 모든 것이 속임수일 수 있다는 의심으로부터 벗어나기 위해 분투하던 데카르트는 자신이 의심한다는 사실 자체가 자신의 정신이 실재함을 증명한다고 추론했다.[29] 어떤 면에서 데카르트는 베이컨보다도 더 영웅에 어울리지 않는 인물이었다. 데카르트는 몹시 게을러서 한낮이 되도록 침대에서 나오지 않았다. 다른 저자들의 열등한 생각 때문에 자신이 가진 탁월함이 혼탁해지거나 자신의 정신이 어수선해지지 않도록 독서를 피해야 한다고 (잘못된) 주장을 하기도 했다. 학자들은 흔히 가장 독창적이라고 일컬어지는 데카르트의 생각이 실은 500여 년 전에 성 안셀무스가 쓴 글과 의심스러울 정도로 비슷하다고 지적한다. 데카르트가 출발점으로 삼은 질문은 인식론에서 오래된 문제였다. 어떻게 우리는 우리가 안다는 것을 알까? 어떻게 우리는 참을 거짓으로부터 구분할까? 데카르트는 "어떤 사악한 천재가 모든 꾀를 동원해 나를 속이려고 한다"고 가정했다. 그렇다면 "이 세상에 확실한 것은 아무것도 없을 것이다". 그러나 "그가 나를 속인다고 해도 나는 의심의 여지 없이 존재하며, 그가 원하는 대로 나를 속이게 내버려두어도 내가 나 자신이 무언가라고 사유하는 한 그는 내가 아무것도 아닌 것이 되게 만들 수 없다". 데카르트의 신조는 보통 "나는 사유한다, 그러므로 나는 존재한다"로 요약된다. 이것을 "나는 의심한다, 그러므로 나는 존재한다"로 바꾸어보면 더욱 도움이 될 것이다. 우리는 우리 자신의 존재 자체를 의심함으로써 우리가 존재함을 증명한다. 이것은 또다른 문제를 남겼다. "그렇다면 나는 무엇인가? 나는 사유하는 것이다. 사유하는 것이란 무엇인가? 사유하는 것은 의심하는 것, 이해하는 것, 구상하는 것, 긍정하는 것, 부정하는 것, 원하는 것, 원하지 않는 것, 또한 상상하고 감각하는 것이다."[30]

이러한 확신에서 나온 사고 활동은 주관적일 수밖에 없었다. 이를테면 데카르트는 영혼의 존재와 신의 존재를 추론할 때 자신의 육체가 실재하는가는 의심할 수 있어도 자신의 생각이 실재하는가는 의심할 수 없다며 영혼의 존재를 추론했고, 완전함에 대한 앎이 자신에게 있다는 것은 "진실로 나보다 완전한 어떤 존재가" 나에게 그 앎을 넣어주었기 때문이라며 신의 존재를 추론했다. 그리하여 데카르트로부터 발전된 사회·정치적 처방들은 개인주의적인 경향을 띠었다. 유럽에서 사회와 국가를 유기적으로 보는 개념은 한 번도 사라진 적이 없지만 서양 문명은 다른 문화들과 비교해 항상 개인주의의 고향 같은 곳이었다. 데카르트는 이 점에 대해 칭송 또는 비난을 받아 마땅하다. 결정론은 코스모스적 체계를 세우는 사람들에게 여전히 매력적인 설명으로 남아 있었다. 데카르트 이후 수세대 뒤에 등장한 바뤼흐 스피노자는 유대인 출신 유물론자이자 지적 선동가였다. 가톨릭교와 유대교 양쪽으로부터 견책을 받는 영광을 안은 스피노자는 암묵적으로 자유의지를 부정했다. 심지어 스피노자를 반박하기 위해 애썼던 라이프니츠조차도 비밀스러운 생각 속에서는 자유의지를 지우고 신은 선한 의도에서 우리에게 자유의지를 갖고 있다는 환상만을 허락했다고 생각했다. 그러나 다음 세기에서 결정론은 이단이 되어 주변부로 밀려나갔다. 이 시대에 자유는 엄격히 제한된 "자명한 진리들" 사이에서 최고의 가치로 떠받들어졌다. 더욱이 데카르트는 우리의 근대성에 더욱 신성한 어떤 것으로 기여했다. 데카르트의 시대는 과학과 더불어 이성의 명예를 회복시킴으로써 우리에게 생각을 위한 실로 완벽해 보이는 도구 상자를 남겼다. 이 도구 상자에서 과학과 이성의 자리는 재조정되었다.

이 정신적 도구 너머에서 또는 저변에서, 탐험가들이 촉발한 새로운 과학은 상당 부분 지구와 관련이 있었다. 우주에서 지구가 차지하는 자리를 파악하는 일은 급속한 발전을 거듭해가는 지도 제작술과 불가분의 관계에 있었다. 기원전 2세기 알렉산드리아의 위대한 지리학자 프톨레마이오스가 남긴 텍스트들이 15세기 서양에서 읽히기 시작했고 이 텍스트들은 이 시기 지식인들이 세계를 그리는 방식을 지배했다. 서양의 지도 제작자들은 라틴어 번역본이 배포되기 전에, 지도를 위도와 경도의 좌표에 기반해 구성한다는 프톨레마이오스의 거대한 아이디어를 이미 자기들의 것으로 흡수한 터였다. 위도는 지도 제작자가 천상을 바라보게 했다. 위도를 파악하는 비교적 쉬운 방법은 태양과 북극성을 관찰하는 것이었기 때문이다. 경도도 마찬가지였다. 경도를 파악하려면 천체들을 세밀하고 복잡하게 관찰해야 했다. 한편 천문학 자료는 두 전통적인 분야, 즉 점성학과 기상학에서 여전히 중요했다. 이것은 천문학 기술 발달의 부분적인 원인으로 작용했다. 17세기 초부터는 망원경 덕분에 전에는 알아채지 못한 천상의 변화를 볼 수 있게 되었다. 갈수록 정확도를 더하는 시계 장치도 천체의 운동을 기록하는 데 도움이 되었다. 따라서 예수회 천문학자들은 중국에 갔을 때 현지의 천문학자들보다 어떤 면에서 더 유리한 입장에 있었다. 중국인들은 유리공예에 관해 알고 있었지만 도자기를 선호했기 때문에 굳이 유리공예 기술을 발전시키지 않았다. 시계 장치에 관해서도 알았지만 태양과 별에 의존하는 시간 체계는 그들에게 별 쓸모가 없었다. 하지만 중국인들이 등한시한 이러한 기술들은 서양인들에게는 종교적인 이유에서 꼭 필요했다. 유리는 교회가 빛을 변화시키고 이미지를 담은 창문을 달기 위해 필요했고 시계는 수도원의 기도 시간을 규칙적으로 운영하기 위해 필요했다.[31]

하지만 우주론과 관련해 나타난 이 시대 최대의 새로운 아이디어는 기술적 혁신에 전혀 빚진 바가 없다. 모든 공은 그저 전통적인 자료를 열린 마음으로 다시 생각하는 자세에 있었다. 이 아이디어는 1543년에 폴란드 천문학자 니콜라우스 코페르니쿠스가 지구를 태양의 주변을 도는 행성으로 재분류해야 한다고 제안하면서 등장했다. 그때까지 우주에 대한 지배적인 마음속 이미지는 여전히 미해결로 남아 있었다. 한편에서는 영원성이 시간을 난쟁이처럼 작은 것으로 보이게 만들 듯, 신의 광대함은 물질적 우주를 작은 것으로 보이게 만들었다. 다른 한편에서 사람들은 우리 종(種)이 위치한 우리의 행성은 관측 가능한 공간의 한가운데에 있다고 생각했다. 이러한 시선에서 다른 행성들과 해와 별들은, 마치 군주를 둘러싼 신하들이나 화롯불을 지키는 바람막이처럼 지구의 주변을 감싸고 있었다. 고대 그리스인들은 옥신각신 다투면서도 대체로 천동설에 찬성했다. 프톨레마이오스는 그가 쓴 가장 영향력 있는 저작에서 고대 천문학을 종합하며 앞으로 1000년간 천동설이 정설로 통하리라고 확신했다. 하지만 10세기 말에 페르시아의 위대한 지리학자 알 비루니는 천동설에 이미 문제를 제기한 바 있었고, 아랍어로 글을 쓴 다수의 여러 이론가(코페르니쿠스는 거의 확실히 이들의 저작 중 일부를 알고 있었다)도 마찬가지였다.[32]

14세기 파리의 니콜 오렘(Nicole Oresme)은 이 논증들이 훌륭하게 균형잡혀 있다고 생각했다. 16세기 무렵에는 천동설에 어긋나는 관측 결과가 너무도 많이 쌓인 나머지 이제는 새로운 이론이 반드시 나와야만 할 것 같았다.

코페르니쿠스의 주장은 가설적으로 진술되었고 조심스럽게 유포되었으며 서서히 확산되었다. 코페르니쿠스는 자신이 천체에 관해 쓴 이 위대한 책의 초판본을 받아들었을 때 정신력과 기억력이 망가지고 반(半)마비 상태가 되어 침상에서 임종을 앞두고 있었다. 사람들이 우주의 상을 코페르니쿠스가 제시한 대로 다시 갖기까지는 거의 100년이 걸렸다. 17세기 초 요하네스 케플러의 태양 주변 행성들의 궤도에 관한 연구와 함께, 코페르니쿠스 혁명은 관측 가능한 천체의 범위를 확상했고, 성석인 체계를 역농적인 체계로 대체했으며, 사람들이 인식하는 우주를 행성들이 타원형의 경로를 따라 움직이는 새로운 형태의 우주로 바꾸어놓았다.[33]

지구에서 태양으로의 초점 이동은 지구 중심의 은하계에 익숙한 사람들에게 상당한 부담으로 다가왔다. 그렇지만 '중세적 정신'의 초점이 인간에게 있었다고 짐작한다면 그것은 오해다. 모든 구성의 중심은 어디까지나 신이었다. 천상에 비하면 지구는 아주 작은 곳이었다. 신의 창조물에서 인간이 거주하는 부분은 신이 창조 당시에 떠올린 이미지의 한구석에 찍힌 미미한 물감 자국에 지나지 않았다. 땅과 하늘은 마치 핀셋에 낀 솜털 조각같이 신의 컴퍼스에 붙들린 작은 원판에 불과했다. 인간은 신의 손안에 있다고 생각한 예전 천동설의 우주에서처럼 지동설에서도 인간은 보잘것없는 존재였다. 그런데 코페르니쿠스가 우리가 사는 행성의 위치를 중심에서 쫓아냈으니 이제는 더더욱 그리 보였을 것이다. 이후 천문학에서 나온 모든 새로운 발견은 우리가 사는 장소의 상대적인 크기를 축소하고 우리의 분명한 중요성을 산산조각 내버렸다.

코스모스에서 신의 자리를 찾기는 어렵지 않다. 종교에서 중요한 문제는 코스모스에서 인간이 차지하는 자리가 어디인가다. 모든 새로운 과학적 패러다임이 그렇듯 지동설도 교회에 변화를 촉구했다. 종교는 흔히 모든 것은 우리를 위해 만들어졌고 인간은 신적 질서에서 특권적 지위를 갖고 있다는 개념을 받아들이는 듯하다. 과학은 이러한 코스모스를 신뢰할 수 없는 것으로 만들었다. 따라서—우리는 이제 다음과 같이 결론을 내리고 싶은 유혹을 느낀다—종교는 이제 목적을 상실했고 과학적 발견을 견뎌낼 수 없을 듯하다. 그렇다면 인간의 가치에 대한 기독교적 이해는 어떻게 지동설을 극복했을까?

나는 종교는 꼭 우주의 질서로부터 추론된 것은 아니지 않은가 생각한다. 다시 말해 종교는 카오스에 대한 반작용이요, 혼란에 대한 저항 행위일 수 있다. 따라서 코스모스의 질서를 더 잘 이해하게 해준 코페르니쿠스주의의 문제 제기는 종교에서 받아들이기 그리 어렵지 않았다. 코페르니쿠스주의가 기독교와 갈등을 일으켰다는 착각은 오해가 많은 한 사례의 특이한 정황들로부터 생겨났다. 갈릴레오 갈릴레이는 천문 관측용 망원경을 처음으로 효과적으로 사용한 사람이었고 교사로서 지동설을 가르치는 언변이 뛰어났다. 갈릴레이가 심문을 통한 박해에 시달리던 때는 사실 학문적으로 세력권 다툼이 한창 벌어지던 와중이었다. 갈릴레이는 성서 텍스트의 비판적 독해에 참여해

「출애굽기」 텍스트에서 여호수아의 기도로 태양의 운행이 중단되는 장면을 코페르니쿠스의 이론을 이용해 설명한 것으로 보인다. 갈릴레이는 이 주제를 다시 언급하는 것이 금지되었다. 하지만 갈릴레이가 주장했던 대로 코페르니쿠스의 이론에는 이단적 요소가 없었다. 성직자들과 심지어 일부 심문자들을 포함한 여러 학자가 코페르니쿠스의 이론을 예전부터 가르치고 있었다. 1620년대에 태양계에 관한 코페르니쿠스의 설명이 옳다고 서슴없이 인정한 교황 우르바노 8세는 갈릴레이에게 침묵을 깨고 책을 출판하라고 격려했다. 두 가지 종류의 진리―과학과 종교―로 이루어진 오래된 패러다임에 기대어 지동설과 천동설이라는 두 가지 다른 그림을 조화시키는 책을 쓰라는 조언이었다. 하지만 갈릴레이가 내놓은 논문은 천동설에 아무것도 양보하지 않았다. 한편 교황의 교회 정치는 경쟁적인 파벌들이 누군가가 천문학 논쟁을 악용하지는 않는지 예의주시하도록 만들었다. 특히 예수회 교단 내에서 이러한 경계심이 높았다. 코페르니쿠스주의자들이 어느 한 파벌에 유독 몰려 있었기 때문이었다. 갈릴레이는 이 와중에 십자 포화를 맞은 뒤 1633년 유죄를 선고받고 가택연금형에 처해졌다. 갈릴레이가 이단자라는 의심은 지동설에 오점을 남겼다. 하지만 지동설을 진지하게 생각한 사람들은 코페르니쿠스의 종합은 지금까지 관측된 우주에 관한 최선의 설명임을 이해하고 있었다.[34] 이 에피소드에 관해 대중적으로 알려진 견해―무지몽매한 종교가 똑똑한 과학을 괴롭혔다―는 가당치 않다.

갈릴레이와 케플러의 저작이 나온 뒤 코스모스는 그 어느 때보다 복잡하지만 변함없이 신성하고 이제는 무질서하지도 않게 보였다. 아이작 뉴턴이 1660년대부터 맹렬한 사유와 실험으로 발견한 중력은 우주를 더욱 질서정연한 장소로 보이게 만들었다. 중력은 창조자의 정신이 반영된 설계된 우주라는 아이디어를 확인시켜주는 듯했다. 이 창조자의 설계된 우주라는 아이디어는 이것을 인식한 사람들에게 세상의 바탕에 깔려 있으며 어디에나 스며 있는 비밀, 르네상스의 주술사들이 그토록 찾아 헤매던 비밀이었다. 뉴턴은 코스모스가 기계 장치라고 상상했다. 당시 신사들의 서재에서는 청동과 매끈한 나무로 만든 태양계 모형 장난감(orrery)을 흔히 볼 수 있었다. 우주는 이렇듯 태엽을 감아 작동시키는 모형 장난감 같은 것이었다. 어느 천상의 기계공이 이 기계 장치를 조정했다. 어디에나 있는 힘이 이 장치를 돌리거나 안정시켰다. 우리는 신을 달과 행성의 운동뿐만 아니라 진자의 왕복 운동이나 사과의 낙하에서도 볼 수 있었다.

뉴턴은 전통적인 인물이었다. 구식 인문주의자에 백과전서파였고 기독교 연대표에 강박적으로 집착한 성서학자이기도 했다. 뉴턴은 가끔 심한 망상에 사로잡혀 우주 체계에 숨겨진 비밀을 캐는 주술사이기도 했고, '현자의 돌(중세에 병을 치료하고 모든 물질을 황금으로 만드는 신비한 힘을 지녔다고 믿었던 돌―옮긴이)'을 찾아다닌 연금술사이기도 했다. 뉴턴은 당대 두드러진 사상적 경향인 경험론을 대표하는 인물이기도 했다. 실재는 감각 지각을 통해 관찰과 검증이 가능하다고 믿는 경험론은 뉴턴의 시대에 잉글랜드와 스코틀랜드에서 특히 인기가 많았다. 경험론자들이 보기에 우주는 인과 관계로 "견고해지는" 사건들로 이루어져 있었고, 뉴턴은 이러한 인과 관계의 과학적 설명을 발견하고 그 법칙을 드러낸 인물이었다. 알렉산더 포프가 쓴 뉴턴의 묘비명에 따르면 "자연 법칙은 '밤'에 숨어 있었다. 하느님이 '뉴턴이 있으라!'고 말씀하시자 비로소 거기에 '빛'이 있었다". 하지만 뉴턴의 연구는 신을 향한 겸손함에서 나온 행동이었던 것으로 드러났다. 뉴턴은 중력이 우주가 흩어지지 않게 신이 고안한 방법이라고 생각했다. 뉴턴의 추종자들은 대체로 이 점에 동의하지 않았다. 18세기 유럽에서는 이신론(理神論, deism, 신을 세계의 창조자로 인정하지만 세상일에 관여하거나 계시나 기적으로 자기를 나타내는 인격적 주재자로서의 신을 부정하는 입장─옮긴이)이 크게 인기를 끌었는데, 기계적인 우주는 일단 최초의 태엽 감기가 시작되면 신적인 '시계공'은 더이상 필요하지 않다는 것이 그 한 가지 이유였다. 18세기 말, 우리가 아는 물리 현상은 거의 전부 입자 간의 인력과 척력으로 설명할 수 있다고 해석한 피에르 시몽 라플라스는 자신이 신을 "필요 없는 가설"로 축소시켰다고 자신했다. 뉴턴은 스스로를 이렇게 설명했다. "나는 바닷가에서 노는 어린 소년에 지나지 않았던 것 같다. (…) 내 앞에는 아직 발견되지 않은 진리라는 커다란 대양이 있었다." 다음 장에서 보겠지만 이후 뉴턴의 뒤를 따른 항해자들은 뉴턴이 정한 항로를 따르지 않았다.

정치사상

르네상스와 과학혁명 시대의 새로운 정치사상은 과학과 비슷한 궤적을 밟았다. 고대에 대한 경의로 시작해 새로운 발견의 영향에 적응하다 결국 혁명으로 끝났다.

사람들은 그리스인과 로마인을 돌아보는 것으로 시작했지만 새로운 문제에 대응해 새로운 아이디어를 발명했다. 주권 국가와 전례 없는 새로운 제국의 부상은 새로운 패턴을 구상하도록 강요했다. 탐험으로 알게 된 새로운 세계들은 과학적 상상력과 정치적 상상력을 동시에 자극했다. 정치사상에는 현실의 나라를 암시적으로 비판하기 위해 상상한 이상적인 땅이 항상 등장했다. 플라톤이 상상한 어느 이상 사회에서는 예술이 불법화되고 아기가 버려졌다. 기원전 200년경 집필이 완성된 『열자(列子)』에 등장하는 어느 전설적인 황제는 위대한 탐험가이기도 했다. 황제가 발견한 어느 향기로운 땅에서는 "사람들이 온화했고 갈등 없이 '자연'에 따르며"[36] 자유로운 사랑을 실천하고 음악에 전념했다. 13세기에 저우캉위안(Zhou Kangyuan)이 전하는 일화에 따르면 낙원에서 만족스러운 시간을 보내고 돌아온 여행자들에게 현실 세계는 텅 비고 황량해 보였다. 사람들은 대개 조화롭고 우호적이고 풍요로운 황금시대의 신화를 믿는다. 콜럼버스의 새로운 발견을 전해 들은 일부 인문주의자들은 그가 고전기 시인들이 노래한 황금시대를 목격했다고 짐작했다. 어느 타락하지 않은 땅이 머나먼 과거로부터 그때까지 행운의 섬에 그대로 간직되어 있다고 생각한 것이다. 콜럼버스가 전한 이야기 속의 사람들은 타락하기 전 인간의 모습을 여전히 간직하고 있는 듯했다. 그들은 인간이 에덴동산에서 신에게 완전히 의지했던 때처럼 벌거벗은 모습이었다. 그들은 쓸모없는 싸구려 장신구와 황금을 맞바꾸었다. 그들은 "유순"했으며—콜럼버스에게 유순함이란 노예를 삼기 쉽다는 뜻이었다—경건함이 자연스럽게 몸에 배어 있었다.

유토피아 장르에 그 이름을 선사한 모범적 저작은 토머스 모어가 1529년에 발표한『유토피아』다. 모어의 대다수 해석가들을 대변하는 평론가 시드니 리(Sydney Lee)에 따르면 "모어의 저작에서 어떤 정치적이나 사회적인 개혁을 책동하는 뚜렷한 징후를 찾기는 어렵다".[37] 그런데 유토피아는 이상하리만치 활기 없는 장소였다. 이곳에는 황금으로 만든 요강은 있지만 술집은 없었다. 계급이 없는 공산주의 정권의 교육에는 감정이 없었고 종교에는 사랑이 없었으며 만족에는 행복이 없었다. 현실의 엘도라도(16세기 에스파냐 사람들이 남아메리카 아마존강 주변에 있다고 상상한 황금의 나라―옮긴이) 탐험가들이 폭로한 경험담에서 영감을 받은 경이의 땅(wonderland)에 관한 이야기가 줄을 이었다. 유토피아는 갈수록 매력 없는 곳이 된 듯하다. 톰마소 캄파넬라의 1580년 저작『태양의 도시 *La città del sole*』에서 성적 결합은 점술가들의 허락을 받아야 했다. 아무리 활기찬 사람도 밀턴의 '낙원'에서는 지루해서 살 수 없었을 것이다. 18세기 타히티에서 루이 앙투안 드 부갱빌은 성(性)의 유토피아를 현실에서 발견했다고 생각했지만 출항 후 선원들이 성병에 걸린 것을 알게 되었다. 19세기에 샤를 푸리에가 계획한 정착지 '하모니(Harmonie)'에서 열린 술잔치는 관료주의적으로 어찌나 치밀하게 조직되었는지 정념을 모두 말살하고 말 것이 분명해 보였다. 아메리카에서 욘 아돌푸스 에츨러(John Adolphus Etzler)는 1833년에 푸리에의 모델을 개조하자고 제안하면서 건물을 지을 시멘트를 만들기 위해 산을 평평하게 깎고 숲을 "갈아서 가루를 내자"고 했다. 사실 근대 아메리카의 일부 지역에서 이러한 일이 실제로 일어났다. 1849년 텍사스에서 에티엔 카베가 출범한 유토피아 이카리아에서는 평등의 원칙에 따라 옷을 "모든 체형의 사람들에게 골고루 맞게" 신축성 있게 만들어야 했다. 엘리자베스 코벳(Elizabeth Corbett)의 페미니즘 유토피아 소설에서 권리를 찾은 여성들은 주름 치료법에 뛸듯이 기뻐한다.[38]

간단히 말해 서양에서 개개인의 상상 속에 나타난 유토피아는 대개 변장한 디스토피아였다. 인상적일 만큼 진심어린 시도였더라도 유토피아는 사람들의 마음속에 깊은 혐오감을 불러일으켰다. 유토피아주의자는 하나같이 시민들을 더 선하게 만들 수 있는 힘이 사회에 있다는 잘못된 신념을 드러낸다. 모든 유토피아주의자는 우리가 환상 속의 아버지 같은 인물들을 따르기를 원하지만 이러한 인물들은 우리의 삶을 끔찍하게 만들고 만다. 수호자, 프롤레타리아 독재자, 주제넘게 참견하는 컴퓨터, 모르는 것이 없는 신권주의자, 가부장적 현자들은 모든 것을 우리를 대신해 생각하고, 우리의 삶을 과도하게 규제하며, 우리를 하나의 틀에 맞추기 위해 욱여넣거나 잡아 늘이며 위안 없는 순응을 강요한다. 모든 유토피아는 프로크루스테스(잡은 사람을 쇠 침대에 눕혀 키 큰 사람은 다리를 자르고 작은 사람은 잡아 늘였다는 도적—옮긴이)의 제국이다. 현실 세계에서 유토피아 비전을 오랜 시간 가장 가깝게 구체화한 사례는 20세기의 볼셰비키와 나치였다. 이상 사회의 추구는 행복을 좇는 것과 비슷하다. 희망에 찬 여정이 더 낫다. 도착은 환멸을 낳을 뿐이니까.

사람들은 흔히 니콜로 마키아벨리의 현실주의는 모어의 판타지와 완벽한 대조를 이룬다고 여긴다. 하지만 마키아벨리의 현실주의가 오히려 더 창의적인 상상이었다. 마키아벨리는 서양에서 통치에 관해 등장한 기존의 모든 사상을 비난했다. 국가의 목적은—고대 도덕주의자들이 천명했듯—시민을 선하게 만드는 것이었다. 고대와 중세의 정치 이론가들은 다양한 종류의 국가를 추천했지만 하나같이 국가에는 도덕적 목적이 있어야 한다고 입을 모았다. 도덕적 목적이란 바로 덕성이나 행복, 또는 두 가지 모두를 증진하는 것이었다. 심지어 고대 중국의 법가 사상가들이 백성에 대한 억압 정책을 옹호한 이유도 백성의 폭넓은 이익을 위해서였다. 마키아벨리가 1513년에 통치자들을 위한 통치의 규칙을 정리한 『군주론Il Principe』이 독자들에게 충격적이었던 이유는 단지 저자가 거짓말, 속임수, 무자비, 부정행위를 권했기 때문만이 아니라 도덕성을 전혀 고려하지 않는 듯한 저자의 태도 때문이기도 했다. 마키아벨리는 정치를 설명하면서 신을 일체 언급하지 않았고 오히려 종교에 관해 조롱하는 듯한 언급만을 남겼다. 정치는 야만적인 무법의 황무지였다. 이곳에서 "통치자는 (…) 여우가 되어 함정을 잘 파악하고 사자가 되어 늑대들을 쫓아내야" 했다.[39] 정치적 판단의 근거는 오로지 통치자 자신의 이익이었고, 통치자의 유일한 의무는 권력의 유지였다. 통치자는 신념을 지켜야 하지만 그것은 오로지 통치자의 이익에 부합할 때만이었다. 통치자는 덕성을 가장해야 했다. 통치자는 신앙심이 깊은 척해야 했다. 이후의 사상은 마키아벨리의 주장으로부터 두 가지 영향을 받았다. 첫째는 국가는 도덕법칙에 종속되지 않으며 오로지 그 자신을 봉사한다는 현실정치주의 (realpolitik)고, 둘째는 목적은 수단을 정당화하며 국가의 존속이나— 또는 나중에 등장한 표현대로—공공의 안전을 위해서는 과한 조치도 허용될 수 있다는 주장이다. 한편 영어에서 '마키아벨(Machiavel)'은

'권력 남용'을 뜻하는 단어가 되었고 '늙은 닉(Old Nic, 닉은 니콜로의 애칭이다-옮긴이)'은 '악당(Devil)'을 의미한다.

그런데 마키아벨리는 액면 그대로 그러한 뜻으로만 말했을까? 마키아벨리는 아이러니의 대가였고 역겨울 만큼 비도덕적인 행위 때문에 오히려 사람들이 선해지는 내용의 희곡을 쓴 적이 있다. 마키아벨리가 통치자들을 대상으로 쓴 책은 많은 독자가 경멸했을 군주들의 사례로 가득했다. 그들은 당대에 오명을 뒤집어쓴 군주들인데도 마키아벨리는 지나치게 태연하게 이들을 통치자가 따라야 할 본보기로 묘사한다. 『군주론』의 영웅은 체사레 보르자다. 체사레 보르자는 자신의 국가를 건립하는 데 실패한 서투른 모험가였지만 마키아벨리는 체사레 보르자의 패인을 그저 운이 나빴던 데서 찾는다. 체사레 보르자가 행한 부도덕의 목록은 그를 본보기로 삼으려는 자들을 위한 행동 규칙이라기보다는 그러한 부도덕들을 실천한 군주들에 대한 비난으로 더 적절해 보인다. 이 책의 진정한 메시지는 어쩌면 책의 마지막 부분에 감춰져 있을 수도 있다. 여기에서 마키아벨리는 분투할 만한 가치가 있는 목표는 명예라고 선언하며 이탈리아의 통일을 요구하고 이탈리아의 일부 지역을 점령한 프랑스와 스페인 "야만인들"을 축출하자고 주장한다. 『군주론』이 명시적으로 군주정만을 다뤘다는 점은 의미심장하다. 마키아벨리는 다른 모든 저작에서는 공화정에 대한 선호를 분명하게 드러냈다. 군주정은 순환적인 문명의 역사에서 퇴보의 시기에만 적절하다고 생각했다. 주권을 가진 국민은 군주보다 현명하고 신의가 있으므로 최상의 정치 형태는 공화정이었다. 하지만 만일 『군주론』이 정말로 아이러니를 의도했다면, 더 큰 아이러니는 『군주론』

이후에 등장했다. 이 책을 읽은 사람은 거의 모두 이 저작을 진지하게 받아들였고, 이 저작은 오늘날까지도 영향력을 발휘하고 있는 두 가지 전통을 개시했다. 하나는 국가의 이익을 받드는 마키아벨리즘적 전통이고, 다른 하나는 정치에서 도덕을 복구하려는 반(反)마키아벨리즘적 전통이다. 국가는 복지·보건·교육에서 어디까지 책임을 져야 하는가에 관한 모든 논쟁은 결국 국가는 선에 대해 책임이 있는가의 문제로 귀결된다.⁴⁰

아마도 마키아벨리가 역사에 남긴 더 큰 업적은 마키아벨리즘보다 『전술론Dell'Arte della Guerra』일 것이다. 이 책에서 마키아벨리는 시민군이 최선이라는 의견을 피력했다. 이 아이디어의 문제는 단 한 가지, 비현실적이라는 것뿐이었다. 국가가 용병과 직업군인에 의존한 이유는 군대 유지 자체가 고도로 기술적인 사업이기 때문이었다. 무기는 다루기 어려웠고 전투에는 반드시 경험이 필요했다. 스페인 군대의 '위대한 장군' 곤잘로 데 코르도바(Gonzalo de Córdoba)는 이탈리아의 상당 지역을 정복한 다음 마키아벨리를 초청해 군대를 지도해달라고 했지만 결국 스페인 군대의 연병장은 난장판이 되었다. 하지만 시민은 용병보다 비용이 적게 들고 헌신적이며 신뢰할 수 있다는 점에서 더 나은 군인이 될 수 있다. 용병은 전투를 회피할 수도 있고 고용 기간을 연장하기 위해 전쟁을 지연시킬 수도 있었다. 그리하여 서양의 역사에는 '마키아벨리적 국면'이 있었다. 이 시기에는 쓸모가 의심스러운 요먼대(yeomanry, 영국의 독립 자영 농민으로 구성된 시민군─옮긴이)와 민병대가 본질적으로 이념적인 이유에서 직업군인으로 구성된 정규군과 같이 유지되었다.

이 점에서 마키아벨리는 근대 초 서양의 정치 불안에 원인을 제공했다. 무장 시민은 혁명의 총알받이가 될 수 있었고 실제로 그렇게 되기도 했다. 그러나 18세기 말에 이르러 형세가 달라졌다. 이제 기술적으로 간단한 화기는 훈련을 많이 받지 않아도 충분히 효과적으로 사용할 수 있었다. 군대의 규모와 높은 화력이 전문성보다 더 큰 위력을 발휘했다. 미국 독립 전쟁은 이 과도기에 일어났다. 이 전쟁에서 시민군은 프랑스 직업군인의 도움을 받아 혁명을 수호했다. 프랑스 대혁명 시기에 새로 해방된 "시민들"은 모든 전투를 자력으로 감당해야 했다. '무장 국가(The Nation in Arms)'가 거의 모든 전쟁에서 승리하며 대규모 징병의 시대가 시작되었다. 이 시대는 급속한 기술 발전으로 대규모 징집군이 불필요해진 20세기 말까지 계속되었다. 다만 일부 국가에서는 '병역' 제도를 유지했는데 예비 국방 인력을 충분히 유지하기 위해서 또는 젊은 층에게 군사 훈련이 유익하다는 믿음 때문이었다. '마키아벨리적 국면'이 남긴 또다른 끈질긴 잔재는 미국의 독특한 제도인 느슨한 총기 규제법이다. 이 정책은 대개 총기 거래를 엄격히 규제하는 것은 시민이 무기를 소유할 헌법적 권리를 침해할 수 있다는 근거에서 정당화된다. 오늘날 미국 시민들은 수정 헌법 제2조를 흐뭇하게 인용할 때 자신이 사실 마키아벨리의 신조를 옹호하고 있다는 사실을 대체로 알지 못할 것이다. 마키아벨리는 말했다. "규율 잡힌 민병대는 자유국가의 안전에 필수적이므로 국민의 무기 소지 권리는 침해되어서는 안 된다."[41]

마키아벨리는 어떤 측면에서 국가와 통치자의 권력이 강화되고 있는 자기 시대의 충실한 감독관이었다. 여러 국가가 정치적 독립성을 공고히 하고 자국의 거주민들에 대한 장악력을 강화하면서 서양의 정치적 통일이라는 이상은 퇴색했다. 중세시대에 정치적 통일을 소망한 이유는 고대 로마 제국의 통일을 다시 이룩할 수 있으리라는 기대가 있었기 때문이다. 이제 '로마 제국'이라는 명칭은 독일 국가들이 단체로 사용한 이름인 '신성 로마 독일 제국(Holy Roman Empire of the German Nation)'에 남아 있었다. 1519년 스페인 왕이 카를 5세 황제로 선출되었을 때 유럽 통일의 전망은 밝아 보였다. 카를 5세는 이미 부왕에게서 저지대 국가, 오스트리아, 유럽 중부의 상당 부분을 물려받아 통치하고 있었다. 카를 5세의 선전가들은 황제나 그의 아들이 예언에 등장하는 "최후의 세계 황제"가 되어 그리스도의 재림 전 이 세계의 마지막 시대를 열리라고 예견했다. 당연히 다른 국가들은 대체로 이 아이디어에 반대하거나 자기네 국가의 통치자가 그 역할을 맡을 것이라고 주장했다. 카를 5세는 제국의 종교를 일원화하려다 실패해 실질적인 권력의 한계를 드러냈다. 1556년 카를 5세가 퇴위한 다음에는 로마의 전통을 잇는 보편적 국가의 가능성을 자신 있게 주장하는 사람은 아무도 없었다.

한편 통치자들은 권위로 경쟁자들을 누르고 자국민에 대한 권력을 키워나갔다. 16세기와 17세기에 대부분의 유럽 국가가 내전을 경험했지만 승리는 대개 군주들에게 돌아갔다. 도시와 교회는 대부분 자치권을 단념했다. 이 점에서 종교개혁은 다른 거의 모든 경우에서처럼 부차적 문제에 지나지 않았다. 교회는 국가에 굴복했다. 이단이 나오거나 종파가 분열되어도 개의치 않았다. 귀족층―오래된 가문이 몰락하고 통치자들이 새로운 가문에 귀족 지위를 부여해 구성원들이 바뀌었다—은 과거에도 곧잘 그러했듯이 왕권에 경쟁하기보다는 가까운 조력자가 되었다. 군주 휘하의 공직은 귀족이 가문에서 물려받은 토지에서 얻는 수입에 더해 큰 추가 소득원이 되었다.

내전이 일어나기 전에 통치가 힘들거나 불가능했던 나라들은 폭력적인 소요 분자들이 내전에서 힘을 소진하거나 왕실의 보상과 임명에 의존하게 되어 통치하기가 쉬워졌다. 전보다 국가 운영이 쉬워진 것은 징세액의 증가로 확인된다. 프랑스의 루이 14세는 귀족을 신하로 만들고 대의원 제도를 없앴으며 조세제도를 "거위 털을 최대한 조용하게 뽑는" 수단으로 취급하고 "짐이 곧 국가"라고 선포했다. 잉글랜드와 스코틀랜드는 16세기와 17세기에 군주가 세금을 거두기 특히 힘든 지역이었다. 귀족 지도자들이 전제 군주에 대항해 일격을 날린 1688년에서 1689년까지의 명예혁명은 사실상 영국을 유럽에서 재정적으로 가장 효율적인 국가로 만들었다. 명예혁명은 평화를 유지하기 위해 노력하던 왕조를 몰아내고 그 자리에 막대한 대가가 요구되는 전쟁을 치르는 통치자를 새로 앉혔다. 영국의 혁명가들이 왕관을 씌워준 군주들이 재위한 시기에 세금은 세 배로 뛰어올랐다.

국가 권력이 증대되면서 국민이 정치를 생각하는 방식도 바뀌었다. 전통적으로 법은 과거로부터 전해져 내려온 지혜의 총체였다(187쪽과 344쪽 참조). 이제 법은 왕과 의회가 끊임없이 바꾸고 다시 만들 수 있는 규칙처럼 보였다. 이제 국가의 주요 역할은 사법이 아닌 입법이 되었다. 이러한 면에서 1588년 리투아니아 법령은 주권의 본질을 사실상 다시 정의했다. 다른 나라에서 이 변화는 정식 선언 없이 간소하게 일어났다. 다만 프랑스의 정치 철학자 장 보댕은 1576년 주권에 관한 새로운 신조를 정식화했다. 주권이 국가를 정의했고, 국가는 법을 만들고 국민에게 정의를 분배할 독점권을 가졌다. 주권은 나눌 수 없었다. 교회나 어떠한 종파적 이해 세력 또는 다른 어떠한 외부 권력과도 나눌 수 없었다. 법령이 쏟아졌다. 국가 권력은 노동관계, 임금, 물가, 토지 보유권의 형태, 시장, 식량 공급, 가축 사육, 심지어 일부 경우에는 사람들이 착용할 수 있는 장식물의 종류에 이르기까지, 공직 생활과 일반 복지의 새로운 영역에 광범위하게 관여하게 되었다.

역사가들은 흔히 '근대 국가'의 기원을 찾으려 한다. 근대 국가에서는 귀족의 권위가 거의 소멸했고, 왕은 실질적으로 사법권을 독점했으며, 소도시들의 독립성은 약해졌고, 교회는 왕실의 지배에 복종했으며, 법이 많아져 주권은 갈수록 최고의 입법 권력과 다름없었다. 이러한 종류의 근대성이 나타나는 모델을 찾으려면 유럽을 샅샅이 뒤지기보다 차라리 시선을 먼 데로 돌려 해외의 제국주의가 유럽 통치자들의 발아래에 펼쳐놓은 실험의 지형을 연구하는 것이 더 현명할 것이다. 신세계는 진정으로 새로웠다. 신세계에서 스페인인들의 경험은 세계 최대의 뜻밖의 사건 중 하나였다. 스페인인들은 최초로 육지와 바다를 아우르는 거대한 세계 제국을 세웠다. 특히나 산업 기술의 도움 없이 이 정도 규모의 제국을 세운 것은 역사상 이때가 유일했다. 새로운 정치 환경이 형태를 갖추었다. 스페인의 식민지 행정부에는 대단한 귀족들이 없었다. 왕이 임명하고 보수를 지급하는, 대학 교육을 받은 전문 관료가 자리를 채웠다. 도시의 평의회는 대개 왕이 임명한 사람들로 구성되었다. 교회 후원은 오로지 왕의 처분에 달려 있었다. 소수의 경우를 제외하고 봉건적인 토지 보유권은—아울러 재판권까지一법으로 금지되었다. 북미 원주민의 노동력이나 공물에 대한 권리를 보유한 스페인인들은 마치 일종의 봉건적 환상을 만끽하듯 원주민을 자기네 "봉신(封臣)"이라고 부르기도 했지만 대체로 그들에게는 정식 통치권이나 사법 집행권이 없었다. "봉신"들은 오로지 왕에게 복종했다. 한편 아메리카대륙의 새로운 사회는 법령으로 규제되었다. 실효성은 각기 다를 수 있었지만 원칙적으로는 법령의 규제를 받았다. 스페인 제국은 영토가 방대했던 탓에 효율적으로 운영된 적이 없다. 존슨 박사(Dr. Johnson, 영국의 시인 겸 평론가 새뮤얼 존슨. 훗날 문학에 대한 업적으로 박사로 추존되어 흔히 존슨 박사로 불린다一옮긴이)의 말대로 개가 뒷발로 걸었다면 한 번이라도 그런 재주를 부렸다는 것에 손뼉을 쳐줄 일이지 개에게 계속 그리하라고 요구할 수는 없다. 아메리카대륙의 내륙지역과 태평양 섬을 관할한 행정가들은 멀리 떨어진 황실의 명령을 무시할 수 있었고 실제로 그러기도 했다. 지역 주민들은 위급 상황이 발생하면 그때마다 즉흥적으로 친족이나 공동의 보상으로 묶인 유대에 기반한 독특한 통치 방법을 동원했다. 하지만 전반적으로 관료 국가이자 법치 국가였던 스페인 제국은 근대 국가와 흡사했다.

중국에서는 이미 몇 세기 전부터 고분고분한 귀족, 순종적인 성직자, 전문 행정가 계층, 놀라우리만치 통일된 관료제, 황제가 좌지우지할 수 있는 법령 등 똑같은 특징들이 나타났다. 이러한 특징들은 근대성을 선취했지만 효율성을 보장하지는 않았다. 지방관의 관할권은 대체로 지나치게 비대해 사실상 많은 권력이 지역 유지에게 몰려 있었다. 행정에 드는 비용이 지나치게 컸기 때문에 부패가 만연했다.

17세기 중반, 중국은 만주족 침략자들에게 무너졌다. 그동안 중국인들은 산림이나 평원에 사는 만주족을 오랑캐라고 멸시했던 터였다. 중국의 지식인들은 이 일로 충격을 받았고 정치적 정통성의 이해 방식을 재평가했다. 인민 주권의 신조는 이때 출현했다. 이는 앞서 본 중세 후반 유럽에서의 유행과 비슷했다. 엄격한 도덕주의자였던 황종희(黃宗羲)는 정적의 손에 사법적 살해를 당한 아버지를 위한 복수에 자기 경력의 대부분을 바쳤다. 황종희는 이민족의 지배를 견디느니 망명을 택했다. 황종희는 "모든 인간이 스스로를 보살피는" 자연 상태를 상정했다. 그러다 자애로운 소수의 개인이 나서서 제국을 건설했다. 부패가 시작되고 "군주의 사사로운 이익이 공익을 대신하게 되었다. (…) 군주는 백성의 골수까지 착취하고 방탕을 일삼기 위해 백성의 자녀를 빼앗아간다".[42] 황종희보다 조금 더 늦게 태어난 여유량(呂留良)도 망명길에 올랐다. 오랑캐에 대한 적개심은 여유량의 생각까지 지배했다. 여유량은 황종희보다 한 걸음 더 나아갔다. "평민과 황제는 본디 본성이 같다. (…) 마치 사회 질서가 위에서 아래로 평민에게 비추어지는 듯 보이겠지만" 하늘의 관점에서 볼 때는 "원리는 백성으로부터 기원해 군주에게로 뻗어간다". 여유량은 이렇게 덧붙였다. "하늘의 질서와 하늘의 올바름은 군주와 관료가 취하거나 스스로 만들 수 있는 것이 아니다."[43]

이러한 종류의 생각은 서양에서는 공화국을 정당화하고 혁명을 일으키는 데 일조했다. 하지만 중국에서는 20세기 들어 서양의 영향을 받기 전까지 그와 비슷한 사건은 전혀 일어나지 않았다. 중간에 농민들이 수차례 봉기를 일으키기는 했지만, 중국인들은 왕조를 교체하며 제국을 재건하는 데 목표를 둘 뿐 "천명(天命)"을 군주로부터 백성에게 이양해 기존의 체계를 무너뜨리려고 하지는 않았다. 서양과 달리 중국은 그때까지 역사적으로 공화정이나 민주정을 모범으로 삼거나 신화적으로 이상화한 적이 없었다. 그럼에도 황종희와 여유량 그리고 이들을 추종한 이론가들의 작업은 현실적인 영향력을 미쳤다. 그들의 사상은 유가의 전통으로 흘러들어가 제국 시스템에 대한 급진적인 비판의 명맥을 이었고, 중국인들이 나중에 서양의 혁명적인 아이디어들을 수용할 수 있도록 정신적 토대를 깔아주었다.[44]

아울러 중국 학자들은 국제법에 관해서도 생각할 필요가 없었다. 곧 보게 되겠지만 이는 근대 초 서양의 학자들이 국제법에 거의 강박적으로 매달린 것과는 사뭇 대조적이다. 중국(中國), 즉 '중앙의 나라'라는 명칭은 중국인들이 자신들의 땅을 일컫는 오래된 이름이다. 어떤 면에서 이 이름은 겸손한 명칭이기도 하다. 중국의 바깥에 다른 세계도 있음을 암묵적으로 인정하기 때문이다. 이를테면 '하늘 아래 모든 것'이나 '사해(四海) 안의 모든 것'을 뜻하는 다른 이름들은 그렇지 않다. 그러나 '중국'이라는 명칭에는 확실히 우월감이 함축되어 있다. 여기에는 변방의 오랑캐들은 굳이 중국이 친히 정복을 해주는 대가로 얻을 수 있는 혜택을 누릴 자격조차 없다는 시각이 반영되어 있다. 11세기의 저명한 유학자 구양수(歐陽修)는 이렇게 물었다. "누가 뱀이나 돼지와의 다툼에 중국의 자원을 쓴다는 말인가?"[45] 정통 유학에서는 오랑캐들이 중국의 모범을 보고 매료되어 스스로 중국의 지배를 따르리라고 보았다. 굳이 무력을 사용하지 않아도 중국의 명백한 우월함이 그들의 복종을 끌어내리라는 것이었다. 이것은 언뜻 말도

되지 않는 방식 같겠지만 실제로는 어느 정도 통했다. 중국의 문화는 이웃 국가들을 매료시켰다. 한국인과 일본인은 대체로 중국의 문화를 수용했고, 수많은 중앙아시아 및 동남아시아 민족들도 중국 문화의 영향을 크게 받았다. 외부의 중국 정복자들은 항상 중국의 문화에 매료되었다.

기원전 제2천년기가 끝나갈 즈음 중국을 지배한 주왕조가 '중국(中國)'이라는 이름을 최초로 채택했다고 흔히 알려져 있다. 이때 중국은 중요한 세계의 전부였다. 중국이 보기에 다른 인간들은 문명의 끄트머리에 매달려 있거나 저멀리서 중국을 부러워하는 외부인이 전부였다. 이 그림은 이따금 변형되기도 했다. 중국의 유일무이한 완벽함에 얼마나 근접한가에 따라 오랑캐 왕국의 순위가 매겨지기도 했다. 이따금 강력한 오랑캐 군주들은 동등한 조건의 협약을 요구하기도 했고 중국과 동등한 중요성을 의미하는 명칭을 받아내기도 했다. 중국 황제들은 종종 외부의 위협에 대응해 돈으로 안전을 사려고 하기도 했고, 외국 군주들은 그들과 동등한 또는 심지어 더 우월한 지위에서 조공을 받아내기도 했지만, 중국인들은 이러한 거래는 그저 겸양의 행위일 뿐이라는 편의적인 태도를 고수했다.

우리가 중세로 간주하는 시기에 제작된 세계 지도 중에 '중국'이라는 이름이 반영된 지도가 있다. 이 지도의 정중앙에는 허난성의 쑹산산이 자리해 있다. 이 지도의 진정한 성격이 무엇인지는 학자들 사이에서 수많은 논쟁을 불러일으켰다. 일례로 12세기에 가장 지배적인 의견은 세계는 구형이므로 지도의 중심은 순전히 은유적 표현이라는 것이었다. 오늘날까지 전해지는 12세기 지도 중 가장 자세한 지도를 보면 세계는 중국과 나머지 오랑캐의 땅으로 양분되어 있다. 이 이미지는 오래 지속되었다. 1610년 서양 과학을 중국에 소개한 예수회 선교사 마테오 리치는 '곤여 만국 전도(坤輿萬國全圖)'를 제작하고 중국을 지도의 중앙에 배치하지 않았다는 이유로 비판을 받았다. 이것은 중국 학자들이 비현실적인 세계관을 갖고 있었다는 의미라기보다 중국이 세계의 중심이라는 시각의 상징적 성격이 세계 지도에 반영되어야 한다는 주장을 펼친 것으로 보아야 할 것이다. 그러나 지도 제작술의 관습은 지도 제작자의 자기 인식을 드러낼 수밖에 없다. 세계에서의 위치를 대영제국의 수도에서 얼마나 멀리 떨어졌는가로부터 가늠하는 그리니치 자오선이나 북반구의 국가들의 중요성을 과장하는 메르카토르 지도 투영법이 그러한 예다.[16]

일본의 정치사상은 중국의 문헌이나 교리의 영향력에 크게 의존했으므로 국제 관계를 규정하는 문제에 대체로 무관심했다. 서기 7세기 일본은 중국의 영향을 많이 받았다. 이 시기 일본 지식인들은 서양의 야만족이 고대 로마에게 그랬듯이 중국의 문화적 우월성에 머리를 숙였다. 일본 지식인들은 중국으로부터 불교와 유학을 흡수했고, 일본어에 한자를 채택했으며, 한자를 문학의 언어로 선택했다. 그러나 일본인들은 결코 이러한 아첨이 정치적 복종을 암시한다고 인정하지 않았다. 당시 일본인들의 세계 지도는 두 종류로 나뉘었다. 첫번째 지도는 어느 정도 불교적이었고, 인도의 우주관을 따르는 전통적인 세계 지도였다. 인도가 중앙에 있으며 메루산—아마도 히말라야산맥의 양식화된 표상으로 보인다—이 세계의 중심을 차지한다. 이 지도에서 중국은 외부 대륙 중 하나이고 일본은 "들판의 가장자리에 흩어진 낱

알들"로 이루어져 있었다. 하지만 이것은 어느 정도는 일본에 중요한 이점으로 작용했다. 일본의 불교 신자들은 일본에 불교가 늦게 당도한 덕분에 일본은 가장 성숙한 형태의 불교의 본거지가 되었고 불교의 정제된 교리들은 일본에서 자양분을 얻었다고 생각했다.[47]

두번째 지도는 일본인들이 스스로를 신적인 창시자의 후손으로 보는 토착 전통과 관련이 있었다. 1339년 기타바타케 지카후사(北畠親房)는 일본을 "신국(神國)"이라고 부르는 전통을 열었다. 지카후사는 일본은 우월한 소수의 땅이라고 주장했다. 일본 땅은 중국과 가깝기 때문에 다른 모든 오랑캐의 땅보다 우월하다는 논리였다. 한편 일본은 명나라의 조공 요구에 대해 답변서를 보내며 중국의 가정에 도전을 제기했다. 이러한 이의 제기는 정치적으로 다원적인 코스모스의 비전과 영토 주권의 개념에 근거했다. "하늘과 땅은 광활하여 단일한 군주가 독점할 수 없다. 우주는 거대하고 너르다. 이 우주를 나누어 통치하도록 각기 다양한 나라가 생긴 것이다."[48] 1590년대에 일본의 군부 독재자 도요토미 히데요시는 "중국을 달걀처럼 부수고" "중국인에게 일본의 관습을 가르치겠다"는 꿈을 꾸기도 했다.[49] 이것은 (오래가지는 않았지만) 예전의 기준을 뒤집는 놀라운 태도였다.

유학자이자 천문학자 니시카와 조켄(西川如見, 1648~1724)은 이 전통들을 집약해 한 단계 더 발전시켰다. 서양과의 접촉에서 깨우침을 얻은 조켄은 서양의 지도를 통해 세계가 얼마나 광활한지 알고 있었다. 조켄은 세계는 둥글기 때문에 어떠한 나라도 문자 그대로 중심이 될 수 없다고 지적하면서 일본은 진정한 신의 나라이며 이른바 과학적으로 뒷받침되는 우월함을 타고났다고 주장했다. 일본의 기후가 가장 좋으며 이것은 하늘의 은총이라는 것이 그 근거였다. 1868년 메이지 유신 시기부터 일본의 건국 이념은 전통적 요소들을 재활용해 모든 일본인은 태양 여신의 후손이라는 새로운 근대적 신화를 혼합해 냈다. 천황은 태양신의 직계 후손이었다. 천황의 권위는 가장의 권위와 같았다. 1889년 헌법은 천황을 "신성불가침"한 존재라고 지칭했다. 이는 "영원한 세월 동안 끊긴 적이 없는" 연속성이 낳은 결과였다. 이 헌법의 가장 영향력 있는 논평은 "하늘과 땅이 나뉠 때 신성한 왕위가 수립되었다. 천황은 지상에 내려온 '하늘'이며, 신적이고 신성하다"고 주장했다.[50] 미국 점령군의 공식 번역문에 따르면 히로히토 천황은 제2차세계대전에서 일본의 패망을 인정한 이후 "천황이 신이라는 그릇된 개념, 그리고 일본 국민이 다른 종족보다 우월하다는 그릇된 개념"을 부정했다. 그러나 천황과 국민을 신성과 연결 지어 언급하는 관행은 여전히 일본에서 정치적 대화나 대중문화, 종교적 수사, 만화책 등에서 꾸준히 모습을 다시 드러내고 있다. 일본에서 만화책은 엄연한 성인용 오락물이다.[51]

서양에서는 일단 보편 제국의 개념이 이론적 이상으로서도 무너지고 나니 중국이나 일본에서처럼 국가 간의 관계 같은 협소한 관점을 취하는 것이 불가능했다. 유럽의 바글거리는 국가 체계에서 필요한 조치는 혼란스러운 무정부적 국가 관계에서 벗어날 방법을 마련하는 것이었다. 토마스 아퀴나스는 13세기 서양 세계의 전통적인 국가관을 정리하며 그가 전통적 용법에 따라 유스 겐티움(ius gentium)이라고 부른 것, 즉 만민법(Law of Nations)을 개별 국가의 법과 구분했다. 모든 국가는 만민법을 준수해야 했고 만민법은 국가 간의 관계를 좌우했다. 하지만 아퀴나스는 이 만민법이 무엇이며, 어디서, 어떻게 성문화될 수 있는지는 결코 언급하지 않았다. 만민법은 기초적이고 보편적인 정의의 원칙들과는 달랐다. 이러한 원칙들은 노예제도와 사유재산을 배제하지만 만민법에서는 둘 다 인정했기 때문이다. 수많은 법학자가 만민법은 자연법과 동일하다고 상정했다. 하지만 복잡한 사례에서는 자연법 역시 파악하기 어려웠다. 16세기 후반에 예수회 신학자 프란시스코 수아레스(1548~1617)는 이 문제를 급진적인 방식으로 해결했다. 수아레스는 만민법은 "절대적인 의미에서 자연법과 다르다"고 말했다. 만민법은 "일종의 실제적인 인간의 법일 뿐이다". 즉, 만민법은 모든 사람이 누구나 그래야 한다고 동의하는 내용이었다.[52]

이 정식을 통해 살라망카대학교의 수아레스의 전임자이자 도미니코회 수사였던 프란시스코 데 비토리아(Francisco de Vitoria)가 16세기 초에 처음으로 제안한 대로 국제 질서가 수립될 수 있었다. 비토리아는 그저 국가 간의 협정이나 합의가 아닌 "전 세계의 권위에 의해 마련된" 법을 옹호했다. 1625년 네덜란드의 법학자 휘호 흐로티위스(Hugo Grotius)가 세운 체계는 20세기 후반까지 지배적인 역할을 했다. 흐로티위스의 목표는 평화였다. 흐로티위스는 전쟁을 마치 기본 수단처럼 사용하는 현실을 개탄했다. 국가들은 호전적이고 무절제하게 전투를 선언했고 "마치 어느 단일한 칙령이 성마른 광기를 풀어놓기라도 한 듯 인간의 법이나 신적인 법에 대한 경의감은 조금도 남아 있지 않았다." 흐로티위스는 자연법은 국가들이 서로의 주권을 존중할 의무를 지운다고 주장했다. 국가 간의 관계는 국가들이 비준했거나 전통적으로 인정해온 상업법과 해양법의 규제, 그리고 국가들이 맺은 상호 협약의 규제를 받았다. 국가 간의 협약은 계약으로서 효력이 있었고 전쟁으로 강제될 수 있었다. 이 체제를 지지할 이념적 동의는 필요하지 않았다. 기독교계를 벗어나는 세계도 수용할 수 있었다. 심지어 신이 존재하지 않는다고 해도 타당할 것이라고 흐로티위스는 말했다.[53]

흐로티위스의 체제는 상당히 오래갔지만 흐로티위스의 주장대로 독자들이 소망했을 만큼 충분히 오래는 아니었다. 그래도 이 체제는 18세기에 유혈사태를 제지하는 데에 상당히 성공적이었다. 한동안 법은 전쟁에서 야만성을 걷어낸 듯 보였다. 전쟁법을 종합한 위대한 법률가 에메르 드 바텔(Emer de Vattel)은 전투는 문명화될 수 있다고 생각했다. "고귀한 영혼을 지닌 사람은 그의 무기 앞에 무릎을 꿇은 정복된 적에게 오로지 동정심만을 느낄 뿐이다. (…) 우리의 적이 사람이라는 사실을 결코 잊지 말자. 안타깝게도 무력으로 우리의 권리를 요구할 수밖에 없었더라도 부디 우리를 모든 인간과 연결시키는 너그러움을 잃지 말자." 이러한 경건함이 모든 전투의 희생자를 보호해줄 수는 없었다. 특히 게릴라전이나 비(非)유럽인 적을 대상으로 한 공격에서는 더더욱 그러했다. 그러나 법은 전투를 더 인도적인 것으로 만들었다. 19세기의 상당 기간에 걸쳐 장군들이 '총력전'을 추구하면서 절제라는 개념은 내팽개쳤을 때도 흐로티위스의 원칙들은 여전히 평화를 지원하고 유지했다. 적어도 유럽에서는 그랬다. 그러나 20세기의 참상, 그리고 특히 마치 이제는 흔한 일이 되어버린 듯한 집단학살 사례들은 개혁을 시급한 일로 만들었다. 제2차세계대전이 끝나고 미국 정부가 "새로운 국제 질서"를 처음 제안했을 때 사람들은 흔히 국제연합이 국제 관계에서의 중개와 집행을 도맡는 협력 체계를 떠올렸다. 그러나 "새로운 국제 질서"란 실제로는 세계 경찰 노릇을 하는 단일한 초강대국의 헤게모니를 의미했다. 미국이 수행한 이 역할은 지속 불가능한 것으로 드러났다. 미국의 정책은 전반적으로는 큰 문제를 일으키지 않았지만 자국의 이익을 위한 왜곡을 배제할 수 없었기 때문이다. 부당한 대우를 받았다고 느끼는 이들의 분노도 피할 수 없었다. 미국이 초강대국의 지위를 독점하는 분위기는 21세기를 즈음해 확실히 끝을 맞았다. 미국의 힘은—세계의 부에서 차지하는 비율로 견주었을 때—쇠퇴기에 접어들었다. 오늘날, 미국이 자처했던 보호자 역할을 이어받을 수 있는 국제 체계를 모색하는 중이지만 아직까지는 해결책이 보이지 않는다.[54] 사실 흐로티위스는 현재까지도 향취를 풍기고 있는 또다른 관련된 유산도 남겼다. 흐로티위스의 시대에는 경쟁 관계에 있는 유럽 해양 제국들의 갈등이 어느 때보다 증폭되었던 터라 흐로티위스는 세계의 대양을 자유로운 이동이 가능한 구역과 제한 구역으로 분할하려고 시도했다. 그러나 흐로티위스의 계획은 네덜란드 제국에 좀더 우호적이었기 때문에 다른 나라의 법률가들은 이 계획을 거부했다. 하지만 이 계획이 촉발한 토론의 쟁점은 오늘날 인터넷이 해양과 비슷한가를 두고 벌어지는 여러 논란에 영감을 주고 있다. 이를테면 현재 논란이 되는 것은 인터넷은 어디에서나 자유 구역인지 아니면 인터넷은 주권 국가들이 할 수만 있다면 통제하고 바라는 대로 분할할 수 있는 자원인가이다.[55]

인간성의 재정의

16세기에 유럽 밖 제국의 건설이 낳은 또다른 결과는 정치사상을 국가의 경계를 초월한 더욱 폭넓은 성찰로 되돌려놓았다는 데 있었다. 16세기 중반에 스페인의 도덕 개혁가 바르톨로메 데 라스카사스는 "인류에 속한 민족들은 모두 인간이다"라고 말했다.[56] 오늘날에는 너무나 자명한 말로 들리겠지만 이것은 근대의 가장 새롭고 강력한 아이디어 중 하나인 인류의 통일성을 표명하려는 시도였다. 우리가 지금 인간이라고 부르는 모든 사람이 단일한 종에 속한다는 인식은 결코 당연하게 주어진 결론이 아니었다. 라스카사스가 그랬듯이 우리 모두가 단일한 도덕적 공동체에 속한다고 주장하는 일은 선구자적인 행동이었다.

그 이유는 거의 모든 문화에서 거의 모든 시기에 이러한 개념이 존재하지 않았기 때문이다. 흔히 전설 속의 괴물들은 활발한 상상력의 산물이라고 오해하는데 사실은 그와 정반대다. 전설 속 괴물들은 사람들의 정신적 한계를 보여주는 증거다. 사람들에게는 이방인들을 자기 자신과 같은 조건에서 생각하는 능력이 결여되어 있다. 대부분의 언어에는 자기가 속한 집단 바깥의 존재까지 아우르는 '사람(human)'에 해당하는 용어가 없다. 대부분의 민족이 외부자를 '짐승'이나 '악마' 따위로 부른다.[57] 이를테면 '형제'와 '남' 사이의 중간에 해당하는 단어가 없는 것이다. 기원전 제1천년기의 현자들은 인류의 통일성에 관해 자세히 논했고 기독교는 우리가 혈통을 공유한다는 믿음을 종교의 정설로 삼았지만, 인간과 이른바 '인간 이하(subhuman)'의 경계선이 어디라고 자신 있게 말한 사람은 아무도 없었다. 중세 생물학은 "존재의 사슬"을 상상했다. 이 상상 속에서 인간과 야수 사이에는 괴물들에게 할당된 "유사 인간(similitudines hominis)" 범주가 있었다. 유사 인간은 인간을 닮았으되 완전한 인간은 아닌 존재였다. 그 일부는 지도 제작자와 삽화가의 상상에서 생생한 모습을 드러냈다. 로마의 박물학자 플리니우스는 서기 1세기 중반의 저작에 '유사 인간' 항목을 포함했고, 르네상스 시대 독자들은 다른 모든 고대 문헌처럼 이 책 역시 매우 신뢰했다. 플리니우스는 개의 머리를 한 사람들, 거대한 귀로 자기 몸을 감싸고 있는 나사모네스(Nasamones), 한 발로 뛰어다니는 스키아포데스(Skiapodes), 피그미족과 거인족, 발이 반대 방향으로 달렸고 발가락이 네 개인 사람들, 입이 없어서 숨을 들이마심으로써 양분을 얻는 사람들, 꼬리가 달렸거나 눈이 없는 사람들, 그리핀(머리·앞발·날개는 독수리이고 몸통·뒷발은 사자인 상상의 동물—옮긴이)과 싸우는 바다색 피부의 사람들, 털이 무성한 사람들, 아마존족 등을 나열했다. "식인종과 머리가 어깨 밑으로 자라나는 사람들"도 있었는데 이들은 셰익스피어 희곡의 주인공 오셀로가 만난 적들 중 하나였다.

중세 미술가들 덕분에 사람들은 이러한 생명체들의 이미지에 익숙했다. 이러한 생명체들은 짐승이나 인간 또는 그 중간 중에서 무엇으로 분류되어야 할까? 12세기 베즐레 수도원 부속 교회의 주랑 현관에는 이러한 이미지가 줄줄이 등장한다. 이 생명체들은 그림 속에서 "최후의 나팔소리"가 울리는 날에 심판받기 위해 그리스도에게 다가가고 있다. 이 그림에 미루어 보면 수도사들은 이 기이한 생명체들도 구원을 받을 수 있다고 생각했던 것이 분명하다. 하지만 당대 권위자 성 알베르투스 마그누스를 포함한 일부 사람은 이러한 괴물들이 합리적인 영혼을 소유할 수 있다거나 영원한 지복을 얻을 자격이 있다는 것을 부정했다. 당연히 탐사자들은 항상 이들 생명체를 찾으려고 했다. 아메리카 원주민들이 진짜로 인간이라는 것을 설득하기 위해 교황의 칙서를 받아야 하기도 했다(그럼에도 일부 개신교도들은 이 사실을 부정하고 아메리카에 다른 종에 대한 두번째 창조가 있었거나 악마가 기만적으로 인간을 닮은 생명체를 낳은 것이라고 주장했다). 흑인, 호텐토트(Hottentot), 피그미족, 오스트레일리아 원주민에게도 비슷한 의혹이 제기되었다. 그들은 탐험에서 밝혀낸 다른 기이하거나 신기한 모든 발견을 똑같이 취급했다. 18세기에 유인원과 관련한 논쟁이 오랜 기간 지속되었고, 스코틀랜드의 법률학자 제임스 버넷(James Burnett)은 오랑우탄이 인간이라는 주장을 지지했다.[58] 그렇지만 우리는 다른 인간이 자신과 동류임을 알아보는 데 어려움을 느낀 사람들을 비난하거나 유인원을 인간이라고 생각한 사람들을 조롱할 수 없다. 우리가 현재 분류에 사용하는 증거들이 축적되기까지는 오랜 시간이 걸렸고 종의 경계는 바뀔 수 있기 때문이다.

인류의 경계를 어디에 그을 것인가는 매우 중요한 질문이다. 불공정한 분류 때문에 인권을 상실하게 될 사람들에게 물어보라. 지난 200여 년간 우리는 인류의 경계를 점점 더 넓혀왔지만 아마도 이 과정은 여전히 끝나지 않았을 것이다. 다윈은 이 과정을 더욱 복잡하게 만들었다. "미개인과 문명인의 차이는 (…) 야생동물과 가축의 차이보다 크다"고 다윈은 말했다.[59] 진화론은 인간을 다른 생물들로부터 분리하는 혈통의 단절은 없음을 시사했다. 동물의 권리를 옹호하는 운동가들은 오늘날 더 넓어진 인간의 범주도 어떤 측면에서는 지나치게 융통성이 부족하다고 결론 내린다. 우리의 도덕적 공동체는 얼마나 멀리까지 확장될 수 있을까? 또는 적어도 선별적 권리를 지니는 생물의 목록에 우리 종을 넘어 다른 동물까지 포함할 수 있을까?

또다른 문제도 제기된다. 우리는 우리 인간의 범주를 얼마나 먼 과거까지 투영시켜야 할까? 네안데르탈인들은 어떨까? 초기 호미니드는? 우리는 버스에서 네안데르탈인이나 호모 에렉투스를 만날 일이 없지만 그들은 무덤에서 우리의 도덕적 공동체의 경계선을 질문하라고 충고한다. 심지어 오늘날 우리가 인류의 경계를 아마도 과거의 그 어느 시점보다 더 너그럽게 정할 때도 우리는 실은 그저 논점을 살짝 옆으로 이동시키고 있는 것에 지나지 않을지 모른다. 우리가 버스에서 네안데르탈인을 만날 일은 없다고 쳐도, 그보다 더 즉각적으로 도전적인 다른 유사한 사례들—자궁 속 태아, 돌봄을 받는 빈사 상태의 환자—이 있다. 그들은 의심의 여지 없이 우리 종에 속한다. 그러나 그들은 우리와 인권을 공유할까? 그들은 생명권—이것이 없다면 다른 모든 권리는 무의미하다—을 갖고 있을까? 그렇지 않다면 그 이유는 무엇일까? 생명의 다른 단계에 있는 인간들 사이의 도덕적 차이는 무엇일까? 이를테면 그러한 차이점을 피부색이 다르거나 다양한 크기의 코를 가진 사람들 사이에서보다 더 쉽게 또는 더 객관적으로 파악할 수 있을까?

인류를 바라보는 더 큰 관점, 국가의 도덕적 책무를 바라보는 더 좁은 관점, 모든 것을 포용하는 제국이나 신정 국가가 없는 상황에서 세계를 위한 실행 가능한 토대로서의 주권 국가에 대한 확신의 부족,

고전적 가치와 미적 감각의 모방, 진리를 향한 연관된 수단으로서 과학과 이성에 대한 신념까지, 이 모든 것들은 르네상스와 과학혁명의 세계가 18세기에 상속되도록 만든 아이디어들이었다. 바로 그 세계에서 계몽주의 운동은 일어났다.

제7장

전 지구적 계몽

: 연합된 세계의 연합된 사상

피에르 루이 모로 드 모페르튀이의 일기에 따르면 눈부시게 찬란한 햇빛이 바위와 빙하에 반사되고 굴절되는 북극은 "요정과 정령이 사는 곳"이었다.[1] 모페르튀이는 1736년 8월 핀란드 북부 키티스에서 야영을 하고 있었다. 모페르튀이는 인류 역사상 가장 정교하고 가장 돈이 많이 드는 과학 실험에 참여하고 있었다. 고대 이래 서양 과학자들은 지구는 완벽한 구라고 추정했다. 17세기 이론가들은 이에 의혹을 제기했다. 아이작 뉴턴은 우리가 회전목마를 탈 때 원의 가장자리에서 바깥쪽으로 튕겨나갈 듯한 느낌을 받는 것처럼 지구에서도 원심력이 작용해 적도지방은 팽창하고 극지방은 납작해질 것이라고 추론했다. 지구는 농구공이 아니라 위에서 살짝 찌부러뜨린 오렌지 같아야 했다. 한편 프랑스를 조사한 지도 제작자들의 의견은 달랐다. 그들이 관찰한 결과에 따르면 세계는 극지방 쪽으로 길쭉한 달걀 모양에 가까웠다. 프랑스 왕립과학아카데미(Académie royale des sciences)는 모페르튀이를 북극의 끝으로 파견하는 동시에 적도에서도 탐사 연구를 진행해 지구의 둘레를 따라 1도의 길이를 측정하는 것으로 이 논란을 해결하자고 제안했다. 세계의 끝에서 얻은 측정치와 중간에서 얻은 측정치가 동일하다면 지구는 구형일 것이었다. 어떤 식으로든 차이가 난다면 세계는 어느 방향으로든 불룩하다는 뜻일 터였다.

1736년 12월, 모페르튀이는 "극한의 추위 속에서" 연구 작업을 개시했다. "유일하게 액체 상태를 유지하는 브랜디를 한 잔 마시려고 해도 혀와 입술이 잔에 들러붙는 바람에 피가 났다." 냉기에 "몸의 말단이 응결되고 나머지 부분은 노동에 혹사당하여 땀에 흠뻑 젖었다".[2] 이러한 환경에서 완벽하게 정확한 측정치를 얻기란 불가능했지만, 그들은 이 북극 탐사를 통해 오차가 3분의 1퍼센트가 채 되지 않는 수치를 얻었다. 이 수치 덕분에 사람들은 지구는 뉴턴의 예측대로 위아래에서 짓눌려 적도 부근이 불룩한 형태라는 확신을 얻었다. 모페르튀이의 선집 1면에는 털모자를 쓰고 털로 된 옷깃을 여민 초상이 이러한 찬사 위에 실려 있다. "세계의 모양을 결정하는 것이 그의 운명이었다."[3]

모페르튀이는 이 경험에서 강렬한 자극을 받았다. 이러한 경험을 통해 그는 다른 수많은 과학 탐험가들이 그랬듯 과학의 한계와 자연의 위대함을 발견했다. 모페르튀이는 경험주의자로 출발해 신비주의자가 되었다. 젊은 시절 모페르튀이는 모든 진리를 정량화할 수 있고 감각으로 모든 사실을 지각할 수 있다고 믿었다. 그러나 1759년 모페르튀이는 임종을 앞두고 단언했다. "우리는 천상의 광대함이나 대양의 깊이 또는 지구의 심원한 틈에서 신을 추적할 수 없다. 어쩌면 아직은 세계를 체계적으로 이해할 수 있을 때가 아닌지 모른다. 지금은 그저 우리가 세계를 바라보고 경탄할 때일지 모른다." 모페르튀이는

1752년 출판한 『과학의 진보에 관한 서신*Lettre sur le progrès des sciences*』에서 과학이 해결해야 할 다음 주제는 꿈이 되리라고 예측했다. 그는 실험자들이 향정신성 약물―"인도 제국의 어떤 물약"―의 도움을 받아 우주 너머에 존재하는 무언가에 관해 알게 될지도 모른다고 말했다. 모페르튀이는 어쩌면 지각된 세계는 환상일지 모른다고 추측했다. 어쩌면 오로지 신만이 존재하며, 지각은 오로지 "우주에 홀로" 존재하는 어느 한 정신의 속성들에 지나지 않는지도 몰랐다.[4]

시대적 개관

모페르튀이가 확실성과 회의, 과학과 사변, 합리주의와 종교적 계시 사이에서 행한 정신적 순례는 마치 18세기 유럽의 사상사를 재현한 미니어처 같다.

일단, 낙관론의 거대한 불길이 인간의 완벽성, 이성의 오류 불가능성, 관찰된 세계의 실재성, 과학의 충분성에 대한 확신에 불을 붙였다. 하지만 18세기 후반에 계몽의 불빛은 차츰 꺼져갔다. 지식인들은 이성보다 감정을, 사유보다 감각을 더 높은 자리에 두었다. 결국, 혁명으로 인한 참상과 전쟁은 당분간 계몽의 횃불을 완전히 꺼뜨려버린 듯했다. 하지만 잉걸불은 남았다. 자유가 인간의 선함을 북돋으리라는 믿음, 행복은 삶에서 추구할 만한 가치가 있다는 믿음, 과학과 이성은―비록 한계는 있지만―진보의 문을 열고 삶을 향상시킬 수 있다는 믿음이 끈질기게 유지되었다.

환경의 변화는 낙관론에 우호적으로 작용했다. 17세기에는 불안정했던 태양 흑점의 활동이 정상적인 주기를 재개하면서 소빙하시대가 끝났다.[5] 1700년과 1760년대 사이에 오늘날까지 측정치를 확인할 수 있는 세계의 모든 빙하가 작아지기 시작했다. 이때 미생물은 인류에게 유리한 방식으로 진화했다. 그 원인은 여전히 불분명하다. 하지만 나는 분명히 지구 온난화의 재개에서 그 원인을 추적할 수 있으리라고 본다. 전염병들은 물러갔다. 거의 모든 지역에서 인구가 급증했다. 특히 유럽과 중국처럼 앞서 전염병이 기승을 부린 지역에서 더 그러했다. 역사가들은 전통적으로 인구 증가의 원인을 인간의 영리함에서 찾았다. 양질의 음식, 위생, 의료 과학이 치명적인 미생물이 빠르게 번식할 수 있는 생태학적 틈새를 제거했다는 것이다. 그러나 이제 이 설명은 충분하지 않다는 인식이 널리 퍼지고 있다. 음식, 의료, 위생이 부족한 지역도 다른 발전된 지역과 거의 동일한 혜택을 누렸기 때문이다. 산업혁명은 세균 번식에 이상적인 환경인 슬럼가와 밀집 지구를 양산했지만 사망률은 오히려 감소했다. 인구 증가세는 수그러들지 않았다. 주요한 설명은 미생물 자체에서 찾을 수 있다. 아마도 미생물이 독성이 감소했거나 인간 숙주를 떠난 것으로 보인다.[6]

한편 세계의 정치적·상업적 정세는 혁신을 유도했다. 유럽은 과거 어느 때보다 더 많은 문화와 긴밀하게 접촉했다. 탐험가들이 인간이 거주할 수 있는 거의 모든 연안 지역을 다른 모든 지역과 교류하게 만든 덕분이었다. 서유럽은 새로운 아이디어를 수용하고 발산하는 완벽한 장소가 되었다. 서유럽은 글로벌 무역의 중심지이자 전 세계적인 영향의 흐름이 집중되고 발산되는 장소였다. 유럽은 과거 어느 때보다 활발하게 주도권—세계의 다른 지역에 영향력을 발휘하는 힘을 말한다—을 잡았다. 그러나 만일 그 영향이 호혜적이지 않았다면 서양인들은 세계를 재편성하는 역할을 맡지 못했을 것이다. 중국은 어느 때보다 더 큰 영향력을 행사했다. 유럽에 불리한 방향으로 무역 격차가 증가한 것이 그 부분적인 이유였다. 이를테면 차, 도자기, 대황—전처럼 세계 최고의 약재로 손꼽히지는 않았지만 근대 초에도 예방약으로 수요가 높았다—의 무역 수요가 증가했는데 이들 품목을 중국이 독점하다시피 했으므로 전통적으로 유리했던 중국의 지위는 더욱 상승했다. 한 역사학자의 표현에 따르면 세계사에서 18세기는 "중국의 세기"였다.[7] 예수회 선교사, 외교 대사, 상인들은 중국의 이미지를 전파했고, 중국적 사상·미술·생활의 모델을 서양인이 소비하기 좋게 가공했다. 미적분학과 이진법으로 과학에 공헌한 라이프니츠는 1679년 주로 예수회를 통해 입수한 중국 관련 소식을 정리한 『중국의 최근 동정Novissima Sinica』에서 유라시아의 양 끄트머리 지역의 새로운 근접성에 관해 고찰했다. "어쩌면 '최고의 섭리'가 이러한 배치를 미리 정한 것인지 모른다. 이 배치 속에서 동떨어진 가장 교양 있는 민족들은 서로를 향해 팔을 뻗고 그 사이에 자리한 민족들은 점차 더 나은 삶의 방식을 찾아나간다."[8]

중국의 매력에 빠진 유럽 엘리트층의 취향은 점차 바뀌어갔다. 중국식 장식의 유행은 장 앙투안 바토가 디자인한 루이 14세의 방에서 시작되었다. 이 유행은 부르봉왕조의 모든 궁전으로 퍼졌고, 지금도 이들 궁전에서 벽면이 도자기로 장식되고 중국식 모티프로 뒤덮인 방을 흔하게 볼 수 있다. 중국식 장식은 부르봉 궁정으로부터 유럽

도처로 널리 확산되었다. 잉글랜드에서는 조지 2세의 아들 컴벌랜드 공작이 가짜 중국식 유람선을 타고 능숙하게 항해했다. 정적들을 무참히 학살하고 얻은 "피투성이 도살자"라는 별명과 어울리지 않는 취미였다. 윌리엄 하프페니(William Halfpenny)의 『중국과 고딕 건축 *Chinese and Gothic Architecture*』(1752)은 중국 예술을 유럽 예술과 동등하게 취급한 최초의 저작이다. 당대의 유행을 선도한 영국 건축가 윌리엄 체임버스 경은 런던의 큐 가든에 세워진 아시아 양식의 탑과 귀족들 저택의 중국식 가구를 디자인했다. 잉글랜드의 선구적인 가구 디자이너 토머스 치펀데일은 가구에 사용되는 중국풍 테마를 대중화해 동시대인들은 그를 '중국인'이라는 별칭으로 불렀다. 18세기 중반 프랑스와 네덜란드에서는 중산층 가정의 벽에도 중국을 묘사한 판화 작품이 걸렸다. 심미안을 가진 사람들은 누구라도 정원과 실내장식에서 주변을 중국 이미지로 에워싸고 싶어했다.

유럽 중심적 사고: 유럽이라는 아이디어

성공의 거의 모든 잣대에서—경제적·인구통계학적 활기, 도시의 발달, 기술적 진보, 산업 생산성 등—중국은 유럽을 얼추 1500년 정도 앞서 있었다.⁹ 그러나 18세기는 중국의 세기인 동시에 서양에는 기회와 혁신의 세기이기도 했다. 몇 가지 측면에서 유럽은 다시금—에드워드 기번이 쓴 『로마 제국 쇠망사』의 유명한 서두처럼—"인류 중 가장 문명화된 이들"에게 거처를 제공하는 "지구상에서 가장 훌륭한 지역"으로서 중국을 대체했다.[10] '유럽'은 그 자체로 새로운 아이디어, 또는 새로이 활기를 되찾은 아이디어였다. 유럽은 고대 그리스인들이 선망한 북서쪽의 광활한 내륙지역을 일컬을 때 사용하던 익숙한 지리적 명칭이었다. 그리스도가 태어나기 반세기 전에 스트라본이 쓴 문장은 훗날 유럽인들의 자화자찬을 예고한 듯하다. "나는 유럽으로 시작해야 하겠다. 왜냐하면 유럽은 형태상 다양하고, 본디 사람과 정치체제의 훌륭한 발달에 감탄스러울 정도로 알맞기 때문이다."[11] 하지만 로마 제국의 세력이 기울고 유럽 전역에서 교류가 줄어든 후 오랫동안 망각의 세월이 흘렀다. 다양한 지역의 사람들은 공동의 정체성을 기르거나 유지하기에는 공통점이 너무 부족했다. 한때 로마 제국이 하나로 묶었던 지중해와 대서양 연안 지역들은 지형의 명령에 순응해 갈라졌다. 스페인 고원에서 피레네산맥, 마시프상트랄, 알프스산맥, 카르파티아산맥을 거쳐 프리퍄치 습지까지 뻗은 산맥과 습지의 광활한 갈림길이 두 지역을 분리했다. 방파제는 늘 넘기가 어려웠다. 로마가톨릭교회는 예배와 학문이 단일한 언어로 유지될 수 있도록 순례자들과 학자들 그리고 성직자들이 유럽대륙 서단까지 횡단하게 했지만, 그들은 다양한 유럽 토속어들 때문에 경계 너머 지역의 주민들에게 좀처럼 다가가지 못했다. 로마가톨릭교가 북쪽과 동쪽으로 전파되는 속도는 매우 느렸다. 스칸디나비아와 헝가리는 11세기까지, 리투아니아와 발트해의 동쪽 연안은 14세기까지 로마가톨릭교회의 영향권 바깥에 있었다. 더 먼 지역은 아예 영향을 주지 못했다.

유럽의 자신감이 회복되면서 유럽이라는 명칭과 아이디어는 15세기와 18세기 사이에 되살아났다. 유럽의 분열은 치유되지 않았다

(아니, 오히려 악화되었다. 종교개혁을 겪으며 서로 적대적이거나 경쟁적인 주권 국가들이 잘게 조개지고 증오가 더욱 깊어졌기 때문이다). 유럽의 경계가 어디인가는 결코 합의가 이루어지지 않았다. 그러나 엘리트층 사이에서 자신들이 유럽 공동체에 속해 있으며 유럽 문화를 공유하고 있다는 인식이 점차 당연한 것이 되어갔다. 엘리트층은 개인적으로 또는 출판물을 통해 서로를 잘 알게 되었다. 18세기에는 계몽된 취향이 단일화된 덕분에 서로 멀리 떨어진 경계지역을 오가더라도 큰 혼란을 겪지는 않았다. 아마도 오늘날의 여행자가 각기 다른 나라의 공항 라운지에서 받는 문화적 혼란과 크게 다르지 않은 수준이었을 것이다. 기번—스트라본의 열성적인 탐독가로 민병대 훈련소에 있는 동안 의붓어머니에게 스트라본 책을 보내달라고 부탁하기도 했다—은 『로마 제국 쇠망사』를 집필하는 동안 유럽이라는 아이디어를 더욱 발전시켰다. "자국의 배타적 이익을 우선시하고 도모하는 것은 애국자의 의무이지만, 철학자는 시야를 넓혀 유럽을 다양한 주민이 거의 동일한 수준의 예의범절과 교양을 갖춘 하나의 거대한 공화국으로 여기는 것이 허락될 수 있을 것이다."[12] 우리가 조만간 만나게 될 자유와 질서의 관계를 고찰한 영향력 있는 영국의 사상가이자 정치가 에드먼드 버크도 몇 년 후 같은 생각을 표명했다. "어느 유럽인도 유럽에서는 완전한 망명자가 될 수 없다."[13]

스트라본이나 기번이 공통의 유럽 문화에 대해 견지한 믿음은 유럽인은 "인류에 속한 나머지 사람들보다 탁월하다"는 유럽의 우월성에 대한 확신과 불가분의 관계에 있었다. 유럽이라는 아이디어의 재등장에는 세계 나머지 지역에 대한 위협이 들끓고 있었다. 하지만

18세기와 19세기 유럽이 해외에 세우거나 확장한 제국들은 허술한 모습을 드러냈다. 이들 제국의 도덕적 공적은 유럽의 우월성이라는 개념을 지탱시켜줄 만큼 훌륭하지 못했다. 20세기 전반 동안 단일한 유럽이라는 아이디어는 수차례의 전쟁 속에 산산조각났고 이데올로기적 갈등의 균열 속으로 함몰되었다. 이제 사람들은 대체로 '유럽'은 그저 하나의 유연한 용어에 지나지 않는다는 사실을 인정한다. 유럽을 어떤 객관적인 지형적 실재에 상응하지 않고 자연적 경계도 없는 정신적 구성물로만 생각하는 것이다. 폴 발레리는 유럽이 그저 "아시아의 돌기"에 지나지 않는다고까지 말했다. 20세기 말의 유럽연합 운동에서 되살아난 유럽이라는 아이디어는 이제 기번으로서는 알아볼 수 없는 모양새를 띠고 있었다. 이제 유럽 통합의 원칙은 민주주의와 유럽 역내의 자유 시장이었지만, 회원국들은 유럽을 어떻게 규정할 것인가와 어떤 나라가 혜택에서 배제되어야 하는가의 문제에서 그 어느때보다 자국의 이익을 앞세우는 모습을 드러냈다.[14]

계몽주의: 필로조프들의 저작

새로운 사상의 맥락을 이해하려면 『백과전서Encyclopédie』는 핵심적 저작이었다. 이 책은 필로조프들(philosophes)―당시 프랑스의 계몽주의 지식인들을 일컫는 말이었다―에게 세속의 성서나 다름없었다. 주로 18세기의 세번째 사반세기에 필로조프들은 다른 유럽 엘리트층의 지적 취향을 좌우했다. 이 책은 1751년부터 20년에 걸쳐 총 17권으로 출간되었고 부록으로 11장의 전면 삽화가 제공되었다. 1779년까지 총 2만 5000부가량이 팔렸다. 얼핏 이 수치가 작아 보일지도 모르겠지만, 이 책이 유통되고 자세한 소식이 전해진 것을 고려하면 유럽의 인텔리겐치아 전원이 이 책을 접했다고 봐도 좋을 만큼 충분히 큰 수치다. 『백과전서』는 초록, 서평, 모방 작품 등 수없이 많은 파생 저작물이 나오며 더욱 널리 알려지고 큰 존경을 받았으며 보수층이나 성직자층 사이에서는 두려움의 대상이 되었다.

이 책의 부제 "이성에 입각한 과학·예술·상업 사전(Dictionnaire raisonné des sciences, des arts et des métiers)"은 아마도 출판 역사상 책의 성공에 가장 크게 일조한 부제일 것이다. 이 문구는 저자들이 어떤 점들을 중시하고 있는지를 잘 보여주었다. '사전'이라는 단어는 질서 정연하게 배열된 지식이라는 개념을 상기시킨다. 아울러 언급된 세 주제는 추상적 지식과 실용적 지식을 모두 하나의 저작에서 아우른다는 것을 알려준다. 이 책의 대표 편집자 드니 디드로는 사상가로서의 명예, 프로젝트 매니저로서의 실력, 풍자가로서의 신랄함, 포르노그래피 소설가로서의 실력을 두루 갖춘 파리의 급진주의자였다. 디드로는 이 책의 취지를 "인간에서 출발해 인간으로 돌아가는 것"이라고 밝혔다. 디드로가 동명의 저작에 백과전서에 관해 썼듯이 그것은 "지구상에 흩어져 있는, 우리가 죽기 전에 반드시 인류로부터 상찬을 받아 마땅한 지식을 집대성하려는" 노력이었다. 강조점은 현실성에 있었다. 즉, 상업과 기술에서 어떻게 사물이 작동하며 어떻게 부가가치를 만들어내는지 밝혀야 했다. "형이상학 체계보다 스타킹 제조 기계에 더 많은 지식과 지혜와 의의가 담겨 있다"고 디드로는 선언했다.[15] 기계라는 아이디어는 계몽주의의 심장부를 차지했다. 기계라는 아이디어가 유용성을 표명하기 때문만은 아니었다. 기계라는 아이디어는 그 자체로 코스모스의 메타포였다. 1760년대 초중반에 조셉 라이트(Joseph Wright)가 그린 회화 작품에서 인상적인 조명 아래 놓인 시계 장치 모델이 그 예였다. 이 장치에서 청동으로 만든 매끈한 행성과 위성들은 완벽한 불변의 패턴에 따라 예측 가능한 방식으로 공전하고 있다.

『백과전서』의 저자들은 기계의 우월성이나 우주의 기계적 본성에 대체로 의견이 일치했다. 아울러 이성과 과학은 동맹 관계에 있다는 확신을 공유했다. 두 세대 앞서 잉글랜드와 스코틀랜드의 철학자들은 이 쌍둥이가 진실에 이르는 양립 가능한 수단이라는 확신을 유럽의 다른 지역 동료 지식인들에게 심어주었다. 『백과전서』의 권두에 실린 우화적 성격의 삽화에서 '이성'은 '진리'의 눈을 가리고 있었던 장막을 걷어낸다. 저자들은 열정 못지않게 적대감에서도 하나로 똘똘 뭉쳐 있었다. 그들은 전반적으로 군주와 귀족에 비판적이었고, 혁명을 옹호하는 영국인 존 로크의 저작에 의지했다. 17세기 말과 18세기에 존 로크는 국가에 저항할 자유를 보장하는 헌법적 가치를 격찬했다. 하지만 로크가 인정한 예외들은 그의 원칙들의 가치를 떨어뜨렸다. 종교의 자유는 보장해야 하지만 가톨릭에 대해서는 예외였다. 노동의 자유를 보장해야 하지만 흑인에 대해서는 예외였다. 재산권을 보장해야 하지만 북미 원주민들에 대해서는 예외였다. 그럼에도 불구하고 필로조프들은 로크의 예외보다는 원칙에 더 집중했다.

『백과전서』의 저자들은 군주와 귀족보다 교회를 더 불신했다. 디드로는 평균적으로 무신론자가 도덕적으로 더 우월하고, 신의 은혜보다 과학의 은혜가 더 우월하다고 주장하며 "마지막 사제의 내장으로 마지막 왕의 목을 조를 때까지 인류는 자유롭지 못할 것"이라고 선언했다.[16] 반교권주의(anticlericalism)의 끈질긴 옹호자 볼테르는 18세기에 인맥이 가장 넓은 지식인이었다. 볼테르는 예카테리나 2세와 서신을 교환했고 프로이센 왕의 시를 교정해주었으며 유럽 전역의 군주와 정치가에게 영향을 주었다. 볼테르의 저작은 시칠리아와 트란실바니아에서도 읽히고 빈에서 표절되었으며 스웨덴어로도 번역되었다. 볼테르는 "우주의 건축가, 위대한 기하학자"에게 바치는 자신만의 사원을 구축했지만, 기독교는 "근절해야 할 불명예스러운 미신"으로 여겼다. "나는 폭도들 사이에서 말하지 않는다. 폭도들은 계몽할 가치가 없고 멍에나 쓰는 것이 어울린다. 하지만 나는 생각하기를 소망하는 문명인들 사이에서 말한다"[17]고 볼테르는 말했다. 계몽주의의 진보는 반교권주의적 행위로 평가할 수 있었다. 1759년 포르투갈에서는 예수회 사람들이 추방당했고, 1761년 제정 러시아의 차르는 교회 부동산의 상당 부분을 세속화했으며, 1764년과 1773년 사이 서양의 대부분 지역에서 예수회 교단이 철폐되었고, 1780년대에 유럽에서 3만 8000여 명의 사제들이 종교적 거처에서 속인이 되어 쫓겨났다. 1790년 프로이센 왕은 자국의 성직자들을 상대로 자신이 절대적인 권위를 갖고 있다고 선포했다. 1795년 한 스페인 장관은 교회의 남은 토지를 대부분 몰수할 것을 제안했다. 한편 유럽 엘리트층의 극히 일부에서 이성에 대한 신봉은 대안 종교의 특징을 보이기도 했다. 프리메이슨 단체의 의식(儀式)에서 세속적 지배층은 자신들이 지닌 지혜의 순수성을 예찬했다. 이는 모차르트가 1791년에 초연된 〈마술 피리〉에서 탁월하게 표현한 바 있다. 1793년 혁명 위원들은 프랑스 일부 지역에서 기독교 예배를 금지하고 묘지 출입구에 "죽음은 영원한 잠이다"라는 푯말을 새웠다. 1794년 여름, 짧은 시기 동안 파리 정부는 기독교를 이른바 "사회적 유용성"의 "지고의 존재"에게 예배하는 새로운 종교로 대체하려고 했다.

기독교의 적들은 승리하지 못했다. 승리했다고 하더라도 그 승리는 전적이지도 오래가지도 못했다. 18세기 후반에 종교의 부흥은 이러한 위협을 완전히 물리쳤다. 교회는 살아남았고 여러 방법으로 회복했다. 교회는 대개 평범한 사람들과 감동적인 정서에 호소했다. 이를테면 잉글랜드의 찰스 웨슬리의 가슴 절절한 찬송가, 가톨릭계 유럽의 호소력 짙은 '성심(Sacred Heart)'이라는 예배 단체, 부흥 운동 설교의 신파조 카리스마, 조용한 기도와 신의 사랑에 대한 순종이 가져다주는 치유적 가치에서 그러한 예를 찾을 수 있다. 그러나 엘리트층의 반교권주의는 유럽 정치의 특색으로 남았다. 특히 세속 국가만이 자유롭고 진보적인 국가가 될 수 있다는 주장은 매우 뿌리깊은 영향력을 발휘해왔다. 이러한 생각은 매우 굳건해서 프랑스의 비(非)종교적인 학교에서는 수녀의 머릿수건이나 히잡을 쓸 수 없고 영국의 국민 보건 서비스 소속 병원에서는 간호사가 십자가 목걸이를 착용할 수 없으며 미국의 공립 학교에서는 기도문을 외워서는 안 된다. 한편—잠시 나중의 일을 여기서 미리 논하자면—우리는 기독교를 정치에 복원하려는 현대의 시도를 목격하고 있다. 가령 사회 가톨릭주의(Social Catholicism), 사회 복음(Social Gospel), 기독교 민주주의(Christian Democrat) 운동은 계몽주의가 불러온 결과들을 뒤집지는 못했지만 선거에서 일부 성공을 거두었고 정치적 수사에 영향을 미쳤다. 사실 정치에서 기독교적 미사여구가 가장 요란한 나라는 가장 철저하게 세속적이며 계몽주의를 가장 충실하게 대표하는 헌법과 공공 기관, 그리고 정치 전통을 갖춘 나라, 미국이다.[18]

진보에 대한 확신

다시 18세기로 돌아가면, 필로조프들의 정서를 뒷받침하는 진보적 세계관이나 사고방식이 있었다. 『백과전서』저자들이 국가와 교회 권력에 맞서 급진성을 거리낌없이 드러낼 수 있었던 것은 진보에 대한 그들의 근본적인 믿음 때문이었다. 현상내에 도전을 세기하려면 세상이 지금보다 나아지리라고 믿어야 한다. 그렇지 않으면 초(超)보수적 태도로 "개혁? 개혁이라고? 지금도 충분히 나쁜데?"라고 외칠 것이다.

18세기의 관찰자들은 진보의 증거로 둘러싸여 있다고 쉽게 확신했을 것이다. 전 세계의 기후가 따뜻해졌고 전염병이 물러갔으며 생태적 교류 덕분에 가용 식량의 양과 종류가 증가해 풍요가 쌓이는 듯했다. 앞으로 보겠지만 과학과 기술의 혁신은 지식의 조망을 넓혔고, 이를 이용할 강력하고 새로운 연장들을 제공했다. 1754년 잉글랜드에서는 계몽주의를 가장 잘 구현한 기관이 창설되었다. 이 기관의 '왕립 예술·제조·상업 진흥 협회(The Royal Society for the Encouragement of Arts, Manufactures and Commerce)'라는 이름은 당대에 중시된 현실적·실용적·기술적 가치를 잘 포착했다. 이 협회의 건물 벽에는 〈인류 문화의 진보(The Progress of Human Culture)〉라는 제목이 달린 제임스 배리(James Barry)의 회화 연작이 걸려 있었다. 이 작품은 오르페우스가 음악을 발명하는 장면과 고대 그리스의 농경 문화에 대한 묘사로 시작된다. 이어지는 장면에서 근대의 대영제국은 고대 그리스와 동등한 지위로 올라선다. 이 작품의 절정은 배리의 시대에서 본 런던과 새로운 엘리시온(신들의 총애를 받는 영웅들이 지상의 삶을 마친 뒤에 불사의 존재가 되어간다는 땅—옮긴이)의 마지막 비전에 있다. 새로운 엘리시온에서 예술과 제조와 상업의 영웅들(우연히도 대부분이 영국인이다)은 천상의 지복을 누린다.

그러나 부침은 있을지언정 일반적으로 모든 것은 언제나—그리고 아마도 필연적으로—더 나아진다는 아이디어는 보통의 경험과 어긋난다. 과거 사람들은 대체로 자신이 쇠퇴기나 퇴락한 세계에 살고 있다고, 또는 기껏해야 하나의 몹쓸 시대에서 또다른 몹쓸 시대로 이어지는 그저 그런 변화 속에서 살고 있다고 가정하고 그런 증거에 집착했다. 또는 변화는 환상이라고 생각한 고대 현자들처럼(255쪽 참조) 증거를 부정하고 실재는 변하지 않는다고 주장하기도 했다. 18세기에도 심지어 진보를 믿는 사람들도 이것은 단지 하나의 국면에 지나지 않는 것이 아닐까 두려워했다. 그들의 시대는 진보를 누리지만 전반적인 역사의 기준에서 이는 예외일 수 있었다. 예를 들어 마르키 드 콩도르세(Marquis de Condorcet)는 자신이 "인류가 (⋯) 진리와 덕성과 행복의 길을 따라 확신에 찬 걸음으로 나아가는 것"을 볼 수 있는 이유는 오로지 정치적·지성적 혁명이 종교와 폭정의 가학적 체재를 뒤엎어 인간의 정신을 "족쇄에서 해방"하고 "운명의 제국으로부터 풀어주었기” 때문이라고 생각했다.[19] 아이러니하게도 콩도르세는 진보를 지지하는 글을 쓸 때 프랑스혁명의 지도층으로부터 사형을 선고받은 상태였다.

하지만 진보라는 아이디어는 단두대보다 오래 살아남았다. 진보라는 아이디어는 19세기에 나타난 산업화의 역사, 부의 증가와 영향력의 증대, 폭정에 맞선 입헌정치의 불안하지만 고무적인 승리까지 줄줄이 이어진 “발전의 행진”을 더욱 격려하고 자양분을 제공했다. 사람들은 진보는 진화가 자연에 프로그래밍한 것이므로 불가역적이고 인간의 결점과 무관하다고 믿게 되었다. 진보의 아이디어는 19세기 말과 20세기의 참상—수많은 기아, 실패, 잔학 행위, 대량학살 사태—이 있고 나서 해어진 바늘땀처럼 사람들의 머릿속에서 풀려나갔다.

그렇다고 진보라는 아이디어는 그것이 번성했던 좋은 시절에 품기 마련인 정신적 이미지에 지나지 않는다는 말을 하려는 것은 아니다. 진보의 아이디어는 아득하게 먼 고대의 두 가지 아이디어에 기원을 두고 있다. 하나는 인간은 선하다는 아이디어이고 하나는 세계의 창조자로서 섭리를 관장하는 신이라는 아이디어다. 두 아이디어 모두 일종의 진보를 암시한다. 그러니까 이따금 악이 끼어들더라도 결국에—말 그대로 최후에 그러니까 어느 천년기의 클라이맥스에—선이 승리한다는 믿음을 암시하고 있다.[20] 그러나 천년왕국설은 그 자체로 진보의 아이디어를 가능하게 할 수는 없었다. 여하튼 최후의 구원이 있기 전에는 (일부 예언자들이 예견하듯) 모든 것이 나빠질 테니까 말이다. 진보에 대한 확신은 결국 정신의 더 심층적인 속성에 의지했다. 낙관론이 핵심이었다. 『백과전서』처럼 오랜 세월이 소요되는 벅차고 고

되며 위험한 사업에 착수하려면 반드시 낙관론자여야 했다.

세계의 괴로움과 마주하며 낙관론자가 되기란 참으로 어려운 일이므로 진보를 믿을 수 있게 만들기 위해서는 악을 이해할 방법을 생각해내야 했다. 고통과 재앙은 어쨌든 최선을 위한 것으로 보여야 했다. 신학자들이 이 과제를 짊어졌지만 그들은 결코 "신이 선하다면 어째서 악이 존재하는가?"라는 질문에 무신론자들을 만족시킬 수 있는 답을 내놓지 못했다. 가능한 답으로는(242쪽 참조) 고통은 좋은 것이라는 인식(고통을 경험한 사람은 대부분 이 명제를 부정한다), 애초에 고통받는 것이 신의 본성이라는 인식(다수는 이것이 부적절한 위안이라고 느낀다), 악은 선을 의미 있게 만들기 위해 필요하다는 인식(이 경우 우리는 우호적인 균형상태나 도덕적으로 중립적인 세계에서 더 잘살 거라고 반대자들은 말한다), 또는 최고의 선인 자유에는 죄악에 대한 자유까지 포함되어 있다는 인식(그러나 일부 사람들은 그럴 바에는 차라리 자유를 포기하겠다고 말한다) 등이 있다. 17세기에 무신론이 성장하자 신학자들의 과제는 더욱 긴급해 보였다. 세속 철학도 고통을 해결하는 문제에서 나을 바가 없어 보였다. 섭리주의 못지않게 진보의 세속적인 개념도 재앙과 좌절을 설명하기 어렵기 때문이다. 밀턴은 대서사시『실낙원』에서 "신의 방식이 옳음을 인간에게 보여주는 것"을 목표로 삼았다. 그러나 시를 통해 확신을 주는 것과 조리 정연한 논증을 내놓는 것은 매우 다른 문제다.

1710년 라이프니츠는 그렇게 했다. 당대 최고의 박식가였던 라이프니츠는 철학, 신학, 수학, 언어학, 물리학, 법학 등에서 탁월한 업적을 쌓으며 하노버 궁정 일을 병행했다. 라이프니츠는 전통적으로 표현되어왔고 일상의 경험에서 목격되는 하나의 진실, 즉 선과 악은 서로 떼어놓을 수 없다는 데에서 출발했다. 이를테면 자유는 좋은 것이지만 자유에는 악을 행할 자유가 포함되어야 한다. 이타심은 선한 것이지만 그것은 오로지 이기심을 발휘할 여지가 있을 때만 그러하다. 그러나 우리의 세계는 라이프니츠가 말하길, 논리적으로 가능한 모든 세계 중에서 신적 명령에 따라 선이 악보다 최대한 더 많은 세계였다. 따라서—볼테르가 이 이론을 풍자한 말을 빌리자면—"모든 것은 모든 가능한 세계 중 최선의 세계에서 최선의 것들"이었다. 볼테르가 악한을 소재로 쓴 풍자소설 『캉디드』에서 주인공을 교육하는 팡글로스 박사는 라이프니츠를 대변한다. 팡글로스 박사의 지나친 낙관주의는 보는 이에게 분노를 불러일으키며 그 자체로 재앙이나 다름없다.

라이프니츠가 이 논승을 정식화한 것은 신의 사랑은 인간의 고통과 양립 가능하다는 것을 보여주려는 시도였다. 진보를 지지하는 것은 라이프니츠의 목표가 아니었고, 라이프니츠의 '최선의 세계'는 악이 이상적인 수준으로만 존재하는 정적인 평형상태 중 하나로 해석이 가능하다. 그러나 라이프니츠의 주장은 대부분의 계몽주의 사상가가 동의한 인간의 선함에 대한 확신과 제휴해 낙관론의 타당성을 입증했다. 라이프니츠의 주장은 세속의 천년왕국을 가능한 것으로 만들었고, 사람들은 그것을 지향하며 자신에게 주어진 자유를 활용해 이 균형이 선에 더 가까워지도록 조금씩 조정할 수 있었다.[21]

경제사상

낙관주의는 급진주의를 낳는다. 앞서 기원전 제1천년기의 정치사상에서 보았듯이(146쪽 참고) 선에 대한 믿음은 흔히 자유에 대한 믿음에 선행하고 사람들을 해방하여 그들이 천성적으로 선한 자질들을 드러낼 수 있게 해준다. 사람들이 천성적으로 선하다면 그들은 자유롭게 두는 것이 최선이다. 아니면, 그들을 천성적인 악함으로부터 구제해줄 강한 국가가 필요할까? 18세기에는 정치에서 자유의 가치에 관한 합의에 도달하기 어려웠다. 자유는 경제학에서 더 수월하게 팔렸다.

하지만 그전에 우선 지난 두 세기 동안의 서양 경제사상이 전복되어야 했다. 중상주의(mercantilism)로 알려진 통설이 주요 장애물이었다. 중상주의는 스페인의 도덕주의자 토마스 데 메르카도(Tomás de Mercado)가 1569년에 정식화했다. "왕국의 번영과 행복을 위한 한 가지 필수요건은 언제나 많은 돈과 풍부한 금과 은을 보유하는 것이다."²² 중상주의 이론은 사람들이 잘 아는 역사에 비추어 볼 때 사리에 맞았다. 최소 기원전 1세기에 플리니우스가 처음으로 관련 수치를 계산한 이래 유럽의 경제 체제들은 여러 세기 동안 중국, 인도, 근동과 국제 수지가 늘 적자였고 이는 늘 부담이었다. 이는 고대 로마에서도 걱정거리였다. 이런 이유로 중세 후기의 탐험가들은 새로운 금광과 은광을 찾아 대양을 건넜다. 상당수의 유럽인 여행자들이 동방의 부에 질시의 눈길을 보내던 16세기 무렵 국제 수지 적자는 서양인들의 머릿속에서 두 가지 강박 관념을 낳았다. 하나는 부의 기반은 금괴라는 생각, 다른 하나는 경제 체제가 부유해지려면 기업처럼 사는 것보다

파는 것이 많아야 한다는 생각이었다.

메르카도에 따르면 "풍요를 (…) 파괴하고 가난을 초래하는 것은 돈의 유출"이었다.[23] 모든 유럽 정부가 이 주장을 믿었다. 그 결과 모든 유럽 정부가 빈곤을 막기 위해 금괴를 비축하고, 현금을 영토 안에 가두고, 수입과 수출을 제한하고, 가격을 규제하고, 수요와 공급의 법칙을 무시하고, 통제 가능한 시장들을 창출하기 위해 제국을 건설했다. 결과는 한심했다. 이런 식으로는 해외 투자라는 것이 있을 수 없었다. 제국주의적 사업이나 앞으로 되팔기 위해 구매하는 것이 전부였다. 보호 무역은 비효율을 키웠다. 많은 자원을 감시활동에 낭비해야 했다. 보호 시장을 차지하려는 경쟁은 전쟁을 초래했고 전쟁의 귀결은 낭비였다. 돈은 유통되지 않고 줄줄 새어나갔다. 중상주의 시대에 주요 관심사는 두 가지가 있었다. 첫번째 관심사는 하나의 국가 경제 체제가 다른 국가 경제 체제들로부터 벌어들인 액수, 그리고 외부의 재화와 용역의 공급자에게 치른 액수 사이의 차이를 말하는 국제 수지였다. 이 국제 수지를 경제적 적절성의 절대적 지수로 취급하는 경제학자는 오늘날 거의 없다. 두번째 관심사는 '건전 화폐(화폐로서의 가치나 지불 수단으로 통용되는 힘이 안정된 화폐-옮긴이)'였다. 오늘날 화폐의 건전성은 더이상 주화에 실제로 함유되어 있거나 약속 어음에 인쇄된 숫자로 보장하는 금과 은이 아니라-재정적으로 책임이 있는 영토 내에서-해당 경제 체제의 총 실적으로 판단된다.[24] 우리는 아직도 별생각 없이 금의 가치를 과대평가한다. 금은 사실 쓸모없는 물질이다. 화폐를 포함한 다른 모든 상품이 일반적으로 견주어 가치가 추산되는 조건에 비춰 보면 금은 특별한 상품의 지위를 부여받을 만하지 않다. 그렇지만 이러한 과대평가가 중상주의 시대의 유산인지, 아니면 변질되지 않는 물질이라는 고대부터 전해져 내려오는 금의 주술적 평판 때문인지는 판단하기 쉽지 않다.[25]

중상주의가 군림할 때도 일부 사상가들은 부(富)를 본위 화폐가 아닌 재화의 측면에서 이해하는 대안적 방식을 지지했다. 16세기 중반 살라망카학파로 알려진 신학자들은 가격은 통화 공급량의 작용이라는 아이디어로 시작했다. 도밍고 데 소토(Domingo de Soto)와 마르틴 데 아스필쿠에타 나바로(Martín de Azpilcueta Navarro)는 특히 우리가 오늘날 자본주의적 도덕성 문제라고 부를 만한 주제에 관심이 있었다. 두 사람은 사업 방식을 연구하던 중 신세계로부터 유입되는 금과 은의 흐름과 스페인의 물가 상승 사이에 어떤 연관성이 있음을 알아챘다. 나바로는 다음과 같은 의견을 피력했다. "인도 제국이 발견되어 금과 은이 쏟아져 들어오기 전에는 스페인에 화폐가 귀했고 시장성 있는 재화와 노동이 훨씬 낮은 가격에 제공되었다. 이렇게 되는 이유는 화폐는 풍족할 때보다 희소할 때 더 가치가 있기 때문이다."[26] 1568년 프랑스에서 장 보댕도 똑같은 의견을 내놓았다. 보댕은 자신이 최초라고 생각했지만 사실 살라망카학파의 이론가들이 몇 년 앞서 있었다. 이들이 관찰한 현상에 대해 세 가지 설명이 있었다. 첫째, 가치는 순수한 정신적 구성물이고, 본질적으로 동등한 생산물들도 시대와 장소에 따라 비합리적으로 다른 시장의 평가가 반영된다는 것이었다. 둘째, 가격은 화폐보다는 재화의 수요와 공급에 더 많이 좌우된다는 설명이었다. 셋째, "정당한" 가치는 본래 고정되어 있고 가격 변동의 원인은 인간의 탐욕이라는 설명이었다.

살라망카학파의 사상가들은 화폐가 다른 상품과 다를 바 없다는 것을 보여주었다. 나바로에 따르면 화폐를 거래하고 적절한 이윤을 얻는 것은 불명예스러운 일이 아니었다. 나바로는 이렇게 썼다. "모든 상품은 수요가 많고 공급이 부족할 때 더 귀해진다. (…) 화폐는 (…) 상품이므로 역시 수요가 많고 공급이 부족할 때 더 귀해진다."[27] 이와 동시에 이 이론은 화폐에 관한 고대의 여러 가지 도덕적 선입견을 강화했다. 즉, 화폐를 지나치게 많이 소유하는 것은 악의 근원이며 한 나라의 부는 보유한 현금이 아닌 생산된 재화로 이루어진다는 생각이었다. 서비스업이 제조업을 대체하고 금융계의 눈속임으로 공장과 광산이 가난해지는 것 같다며 불안해하는 오늘날의 시각은 이러한 생각과 맥을 같이한다. 16세기에 비판가들은 제국을 비난했다. 토착 민족들을 대상으로 벌어지는 비행 때문이기도 했지만 스페인에 화폐를 들여와 오히려 국가를 빈곤하게 만든다는 이유 때문이기도 했다. 이 시기의 가장 예리한 경제학자 중 한 명이었던 세요리고의 마르틴 곤살레스(Martín González)는 유명한 역설을 만들어냈다.

스페인에 돈이나 금과 은이 없는 이유는 돈이나 금과 은이 너무 많아서이고, 스페인이 가난한 것은 스페인이 부유해서다. (…) 과거에도 지금도 [스페인의] 부는 (…) 부가가치를 통해 해외의 재물을 끌어모으고 자국민을 지탱하는 재화에 있지 않고, 문서와 계약서나 (…) 은과 금의 형태로 바람을 타고 다니고 있다.[28]

아이러니하게도 오늘날 경제사학자들은 살라망카학파의 관찰을 신뢰하지 않는다. 대체로 16세기의 물가 상승은 통화 공급의 증가보다는 수요의 증가 때문이었으리라고 본다. 그러나 이 이론은 근거의 견실함과 관계없이 엄청난 영향력을 발휘해왔다. 통화가 수요와 공급의 법칙에 종속된다는 인식 없이 현대 자본주의를 상상하기란 거의 불가능한 일이다. 18세기 후반 이 신조는 그동안 경제학 이론가들 사이에서 핵심적인 가정으로 통했던 중상주의를 대체하게 되었다. 이것은 부분적으로는 살라망카학파가 스코틀랜드의 도덕 철학자 애덤 스미스에게 준 영향 때문이었고, 애덤 스미스가 1776년『국부론』을 발표한 이래 그의 이름은 경제적 자유라는 대의와 늘 연결 지어졌다.

스미스는 수요와 공급 간의 관계가 지니는 중요성에 대해 원대한 시각을 갖고 있었다. 스미스는 수요와 공급 간의 관계가 시장보다 더 큰 영향력을 발휘한다고 믿었다. "모든 개인이 자신의 환경을 개선하기 위해 쏟는 자연스러운 노력"[29]은 모든 정치적·경제적·도덕적 체계의 토대였다. 과세는 대체로 해악을 끼쳤다. 첫째, 자유를 침해했다. 둘째, 시장 왜곡의 원천이었다. "한 정부가 다른 정부로부터 가장 빨리 배우는 기술은 국민의 주머니에서 돈을 빼가는 기술이다."[30] 자기 이익(self-interest)은 공동선에 이바지하리라고 믿을 수 있었다. 스미스는 선언했다. "우리가 저녁상을 맞을 수 있는 것은 푸줏간 주인이나 양조장 주인, 또는 빵집 주인의 자애심 때문이 아니라 그들이 자기 이익을 돌보기 때문이다. (…) 부자들은 타고난 이기심이나 탐욕에도 불구하고 (…) 보이지 않는 손의 인도하에 지구를 동등하게 나누었을 때 모든 주민이 받을 몫과 거의 일치하게 생필품을 분배한다."[31] 장기적으로 이 예상은 틀린 것으로 증명되었다. 19세기 산업혁명과 20세기 지식 경제는 계층 간과 국가 간에 커다란 빈부 격차를 낳았다. 예전에는 시장이 공급을 수요에 따라 조정하듯 빈부 격차를 바로잡으리라고 믿을 수 있었다. 20세기에 이 격차가 한동안 줄어들었기 때문이다. 마치 사장들은 노동자들이 잘사는 것이 기업의 이익에 가장 보탬이 된다는 것을 깨달았거나, 오로지 공정한 태도만이 프롤레타리아 반란의 위협을 피할 수 있다고 믿는 것 같았다. 그러나 자본가들에게 장기적인 자제력은 없었다. 공정한 보상을 지향하는 일시적인 추세의 원인은 시장의 힘이 아니라 전쟁이었고, 20세기 후반과 21세기 초반에 빈부 격차는 다시 제1차세계대전 이래 가장 높은 수준으로 벌어졌다.[32]

물론 스미스의 예측은 그의 시대에는 논박될 수 없었다. 프랜시스 허스트(Francis Hirst)가 말하듯, 스미스는 당대 옹호자들이 보기에 "은둔적인 노녁 철학 교수 생활에서 벗어나 (…) 군수늘의 대회의실에 착석"한 인물이었다.[33] 스미스의 이론을 "선동가들은 선포하고 정치가들은 암기하고 수천 부의 규정집에 인쇄했다". 오랫동안 스미스의 정식은 아주 약간의 과장만 들어 있을 뿐인 것처럼 보였다. 이를테면 산업화 시대에 부자들은 수요를 자극하기 위해 노동자들의 임금을 인상했다. 의학 연구가들이 질병 퇴치를 소망하듯 경제학자들은 한동안 진지하게 빈곤 퇴치를 소망했다.

미국 독립 선언문이 나온 해에 출간된 『국부론』은 미국의 건국 문서로 인정받아 마땅하다. 이 책은 혁명을 고무했다. 스미스는 식민지가 제조나 무역 활동에 참여할 수 있는 자유를 제한하는 정부 규제는 "인류의 가장 신성한 권리에 대한 명백한 침해 행위"라고 말했다. 미국은 건국 이래 경제적 자유주의의 본토로 여겨지며 자유방임주의가 어떻게 작동할 수 있는지를 보여주는 아주 약간만 손상된 본보기이다. 한편 스미스의 신조 대신 계획 경제나 정부 규제 또는 명령 경제(command economy)가 도입된 지역은 경제 발전을 이루는 데 실패했다. 지금까지 나온 증거에 비추어 보면 자본주의는 최악의 경제 체제이지만, 그것은 다른 모든 경제 체제를 논외로 했을 때 이야기다.

아닐 수도 있을까? 대부분의 측면에서 스미스가 끼친 영향은 양호했다. 하지만 계몽된 자기 이익이라는 표현은 탐욕을 선이라고 말하는 것과 같다. 스미스는 경제학에서 이타주의가 들어설 자리를 남겨두지 않았다. 스미스는 상인과 고리대금업자가 싼 값에 사서 비싼 값에 되파는 것이 주변 사람들에 대한 봉사라고 생각했다. 이것은 스미스의 생각이 품은 한 가지 결함이었다. 또다른 결함은 사람들이 시장에서 자신이 최고의 이익을 누릴 방법을 예측할 수 있다고 신뢰해도 좋다는 가정이었다. 현실 속에서 사람들은 합리적이거나 일관되게 행동할 때보다는 비합리적이고 충동적으로 행동할 때가 훨씬 많다. 시장은 마법사의 동그라미(마법사가 땅에 그리는 원으로 그 안의 사람은 마법에 걸린다—옮긴이)보다는 도박장에 가깝다. 시장의 예측 불가능성은 동요와 붕괴, 불안과 공포를 낳는다. 스미스의 원칙은 엄격하게 해석하면 교육, 종교, 의료, 기반시설, 환경까지 시장의 처분에 맡길 것이다. 어떤 면에서는 특히 미국에서 이미 이러한 일이 일어났다. 영적 지도자들은 사업가가 되었고, 오늘날 소위 대학은 기업체와 비슷하고, 환경보존에는 비용이 들며, 고속도로는 "후원"을 받고, 우리는 명시적으로 건강을 권리로 취급하도록 설계된 체계에서 건강을 돈 주고 산다. 세계는 여전히 규제 없는 시장과 규제가 지나친 시장 사이에서 "제

3의 길"을 모색하고 있다.[34]

정치 철학: 국가의 기원

경제적 자유의 혜택은 정치적 자유의 혜택보다 설득력 있게 추정하기
가 항상 더 쉬워 보인다. 우리 시대의 중국과 러시아를 봐도 그렇다.
이들 국가에서는 경제적 통제는 완화되었지만 반자유주의적 정치체
제는 계속해서 유지되고 있다. 애덤 스미스의 신조가 널리 받아들여
진 것은 인간의 선함을 믿는 해방 옹호론자들에게나 인간의 본성을
불신하는 억압 옹호론자들에게나 똑같이 매력적이기 때문이었다. 스
미스의 주장은 결국 경제적 효율은 자기 이익의 추구에서 나온다는
것, 다시 말해 경제적 행위자들의 도덕성과는 무관하다는 것이었다.

　　이러한 신조는 정치 영역에서는 작동하지 않는다. 기본적인 선량
함에 대한 확신이 있을 때만 사람들을 자유롭게 두는 것이 이치에 맞
다. 16세기와 17세기 유럽에서는 이러한 확신을 뒤집는 증거가 쌓여
갔다. 아메리카대륙 및 태평양 탐험가들의 발견이나 민족지학자들의
보고는 일부 독자에게—낯선 상대방을 어리둥절하게 여긴 다수의 식
민지 주민들에게도—"자연적 인간"은 셰익스피어의 표현대로 "사지
달린 벌거벗은 동물"에 지나지 않음을 암시하는 듯했다. 자연적 인간
은 제국이 요구하는 행동 양식을 따르리라고 기대할 수 없었다. 다른
한편, 유럽인들은 그동안 잘 몰랐던 아시아 지역들과 접촉하면서 새로
운 정치 권력 모델을 알게 되었다. 이 주제를 다루는 가장 좋은 경로는

국가의 기원에 관한 생각을 보여주는 새로운 증거들이 어떤 효과를 발휘했는지 검토하는 데서 시작하는 것이다. 그다음에는 중국을 비롯한 아시아 지역들의 정치 모델이 권력 개념에 어떤 영향을 미쳤는지, 그리고 어떻게 절대주의라는 새로운 학파가 수립되었는지를 다룰 것이다. 그다음에는 유럽인들이 이른바 미개인(savage)이라고 부른 사람들을 발견한 이후 나타난 상반된 효과들을 다루겠다. "미개인"에게서 보이는 매우 인상적인 소양은 이따금 급진적인, 심지어 혁명적인 아이디어들을 고무했고, 이 아이디어들은 궁극적으로 평등, 보편적 권리, 민주주의를 옹호하는 주장을 끌어냈다.

국가가 계약에서 기원했다는 가정 — 앞서 보았듯이 중세 후기 서양에서 강력한 전통이 되었다 — 으로부터 애당초 얼마나 그리고 어째서 사람들에게 국가가 필요했는지에 관한 여러 가지 추정들이 나왔다. 아득한 과거에 인류가 처한 조건은 극도로 열악했을 것이 틀림없다. 아니면, 안락한 일상을 누리는 유럽 지식층의 짐작은 그러했다. 고통은 사람들이 모여 공동선을 위해 자유를 희생하도록 이끌었을 것이다. 이것은 17세기 중반에 막 접어들었을 때 토머스 홉스의 머릿속에 떠오른 생각이었다. 홉스는 정치학에서는 극단적인 왕정주의자였고 철학에서는 극단적인 유물론자였다. 홉스는 권위주의적인 성향을 타고난 사람이었다. 홉스는 영국 내전 시기에 유혈사태와 무정부 상태를 경험했고, 확고하게 자유보다 질서를 선호했다. 홉스는 "폭력과 기만이 중요한 두 덕목인 (…) 만인의 만인에 대한 투쟁"이 벌어지는 자연 상태가 정치 상태보다 선행했다고 상상했다.

홉스가 1651년 고전 『리바이어던』의 가장 유명한 구절에서 묘사한 모습은 전통적 정치 이론과 대조를 이루었다. 전통적 정치 이론에서 자연 상태는 단순히 머나먼 과거에 지배적이었을 거라고 가정하는 어느 시기였고 이 자연 상태에서는 자연법이나 이성의 규범으로 충분하고 인간이 만든 법은 불필요했다. 홉스의 신선한 시각은 사람들이 문명에 물들지 않고 조화롭게 사는 원시의 순수를 간직한 황금시대라는 기존의 신화와 딴판이었다. 홉스는 개미나 벌은 본능적으로 사회를 이루는 것과 달리 사람은 불안에서 벗어나게 해줄 유일한 현실적인 방법을 모색해야 했다고 믿었다. 사람들은 자신들의 자유를 계약 집행자에게 맡기기로 서로 합의했다. 집행자는 계약의 준수를 강제하되 이 계약의 당사자가 되지는 않았다. 지배자와 피지배자 사이에 맺어진 협정 대신 국가의 건국 계약이 복종에 대한 약속이 되었다. 국민은 국가에 소속됨으로써 자유를 포기했다. 국민이 유지하는 권리는 자기 보존의 권리가 유일했다. 국민은 이 권리 말고는 포기할 다른 권리를 애초에 갖고 있지 않았다. 자연 상태에서 사람들은 재산도 정의도 없었고 오로지 힘으로 손에 넣을 수 있는 것만을 가졌기 때문이다. 아리스토텔레스의 저작은 이러한 관점을 일부 지지했다. 아리스토텔레스는 "인간은 완벽함을 도모할 때 최선의 동물이지만 법과 정의로부터 분리되었을 때는 최악의 동물"이라고 인정했다.[35]

홉스의 아이디어는 정치학의 언어를 영원히 바꾸어놓았다. 계약설은 국가 권력에 대한 장악력을 상실했다. 홉스가 확신을 주었거나 홉스 덕분에 사고가 확장된 사람들이 보기에 주권자(사람일 수도 있고 '사람들로 구성된 의회'일 수도 있다)는 계약의 바깥에 있었고, 따라서 이 계약을 준수할 의무를 지지 않았다. 인간은 평등하되—실제로 홉스는 만인은 자연적으로 평등하다고 가정했다—국가의 손안에 있었다. 복종의 평등은 여러 평등주의적 정권들의 국민에게는 익숙한 운명이다. 홉스의 신조는 결과적으로 국제 정치에 오싹한 암시를 던졌다. 정부들은 서로 자연 상태에 있었다. 상대에게 해를 끼칠 수 있는 잠재력에서 그들에게는 스스로 지닌 힘이 갖는 한계 외에는 다른 제약이 없었다. 이것은 어떤 점에서는 침략 전쟁을 정당화했고, 어떤 점에서는 평화를 보장하기 위한 국가 간의 계약적 합의—우리는 앞으로 이어질 장들에서 이 문제를 다시 다루게 될 것이다—의 필요성을 낳았다.

아시아의 영향 그리고 경쟁적 전제주의의 체계화

18세기 내내 해방 옹호론자와 억압 옹호론자 사이에서 논쟁이 활발했다. 인간의 본성이 선한가 악한가는 그 증거가 애매했다. 따라서 토론자들은 진위를 확인할 수 없는 머나먼 과거를 두고 논쟁하는 대신 당대의 장거리 교류를 통해 밝혀진 다른 문화들의 사례에 초점을 맞추었다. 중국은 가장 눈에 띄는 사례였다. 중국을 선망한 사람들은 자유에 제약을 가하고 엘리트층에 권위를 부여하는 것을 옹호했다. 반면 자유를 열렬하게 지지한 사람들은 중국이 서양 국가의 모델이 될 수 있다는 개념을 거부했다. 볼테르는 평생 중국에 우호적이었다.[36] 볼테르는 조직화된 종교에 염증을 느꼈고 그 철학적 대안으로서 유학(儒學)에 매력을 느꼈다. 아울러 우주는 질서정연하고 합리적이며 관찰을 통해 이해할 수 있다고 믿는 중국인들에게 깊이 공감했다. 중국이 학자들을 정치적으로 예우하는 관례를 본 볼테르는 중국에서는 자신이 속한 전문 지식인층의 힘이 인정받는다고 여겼다. 볼테르가 보기에 중국 국가체제의 절대 권력은 선을 위한 강제력이었다.

유럽의 모든 엘리트층이 여기에 동의하지는 않았다. 1748년 몽테스키외 남작은 유럽 전역의 헌법 개혁가들에게 영감을 준 저작 『법의 정신De l'esprit des lois』에서 "곤봉이 중국을 지배한다"고 주장했다. 중국의 엄혹한 정의와 사법적 고문을 증언한 예수회 선교사들도 이 주장을 지지했다. 몽테스키외는 중국을 "공포를 통치 원리로 삼는 전제 국가"라고 비난했다. 사실 한 가지 근본적인 의견 차이가 몽테스키외와 볼테르를 갈랐다. 몽테스키외는 법치를 옹호하고 헌법적 안전장치가 통치자에게 제약을 가해야 한다고 충고했다. 볼테르는 국민을 전혀 신뢰하지 않았고 강하고 분별 있는 정부를 선호했다. 게다가 몽테스키외가 발전시킨 영향력 있는 이론에 따르면 서양의 정치적 전통은 자애롭고 자유를 지향한다. 반면 아시아 국가들은 권력을 압제자의 손아귀에 집중시켰다. 몽테스키외는 이렇게 썼다. "아시아가 약하고 유럽이 강한 이유가 여기에 있다. 유럽은 자유롭고 아시아는 예속적이다." "동양적 전제주의(oriental despotism)"는 서양의 정치 문헌에서 권력 남용을 뜻하는 표준적인 용어가 되었다.[37]

디드로는 국가보다 국민에 더 우호적인 몽테스키외의 견해를 되풀이하며 더욱 강하게 표현하기도 했다. 반면 볼테르의 동료 프랑수아 케네는 중국을 이상화하는 의견을 되풀이했다. 케네는 "계몽 전제주의(enlightened despotism)"는 엘리트층보다 국민에게 더 유익한 체제라고 생각했다. 당대에 케네의 아이디어는 몽테스키외의 아이디어보다 더 영향력이 있었다. 케네는 심지어 프랑스 왕위 상속자에게 황제가 농장 수습생들 앞에서 직접 밭에서 쟁기 끄는 시범을 보이는 중국의 의례를 따라 해야 한다고 설득하기도 했다. 스페인에서 극작가들은 중국 문헌을 번역·모방해 훌륭한 왕위의 본보기를 스페인 궁정에 제시했다.[38] "동양적 전제주의"와 더불어 "계몽 전제주의"도 정치용어가 되었고 18세기 후반의 유럽 지배자들은 이 개념을 현실적으로 구현할 방법을 모색했다. 어떤 식으로든 중국식 모델은 유럽의 정치사상을 형성하고 있는 듯했다.

그 결과 서양 정치학 사상이 두 갈래로 갈리었다. 개혁적 지배자들은 계몽 전제주의의 원칙을 따랐고, 몽테스키외의 급진적 계몽주의는 혁명가들에게 영향을 주었다. 그러나 전제 군주가 이끌든 계몽주의자들로 구성된 플라톤주의적 수호자 계층이 괴롭히든, 두 전통 모두 오로지 하향식 변화로만 이어질 수 있었다. 누군가가 말했듯 그들은 "사람들이 자유롭도록 강제할" 터였다. 필로조프들의 영웅 아베 레날(Abbé Raynal)은 "지구의 현자들, 모든 나라의 철학자들이여, 오로지 그대들만이 다른 시민에게 지금 무엇이 필요한지 알려줌으로써, 그대들의 형제를 계몽시킴으로써 법을 만들 수 있다"고 호언했다.[39] 그렇다면 피 묻은 이빨과 발톱으로 통제 불능에 빠진 진짜 유혈 혁명은 과연 어떻게 해서 일어났을까? 무엇이 일부 지배층이 제약을 풀고 "일반시민"의 위험천만하고 예측 불가능한 행동을 믿도록 만들었을까? 일부 필로조프들이 기성 질서에 도전하게 만든 새로운 영향력이 18세기에 부상하고 있었다. 그 영향력이 얼마나 컸던지 필로조프들은 급기야 그들 자신이 기성 질서에 대해 갖고 있는 장악력에까지 의문을 품게 되었다.

고결한 미개인과 일반 시민

체제 전복적 아이디어들은 역사가 길다. 문명에는 언제나 불평세력이 있었다. 도덕주의자들은 언제나 서로를 질책하고 외부의 고결한 자들, 결함이 많은 교육을 보완하는 자연적 미덕, 상업이나 안락함 따위로 타락하지 않은 소박한 삶의 훌륭함을 보여주는 사례들을 들고 왔다. 15세기와 16세기 초 유럽의 해외 탐험을 통해 자연적 인간—벌거벗었고, 교육을 받지 않으며, 수렵과 채집에 전념하고, 신에게 의지하는 인간—에 가까워 보이는 이들의 생활방식을 보여주는 사례가 점차 쌓였다. 사람들은 초반에는 실망하는 듯했다. 원시의 순수를 간직한 황금시대는 어디에서도 발견되지 않았다. 그러나 영리한 탐색가들은 "미개인"에게서 다른 결점을 메울 만한 특징들을 발견할 수 있었다. 16세기 중반 회의주의자 미셸 드 몽테뉴는 카니발리즘 같은 아주 혐오스러운 관습에도 유럽인들이 배울 만한 도덕적 교훈이 있다고 주장했다. 유럽인들은 사실 서로에게 그보다 더 심한 야만성을 드러내고 있었다. 17세기에 선교사들은 휴런족(Hurons)을 보고 전설 속의 훌륭한 미개인을 진짜로 발견했다고 믿었다. 휴런족은 인간 희생자를 고문하는 끔찍한 야만적 관습을 행했지만, 다른 더 잔인한 이웃들과 비교해 평등주의적 가치관이나 기술적 유능함이 돋보였다. 휴런족은 자연적 지혜로 가득한 사람들처럼 보였다. 재산을 강탈당하고 원한에 사로잡힌 18세기 초 프랑스 귀족 루이 아르망 드 라옹탕(Louis-Armand de Lahontan)은 고국에서 겪은 사회적 추락을 피해 캐나다에 와 있었다. 라옹탕은 휴런족 출신의 가상의 인물을 지어내 자신이 지지하는 반교권주의적 급진주의의 대변자로 만들었다. 볼테르는 "순진한 휴런족"이라는 영웅을 만들어냈다. 이 영웅은 왕과 성직자들을 비판했다. 조제프 프랑수아 라피토(Joseph-François Lafitau)는 이 휴런족 출신의 인물이 자유로운 사랑을 실천한다며 그를 칭송했다. 볼테르가 쓴 각본을 바탕으로 1768년 파리 무대에 올려진 한 희곡에서는 어느 휴런족 영웅이 바스티유 습격을 주도했다. 철학자들이 묘사한 이 고귀한 미개인으로부터 딱 한 걸음만 이동하면 우리는 혁명가들이 우상화한 일반 시민을 만날 수 있다.[10]

휴런족의 신화는 사람들을 사회적 도취 상태에 빠뜨릴 잠재력이 충분했다. 남태평양 탐험에서 고귀한 미개인이 더 많이 발견되면서 휴런족 신화는 더더욱 큰 인기를 끌었다. 쾌락주의자에게 남태평양은 자유와 방종의 낙원이었다.[11] 야생의 아이들은 사회화되지 않은 원시주의의 표본 그리고 휴런족 신화를 뒷받침하는 증거처럼 보였고 계몽주의 사상가들은 이 아이들에게 매료되었다. 종을 분류하는 근대적 기법을 고안한 스웨덴의 식물학자 칼 폰 린네는 야생의 아이들은 사람속(屬)의 다른 종에 속한다고 가정했다. 사람들은 여우가 굴에서 키운 아이들을 숲에서 강제로 데리고 나와 문명 실험을 감행했다. 학자들은 시험 삼아 이 아이들에게 언어와 예절을 가르쳤다. 모두 헛일이었다. 17세기 폴란드의 숲속 곰 무리에서 자란 것으로 짐작되는 소년들은 계속 곰들과 있고 싶어했다. 1720년대에 경쟁하듯 영국의 왕족 가문은 '야생 소년 피터'를 애완동물처럼 키우려고 했다. 우리는 켄싱턴궁전의 계단을 장식한 프레스코화에서 텅 빈 눈으로 앞을 응시하고 있는 이 소년의 초상을 볼 수 있다. 소년 피터는 옷을 입거나 침대에서 자는 것을 싫어했고 언어를 전혀 습득하지 못했다. 1731년 프랑스 송지(Songi) 마을 근처의 숲에서 납치된 '미개 소녀'는 개구리를 산 채로 먹는 것을 좋아하고 에피노이의 저택에서 차린 진수성찬을 거부했다. 소녀는 오랫동안 프랑스어를 말하기보다 새의 노랫소리를 더 잘 흉내 냈다. 가장 유명한 사례는 아베롱의 '야생 소년'이었다. 1798년 문명으로 납치된 이 소년은 우아하게 차려입고 식사하는 법을 배웠지만 말을 한마디도 배우지 않았고 자신에게 일어난 일을 전혀 달가워하지 않았다. 가정교사는 소년이 식사를 마친 뒤 창가로 가서 조심스럽게 물을 마시는 모습을 이렇게 묘사했다. "이 자연의 아이에게는 이때가 행복한 순간이었다. 소년은 자유를 상실한 뒤에도 자신에게 남은 단 두 가지의 좋은 것―맑은 물을 마시는 것과 해와 고향이 있는 풍경―을 하나로 묶어내려는 듯했다."[42]

한편 미개의 에덴동산에는 뱀들이 우글거리는 것으로 드러났다. 휴런족은 유럽인이 옮긴 질병 때문에 죽어갔다. 상업과 감염은 남태평양을 오염시켰다. 사람들은 여기에 실망했지만, 일부 철학자들은 고귀한 미개인을 일반 시민과 뒤섞고 자연적 지혜라는 아이디어로 인민 주권을 정당화했다. 어쩌면 휴런족, 남태평양 섬의 주민들, 늑대 소년이 없었다면 아무도 프랑스혁명을 생각하지 못했을지 모른다.[43]

이 일련의 사건들이 낳은 여러 중대한 결과 중 하나는 고귀한 미개인이 그즈음 새로운 영향력이 더해진 한 가지 오래된 아이디어에 추동력을 제공했다는 것이다. 그것은 바로 자연적 평등이라는 아이디어였다. 고대 스토아주의자들은 "만인에게 똑같은 법"이라는 원칙을 옹호했다. 스토아주의자들이 이 원칙을 정당화한 근거는 사람은 자연적으로 평등하다는 것, 불평등은 역사적 우연이라는 것, 국가는 이러한 불평등을 바로잡아야 한다는 것이었다. 고대의 종교사상은 초기 기독교에 잘 표현되어 있듯 신 앞에서 모든 사람은 평등하다는 개념, 사회는 신에게 신의를 다함으로써 이 비전에 일치하도록 노력해야 한다는 개념을 보여주었다. 일부 사상가들과—잠깐씩 단발적으로—일부 사회들은 여기서 한 발짝 더 나아가 기회의 평등, 권력의 평등, 물질적 안녕의 평등을 요구했다. 현실에서는 공산주의가 뒤따르기 마련이다. 공동 소유야말로 불공평한 재산 분배의 방지를 절대적으로 보장하기 때문이다.

15세기부터 19세기까지 유럽과 아메리카에서 평등한 유토피아를 창출하기 위해 수많은 프로젝트가 시도되었다. 이러한 사업들은 대개 기독교 전통의 종교적 광신도들이 주도했고 대부분이 심각하게 잘못된 방향으로 나아갔다. 이를테면 1525년 재세례파(Anabaptist)의 예언자 라이덴의 얀(Jan of Leiden)은 자신이 직접 구상한 유토피아를 뮌스터에 조성했지만, 나중에는 권력에 취해 괴물 같은 폭군으로 바뀌었다. 그는 하렘을 만들고 난교 파티를 허락하고 적들을 살육했다. 이러한 시도들은 전형적으로 폭력에 귀결되었다. 영국 내전에서 "평등파(Levellers)"는 내전을 기회 삼아 과거 사도시대의 평등을 재현하려고 했지만 이 프로젝트 역시 피비린내를 풍기는 억압으로 끝났다. 다른 시도들은 그저 현실화가 가능하지 않아서 사그라들었다. 19세기에 사회주의자들이 미국 중서부의 산간 오지에 건설한 유토피아는 오늘날 폐허로 남아 있다. 영국의 극작가 W. S. 길버트와 작곡가 아서 설리번은 코믹 오페라 〈곤돌라 사공(The Gondoliers)〉에서 매우 설득력 있게 평등주의를 풍자했다.

> 백작과 후작 그리고 공작,
> 마부와 집사 그리고 요리사,
> 쿠츠 은행과 거래하는 귀족,
> 장화를 닦는 귀족, (…)
> 만인이 평등하리라.

나이, 지능, 외모, 키, 체형, 신체 기량이나 행운을 평등하게 만들자고 진지하게 주장하는 사람은 아무도 없다. 어떤 불평등은 진정으로 자연적인 것이다. 그것이 초래하는 효과를 바로잡으려는 노력은 고귀하지만, 평등 추구의 고귀함은 언제나 마치 은혜를 베푸는 듯한 모양새를 띠곤 한다.

하지만 18세기에 만일 국가가 이를 보장하기만 한다면 평등에 도달할 수 있을 것만 같은 순간이 있었다. 어떤 면에서 이는 합리적인 개념이었다. 국가는 언제나 중대한 불평등과 맞선다. 그렇다면 모든 불평등과 맞서지 않을 이유가 무엇인가? 만인의 자연적 평등을 믿는 사람들이 보기에 국가는 평등을 집행하기 위해 존재한다. 그렇지 않은 사람들이 보기에 국가는 평평한 "운동장"을 만들어 강자와 약자, 부자와 빈자 사이의 불균형을 바로잡을 도덕적 책무를 지닌다. 그러나 이것은 위험한 아이디어이다. 자유를 희생시키면서까지 강요된 평등은 횡포를 낳을 수 있기 때문이다.

국가의 이 기능은 다른 모든 기능보다 중요하다는 아이디어를 가장 먼저 생각한 사람은 장 자크 루소였다. 루소는 18세기 후반에『백과전서』의 세계관과 결별한 사상가 중에 가장 영향력 있는 인물이었다. 루소는 불안하게 떠도는 삶을 살았으며 하류 생활과 저속한 쾌락을 사랑했다. 종교를 두 번 바꾸었는데 두 번 다 진지해 보이지 않았다. 루소는 애인들을 배신하고 친구들과 싸우고 자식들을 버렸다. 루소는 자기 자신의 감정에 탐닉하는 일에 자기 삶을 맞추어나갔다. 루소는 1750년에 에세이를 써서 상을 받고 명성을 얻었다. 루소는 이 에세이에서 계몽주의의 가장 신성한 원칙 중 하나와 절연했다. 그것은 "기술과 과학은 인류에게 혜택을 주었다"는 원칙이었다. 이 주제가 문제시된 것만으로도 우리는 계몽주의의 낙관론에 대한 환멸이 이미 얼마나 심각해졌는지 알 수 있다. 루소는 사유재산과 국가를 비난했다. 하지만 그는 인간의 본성적이고 원시적인 선한 상태를 옹호했을 뿐 달리 아무런 대안도 제시하지 않았다. 볼테르는 루소의 아이디어를 경멸했다. 볼테르는 루소의 글을 읽고 "네 발로 걷고 싶은 사람이로군"이라고 평했다. 루소는 계몽주의의 다른 원칙들과도 절연했는데 그중 하나는 진보였다. "나는 과감히 인간의 본성을 발가벗겼다. 그리고 이른바 발전이란 인간이 겪는 모든 고통의 원천임을 보여주었다"고 그는 주장했다.[44] 루소는 감정과 직관의 가치를 중시하며 어떤 면에서 이성보다 우월하다고 여긴 낭만주의자들의 포스트 계몽주의 시대적 감성을 선취했다. 루소는 프랑스혁명의 주도자들과 폭도에게 탁월한 영웅이었다. 그들은 바스티유 감옥의 잔해 사이에서 루소의 조각상을 들고 주변을 행진했고, 루소의 "거룩한 이름"을 들먹였으며, 혁명의 상징 위에 루소의 초상을 새겨 넣었다.[15]

　　루소는 국가를 단체나 일종의 유기체로 간주했다. 개인의 정체성은 이 유기체 안에 깊숙이 잠겨 있었다. 루소는 자연주의자들이 쓴 오랑우탄(루소는 오랑우탄을 고릴라라고 불렀다. 정보를 충분히 접하지 못한 다른 논평가들처럼 루소도 오랑우탄을 사람속으로 분류했다)의 습성 보고서를 읽고 사회가 생기기 이전의 자연 상태와 그 안의 고독한 방랑자 인간을 상상했다.[16] 어떤 돌이킬 수 없는 순간에 일어난 행위에 의해 "사람들은 인민이 되었다". "그것은 사회의 진정한 토대다. 인민은 단일한 존재가 된다. (…) 우리는 일반 의지라는 최고의 지휘권 아래 자신의 신체와 모든 힘을 공동의 것으로 둔다." 시민이 된다는 것은 형제가 된다는 것, 즉 피로 맺어진 것과 다름없는 유기적인 연대를 맺는 것이었다. 일반 의지에 복종토록 강요받는 사람은 누구나 "자유롭기 위해 강제하에 놓인다. (…) 일반 의지에 복종하기를 거부하는 사람은 누구나 전체에 의해 일반 의지에 복종하도록 강요되어야 할 것이다".[17] 루소는 이처럼 명백히 위험한 신조의 도덕적 타당성을 어떻게 입증할 것인지에 관해 모호한 태도를 보였다. 18세기 말에 이마누엘 칸트가 여기에 엄밀하고 타당한 근거를 제공했다. 칸트는 변화를 싫어했고 오랑우탄만큼이나 고독했다. 칸트는 따분할 만큼 예측 가능한 습관에 따라 살았고 고향 쾨니히스베르크 주변의 익숙한 길을 거의 벗어나지 않은 것으로 유명하다. 그렇지만 칸트의 생각은 부단하고 광대무변했다. 칸트는 누구나 객관적인 목적들이 지니는 장점을 볼 수 있으며 그것들을 알아보는 능력은 개인의 의지나 이익이 아니라 이성에 있다고 주장했다.

일반 의지에의 복종은 다른 사람들의 자유를 존중하기 위해 누군가의 자유를 제한할 것이다. 이론적으로 '일반 의지'는 만장일치나 특정 집단의 이익, 또는 개인의 선호와 다르다. 그러나 현실적으로 '일반 의지'는 그저 다수의 횡포를 의미한다. 루소가 인정했듯이 "득표수가 가장 많은 편의 유권자들은 항상 나머지 유권자들을 구속한다". 루소는 정당을 불법화하기를 원했다. "국가 안에 편파적인 집단이 있어서는 안 된다"는 이유에서였다.[18] 루소의 논리대로라면 노동조합, 종교 단체, 개혁적 운동도 금지되어야 했다. 이것은 사실상 전체주의에 대한 허가증이나 다름없다. 루소의 논리에서 영향을 받은 모든 운동과 정부─프랑스의 자코뱅당과 파리 코뮌, 러시아 볼셰비키, 현대의 파시스트와 나치, 국민투표에 의한 횡포의 옹호자들─는 개인의 자유를 억압했다. 그러나 루소가 자유를 열정적으로 들먹인 탓에 루소의 글을 읽는 독자 중 상당수는 루소의 사상이 사실 얼마나 자유에 반하는 것인지 보지 못했다. 혁명가들은 루소의 1762년 에세이를 여는 문장을 적극적으로 채택했다. "인간은 자유롭게 태어나 어디에서나 쇠사슬에 묶여 있다!" 혁명가들은 이 슬로건을 쇠사슬보다 더 쉽게 풀어헤쳤다.

보편적 권리

루소는 주류 계몽주의자들과 공리 하나를 공유하긴 했다. 그것은 자연적 평등으로부터 도출된, 오늘날 우리가 인권이라고 말하는 신조였다. 여기에는 백성을 시민으로 바꾸는 연금술이 있었다. 모든 급진적 대의의 선전가 토머스 페인은 영국 정부에 맞선 미국의 저항세력을 옹호하며 국가의 제약을 초월한 자유가 있다는 아이디어를 정식화했다. 페인에 따르면 이 권리는 너무나 중요해서 국가가 기각할 수 없었다. 오래전부터 급진적 사상가들은 통치자가 백성에게 행사하는 절대적 권력을 제한할 방법을 모색해왔고 페인의 주장은 이러한 노력의 정점에 있었다. 프랑스와 미국의 혁명가들은 이 아이디어를 제대로 이용했다. 하지만 인권을 주장하기는 쉬워도 인권이 무엇인지 말하기는 어렵다. 미국 독립 선언서는 인권을 "생명, 자유, 행복 추구"의 권리라고 이름 붙였다. 모든 국가는 첫번째를 무시했다. 모든 국가는 편의에 따라 사람들을 사형에 처했다. 초창기에 두번째와 세번째는 지나치게 모호해 역사의 경로를 바꿀 수는 없을 것 같았다. 자유와 행복에 관해 사람마다 상충되는 주장을 한다는 허울좋은 근거로 이 둘은 빈번히 무시되었다. 프랑스의 혁명가들은 미국 독립 선언문을 열성적으로 인용했다. 하지만 반자유주의적 정부들은 20세기 중반까지도 미국 독립 선언문이 선포한 권리를 무시했다. 나폴레옹은 일종의 모범을 세웠다. 나폴레옹은 사법 살인, 법의 자의적인 조작, 유혈 정복 등 온갖 횡포를 자행했지만, 추종자들의 눈에 나폴레옹은 혁명적 원칙을 구현한 사람일 뿐이었다. 오늘날에도 자유주의자의 서재에 나폴레옹의 청동 흉상이 빠지면 어딘가 허전한 느낌을 줄 것이다. 심지어 미국에서도 노예와 그들의 흑인 자손에게는 건국 선언문에서 보편적이라고 말하는 권리가 오랫동안 주어지지 않았다.

모든 사람에게 부여된 권리라는 아이디어는 뜻밖의 방식으로 세상에 영향을 주었다. 이 아이디어는 19세기 후반과 20세기에 아메리칸 드림의 토대가 되었다. 아메리칸 드림에 따르면 미국에서 모든 사람은 국가로부터 (대개 방해를 받는 것과 달리) 격려를 받으며 이른바 행복―물질적 풍요의 형태를 띠었다―을 추구할 수 있었다. 어느 정도는 이 결과로 미국은 가장 부유한 나라, 그래서 가장 강력한 나라가될 수 있었다. 밀레니엄 전환기에 세계 대부분 지역은 미국을 모델 국가로 인정했고 자유 시장, 민주적 헌법, 법치 등 아메리칸 드림을 가능하게 한 미국의 제도들을 모방했다.[19]

같은 기간에 대부분 국가는 각기 진정성과 참여도는 달랐지만 '헬싱키 프로세스'(1975~1983년) 합의서에 서명했다. 이 합의서에서는 인권이 더욱 자세하게 규정되었다. 자의적 체포와 고문과 몰수를 당하지 않을 권리, 가족이 함께할 권리, 문화·종교·경제적 목적을 위한 평화적 결사의 권리, 정치 참여의 권리, 공적 질서를 위한 제약을 지키는 한도 내에서 자기 의견을 표현할 자유, 인종·성별·신조·질병·장애를 근거로 괴롭힘을 당하지 않을 권리, 교육의 권리, 기본적인 수준의 주거·건강·최저 생활을 누릴 권리였다. 그러나 생명과 자유―미국 건국의 아버지들이 만든 공식의 두 요소―는 여전히 문제가 되었다. 생명권은 범죄자나 태아 또는 안락사의 희생자에게도 적용이 되어야 하는가를 두고 논쟁이 계속되기 때문이었고, 자유는 권력의 불균형 때문이었다. 아울러 약탈 국가, 범죄 조직, 부유한 기업의 권리 침해는 완전히 막을 수 없었다. 인권 옹호의 목소리는 거의 어디에서나 승리를 거두었지만 현실은 언제나 뒤처져 있었다. 여성 노동자들은 여전히 대체로 임금을 덜 받는다. 어린이가 가족과 함께 살 권리는 흔히 국가에 양도된다. 부모가 자녀를 키울 권리도 마찬가지다. 이민자들이 정당한 임금을 받고 일하거나 실질적인 예속 상태에서 벗어날 수 있게 해줄 수 있는 문서를 국가는 눈 하나 깜짝하지 않고 발급을 거부한다. 법은 흔히 피고용자들이 단체 교섭에 접근할 권리를 금지하고 이 경우 그들은 흔히 훨씬 열악한 대우를 받는다. 범죄의 표적이 된 사람은 대체로 자신이 가진 재산이나 영향력에 비례해 보호나 보상을 받는다. 특히 전쟁, 치명적 태만, 낙태, 안락사, 사형 제도의 피해자들의 생명권은 말할 것도 없다.

프랑스혁명가들은 곧잘 양도될 수 없는 "남성과 시민의 권리"를 언급했다. 그 부산물로 여성의 권리와 여성의 시민권은 새로운 관심사가 되었다. 콩도르세의 아내는 혁명 시기의 파리에서 살롱을 운영했다. 이 살롱의 손님들은 여성은 집단적으로 사회의 한 계층을 구성하지만 그동안 역사적으로 억압받았고 이제 마땅히 해방되어야 한다는 신조를 지지하지 않았다. 그들은 오히려 이 신조를 맹렬히 규탄했다. 1792년 올랭프 드 구주(Olympe de Gouges)와 매리 울스턴크래프트(Mary Wollstonecraft)는 각기 『여성과 여성 시민의 권리 선언Déclaration des droits de la femme et de la citoyenne』과 『여성의 권리 옹호A Vindication of the Rights of Women』를 통해 오늘날 페미니즘으로 알려진 전통을 개시했다. 두 저자 모두 생계를 유지하기 위해 분투했고, 둘 다 평범하지 않은 성생활을 했다. 두 사람 다 비극적으로 생을 마감했다. 드 구주는 왕권을 지지했다는 이유로 단두대에서 처형당했다. 울스턴크 래프트는 출산 도중에 숨졌다. 둘 다 이른바 여성의 미덕을 찬양하는 기존 방식의 여성 옹호를 완전히 거부했다. 그 대신 드 구주와 울스턴 크래프트는 여성의 악덕을 인정하고 남성의 억압을 비판했다. 그들은 아첨이 아닌 평등을 원했다. "여성도 단두대에 오를 수 있다. 마찬가지로 여성은 연단에도 오를 수 있어야 한다"고 드 구주는 말했다.[50]

처음에 그 영향은 거의 감지되지 않았다. 하지만 19세기와 20세기에 점점 더 많은 남성이 페미니즘을 선호하게 되었다. 여성의 노동 시장 재편입을 정당화해 여성의 생산성을 더욱 효과적으로 이용하기 위해서였다. 양차 대전은 예전에는 남성에게만 맡겨지거나 남성만 특권적으로 활동하던 영역에 여성의 기여가 필요하며 여성도 잘할 수 있다는 것을 보여주었다. 남녀 모두 여성 투사들을 앞다투어 상찬하고 여전히 "남자의 일"로 생각되었던 힘든 작업이 여성에게도 적합하다고 선언하는 것이 하나의 유행이 되었다. 장 폴 사르트르의 연인 시몬 드 보부아르는 가정생활이 맞지 않는 여성이었다. 1946년 어느 날 보부아르는 "나는 나 자신에 관한 성찰을 시작했다. 내가 해야 할 첫번째 말은 놀랍게도 '나는 여자다'였다"는 새로운 메시지를 들고 나타났다.[51] 20세기 후반에 적어도 서양과 서양 지성계의 유행으로부터 영향을 받은 지역사회에서는 여성은 모든 영역에서 지도자로서 책임을 맡을 수 있다는 아이디어가 그 시대의 주된 추세를 이루었다. 이는 여성이 남성과 비슷하기 때문이 아니라 그들이 인간이기 때문이었다. 또는 심지어 극단적이라고 할 만한 일부 페미니스트의 논리로는 그들은 여성이기 때문에 그러했다.

일부 페미니스트들은 규칙을 여성에게 유리하게 바꾸도록 남성들에게 압력을 행사할 수 있어야 한다고 주장했다. 하지만 더 흔한 방식은 여성을 겨냥해 그들에게 변화를 일으키고 기회를 만들자고 촉구하는 것이었다. 하지만 여하튼 그러한 변화는 일어나고 기회는 주어질 터였다. 의도하지 않은 결과들이 연달아 나타났다. 여성들은 남성들과 경쟁함으로써 그들이 전통적으로 누리던 이득—남성의 존경과 훨씬 비공식적인 권력—을 포기했다. 노동 인구에 동참함으로써 주부이자 어머니로서의 역할에 또다른 차원의 착취까지 껴안게 되어 스트레스와 과로를 감당해야 했다. 가정에 머물며 남편과 자녀에게 헌신하기를 원하는 일부 여성은 남성에게 노동력을 착취당하고 "자매들"에게 비난받는 이중고를 겪었다. 사회는 여전히 올바른 균형점을 찾아야 한다. 모든 여성은 자신이 원하는 삶을 살 자유를 누려야 하고 이과정에서 남성이나 여성 지식인들이 그들에게 권하는 역할을 반드시따라야 할 필요는 없다.

민주주의의 모색

인민 주권에서 평등과 보편적 권리를 거쳐 일반 의지까지, 계몽주의 운동의 논리적 귀결은 민주주의였다. 혁명을 경험한 프랑스에는 1793년에 잠시 민주주의적 헌법이 있었다. 콩도르세가 주도해 작성한 헌법이었고, 남성의 보통선거권(콩도르세는 여성도 포함하기를 원했지만 경악하는 동료들 때문에 포기했다)과 여러 차례의 선거 그리고 국민 투표 조항이 골자였다. 그러나 디드로가 말했듯 민주주의에서는 "인민은 광기에 빠질 수도 있지만 언제나 주인"이었다.[52] 광기와 주인은 무시무시한 조합이다. 법치 없는 민주주의는 폭정이다. 프랑스의 혁명 헌법이 발효되기 전에 벌어진 쿠데타가 막시밀리앙 드 로베스피에르에게 권력을 안겨주었다. 전쟁과 공포의 비상사태에 미덕―로베스피에르가 폭력을 가리킬 때 사용한 단어였다―은 이성이 줄 수 없는 결정적 방향을 제시했다. 헌법은 겨우 4개월 지나 효력이 정지되었다. 공포는 계몽주의를 피로 적시었다. 대부분의 유럽 엘리트들은 민주주의라는 이름이 불어넣은 혐오감을 극복하기까지 거의 100년이 걸렸다. 프랑스에서 혁명적 민주주의의 운명은 20세기의 사례―파시즘의 선거 승리, 나치즘, 공산주의, 개인 숭배의 카리스마적 구현, 국민투표 남용, "인민" 민주주의 국가에서의 비참한 생활―의 전조였다.

그러나 미국은 유럽에서 계몽주의 운동의 불을 꺼뜨린 공포로부터 비교적 격리되어 있었다. 미국 헌법은 콩도르세가 세운 원칙과 비슷한 원칙에 따라 구성되었고 계몽주의에 비슷한 정도로 빚을 지고 있었다. 미국에서는 노예주(奴隷州, 미국에서 노예제를 인정했던 남부의 여러 주―옮긴이)들을 제외하면 참정권의 점진적 확대가 거의 폭력 사태 없이 이루어지며 미국을 진정으로 민주주의 국가로 바꿀 수 있었고 실제로 그렇게 했다. 결국에는 세계 다른 지역의 거의 모든 사람이 이 고무적인 모델을 따르게 되었다. 미국의 모델은 독재자에게 권력을 넘겨주거나 도시를 피로 적시지 않아도 일반 시민이 권력을 손에 넣을 수 있다는 것을 보여주는 듯했다. 우리가 오늘날 알고 있는 민주주의―법치 국가의 보편적 또는 거의 보편적인 참정권에 의해 선출된 대의 정부―는 미국의 발명품이었다. 오늘날의 민주주의를 고대 그리스의 같은 이름을 지닌 정치체제나 프랑스혁명으로 거슬러 추적하려는 것은 우리를 미혹하는 낭만적인 시도일 뿐이다. 오늘날의 민주주의를 특별히 미국적인 것으로 만든 요인이 무엇인지는 논란이 분분하다. 미국에서는 번성했지만 다른 옛 나라들에서는 이탈한 급진적 개신교가 공동으로 의사결정을 내리고 위계질서를 거부하는 전통에 기여했을지 모른다.[53] 또는 권력 당국으로부터 도피한 사람들이 모여 자치적인 지역사회를 이룬 서부 개척지의 변경 지역이 도움이 되었을지도 모른다.[54] 확실한 사실은 계몽주의 운동은 인민 주권과 민중의 지혜라는 측면에서, 유럽에서는 실패했지만 미국에서는 살아남았다는 것이다.

미국에서 민주주의가 무르익는 동안 유럽에서는 거의 모든 사람이 민주주의를 매도했다. 신중한 사상가들은 플라톤과 아리스토텔레스가 비난한 체제를 추천하기 망설였다. 루소는 민주주의를 혐오했다. 그가 생각하기에 대표자가 선출되자마자 "인민은 예속되었다. (…) 신들의 나라가 있다면 그 나라는 스스로를 민주적으로 다스릴 수 있을 것이다. 그러나 그토록 완벽한 정부는 인간에게 맞지 않다".[55] 에드먼드 버크―18세기 후반 잉글랜드에서 정치적 도덕성을 외쳤다―는 민주정 체제를 "세계에서 가장 뻔뻔스러운" 체제라고 일컬었다.[56] 한때는 민주주의를 옹호한 이마누엘 칸트조차 1795년에 민주주의를 다수의 횡포라고 부르며 기존의 견해를 철회했다. 19세기 유럽의 정치사는 지지대를 괴어놓은 "썩어가는 대형 건축물들"의 역사다. 민주주의가 유예된 이 건축물들 안에서 엘리트들은 텀브럴(tumbril, 프랑스혁명 때 사형수를 단두대 앞으로 실어나르는 데 이용한 이륜마차—옮긴이)의 공포와 폭도의 위협을 느꼈다.

반면 미국에서 민주주의는 "쑥쑥 자랐다". 유럽인들은 미국을 방문해 미국의 민주주의를 관찰하고 아이디어를 다듬은 다음 자국으로 돌아가 자신 있는 문체로 독자들에게 이 아이디어를 추천했다. 1830년대 명민한 프랑스인 관찰자 알렉시스 드 토크빌이 민주주의를 연구하기 위해 방문했을 때 미국은 민주적 참정권이 모범적으로 보장되는 나라였다. 당시 미국에서는 거의 모든 백인 성인 남성이 투표권을 갖고 있었다(유권자가 되기 위한 재산 요건이 까다로웠던 로드아일랜드주만 예외였다). 그러나 현명했던 토크빌은 민주주의는 폭넓은 참정권보다 더 심층적이고 미묘한 어떤 것임을 깨달았다. 민주주의 사회는 "법을 그들의 작품으로 여기며 모든 사람이 별문제 없이 기꺼이 사랑하고 따르는 사회"이고, 여기에서는 "계층 간에 굳센 확신과 일종의 상호적 겸양이 바로 설 것이다. 이것은 오만함이나 비굴함과는 거리가 멀다". 한편 "시민들의 자유로운 연합"은 "국가가 폭정이나 방종에 빠지지 않게 막아줄 것이다". 토크빌은 민주주의를 피할 수 없다고 결론 지었다. "미국 사회에 군림하는 그 민주주의"는 "지금 유럽의 권력층을 향해 빠르게 전진"하고 있었다. 오래된 지배층의 의무는 이에 적절히 부응해 "민주주의를 지도하고, 민주주의의 신념을 되살리고, 민주주의의 풍습을 정제하고, 민주주의의 움직임을 규제하는 것", 요약하면 민주주의를 파괴하지 않고 길들이는 것이었다.[57]

미국은 결코 이 이론의 완벽한 본보기가 되지 못했다. 토크빌은 단점에 관해서도 솔직했다. 그중 일부는 지금도 자명하다. 고비용 저효율의 정부, 무지하고 매수가 쉬운 공직자들, 거창한 정치적 미사여구, 개인주의를 견제하는 체제 순응주의, 지성이 부족한 범신론의 위협, 다수의 횡포로 변질할 위험성, 투박한 유물론과 열성적 종교 사이의 갈등, 부상하는 권력에 굶주린 금권정치 세력의 위협이 그렇다. 1880년대에 옥스퍼드대학교 법학 교수 제임스 브라이스는 토크빌의 메시지를 보완했다. 브라이스는 미국 시스템에서 판사와 주지사들은 유권자들과 표를 흥정하느라 타락한다는 등 몇 가지 단점을 추가해 지적했지만, 결론적으로는 미국 모델을 불가피할 뿐만 아니라 바람직한 모델로서 추천했다. 민주주의의 이점은 결점을 상쇄하고도 남았다. 민주주의의 이점은 달러와 센트로 계산될 수 있었고 새로 개척한 황무지에 우뚝 선 휘황찬란한 건축물들을 통해서도 가늠될 수 있었다. 시민 정신의 힘, 법 존중의 확산, 물질적 발전에 대한 기대, 그리고 다른 무엇보다 기회의 균등을 조성해 사람들이 노력과 기운을 마음껏 쏟을 수 있게 한 것은 미국의 민주주의가 이룩한 성취였다. 1870년경부터 40년간 거의 모든 유럽 국가와 일본, 유럽 식민 국가들은 헌법 개혁을 통해 미국이 구현한 대의제 중심의 민주주의 체제에 조금씩 가까워졌다.[58]

혁명에 대한 환상이 깨지면서 자유와 평등은 결합하기 어렵다는 것이 명백해졌다. 평등은 자유를 방해한다. 자유는 불평등한 결과를 낳는다. 한편, 과학은 계몽주의 사상의 핵심에 자리한 또다른 모순을 폭로했다. 자유는 기계론적인 우주관과 마찰을 빚었다. 정치사상가들은 사회 체제와 경제 체제에 혼란스러운 자유를 풀어놓았지만, 과학자들은 우주에서 질서를 찾고 이 기계의 작동방식을 해독하려고 노력했다. 과학자들이 보기에 우주라는 기계는 작동 원리를 파악하면 정확히 예측할 수 있는 시스템, 심지어 그 결과물을 통제할 수 있는 잘 규제된 시스템이었다.

진리와 과학

18세기까지 과학 연구는 대체로 외부의 실재가 정신에 작용하고 정신은 감각들을 통해 얻은 자료를 인식한다는 가정으로 출발했다. 이 이론의 한계는 고대 사상가들에게 명백했다. 우리는 우리의 감각 증거에 이의를 제기하기 어렵다. 우리는 감각 증거 말고는 아무것도 갖고 있지 않기 때문이다. 그런데 어쩌면 이 감각들만이 유일한 실재일지도 모른다. 어째서 감각들을 활성화하는 다른 원인이 있을 거라고 상정한단 말인가? 그러나 17세기 말에 접어들 무렵 존 로크는 그러한 이의제기를 무시했다. 어쩌면 진지하게 받아들이기를 거부했다고 말하는 편이 옳을지도 모르겠다. 로크는 단순히 지각된 것이 실재라고 주장하는 영국 경험주의 전통이 확립되는 데 일조했다. 로크는 "여기서는 그 누구의 지식도 그의 경험을 넘어설 수 없다"라는 말로 자신의 견해를 요약했다. 그가 말하는 "여기"란 우리가 사는 세계를 의미했다.[59]

이 전통은 대체로 증거를 존중하는 상식적인 태도로 발전했다. 우리 자신의 실재성을 확신하고 다른 모든 것을 의심하기보다는 우리는 세계가 존재한다는 가정에서 출발해야 한다. 그때 비로소 우리에게는 세계를 이해할 기회가 생긴다. 경험주의는 우리는 경험으로 얻은 것을 제외하고 아무것도 알 수 없다는 것을 의미할까? 로크는 그렇게 생각했다. 그러나 온건한 경험주의자의 관점을 취한다면, 경험은 지식의 견고한 시험대이지만 이 시험대의 범위를 넘어서는 사실도 있다고 생각할 수 있다. 로크가 경험주의를 정식화한 방식은 18세기에 참을 거짓으로부터 구분하는 방법에 관한 생각을 지배했다. 이 방식은 19세기 개념들 사이에 벌어진 거친 몸싸움에서도 살아남았다. 20세기 들어 로크의 철학은 특히 논리실증주의자들 사이에서 새롭게 유행했다. 1920년대 빈에서 창설된 논리실증주의 학파는 의미 있다고 여겨지는 모든 주장을 감각 자료로 검증할 것을 요구했다. 그러나 로크가 개시한 전통은 주로 철학보다는 과학에 영향을 주었다. 18세기 과학의 도약은 감각 자료에 대한 존중을 발판으로 삼았다. 이후 과학자들은 일반적으로 지식에 대한 (로크가 말한 의미에서) 경험주의적인 접근방식을 선호해왔다.[60]

과학은 감각의 범위를 확장했다. 사람들은 예전에는 지나치게 멀리 있거나 지나치게 많이 가려져 있었던 것까지 감각으로 지각할 수 있게 되었다. 갈릴레이는 망원경을 통해 목성의 위성들을 발견했다. 마랭 메르센은 음속을 추적하던 중 그때까지 아무도 인지하지 않은 배음(倍音, harmonics)을 들었다. 로버트 훅은 불을 붙인 심지에서 나온 매캐한 증기에서 "질산칼륨 공기(nitre-air)"의 냄새를 맡았고, 이는 앙투안 라부아지에가 물에서 분리한 산소에 불을 붙여 산소의 존재를 입증하기 이전이었다. 안톤 판 레이우엔훅은 현미경으로 미생물을 보았다. 뉴턴은 빛줄기에서 무지개를 뽑아냈고 사과의 무게로부터 코스모스가 뭉쳐 있을 수 있게 하는 힘을 알아냈다. 루이지 갈바니는 손끝에서 찌르르한 전기를 느낀 뒤 전류로 시체를 움찔하게 했다. 프리드리히 메스머는 최면에 빠지게 하는 힘은 "동물 자기력"의 일종이며 이것은 측정이 가능하다고 생각했다. 번개가 전기력의 일종이라는 것을 보여주고 싶었던 벤저민 프랭클린(1706~1790)은 연의 줄에 열쇠를 묶고 목숨을 걸고 이를 시연해 보였다. 이들이 올린 쾌거는 "감각되지 않은 것은 정신에 제시될 수 없다!"라는 경험주의 철학자들의 외침에 신뢰를 더해주었다.

과학 연구와 실용적인 상식은 이른바 "산업혁명"의 배경을 이루었다. 산업혁명은 기계식 생산 방식을 개발하고 새로운 동력원에서 에너지를 얻으려는 움직임이었다. 산업화는 아이디어가 아니지만 기계화는 어떤 의미에서 아이디어다. 기계화라는 아이디어의 기원은 가느다란 힘줄이 신체에 힘을 전달하듯 약한 동력원이 엄청난 힘을 발생시킬 가능성을 상상하는 인간의 놀라운 능력에서 일부 찾을 수 있다. 이렇게 근육 대신 "이용된(harnessed)" 최초의 자연 동력원인 증기는 이를 보여주는 분명한 사례다. 우리는 증기를 볼 수 있고 뜨거운 기운을 느낄 수 있다. 하지만 증기가 기계를 작동시키고 기관차를 이동시킬 수 있다고 믿으려면 약간의 상상력이 필요하다. 1760년대에 제임스 와트는 "순수" 과학의 발견물—눈에 보이지 않으며 실험을 통해서가 아니면 감지할 수 없는 기압—을 활용해 증기력을 사람이 이용할 수 있게 했다.[61]

예전에는 눈으로 볼 수 없었던 행위자 중에 아마도 세균은 새로운 과학이 발견한 가장 놀라운 사례였을 것이다. 세균설은 신학과 과학이 똑같이 활용할 수 있는 아이디어였다. 세균설은 생명의 기원을 신비스러운 것으로 만들기도 했지만 부패와 질병의 원인을 밝혀주기도 했다. 만일 신이 생명을 설계한 것이 아니라면 생명은 분명히 자연적으로 발생해야 했다. 우리가 아는 한 수천 년에 걸쳐 사람들은 모두 그렇게 생각했다. 사람들이 이 문제에 관해 한 번이라도 생각해봤다면 말이다. 고대 이집트인들에게 생명은 최초의 나일강 범람에서 나온 점액에서 유래했다. 메소포타미아에서 가장 표준적인 설명은 오늘날 여러 과학자가 선호하는 이야기와 비슷하다. 생명은 무기 원소인 소금과 뒤섞인 응결 물질과 구름이 소용돌이치는 어떤 태고의 수프에서 자연적으로 형성되었다는 것이다. 수메르 시인들은 티그리스강과 유프라테스강으로부터 범람해 쌓인 충적토의 이미지에 기대어 "물이 낳은 신들"을 상상했다. 이는 신성한 언어와 과학적 개념의 결합이다. 신학으로부터 도전이 제기되었지만, 부패를 일으키는 곰팡이와 벌레는 자연적으로 발생한다는 이른바 자연발생설은 상식이 되어갔다.

안톤 판 레이우엔훅이 발명한 현미경으로 미생물을 보고 난 뒤에는 미생물들이 어디에서 생기는지 더는 물을 필요가 없는 듯했다. 미생물이 자연적으로 발생한다는 증거는 무신론자들에게 힘을 실어주었다. 신의 존재 자체가—아니면 최소한 생명을 창조하는 유일무이한 신적인 힘이 있다는 주장의 타당성은—위험에 처했다. 그러던 중 1799년에 라차로 스팔란차니는 강력한 성능의 현미경을 통해 세포 분열을 관찰했다. 세포는 쪼개져 증식했다. 스팔란차니는 박테리아—또는 당시 선호한 용어를 사용하면 미소 동물(animalculi), 또는 스팔란차니가 사용한 용어로는 세균—는 밀폐된 환경에서 열을 가해 죽이면 다시는 나타나지 않는다는 것을 보여주었다. 루이 파스퇴르는 나중에 "적절한 이름으로 부르자면 그 효모는 생명체이고, 현미경으로 관찰되는 유기체인 세균은 모든 사물의 표면이나 물과 공기에 많이 있는 것으로 보인다. 자연발생설은 허무맹랑한 생각이다"라고 말했다.[62] 스팔란차니는 생명이 있는 유기체는 아무것도 없는 어딘가에서 불쑥 나타나는 것이 아니라고 결론 지었다. 생명이 자연적으로 발생한 사례는 세계적으로 아직 알려진 바 없다.

과학은 여전히 그 결과들과 씨름하고 있다. 우리가 아는 한 고세균(archaea)으로 불리는 단세포 동물이 지구에 최초로 나타났다. 고세균이 존재했음을 보여주는 가장 오래된 증거의 연대는 지구가 생겨난 지 최소 5억 년이 지났을 때다. 고세균들이 항상 존재한 것은 아니다. 그렇다면 고세균들은 어디에서 왔을까? 이집트와 수메르의 과학자들은 이것은 화학적 사건이라고 상정했다. 꼼꼼한 연구자들이 여전히 증거를 찾고 있지만 아직은 성과가 없다.

세균설은 또한 대단히 실제적인 결과들을 낳았다. 세균설은 음식을 밀폐 용기에 보관하는 새로운 방식을 제시해 식품 산업을 한 번에 탈바꿈시켰다. 장기적으로는 수많은 질병 정복을 위한 길을 열었다. 세균은 음식을 부패시키기도 하고 몸을 아프게도 한다는 것은 분명한 사실이 되었다.[63]

과학의 성공은 어느 정도 종교의 불신을 부추겼다. 감각으로 얻은 증거는 모두 진실이었다. 실제 대상은 감각을 불러일으켰다(소리와 색깔과 관련된 예외나 실험으로 확인할 수 있는 예외가 있긴 하다). 이를테면 땡그랑 소리는 종이 있다는 증거이고, 열은 불이 가까이 있다는 증거이며, 악취는 기체가 있다는 증거다. 로크 이래 18세기 급진주의자들은 무엇이든 과학적으로 관찰된 세계 너머에 있는 것을 생각하느라 시간을 낭비하는 것은 "시시한" 일이라 여겼다. 그러나 과학주의라고 부를 수 있을 만한 이러한 태도는 모든 과학자를 만족시키지는 못했다. 로크가 죽고 몇 년 뒤에 태어난 스코틀랜드의 철학자 데이비드 흄은 지각할 수 없는 어떤 것의 실재성을 말하는 것은 난센스라는데 동의했지만, 감각은 그것 자체를 제외하고 그 무엇의 증거도 될 수 없다고 지적했다. 즉, 대상이 감각을 불러일으킨다는 것은 검증할 수 없는 가정이었다. 1730년대 런던의 저명한 설교사 아이작 와츠(Isaac Watts)는 종교인 독자들을 위해 로크의 저작을 개작했다. 와츠는 물질의 지각과 더불어 언어화되지 않는 "판단"—즉, 느낌으로는 감지되지만 생각으로는 표현되지 않는 것—을 예찬했다. 18세기 말에 칸트는 정신 바깥의 실재가 아닌 정신의 구조가 우리가 알 수 있는 유일한 세계를 규정한다고 추론했다. 한편, 모페르튀이를 비롯한 여러 과학자는 무신론에서 벗어나 다시 종교로 향하거나 과학을 초월한 진리에 관한 사변에 더욱 관심을 갖게 되었다. 스팔란차니의 작업은 생명의 기원에서 신이 차지하는 자리를 복원했다. 더욱이 교회는 불신자들을 패배시킬 방법을 알고 있었다. 검열은 통하지 않았다. 그러나 지식인들을 건너뛰고 평범한 사람들에 곧바로 건넨 호소는 통했다. 서양에서 18세기는, 계몽주의의 적의에도 불구하고 대단한 종교 부흥의 시기였다.

종교와 낭만주의의 반발

기독교는 새로운 대중에게 다가갔다. 1722년 니콜라우스 루트비히 그라프 폰 친첸도르프 백작은 남다른 소명의식을 갖고 있었다. 친첸도르프는 박해받는 기독교인들이 신에 대한 사랑을 나눌 수 있는 피난처로서 헤른후트('주님의 보호') 마을을 독일 동부의 사유지에 건설했다. 헤른후트 마을은 복음적 열성(또는 그들이 말하는 "열광[enthusiasm]") 발산의 중심지가 되었다. 18세기에는 평범한 사람들이 삶에서 부딪히는 문제에 비지성적인 정서적 해결책을 제시하는 운동이 수없이 많이 일어났고, 친첸도르프가 건설한 헤른후트 마을은 그중 하나였다. 이것은 그 나름대로 감정이 이성보다 강하고 어떤 이에게는 종교가 과학보다 만족스러울 수 있다는 증거가 되었다. 기독교 부흥 운동의 위대한 영적 스승인 매사추세츠의 조나단 에드워즈는 이렇게 말했다. "우리 사람들에게 필요한 것은 (…) 머리에 담긴 것보다 (…) 마음에 와닿은 것입니다." 에드워즈의 집회에서 사람들은 감정을 마구 쏟아냈고 지식인들은 그 모습을 혐오했다. 에드워즈의 설교를 들은 누군가는 이렇게 증언했다. "목사가 말을 멈춰야 할 정도로 사람들은 큰 소리로 울부짖었다. 비명과 울음이 실로 귀청을 찢는 듯했고 그저 놀라울 따름이었다."[64]

이 모든 운동에서 설교는 정보 전달 기술이었다. 1738년 존 웨슬리는 "이상하게 뜨거워진 마음"으로 잉글랜드와 웨일스의 노동자를 상대로 선교 활동을 시작했다. 웨슬리는 1년에 1만 3000여 킬로미터를 돌아다니며 야외에 모인 수천 명의 회중을 대상으로 설교했다. 웨슬리가 전달한 것은 메시지보다는 분위기였다. 다시 말해, 어떻게 예수님은 사랑을 나눔으로써 사람들의 삶을 변화시킬 수 있었는지에 대한 감각이었다. 아이작 와츠의 친구 조지 휫필드는 영국의 아메리카 식민지에서 모임을 열었다. 이 모임에서는 "많은 사람이 정의에 굶주리고 목마른 듯 열정적으로 울었다". 휫필드 때문에 보스턴은 마치 "천국으로 가는 관문"처럼 보였다.[65] 가톨릭교의 복음 전도도 동일한 적들―유물론, 합리론, 무관심, 형식화된 종교―을 공략하기 위해 비슷한 수단을 채택했다. 알폰소 마리아 데 리구오리는 나폴리의 가난한 사람들 사이에서 성서의 예언자처럼 보였다. 1765년 교황은 '예수의 성심(聖心)'―피를 흘리는 상징적 이미지로 신의 사랑을 가리킨다―에 바치는 예배 행위를 인정했다. 냉소적으로 보면 일부 유럽의 군주들은 종교 부흥과 결탁했다. 그들에게 종교 부흥은 사람들이 정치에 대한 관심을 잃게 만들고 교회를 사회 통제를 위한 대리인으로 이용하는 수단이 되었다. 식탁에 철학자를 앉히기를 좋아한 자유 사상가였던 프로이센의 프리드리히 대왕은 백성과 군대가 종교를 갖기를 바랐다. 프리드리히 대왕은 군인 예배당을 수백 군데에 설치하고 학교에서 종교 교육을 의무화했다. 이는 한때 친구로서 교류한 볼테르의 권유를 따른 것이었다. 볼테르는 "신이 존재하지 않는다면 신을 발명할 필요가 있다"고 말한 바 있었다. 사실 볼테르의 관심은 신이 평민보다 왕을 압박하리라는 데 있었다. 그렇지만 그는 사회의 평화를 위한 가장 좋은 공식은 "희망과 공포를 그대로 두는 것"임을 깨달았다.[66]

음악은 합리주의를 잠재우는 데 도움이 되었다. 음악은 명확한 의미 표현 없이 정서를 유발한다는 것이 부분적인 이유가 될 것이다.

18세기에 신은 세상의 좋은 곡은 다 갖고 있는 것 같았다. 아이작 와츠의 감동적인 찬송가를 들은 가수들은 자만심을 버렸다. 존 웨슬리의 형 찰스는 신자들이 사랑 안에서 천국의 기쁨을 느끼게 했다. 요한 제바스티안 바흐가 그리스도의 수난을 주제로 만든 곡들은 종교와 상관없이 모든 사람에게 감동을 주었다. 1741년 게오르크 프리드리히 헨델이 음악으로 옮긴 성서 텍스트는 회의적인 사람들에게 건네는 인상적인 대답이 되었다. 신은 "사람들에게 멸시와 버림을 받았"지만 "나는 내 구원자가 살아 계심을 안다. 벌레가 이 육신을 파괴할지라도 나는 그 안에서 하느님을 보리라". 모차르트는 프리메이슨의 종복이라기보다 교회의 종복이었다. 모차르트는 1791년에 사망할 때 걸작 〈장엄 미사〉를 작곡하고 있었다. 이 곡은 죽음에 맞선 모차르트 자신의 승리였다.

음악 감상에는 지적인 이해가 반드시 필요하지는 않다. 물론 18세기 작곡가들은 흔히 수학적으로 엄밀한 대위법에 논리적 화성학 같은 계몽주의적 가치를 담았다. 그러나 음악은 일종의 보편 언어로서 승리를 목전에 두고 있었다. 이는 문화·지성사의 바탕에 깔린 더욱 심층적인 흐름 덕분이었다. 모차르트는 극빈자용 무덤에 울어주는 사람조차 없이 묻혔지만 1834년에 루트비히 판 베토벤이 죽었을 때는 수만 명의 사람들이 모여들었고 군주에게도 모자람이 없을 만큼 화려한 장례식이 치러졌다.[67] 이 두 죽음 사이의 시기에 낭만주의가 계몽주의적 감성에 도전장을 제기했다.

18세기 유럽은 이른바 "이성의 시대"였다. 그러나 이 시대의 실패—전쟁, 억압적 정권, 시대 자체에 대한 실망—는 이성만으로는 충분하지 않다는 것을 보여주었다. 직관은 최소한 이성과 동등했다. 느낌은 생각만큼 중요했다. 자연에는 여전히 문명에 가르쳐줄 교훈이 있었다. 기독교도와 그 적들은 자연에 관해 합의에 도달할 수 있었다. 자연은 인간의 지성이 구축한 어느 것보다 더 아름답고 더 끔찍해 보였다. 1755년 리스본 인근에서 시작된 지진은 진보에 대한 볼테르의 신념마저 뒤흔들었다. 유럽의 가장 큰 도시 중의 하나이고 거의 20만 명의 터전이던 도시가 폐허가 된 것이다. 급진적 철학자들은 신을 찾는 대신 돌바크 남작이 1770년에 내놓은 "자연으로 돌아가자"는 요청에 부응했다. 돌바크 남작은 명망 높은 백과전서파 지식인이었다. "자연은 (…) 당신의 두 다리를 동여맨 두려움을, 그리고 (…) 당신을 당신이 사랑해야 하는 인간으로부터 갈라놓는 증오심을 당신의 마음에서 몰아낼 것이다."[68] "감성(sensibility)"은 느낌에 대한 민감성을 나타내는 유행어가 되었다. 이제 느낌은 심지어 이성보다도 더 가치 있는 것으로 여겨지고 있었다.

18세기의 탐험은 자연의 새로운 경이를 끊임없이 밝혀냈다는 것을 기억할 필요가 있다. 자연의 경이 앞에서 인간이 자신의 정신과 두 손을 써서 만든 구성물은 한없이 작아졌다. 신세계의 풍경들은 18세기 사람들이 "낭만적"이라고 부른 반응을 끌어냈다. 현대 학자들은 '낭만적'이라는 단어가 사실상 무엇을 의미하는지 합의에 도달하지 못하는 듯하다. 그러나 18세기 후반 유럽에서 이 단어는 갈수록 더 빈번히 사용되고 들렸다. '낭만적'이라는 단어는 유럽에서 끈질기게 모습을 드러냈고 이어 세계를 장악해나갔다. 상상력, 직관, 정서, 영감, 심지어 열정(passion)은 낭만주의적 가치로 꼽혔고, 이것들은 진리와 처신을 위한 안내자로서 이성이나 과학 지식과 어깨를 나란히 했으며 극단적인 사례에서는 그보다 우선하기도 했다. 낭만주의자들은 예술보다 자연을 선호한다고 선언했다. 아니면 적어도 예술이 자연과의 교감을 보여주기를 바랐다. 세계 탐험이나 새로운 경이의 발견과의 접점은 두 명의 젊은 스페인 탐험가 호르헤 후안(Jorge Juan)과 안토니오 데 우요아(Antonio de Ulloa)가 발표한 자연 도감에 실린 판화 작품에 잘 나타나 있다. 두 사람은 모페르튀이가 북극에 갔을 때처럼 지구의 모양을 측정하기 위해 1730년대에 적도를 넘었다. 후안과 우요아는 길들지 않은 자연에 대한 경이와 숭배를 담은 이미지와 과학적 도표를 결합했다. 이를테면 에콰도르에서 코토팍시산의 화산 분출 장면을 담은 그림을 보자. 그들은 배경의 코토팍시산 경사면에 흰 무지개(白虹. phenomenon of arc of light. 안개 속에 나타나는 백색 무지개. 태양이 안개를 비출 때 나타나며 안개의 물방울이 아주 작기 때문에 색채가 겹쳐 희게 보인다.—옮긴이)를 그려 넣어 거친 낭만성과 정밀성을 결합했다. 아이러니하게도 과학적 삽화들은 초기 낭만주의 예술작품의 일부를 이루었다.

과학과 낭만성의 융합은 그 시대의 가장 위대한 과학자로 손꼽히는 알렉산더 폰 훔볼트의 작품에서도 나타난다. 훔볼트는 "자연을 그 다채로운 웅장함과 찬란함에서 보는 것"을 목표로 삼았다. 훔볼트의 노력은 1802년 정점에 달했다. 훔볼트는 코토팍시산의 쌍둥이 산인 침보라소산을 오르고 있었다. 침보라소산은 세계에서 가장 높은 산—인간이 아직 닿지 못한 창조물의 최정점—으로 여겨졌다. 거의 정상에 이르렀을 즈음 훔볼트는 고산병 증상이 나타나 추위로 몸이 뒤틀리며 코와 입술에서 피가 줄줄 흘렀다. 그는 돌아가야 했다. 훔볼트가 겪은 고통과 좌절의 이야기는 유럽의 낭만주의 작가들이 두고두고 기리는 바로 그 주제가 되었다. 영국 시인 존 키츠는 "행복을 결코 가질 수 없는" 연인을 예찬했다. 막대한 영향력을 발휘한 내성적인 독일 시인 노발리스는 1800년에 낭만주의의 가장 강력한 상징 중 하나인 "파란 꽃(blaue Blume)"을 창조했고, 절대 꺾이지 않을 이 아련한 꽃은 이후 낭만주의적 갈망을 상징해왔다. 낭만주의의 핵심에는 도달할 수 없는 어떤 것—충족될 수 없는 갈망—에 대한 숭배가 자리해 있다. 훔볼트의 아메리카 모험 담은 한 삽화에서 그는 침보라소산의 기슭에 핀 꽃을 꺾기 위해 허리를 구부리고 있다. 훔볼트가 마주한 풍경이 담긴 판화 작품들은 새로운 세기의 낭만주의 화가들에게 영감을 주었다.[69]

낭만주의는 비공식적으로 신격화된 이성과 고전주의에 대한 반발만은 아니었다. 낭만주의는 또한 식자들의 가치와 취향에 대중의 감성을 혼합한 것이기도 했다. 낭만주의 시는 워즈워스와 콜리지의 주장대로 "평범한 사람들의 언어"였다. 낭만주의의 장엄함은 소박했다. 도시보다는 벌판의 장엄함이요, 저택이 아닌 산의 장엄함이었다. 낭만주의의 미학은 세련되고 절제되기보다는 숭고하고 회화적이었다. 낭만주의의 종교는 "열광"이었다. 열광은 구체제의 살롱에서는 금기어였지만, 수천 명의 청중은 열광에 이끌려 대중 설교자들을 찾았다. 낭만주의 음악은 선율을 찾아 전통적인 곡들을 뒤졌다. 낭만주의 연극과 오페라는 거리의 배우들이 펼치는 시끄러운 장단을 빌려 왔다. 낭만주의의 종교적 예언가는 요한 고트프리트 폰 헤르더였다. 헤르더는 민담을 수집하고 "우리가 미개인이라고 부르는 사람들"의 "진실한 시"에 담긴 도덕적 힘을 칭송했다. "민중이 시를 쓴다(Das Volk dichtet)"고 헤르더는 말했다. 낭만주의가 표방하는 교육적 가치관에서는 정식 교육을 받지 않은 격정이 꾸며낸 세련됨보다 우월했다. 낭만주의 초상화에서 사교계의 부녀자들은 정원에서 농부의 치마를 입은 자연스러운 모습이다. 이처럼 낭만성은 다시 한번 침략을 감행했다. 유럽사에서 창조적 힘으로 도래한 "인민"은 이제 그 자신의 이미지로부터 그들의 주인을 다시 주조해낼 것이었다. 문화, 최소한 일부 문화가, 귀족층과 상급 부르주아지로부터 한 방울씩 떨어지기보다는 아래로부터 부글부글 끓어오르기 시작할 수 있었다. 낭만주의의 시대인 19세기는 민주주의, 사회주의, 산업화, 총력전, 그리고 선견지명이 있는 엘리트들의 지지를 받는 "계급에 저항하는 대중"을 깨울 것이었다.[70]

제8장

위기의 진보

: 19세기의 확실성

일반 시민은 유혈사태에 의지했다. 고결한 미개인은 원래 상태로 돌아갔다. 프랑스혁명은 계몽주의에 어두운 그림자를 드리웠다. 1798년 파리에서 에티엔느 가스파르 로베르(Étienne-Gaspard Robert)는 빛의 괴물 쇼를 상영했다. 괴물 같은 형체들은 화면에 어렴풋이 떠오르기도 하고 자욱하게 피어오르는 연기 속에서 기이하게 깜빡거리기도 했다. 한편, 직류 전기의 새로운 힘을 시연하는 공연장에서는 프랑켄슈타인 박사의 실제 세계 선배들이 시체를 움찔거리게 만들었고 이를 본 관중은 전율했다. 프란시스코 고야는 이성이 잠든 사이 악몽 속에서 비명을 지르고 날개를 퍼덕거리는 밤의 생명체들을 그렸다. 하지만 괴물들은 이성이 한껏 경계를 세우고 있는 동안에도 출현할 수 있었다. 근대성이 얼마나 괴물 같을 수 있는지에 대한 전조들은 끔찍한 과학 실험의 결과나 "자유라는 미명 아래 자행된 범죄"로 고통받은 정신들에서 드러났다.

문화 전체가 변화를 겪고 있음은 베토벤 음악에 침투한 불협화음으로 청각화되고 고야의 그림을 비튼 변형(déformation)으로 시각화 되었다. 합리적이고 냉철하고 초연하고 엄밀하고 독존적이고 질서정 연하며 자신만만했던 계몽주의가 지나간 19세기 유럽을 지배하는 분 위기는 낭만적이고 감상적이고 열광적이고 신비롭고 노스탤지어로 차 있으며 혼란스럽고 자기 비판적이었다. 진보에 대한 믿음은 피투 성이가 되었지만 고개를 숙이지는 않고 끈질기게 남아 있었다. 다만 이제 자기 만족의 시선으로 현재를 보기보다는 절박한 시선으로 미 래를 향했다. 계몽주의의 불빛은 희미해졌다. 진보가 있다는 것은 인 정할 수 있었지만 형체는 또렷하지 않았다. 배리가 진보를 주제로 런 던의 왕립 예술·제조·상업 진흥 협회를 위해 그림을 그린 지 60여 년 이 지났을 즈음 토머스 콜(Thomas Cole)은 '제국의 노정(The Course of Empire)'에 관한 비슷한 회화 연작을 남겼다. 이 작품은 바이런 경이 쓴 시를 장식했다.

> 인간의 모든 이야기에는 도덕이 있다;
> 이것은 그저 과거의 똑같은 반복일 뿐.
> 최초의 자유, 그다음에는 '영광'—그것이 스러질 때,
> 부, 악덕, 타락—마침내 야만이.

배리의 연작은 엘리시온에서 절정을 이루었던 반면 콜의 연작은 미개에서 출발해 문명과 퇴폐적 화려함을 거쳐 황량함으로 끝을 맺 었다.

시대적 개관

19세기의 완벽주의자들은 과거의 황금시대―초기 유토피아의 전형적인 장소였다―를 돌아보지 않았다. 그들은 사실 황금시대는 여전히 도래하지 않았다고 생각했다. 그들은 진보를 낳기 위해 더는 이성에 기댈 수 없었다. 계몽주의의 몰락은 이성의 집을 무너뜨렸고 인간의 폭력성과 부조리를 폭로했다. 계몽주의와 낭만주의의 사이에서 이성을 "비판"하고 직관을 상찬한 위대한 전환기적 인물 이마누엘 칸트는 이제 남은 것이라고는 "반듯한 것은 아무것도" 만들 수 없는 "뒤틀린 목재"뿐이라고 말했다.[1]

자연법칙, 역사 법칙, 경제학 법칙, 생물학 법칙, '철혈(鐵血)' 법칙 등 거대한 비인격적 힘들이 이성을 대신해 발전을 추동하는 듯했다. 그 결과는 기계화되고 잔인해진 세계상이었다. 과학과 기술이 일구어낸 놀라운 정복이 진보의 환상을 지탱했다. 증기가 견인한 산업화는 영향력을 어마어마하게 증가시켰다. 과학은 예전에는 보이지 않았던 진실을 계속해서 밝혀냈다. 현미경으로 미생물을 보여주었고, 기체를 자유자재로 다루었으며, 자기력·전기력·기압 등 예전에는 알려지지 않았던 힘들을 측정했고, 종(種) 간 연관성을 밝혀냈고, 화석을 발굴해 지구의 머나먼 과거를 드러냈다. 영국의 기자들과 정치가들은 지렛대와 크랭크와 증기관을 동원해 진보는 "발전의 행진"인 양 선전했다. 그러나 이는 규제 없는 산업의 소음과 혼잡을 호도하는 이름이었다. 모든 발전은 악을 위해서도, 그러니까 전쟁이나 착취를 위해서도 사용될 수 있었다. 지성과 도덕을 기대했던 발전은 아무것도 이루지 못했다. 발전은 모두 물질적인 것에 그쳤고, 대체로 일부 특권적인 사람들과 지역들에 국한되었다. 19세기 "진보의 시대"는 앞서 계몽주의 시대와 마찬가지로 피―제1차세계대전이라는 대참사와 20세기의 참상들―에 녹아들었다.

이 참상들은 19세기의 아이디어들, 즉 민족주의, 군국주의, 폭력의 가치, 인종의 고착성, 과학의 역량, 역사의 불가항력성, 국가 숭배 등으로부터 흘러나왔다. 이 장에 등장할 아이디어들에 관한 한 가지 섬뜩한 사실은 이 아이디어들은 대부분 나중에 소름 끼치는 결과를 초래했다는 것이다. 이 아이디어들이 당대에는 거의 영향을 끼치지 않았더라도 미래의 형태를 빚었다. 한 아이디어가 탄생하고 이후 후손을 낳기까지는 언제나 시차가 있기 마련이니 놀라운 일은 아니다. 적어도 엘리트층의 시선에서는 공장들은 여전히 르네상스의 세계에 세워지고 있었다. 영국의 평론가 윌리엄 해즐릿이 지적했듯 엘리트층은 이 시대에도 "언제나 그리스인과 로마인에 관해 이야기하고" 있었다.² 영감과 호기심이 풍부했고 높은 이상을 꿈꾼 19세기 과학자들은 예술가나 고등 수학 연구자와 비슷했다. 그들은 대체로 실질적인 직업이 없었다. 앞서 보았듯이 과학은 산업의 자양분을 공급할 수 있었다. 그렇지만 코크스 제련, 기계식 방적, 증기 펌프, 증기 구동 직조기 등 산업화를 가능하게 한 여러 공정의 발명가들은 자립 정신의 영웅들이었다. 직인이나 기계공이었던 그들은 과학 공식을 거의 또는 전혀 알지 못했고 오로지 독학으로 연구했다. 과학은 궁극적으로 산업의 목표를 위해 납치되어 "유용한 연구"를 위한 돈에 매수되고 사회적 책무라는 신조에 전용(轉用)될 터였다. 하지만 19세기 말까지는 그렇지 않았다.

19세기의 세계를 재구축한 기술적 혁신은 모두 서양에서 시작되었다. 다른 분야의 주도권도 대부분 마찬가지였다. 아시아에서 발생한 주도권들은 그저 그들에게 낯선 백인 권력에 대한 반발 또는 적응─백인의 권고나 모범의 수용 또는 거부─에 지나지 않았다. 19세기 초 윌리엄 블레이크는 유럽을 여전히 다른 대륙들과 동등한 "은총"으로 묘사했다. 대륙들이 한데 어울려 춤을 추는 이 그림에서 유럽은 아프리카 그리고 아메리카와 나란히 팔짱을 낀 채 그들로부터 도움을 받고 있다. 그러나 유럽은 이후 그녀의 자매 대륙들을 자신을 흉내 내거나 굴종하는 세력으로 몰락시켰다. 서양의 아이디어들은, 모범으로 제시된 것이든 강요된 것이든, 유럽 바깥의 사회에서 변화를 일으키기까지 이따금 오래 걸릴 때도 있었지만 대개는 빠르게 퍼졌고 전쟁과 산업에서 이로운 입지를 갈수록 더 상징화하고 굳건히 했다. 유럽의 문화적 영향과 산업의 제국주의는 정치적 패권의 범위를 넓혀갔다. 유례를 찾을 수 없을 만큼 빠른 보폭의 인구통계학적, 산업적, 기술적 성장은 새로운 빈부 격차를 낳았다. 이미 산업화되었거나 산업화가 한창 진행되는 지역들은 저만치 앞서 나갔다. 유럽이 패권을 차지한 시기는 짧았지만, 유럽이 일군 기적들은 19세기의 가장 눈에 띄는 특징이었다. 그동안 오랜 기간에 걸쳐 이루어진 유럽의 독보적인 상업 발달과 제국주의적 주도권, 과학적 성취는 이 시기에 정점에 이르렀다.

인구 변동과 사회사상

인구 변동은 논의의 출발점으로 적절하다. 다른 모든 변화를 떠받쳤기 때문이다. 아울러 인구통계학적 사실들을 간략히 살펴보는 것은 당대 논평가들이 시대에 부응해 내놓은 여러 이론을 설명하는 데에도 도움이 될 것이다.

기계화가 진행되었어도 인력은 여전히 가장 유용하고 적응력 높은 천연자원이었다. 19세기에 인구 성장이 가장 빠른 지역은 사람들이 이제 "서양"이라고 부르게 된 유럽과 북미였다. "대서양 문명"이라고도 불렀는데, 과거 로마 제국이 영토 중앙의 지중해를 "마레 노스트룸(mare nostrum, '우리의 바다')"이라고 불렀던 것처럼 유럽과 북미도 사이에 대서양을 끼고 있었기 때문이다. 중국의 인구는 1750년경에서 1850년경 사이에 두 배가 되었다. 유럽의 인구도 거의 두 배가 되었다. 아메리카대륙의 인구는 두 배가 되었다가 다시 그 두 배가 되었다. 전쟁과 노동에서 가장 중요한 것은 사람이었다. 그렇지만 서양은 자원을 동원하는 데는 어느 영역에서나 으뜸이었고 특히 식량 재배와 광물 채굴에서 그랬다.

전 세계 인구 분포의 변동이 서양에 유리하게 이루어졌다는 것은 누구나 이해하는 사실이다. 그렇지만 그것이 산업화에 어떤 영향을 미쳤는지는 아직 아무도 설명하지 못했다. 역사가들과 경제학자들은 산업화를 가능하게 한 환경 조건들을 밝혀내기 위해 경쟁한다. 학자들은 보통 서양의 유리한 금융 제도, 정치 환경, 상업에 관심이 많은 엘리트층, 제련 작업이나 증기의 활용에 필수적이었던 석탄의 활용 가능성 등을 언급한다. 이러한 환경 조건들은 모두 유의미하며 어쩌면 이 것들이 실제로 결정적인 요인이었을 수 있다. 하지만 폭넓게 지지를 받는 이론 중에 기계화의 역설을 정면으로 다룬 이론은 단 하나도 없다. 어째서 기계화는 인구가 가장 많이 증가한 시기와 장소에서 일어났을까? 노동력이 과잉 공급되어 가격이 쌌던 지역에서 어째서 굳이 기계화의 비용과 수고를 감수했을까? 나는 그 열쇠는 인구에 있다고, 그러니까 그것은 노동력과 수요의 관계 때문이라고 생각한다. 아직 파악되지 않은 어느 특정한 역치값을 넘어서면 풍부한 노동력은 기계화를 억제한다. 이를테면 중국과 인도 같은 전(前)산업화 세계의 가장 부지런하고 생산적인 경제 체제에서 이러한 상황이 벌어졌다. 그러나 역치값 이하의 인구 증가는 재화 생산에 이용할 수 있는 인력의 크기에 비례해 재화에 대한 초과 수요를 발생시킨다는 것이 내 생각이다. 노동력의 공급 그리고 재화에 대한 수요 사이의 적절한 균형은 산업화의 핵심 요건이다. 영국이 이 요건을 가장 먼저 충족시켰고 이어 19세기에 벨기에를 비롯한 다른 유럽 국가들과 미국 그리고 일본이 그 뒤를 이었다.

유례없는 규모의 인구 증가는 비교적 서양에 집중되어 있었긴 해도 전 세계적인 현상이었다. 인구 증가의 가속화는 이미 18세기에 시작되었다. 이때 대양 건너, 그리고 대륙 간 식용 생물군의 교환이 이루어지며 세계의 식량 공급량이 크게 늘었다. 아울러 어떤 알 수 없는 이유로—아마도 미생물 세계에서 일어난 무작위적 변이가 원인이었을 것으로 짐작된다—세계의 질병 환경이 인간에게 유리하게 변화했다. 처음에는 그 영향을 파악하기 어려웠다. 18세기 후반의 많은 분석가가 이러한 당대의 통계학적 추이는 부정적인 결과를 초래하리라고 확신했다. 아마도 시골 지역의 인구 이탈 현상—도시가 상대적으로 더 빨리 성장한 데서 비롯된 일종의 부수 현상이었다—에 주목했기 때문일 것이다. 이 추세를 일찍 알아본 이들조차도 장기적으로 무슨 일이 일어날지 알지 못했고 스스로도 당황한 채 상호 모순된 반응들을 붙잡고 씨름했다. 그 결과, 분명히 빗나간 예측이었지만 대단히 강력한 힘을 발휘한 아이디어로서 가장 영향력 있었던 사례들 중 하나인 인구 과잉의 아이디어가 나왔다.

사람이 지나치게 많다고? 영국의 목사 토머스 맬서스가 1798년에 이 아이디어를 정식화할 때까지 사람들은 그런 일이 생길 수 있다고 믿지 않았다. 사람 수가 늘어난다는 것은 더 활발한 경제 활동, 더 많은 재산, 더 많은 인력, 더 많은 힘을 약속했기 때문이다. 맬서스의 이론은 광야가 부족하다고 외치는 목소리였다. 걱정에 찬 자애로운 마음으로 맬서스는 심각한 상황에 처한 새 세계를 응시했다. 이 세계에서 인구 과잉을 완화할 방법은 오로지 재난뿐이었다. 맬서스가 『인구론An Essay on the Principle of Population』에서 사용한 통계 자료의 출처는 마르키 드 콩도르세의 저작이었다. 사실 콩도르세는 인구 증가를 진보의 증거로서 인용했다. 콩도르세는 철저한 낙관론자였던 반면 맬서스는 똑같은 통계 자료를 침울한 때가 낀 렌즈를 통해 보았다. 맬서스는 인구가 식량보다 훨씬 빠르게 증가하고 있기 때문에 인류는 재앙을 맞을 수밖에 없다고 결론 지었다. "인구의 힘은 인간이 지구에서 생존 수단을 생산할 힘보다 무한정 더 크기 때문에 (…) 따로 견제하지 않으면 인구는 기하급수적으로 증가한다. 하지만 생존 수단은 산술급수적으로 증가할 뿐이다."³ 오로지 "자연의 견제"—기아, 전염병, 전쟁, 참사 등의 대재앙—만이 인구를 이 세계가 먹여 살릴 수 있을 만큼의 규모 이하로 유지할 수 있을 것이었다.

맬서스의 글은 굉장히 설득력이 있었기 때문에 세계의 엘리트층은 패닉에 빠져 맬서스를 믿었다. 윌리엄 해즐릿에 따르면 맬서스의 시각은 "세계를 움직일 지렛대를 설치할 수 있는 지반"이었다.⁴ 맬서스의 주장은 처참한 결과들을 초래했는데 공간 부족에 대한 사람들의 공포가 자극한 전쟁과 제국주의 사업이 그 예였다. 독일의 '레벤스라움(Lebensraum, '생활권')' 운동과 1814년 영국의 인구 통계학자 패트릭 콜콘(Patrick Colquhoun)이 "유일한 구원 수단"이라며 촉구한 "식민지화" 사업은 이렇게 해서 등장했다. 20세기 중반에 세계 인구가 다시 급증하자 맬서스식 우려의 새로운 파도가 세계를 덮쳤고 이로 인한 결과 역시 처참했다. 1960년대부터 시작된 이른바 "녹색 혁명"은 더 많은 식량을 산출하기 위해 전 세계에 살충제와 화학 비료를 마구 뿌려댔다. "공장식 축산"으로 먹이를 제대로 주지 않은 채 약물을 과도하게 주입하고 잔인하게 사육한 짐승의 사체가 식료품점 선반을 채웠다. 일부 나라에서는 강제적 산아제한 정책을 도입해 사실상 영아살해를 권장했고 불임수술 사업을 추진하거나 낙태 시술을 무료 또는 싼값에 제공했다. 피임 연구에 막대한 자금이 투입되었지만 이는 도덕적·의료적으로 의심스러운 부작용을 낳았다.

맬서스식 우려는 틀린 것으로 판명되었다. 인구 변화의 통계 수치는 변동성이 크다. 한 가지 추세가 오래가는 일은 절대 없다. 인구 과잉은 극도로 드문 현상이다. 지난 경험은 세계적으로 사상 최대 비율의 인구가 풍요를 누릴 때 출산율이 하락한다는 것을 시사한다.[5] 그러나 19세기에는 파멸을 예고하는 맬서스의 신탁이 합리적으로 보였다. 맬서스가 제시한 사실들은 이론의 여지가 없는 듯했고 예상은 매우 그럴듯했다. 모든 사상가가 맬서스의 글을 읽었고 거의 모든 사람이 맬서스에게 설득되었다. 일부는 다가오는 재앙을 두려워하는 맬서스의 불안감에 전염되었다. 일부는 맬서스의 유물론적 가정이나 통계적 방법, 환경 결정론, 생명의 경쟁적 또는 대립적 투쟁 모델을 전유했다. 가장 넓은 수준에서 보면 맬서스는 진보는 필연적이라는 믿음에 도전을 제기했다. 19세기의 세계 정치사상이라고 불러도 무방한 19세기의 서양 정치사상은 사실상 진보를 어떻게 유지할 것인가라는 질문에 대한 일련의 대답들이었다. 이 질문은 다시 말해 어떻게 하면 참사를 피하거나 극복할 수 있을 것인가이기도 했고, 어쩌면 어떻게 참사를 정화제로서 또는 새로운 출발의 기회로서 받아들일 수 있을까이기도 했다.

좌파와 우파 똑같이 창의적이었다. 대체로 양극단의 사람들은 좀처럼 구별이 되지 않는다. 정치란 말발굽 모양과 같아서 양극단은 거의 닿을 만큼 가깝기 때문이다. 양극단에서 확신에 찬 이데올로그들은 서로 상반되는 견해를 펼치지만 다른 사람에게 자신의 견해를 강요한다는 점에서는 같은 방법을 채택하는 경향이 있다. 따라서 우리는 일단 보수주의와 자유주의로 시작하고 그다음에 사회주의를 다루겠지만, 그다음부터는 좌우를 오가며 국가 신봉자들과 무정부주의자들 그리고 그들을 반대한 기독교 정치사상가들의 신조를 다룬 다음 민족주의의 출현을 조명하겠다. 민족주의는 호소력과 영향력 측면에서 이 시기의 다른 모든 정치적 아이디어들을 압도했다.

보수주의와 자유주의

보수주의는 역설적이게도 새로운 사고를 풍부하게 만들어낸 아이디어로 판명되었다. 어느 정도는 보수주의 역시 불안한 마음으로 미래를 내다보는 세계의 일부였다. 보수주의는 층서학적으로 볼 때 가장 잘 이해된다. 보수주의는 세 가지 층위에서 발견된다. 일단 보수주의는 보통 비관적인 전망으로부터 나온다. 즉, 현상태에 과격하게 개입했다가 되려 상황이 나빠질까 봐 애초에 좀처럼 움직이지 않는 것이다. 사람들은 구제할 수 없을 만큼 악하기 때문에 제약이 필요한 것처럼 보이는 어느 깊은 층위에서 비관주의는 또다른 종류의 보수주의에 영감을 준다. 그것은 바로 자유보다 질서를, 백성의 자유보다 국가의 권력을 우선시하는 권위주의다. 앞의 보수주의와 부분적으로 겹치는 또다른 보수주의 전통은 개인보다는 국가나 어떤 다른 공동체(이를테면 '인종'이나 '민족')를 중시한다. 이 전통은 일반적으로 어느 한 개인의 정체성은 집단적 정체성의 일부로서가 아니라면 불완전하다는 생각에 근거를 둔다.

그러나 1790년에 아일랜드 출신 영국 정치가 에드먼드 버크는 다른 구조를 구상했다. 버크는 이후에 등장한 여타 주류 보수주의자들처럼 진보를 지키고 생존을 위한 개혁을 추진하는 데 관심이 있었다. 버크는 희생자와 약자를 동정했으되 프랑스혁명의 무절제는 혐오했다. 버크는 시간은 "위대한 교사"이며 관습이나 전통은 안정의 원천이라고 말했다.[6] 질서는 지극히 중요하다. 하지만 그것은 질서 그 자체를 위한 질서여서는 안 된다. 그보다는 자유를 누릴 기회를 모든 국민에게 균등하게 제공하기 위한 질서여야 한다. 국가는 필요할 때 기꺼이 스스로를 개혁해야 한다. 그렇지 않으면 그 모든 악폐가 수반되는 혁명이 발생할 것이다. 로버트 필은 1834년에 영국 보수당을 창당할 때 이 균형을 소중히 여겼다. 영국 보수당의 강령은 개혁이 필요한 것은 개혁하고 그렇지 않은 것은 지키자는 것이었다. 말하자면 이것은 변화를 견뎌내는 유연성을 주문하는 공식이었다. "어떤 것이 변화하더라도 그것의 본질은 여전하다(Plus ça change, plus c'est la même chose)." 1849년 프랑스의 보수주의 주창자 알퐁스 카(Alphonse Karr)가 일련의 좌절된 혁명이 유럽의 엘리트층에 경각심을 준 후 남긴 말이다. 근대의 성공한 정부들은—스스로는 그렇게 인정하지 않지만—대체로 보수주의적 전략을 채택했다. 혁명이나 반동을 선택한 정부는 좀처럼 오래가지 못했다.

보수주의는 본성을, 그중에서도 특히 인간의 본성을 공동선을 위해 관리하는 방법으로서 출발했다. 그런데 이것은 사실 우리가 오늘날 사회민주주의적이라고 생각하는 의제들로부터 그리 멀리 떨어져 있지 않다. 이러한 의제들은 자유 시장에 적당한 수준의 규제를 적용해 부패, 부당 이득, 착취, 소득이나 특혜의 중대한 불평등, 여타 자유의 오용으로 발생한 왜곡 등으로부터 시장을 보호한다. 버크가 현대의 보수주의에 물려준 또다른 특징은 이데올로기의 불신이다. 버크는 평화는 진리보다 좋은 것이라고 선언했다. 버크는 "형이상학적 구분"은 "세르보니스의 늪(이집트 다미아타 근처 나일강 동쪽에 있다는 모래 늪. 빠져나오기 힘든 상황을 가리키는 관용구로 쓰인다—옮긴이)"이라고, 이론화는 "잘못된 국정 운영의 확실한 징후"라고 한탄했다.[7]

보수주의는 결코 과학적으로 보이려고 한 적이 없었다. 다시 말해 검증 가능한 자료에 기반을 두고 예측 가능한 결과를 전달하려는 것처럼 보이려고 한 적이 없었다. 그러나 맬서스의 통계학적 접근은 사회 과학을 상상할 수 있게 했다. 즉, 결코 틀릴 수 없는 사실에 기반을 둔 정책은 어떤 보장된 결과를 산출할 수 있으리라는 생각을 하게 된 것이다. 이러한 연구는 사람을 말 그대로 미치게 만들 수 있었다. "사회학" 또는 "사회 과학"의 선구자 오귀스트 콩트는 한동안 정신 병원에 억류되어 있었다. 콩트는 스스로 정신병이라고 진단한 병마와 싸우며 정체된 학문 경력으로 괴로워하던 1830년에 강연 원고를 발표하기 시작했다. 이 강연에서 콩트는 과학적 사고와 인문학적 사고의 새로운 종합을 예견했다. 하지만 어떻게 그 틀을 마련하고 구축할지에 대해서는 확신이 없었다. 사회학은 19세기에 이 새로운 종합이 발달하는 과정에서 사회 변화를 통제 가능하게 만드는 시도로서 우파의 지지를 받았다. 사회학자를 수염을 텁수룩하게 기르고 팔꿈치에 천을 덧댄 웃옷과 헐렁한 바지를 입은 좌파 지식인으로 여기는 대중적 신화가 생긴 것은 그로부터 한참 지나서의 일이었다.

한편 영국 철학자 제러미 벤담은 콩트가 염원했던 것과 유사한 어떤 종합을 정책 결정에서 이룰 방법을 궁리했다. 오늘날 벤담은 예배당 없는 대학의 창립자답게 세속의 성자이자 "날개 없는 천사"로 받들어진다.ᵉ 벤담의 시신은 학생들을 격려하는 차원에서 그가 창립한 유니버시티 칼리지 런던에 전시되어 있다. 벤담의 "공리주의"는 종교가 없는 사람들을 위한 교리였다. 벤담은 일종의 행복의 미적분학을 개발했다. 벤담은 행복이 불행보다 많은 것이 선이라고 정의했다. 벤담이 국가를 위해 설정한 목표는 "최대 다수의 최대 행복"이었다. 당대 사람들은 대체로 이 말을 자유주의적인 발언으로 이해했지만 사실은 그 반대였다. 벤담은 사회적 "효용"을 개인의 자유보다 더 높은 자리에 두었다. 하지만 벤담의 철학은 급진적이었다. 유구한 전통이나 권위, 과거의 성공 기록을 참조하거나 존중하지 않으면서 사회 제도를 평가할 새로운 방식을 제안했기 때문이다. 이 신조는 의도적으로 신을 배제했고 유물론적이었다. 벤담이 제시한 행복의 기준은 쾌락이었고 악의 기준은 고통이었다.

벤담주의는 즉각 막대한 영향력을 발휘했다. 벤담을 추종한 영국인들은 국가를 재정비해 무의미한 고통을 가하는 형법을 폐지했다. 아울러 "공익"으로 불리게 된 것을 취할 자격이 없다고 여긴 사람들에게는 새로운 종류의 고통을 가했다. 빈민 구호법은 걸인이나 부랑자가 맞닥뜨린 불행을 더는 견딜 수 없는 것으로 만들어 그 수를 줄이려고 했다. 영국의 관료제도는 다시 우수한 수험생들로 채워졌다. 명목적으로 우파를 표방하는 정권에서조차도 자유주의적 선입견 때문에 입법의 우선순위에서 공익이 배제되는 일은 있을 수 없었다. 영국 급진주의의 전통은 20세기에 들어선 지 한참이 지나 심지어 스스로를 사회주의적 정권이라고 부를 때조차도 압도적으로 벤담주의적이었다.[9]

벤담은 낭만주의에서 손을 뗀 영국 지배층의 가장 유창한 웅변가였다. 벤담과 그의 친구들은 사회를 운영할 방법에 대해 엄격하고 합리적이며 과학적으로 생각하기 위해 노력했다. 그러나 최대 다수의 최대 행복은 언제나 일부의 희생을 의미한다. 최대 다수의 이익은 일부 개인들을 배제하기 때문에 인권과 엄밀하게 양립할 수 없다. 이른바 더 큰 선을 위해 자유를 기꺼이 희생시키려고 한 사람들은 벤담주의자들 말고도 또 있었다. 앞으로 보게 되겠지만 의지와 초인을 숭배한 독일인들도 같은 경향성을 보였다. 토머스 칼라일은 영국의 가장 영향력 있는 도덕주의자로서 1881년에 사망하기까지 "앵글로·색슨족"의 근본적 통일을 믿는 영국인들에게 독일의 사상을 전달했다. 그는 "돼지 인간들은 강제"하는 것이 마땅하다고 생각했다.[10]

그럼에도 영국 우파는 "문명인"—전반적으로 자유를 곤봉으로 억압하거나 개인주의를 훼손하지 않으려는 사람—으로 남았다. 벤담의 가장 실질적이고 헌신적인 신봉자였던 존 스튜어트 밀은 보수주의적 관점에서 자유를 지킬 수 있도록 도움을 주었다. 밀은 줄기차게 공리주의 철학을 장려했다. 이는 아마도 아버지로부터 받은 교훈을 잊지 못했기 때문일 것이다. 밀의 아버지는 오랫동안 사실상 벤담의 대필 작가 역할을 했다. 밀의 아버지는 이렇게 말했다. "선을 행하는 가장 효과적인 방법은 (⋯) 오로지 행복의 총합을 올리고 불행의 총합을 낮추려는 경향성에 비례하도록 명예롭게 행동하는 것이다."[11] 이 공식은 미국에서 필란트로피(philanthropy, 재산이나 재능을 기부하는 자선활동—옮긴이)가 어떻게 해서 여전히 작동하는지를 잘 설명한다. 백만장자들은 개인의 돈을 공공의 혜택을 위해 투자하고 그에 대한 보상으로 존경을 받는다.

그러나 아들 존 스튜어트 밀은 낭만적 열망에서 벗어날 수 없었다. 밀은 결국 아버지의 사상적 스승에 대한 신념을 잃었다. 스무 살이 된 밀은 벤담이 내놓은 모든 정책이 채택된 완벽한 세계를 머릿속에 그려보았다. 이 전망을 떠올린 밀은 공포에 사로잡혔다. 밀은 처음에는 공리주의를 수정하다가 이후 전면적으로 거부했고, 마침내 자유를 모든 가치 중에서도 가장 높은 자리에 두었다. 밀은 벤담의 최대 다수를 개인이라는 보편적 범주로 대체했다. "개인은 자기 자신의 주권자요, 자기 자신의 육체와 정신의 주권자다." 밀은 개인의 자유는 절대적이어야 한다고 판단했다. 다만 그것은 타인의 자유를 침해하지 않는 한도 내에서였다. "따라서 개인의 자유는 제한되어야 한다. 그는 다른 사람들을 방해해서는 안 된다. (…) 문명화된 공동체에서 구성원의 의사에 반해 정당하게 권력을 행사할 수 있는 때는 오로지 다른 사람들에게 해를 끼치는 것을 막기 위해서일 때"라고 밀은 단언했다. 이것은 "그를 더 행복하게 만들기 위해서"도 아니고 "다른 사람들의 의견에 따라 그렇게 하는 것이 현명하다거나 심지어 옳아서"도 아니었다.[12] 오늘날 우리가 19세기 영국이 위대한 자유주의 사회였다고 생각한다면 이를 가능하게 한 것은 대체로 밀의 영향이었다. 이때 자유주의란 본래적이고 유럽적인 의미에서의 자유주의다. 스페인에서 시작된 이 단어는 "개인의 자유에 초점을 둔다"는 뜻을 지닌다. 애스퀴스 경(전시 영국의 총리였던 그의 옹호자들은 참을성을 칭찬했고 반대자들은 꾸물거림을 질타했다)에게 밀은 "빅토리아시대 초기의 사람들을 위한 사상 조달부 장관"이었다.[13]

그렇지만 밀의 개인주의는 결코 사회적 요구를 과소평가하지 않았다. 밀은 썼다. "사회는 계약에 근거해 수립되지 않는다. 그리고 (…) 사회적 의무를 끌어내기 위해 계약을 발명해서는 선한 목적을 이룰 수 없다." 그러나 "사회를 보호하기 위해" 시민은 "자신이 받은 혜택에 보답할 의무를 지닌다". 따라서 시민은 다른 사람의 권리를 존중하고 국가에 합리적인 몫의 세금과 서비스를 기여해야 했다.[14] 밀의 자유주의 역시 완벽하지 않았다. 이따금 밀은 사회주의를 논하며 거부와 찬사의 양극단을 거칠게 오갔다. 밀에게서 영향을 받은 영국의 정치 엘리트들은 수정 자유주의 전통이라고 부를 만한 것을 채택했다. 수정 자유주의 전통은 교조적이지 않은 방식으로 변화에 부응했고, 다른 거의 모든 유럽 국가들이 폭력 혁명으로 공포에 빠졌을 때도 영국이 주변 영향에 놀라울 정도로 태연할 수 있도록 도왔다.[15]

"여성과 아이가 우선": 사회사상의 새로운 범주들

벤담과 밀의 충돌은 산업화 사회에서 발생한 모순을 잘 보여준다. 한편으로는 기계 발명가들은 자유로울 필요가 있다. 경제적·상업적 전략을 고안하는 사람들과 최고의 효율성을 발휘할 사업체를 조직하는 사람들도 마찬가지다. 노동자 역시 고된 노동과 틀에 박힌 일상을 보상받기 위해 여가를 누릴 자유가 필요하다. 다른 한편으로는 자본주의에는 공동선을, 아니면 최소한 "최대 다수"의 선을 위한 규율이 필요하다. 역설적이지만 산업은 자본주의의 결실인 동시에 공동체가 개인들보다 우선함을 상징한다. 공장은 개인들을 어떤 더 큰 전체 안에 끼워 넣고, 시장은 자금을 모아 작동한다. 기계는 톱니 없이 돌아가지 않는다. 사회는 공장의 조립 공정이나 비즈니스 알고리즘처럼 인간이 조작할 수 있는 일부 절차들을 산업에서 유추해 모방하기도 한다. 기계 공정은 인간관계를 위한 모델이 된다. 앞으로 보게 되겠지만, 19세기의 수많은 새로운 사상과 언어는 개인을 "대중"과 "계층" 속으로, 더 넓은 차원에서는 "인종"에 관한 담론으로 밀어넣었다.

이 포괄적이고도 기만적인 범주들을 살피기에 앞서 이 시대의 사고방식을 체계화하는 과정에서 쉽게 간과되곤 하는 두 현실 집단, 여성과 어린이를 잠시 살펴보자. 이들 집단은 산업화의 영향 아래에서 재평가가 요구되었다. 어린이와 여성 노동력의 착취는 산업화 초기의 부끄러운 과거로 꼽힌다. 이 두 저효율 집단은 기계화 덕분에 점진적으로 노동 시장에서 벗어났다. 이후 남성들은 여성성을 높은 단상에 올렸다. 어른은 어린이를 더는 작은 사람이 아닌 사회의 개별 계급이자 거의 인류의 아종(亞種)인 양 대했다. 예술가들과 광고 전문가들은 여성과 어린이를 떠받들었고 그렇게 여성과 어린이는 가정이라는 성소에 갇혔다. "여자들과 아이들"은 E. M. 포스터의 『인도로 가는 길 A Passage to India』에 등장하는 유명한 문구처럼 "남자에게서 분별력을 빼앗는 말"이 되었다. 유럽에서 여성과 어린이는 이상화되었고 예술가들은 섬세하게 가꾼 여성다움이나 천사 같은 어린이를 선망의 대상이 된 이미지로 표현했다. 이는 여성과 어린이가 여전히 남성과 더불어 생산 활동에 참여하는 문화에서는 좀처럼 이해할 수 없는 현상이었다.

이상화의 대상이 되는 것은 불이익을 수반했다. 어린이를 작업장으로부터 해방한 사회는 그들을 학교에 가두었다. 영국 소설가 찰스 킹즐리가 감상적으로 상상한 '물의 아이들'은 그저 요술봉을 휘젓는다고 저절로 탄생하지 않았다. 유년기의 낭만적 이상은 회유보다는 강제를 통해 태어났다. 1879년 헨리크 입센은 유명한 희곡『인형의 집』에서 여성이 처한 곤경을 포착했다. 이 희곡에서 여성은 어린이와 비슷한 역할을 부여받는다. 단상에서 떨어진 여성은 다칠 수 있었다. 우리는 그 예를 오거스터스 에그(Augustus Egg)가 몰락과 궁핍의 끔찍한 삼 단계를 표현한 그림에 등장하는 간통한 여자에게서 볼 수 있다. 마농이나 비올레타처럼 매혹적이지만 사회적으로 용납되지 않는 오페라 여주인공들도 마찬가지다. "라 트라비아타(la traviata)", 즉 타락한 여자는 시대가 선호하는 예술 주제가 되었다.『인형의 집』이나 프랜시스 호지슨 버넷의『비밀의 화원』은 사실 20세기 유럽의 여성과 어린이가 벗어나기 위해 분투한 억압적 울타리였다.[16]

그러나 여성과 어린이에 관한 새로운 생각은 좀처럼 주목을 받지 못했다. 여성과 어린이는 남성 개인들과 다를 바 없이 대부분의 지식인이 집중한 계층이나 대중이라는 범주로 녹아들었다. 19세기 유럽의 정치적 시각의 충돌은 사실 인류의 역사에서 늘 경쟁해온 철학적 견해들 사이에서 일어난 훨씬 더 큰 충돌의 메아리였다. '인간'은 원숭이일까, 천사일까?[17] 인간은 신의 이미지일까, 아담의 후예일까? 인간의 선함은 자유로울 때 나타날까? 아니면 우리는 이미 악에 물든 인간을 통제해야 할까? 공포의 정치와 희망의 정치가 충돌했다. 이 절의 나머지 부분에서 우리는 이러한 충돌이 일어난 대단한 무대인 사회주의 그리고 그와 유사한 사상들을 다룰 것이다.

사회주의는 낙관주의의 극단적인 형태였다. 밀라노에서 죄의식으로 고통받던 부르주아지 출신의 개종자 주세페 펠리차(Giuseppe Pellizza)는 1899년에 사회주의를 주제로 한 상징적인 그림을 거대한 화폭에 담기 시작했다. 〈네번째 나라(In quarto stato)〉에서 거대한 무리를 이룬 노동자들은 화가가 말한 대로 "정의에 목마른 거센 급류처럼, 앞을 가로막는 방해물을 모두 거꾸러뜨리며" 행진한다.[18] 노동자들의 걸음걸이는 거침없고 초점은 흔들림이 없으며 연대는 위협적이다. 그런데 전경의 성모 마리아 같은 여성을 제외하면—이 여성은 대열의 앞에 서 있는 단호한 표정의 지도자 중 한 명에게 무언가 개인적인 사정을 호소하는 듯하다—노동자들은 모두 개성이 박탈된 느낌이다. 이들은 거대한 자동 기계의 부품인 양 느리고 둔중한 기계적 리듬에 따라 움직인다.

사회주의 사상의 핵심에 자리한 웅장함과 단조로움을 이토록 잘 표현한 예술작품은 여태껏 없었다. 사회주의 사상의 핵심은 음울한 결정론에 따라 움직이는 고귀한 인간성에 있다. 사회주의의 역사에서 가장 우선한 것은 고귀함과 인간성이었다. 급진주의자들은 이 두 가지를 "평등과 형제애"로 불렀다. 초기 사회주의 공동체는 공동 소유와 협동(397쪽 참조)을 실천함으로써 이 가치를 구현하려 했다. 이카리아 공동체에서 질투, 범죄, 분노, 경쟁, 욕망 따위는 사유재산의 철폐와 함께 사라질 것이었다(설립자의 소망은 그랬다). 샤를 푸리에가 계획한 자유로운 성적 파티는 평등주의적 원칙에 따라 조직될 것이었다.[19]

이러한 실험들은 실패했다. 하지만 사회주의 노선에 따라 사회 전체를 개혁한다는 아이디어는 자신이 충분한 보상을 받지 못하고 있다고 느끼거나 부의 불평등한 분배에 분노한 사람들에게 분명 호소력이 있었다. 이카로스는 토머스 호지스킨(Thomas Hodgskin)의 "회계사의 사회주의"와 함께 지상에 내려왔다. 호지스킨은 데이비드 리카도의 견해를 받아들였다. 잠시 후 다루겠지만, 리카도는 상품의 가치에 가장 많이 이바지하는 것은 노동이므로 노동자가 이윤의 가장 큰 몫을 가져가야 한다고 주장했다. 이것은 이상(理想)에 가격표가 붙는 자본주의적인 사회주의였다. 사회주의 경제학이 전통적인 것이 되자마자 루이 블랑은 사회주의 정치학 역시 전통적인 것으로 만들었다. 1839년에 "능력에 따라 일하고 필요에 따라 가져간다"는 문구를 만든 블랑은 사회주의자들에게 그들의 이상을 사회에 도입하는 일을 국가에 맡겨도 좋다는 확신을 심어주었다. 존 러스킨도 잉글랜드에서 이 주장을 반복했다. 고행의 길을 자처한 예술 비평가로서 빅토리아 스타일의 유행을 선도한 러스킨에 따르면 "국가의 첫번째 의무는 그 나라에서 태어난 모든 아이가 잘 입고 잘 먹고 좋은 주거 환경에 살고 잘 교육받도록 보살피는 것"이었다.[20] 국가 권력의 증대는 분명 빈곤층에 대한 원조로 이어질 수 있었다. 한편 카를 마르크스는 계급 투쟁의 순환이 필연적으로 사회주의의 승리를 가져오리라고 예측했다. 경제 권력은 자본에서 노동으로 이동할 것이므로, 착취적인 고용주들에게 수모를 겪고 분노한 노동자들은 마침내 권력을 붙잡을 것이었다. 초기의 사회주의 실험은 평화로웠다. 정복할 땅이라곤 황무지의 공터가 전부였고 이기심과 탐욕 말고는 인간의 적도 없었다. 이제, 사회주의는 투쟁과 강압의 언어로 인해 폭력의 이데올로기로 변했고, 형제애보다는 사유재산을 중시하고 평등보다는 자유를 중시하는 사람들은 사회주의에 단호히 저항했다.[21]

어떤 면에서 사회주의자들은 국가는 사람을 유덕하게 만들어야 한다는 고대 그리스의 이상을 여전히, 다만 새로운 방식으로 추구하고 있었다. 그러나 어디에서 시도되었든 사회주의는 눈에 띄게 긍정적인 도덕적 효과를 거두는 데 실패했다. 회의적인 좌파 지식인 조지 오웰은 1930년대에『위건 부두로 가는 길The Road to Wigan Pier』을 따라 잉글랜드를 여행하고 쓴 글에서 "기독교와 더불어 사회주의의 최악의 광고자들은 사회주의의 추종자들이다"라고 기록했다. 사회주의 옹호자들은 그들이—경제적이나 역사적인—사실 증거에 호소할 수 있고 자신들의 신조를 "과학적"이라고 표현할 수 있다고 생각했다. 데이비드 리카도는 결코 사회주의자였던 적은 없지만, 경제학 법칙을 자연법칙에서 유추해 편견 없이 파악하려고 노력했다. 리카도의 저작은 이른바 경제학적 증거를 내놓았다. 1817년 리카도는 노동력이 상품에 가치를 더한다는 경제학 원리를 수립하고 이것을 법칙으로 정리했다.[22]

리카도는 "노동은 모든 가치의 토대"라고 주장했다. "노동의 상대적인 양은 (…) 상품의 상대적인 가치를 거의 배타적으로 결정"했다.[23] 거칠게 보면 이 이론은 틀렸다. 자본도 상품의 교환 가치에 영향을 미치기 때문이다. 또한 자본은 항상 단지 축적된 노동이기만 한 것은 아니다. 아주 값비싼 천연자원은 곧바로 현금화될 수 있기 때문이다. 상품이 어떻게 인식 또는 제시되는가 또한 사람들이 상품에 치르는 값에 영향을 준다(리카도는 예술품이나 "특별한 품질의 포도주"를 언급하며 그것의 희소가치를 인정했지만, 이것은 그저 단기적 왜곡 요인이라고 여겼다). 그렇지만 리카도의 원리는 옳았다. 리카도는 이 원리로부터 반직관적이고 모순적인 결론들을 도출했다. 노동이 이윤에 가장 크게 이바지한다면 임금은 높아야 할 것이다. 리카도는 이에 따라 "임금은 시장의 공정하고 자유로운 경쟁에 맡겨져야 하고 절대 법의 개입으로 통제해서는 안 된다"는 견해를 펼쳤다. 다른 한편으로 그는 자본주의자들은 이윤을 극대화하기 위해 임금을 낮은 수준으로 유지할 것이라고 예측했다. "노동 가치의 상승은 이윤의 감소 없이 이루어질 수 없다."[24]

카를 마르크스는 리카도를 믿었다. 하지만 적어도 21세기 초까지의 역사적 사건들은 두 사람 모두 틀렸음을 입증했다. 나는 한때 이것이 자본가들은 노동자에게 높은 임금을 치르는 것이 산업에서 평화를 지키고 혁명을 피할 수 있을 뿐만 아니라 생산성을 높이고 수요를 증가시킬 수 있으므로 스스로에게 이익이 된다고 인식했기 때문이라고 생각했다. 하지만 그보다는 20세기의 끔찍하고 위협적인 전쟁들이 기업가들에게 사회적 책무를 부과했기 때문이라고 보는 편이 더 적절할 듯싶다. 또는 기업가들이 사회 통합과 민족 생존을 위해 정부의 긴밀한 규제를 받아들일 수밖에 없었기 때문이었을 수도 있다.[25]

여전히, 더 옳은 아이디어가 반드시 더 영향력이 있는 것은 아니다. 노동에 관한 리카도의 생각에서 핵심적인 요소들—노동 가치 이론, 자본과 노동 간의 항구적인 이해 충돌—은 마르크스를 경유해 19세기 후반의 유럽과 20세기의 세계에서 혁명이 일어날 듯한 불안감을 조성했다.

마르크스는 자신이 내놓은 사회적·정치적 대책은 과학적인 경제학에 기반한 것이라고 주장했다. 그러나 마르크스가 생각을 형성하는 과정에서 더 중요했던 것은 역사 연구였다. 마르크스의 역사 변화 이론에 따르면 모든 진보의 사례는 서로 모순되는 두 가지 선행 사건이나 경향의 종합이다. 마르크스는 G. W. F. 헤겔에서 출발점을 가져왔다. 신학대 출신의 개신교도였던 헤겔은 19세기 초 프로이센의 불안정한 대학 위계질서에서 눈부시게 급부상한 인물이었다. 헤겔에 따르면 모든 것은 다른 어떤 것의 일부분이다. 그러니까 x가 y의 일부분이라면 우리는 x에 관해 정합적으로 생각하기에 앞서 y를 이해해야 한다. 그다음에는 그 자체로 완벽하게 타당한 종합인 x + y를 이해해야 한다. 이 말은 대단치 않게 보일지 모른다. 이것은 그저 결국에는 무엇이든 따로 떼어서는 결코 정합적으로 생각할 수 없다는 말이다. 마르크스의 이론은 변증법적인 것 못지않게 유물론적이었다. 변화의 원동력은 경제였다(헤겔의 생각과 달리 정신이나 이념이 아니었다). 마르크스는 정치 권력은 누구든 부의 원천을 차지한 자에게 돌아가리라고 예측했다. 예를 들어 봉건주의 체제에서는 토지가 생산 수단이므로 지주가 사회를 지배했다. 자본주의 체제에서는 돈이 가장 중요하므로 자본가가 국가를 운영했다. 산업 사회에서는 리카도가 보여주었듯이 노동이 가치를 더한다. 그러므로 미래 사회는 노동자들이 "프롤레타리아의 독재"를 통해 지배할 것이었다. 마르크스는 더욱 심층적인 최후의 종합에 대해서는 모호하게 설명했다. 계급이 없는 사회에서 국가는 "소멸"할 것이었다. 모든 사람이 부를 균등하게 나누어 갖고 재산을 공동으로 소유하게 될 것이었다.

개연성이 몹시 낮아 보이는 이러한 결말과는 별개로 마르크스는 한 유형의 사회가 다음 유형의 사회로 이행할 때는 필연적으로 폭력이 뒤따른다고 믿었다. 지배계층은 항상 권력을 유지하려고 애쓰며 새로 부상하는 계층은 권력을 빼앗기 위해 투쟁하리라는 생각이었다. 마르크스는 고용자가 노동자를 최대한 착취할 것이라는 리카도의 주장을 수용했기 때문에 폭력적인 반응이 뒤따를 것으로 예상했다. "부르주아지는 자멸을 초래할 무기를 만들었을 뿐만 아니라 이러한 무기를 휘두를 사람들을 생겨나게 했다. 그들은 근대의 노동자 계급, 프롤레타리아다."²⁶ 따라서 마르크스는 갈등은 좋은 것이며 진보를 가져온다고 본 동시대 사상가들과 뜻을 같이한 셈이다. 마르크스는 혁명적 폭력을 권장했다. 이러한 폭력은 이따금 사회 변화를 일으키는 데 성공하기도 했지만 결코 공산주의적 유토피아를 탄생시키거나 보여주지는 못했다.

　　마르크스의 예측은 전부 틀린 것으로 드러났다. 적어도 지금까지는 그렇다. 만일 마르크스가 옳았다면 첫번째 대규모 프롤레타리아 혁명은 자본주의의 선봉 국가인 미국에서 일어나야 했다. 사실 미국에서는 마르크시즘이 대규모로 부상한 적이 단 한 번도 없다. 20세기 초의 대규모 혁명은 중국이나 멕시코 등 대체로 산업화되지 않은 나라에서 일어난 전통적인 농민 반란이었다. 마르크시스트들은 한동안 러시아가 마르크시즘의 현실적 모범 사례가 될 것으로 내다봤지만, 러시아는 1917년 마르크스를 신봉하는 혁명가들에게 장악되었을 당시 아주 부분적으로만 산업화된 국가였다. 그러나 심지어 여기에서도 역시 대가의 원리들은 위반하는 편이 더 명예로웠다. 러시아는 독재 국가가 되었으되 프롤레타리아의 독재 국가는 아니었다. 지배계급은 그저 지배 정당으로 대체되었다. 러시아의 새로운 지배층은 민족주의를 버리고 인터내셔널리즘(국제주의)을 장려하기보다는 자국의 이익에 기반을 둔 전통적인 정책 결정 방식으로 되돌아갔다. '억척어멈(브레히트의 작품에 나오는 모순적 상황에 처한 인물-옮긴이)'보다는 '어머니

러시아'가 더 중요했다. 부르주아지의 노동자 착취가 끝나자 이제 거의 모든 사람에 대한 국가의 억압이 뒤따랐다.[27]

국가의 사도들

마르크스는 국가의 "소멸"을 목격하기를 소망했지만 대부분의 동시대인에게 국가는 진보를 유지할 최고의 수단이었다. 어느 정도는 아이디어의 영역 바깥에 있는 것들이 국가에 힘을 실어주었다. 물질적인 우발 사건들이 국가를 누구도 막을 수 없는 존재로 만들었다. 인구 성장은 군대와 경찰력의 증강을 가져왔다. 새로운 테크놀로지들은 명령을 신속하게 전달하고 무자비하게 실행했다. 세금과 통계 자료, 지식이 누적되었다. 형벌 수단이 증가했다. 폭력은 갈수록 국가의 특권(궁극적으로는 거의 독점적 특권)이 되었고 국가는 개인이나 전통적인 제도, 협회, 지역의 권력 구조보다 더 많은 무기를 보유했고 더 많은 자금을 썼다. 국가는 다른 19세기 권위의 원천─부족이나 혈족 등의 혈연 집단, 교회 그리고 세속 권력에 대한 여타 신정 정치적 대안들, 귀족계층, 사업 연합체, 지방 및 지역의 자주 독립주의, 깡패들의 두목이나 법의 테두리를 벗어난 마피아, 프리메이슨 단체 등─과 맞서는 거의 모든 대결에서 승리했다. 19세기 중반 독일, 일본, 이탈리아, 미국에서 일어난 모든 내전에서 중앙 집권화를 옹호하는 세력이 이겼다.

사상가들은 세상이 돌아가는 방식에 대한 증거나 국가 권력을 강화하는 논증, 또는 절대 주권은 바람직하거나 불가피하다는 주장에 근거해 "국가는 잘못할 수 없다(State Can Do No Wrong)"라는 아이디어를 선포했다. 헤겔에서 출발해 그들의 영향을 살펴본 다음에 국가의 반대자들과 적대자들(또는 아마도 교회의 경우에는 경쟁자들)의 아이디어들로 넘어가겠다.

헤겔은 19세기에 사상적 주류를 형성한 관념론(idealism) 철학뿐만 아니라 국가 숭배를 위한 철학의 시발점 역시 고안했다. 관념론의 영어 명칭 '아이디얼리즘(idealism)'을 '아이디어-이즘(idea-ism)'으로 바꾸면 아마 이해하기 더 쉬울 것이다. 일상 언어에서 '아이디얼리즘'은 원대한 포부를 지향하는 삶의 접근방식인 이상주의를 의미하는 반면 헤겔의 아이디어(관념 또는 이념)는 다른 것을 의미했다. 헤겔은 오로지 아이디어만이 존재한다고 보았다. 고대 인도, 중국, 그리스의 철학자들은 이미 헤겔의 생각을 선취했다. 일부 사람들은 이 '관념론'이라는 말을 피상적으로는 매우 유사해 보이는 플라톤의 이데아론(275쪽 참조)을 뜻하는 말로 사용하기도 한다. 오로지 이데아적 형상만이 실재한다고 말한 플라톤도 헤겔에게 영향을 주었지만 그보다 더 직접적인 영감을 준 사람은 조지 버클리 주교였다. 18세기 초 아일랜드 교회에서 한직을 맡고 있었던 버클리는 생각할 시간이 아주 많았다. 버클리는 유물론에 맞서 형이상학을, 로크에 맞서 신을 옹호하고 싶었다. 버클리는 물질적 대상이 실재한다는 상식적인 가정을 검토하는 것으로 시작했다. 버클리는 물질적 대상은 우리가 그것들을 우리의 정신에 나타내는 방식에서 파생된다고 추론했다. 그런데 정신에 나타난 지각들은 우리가 증거를 확보할 수 있는 유일한 실재다. 그러므로 우리는 우리의 정신 바깥에 실재하는 사물들이 있는지 없는지 알 수 없고 "그것들을 지각하는 정신의 바깥에 그것들이 반드시 존재해야 한다고 추론하는 것도 가능하지 않다". 어쩌면 바위 같은 것은 있지 않을지도 모른다. 그저 바위의 관념만이 있는 것인지 모른다. 새뮤얼 존슨은 그 바위를 직접 걸어참으로써 이 이론을 논박할 수 있다고 주장했다.[28]

그러나 관념론은 그렇게 쉽게 걸어차이지 않았다. 헤겔은 버클리의 생각을 더욱 발전시켰다. 헤겔은 특유의 거만하고 우회적인 화법으로 다음과 같이 논평했다. "'이념(Idea)'이라는 개념은 (…) 있는 그대로의 '이념'이 그 대상이며 (…) 절대적이고 완전한 진리이고 스스로 생각하는 '이념'이다."[29] 헤겔이 채택한 전략은 소통을 위한 전략이 아니라 남들에게 인상적으로 보이기 위해 계산된 전략이었다. 헤겔은 남들이 그의 생각을 따라가기 어렵게 하고 그의 언어를 이해하기 어렵게 했다. 지식인을 선망하는 이들은 흔히 모호함을 과대평가하고 난해함을 떠받들곤 한다. 우리는 복잡함을 심오함으로 보고 싶은 유혹을 느낀다. 버트런드 러셀은 케임브리지대학에서 오래 알고 지낸 동료 교수가 당시 가장 선도적인 철학자였던 루트비히 비트겐슈타인의 특별 연구원 지위를 갱신할지의 문제에 관해 상의해왔을 때의 일화를 소개한 적이 있다. 대학 관계자들이 비트겐슈타인의 저작을 이해하지 못했기 때문이었다. 러셀 역시 이해하지 못했다고 대답했다. 결국 러셀은 안전한 길을 택해 그의 지위를 갱신할 것을 추천했다. 학계에 잘 알려진 어느 유명한 일화에 따르면 어느 두 연구자가 똑같은 강의를 한 번은 알아듣기 쉬운 영어로, 한 번은 알아듣기 어려운 영어로 두 차례에 걸쳐 진행했다. 그들은 두 차례의 강의에 대한 수강생의 평점을 기다렸다. 강연자들은 우리가 충분히 예측 가능할 수 있는 우울한 결과를 받아들었다. 헤겔이 의미한 바는 간명하게 표현될 수 있다. 우리는 우리의 정신 안에 있는 것을 안다. 정신적 경험만이 유일하게 입증 가능한 경험이다. 정신 바깥에 있는 것은 오로지 추론에 의한 것이다.

이처럼 언뜻 악의는 없지만 현실과는 동떨어져 보이는 아이디어 또는 이념의 본성에 관한 성찰은 어떻게 정치학과 현실 생활에 영향을 주었을까? 헤겔은 철학자들 사이에서 때론 격렬하고 여전히 미해결로 남아 있는 맹렬한 논쟁을 야기했다. '물(物)자체'를 우리 정신 속 물자체의 관념과 구분하는 것이 가능할까? 과거의 수많은 이론적 논쟁들―예를 들면 고대의 신학적 비밀이나 17세기 성직자에게 적합한 옷이 무엇인가 하는 등의 논쟁―과 마찬가지로, 이 문제 역시 언뜻 보기에는 도대체 예나 지금이나 어째서 이런 것에 소란을 피우는지 이해하기 어려울지도 모른다. 인식은 인식 너머의 실재를 반영한다는 가정은 불가피한 작업가설로 보이기 때문이다. 하지만 이 논쟁은 중요하다. 이 논쟁은 사회의 조직과 행동에서 심각한 시사점을 제공하기 때문이다. 우리의 정신 바깥에 있는 것이 무엇이든 그것의 존재를 부정하는 입장은 무정부주의자(523쪽 참조), 주관주의자, 그 밖의 다른 극단적인 개인주의자들이 바글대는 무모하고 막다른 골목이다. 일부 철학자들은 이 막다른 골목에서 벗어나기 위해 사실상 자아라는 개념을 무효화할 것을 제안했다. 즉, 관념들은 실재하기 위해 집단적이어야 했다. 이 주장은 사회와 국가의 전체주의적 신조 그리고 기업에 양분을 제공했다. 궁극적으로 관념론의 일부 주창자들은 일종의 근대적 일원론을 따르게 되었다. 근대적 일원론에 따르면 유일한 실재는 '절대적인 것(the absolute)'―우리 모두가 공유하는 의식(意識)―이었다. 자아는 다른 모든 것의 일부이다.

이 신조는 자애롭게 들리지만, "절대 의식"을 구현하거나 대표한다고 주장하며 권력을 좇는 자들에게 전유될 수 있었다. 헤겔은 실재성에 대한 특별한 종류의 권한을 국가에 위임했다. 헤겔은 당시 독일어의 일반적 관행보다 대문자의 사용을 남발하며 다음과 같이 기술했다. "'국가(State)'는 '지상(Earth)'에 존재하는 '신적 이념(Divine Idea)'이다."[30] 과장된 수사로 들리겠지만 헤겔은 진지했다. 국가 의지―실제로는 엘리트층이나 지배자의 의지―는 루소가 발견했다고 주장한 '일반 의지'(460쪽 참조)라고 헤겔은 생각했다. 국가 의지는 개별 시민이 원하는 것, 아니 심지어 모든 시민이 원하는 것보다 우월하다. 헤겔은 개인들에 관해 말하는 것은 무의미하다고 생각했다. 20세기 후반의 보수당 영웅 마거릿 대처는 "사회 같은 것은 없다"라고 말했다고 전해진다. 사회를 구성하는 개인들이 중요하다는 뜻이다. 헤겔은 정반대를, 즉 개인들은 그들이 속한 정치 공동체의 맥락에서가 아니라면 불완전하다는 견해를 취했다. 그러나 대문자 S로 시작하는 국가는 완벽했다. 하지만 국가는 세계 전체라는 더 큰 공동체의 일부이므로 이 주장은 논리적으로 불완전했다. 헤겔은 이 점을 간과했다.[31]

헤겔의 주장은 기이하게도 동시대인들과 계승자들에게 매력적이었던 것으로 입증되었다. 아마도 이미 유행하고 있었던 무제한적인 국가 권력을 지향하는 추세에 확신을 주었기 때문일 것이다. 전통적으로 국가에 독립적인 제도들―이를테면 중세 유럽의 교회―은 자연법칙이나 교회법을 적용해 국가에 제약을 가할 수 있었다. 그러나 헤겔의 시대에는 "실정법"─국가 스스로 만든 법─이 최상위 법이었고 여기에는 현실적으로 이의 제기가 용납되지 않았다.

헤겔은 사람들은 대부분 가치 있는 업적을 이룰 능력이 없으며 우리는 모두 역사의 장난감이자 우리 삶을 통제하는 거대하고 비인격적이며 불가피한 힘들의 장난감이라고 생각했다. 그러나 이따금 비범한 지혜나 기량을 지닌 "세계사적 인물들"이 "시대 정신"을 구현할 수 있었다. 이들은 역사의 진로를 바꿀 수는 없을지라도 속도는 앞당길 수 있었다. 이에 따라 "영웅"이나 "초인"을 자처하는 사람들이 나타나 자신이 다른 모든 사람을 대신해 절대적인 것을 설명하겠다고 나섰다. 반(反)영웅을 선호하는 경향이 있는 21세기 지식인들로서는 19세기가 영웅 숭배의 시대였다는 것을 인정하기 쉽지 않을 것이다. 영국의 사상가 칼라일은 자신의 생각을 독일의 주술 아래에서 발전시켰다. 칼라일은 역사는 위인들의 업적을 기록한 것에 지나지 않는다고 생각했다. 칼라일은 영웅 숭배를 일종의 자기 계발의 세속 종교로서 옹호했다. "사람이 이 세계에서 성취한 것의 역사는 이 세계에서 일한 '위인들의 역사'이며 (…) '영웅 숭배'는 '위인'의 초월적 추앙이다. (…) 사실 그 외에는 달리 추앙할 것이 없다. (…) 사회는 영웅 숭배의 토대 위에 세워진다."[32] 그 기반은 충성심과 "진정으로 위대한 것에 대한 순종적 찬미"였다. 영웅이 되기 위해 시간은 필요하지 않다. 위대한 사람들은 그 자체로 위대하다. 역사는 영웅을 만들지 않는다. 영웅이 역사를 만든다. 자유주의적 관점을 견지한 역사가 부르크하르트의 르네상스에 관한 견해는 그의 계승자들이 미학적 문제에 관해 피력한 모든 생각에서 재차 다시 나타난다. 그러한 부르크하르트조차도 "위인"은

의지의 힘으로 자기네 시대의 역사를 형성한다는 데 동의했다.[33]

이러한 아이디어들은 19세기 후반에 급성장한 민주주의와 도무지 조화를 이룰 수 없었다. 대부분의 학자는 이러한 초인들은 초인을 추종하는 사람들의 정신 바깥에서는 절대 존재한 적이 없다고 생각한다. "세계의 역사는 위인전일 뿐"이라는 말은 오늘날 사람들이 정말로 폭군이나 깡패를 무서워하는가를 생각한다면 이제는 고루한 주장, 기이하고 이상하며 성마른 주장으로 보인다. "우리는 위인을 바라보면 그로부터 불완전하게라도 무언가를 얻는다. 위인은 가까이 있으면 기분좋고 기쁜 살아 있는 빛의 분수다. 세상의 어둠을 물리치고 물리쳐 온 빛 (…) 천상의 선물로 빛을 발하는 자연의 발광체"[34]라는 칼라일의 글을 읽고 있으면 연민과 조소, 혐오가 일어난다. 칼라일은 민주주의를 "당신을 통치할 영웅을 찾지 못했다는 체념"[35]이라고 정의했지만, 민주주의는 영웅을 한물간 유행으로 만들었다. 오늘날 사람들은 대체로 허버트 스펜서가 칼라일에게 제기한 예리한 반론에 찬성할 것이다. "위인의 발생은 그 위인이 출현한 인종을 낳은 복잡한 영향들의 기나긴 연쇄, 그리고 그 인종이 서서히 성장할 때 속한 사회 상태에 의존한다는 것을 당신은 인정해야 한다. (…) 어느 위인이 사회를 만들 수 있기에 앞서 사회가 그 위인을 만들어야 한다."[36]

그러나 19세기에는 개인 숭배가 문화 전체를 재편성했다. 영국 남학생들은 웰링턴 공을 모방했다. 오토 폰 비스마르크는 독일인의 롤모델이 되었다. 루이 나폴레옹 보나파르트는 프랑스 공화국의 대통령 선거에 출마했을 당시에는 잘 알려지지 않은 인물이었지만 그 이름에서 울려 나오는 영웅주의의 메아리가 경외심을 자극했다. 아메리카대륙에서도 조지 워싱턴과 시몬 볼리바르의 인간적 결점은 영웅적 신화에 가려졌다. 헤겔의 영웅 숭배는 피로 물든 폭군들을 향했다. 영웅들은 집단—정당, 민족, 운동—에 봉사했다. 오로지 성자들만이 세계 전체를 위한 덕을 구현한다. 대중의 판단에서 영웅이 성자를 대체하자 세계는 나빠졌다.[37] 민주주의 체제 국가들은 위인이 사회를 구할 수 있다는 믿음으로 지도자에게 어느 때보다 큰 권력을 맡겼고 20세기의 수많은 사례에서 그랬듯이 대중선동가와 독재자들에게 스스로 투항했다.[38]

초인 숭배의 위험은 프리드리히 니체의 저작에 잘 드러나 있었을 것이다. 어느 지방 대학의 좌절한 철학 교수였던 니체는 19세기 후반의 상당 기간을 자신이 혐오한 모든 관습적 사고를 전복 또는 도치시키는 데 할애했지만, 어느덧 니체의 비판 능력은 모순으로 빠졌고 괴로움은 편집병을 낳았으며 천재성은 망상으로 이어졌다. 이는 니체가 자신이 십자가형의 고난에 처해 있다고 말하는 편지에 잘 드러나 있다. 니체는 독일 황제에게 스스로를 제물로 바치라고 요청하고 유럽에 전쟁을 촉구했다. 니체는 "우리 문명의 무정부적 몰락"은 무려 나폴레옹 같은 초인을 얻기 위해 치르는 소소한 대가일 뿐이라고 생각했다. 나폴레옹은 당시 신학대생이었던 젊은 헤겔의 고향 도시에 정복자로서 행진했을 때 헤겔에게 영감을 준 영웅이기도 했다. "작은 사람들의 (…) 불행은 강자의 느낌 속에서만 중요하다"고 니체는 덧붙였다. 니체는 "예술가 폭군"이 가장 고귀한 인간 유형이며 "정신적으로 고양되고 강화된 잔인성"은 최고 형태의 문화라고 생각했다. 이 말은 아이러니한 도발로 들린다. 이 두 가지 특질을 구현한 전형적인 인물이 네로라는 사실을 감안하면 더더욱 그렇다. 광기에 차 있었고 몹시 자기중심적이었던 로마 황제 네로는 세련된 형태의 가학성의 대명사였다. 네로는 스스로가 예술에서 갖는 상징성에 비추어 자신의 죽음을 예술의 상실로 보고 슬퍼했다고 전해진다. 하지만 니체는 진심이었다. "나는 너에게 '초인'을 가르친다. 인간은 극복되어야 할 그 무엇이다"라고 니체는 선언했다.³⁹

니체의 도덕 철학은 권력에 굶주린 착취 세력의 남용을 부르는 듯했다. 니체의 "주인 도덕"은 단순했다. 니체가 진리의 문제를 해결한 방식은 진리의 존재를 부정하는 것이었다. 하나의 해석을 다른 해석보다 선호하는 것은 오로지 그 해석이 선택자에게 더 자기충족적이기 때문이었다. 도덕에도 똑같은 원칙이 적용되었다. 니체는 모든 도덕 체계는 횡포라고 주장했다. "어떤 도덕을 대하든 이 점을 명심하라. [그것은] (…) 방종을 혐오하라고, 너무나 위대한 그 모든 자유를 혐오하라고 가르치고, 제한된 지평과 가장 가까이 놓인 과업의 요구를 머릿속에 주입한다. 우리의 관점을 좁히고 그리하여 어떤 의미에서 어리석음을 가르치는 것이다." 이웃에 대한 사랑은 그저 이웃에 대한 두려움에 대한 기독교식 완곡어법에 지나지 않았다. 니체는 질문했다. "이 모든 도덕, 그것들은 단지 (…) 열정을 방해하는 비법이 아닐까?" 니체는 자신의 시대에는 혼자였지만 미래의 불온한 대표자가 되었다.⁴⁰

주로 1880년대 저작에서 니체는 복수와 분노, 갈망을 미덕으로 재분류할 것을 주장했다. 니체가 권장한 것들로는 노예제도, 여성을 "채찍질"로 복종시키는 것, 영광스러운 유혈 전쟁을 통한 인종 개선, 수백만 명에 이르는 열등한 민족의 제거, 약자에게 경멸스러운 편향성을 보이는 기독교의 근절, "강자가 옳다"는 윤리였다. 니체는 정복자들은 필연적으로 희생자들보다 우월하다는 것을 근거로 자신의 생각은 과학적으로 정당하다고 주장했다. 니체는 썼다. "나는 (…) 언젠가는 생명이 그 어느 때보다 악과 고통으로 가득 채워질 수 있다는 희망을 떠올리며 즐거워한다."[41] 이 모든 것은 니체를 히틀러가 가장 좋아하는 철학자로 만들었다. 그러나 히틀러는 니체를 잘못 이해했다. 니체가 증오하는 대상은 매우 폭넓었고 여기에는 국가도 포함되었다. 니체가 선망한 것은 개인의 힘이었다. 국가가 부과한 도덕 같은 것은 니체가 가장 혐오하는 것이었다. 히틀러가 오독한 다른 수많은 위대한 사상가의 저작과 마찬가지로 니체의 저작도 뒤틀리고 납작하게 눌린 채 나치즘에 봉사했다.[42]

19세기 중반에 초인 숭배를 부채질한 또다른 도덕 철학의 기여가 있었다. "의지"는 자율적이며 탁월하다는 개념이었다. 의지는 정신의 초이성적인 영역으로 여기에서는 이성이나 양심에서 비롯된 충동보다 도덕적으로 더 우월한 충동이 응축되었다. 이러한 미개성의 대변자는 미개성의 체현과 좀처럼 어울리지 않는 사람이었다. 아르투어 쇼펜하우어는 은둔적이고 자기 탐닉적이었으며 신비주의에 기울어 있었다. 쇼펜하우어는 다른 수많은 철학자처럼 명백히 실재하는 어떤 것을 분리해내려고 했다. 그것은 물질, 정신, 자아, 영혼, 생각, 신 등 무엇이든 될 수 있었다. 쇼펜하우어는 "의지"를 떠올렸다. 이때 '의지'라는 말의 의미는 어쩌면 쇼펜하우어 스스로에게도 잘 이해되지 않았을 것이지만, 여하튼 그는 이 '의지'를 이성이나 도덕과 구분할 수 있다고 생각했음에 틀림없다. "지하 통로, 그리고 배반과 비슷한 어떤 비밀스러운 공모"를 통해 '의지'는 쇼펜하우어를 확신에 가까운 분명한 자기 이해로 인도했다. 쇼펜하우어가 파악한 삶의 목적이자, 의지가 추구하는 운명은 대부분 사람들의 취향에 비추어 보면 마뜩잖은 것이었다. 그것은 모든 것의 소멸이었다. 쇼펜하우어는 이것이 붓다가 말한 니르바나라고 주장했다. 오로지 소외된 자, 분개한 자, 실패한 자만이 완전무결한 허무주의를 옹호한다. 쇼펜하우어가 이 말을 문자 그대로 의미했던 것은 아니었다. 쇼펜하우어의 목표는 신비주의자들의 목표와 비슷한 신비로운 고양이었다. 이러한 고양은 외부세계의 부정에서 출발해 황홀한 자기 실현에 이를 터였다(물론 쇼펜하우어의 신랄하고 괴팍한 영혼은 이것을 이룰 수 없었다). 그러나 일부 독자의 반응은 파괴를 향한 욕망을 드러내는 것으로 나타났다. G. K. 체스터턴의 「잘못된 모양(The Wrong Shape)」에 등장하는 도덕 관념이 없는 허무주의자가 그러한 예다. 「잘못된 모양」의 허무주의자는 "내가 원하는 것은 아무것도 없다"고 선언한다. "내가 원하는 것은 아무것도 없다. 내가 원하는 것은 아무것도 없다." 이러한 강조점의 이동은 자기중심주의로부터 의지, 그리고 허무주의로 가는 경로를 보여준다.

니체는 20세기에 권력을 잡고 초인이 되기를 원하는 사람들에게 쇼펜하우어의 메시지를 전달했다. 더욱이 니체는 이 과정에서 쇼펜하우어의 메시지를 변형해 투쟁의 충동을 의지에 포함했다. 결단은 오로지 일부의 다른 이들에 대한 승리와 장악을 통해서만 나타날 수 있었다. "세계는 힘에의 의지다." 니체는 잠재적 초인들을 향해 외쳤다. "그 외에는 아무것도 없다! 그리고 너 또한 이러한 힘에의 의지다. 그 외에는 아무것도 없다!"[43] 히틀러나 베니토 무솔리니에게 이 말은 제국주의와 침략 전쟁을 정당화하는 말과 다름없었다. 레니 리펜슈탈 (Leni Riefenstahl)이 히틀러를 위해 제작한 악명 높은 나치 선전 영화에 붙인 제목 〈의지의 승리(Triumph of the Will)〉는 총통(Führer)의 자아상이 갖는 19세기 계보에 바치는 찬사였다.[44]

공공의 적들: 국가를 넘어서고 국가에 저항하다

니체와 쇼펜하우어 두 사람 다 자신의 신조가 국가 권력의 강화에 이용될 것을 의도하지—도 심지어 예견하지도—않았다. 국가와 초인을 초법적으로 받드는 모든 변화는 불의가 나타날 가능성을 키울 뿐이었다. 이러한 결과는 민주주의 체제에서 빈번하게 나타났다. 독재 체제에서는 이것이 정상이었다. 그러니 일부 19세기 사상가들이 정도의 차이는 있지만 국가를 우상화하거나 이상화하는 신조에 반발한 것은 충분히 이해할 수 있는 일이다.

예컨대 무정부주의는 헤아릴 수 없을 만큼 오래된 이상이었다. 무정부주의는 다른 모든 정치사상과 마찬가지로 인간의 본성에 관한 가정에서 출발했다. 사람들은 본래 도덕적이고 합리적이라면 국가 없이도 서로 잘 지낼 수 있어야 했다. 무정부주의는 아리스토텔레스가 맨 처음 국가를 덕의 대리자로서 상찬한 때부터 서양 전통에서 평판이 좋지 않았다. 그러나 18세기 유럽에서는 진보와 발전에 대한 믿음이 국가 없는 세계가 실현 가능한 것처럼 보이게 만들었다. 나중에 메리 울스턴크래프트의 남편이 될 윌리엄 고드윈은 1793년에 법을 일체

철폐하자고 제안했다. 법은 진보 때문에 낡은 것이 된 야만성의 상태에서 서툴게 만든 오래된 타협안이라는 것이 그 이유였다. 소규모 자율적 공동체들은 모든 갈등을 면대면 토론으로 해결할 수 있었다. 피에르 조제프 프루동이 다음 단계를 맡았다. 프루동은 인쇄공으로 일하며 탐독에 대한 열정을 불태운 인물이었다. 1840년 프루동은 공동체나 협동 사회처럼 호혜 원칙에 따라 운영되는 사회를 의미하는 "무정부주의(아나키즘)"라는 용어를 만들었다. 이러한 종류의 실험 공동체는 수없이 많이 설립되었지만 그중 전통적인 국가에 견줄 만한 규모의 공동체는 없었다. 한편, 국가 권력의 옹호자들은 주류 사회주의자들을 포획했다. 그중에서도 사회민주주의자들은 대중을 동원해 국가를 포획하자고 주장했다. 부르주아지 지식인 루이 블랑의 추종자들은 블랑의 가문에 속한 관료들과 함께 강력한 규제 국가를 건설해 혁명적 야망을 실현할 수 있다고 믿었다. 이렇듯 무정부주의자들은 좌파 성향의 이단자들로서 줄곧 주변부에 머물렀다. 그러다 그들은 1840년대부터 1870년대까지 무정부주의 운동을 지도하며 유럽에서 종횡무진으로 누빈 미하일 바쿠닌의 저작에서 영향을 받았고 이제는 유일하게 현실적인 대안적 혁명 프로그램으로 보이는 것, 즉 테러 조직에 의한 폭력에 점점 더 의지하게 되었다.

19세기 초에 게릴라 전쟁을 옹호한 혁명가 중에서도 카를로 비안코(Carlo Bianco)는 독보적인 인물이었다. 비안코는 억압받는 피해자들을 지키기 위해서는 "심장이 아닌 두뇌의 냉철한 테러리즘"이 필요하다고 주장했다.[45] 그러나 비안코 시대의 혁명가들은 대부분 테러를 혐오한 이상주의자들이었다. 그들은 윤리적인 반란을 원했다. 그들은 적의 무장 군대를 표적으로 삼았고, 정치에 무관심하거나 무고한 민간인을 보호하려고 했다. "행동에 의한 선전"의 사도였던 요한 모스트(Johann Most)는 여기에 반발했다. 모스트가 보기에 전 엘리트층—귀족, 사제, 자본가 등의 "파충류 패거리"—과 그들의 가족과 하인, 그리고 그들을 상대로 사업하는 모든 사람은 거리낌없이 죽여 마땅했다. 이때 누구라도 십자 포화를 맞는 사람이 있다면 그것은 대의를 위한 희생이었다. 1884년 모스트는 교회, 무도회장, 공공장소 등에서 폭파할 수 있는 폭탄의 제조법을 담은 설명서를 출판했다. 아울러 경찰들은 완전한 인간이 아니라 "돼지들"이므로 몰살해야 한다고 주장했다. 이후 경찰들을 혐오하고 살해하는 사람들 중에 모스트의 저작을 직접 읽어볼 식견이 없고 교육을 받지 않아 모스트에 관해 들어보지 않은 사람들도 여전히 모스트의 이 표현을 사용해왔다.[16]

모스트는 스스로를 사회주의자로 불렀지만 모스트가 제안한 방법을 주로 채택한 이들은 사실 민족주의를 표방하는 테러리스트들이었다. 테러를 주요 전술로 삼은 최초의 운동 단체(나중에는 '국제 마케도니아 혁명 단체'로 알려지게 된다)는 1893년에 결성되었다. 이 단체의 창립에 참여한 다미안 그루에프(Damyan Gruev)는 자신들이 채택한 방법의 정당성을 이렇게 요약했다. "위대한 효과를 내려면 위대한 힘이 필요하다. 자유는 위대한 것이므로 자유에는 위대한 희생이 필요하다." 족제비처럼 교활한 그루에프의 화법은 수많은 무고한 사람이 폭격으로 사망하리라는 중요한 사실을 가렸다. 그루에프의 슬로건은 "끝없는 공포보다는 끔찍한 최후가 낫다"였다.[17] 마케도니아의 혁명가들은 이후에 등장할 테러리스트들의 방법을 선점하고 예시했다. 테러리스트들의 살인, 약탈, 갈취 행위에 겁을 먹은 공동체들은 어쩔 수 없이 자금과 은신처와 물자를 내주었다."[8]

테러리즘이라는 아이디어는 지속적인 반향을 불러일으켰다. "해방 투쟁"은 하나같이 목표물을 잘못 설정한 폭력으로 변형된다. 범죄자들—특히 마약 밀매범과 금품 갈취범—은 테러리스트들을 모방해 마치 자신들에게도 정치적 입장이 있는 양 혁명가로 가장한다. 20세기 후반 콜롬비아와 북아일랜드의 마약 전쟁에서는 범죄적 동기를 정치적 동기로부터 구분하기 어려웠다. 2001년 뉴욕 세계 무역 센터를 폭파한 집단의 이데올로기적 입장은 분명치 않아 보였다. 이 이른바 서구화에 저항하는 순교자들은 소비지상주의적인 생활에 젖어 있었고 그날의 위업을 준비한다며 폭음을 했다. 허무주의는 정치적 신조가 아닌 심리적 일탈이다. 자살 폭탄 테러리스트들은 자신들이 대표하는 대의의 주창자가 아닌 희생자처럼 보인다. 행동에 직접 나선 사람들에게 테러리즘은 지성적이거나 현실적 필요보다는 폭력, 비밀, 자만, 반항에 대한 정신의 갈망을 충족시켜주는 듯하다.

무정부주의는 20세기 초의 이데올로기적 투쟁에 무모한 이상주의를 그리고 이따금 광란의 폭력을 보탠 다음 정치의 중심에서 물러났다. 표트르 크로폿킨은 최후의 위대한 무정부주의 이론가였다. 크로폿킨의 저작 『상호 부조론』(1902)은 사회적 다원주의에 맞선 설득력 있는 논변으로, 인류에게는 경쟁이 아닌 협동이 자연스러운 것이며 우리 종이 진화를 통해 보유하게 된 이점들은 우리의 협동적 본성을 구성한다고 주장했다. "소수의 사제, 군사 지도자, 판사가 우리를 지배하기 위해 우리에게 주입했고 소수의 과학자가 영속화한 생각들로부터 인간의 정신이 스스로를 해방시킬 때, 타인을 지배하려는 소수가 들어설 공간이 없는 사회의 개념이 비로소 생겨난다."[49] 사회적 강압은 불필요하며 반(反)생산적이다.

무정부주의의 마지막 위대한 전투들은 방어전이었다. 스페인 내란(1936~1939)에서는 좌파와 우파의 권위주의에 맞서 싸웠다. 그들은 결국 패배했다. 프랑스에서 학생들이 일으킨 1968년의 혁명에서 무정부주의자들이 남긴 유산은 수사는 풍성했으나 실제로 거둔 성과는 찾아보기 어렵다. 그럼에도 여전히 남아 있는 무정부주의 전통은 20세기 후반의 한 가지 눈에 띄는 발전을 설명하는 데 도움을 줄 가능성이 — 아직 증명된 바는 없지만 — 있다. 이때 유럽 좌파 정치에서는 자유에 대한 관심이 크게 증가했다. 대체로 자유주의적 우파가 좌파 사상에 영향을 주었기 때문일 것으로 분석하지만 무정부주의도 적어도 그만큼은 이바지했을 것으로 보인다. 확실히 현대 좌파의 주된 관심사는 과거의 공산주의자와 사회주의자가 옹호한 대규모 계획 정책보다는 여러 사회 문제에 대한 인간 중심적이고 "공동체적"인 해결책에 대한 모색이 되었다.[50]

여하튼 장기적으로는 국가 권력에 대한 비폭력적인 도전이 더 현실적이고 어쩌면 더 효과적인 것 같다. 1840년대 헨리 데이비드 소로의 머릿속에는 시민 불복종이라는 아이디어가 떠올랐다. 소로는 이루 말할 수 없이 비현실적인 사람이요 구제 불능의 낭만주의자였다. 소로는 경제적으로 자급자족하는 생활을 옹호했고 이를 오랫동안 "숲속에서" 실천했다. 그러나 소로의 생각은 세상을 변화시켰다. 모한다스 간디, 엠마 골드만, 마틴 루터 킹 등 20세기의 역동적인 인물들이 소로의 뒤를 따랐다. 소로는 남북전쟁 전 미국이 자행한 두 가지 큰 불의에 혐오감을 느끼고 그의 가장 중요한 정치 에세이를 집필했다. 미국의 두 가지 큰 불의란 흑인을 괴롭히는 노예제도와 멕시코의 영토를 강탈한 전쟁이었다. 소로는 "조용히 국가와의 전쟁을 선포"하겠다고 결심했다. 소로는 국가에 충성하기를 멈추었고 무고한 사람들을 억압하거나 강탈하는 일에 돈을 보태기를 거부했다. 모든 정의로운 사람이 이와 비슷하게 행동한다면 국가는 변화할 수밖에 없으리라고 소로는 추론했다. "만일 대안이 모든 정의로운 사람을 감옥에 가두는 것이나 전쟁과 노예제도를 포기하는 것 중 하나여야 한다면, 국가는 어느 쪽을 선택할지 망설이지 않을 것이다."[5] 소로는 세금을 내지 않은 죄로 옥살이를 했지만 "누군가가 개입해 세금을 냈다". 소로는 감옥에서 하룻밤을 보내고 석방되었다.

소로는 미국 체제에서 좋은 점을 칭찬했다. "미국과 미국 정부에도 여러 면에서 아주 바람직하고 귀한 것들, 우리가 감사해야 할 것들이 있다." 소로는 더 나아가 시민은 "국가가 나에게 요구하는 선"을 행할 의무가 있음을 인정했다. 하지만 소로는 민주주의의 한계를 발견했다. 시민은 국가에 권력을 양도한다. 그렇지만 양심은 여전히 개인의 책임으로 남으며 이 책임은 선출된 대표자에게 위임될 수 없다. 국가가 불의를 행한다면 국가를 지키는 것보다 해체하는 편이 낫다고 소로는 생각했다. "미국의 국민은 노예들을 속박하고 멕시코와 전쟁을 벌이는 일을 멈추어야 한다. 혹시 그 대가로 국민으로서 존재하기를 포기해야 할지라도."

소로는 두 가지 명제에 동의할 것을 힘주어 강조했다. 첫째, 폭군에게 정당한 저항으로 대응한 오랜 기독교적 전통에 비추어, 불의가 자행될 경우 시민 불복종은 의무라는 것이었다. 앞서 아퀴나스는 억압적이고 악한 지배자 아래에서 인민이 저항할 권리와 개인이 폭군을 살해할 권리를 인정한 바 있다. 17세기 영국 판사 존 브래드쇼(John Bradshaw)는 영국 내전을 개시한 반란의 정당성을 옹호하며 "폭군에 대한 저항은 하느님에 대한 의무"라는 명언을 남겼다. 이 문구를 벤저민 프랭클린은 미국의 "위대한 옥새"에 넣었고, 토머스 제퍼슨은 이것을 자신의 좌우명으로 삼았다. 그러나 소로의 두번째 명제는 완전히 새로운 것이었다. 정치적 불복종은 비폭력적이어야 하며 그로 인한 피해는 오로지 저항을 선택한 사람들에게 국한되어야 한다는 것이었다. 소로가 제시한 이 두 명제는 간디가 인도에서 영국의 지배에 맞서 전개한 "도덕적 저항" 운동과 마틴 루터 킹이 미국에서 펼친 "비폭력 비협조" 시민권 운동의 근간이 되었다. 두 사람 모두 폭력에 기대지 않고 성공했다. 21세기 초에 세계에서 가장 존경받는 정치 철학자로 손꼽히는 존 롤스도 이 신조를 인정하고 발전시켰다. 롤스는 다수가 소수의 동등한 권리를 부정한다면 소로가 촉구한 시민 불복종은 민주주의 체제에서 정당하다고 말했다.[52]

다만 무정부주의와 시민 불복종은 이들이 대항하는 국가가 그들을 탄압할 만큼 무자비하지 않을 때만 성공할 수 있었다. 자유를 보장해주리라고 믿을 수 있는 국가 제도를 폭력에 기대지 않고 창출할 수 있는지도 증명되지 않았다. 이를테면 베네수엘라의 니콜라스 마두로(Nicolás Maduro) 정권처럼 사법부가 매수되거나 유명무실해지고 수장이 파면될 수도 있다. 국민이 선출하지 않은 엘리트나 국가수반이 막강한 소수의 권력 기관처럼 권력을 남용할 수 있다. 무장 군인이 헌법을 보장하는 곳에서는 국가의 권력이 자주 군부 독재자에게 넘어간다. 정당들은 흔히 친밀한 공모관계를 맺음으로써 유권자들의 허를 찌른다. 정권을 번갈아 잡거나 야합해 권력을 공유하는 것이다. 노동조합은 일반적으로 정치에 독립적이거나 심지어 정부에 저항적인 태도로 시작한다. 하지만 노동조합이 권력을 가진 엘리트층에게 도전할 수 있을 만큼 충분한 지지와 부를 축적하면 거의 모든 국가가 노동조합을 다른 제도에 편입하거나 무력화하거나 철폐시키는 것으로 대응했다. 일부 헌법에서는 연방, 지방, 지역 당국에 권력을 맡기거나 분산시켜 독재를 미연에 방지한다. 권력을 이양받은 지역 행정가들이 횡포를 부리기도 한다. 이러한 위험이 가시화된 사례로 2015년의 카탈루냐를 들 수 있다. 그해 카탈루냐의 소수당 정권은 이 지역 유권자 다수의 의사에 반해 헌법을 정지시키고 세금을 유용하고 카탈루냐 영토에서 법을 제정하고 폐지할 수 있는 독점권을 부당하게 사용하려고 시도했다. 2017년 소수당 정권인 카탈루냐 지방정부는 주민 투표를 열어 지지자들을 결집해 사실상 시민 쿠데타를 통해 주권을 가져오려고 했다. 가톨릭교의 정치적 전통은 독재 국가와 소규모의 조악한 전제 정권이 양산될 위험에 대비해 "보충성(subsidiarity)"의 개념을 발명했다. 보충성의 개념에 따르면 정치적 의사결정은 오로지 그 결정의 영향을 받는 공동체에 현실적으로 최대한 밀착해서 취해져야만 정당하다고 말할 수 있다. 그러나 현실에서는 각 당사자가 동원할 수 있는 자원에 차이가 있으므로 충돌이 발생하면 거의 언제나 부유하고 잘 무장된 제도가 승리하기 마련이다.

기독교 정치

국가의 횡포에 대한 다른 모든 견제가 불신을 받더라도 아직은 교회가 남아 있다. 교회는 분명 중세시대에 지배자들을 견제했다. 그러나 종교개혁은 국가와 공모하거나 국가에 의해 운영되는 교회를 창출했고, 이후 심지어 가톨릭 국가에서조차도 국가와 교회 사이의 대치는 교회의 권위를 세속에 이양하는 제약이나 타협으로 끝나는 경우가 대부분이었다. 20세기 말, 유례없는 카리스마와 도덕적 권위를 몸소 보여준 교황 요한 바오로 2세는 고국 폴란드에서 공산주의 정권을 무너뜨리고 전 세계 독재정권에 도전을 제기하는 데 일정한 역할을 했다. 그렇지만 이러한 성과가 다시 반복될 수 있을지는 의심스럽다. 오늘날의 교회는 신자 수가 많은 나라에서조차 불가침의 생명권 보호나 결혼의 신성함 등 기독교적 양심에 비추어 중대한 사안과 관련된 갈등이 발생할 때도 우세한 입장을 형성할 수 있을 정도로 충분한 지지를 모으지 못하고 있다.

그러나 19세기 가톨릭교 사상가들은 세계에 영향을 미치려는 교회의 염원을 개념화할 새로운 방법을 줄기차게 모색했다. 그 결과 수많은 새로운 생각이 탄생했고, 이러한 생각들은 갈수록 세속화되고 다원화되는 사회에서 교회가 차지하는 자리를 급진적으로 재정식화했다. 레오 13세는 1878년에 교황으로 임명되었다. 전임 교황 비오 9세가 세상에 저항하여 교황직이 대단한 명망을 얻은 터였다. 비오 9세는 압력에 굴복하거나 변화를 따르려 하지 않았다. 비오 9세는 당대의 거의 모든 사회·정치적 혁신을 모조리 비난했다. 그는 세속 이탈리아 국가의 군대를 피해 바티칸궁전을 사실상 벙커로 만들었다. 비오 9세의 이러한 비타협적 태도는 비오 9세의 추종자와 이 일에 직접 관련되지 않은 여러 관망자에게는 원칙을 중시하는 경건한 소명의식에서 나온 것처럼 보였다. 동료 주교들은 교황 무류성(無謬性, 교회의 최고 목자이자 스승인 교황이 교리를 확정적 행위로 선언할 때 그 가르침에는 오류가 없다는 원칙—옮긴이)을 선언함으로써 그에게 보답했다. 그런데 신임 교황 레오 13세는 이처럼 특별한 유산을 오히려 전임 교황 비오 9세가 경계했던 위험에서 오는 피해를 최소화하기 위해 정부와 협력할 수 있는 입장을 조성하는 데 활용했다. 레오 13세는 "위대한 정책의 이행"을 원했다. 이것은 사실상 사도의 직분을 새롭게 바꾸어 이른바 "아조르나멘토(Aggiornamento, '현대화')"를 이룩하자는 의미였다. 레오 13세는 얼결에 승리를 거두었지만 그는 현대화가 무엇인지 이해하지 못했고, 심지어는 현대화를 그리 좋아하지도 않으면서도 현대화를 장려했다. 그러나 레오 13세는 갈수록 민주주의화 되어가는 시대에는 수많은 가톨릭 평신도들이 교회의 가장 귀중한 동지라는 사실을 깨달았던 것 같다. 레오 13세는 공화주의를 싫어했지만 성직자들이 공화주의에 협조하도록 했다. 레오 13세는 교회가 노예제도를 허용한 과거 수 세기 동안에는 노예제도의 타당성을 부정할 수 없었지만 이제는 미래를 위해 이 제도를 금지했다. 레오 13세는 노동조합의 권력을 두려워하면서도 노동조합을 승인했고 가톨릭교도들에게도 노동조합을 설립하라고 권장했다. 사유재산을 포기할 수 없었지만—그러기에는 교회는 사유재산을 너무 많이 보유하고 있었다—기독교도들도 사회적 책무에 응해야 한다는 것을 사회주의자들에게 상기시키기도 했다. 사회주의를 승인하지는 않았지만 노골적인 개인주의는 단호히 비난했다. 레오 13세의 교회는 도덕적 비겁함이 없는 현실적인 자선을 베푸는 교회였다. 레오 13세가 죽은 후 로마에서는 정치적 유행이 바뀌었고, 언제나 일부 성직자들은 변화를 통제할 수 없음을 감지했기 때문에 변화를 좌절시키려고 애썼다. 그중 일부는, 20세기에 정치적 권리의 억압과 독재에 기꺼이 협조하려고 했다. 그러나 '아조르나멘토'의 불은 꺼지지 않았다. 장기적으로 레오 13세가 시작한 전통은 승리했다. 교회는 세상의 변화에 적응하는 동시에 영원한 진리를 견지했다.[53]

교회 역사에서 흔히 가톨릭 사상가들은 교황을 앞서간다. 가톨릭 사상가들은 사회주의를 기독교화했다. 가톨릭 사상가들은 정치적 불안을 유발하는 기독교식 사회적 교리를 만들었다. 이른바 사회적 복음을 옹호하는 개신교도들이 그들과 함께했다. 그들은 국가는 정의를 구현하고 성모 마리아가 칭송한 하느님을 따라야 한다고 주장했다. 성모 마리아에 따르면 "그분"은 "배고픈 자를 좋은 것으로 채우고 부유한 자는 빈손으로 보냈다". 초기 기독교는 국가를 부정했다. 중세 기독교는 대안적인 교회 국가를 세웠다. 세속화되어가는 현대에 기독교의 도전은 정치에 참여하지 않으면서 그리고 아마도 오염되지 않으면서 정치에 영향을 줄 방법을 찾는 것이다. 기독교도들은 현대의 산업화된 민주주의 체제에서 대표되는 모든 주요 정치 성향에 이바지할 만한 잠재적 요소들을 지니고 있다. 기독교는 보수적이다. 절대적 도덕성을 설교하기 때문이다. 기독교는 진정한 의미에서 자유주의적이다. 개인의 우월한 가치를 강조하고 주권적 양심을 인정하기 때문이다. 기독교는 사회주의적이다. 공동체에 대한 봉사를 요구하고 "가난한 사람들에게 편향적"이며 사도들과 초기 교회의 공동 생활을 권장하기 때문이다. 따라서 기독교에는 공산주의를 거부하지만 자본주의와도 불화하는 오늘날 세계가 열렬히 갈망하는 '제3의 길'을 제시할 가능성이 있다.

제3의 길로 가는 한 가지 설득력 있는, 아니면 적어도 그럴듯한 경로는 사회주의의 공동체주의 가치를 개인의 도덕적 책무와 결합한 19세기 프로그램에서 찾을 수 있다. 1840년대는 영국 성공회 전통의 "기독교 사회주의"로 알려진 운동이나, 일부 개신교 전통의 "사회적 복음", 가톨릭교회의 "가톨릭 생디칼리슴"과 "사회적 가톨릭주의"에 가장 중요한 10년이었다. 헌신적인 사제들과 주교들은 산업화와 도시화가 노동자들을 내팽개친 곳이라면 어디든 찾아가 새로운 교구를 세웠다. 영국 성공회 사제 F. D. 모리스(F. D. Maurice)는 "기독교 사회주의"라는 용어에 관한 논의의 장을 열었다가 수고한 보람도 없이 런던 대학교에서 일자리를 잃었다. 한편 파리에서는 가톨릭 자선 수녀회(Catholic Sisters of Charity)가 가난한 사람들 사이에서 실질적인 선교 활동을 펼쳤다. 아프르(Affre) 대주교는 1848년 혁명 때 바리케이드 앞에서 헛되이 올리브 가지를 흔들다 숨졌다.

레오 13세가 가톨릭교회와 현대 사회의 평화로운 관계를 조성한 이후 가톨릭 사제들은 노동자들의 정치 운동에 수월하게 참여할 수 있게 되었다. 노동자들을 공산주의로부터 "구원"하기를 소망한 주교들은 이러한 움직임을 권장했다. 그러나 가톨릭 정치 단체와 노동조합은 성직자가 아닌 평신도로 구성된 지도부 아래에서 거침없이 증가했다. 일부 단체는 대중 운동이나 선거에서 성공한 정당이 되었다. 그러나 가톨릭교회에서 "사회적 가톨릭주의"는 여전히 소수 단체였다. 그들은 1960년대에 교황 요한 23세 재위 기간 전까지는 정통성을 인정받지 못했다. 요한 23세는 1961년 주교들에게 보낸 회칙「어머니이자 스승(Mater et Magistra)」에서 국가의 비전을 제시했다. 그것은 국가의 사회적 책무를 받아들이고 "개개인이 각자의 권리를 행사할 수 있게" 해 자유를 격려하는 국가였다. 요한 23세는 보건, 교육, 주거, 노동 분야에서, 그리고 창의적이고 건설적인 여가를 위한 보조금 지급에서 국가가 해야 할 역할이 있다고 인정했다. 가톨릭교 사회 이론에서 나온 오늘날의 정치적 유행어는 '보충성' 뿐은 아니었다. '공동선'도 가톨릭교 사회 이론에서 유래했다. 세속적 사회주의 정당이 사라져가는 이때 어쩌면 기독교 전통의 정치가 부흥의 운명을 맞을지도 모른다.[54]

민족주의(그리고 민족주의의 미국식 변종)

19세기에 국가 권력을 강화한 생각—헤겔의 관념론, 쇼펜하우어의 '의지', 루소의 '일반 의지', 니체의 초인 이미지—은 이제 대체로 어리석어 보이기도 하고 불쾌감을 불러일으키기도 한다. 20세기 후반 들어 국가는 최소한 경제적 통제의 측면에서는 서서히 힘을 잃어갔다. 여기에는 원인으로 꼽을 만한 다섯 가지 새로운 추세가 있다. 어느 때보다 긴밀히 연결된 세계에서 하나로 모인 주권, 정부의 개입에 대한 시민과 역사적 공동체들의 저항, 인터넷의 사이버 게토를 비롯해 영토에 얽매이지 않는 새로운 동맹 관계의 부상, 종교 단체와 필란트로피 단체들이 보이는―누군가는 "국경 없는 의사회" 정신이라고 할 만한 ―국가 간 경계에 대한 무관심, 마지막으로―다음 장에서 자세히 보게 될―권한이 제한된 정부가 번영을 가져온다는 새로운 정치적·경제적 아이디어가 그 다섯 가지 추세다. 그러나 국가의 정당성에 대한 지성적 근거의 19세기 원천 중 하나는 놀라울 정도로 확고했음이 입증되었다. 그것은 바로 민족주의(nationalism, '국가주의', '내셔널리즘'이라고도 부른다―옮긴이)라는 아이디어였다.

　가장 열정적인 민족주의자들끼리도 민족의 정의에 관해 합의에 이르지 못할 것이며, 연구자들이 작성한 민족의 목록은 절대 일치하지 않을 것이다. 흔히 근대 민족주의적 사상의 전통을 열었다고 일컬어지는 헤르더는 "종족(peoples)"이라는 표현을 썼다. 독일어를 쓰는 민족(nations)과 구분할 수단이 필요해서였다. 더 최근으로 오면 민족주의자들은 "민족(nation)"을 국가, 역사적 공동체, 인종 등 다양한 통일체의 동의어로 사용한다. 헤르더의 민족 개념은 (핀란드의 민족주의자 아돌프 이바르 아르비드손[A. I. Arwidsson]을 인용하자면) "외부의 어느 유대보다 강하고 단단한 정신과 영혼의 매듭"으로 연결되어 있으며 동일한 언어와 역사적 경험과 정체성을 공유하는 하나의 해체할 수 없는 단위였다.[55] 헤겔은 "민족(Volk)"을 하나의 이상으로 보았다. 헤겔에게 그것은 초월적이고 변하지 않는 실재였다. 일부 민족주의 옹호자들은 역사와 과학에 의해 민족주의의 정당성이 인정되었다고 주장하지만, 민족주의는 흔히 신비주의적이거나 낭만적인 언어로 표현되었다. 현실적인 목표를 고려하면 이는 명백히 잘못된 선택이었다.

도달 불가능한 것을 향한 낭만적인 갈망에 감염된 민족주의는 좌절을 낳을 수밖에 없었다. 실제로 민족주의는 키츠의 시「그리스 항아리에 바치는 송가(Ode on a Grecian Urn)」의 사랑에 빠진 화자의 열정처럼, 완성의 순간에 죽음을 맞이할 터였다. 독일의 민족주의는 단일한 독일 제국의 모든 독일어 사용자를 단결시키겠다는, 결국에는 이루어지지 않은 야망 속에 번성했다. 세르비아의 민족주의는 고갈되지 않는 슬픔에서 양분을 얻었다. 심지어 "옳으나 그르나 나의 조국"을 외치는 '쇼비니즘(광신적 애국주의―옮긴이)'의 나라 프랑스에서도 만일에 통치자들이 탐낸 국경 지역의 영토를 프랑스인이 정말로 차지했다면 민족주의는 약화되었을 것이다.

민족주의는 일관된 정치적 프로그램이라기보다는 낭만적인 갈망의 상태였기 때문에 음악으로 가장 잘 표현되었다. 체코의 음악가 베드르지흐 스메타나의 〈나의 조국〉이나 잔 시벨리우스의 〈핀란디아〉는 어떤 민족주의 문학 작품보다 오래 살아남았다. 베르디의 오페라 〈나부코(Nabucco)〉에는 간절하면서도 경쾌한 노예들의 합창이 등장한다. 장기적인 관점에서 봤을 때 이 합창은 "그토록 사랑스럽고 그토록 상실된 조국"에 대한 이탈리아인의 감정을 정치가와 언론인이 드러낸 어떠한 갈망보다 더 잘 표현했다. 낭만주의 시인들은 민족주의는 "사고가 아닌 감각"이라는 가치에 속한다고 선포했다. 민족주의적 미사여구는 신비주의와 맥을 같이했다. 주세페 마치니―이탈리아의 통일을 위해 싸운 공화주의자―에게 민족은 개개인에게 잠재적인 도덕적 완벽성을 마련해준다고 말하는 "신의 음성"을 들었다. 시몬 볼리바르는 침보라소산에서 "나를 사로잡은 콜롬비아의 신"이 "이상하

고 탁월한 불"을 피운 순간 "섬망"을 경험했다고 전해진다.[56]

　민족주의자들은 어느 사람이나 민족에 속해야 하고, 어느 민족이나 집단적으로 민족적 정체성을 드러내고 민족의 운명을 좇으며 민족의 권리를 수호해야 한다고 주장한다. 이 모든 주장은 이치에 잘 닿지 않았다. 민족주의는 명백한 허위다. 민족은 우연히 배경적 요소나 언어를 공유하는 사람들일 뿐이며 그들 사이에 본유적인 정신적 유대란 없다. 민족이라는 공동체는 그저 그들이 선택한 대로 만들어진 것일 뿐이다. 민족주의를 연구한 어느 성실한 학자는 "민족을 인간을 분류하는 자연스러운 방식이자 신으로부터 받은 방식으로 보는 것, 우리에게 내재해 있되 오래전부터 미뤄진 정치적 운명으로 보는 것은 일종의 신화이다. (…) 흔히 민족주의는 이미 존재하고 있는 문화들을 지워버린다"고 말했다.[57] 민족이 통일성이 있는 범주라고 한다고 해도 어느 개인이 민족에 소속된다는 것이 그에게 반드시 어떠한 의무를 지우는 것은 아니다. 그런데도 사람들은 이러한 부조리한 생각을 믿는 경향이 있었고 지금도 일부 사람들은 여전히 이 생각을 믿고 있다.

　이처럼 모순된 아이디어인 민족주의는 경악스러운 영향을 끼쳤다. 민족주의는 "민족자결주의" 신조와 결합해 19세기와 20세기에 발발한 거의 모든 전쟁의 정당화에 일조하고 참전을 부추겼다. 민족주의는 제1차세계대전 이후에는 유럽을, 유럽 제국들이 물러난 이후에는 전 세계를 재편했다. 민족주의는 세계화와 국제화가 두드러지는 오늘날에는 시대에 뒤떨어진 아이디어가 되어야 마땅하다. 그럼에도 자국의 우월한 권력에 집착하는 일부 정치가와 낡은 정체성이 주는 위안을 바라는 일부 유권자는 민족주의를 재발견했다. 유럽에서는 국제화, 이민자, 다문화주의를 참을 수 없어 하는 사람들 때문에 민족주의 정당이 다시 인기를 끌며 문화 다원주의를 위협하고 유럽 통합의 전망에 먹구름을 드리우고 있다. 이것은 그리 놀라운 일은 아니다. 사람들을 유례없이 거대한 제국이나 연방에 편입시키는 응집의 과정은 언제나 핵분열성 반응을 유발하기 마련이기 때문이다. 20세기 말과 21세기 초 유럽의 분리주의자들은 그들 자신의 국가를 모색·수립해 유고슬라비아와 소련을 쪼갰고, 세르비아와 체코슬로바키아를 분리했으며, 스페인과 벨기에와 영국을 위기로 내몰고, 이탈리아와 핀란드와 프랑스와 독일의 미래에 관해 의문을 제기했다.[58] 세계 다른 지역에서도 탈식민화 이후 남은 대규모 연합 국가들을 역사적 토대가 그리 탄탄하지 않은 새로운 민족주의 운동이 뒤흔들거나 분리시켰다. 이라크, 시리아, 리비아는 현재 취약해 보인다. 인도네시아, 소말리아, 수단으로부터 각각 분리된 동티모르, 소말릴란드, 남수단은 아직 여전히 불안정한 상태다.

현실적으로 스스로를 민족 국가라고 그릇되게 표방하는 나라들은 다른 나라와의 경쟁을 피할 수 없는 듯하다. 이러한 나라들은 흔히 스스로를 정당화하거나 차별화하기 위해 자기주장을 강하게 내세우거나, 다른 나라로부터 실제로 공격을 받아서 또는 공격을 받을 수 있다는 두려움에서 다른 나라를 공격해야 한다. 19세기 초 프랑스인과 러시아인의 군홧발은 독일 땅을 밟았다. 공포와 분노는 민족주의적 만용을 자극했다. 독일인들은 역사의 가장 선량한 희생자들처럼 그들은 실은 정복자보다 더 우월하다고 주장했다. 수많은 독일인이 조직적으로 단결해 싸워야 한다고 의견을 냈다. 민족주의를 지지하는 철학자들은 프로그램을 정식화했다. 19세기 초 베를린대학 초대 총장 요한 고틀리프 피히테는 「독일 민족에게 고함(Reden an die deutschen nation)」에서 독일의 정체성은 불변하고 영원하다고 선언했다. "인격을 갖는 것과 독일인이 되는 것"은 "의심의 여지 없이 하나의 동일한 사태다." "폴크스자이스트(Volksgeist)"—'민족정신'—는 본질적으로 훌륭한 것이었고 그들 민족을 가장 뛰어나게 문명화했다. 헤겔은 "'정신'의 역사적 발전"의 마지막 단계에서 독일인은 그리스인과 로마인을 대체했다고 생각했다. "독일 정신은 새로운 세계의 정신이다. 무제한적인 자유의 자기 결정인 독일 정신의 목표는 절대 '진리'의 실현에 있다."[59] 이 선언은 대단히 거창한 동시에 약간은 으스스한 느낌을 준다. 이 선언에는 지적인 유행 말고는 아무런 근거도 없었다.

민족주의자들의 수사는 결코 기본적인 문제와 직면하지 않았다. 누가 독일 민족에 속하는가? 시인 에른스트 모리츠 아른트는 언어적 정의(定義)를 제시한 사람 중 한 명이었다. "독일은 천상의 신에게 독일어가 울려퍼지고 노래가 흘러 들어가는 곳에 있다."[60] 이러한 과장법은 인종적 정의를 지지하는 사람들에게는 만족스럽지 못했다. 앞으로 보게 되겠지만 인종적 정의는 19세기에 갈수록 더 큰 인기를 누렸다. 수많은—때로는 어쩌면 거의 모든—독일인이 유대인과 슬라브인은 영원한 이방인이라고 생각하게 되었다. 아무리 독일어를 유창하고 우아하게 말하더라도 마찬가지였다. 아울러 독일 민족은 독일어를 사용하는 모든 땅을—설사 그 땅의 주민 중 소수만이 독일어를 사용한다고 해도—지배할 권리를 갖고 있다는 생각이 팽배해 있었다. 그 영향은 가히 폭발적이었다. 수 세기에 걸쳐 독일어를 말하는 소수집단들이 다뉴브강을 따라, 그리고 볼가강의 남쪽 협곡으로 흩뿌려진 터였다. 독일어권 공동체는 프랑스와 벨기에의 국경을 비롯해 모든 국경을 가로질러 퍼져 있었다. 민족주의는 폭력을 촉발하는 아이디어였다. 그리고 민족 국가는 폭력을 보장하는 아이디어였다.[61]

영국은 민족적 응집력이 독일보다 약했다. 그렇다고 우월한 영국(또는 흔히 사실상 잉글랜드)이라는 신조를 정식화한 사람들이 똑같이 공허한 아이디어를 만들지 못한 것은 아니다. 토머스 배빙턴 매콜리—정치가로서는 영국령 인도 제국의 설계를 지원했고 역사가로서는 영국사의 신화를 진보의 이야기로 만드는 일에 이바지했다—는 스스로 평가하기에 자신은 "지금까지 세계가 본 중 가장 위대하고 가장 고도로 문명화된 종족"에 소속되어 있었다.[62] 1848년 11월 매콜리는 서재에 앉아 당대 유럽의 다른 나라에서 벌어진 유혈 혁명들로 미루어 볼 때("민가에 총알이 박히고 홈통에 피가 부글거렸다") 자기 나라가 얼마나 우월한지 헤아렸다. 매콜리는 쇠퇴기의 로마 제국처럼 새로운 야만주의에 빠진 문명화되지 않은 대중에게 장악된 유럽이라는 악몽에 시달렸다. 아울러 진보는 실재하며 장기적으로 인간은 완벽해지리라고 확신했다. 영국의 운명은 진보를 선도하고 완벽에 다가가는 것이었다. 영국사 전체는 이러한 완성을 향해 전진하고 있었다. 매콜리의 눈에는 앵글로·색슨족이 게르마니아의 숲에서 태어난 자유의 전통을 브리타니아로 가져왔고, 이곳에서 자유가 로마 제국과 기독교 문명이 끼친 영향과 혼합된 것으로 보였다. 영국의 이웃들은 진보의 도정에서 다만 속도가 더딜 뿐이었다. 영국은 당시 다른 나라들을 전율하게 만든 입헌주의와 절대주의 사이의 투쟁들을 앞서서 치렀다.

영국인은 이 투쟁들을 한 세기 반 전에 "영국 정치체의 대중적 요소"에 우호적인 방향으로 해결했다. 17세기 혁명들은 왕의 통치권은 "토지 소유자가 지방의 기사들을 선택할 권리나 판사가 인신 보호 영장을 발부할 권리"[63]와 다르지 않음을 확실히 했다. 아울러 매콜리는 더 큰 오류를 범했다. 이 오류는 매콜리의 미국인 추종자들도 되풀이했다. 매콜리는 정치 체제가 경제적 결과물을 유도한다고 추정했다. 그는 입헌주의가 영국을 "세계의 작업장"이자 "세계의 가장 넓은 제국의 '어머니 나라'"이자 세계 관심의 초점으로 만들었다고 생각했다. 19세기가 끝나갈 무렵 세실 로즈는 한 가지 분석을 내놓았다. 내용은 조금씩 다르지만 이미 여러 사람에게 널리 공유되고 있었던 이 분석은 제국주의의 분위기를 풍기는 동화와 대중 소설에서 수차례 반복되었다. "영국 인종은 뼛속까지 건강하며 (…) 부패와 티끌은 이들 인종에게 몹시 낯선 것이다."[64]

영국과 독일의 이러한 사례들을 다른 유럽 국가들에서도 흔하게 찾을 수 있겠지만, 장기적인 관점에서 볼 때 세계에서 가장 큰 영향력을 발휘한 민족주의는 바로 미국의 민족주의다. 미국을 연구한 민족주의 이론가들은 여러 인종의 이민자들이 모여 사는 근본적으로 다원적인 나라를 어떤 그럴듯한 민족적 캐릭터가 부여된 혼합체에 주물러 넣기 위해 굉장히 힘든 작업을 해야 했다. 이스리얼 장월(Israel Zangwill)의 "하느님의 도가니(God's Crucible)"라는 표현은 그렇게 해서 나왔다.[65]

어떤 아이디어들은 머릿속에서 세상으로 나오기까지 때로는 오랜 시간이 걸린다. 일부 미국인은 건국 혁명을 치를 때부터 지구 반구를 모조리 차지한 단일 연합체를 그렸다. 하지만 당시에 이것은 실현할 수 없는 상상으로 보였다. 처음에는 아메리카대륙의 서단까지 영토를 확장하는 것조차 비현실적인 소망처럼 보였다. 탐험을 통해 서쪽으로 미처 횡단조차 할 수 없을 정도로 광활한 대지가 펼쳐져 있다는 것을 깨달았기 때문이다. 앞서 식민지 사업자들은 대서양에서 태평양까지 펼쳐진 땅이 전부 자기들 소유라고 자신 있게 주장했지만, 이는 아직 아메리카대륙의 실제 면적을 제대로 파악하지 못했기 때문이었다. 식민지 사업자들의 착각은 1793년 영국의 탐험가 알렉산더 매켄지가 북아메리카를 횡단하면서 깨졌다. 매켄지가 도착한 지점은 여전히 영국의 주권하에 있었다. 그후에 신생국이었던 미국은 대륙 횡단을 서둘러야 했다. 그러다 '루이지애나 구입(1803년에 미국이 미시시피강 서부 루이지애나의 광대한 영토를 프랑스로부터 구입한 일─옮긴이)'이 성사되자 대륙 횡단은 이론적으로 가능한 일이 되었고, 1803년의 대륙 횡단 탐사를 통해 경로가 대략 파악되었다. 하지만 우선 그곳에 이미 살고 있는 멕시코인과 아메리카 원주민을 몰아내야 했다. 1830년대와 1840년대에 수십 년에 걸쳐 멕시코와 격렬하게 적대적인 전쟁을 벌이는 동안 기자 존 L. 오설리번(John L. O'Sullivan)은 "매년 수백만씩 늘어나는 우리가 자유롭게 발달할 수 있도록 '섭리'가 우리에게 할당해준 이 대륙에 퍼져 번성하라"는 신의 말씀을 들었다. 이 바다에서 저 빛나는 바다까지 북반구 전체를 단일한 공화주의 "제국"으로 감싸 안는 것은 미국의 명백한 운명이었다. 미합중국 초기에 사람들은 기꺼이 그들의 국가를 "제국"이라고 불렀다. 초강대국 미국의 미래는 이 아이디어로부터 나왔다. 1845년 〈미국 저널(United States Journal)〉에 따르면 "우리, 미국인들은 지구상에서 가장 독립적이고 지성적이며 도덕적이고 행복한 사람들이다". 이러한 자화자찬은 독일인이나 영국인과 다를 바 없었다.

이제 적대적인 환경을 가로지르는 일이 남아 있었다. 세계 여러 지역은 숲이 나타나고 흙이 형성되기에 앞서 오랫동안 빙하시대를 겪었다. 하지만 북아메리카 중서부는 빙하시대를 장기간 경험해본 적이 없었다. 미시시피강 유역의 습지와 태평양 연안 영토 사이의 이용 가능한 토지는 대부분 이른바 "거대한 아메리카 황무지(Great American Desert)"였다. 이곳에서는 사실상 사람이 소화할 수 있는 식물은 아무것도 자라지 않았다. 군데군데 자리한 소규모의 땅을 제외하고는 흙이 지나치게 단단해 산업화 이전에 구멍을 파거나 쟁기질을 하는 데 사용했던 연장으로는 아무것도 할 수 없었다. 미국의 소설가 제임스 페니모어 쿠퍼에게 그곳은 미래가 없는 장소, "밀집된 인구를 지탱할 역량이 없는 광활한 지역"으로 보였다. 그러다 강철 쟁기가 나와 땅을 깼다. 라이플총은 원주민을 쫓아내고 버펄로를 사살해 식민지를 비워주었다. 나무가 자라지 않는 땅이었지만 기계로 만든 널빤지와 값싼 못 덕분에 경골(輕骨) 구조 목조 주택이 가득한 "시카고풍" 도시들이 건설되었다. 1850년에 노동력이 많이 필요 없는 양곡기가 도입되었고 열차는 곡식을 거대한 제분소로 날랐다. 제분소에서 공정을 거친 곡식은 시장에 내놓을 수 있는 상품이 되었다. 버펄로가 뜯는 풀이 자라던 자리는 인간이 소화할 수 있는 작물인 밀이 차지했다. 북아메리카의 자원 중에 가장 활용도가 낮은 자원―공간―의 생산성이 높아지자 이주민이 몰려들었다. 대초원은 세계의 곡창지대와 도시가 되었고 미국의 인구는 엄청나게 증가했다. 새로 생긴 막대한 부로 미국은 모든 경제적 경쟁자를 따돌렸다. 미국은, 그리고 어느 정도는 캐나다도 아메리카대륙을 좌우로 가로지르는 나라가 되고 세계의 식량 가격을 좌지우지하는 실질적 권력을 갖게 되었다.[66]

미국 예외주의(exceptionalism)는 미국 민족주의를 보완했다. 양자는 서로가 없으면 불완전했다. 미국 예외주의는 어째서 미국이 다른 나라들보다 인구통계학적으로나 경제적으로나 군사적 성장에서 더 앞섰는지 질문하던 19세기의 연구자들에게 호소력이 있었다. 그러나 미국은 다른 나라와 비교할 수 없는 비범한 나라라는 아이디어는 일찍이 "개척자 정신"—선택된 사람에게 약속된 땅을 찾는 밝고 열정적인 사람들의 정신—으로 나타난 바 있었다. 19세기의 경험은 그러한 희망과 선전에 부응했다. 미국은 차차 공화국의 모델, 모범적 민주국가, 번성하는 제국, 이민자들을 끌어당기는 자석, 급속한 산업화 국가, 강대국이 되었다.

가톨릭 개혁가 아이작 헤커(Isaac Hecker)는 극단적인 형태의 예외주의를 정식화했다. 이 아이디어의 덤불에는 언제나 종교적 위선이 숨어 있었다. 청교도들의 "언덕 위의 도시(City on a Hill)", 예수의 발걸음으로 신성해진 땅이라는 모르몬교의 환상이 그러한 예다. 헤커는 예외주의에 가톨릭적 요소를 더했다. 신의 은혜가 점진적으로 풍부함을 더해 현대의 진보가 이루어졌기 때문에 기독교는 다른 나라보다 미국에서 더 쉽게 완성되리라고 헤커는 주장했다. 레오 13세는 이러한 "아메리카니즘(Americanism)"은 교회를 붉은색·흰색·파란색으로 칠하며 미국만을 위한 특별한 형태의 가톨릭주의를 만들겠다는 오만한 시도라고 비난했다. 아메리카니즘은 미국인들이 신에 의지하고 있다는 자각을 잠식했고 영혼을 인도하는 교회의 역할을 불필요한 것으로 만들었다.

교황의 의구심은 충분히 이해할 만한 것이었다. 미국의 자기 이미지 형성에 이바지한 두 이단자가 있다. 바로 론 레인저(Lone Ranger)와 도널드 덕(Donald Duck)이다. 첫번째 이단자 론 레인저의 경우를 보면 미국의 영웅들은 내티 범포(Natty Bumppo)부터 람보(Rambo)까지 대체로 아웃사이더다. 사회는 그들을 필요로 하지만 그들은 사회를 필요로 하지 않는다. 그들은 사람이라면 당연히 해야 할 일을 한다. 그들은 주변부에서 사회를 구하되, 총격전이나 최후의 결전에서 고독한 사람 특유의 무심함을 드러낸다. 두번째 이단자 도널드 덕은 본성적 선량함의 증거나 "진정성"이라는 미국의 과대평가된 가치를 신성시한다. 이것은 나만 옳다는 확신을 강화한다. 도널드는 이것 때문에 종종 난감한 상황에 처하곤 한다.[67] 개인의 자유가 핵심인 아메리칸 드림은 인간의 선함—도널드의 경우에는 오리의 선함—을 믿을 때만 정당화될 수 있다. 도널드는 본바탕이 따스하고 다정하며 호의적이다. 하지만 동시에 지나친 개인주의의 악덕을 구현하기도 한다. 자립심이 지나치고 시끄럽게 독선적이며 아무렇지 않게 총을 꺼내고 성미가 급하고 자기 신념이 보기 거슬릴 정도로 강하다. 미국의 정책 결정권자들이 사람들을 실망시키게 만드는 것은 똑같은 악덕과 똑같은 충동성 때문이다. 하지만 언제나 의도는 선하다. 그 결과로 개인의 죄책감은 사라지고 만족감이 가득한 기분 좋은 사회가 조성된다. 심리상담은 고백성사를 대체했다. 자아 발견은 죄책감을 덮어버린다. 미국을 지켜본 사람들은 흔히 근시안적 애국주의와 병적인 신앙심, 자기 권리에 대한 지나친 강조로 인한 갈등을 발견한다. 우리가 전형적으로 미국적이라고 생각하는 미덕—시민의식, 이웃을 소중히 여기는 태도, 자유와 민주주의에 대한 진심어린 애정—은 인간적 미덕이고, 이러한 덕목은 미국에서 열렬히 칭송된다. 여하튼 미국이 한때 정말 예외적이었다고 해도 이제 더는 그렇지 않다. 세계의 다른 나라들이 미국의 성공을 열심히 모방하고 있으니 말이다.[68]

반미주의는 미국 예외주의의 반대다. 스스로를 특출하게 훌륭하다고 여기는 사람들은 특출하게 나쁜 특징을 갖게 되기 마련이다. 미국의 권력이 다른 나라의 권력을 능가하자 그만큼 반감도 높아져갔다. 제2차세계대전 이후 미국의 힘은 저멀리 공산주의의 변방에서도 느껴졌다. '엉클 샘(Uncle Sam)'은 다른 사람들의 제국에 간섭했고, 세계의 거의 모든 지역이 자기 집 뒷마당인 양 굴었으며, 미국의 이해에 따라 다른 나라의 반자유주의적 정권을 정당화하기도 했다. 사람들은 핫도그와 하드록의 저급 문화가 내뿜는 매력에 분개하면서도 유혹을 피하지 못했다. 유럽의 무능을 상기시키는 미국 지아이(GI, 미국 육군 병사의 속칭. 관급품[官給品]이란 뜻으로 복장·장비 일체가 관급품인 데서 유래했다—옮긴이)는 "급료도 더 받고 성욕도 더 왕성하고 여기에 있었다(overpaid, oversexed, and over here, 제2차세계대전 때 영국에 파견된 미군에 대해 영국 여성들이 자국군과 비교해 했다는 말—옮긴이)". 미국은 전쟁으로 쇠약해진 유럽의 경제를 원조하는 선의의 정책을 펼때조차도 좀처럼 감사 인사를 받지 못했다.[69]

1958년부터 반미주의의 영웅이자 대변자는 프랑스 대통령 샤를 드골이었다. 드골은 신전 기둥을 힘껏 밀어 블레셋인들을 모조리 몰아내려 했던 다곤 신전의 삼손 같았다. 드골은 미국으로서는 여간 다루기 까다로운 고객이 아니었으므로 드골의 비판은 자기 이익을 좇아 철의 장막 뒤에서 미국에 맹렬한 비난을 퍼붓는 적들의 선전보다 더 효과적이었다. 하지만 이보다 더 설득력 있는 비판은—그리고 미국의 관점에서는 더 난처한 비판은—도덕적으로 헌신적인 정치적 중립 지대에서 나왔다. 처음에는 자유주의적 서양 사회, 특히 미국 내에서 비판이 제기되었다. 이러한 비판은 베트남 전쟁이 진행되는 동안 더욱 거칠어졌다. 나중에는 이른바 '제3세계'의 항의도 뒤따랐다. 1970년대에 미국이 베트남 전쟁의 트라우마를 극복하기 시작할 즈음에는 망명한 이란의 율법학자 아야톨라 호메이니가 한껏 목청을 높여 미국을 비판했다. 호메이니는 근대화의 다른 형식들은 혐오했지만 대중 매체만큼은 능숙하게 다룰 줄 알았다. 호메이니는 자신의 올바름에 대해 거의 비정상적이라고 할 만큼 자신만만했다. 호메이니의 메시지란 세계는 억압하는 사람과 억압을 받는 사람으로 나뉘어 있다는 단순한 내용이었다. 물질적 유혹으로 인류를 타락시키는 "대(大) 사탄" 미국은 거친 힘으로 인간을 매수했다.

자본주의의 옹호자를 자임하고 여러 경쟁 이데올로기와의 대결에서 성공을 거둔 미국은 이러한 희화화를 어느 정도 자초한 셈이었다. 더욱이 미국 사회에는 내부 비판자들도 잘 아는, 부인할 수 없는 결점이 있었다. "쓰레기 자본주의(trash capitalism)"는 취향의 기준을 무시했다. 도시의 흉측한 스프롤 현상(대도시의 교외가 무계획적이고 무질서하게 발전하는 현상—옮긴이)과 대량 판매 시장에서 돈이 되는 걸만 그럴싸한 싸구려 상품들이 쏟아진 것이 그러한 예다. 미국의 가치들은 유명인을 현자와 성자 위에 올려놓았고 그중 한 명을 대통령으로 만들었다. 미국은 성급함과 무지에 뒤덮인 채 부끄러움 없이 부자에게 과도한 특권을 부여했고, 선별적 반자유주의와 수준 낮은 대중문화, 정치 침체, 개인의 권리에 대한 지나친 강조로 인한 갈등을 드러냈다. 하지만 세계는 다른 공동체에도 마찬가지로 악덕이 많다는 것을 잊어버리는 듯하다. 그리고 미국은 악덕보다 미덕이 훨씬 더 많은 나라다. 자유에 대한 미국 국민의 진실한 감정, 미국이 초강대국으로서 구실을 하며 보여준 놀라운 자제력과 상대적으로 공평무사한 태도는 미국이 갖춘 미덕이다. 20세기에 세계 장악을 시도한 다른 세력―스탈린주의자들, 마오주의자들, 군국주의자들, 나치주의자들―중에 그만한 관용을 보인 세력은 찾아보기 어렵다. 그렇지만 미국의 외교적 실책과 부적절했던 대외 정책은 반미주의를 더욱 부채질하고 있다. "'불량 국가'는 (…) 사실상 세계에 대한 전쟁을 선포했다"고 20세기 후반 세계적으로 존경받는 극작가 헤럴드 핀터(Herold Pinter)는 선언했다. "그 국가는 오로지 한 가지 언어밖에 모른다. 그것은 폭탄과 죽음이다."[20] 미국의 부정적인 이미지는 분노에 양분을 제공했고 테러리스트의 충원을 부추겼다.

서양 너머로의 영향: 중국, 일본, 인도, 이슬람 세계

서양으로부터 영향을 받는 쪽의 사람들에게 반미주의는 공격적이고 민족 중심적인 생각에 대처하고 그것을 전유하는 장치다. 19세기에 중국, 일본, 인도, 이슬람 세계—자기 전통의 색채가 강한 문화들이다 —의 사상가들은 그들 나름대로의 유사 민족주의를 투사하며 시대에 적응하기 위해 분투했다.

중국은, 처음에는 전쟁에서 그다음에는 경제적으로, 유럽의 우월성을 받아들일 마음의 준비가 되어 있지 않았다. 19세기가 시작될 무렵까지는 신적인 통치권을 부여받은 "중앙의 나라(中國)"라는 자부심은 여전히 다치지 않은 상태였다. 세계에서 인구가 가장 많은 중국은 계속해서 인구가 증가했다. 세계에서 가장 큰 경제 규모를 자랑하는 중국은 계속해서 다른 나라와 무역 수지 흑자를 이루었다. 세계에서 가장 오래된 제국인 중국은 계속해서 승리를 이어갔다. 서양 "오랑캐"들은 세계 다른 지역의 전쟁에서는 영리한 기술을 과시하며 승리를 거둔 터였다. 그러나 그들은 중국에서는 여전히 주눅들어 있었다. 그들은 중국에 협조하면서 황제의 은혜로운 윤허 아래 광둥성의 해안가에만 머물렀다. 서양의 산업화는 아직 그리 위협적으로 보이지 않았다. 불사조에 가까운 중국 경제에 한 가지 위험이 있었다면 그것은 아편이었다. 아편은 전체 무역 수지에 영향을 끼칠 만큼 시장 규모가 컸다. 중국이 아편 수입 금지령을 내리려고 하자 영국은 함대와 군대를 보내 중국의 저항을 산산조각냈다. 이때 깜짝 놀라 뒷걸음질친 이후 중국은 오늘날에 와서야 서서히 재기하고 있다.

1861년 11월, 역사에 일가견이 있었던 청 제국의 검열관 웨이무팅(韋慕庭)은 나중에 자강(自强)이라고 불리게 될 원칙들을 설명하는 글을 썼다. 웨이무팅은 "오랑캐"의 최신 무기 제작술을 배우고 쫓아갈 필요성을 강조하는 한편 서양의 화력은 중국의 화약으로부터 나왔다고 지적했다. 서양인은 몽골족을 통해 화약 기술을 접했는데 애초에 몽골족은 이 기술을 중국으로부터 배웠다는 것이었다. 웨이무팅의 견해는 19세기 이후 내내 이 주제에 관한 중국 문헌에 숱하게 등장했다. 이어 웨이무팅은 중국에서는 활용되지 않은 원형 기술이 서양인의 거의 모든 군사 기술과 해양 기술의 원천이 되었고 중국은 이 기술의 피해자가 되었다고 썼다. 웨이무팅의 주장은 오늘날 서양에서 일본이 서양 기술을 "모방"한다고 비난할 때 동원하는 표현들을 떠올리게 해 흥미롭다. 어쩌면 이 주장은 진실일지 모른다. 중국의 기술이 전파된 양상을 연구한 서양 역사가들도 오늘날 비슷한 이야기를 하기 때문이다. 웨이무팅은 중국이 잃어버린 그들의 과학을 복원한다면 과거의 우월성을 되찾으리라고 믿었다.

중국이 이해한 자강의 핵심은 서양으로부터 피상적인 기술을 배워도 중국 전통의 기반을 이루는 본질적 진리에 해가 가지 않는다는 것이었다. 새로운 무기 공장, 조선소, 기술 학교는 전통 사회의 가장자리에 금방이라도 넘어질 듯 위태롭게 서 있었다. 1860년대 태평천국 운동의 진압에서 핵심적인 역할을 한 것으로 알려진 청나라 대신 청궈판(曾國藩, 증국번) 역시 서양 보수주의자들의 언어를 사용한 바 있다. "과거로부터 물려받은 과오는 우리가 고칠 수 있다. 과거에 도외시된 것은 우리가 창시할 수 있다."[기] 그러나 청궈판은 제국의 통치와 의례는 완벽했으나 도덕적 퇴보가 정치적 쇠퇴를 초래했다고 주장했다. "예의와 옳음"은 "편리와 재간"보다 위에 있었다.[72]

1850년대에 일본 역시 서양 침입자들로부터 시장과 문화의 문호

개방을 강요받았다. 하지만 일본의 반응은 긍정적이었다. 수사는 분개에 차 있었을지언정 수용하는 자세는 열정적이었다. 1868년 성공적 개혁가들은 "오랑캐 축출과 부국강병", 그리고 이른바 일본 제국의 오래된 질서를 회복할 것을 약속했다.[23] 그러나 실상 새 정책의 주요 입안자였던 오쿠보 도시미치(大久保利通)는 서양 모델에 의존했다. 새로운 지배계층은 외국과의 조약을 승인하고 머리를 짧게 자르고 마차를 타고 우산을 쓰고 철도와 중공업에 투자했다. 아울러 서양식 군사 개혁을 단행하고 사무라이 계층—세습적 무사 계급—을 전복시키기 위한 대규모 징병 제도를 개시해 중앙 정부의 관료제가 강화되었다. 일본은 동양의 영국 또는 프로이센이 되었다.[24]

러디어드 키플링은 "아시아는 서양의 방법들을 도입한 후에도 문명화되지 않을 것이다. 아시아는 지나치게 아시아적이고 지나치게 늙었다"고 말했다.[25] 당대에도 키플링의 예측은 그리 정확해 보이지 않았다. 오늘날 아시아의 르네상스, 즉 중국 태평양 연안 지역의 급속한 발달, 일본의 부상, 한국·싱가포르·홍콩의 "호랑이 경제" 부상, 잠재적인 주요 강대국으로서의 면모를 드러내고 있는 인도, 동남아시아 등 여러 지역이 보이는 경제 활동의 보폭 등은 자강의 최근 국면이랄 수 있다. 그들의 구호는 여전히 변함없다. 선별적 서구화, "아시아적 가치"의 수호, 경제 권력의 게임에서 서양인과 나란히 경쟁하거나 오히려 그들을 능가하겠다는 각오 등이 그것이다.

서양의 패권에 적응하는 일은 언제나 선별적으로 이루어졌다. 19세기 초 인도에서 서구화의 귀감으로 평가받았던 라자 람 모한 로이(Raja Ram Mohan Roy)가 그 예다. 람 모한 로이가 생각한 "서양"은 계몽시대 유럽이었다. 람 모한 로이는 인간의 본성을 이상화했고, 제자들에게 볼테르를 모범으로 제시했다. 람 모한 로이가 기독교로 개종했다고 오해한 콜카타 주교가 축하 인사를 건네자 람 모한 로이는 "하나의 미신을 내려놓고 또다른 미신을 집어드는 일"은 하지 않았다고 응수하기도 했다.[26] 람 모한 로이는 서양의 방식을 단순히 흉내만 내지 않았다. 람 모한 로이는 서양 문학에 입문하기에 앞서 자신의 합리주의와 자유주의의 뿌리를 이슬람교와 페르시아 전통에서 찾았다. 람 모한 로이는 아리스토텔레스의 원전을 접하기 전에 아랍어 번역을 통해 아리스토텔레스에 관해 알고 있었다. 당시 아시아 국가들은 산업화가 진행되는 서양의 거침없는 진보에 꼼짝 못하고 있었고 전통과 정체성을 수호하면서도 서양을 따라잡기를 열망했다. 1829년에 람 모한 로이가 창설한 종교 단체 브라흐마 사마지(Brahmo Samaj)는 이들에게 근대화의 모범을 제시했다.

19세기 인도에서 문화적 타가수정은 흔한 일이었다. 콜카타 힌두 대학교의 아테네식 회당에서는 지식인들이 셰익스피어를 인용했다. 영국인 관리들은 "원주민의 방식을 따랐고" 서양에서 접할 수 없는 지혜를 찾기 위해 산스크리트어 경전을 탐독했다. 람 모한 로이의 전통을 이어받은 또다른 위대한 인물 이스바르 찬드라 비드야사가르(Isvar Chandra Vidyasagar, 1820~1891)는 중년이 될 때까지 영어를 배우지 않았다. 비드야사가르는 서양을 모방해야 할 모델로 옹호하지 않았다. 비드야사가르는 과부의 재혼을 찬성하거나, 일부다처제에 반대하거나, 학교 배정에서 카스트 차별 완화를 주장할 때 이러한 주장을 뒷받침하는 고대 인도의 문헌을 인용했다. 한편 비드야사가르는 모든 서양의 사고가 인도에서 유래했다고 강변하는 일부 신앙심 깊은 브라만들의 주장을 일축했다. 1846년에는 콜카타 산스크리트 대학에서 '서양의 과학과 문명'이라는 과목을 새 교과 과정에 포함하려는 계획이 학자들의 반대에 부딪히자 대학 부총장직에서 사퇴했다. 그러나 개혁을 이루기 위한 비드야사가르의 노력은 사실 토착 벵골 전통을 되살리기 위한 운동의 일환이었다. "학생들이 영문학에 친숙해진다면 계몽된 벵골 르네상스의 가장 훌륭하고 유능한 기여자가 될 것"이라고 비드야사가르는 주장했다.[??] 이 주장은 얼핏 영국에서 매콜리가 인도 정부를 관할하는 장관이었을 때 옹호한 제국 사업에 굴복하는 말처럼 들렸다. 매콜리는 라틴어가 앞 세대 영국 지식인들의 언어였듯 영어를 인도 지식인층의 언어로 만드는 사업을 추진하고 있던 터였다. 하지만 결국에는 비드야사가르가 옳았다. 앞서 유럽의 르네상스가 그랬듯 다음 세대에 일어난 벵골 르네상스는 토착어의 부흥을 일으켰다.

영국인들은 앞서 인도를 점령한 다른 외국 야만인들과 마찬가지로 과거 오랜 기간에 걸쳐 형성된 인도 아대륙의 퇴적층에 새로운 문화를 한 겹 더 얹었을 뿐이었다. 중국이나 일본과 달리 인도는 "아리아인" 신화 때문에 서양의 전통을 굴욕감 없이 흡수할 수 있었다. 수천 년 전에 유라시아의 도처에 흩어진 이른바 인도·유럽어를 모국어로 사용하는 사람들인 아리아인의 신화 때문에 인도인들은 인도 문화와 유럽 문화의 기원이 같다고 생각할 수 있었다. 인도와 유럽의 사상은 동등하다고 열렬히 주장한 스와미 비베카난다(Swami Vivekananda)는 플라톤과 아리스토텔레스를 "구루"로 불렀다. 결과적으로 인도는 정

체성이나 자존심을 희생시키지 않고도 서구 문화를 선별적으로 수용할 수 있었다.[78]

이슬람 세계에서는 서양의 영향을 받아들이기가 더 힘들었다. 1830년대에서 1870년대까지 이집트는 아프리카대륙에 이집트 제국을 건설하기를 염원하며 산업화와 제국주의를 모방하려고 시도했지만 국가 경제가 도산하며 사실상 프랑스와 영국 기업의 노리개로 전락하고 말았다. 이는 어느 정도 서양 기업가들의 방어적 대응전략 때문이기도 했다. 19세기 후반 이슬람교에서 일어난 지적 "각성" 운동에서 위대한 창시자로 손꼽히는 자말 알딘 알아프카니(Jamal Al-din Al-Afghani)는 서양 사상과의 동화 문제에 특유의 불확실한 태도로 대응했다. 알아프카니는 추방과 망명을 번갈아 겪으며 평생 이 나라 저 나라로 옮겨다녔는데 이는 자신의 망명을 받아준 나라와 매번 불화를 겪었기 때문이다. 알아프카니의 생각과 행동의 구조는 마치 모순으로 짠 직물 같았다. 이집트에서 알아프카니는 헌법의 전복을 요구하는 정부 연금 생활자였다. 인도에서는 영국인 후원자들의 적이기도 하고 자문 위원이기도 했다. 페르시아에서 망명 생활을 할 때는 왕을 위해 일했는데 자신의 주군을 암살하려는 자객과 공모했다는 혐의를 받고 또다시 추방되었다. 알아프카니는 이집트 프리메이슨 단체를 창시하는 한편 종교는 사회의 유일하게 건전한 토대라고 주장하기도 했다. 알아프카니는 무슬림들에게 현대 과학에 통달해야 한다고 촉구하면서도 다윈을 무신론자이자 유물론자라고 비난했다. 어느 날은 이집트 카이로의 '카페 드 라 포스트'라는 찻집 모퉁이에 놓인 널찍한 탁자에 앉은 지식인들의 귀를 즐겁게 해주는가 하면, 다른 날은 인도 하이데라바드와 콜카타에서 열린 예배에서 열렬히 설교하기도 했다. 의회 민주주의를 옹호했지만 쿠란의 정치적 가르침만으로도 충분하다고 주장하기도 했다. 무슬림 지도자들은 이후 비슷한 딜레마에 맞닥뜨렸다. 전통적인 이슬람 율법과 사회가 기술 진보나 과학 발전과 공존할 수 있다는 말은 어쩌면 옳을지 모른다. 합리적인 무슬림들은 언제나 그렇게 말한다. 그러나 근대화의 악령은 "예언자의 길"을 언제나 서양을 가리키는 우회로 쪽으로 비틀어놓고 있다.[79]

투쟁과 생존: 진화론과 그 여파

지금까지 우리가 살펴본 정치사상가들은 사회 정책을 정식화할 때 언제나 역사나 철학에서 출발했다. 오귀스트 콩트가 모색했던 과학적 토대는 여전히 규정하기 어려운 것으로 남아 있었다. 그러나 1859년 한 생물학자가 내놓은 종의 기원에 관한 저작은 진정한 과학적 사회학의 밝은 전망을 제시하는 듯했다.

　하지만 찰스 다윈은 그러한 야망을 마음에 두지 않았다. 다윈은 유기 생명체에 관심을 빼앗겼다. 19세기 중반을 즈음해 과학자들은 생명체는 소수의 원시 형태들로부터 진화했다고 이미 믿고 있었다. 그러나 다윈이 "신비 중의 신비"라고 부른 것, 즉 어떻게 새로운 종이 발생하는가라는 의문은 여전히 풀리지 않은 채 남아 있었다. 당시에는 세계를 분류하는 포괄적인 도식들이 넘쳐났다. 조지 엘리엇은 소설 『미들마치』(1871~1872)에서 "모든 신화를 해석할 열쇠"를 찾는 코소본 씨, "모든 생명체의 공통 기반"을 궁금해하는 리드게이트 박사 등 등장인물들의 강박적 집착을 묘사함으로써 이러한 시대상을 풍자한 바 있다. 다윈도 이와 비슷하게 모든 유기 생명체를 포괄적으로 연결하려고 시도했다. 다윈은 1832년 남아메리카 남단의 티에라델푸에고에서 최초의 분명한 발걸음을 뗀 것으로 보인다. 다윈은 그곳에서 "가장 미천하고 미개한 상태의 인간"과 마주쳤다. 처음에 원주민들은 다윈에게 인간은 다른 동물과 똑같은 동물이라는 것을 가르쳐주었다. 푸에고인은 인간의 이성이 박탈된 것 같았다. 더럽고 벌거벗었으며 코를 킁킁거리는 모습에서 신성은 조금도 느껴지지 않았다. 다윈은 "미개인과 문명인의 차이는 야생동물과 가축의 차이보다 크다"는 것을 발견했다.⁵⁹ 푸에고인의 두번째 가르침은 환경이 우리를 만든다는 것이었다. 티에라델푸에고의 섬사람들은 영하의 기후에 완벽하게 적응해 벌거벗은 채 지냈다. 이후 다윈은 갈라파고스 군도에서 아주 작은 환경적 차이들이 눈에 띄는 생물학적 돌연변이를 만들어내는 것을 관찰했다. 고국 잉글랜드로 돌아온 다윈은 사냥용 새, 경주용 비둘기, 농장 가축을 관찰했다. 다윈은 농장의 사육자뿐만 아니라 자연도 혈통을 선택한다는 것을 깨달았다. 자연환경에 가장 잘 적응한 표본은 살아남아 자신의 형질을 자손에게 전달했다. 자연의 투쟁은 다윈에게 경이롭게 보였다. 자신의 병약한 자식도 그 희생자였기 때문이기도 했다. 다윈은 가장 아꼈으나 고작 열 살의 나이에 세상을 떠난 딸 애니에게 바친 비문에 "살아남은 아이들은 더욱 건강할 것이고 삶을 향유할 능력이 더욱 많을 것"이라고 썼다. 『종의 기원』에 따르면 "자연의 전쟁으로부터, 기아로부터, 죽음으로부터 더 고등한 동물의 발생이 곧

바로 나타난다."[81] 자연 선택은 진화의 모든 사실을 설명해주지 않는다. 무작위적 변이도 있다. 무작위적 변이는 자연 선택이 작동하는 원재료이지만, 자연 선택의 범위를 넘어서는 무작위적 변이의 발생 사례들이 있다. 기능상 전혀 적응적이지 않은 돌연변이가 투쟁에서 걸러지지 않고 살아남는 것이다. 짝짓기 습관은 흔히 종잡을 수 없으며 이른바 자연 선택의 법칙을 잘 따르지 않는다. 많은 사람이 진화론을 오용했고 이상화했다. 이렇듯 단서와 근거를 모두 주의해서 따질 필요가 있지만, 진화론은 옳다. 종은 자연에서 유래한다. 반드시 신의 개입이 있어야만 종의 차이를 설명할 수 있는 것은 아니다.[82]

다윈의 이론이 널리 받아들여지자 다른 사상가들은 나중에 "사회적 다윈주의"라고 알려지게 될 개량된 이론을 제시했다. 이것은 사회도 종과 마찬가지로 주어진 환경에서 경쟁하고 얼마나 성공적으로 적응했느냐에 따라 진화하거나 도태된다는 아이디어였다. 사회학자들은 진화론을 전유할 때 세 가지 가정을 근거로 삼았다. 아마도 이 세 가지 가정이 그들을 오도했을 것이다. 첫째, 사회학자들은 사회가 유기체와 동일하게 유전 법칙에 종속된다고 가정했다. 사회는 마치 유기체처럼 하나의 삶을 영위하면서 유년기에서 성년기를 지나 노년기에 도달했다가 마지막에 죽으면서 그 사회를 계승하는 사회에 특정 형질을 물려준다는 가정이었다. 둘째, 일부 동식물이 그렇듯 일부 사회는 시간이 갈수록 더 복잡해진다고 가정했다(이것은 폭넓게 보면 맞는 말이지만 이것이 반드시 어떤 자연법칙이나 불가피한 역학에 따른 결과인 것은 아니다). 마지막으로 다윈이 말한 "생존을 위한 투쟁"은 다윈의 가장 영향력 있는 독자인 허버트 스펜서가 말한 "적자생존"을 선호한다고 가정했다. 스펜서는 이 말을 다음과 같이 설명했다.

인간의 행복이라는 위대한 계획을 실행하는 힘들은 그들을 방해하는 부분을 단호히 도태시키며 이 과정에 따르는 부수적 고통은 전혀 고려하지 않는다. 이는 피식자 동물이나 쓸모없는 반추동물을 도태시킬 때와 동일한 단호함이다. 인간이든 짐승이든 방해물은 반드시 제거되어야 한다.[83]

스펜서는 자신이 다윈을 뒤따른 것이 아니라 다윈을 선취했다고 주장했다.[84] 거짓 주장이지만 순서야 어찌됐든 두 사상가는 사회적 다원주의의 선도자로서 어깨를 나란히 맞대고 있다.[85] 스펜서는 연민을 실천하고 평화를 칭송했다. 하지만 이것은 어디까지나 도덕적으로 무관심한 자연의 압도적인 힘을 인정하는 한에서였다. 스펜서는 정식 학문적 훈련을 받은 적이 거의 없었고 자신이 굳이 전문가가 되어야 한다고 느끼지도 않았다. 스펜서는 스스로를 과학자라고 생각했고—적게나마 전문 훈련을 받은 분야는 공학이었다—그가 집필한 글의 주제는 과학에서 사회학, 철학까지 아울렀다. 하나같이 박식가 특유의 자신감이 넘치는 훈련되지 않은 글이었다. 그러나 스펜서는 당대에 엄청난 영향력을 발휘하게 되었는데 이는 아마도 진보의 불가피성을 자신 있게 강변하는 태도가 동시대인들에게 위안을 주어 독자들의 환영을 받았기 때문이었을 것이다. 스펜서는 콩트가 모색한 종합을 그 자신이 과학과 인문학을 "사회 과학"으로 융합함으로써 이루어내기를 소망했다. 스펜서의 목표는 그가 종종 말했듯 생물학적 진리에 근거해 사회 정책에 관한 지식을 제시하는 것이었다. 이것은 콩트가 모색했던, 사회를 "재조직"하는 과학을 환기한다.

하지만 스펜서는 다윈주의로부터 끌어낸 이 위험한 추론들을 정치 지도자와 정책 결정권자들에게 권장했다. 주전론자들은 가령 갈등은 자연스러운 것이고—적자의 생존을 장려하므로—진보적이라는 아이디어가 마음에 들었다. 스펜서의 저작을 깊숙이 들여다보면 잠재적으로 학살을 정당화하는 대목들을 찾아볼 수 있다. 사회는 반사회적이거나 나약한 표본을 제거해야 잘 작동하므로 "열등한" 인종은 멸종시키는 것이 정당하다는 것이다. 스펜서의 신봉자 에드워드 무어는 학자로서 활동한 시기의 대부분을 일본에서 강의를 하며 보냈다. 이러한 원칙들은 무어 덕분에 동아시아, 중앙아시아, 남아시아, 동남아시아의 진화론 수업과 깊이 연계되었다. 1879년부터 무어의 해석이 가미된 다윈주의가 일본어 저작으로 등장했다.[66] 이 저작은 인근 지역의 독자들에게 이 신조를 퍼트렸다. 한편 범죄학의 선구자 체사레 롬브로소는 범죄성, 즉 죄를 범하는 성격이나 성질은 후대에 격세유전으로 전해지며 우리는 그것을 탐지할 수 있다고 주장했다. 이 주장은 전 세계적으로 설득력을 발휘했다. 롬브로소는 범죄자 유형의 사람들은 새로운 유인원을 닮은 원시적이고 독특한 얼굴과 체형을 갖고 있고 선별적 교배를 통해 이들을 사회에서 제거할 수 있다고 주장했다.[67] 19세기 말에 미국에서 인류학 권위자로 통했던 하버드대학교 교수 루이 아가시(Louis Agassiz)는 진화는 인종들이 각기 다른 종이 되도록 유도하며, 서로 다른 인종이 결합해 나온 자녀는 생식력이 약하고 정신과 육체가 허약하게 태어난다고 생각했다.[68] 이렇듯 이미 수차례 꼬일

대로 꼬인 이 전통은 히틀러가 마지막으로 한 번 더 꼬았다. "전쟁은 강자가 선택되고 약자는 제거되는 자연 선택에서 전제조건이다."[89]

이를 두고 다윈을 탓한다면 공정한 처사는 아닐 것이다. 오히려 다윈은 창조물의 통일성을 옹호함으로써 암시적으로 인류의 통일성을 옹호했다고도 볼 수 있다. 다윈은 노예제도를 혐오했다. 그렇지만 다윈 역시 당대의 지적인 함정을 모두 피해 갈 수는 없었다. 19세기 서양에서 모든 사람은 인종에 따라 세세하게 구분된 세계에서 자기 자리를 찾아야 했다. 다윈은 만일 제국주의가 흑인들의 고립을 끝내지 않았다면 그들은 개별 종으로 진화했으리라고 생각했다. 그리고 마침내 멸종될 운명이었다는 것이 다윈의 생각이었다. "두 인종이 만나면 그들은 정확히 다른 두 종의 동물처럼 행동한다. 그들은 싸우고 서로를 잡아먹는다. (⋯) 하지만 그다음 더욱 치명적인 싸움이 벌어진다. 여기서는 이른바 싸움에서 승자가 되려는 (⋯) 본능과 적자 중심의 재편이 나타난다"라고 다윈은 썼다.[90] 아울러 다윈은 신체나 성격 또는 지능이 열등한 사람은 인간의 혈통을 강하게 유지할 수 있도록 교배를 자제해야 한다고 생각했다(567쪽 참조). 사회적 다윈주의와 과학적 다윈주의를 구분하는 선은 분명하지 않다. 다윈은 양쪽 모두의 시조다.

생물학을 사회에 투영한 자연 선택 이론은 전쟁, 제국주의, 인종이라는 당대 서양 정치사상의 세 가지 주요 트렌드에 잘 들어맞았다. 예를 들어 생존 투쟁의 긍정적 효과라는 개념은 주전론자들이 항상 생각했던 갈등은 좋은 것이라는 판단이 옳다고 확인해주는 듯했다. 18세기 중반에 위대한 전쟁법 교과서를 쓴 에메르 드 바텔은 전쟁은 유쾌하지 않으며 문명의 규범과 관용의 의무 덕분에 어느 정도 억제되지만 결국에는 불가피하다는 것을 독자들이 동의하리라고 추정했다.[91] 헤겔은 여기에 동의하지 않았다. 전쟁은, 재산이나 개인의 생명처럼 사소한 것들은 그리 중요하지 않다는 것을 우리가 깨닫게 해준다고 헤겔은 생각했다. 헤겔은 똑같은 결론을 내기 위해 다윈의 이론을 전유한 그 누구보다 훨씬 앞서서 다음과 같이 말했다. "그것[전쟁]의 작용을 통해 민족의 윤리적 건강이 보존된다."[92] 전쟁은 좋은 것이라는 아이디어의 뿌리는 고대 전사들의 국가 스파르타의 신화에서 찾을 수 있다. 아리스토텔레스와 플라톤을 비롯해 윤리와 정치에 관해 글을 남긴 고전기 저자들은 하나같이 엄격하고 사심 없는 스파르타 시민들을 칭송했다. 중세의 기사도 전통―이 전통에서 전사라는 직업은 천국으로 가는 자격을 부여했다―도 이 아이디어에 일정 부분 이바지했을 수 있고, 몇 가지 종교적 전통도 신앙을 위해서나 다른 목적의 전쟁을 신성한 것처럼 보이게 만들었다는 데에 의심의 여지가 없다(347, 350, 352쪽 참조).

놀랍게도 전쟁이 좋은 것이라는 아이디어에는 어쩌면 시민군의 전통을 통해 자유주의의 계보도 일부 포함되어 있을지 모른다. 시민군은 군사 훈련을 통해 실력을 향상하고 상호 의무를 경험하며 국가에 헌신한다. 미국독립전쟁의 미국군은 이 전통을 현실에서 구현했다. 프랑스혁명 역시 같은 정신으로 대중을 징병했다. 이후 전쟁은 직업적 엘리트가 아닌 "무장한 국민"의 몫이 되었다. 나폴레옹은 전쟁은 "아름답고 단순한" 것이라고 생각했고 고대 이래 유럽에서 일찍이 보지 못한 대규모 인구를 전쟁에 동원했다. 나폴레옹이 이끄는 전투에서는 고삐 풀린 폭력이 분출되었다. 이전 세기의 전투에서는 비교적 신사적으로 적을 상대했고 장군들은 적군을 섬멸하는 것보다 아군의 전력 보존에 더 집중했다. 총력전(total war)—사회와 사회 전체가 맞붙어 비전투원이나 정당하지 못한 표적 따위를 구분하지 않고 격렬하게 벌이는 전쟁—은 일반적으로 사건이 일어나는 순서를 뒤집었다. 즉, 실행이 먼저 있고 나중에야 그것이 아이디어가 되었다.

카를 폰 클라우제비츠는 1832년 그의 사후에 출간된 『전쟁론』에서 총력전을 "절대 전쟁"으로 정식화했다. 프랑스혁명군과 나폴레옹의 군대와 맞서 싸운 프로이센군 사병으로 시작해 장군으로 진급한 클라우제비츠는 국익은 적국의 희생을 통해 증대된다는 사실이 전쟁을 불가피한 것으로 만든다고 생각했다. 합리적인 행동이란 목적에 맞게 조정한 행동이었다. 따라서 전쟁을 수행하는 유일한 합리적인 방식은 "최대한 폭력적으로 행동"하는 것뿐이었다. 클라우제비츠는 전쟁에서 적의 목숨을 살려두는 것은 실수라고 생각했다. "얼마나 많은 피를 흘릴지 개의치 않고 아낌없이 무력을 사용하는 자만이 우위를 점한다"는 것이었다. 클라우제비츠는 지구전과 대대적 파괴로 적을 "소모"하는 방식을 지지했다. 이 신조는 궁극적으로 민간인의 사기를 떨어뜨리기 위해 도시를 폭격하는 전략으로 이어졌다(다만, 클라우제비츠의 입장을 고려해 공정하게 말하자면 그는 도시 폭격이 반드시 필수적이라고 주장하지는 않았다). 궁극적인 목표는 적의 영구적인 무장해제였다. 클라우제비츠의 책이 출간되고 한 세기 반 동안 유럽과 아메리카의 군사·정치 기득권층을 포함한 모든 주전론자가 클라우제비츠를 믿었다. 그들은 전쟁에서 우세일 때 적군에게 무조건 항복을 요구했고, 열세일 때는 고집스럽게 저항했으며, 승리를 거두었을 때는 적에게 보복적이고 부담스러운 조건을 강요했다. 클라우제비츠의 영향으로 전쟁은 더욱 악랄해지고 희생자가 늘었으며 파괴가 확대되고 선제공격이 권장되었다.[93]

그러나 클라우제비츠는 흐로티위스(412쪽 참조)와 한 가지 목표를 공유했다. 클라우제비츠는 목줄이 풀린 전쟁이라는 개에게 고깃덩어리를 무한정 던져줄 용의가 있지만 다만 한 가지 조건은 반드시 지켜져야 한다고 생각했다. 결코 전쟁을 위한 전쟁을 일으켜서는 안 되고, 다른 수단으로는 도저히 실현할 수 없는 정치적 목적을 위한 전쟁만 벌일 수 있었다. "전쟁은 다른 수단으로 추진하는 정책의 연장일 뿐이다"는 클라우제비츠가 남긴 가장 유명한 말이다.[94] 그렇지만 클라우제비츠는 현실적으로 전쟁은 어디서나 벌어지며 불가피한 것이라고 확신했다. 한편 헤겔의 관점은 유럽에서 전쟁 숭배의 새로운 물결을 부추겼다.[95] 헤겔의 조국 독일이 1870년에 프랑스를 공격했을 때 프로이센의 참모총장 헬무트 폰 몰트케 장군은 "항구적 평화"란 "몽상에 지나지 않으며 심지어 유쾌한 몽상도 못 된다. 전쟁은 신적 질서에서 꼭 필요한 부분"이라고 주장했다.[96] 1910년 미래파 창시자들—기계, 속도, 위험, 불면, "폭력, 잔혹성, 불의"를 이상화한 예술 운동—은 예술을 "세계의 유일한 위생법인 전쟁을 찬미하는 데" 이용하겠다고 약속했다.[97] 미래파로부터 스타일 대부분과 사상을 일부 빌려온 무솔리니는 오로지 전쟁만이 "인간의 모든 에너지를 가장 높이 끌어올리며 전쟁에 마주할 용기를 지닌 사람들의 고귀함을 보여"준다고 주장했다.[98]

전쟁이 확대되어 사회 전체가 파괴될지 모른다는 불안감은 평화주의적 반작용을 유발했다. 특히 1860년대는 경보음이 가장 크게 울려 퍼진 시기였다. 파라과이 성인 남성의 3분의 2가 이웃 국가와의 전쟁에서 사망했다. 중국에서는 태평천국 운동으로 2000만 명이 숨진 것으로 추산되었다. 미국 남북전쟁에서 75만 명 이상이, 1870년의 프로이센·프랑스 전쟁에서는 프랑스 쪽에서만 50만 명 이상이 목숨을 잃었다. 사진 기술과 전쟁 보도는 전쟁의 참상을 강렬하고 생생하게 전달했다. 그러나 평화 운동은 규모가 작았고 영향력도 작은데다 실질적 개선책도 갖고 있지 않았다. 다만 19세기 후반의 가장 성공한 무기 제조업자로 손꼽혔던 알프레드 노벨이 제시한 한 가지 아이디어가 있었다. 노벨의 동료 평화주의자들은 대체로 국제법을 다듬어 평화를 증진하기를 소망했다. 교육이나 우생학으로 인간의 폭력적 본능을 도려내거나 억눌러 인간의 본성을 개량하자는 기이한 제안도 있었다. 노벨은 여기에 동의하지 않았다. 노벨은 1890년 파리에서 열린 한 회의에서 만일 "고향에 남은 민간인도 전방의 병사 못지않게 죽음의 위협에 시달린다면" 전쟁은 "단시일 내에 중단될 것"이라고 약속했다.[99] 노벨은 폭발물 전문가라는 직업에 걸맞게—그리고 아마도 자신의 양심을 달래려는 노력에서—사람들이 평화를 절실히 원하게 될 만큼 파괴력이 무시무시한 초강력 무기를 꿈꾸었다. 노벨은 노벨 평화상을 만들면서 이 상이 그러한 초강력 무기를 발명한 사람에게 돌아가기를 소망했다. 이 아이디어는 직관과 어긋나 보이지만 "평화를 원하는 사람은 전쟁에 대비한다"는 오래된 금언의 논리적 귀결이기도 했다.

노벨은 어떠한 파괴도 주저하지 않으며 어떠한 무기도 재앙으로 여기지 않는 정신병자나 광신도는 계산에 넣지 못했다. 그렇지만 모든 가능성과는 반대로 원자폭탄은 분명 20세기 후반에 "상호 확증 파괴(Mutually Assured Destruction)"가 가져온 균형상태에 이바지했다. 지금은 핵확산으로 불안이 되살아나고 있다. 오늘날은, 말하자면 이스라엘과 이란이나 인도와 파키스탄처럼 상대를 견제하며 지역적 균형을 이루고 있는 세력들이 미국과 소련 사이의 평화를 작게 재현할지도 모른다. 불량 국가나 테러리스트 단체가 핵전쟁을 일으킬 끔찍한 가능성도 배제할 수 없다.[100]

19세기 후반의 전쟁 옹호론자들은 수많은 논증을 내놓았다. 다윈은 여기에 결정적인 것처럼 보이는 논증을 하나 더 추가한 것에 불과했다. 그러나 앞서 보았듯이 진화론은 사회사상을 형성할 수 있었다. 다윈이 우생학에 미친 영향이 그 적절한 예다. 우생학은 새로운 사상은 아니었다. 플라톤은 오로지 완벽한 개인들만이 완벽한 사회를 구성할 수 있다고 생각했다. 플라톤에 따르면 최상의 시민들은 자식을 낳고 아둔하고 기형이 있는 사람들은 몰살해야 했다. 이러한 프로그램은 작동될 수 없다. 바람직한 정신적·신체적 특질에 관한 항구적인 합의가 있을 수 없기 때문이다. 한 개인의 가치는 다른 개인에게 달려 있으며 절대 수량화될 수 없다. 아울러 환경 조건이 유전적 특징과 혼합되어 현재의 우리를 형성한다. 유전이 중요하다는 것은 명백한 사실이다. 앞서 보았듯이(130쪽 참조) 사람들은 유전 이론이 등장하기에 앞서 이미 수만 년에 걸친 유전의 작용을 알아보았다. 이후 등장한 유전 이론은—이를테면—어째서 어떤 외모, 능력, 본질적 특성, 질병, 결손 등이 한 가족에서 공통적으로 나타나는지를 설득력 있게 설명해 주었다.

플라톤의 솔직했지만 잔인한 권고는 보류되었다. 그러나 이 권고는 19세기 유럽과 북미에서 다시 등장했다. 다윈주의의 한 갈래는 인간의 행위가 이른바 자연 선택적 이점을 촉진할 수 있다고 암시하며 우생학을 부추겼다. 1885년 다윈의 사촌 프랜시스 골턴은 스스로 우생학이라고 부른 한 가지 주장을 제시했다. 인간종은 생식능력을 선별적으로 통제해 바람직하지 않은 정신적·도덕적 특질을 걸러냄으로써 완벽해질 수 있다는 것이었다. "만일 말이나 소의 품종 향상에 쓰는 비용과 노력의 20분의 1만큼만 인류의 향상에 쓴다면 우리가 은하를 채울 만큼 많은 천재를 만들지 못할 리 있겠는가!" 1904년에 골턴은 우생학은 "최고의 적자들이 인류를 대표하게 보장함으로써 (…) 자연과 협력한다"고 주장했다.[10]

그로부터 20년이 채 지나지 않아 우생학은 정설로 통하게 되었다. 초기 구소련과 미국의 일부 지역에서 사람들은 공식적으로 지적장애인, 범죄자, 심지어 (일부 경우) 알코올중독자를 결혼할 권리를 상실한 사람들로 분류했다. 미국에서는 1926년까지 거의 절반에 달하는 주(州)가 이러한 범주에 해당하는 사람들의 불임수술을 의무화했다. 우생학 아이디어는 나치 치하의 독일에서 가장 열렬히 채택되었다. 나치 치하의 독일은 이 권고를 법제화했다. 사람들의 번식을 막을 최상의 방법은 그들을 죽이는 것이었다. 유토피아로 가는 길은 유대인, 집시, 동성애자 등 국가가 유전적으로 열등하다고 간주하는 범주의 사람들을 절멸하는 데 있었다. 한편 히틀러는 나중에 오늘날 "인종설계(designer breeding)"라고 부르는 것을 통해 이른바 지배자 인종을 완성하려고 시도했다. 가장 순수한 독일인의 신체 유형을 가진 남녀의 정자와 자궁을 결합하는 기획이었다. 하지만 큰 키와 강한 체력과 파란 눈과 금발을 지닌 인간 기니피그들의 자녀라고 해서 시민으로든 지도자로든 노동자로든 요구되는 자질을 평균적으로 딱히 더 많이도 적게도 갖춘 것 같지 않았다.

나치즘에 대한 혐오로 우생학은 이후 수 세대 동안에는 인기를 잃었다. 그렇지만 우생학 개념은 최근 들어 새로운 옷을 입고 다시 나타났다. 일부 사람들은 유전 공학이 사회적으로 인정받는 유형의 사람들을 재생산할 수 있다고 생각한다. 특별한 힘이나 재능을 지녔다고 여겨지는 남성들은 유전자적으로 우월한 정액을 주입받고 싶어하는 잠재적 어머니들에게 상업적으로 구입 가능한 정액을 공급하고 있다. 유전자 분리 기술 덕분에 이론적으로 수정 단계에서 아기에게 전달되는 유전 물질에서 "바람직하지 않은" 특성을 제거할 수 있다. 어떤 결과가 빚어질지 지금으로서는 다 헤아릴 수 없다. 다만, 지금까지 기록된 인간의 역사는 모든 기술적 진보는 악한 의도로 이용될 수 있다는 것을 시사한다.[102]

우생학과 인종주의는 긴밀한 동맹 관계를 맺었다. 인종주의는 자주 남용되는 용어다. 나는 여기서 인종주의라는 말을 유전적 결함이 있는 인종 집단에 속하는 사람은 그렇지 않은 사람보다 필시 열등하다고 보는 신조를 지칭하는 말로 사용하고 있다. 인종주의라는 단어에 담긴 몇 가지 좁은 의미—타자에 대한 편견, "순수하지 않은 혈통"에 대한 혐오, 다른 피부색에 대한 과도하게 민감한 반응, 반경이 좁은 비슷한 부류의 도덕적 공동체에 대한 헌신, 그리고 이것은 현대에 보이는 형태인데, 인종적으로 규정된 발언이나 연구와 어느 개인을 쉽게 연관 짓는 것—에서 인종주의는 기원을 헤아릴 수 없을 만큼 오래된 아이디어다.[103] 그러나 19세기에 이른바 객관적이고 정량화할 수 있으며 과학적으로 검증 가능한 차이에 기반을 둔 새로운 인종주의가 등장했다. 어떤 측면에서 이것은 분류와 측정에 강박적으로 집착하는 계몽주의 과학이 낳은 의도치 않은 결과였다. 식물학적 분류체계는 인종주의자들에게 하나의 모델을 제공했다. 피부색, 모발, 코의 생김새, 혈액(혈청학의 발달로 혈액 분류가 가능해진 이후), 그리고 무엇보다 두개골 치수 등에 따른 다양한 분류법이 제시되었다. 18세기 후반 두개골의 크기와 모양에 따라 인류를 분류하기 위해 정신 능력을 피부색에 연결시키는 듯한 자료가 쏟아졌다(454쪽 참조). 18세기 후반 네덜란드 레이던의 해부학자 피터르 캄퍼르(Pieter Camper)는 자신이 수집한 두개골을 배열하며 한쪽에는 "유인원, 오랑우탄, 니그로(흑인을 경멸적으로 이르는 표현—옮긴이)"를 "순차적으로" 놓고 다른 한쪽에는 중앙아시아인과 유럽인을 놓았다. 캄퍼르가 인종주의에 동의한 적은 없다. 하지만 그가 사용한 방법의 저변에는 분명히 어떤 의제가 깔려 있었다. 그것은 사람들을 외형적 또는 신체적 특징에 따라 분류하는 데에서 그치지 않고 그들을 우월함과 열등함의 측면에서 서열화하려는 시도였다. 1774년 자메이카에서 플랜테이션을 찬성한 에드워드 롱(Edward Long)은 흑인의 "편협한 지식"과 "짐승 같은 체취"를 근거로 들며 흑인을 노예로 부리는 것을 정당화했다. 같은 해 헨리 홈(Henry Home)은 여기서 한 발짝 더 나아갔다. 사람은 하나의 속(屬)을 구성하며, 흑인과 백인은 서로 다른 종에 속한다는 것이었다. 이제는 그러한 주장에 과학적 근거까지 마련된 셈이었다. 1790년대 찰스 화이트는 "인간 대비 야수적 열등성" 지표를 만들었다. 여기서 원숭이는 흑인 바로 밑에 있었고, 특히 화이트가 "호텐토트"라고 부른 집단은 화이트가 인간이라는 이름을 허락한 생명체 사이에서 "최하"에 위치했다. 화이트는 "어느 모로 보나 아프리카인은 유럽인과 다르며 그 독특함으로 인해 유인원에 더 가까운 자리에 놓인다"는 것을 발견했다.[104]

19세기 과학은 인종주의를 뒷받침하는 이른바 "근거"를 더 많이 축적했다. 다윈과 같은 해에 사망한 조제프 아르튀르 드 고비노는 인종을 서열화했는데 "아리아인"은 맨 위, 흑인은 맨 아래 위치했다. 다윈보다 2년 늦게 사망한 친절하고 온화한 오스트리아의 수도사 그레고어 멘델은 콩으로 실험하던 중 유전 법칙을 발견했다. 멘델의 연구는 별다른 시사점이 논의되지 않았지만 19세기 말에 멘델의 연구 결과를 오용하는 사람들이 나타났다. 다윈과 고비노의 연구와 더불어 멘델의 연구는 이른바 인종주의의 과학적 정당화에 도움을 주었다. 유전학은 어떻게 열등한 형질이 한 혈통에서 세대에 걸쳐 전달될 수 있는지를 설명해주었다. 과학 이론은 안 그래도 가장 속속들이 스미고 가장 만연하게 퍼진 백인의 권력을 최대치로 끌어올렸다. 열등한 인종은 자연 선택에 따라 스스로 도태되거나 진보를 위해 의도적으로 몰살될 수 있었다.

누군가는 인종주의는 시간을 초월하는 보편적 진리라고 반박할지도 모른다. 대부분의 언어에서―이 점은 다시 상기할 만하다(415쪽 참조)―'인간(human being)'이라는 단어는 오로지 특정 부족이나 집단의 구성원만을 의미한다. 외부인은 짐승이나 악마로 분류된다. 경멸은 이방인을 배제하기 위해 사용되는 흔한 기제다. 19세기가 "인종"이라고 부른 것은 예전에는 "혈통(lineage)"이나 "순수 혈통(purity of blood)"이라는 표현으로 통용되던 것들이었다. 그러나 이러한 과거의 인종주의의 원형들은 어느 것도 과학을 배경으로 삼지 않았고 그렇게 많은 억압과 그렇게 많은 죽음을 초래할 만한 힘을 갖고 있지도 않았다.[105]

흑인만이 유일한 피해자는 아니었다. 19세기 들어 반유대주의에도 이전에 보지 못한 새로운 적의가 덧붙여졌다. 유대인이 영성, 예술, 과학 등의 분야에서 인류에 남긴 업적을 생각하면 반유대주의라는 오래된 신조는 사실 이해하기 어렵다. 기독교의 반유대주의는 특히 더 당혹스러운데, 그리스도와 그리스도의 어머니, 사도들, 그리고 기독교 신앙과 예배의 모든 출발점이 유대인이었기 때문이다. 사실 니체는 유대인의 업적에 대해 찬사를 자주 보냈지만, 니체가 보기에 유대인의 기독교에 대한 공헌은 그들이 "노예로 태어난 민족"임을 보여주었고, 유대인의 지상에서 천상으로의 호소는 니체에게는 "도덕에서의 노예 반란의 시작"이었다.[106] 가장 많은 지지를 받는 견해는 반유대주의는 기독교에서 기원해 중세시대에 유대인—다른 "외부인" 집단들과 유럽의 게토 거주민들과 더불어—이 갈수록 심한 박해와 적의에 시달리던 시기에 발전했다는 것이다. 그러나 유대인들은—모두가 완전히 해방된 것은 아니지만—18세기 계몽주의 운동 덕분에 그들 몫의 "인권"을 부여받았고, 많은 경우 게토에서 나와 사회의 주류로 편입되었다. 여하튼 19세기에 출현한 반유대주의는 새로운 것이었다. 주류 사회들의 관용은 유대인의 수가 증가하면서 금이 갔다. 19세기 초에 간헐적으로 발생하던 반유대주의 폭력은 러시아에서는 1870년대부터, 폴란드에서는 1880년대부터 흔한 것이 되었다. 피난민의 수가 많아져 부담이 늘어났다는 것이 한 가지 이유가 되었다. 반유대주의는 점차 독일로 확산되었고 1890년대에는 프랑스로도 퍼졌다. 한때 프랑스에서 유대인들은 모든 사회 계층에서 잘 통합되어 확고히 자리를 잡은 듯이 보였음에도 그랬다.

경제적 고난의 시기는 소수자들의 고통을 악화시킨다. 1920년대와 1930년대에 경제적으로 힘들었던 유럽에서 반유대주의는 통제할 수 없는 전염병이 되었다. 정치인들은 반유대주의를 악용했다. 그들 중 일부는 자신이 하는 말을 진심으로 믿었고 유대인이 진정으로 안녕이나 안전을 위협한다고 봤던 것 같다. 우파 대중선동가에게 유대인은 불치의 공산주의자였고, 좌파 대중선동가에게 유대인은 구제 불능의 자본주의자였다. 반유대주의 정권은 언제나 유대인 "문제"를 유대인을 제거하는 것으로 "해결"하려고 했다. 그들은 유대인 게토를 봉쇄하거나 개종을 강요하거나 단체로 추방했다. 유대인을 말살한다는 나치의 "최종 해결책"은 오래된 전통이 극단적으로 전개된 결과였다. 역사상 고의성이 가장 짙었을 집단학살 캠페인 중 하나에서 약 600만 명의 유대인이 목숨을 잃었다. 소련 국경선 서쪽의 유럽 땅 전역에서 살아남은 유대인의 수는 200만 명이 채 되지 않았다. 이것은 유럽이 자기 몸의 일부를, 그러니까 정신의 삶에, 예술에, 부의 창출에 언제나 유별히 더 크게 이바지한 한 공동체를 스스로 잘라낸 행위였다.[107]

진보의 결산

19세기 초 나폴레옹의 정치 경력이 끝을 향해 가고 세계가 혁명의 공포와 전쟁의 참사로부터 막 벗어나고 있을 무렵, 토머스 러브 피콕— 잉글랜드가 낳은, 그러니까 세계가 낳은 가장 재미있는 소설가 중 한 명—은 그의 첫번째 책을 썼다. 『헤드롱 홀*Headlong Hall*』은 이 시대의 사유의 네 가지 트렌드를 대표하는 인물들의 대화로 이루어진 소설이다. 이 소설의 초반에 독자는 다음의 사실을 알게 된다.

> 대도시의 각기 다른 지역에서 찾아온 이 선택된 손님들은 홀리혜드 메일의 네 구석에 안락하게 자리를 잡았다. 네 사람은 각각 완벽주의자 포스터 씨, 타락주의자 에스코트 씨, 현상태주의자 젱키슨 씨, 그리고 목사 개스터 박사였다. 개스터 씨는, 물론 철학자도 아니고 취향이 대단한 사람도 아니었지만, 칠면조의 배 속을 채우는 기술에 관한 조예가 깊은 논문을 써서 대지주의 마음을 샀기 때문에 (…) 개스터 씨가 빠진 크리스마스 파티란 있을 수 없었다.

포스터 씨에게 "우리가 목도하는 모든 것은 삶의 모든 기술에서 인류의 진보를 증명하며 무제한적인 완벽함을 향한 점진적 전진을 입증"했다. 포스터 씨는 맬서스를 신랄하게 풍자하면서 진보는 환상이라는 주장에 거듭 맞섰다. "당신의 발전은 단비(simple ratio)로 이루어지고 있습니다. 당파적 요구와 그것들이 낳는 부자연스러운 욕구는 복비(compound ratio)로 진행되지요. (…) 이것은 무한한 우둔함과 비열함 때문에 결국 종이 전멸할 때까지 계속됩니다."

19세기의 끝에서 그들의 논쟁은 미결로 남았다. 세계는 어쩌면 기계인지도 몰랐다. 그런데 이 기계는 과연 진보의 공장일까, 아니면 신의 방앗간처럼 정체를 향한 지루한 회전을 이어가고 있을까? 물질적 진보는 영원한 가치들을 타락시킬까? 향상된 기술은 그저 악의 범위를 확장할 뿐일까? 거대한 비인격적 힘들은 세계를 자유의 손이 닿지 않는 저 끝으로 이끌고 있을까? 만일 그렇다면 좋은 방향으로일까 나쁜 방향으로일까?

한동안 신은 진보 때문에 재난을 입은 피해자처럼 보였다. 19세기 초, 피에르 시몽 라플라스는 물리적 세계의 현상을 입자들의 인력과 척력만으로 해석할 방법을 정식화하며 자신이 신을 필요 없는 가설로 줄여놓았다고 으스댔다. 19세기 중반, 시인 매슈 아널드는 「도버 연안」에서 애석한 마음으로 "신앙의 바다"의 "점점 멀어지는 긴 포효"를 들었다. 진화론이 나오자 새로운 종의 창조자로서 신의 역할은 불필요한 것이 되었다. 1890년 인류학자 제임스 프레이저는 『황금 가지』를 발표했다. 이 작품은 사실상 『미들마치』의 코소본 씨가 찾고 있었던 "모든 신화를 해석할 열쇠" 같았다. 프레이저는 기독교를 흔한 신화─그저 신화들의 묶음─로 취급했고 과학이 사실상 종교를 대체하리라고 예상했다. 이성과 과학에 대한 호소는 모든 시대에서 무신론을 정당화했다. 우리는 신을 우리의 목적에 맞게 이용할 능력이 없다는 것을 깨달았고 그런 우리가, 심지어 신앙인들조차도, 현실적으로 의지할 수 있는 것은 인간이 신의 도움 없이 살아갈 수 있다는 자신감 또는 살아가야 한다는 체념이었다. 그렇지만 이러한 흐름들을 하나로 묶어 실제 종교와 경쟁할 무신론이라는 유사 종교를 발족시키는 아이디어는 19세기가 되어서야 나타났다.

초창기 징후는 혁명기 프랑스에서 창설된 "지고의 존재 숭배교(Culte de l'Être suprême)"였다(435쪽 참조). 이 숭배 집단은 수명이 짧았고 우스꽝스러운 실패를 맞았지만, 아무런 기반이 없어도 종교적 양식의 반기독교 운동을 일으킬 수 있다는 것을 보여주었다. 그렇지만 그로부터 반세기 이상이 지나서야 오귀스트 콩트는 "인류교"를 창시하고 애덤 스미스와 프로이센의 프리드리히 대왕을 비롯한 세속의 성자들이 등장하는 달력을 내놓았다. 기독교 전도사들이 이룬 산업 노동자들의 빈민가에서의 성공은 개종 활동을 벌이던 무신론자들에게 반격을 촉구했다. 한편 기독교 내부에서 유니테리언파가 등장했다. 그리스도의 신성을 부정하는 개신교 급진파인 유니테리언파는 예전보다 훨씬 더 강력한 의구심을 품는 반대파 신자들을 양산했다. 유니테리언파는 사회복지에 헌신하면서 신앙보다 오래 지속될 수 있는 에토스를 발견했다. 마지막으로 다윈주의가 여기에 발을 들여 진화라는 비인격적인 힘이 어떻게 섭리의 장엄함을 대체할 수 있을지 시사했다. 새로운 종류의 신앙에 쉽게 빠져드는 사람들은 만일 과학이 종의 다양성과 같은 ─ 다윈이 사용한 표현을 그대로 쓰자면 ─ 신비스러운 문제를 설명할 수 있다면 어쩌면 다른 모든 것도 설명해줄 수 있을지 모른다고 생각했다.

새로운 유사 종교 운동 중에서는 '윤리적 사회(Ethical Societies)'가 가장 큰 영향력을 발휘했다. 1876년 펠릭스 아들러(Felix Adler)가 뉴욕에서 '새로운 종교'로서 시작한 운동이었다. 아들러의 목적은 도덕적 행위의 기반을 신의 모범이나 교리, 명령이 아닌 인간적 가치에 두는 것이었다. 아들러는 "진정한 종교의 기반이 되는 규율"은 도덕성이라고 말했다.[108] 기독교를 이탈해 유니테리언 목사가 된 몬큐어 콘웨이(Moncure Conway)는 이 운동을 잉글랜드로 확산시켰다. 이 운동은 세를 넓혀갈수록 종교적 색채가 옅어졌다. 다만 1957년 미국 고등법원은 윤리적 사회에 종교의 권리와 지위를 부여하는 결정을 내렸고, '영국 인문주의자들(British Humanists)'은 BBC 방송 편성표에서 특혜를 받는 종교 단체들과 동일한 방송 시간을 요구하는 운동을 벌이고 있다.[109]

이쯤에서 현명한 사람들을 위한 조언 한마디가 있어도 좋을 듯싶다. 근대의 인문주의적 전통은 신학과 논리학을 '인문학 과목'(수사학, 문법, 역사, 도덕 철학)으로 대체한 이른바 르네상스 교과 과정과는 아무런 관련이 없었다. 이러한 '르네상스 인문주의'의 인기는 이른바 사회를 잠식한 세속주의(577쪽 참조)에 아무것도 빚지지 않았다. '르네상스 인문주의'는 시민 변호사와 시민 공무원을 양성하는 훈련에 대한 수요 증가에 부응한 것이었다.[110] 아울러 종교를 거부한 자들의 인문주의를 '신(新)인문주의'와 혼동해서도 곤란하다. 신인문주의는 20세기 중반의 참상 이후 인간의 가치와 도덕적 본성에 대한 믿음을 다시 확인하기 위해 일어난 운동을 일컫는 말이다.

신이 죽었다는 소식은 언제나 시기상조였다. 18세기에서와 마찬가지로 19세기 후반에 거의 모든 전통에서 일어난 부흥 운동(revivalism)은 무신론과 세속 종교에 대한 대응이었다. 1896년 안톤 브루크너가 작곡중에 사망한 9번 교향곡은 모든 종교적 회의를 신앙의 부흥을 표현하는 영광스러운 피날레로 잠재운다. 한편 새로운 종류의 종교는 과학을 모방하며 확실성을 주장했지만 우리가 곧 살피게 될 새로운 세기에 이것은 그저 미혹에 지나지 않았음이 드러났다. 프린스턴에서 장로교 신학대를 운영하는 찰스 하지(Charles Hodge)는 다윈에게 편지를 보냈다. 하지는 진화론을 무시하지 않았지만 과학 법칙과 비슷하나 우수한 성서를 축자적으로 독해해야 한다고 다윈에게 권했다. 1886년 드와이트 L. 무디(Dwight L. Moody)는 동일한 원리로 신학대학을 시카고에 설립했다. 무디는 자연이 신에 관한 진실을 드러낼 수 있음을 인정하면서도 가장 뛰어난 증거는 성서라고 주장했다. 호지와 무디를 추종한 프린스턴과 시카고의 성직자들은 관측소와 연구실에서 적용되는 방법을 모방해 신에 대한 연구의 근거를 명백한 사실에 두려고 노력했다.[111] 확실성을 추구하는 노력에서 성공한 사람은 아무도 없지만 그 노력은 여전히 계속되고 있다. 그러나 19세기가 거의 끝나갈 무렵 과학은 그것이 예측한 것들이 무너지기 시작하는 실험적 영토에서 길을 잃고 헤맸다. 이제 우리는 그때로 가야 한다.

제9장

카오스의 역습

: 확실성을 풀어헤치다

프로젝트나 토론회, 학회에서 동료 전문가들을 만나보면 흔히 역사가들은 도피주의자들이다. 현재에 대한 혐오와 미래에 대한 두려움이 그들을 과거로 이끈다. '과거의 어느 시기를 가장 살아보고 싶습니까?'라는 질문을 받으면 사람들은 마치 게임이 시작된 듯 야만스럽거나 피비린내 나는 시대, 영광스럽거나 휘황찬란한 시대 등 온갖 기이한 시대를 선택해 그동안 숨겨져 있었던 새로운 면모를 드러내며 서로를 능가하려고 한다. 독자 여러분이라면 어느 시대를 선택하겠는가? 혹시 지적인 성향을 지녔고, 소란한 시기를 좋아하며, 혁신적인 생각을 흥미진진하게 여기고, 전복적인 아이디어가 주는 당혹감을 즐기는 사람이라면 아마도 제1차세계대전이 발발하기 전 15년간은 당신에게 최고의 시간이 될 것이다.

20세기 초는 무덤이자 요람이었다. 오래 지속되어온 확실성의 무덤이자 어느 색다르고 머뭇대는 문명의 요람이었다. 잇따라 등장한 놀랍고도 불안한 새로운 사상과 발견은 지난 두 세기에 걸쳐 서양에서, 그리하여 더 넓게 보면 세계에서 우세를 보인 문화적 추세—삶의 방식, 마음의 자세, 권력과 재산의 분배—를 떠받친 여러 가지 가정들에 이의를 제기했다. 갑작스러운 지적 반혁명은 계몽주의와 과학적 전통으로부터 물려받은 확실성을 왕위에서 쫓아냈다. 1914년에 이르러 세계는 원자화되었고, 혼란스러웠으며, 반항으로 들끓었고, 정제되지 않은 감정이 분출했으며, 성에 광적으로 집착했고, 끔찍한 테크놀로지들이 구비되었다. 사상가들은 20세기의 첫 15년 동안 20세기의 나머지 기간에 다루어질 위대한 주제들을 전부 미리 다루었다. 하지만 정치에서만큼은 새 시대의 새 아이디어 중에 지난 시대의 유산을 완전히 용해할 만큼 강력한 아이디어가 없었다. 20세기를 분열로 이끈 파시즘과 공산주의, 전제주의와 민주주의, 과학주의와 감성, 이성과 도그마 사이에서 벌어진 이데올로기적 대치는 모두 19세기에서 기원한 아이디어들의 싸움이었다.

대부분의 역사책은 제1차세계대전이 발발하기 직전을 이렇다 할 만한 사건이 없는 관성의 시기로 취급한다. 낭만적인 시대의 황금빛 여광이 피로 붉게 물들었다는 것이다. 1차대전의 참호가 이후 발생한 모든 일의 통로가 되었다는 관점이다. 가시철조망 사이나 여우굴과 폭탄이 남긴 구멍에서는 오래된 질서가 보이지 않았기에 흙투투성이의 황폐한 세계에서 모든 것을 새로 생각해야 했다. 그 결과, 역사상 어느 때보다 많은 혁신적인 생각들이 등장한 놀라우리만치 치열한 시대였던 20세기 초를 참호들을 가로질러 진실한 빛 속에서 되돌아 보기란 무척 어려운 일이 되었다. 그러므로 우리는 1900년 즈음에서 시작해 과학적 아이디어들을 먼저 살펴볼 것이다. 이때는 과학이 다른 학문을 위한 의제를 설정했고 아이디어들의 위계를 지배했기 때문이다.

상대성 이론은 다른 모든 것을 이해하기 위한 열쇠다. 아인슈타인의 아이디어들은 이후에 등장한 생각의 형태를 새로 빚었기 때문이다. 아인슈타인이 그의 생각을 완성한 수년에 걸쳐 전복적인 결과들이 나타났고, 이에 대한 반작용으로 거짓된 확실성과 으르대는 질서가 지지를 모았으며, 상대성 이론과 상대주의가 포개어졌다. 그러므로 상대성 이론과 상대성 이론이 놓인 맥락 그리고 상대성 이론이 빚은 결과는 하나의 작은 장을 따로 할애할 만한 가치가 있다. 그러니까 이 장은 이 책의 마지막 장에서 다룰 20세기의 생각에 대한 서막이 될 것이다. 과학과 수학에서 출발해 철학과 언어학, 인류학, 심리학, 예술을 다룬 다음 정치적 반작용에 대한 논의로 이 장을 마치겠다. 아마도 의외로 느껴지겠지만 이 시기에는 정치적 반작용을 끌어내는 일에서 예술가들이 일익을 담당했다. 일단 아인슈타인 이전의 중요한 두 사상가, 앙리 베르그손과 앙리 푸앵카레부터 보자. 이 두 사람이 없었다면 아인슈타인의 업적은 사람들에게 생기지 못했거나 아니면 생겼더라도 최소한 설득력이 없었을 것이다.

상대성 이론이 등장한 맥락

19세기 확실성의 태엽은 새로운 세기가 시작되자마자 느슨해지기 시작했다. 다윈이 『종의 기원』을 출판한 해에 태어난 앙리 베르그손은 다윈의 생각을 넘어서려고 노력했다. 학창시절의 베르그손은 마치 태어났을 때부터 이미 중년이었을 것 같은 인상을 주는 지나치게 조숙한 유형에 속했다. 베르그손은 학구적이었고 사고방식이 독특했으며 어른스럽고 예의 발랐다. 베르그손은 동급생을 비롯한 동시대 사람들과 스스로 거리를 두었고 비밀스러웠다. 베르그손의 이마는 깜짝 놀랄 만큼 넓었는데 이는 마치 가장 큰 관심은 이지적인 데에 있음을 보여주는 듯했다.[1] 베르그손에게 지적인 과제는 무엇이든 잘 맞는 것 같았다. 베르그손의 수학 교사들은 그가 진로를 철학으로 정했을 때 배신감을 느꼈다. 베르그손은 라틴어와 그리스어에 능통했는데 그는 나중에 그 덕분에 자기 시대의 언어가 주는 제약을 넘어서서 읽고 생각할 수 있었다고 강조했다. 프랑스의 다른 모든 전문 지식인들과 마찬가지로 그 역시 2차 교육기관에서 살인적으로 긴 수업 시간과 전문 도제 기간을 견뎌야 했다. 결국 베르그손은 스스로 약속한 바를 이루었고 당대에 명망 높은 위대한 정신적 스승이 되었다.

베르그손은 영국의 실용주의를 흡수했다. 난해하고 형이상학적인 프랑스어로 생각하지만 확고한 과학적 데이터로 작업하는 것을 좋아했다. 베르그손은 산업재해나 전쟁으로 심각한 뇌 손상을 입은 환자들에게 집요하게 떠오르는 기억을 관찰했고 이 경험을 토대로 정신에 관한 연구를 시작했다. 그런데 이러한 증거들을 통해 베르그손이 내린 결론은 정신은 뇌보다 나은 형이상학적 실체라는 것이었다. 베르그손은 직관을 진리의 원천으로 신뢰하면서도 경험을 직관의 토대로 삼았다. 베르그손은 예술에 대한 감식안이 남달랐고, 어떻게 지각이 현실을 변형시키는지를 보여주는 증거로 흔히 예술을 제시했다.

그러니 베르그손이 인상주의 미술 사조를 좋아했던 것은 어찌 보면 당연한 일이다. 인상주의는 우리의 감각 지각이 전달하는 분명한 사실을 정신에서 추상화된 미묘한 형태로 대체했다. 베르그손은 답보다 물음을 선호했고, 생각의 가지를 잘라내는 틀에 박힌 해답으로 좋은 문제를 망치는 것을 혐오했다.[2]

베르그손은 당대 가장 존경받는 철학자로 손꼽혔다. 베르그손의 저작은 수만 부가 팔려나갔는데 당시로는 대단한 판매량이었다. 고등사범학교나 콜레주 드 프랑스에서 열린 베르그손의 강의에서 수강생들은 자리를 확보하려고 일찌감치 서둘러 모습을 드러냈다. 어느 미국 여성들은 베르그손의 강의를 들으려고 대서양을 건넜다. 그들은 결국 강의에 늦었지만 베르그손이 발언하는 홀에서 풍겨나오는 아우라를 느낀 것만으로도 충분히 만족스럽다고 고백하기도 했다. 테어도어 루스벨트는 난해하기로 악명 높은 베르그손의 저작을 좀처럼 이해할 수 없었지만 천재와 조식을 들고 싶다며 그를 초청했다.

일반적으로 베르그손의 걸작으로 간주되는 『창조적 진화』에서 그는 우주를 움직이는 힘을 설명하고 여기에 이름을 붙였다. 베르그손은 그것을 엘랑 비탈(élan vital, '생의 약진')이라고 불렀다. 엘랑 비탈은 자연을 진화론에서처럼 내부에서 지휘하지 않았고 신처럼 외부에서 지휘하지도 않았다. 엘랑 비탈은 물질의 질서를 다시 세우는 역량을 지닌 정신적인 힘이었다. 일부 낭만주의자나 주술사가 추구하는 '세계영혼'과 엘랑 비탈이 어떻게 다른지는 분명하지 않다. 이것은 아마 베르그손에게도 그러했을 것이다. 베르그손이 엘랑 비탈을 떠올린 것은 우리에게는 과학이 예측하는 것과 다른 미래를 만들 자유가 있다는 것을 표현하기 위해서였다. 베르그손은 진화가 과학 법칙이라는 주장을 일축했고, 진화를 생명체의 창조적 의지의 표현으로 재정의했다. 생명체들이 변화하는 것은 그것들이 변화를 원하기 때문이었다.

베르그손은 과학을 공격하는 비합리주의자라는 비판을 받았다. 객관적 실재들을 정신적 구성물로 제시하고, 생각하지 않는 창조물에 목적을 부여했다는 것이다. 하지만 그동안 과학적 결정론이 인간을 제약하거나 방해한다고, 심지어 위협한다고까지 느낀 사람들은 베르그손의 생각을 환영했다. 당대의 예언가들은 프롤레타리아 혁명의 불가피성, 아리아인의 우월성, 엔트로피의 제물이 될 세계를 말했다. 이들 예언가를 두려워하거나 의심한 모든 사람에게 베르그손의 생각은 위로가 되었다. 베르그손은 20세기에 카오스의 부활을 말한 최초 예언가이자 무질서의 최초 설계자였다. 베르그손은 행위자들이 무엇이든 할 자유를 갖는 세계를 묘사했다. "지성은 (…) 스스로를 자신의 외부에 둔 생명으로서, 무기적 자연의 방식들을 사실상 지휘하기 위해 그 방식들을 채택한다."[3]

베르그손이 말하는 진화가 다소 신비주의적으로 보인다면, 그가 "지속(duration)"이라고 부른 다른 아이디어를 보자. 지속 아이디어는 더욱 강한 영향력을 발휘했다. '지속'도 엘랑 비탈 못지않게 난해하다. 베르그손이 내린 지속의 정의가 불분명한 것도 한몫했다. 베르그손은 지속을 "우리의 자아가 그냥 살아가도록 내버려두었을 때, 현재 상태와 이전 상태 사이를 구별하는 것을 삼갈 때, 우리 의식 상태들의 계기(繼起)가 취하는 형태"라고 정의했다.[4] 몹시 난해해 보이는 이 아이디어 역시 사회 및 과학 이론가들 사이에 만연해 있는 결정론을 논박하고 자유 의지에 대한 믿음을 복원해 자유의 정당성을 회복함으로써 우리의 실제 삶에 영향을 주었다. 지속을 이해하려면 베르그손의 정신을 들여다보는 것이 도움이 된다. 베르그손이 지속이라는 아이디어를 구상한 과정을 따라가보자. 다행히 베르그손은 자신이 지속을 떠올린 과정을 일화로 소개한 적이 있다. 베르그손의 이야기는 엘레아학파, 그중에서도 특히 제논의 역설(255쪽 참조)에 관해 학생들에게 가르치려고 애쓴 초창기로 시작한다. 베르그손은 제논의 상상 속 경주와 여행이나 날아가는 화살에서, 그러니까 그 모든 시간의 흐름이나 변화의 사건에서, 순간들은 분절되었거나 계기적인 것이 아님을 불현듯 깨달았다(베르그손은 이 통찰을 "다마스쿠스의 회심"이라고 묘사되는 사도 바울의 개종처럼 어떤 갑작스러운 직관의 결과라고 표현했다). 순간들은 연속적이었다. 순간들은 마치 점이 선을 형성하는 것과 동일한 방식으로 시간을 구성했다. 우리가 시간이 — 마치 개별 원자들로 이루어진 물질처럼 — 순간들로 이루어져 있다고 말할 때 우리의 생각은 "공간과 연합됨으로써 왜곡되고 오염"된다. 시간은 원자화된 사건들의 "짧은 역사"가 아닌 정신적 구성물이다. 베르그손은 다음과 같이 말했다.

우리는 일상적으로 공간과 비슷하게 상상한 떠올린 시간 속에 우리 자신을 위치시킨다. 우리는 심층의 생명으로부터 나오는 단절되지 않은 웅웅거림을 들을 생각이 없다. 하지만 실재적 지속은 바로 그 수준에 위치한다. (…) 우리의 내부에 있든 외부에 있든, 내 안에 있든 외부 대상 안에 있든, 실재는 연속적인 변화('운동')다.

고정된 점에 집착하는 사람들에게 지속의 아이디어는 "현기증"을 불러일으킬 것이라고 베르그손은 생각했다. 하지만 베르그손 자신은 지속 아이디어에서 안정감을 느꼈다. 세상을 어지럽힌 제논의 모순을 이 아이디어가 해결해주었기 때문이다.[5] 여기까지만 보면 베르그손의 시간에 관한 아이디어는 1500년 전 아우구스티누스의 시간에 관한 아이디어를 닮았고 그 반향으로 보일지 모른다(306쪽 참조). 하지만 베르그손은 거기서 한 걸음 더 나아갔다. 그는 더 정확하게는 시간은 기억의 산물이고, 기억은 지각과 다르기 때문에 "물질과 별도인 독립적인 힘"이라고 생각했다. "그래서 만일 정신(spirit)이 실재라면, 그것은 우리가 아마도 그것과 경험적으로 접촉할 수 있을 여기에, 즉 기억의 현상 안에 있다." 베르그손에 따르면 인간만이 시간을 구성하는 것이 아니다. 모든 생명체가 시간을 구성한다. "어디든 생명체가 있는 곳에는 어딘가에 빈터가, 시간이 기입되고 있는 기록장(register)이 있다."[6] 미래는 그저 우리가 아직 경험하지 않은 과거에 지나지 않는다고 말할 수 있을지도 모른다. 지속을 이해한 사람들, 아니면 지속을 이해했다고 생각한 사람들에게, 이것은 유용한 개념으로 보였다. 앞으로 보게 되겠지만 이 개념은 언어에 대한 우리의 이해를 혁신하는데 도움을 주었다. 페르디낭 드 소쉬르는 이러한 언어 혁명의 선구자였다. 소쉬르는 1907년 강의에서 텍스트는 일종의 언어적 지속이고, 순간들과 마찬가지로 단어들도 텍스트 안에서 서로 분절될 수 없다고 주장했다. 수많은 창의적인 작가들이 베르그손에게서 직접적으로 동일한 종류의 아이디어를 취했고 연대학적 서술에서 해방된 기분을 느꼈다. "의식의 흐름"—윌리엄 제임스가 베르그손을 읽고 만든 용어였

다—기법으로 집필된 소설들은 그러한 결과물이었다.[7]

　베르그손은 20세기 주류 사상의 형성에 도움을 준 다른 통찰들도 제시했다. 이를테면 베르그손은 실재와 경험은 동일하다고 말했다. "변화는 있지만 변화하는 '사물들'은 없다"라는 것이었다. 이는 선율은 그것을 연주하는 현이나 그것이 기록된 오선지와 독립적인 것과 같다. 변화는 존재하지만, 오로지 우리가 그것을 경험하기 때문에 존재한다. 베르그손은 또한 경험은 정신적인 과정이라고 주장했다. 이것은 대부분의 철학자와 견해를 공유하는 동시에 유물론자들과는 반대되는 입장이다. 우리의 감각은 경험을 전송한다. 우리의 뇌는 경험을 기록한다(register). 그러나 경험은 우리가 '정신(mind)'이라고 부르는, 자아의 초월적인 부분 어딘가에서 일어난다. 미래를 위해서는 더욱 의미심장하게도, 베르그손은 아인슈타인을 위해 길을 마련했고 그 길을 곧게 닦아주었다. 상대성 이론처럼 전복적인 이론을, 무장 해제되지 않은 정신을 관통하는 그런 이론을 상상한다는 것은 우리에게 정말이지 어려운 일이다. 베르그손은 그의 독자들이 시간이란 어쩌면 과학자나 철학자들이 예전에 가정했던 것처럼 절대적이고 외적인 실재가 아닐지도 모른다는 아이디어에 적응하게 해주었다. 시간은 "모두 정신에서 일어나는 일"인지도 몰랐다. 베르그손의 생각으로 이미 한 차례 충격을 겪은 세계에서 시간은 관찰자의 속도에 따라 달라질 수 있다는 아인슈타인의 아이디어는 그저 조금 더 충격적인 아이디어에 지나지 않았다. 아울러 베르그손은 아인슈타인의 아이디어에서 비본질적인 부분들을 다수 선취했다. 한 가지 예로 기차에 대한 비유를 즐겨 사용한 것을 들 수 있다. 베르그손은 지속을 설명하며 맞은편의 기차가 우리와 똑같은 속도로 우리 옆을 지나칠 때 우리가 탄 기차가 멈춰 있다고 생각하는 승객들처럼 우리는 "변화를 서로 계기하는 일련의 상태들로 여기는" 경향이 있다고 지적했다. 잘못된 지각은 연속적인 과정을 정지시킨다.

프랑스의 젊은 수학자 앙리 푸앵카레는 카오스를 폭로했다는 점에서 베르그손의 동지였다고 할 수 있다. 푸앵카레 역시 아인슈타인으로 가는 징검다리를 놓았다. 1890년대 말, 푸앵카레는 새로운 과학적 패러다임의 출발점을 제시함으로써 그동안 뉴턴의 코스모스를 지탱해준 토대를 뒤흔들었다. 푸앵카레는 근대 과학의 난제를 연구했다. 그것은 상호의존적인 세 개 이상의 천체가 어떤 궤도 운동을 보이는지 설명하는 것이었다. 푸앵카레가 제시한 해결책은 뉴턴이 사용한 가정들의 결점을 폭로했다. 푸앵카레는 스스로를 향해 무한히 구부러지고 무한히 교차하는 중력파를 제안했다. 아울러 푸앵카레는 그의 시대로부터 반세기도 더 지나 1960년대와 1970년대에 과학자들이 코스모스를 설명하기 위해 사용한 방법을 앞서 보여주었다. 후대 과학자들은 카오스 이론과 프랙털 연구 결과가 발표된 즉시 깜짝 놀라 푸앵카레의 발견을 떠올렸다. 푸앵카레는 자연의 작동 방식을 전보다 더 복잡하고 재귀적이며 혼란스러운 방식으로 그릴 수 있도록 쉼없이 과학을 밀어붙였다.

푸앵카레는 과학적 방법의 기본 가정, 즉 가설과 증거의 연관성에 질문을 제기했다. 푸앵카레는 과학자에게는 각자의 의제가 있다는 점을 지적했다. 실험 결과에 들어맞는 가설은 여러 개가 될 수 있다. 과학자들은 관습에 따라, 또는 심지어 "개개인의 독특한 성미"에 따라 그중 한 가설을 선택했다.[8] 푸앵카레는 뉴턴의 법칙을 한 가지 예로 들었다. 그중에는 시간과 공간의 전통적인 개념도 포함되어 있었다. 뉴턴에게 이의를 제기하는 것 그 자체로도 충격적이었지만, 시간과 공간의 문제를 끄집어내는 것은 더욱 사람들을 당혹스럽게 만들었다. 시간과 공간은 언제나 우주의 고정된 구조물의 일부로 여겨졌기 때문이다. 성 아우구스티누스에게 일정불변하는 시간은 창조물의 뼈대였다. 뉴턴은 온 우주의 시간과 공간을 동일한 크로노미터와 막대자로 측정할 수 있다고 가정했다. 19세기 초 칸트는 직관에 관한 이론을 발전시킬 때(489쪽 참조) 우리가 이성과 독립적으로 참되다고 알 수 있는 것의 중요한 예로 시간과 공간의 절대적인 성격을 들었다. 푸앵카레는 마치 교리 항목을 낱낱이 따지는 이단자처럼 사람들이 예전에 입증할 수 있다고 여긴 모든 것을 의심할 만한 근거들을 제공했다. 푸앵카레는 뉴턴을 모순된 명제들에 "결박되어 (…) 당황한 신학자"에 빗댔다.[9]

푸앵카레는 국제적인 유명인사가 되었다. 세계 각지에서 푸앵카레를 찾았고 푸앵카레에 관해 보도했다. 푸앵카레의 책은 수만 부가 팔려나갔다. 푸앵카레는 오늘날 텔레비전 토크쇼에 자주 출연하는 전문가들처럼 대중적인 무대에 자주 올랐다. 난해한 사상가들이 대중에게 사랑받을 때 흔히 그렇듯 청중은 푸앵카레가 실제로 하는 말 이상을 들었다. 당연히 푸앵카레는 사람들이 자신의 말을 오해했다고 주장했다. 독자들은 푸앵카레의 글을 오독했다. 푸앵카레가 직접 부인한 문장을 인용하자면 사람들은 그가 "과학적 사실은 과학자가 창조한 것"이라거나 "과학은 오로지 관습으로 이루어져 있다. (…) 따라서 과학은 우리에게 진리를 가르쳐줄 수 없고, 오로지 행동 규칙으로서 봉사할 수 있을 뿐"이라고 말했다고 믿었다.[10] 푸앵카레의 강연을 들은 청중은 과학은, 말하자면 시나 신화처럼 입증할 수 없는 통찰을 주는 것처럼 오해했다. 그렇지만 과학의 역사는 유익한 오해로 가득하다. 당대 푸앵카레가 중요한 인물인 이유는 사람들이 푸앵카레를 어떻게 읽었느냐 때문이지 푸앵카레가 무엇을 전달하는 데 실패했느냐 때문이 아니었다. 베르그손과 푸앵카레에 깜짝 놀란 세계는 불확실성으로 빠져들었고 급진적인 반응에 덜 저항하게 되었다. 이러한 새로운 분위기의 가장 큰 수혜자는 알베르트 아인슈타인이었다.

1902년 푸앵카레는 전통적인 과학적 사고를 비판하는 저작을 발표했다. 그로부터 3년 뒤 장래성 없는 직업에 종사하고 있었던 아인슈타인은 마치 굴에서 탈출하는 광부처럼 어마어마한 화약을 터뜨렸다. 아인슈타인은 스위스 특허청에서 2급 기술 심사관으로 일하고 있었다. 기성 학자들의 시기심이 아인슈타인의 학문적 진로를 가로막은 터였다. 어쩌면 잘된 일인지도 몰랐다. 그 덕분에 아인슈타인은 아첨해야 할 사람이 없었고 기성 교수들의 실수를 감싸주어야 할 의무감을 느끼지 않았다. 학계의 제약으로부터 자유로웠던 아인슈타인은 독창성을 마음껏 발휘할 수 있었다. 베르그손과 푸앵카레가 새로 만든 세상에는 아인슈타인의 청중이 확보되어 있었다.

상대성 이론은 우리가 세계를 그리는 방식을 변화시킴으로써 세계를 변화시켰다. 1890년대에는 실험을 통해 빛이 당혹스럽도록 기이한 움직임을 보이는 사례들이 수차례 감지되었다. 빛은 운동하는 대상에 견주어 측정해도 결코 속도가 변하지 않았다. 빛을 쏘아 보내는 원천이 빨리 움직이든 느리게 움직이든 마찬가지였다. 연구자들은 대체로 제멋대로인 결괏값을 탓했다. 미사일의 속도는 추진력과 더불어 증가한다. 어떻게 빛은 미사일과 동일한 가변성을 띠지 않는 것일까? 아인슈타인은 이론적 해결책을 내놓았다. 빛의 속도가 언제나 같다면 시간과 거리가 빛의 속도에 상대적이어야 한다는 것이 그의 추론이었다. 빛의 속도에 근접한 속도로 움직일 때 시간은 느려지고 거리는 짧아진다. 이 추론은 논리적이긴 했지만 직관에 지나치게 어긋나고 통념과 지나치게 달랐다. 만일 푸앵카레가 시간과 공간에 관해 새로운 방식으로 생각할 가능성을 열어주지 않았다면 아마도 사람들은 아인슈타인의 이론을 회피하거나 무시했을 것이다. 그렇다고 해도 아인슈타인의 주장은 굉장히 도전적이었고 상대성 이론의 성공은 사람들에게 크나큰 불안감을 주었다. 아인슈타인은 예전에는 의심의 여지 없는 진리로 보였던 것이 실은 억측에 지나지 않음을 폭로했다. 시간과 공간이 절대적이라는 가정이 우세했던 이유는 그저 우리가 시간과 비교해 결코 빨리 이동할 수 없기 때문일 뿐이었다. 아인슈타인이 제시한 상대성 이론의 가장 생생한 예는 공개 강의에서 청중으로부터 질문을 받고 대답하던 중 즉석에서 떠올린 역설이었다. 쌍둥이가 있다. 형이 엄청나게 빠른 속도로 여행을 마치고 집에 돌아왔을 때 형은 집에 머물러 있었던 동생보다 젊을 것이다.

아인슈타인의 우주에서 겉으로 보이는 모든 것은 속임수였다. 질량과 에너지는 서로 전환이 가능했다. 평행선들은 서로 만났다. 뉴턴 이래 지배적이었던 질서 개념들은 우리를 호도하는 것으로 증명되었다. 상식적인 지각은 이상한 나라 앨리스의 토끼굴 속으로 사라졌다.

그렇지만 아인슈타인의 이론에 자극을 받아 수행된 실험들은 하나같이 아인슈타인의 이론의 타당성을 확인시켜주는 듯했다. 최신 과학을 누구나 이해할 수 있도록 돕기 위해 누구보다 많은 노력을 기울여온 C. P. 스노(C. P. Snow)에 따르면 "아인슈타인은 대중의 의식에 (…) 과학의 상징, 20세기 지성의 대가, (…) 희망의 대변자로서 (…) 갑작스레 등장했다".[11] 아인슈타인은 사람들이 실재를 지각하고 우주를 측정하는 방식을 탈바꿈시켰다. 그 결과가 좋든 나쁘든 질량을 에너지로 전환하는 방법에 관한 실제적인 연구를 가능하게 했다. 그렇게 해서 나온 장기적인 결과물 중 하나가 원자핵 에너지였다.[12]

더욱이 상대성 이론은 새로운 역설들을 드러내는 데 일조했다. 아인슈타인이 코스모스의 큰 그림을 다시 상상하는 동안 다른 과학자들은 코스모스를 구성하는 세밀한 부분들에 집중했다. 어니스트 러더퍼드(Ernest Rutherford)는 1911년에 발표한 저작에서 원자의 구조를 파헤치고 내부의 더 작은 입자들의 역동적 관계를 보여주었다. 이것은 예전에 원자를 연구한 사람들은 좀처럼 생각하지 못한 것이었다. 원자핵 주변의 전자들은 과거의 물리학으로는 도저히 추적하거나 예측할 수 없는 불규칙한 패턴으로 이동했다. 사실 물리학자들은 그전부터 빛의 이중적인 성격을 이해하기 위해 씨름하고 있었다. 빛은 파동일까 입자일까? 모든 증거를 이해하는 유일한 방법은 빛은 파동인 동시에 입자인 것처럼 행동한다고 인정하는 것뿐이었다. "양자 역학(quantum mechanics)"의 새로운 담론은 정합성이라는 오래된 개념을 쫓아냈다. 덴마크의 노벨상 수상자 닐스 보어(Niels Bohr)는 양자가 언뜻 모순적으로 보이는 빛의 이중적 속성을 공유하고 있다고 설명했다.

상대성 이론에서 상대주의로

상대성 이론이 세계의 상을 뒤트는 동안 철학적 불안은 종류를 불문하고 모든 생각의 전통적 얼개에 대한 확신을 잠식했다. 그 전통적 얼개란 언어 개념과 실재 개념, 그리고 이 둘의 연관성에 관한 개념이었다. 그런데 상대주의로의 이동은 확실성에 봉사하던 어느 자기 전복적 신조와 더불어 시작되었다. 그것은 바로 실용주의였다.

　　일상 언어에서 "실용주의"는 그저 삶을 대하는 현실적인 접근방식을 의미한다. 19세기 말의 미국에서 윌리엄 제임스(William James)는 현실적 효율성을 그저 유용성뿐만 아니라 도덕성과 진리의 기준으로 격상시켰다. 윌리엄 제임스는 베르그손과 푸앵카레와 더불어 20세기의 첫 10년간 가장 널리 읽힌 지식인 중 한 명으로 손꼽힌다. 윌리엄 제임스의 할아버지는 집안에 넉넉한 재산을 물려주었다. 윌리엄 제임스의 아버지는 잠시 신비주의와 사회주의에 발을 들이기도 하고 런던의 상류층 지식인 모임인 아테나이움 클럽에 참석해 허버트 스펜서의 옆자리에 놓인 부드러운 초록색 가죽 안락의자에 앉아 긴 낮잠을 자기도 했다. 윌리엄 제임스는 아버지처럼 사색적이기도 했고 할아버지처럼 자본주의자이기도 했다. 윌리엄 제임스는 자기 생활비를 스스로 벌지 못하고 있을 때 죄책감을 느꼈다. 그는 사업이나 근면의 가치를 반영하는 뚜렷하게 미국적인 철학을 원했다. 윌리엄 제임스에게는 소설가인 동생 헨리 제임스가 영국을 숭배해 얻은 명성—또는 악명—이 무척이나 거슬렸다. 윌리엄 제임스는 애국심을 장려했다. 형을 유럽인처럼 만들려는 동생 헨리의 시도에 응하지 않았고 언제나 "내 나라"

에 감사하는 마음을 품은 채 서둘러 고국으로 돌아가곤 했다.

윌리엄 제임스는 한 가지 직업에만 머무르지 않는 박식가였다. 의사 면허증이 있었지만 개업할 생각은 전혀 없었다. 윌리엄 제임스 자신이 병약했을뿐더러 그는 의술이 사기라고 비난했다. 윌리엄 제임스는 심리학자로서 명성을 얻는 한편 자기 스스로 진단한 정신병과 싸웠다. 윌리엄 제임스는 한때 그림을 그리기도 했지만 시력이 좋지 않아 그마저도 포기했다. 일 중독자였던 그는 자신의 증상은 오로지 휴식을 취해야만 호전될 수 있다는 것을 스스로도 잘 알고 있었다. "강인한 정신력"의 철학을 옹호했지만, 크리스천 사이언스(기독교의 한 파. 죄, 병, 악은 모두 허망하다는 것을 깨달음으로써 만병을 고칠 수 있다는 정신 요법을 주장했다—옮긴이)에 기웃거리기도 했고, 심령술 연구에 참여하기도 했으며, 광시곡 느낌의 산문을 쓰기도 하고, 신비주의에 탐닉하기도 했다. 이성을 상찬하고 감정을 과감히 드러내는 한편 사실을 선호했다. 숭고하고 형언할 수 없는 것에 머무르는 한편 돌연 "사실, 오로지 사실만을" 찾아 그래드그라인드 씨(찰스 디킨스의 소설 『어려운 시절Hard Times』에 등장하는 사실을 중시하는 엄격한 공리주의자—옮긴이)의 때 묻은 세계를 지향하기도 했다. 윌리엄 제임스가 세계를 바라본 일관된 시각이라고 할 만한 것에 가장 가까운 것은 그가 자신의 수많은 편견—미국중심주의, 현실성, 모호한 종교성, 사실에 대한 경배 등—을 결합해 탄생시킨 실용주의다. 1907년의 베스트셀러 『실용주의』에서 윌리엄 제임스는 찰스 샌더스 퍼스가 1870년대에 최초로 정식화한 "오래된 사고방식", 즉 철학은 유용해야 한다는 생각을 발전시켰고 이는 곧장 큰 인기를 끌었다. 윌리엄 제임스는 진리를 참으로 만들고 정의를 옳게 만드는 것은 사실상 유용성이라고 말했다. "실용주의자는 (…) 구체성과 적절성을 향해, 사실들을 향해, 행동을 향해, 힘을 향해 몸을 돌린다."[13] 베르그손은 윌리엄 제임스가 "미래의 철학"을 발견했다며 그를 극찬했다.[14]

윌리엄 제임스는 결코 급진적이고 싶지 않았다. 윌리엄 제임스는 신을 믿을 수 있는 근거를 찾으려고 노력했고 "만일 신이라는 가설이 그 단어의 가장 넓은 의미에서 만족스럽게 작동한다면, 그 가설은 옳다"고 주장했다.[15] 하지만 어느 한 개인이나 집단에 통하는 것이 다른 개인이나 집단에게는 유용하지 않을 수도 있다. 윌리엄 제임스는 진리를 특정 목적에 부합하는지의 여부로 축소시킴으로써 그동안 모든 지식의 합의된 기반으로 통했던 가정, 즉 진리와 실재는 부합한다는 가정을 버렸다. 제임스는 기독교의 정당성을 입증하려고 했지만 결국 진리를 상대화함으로써 기독교를 뒤집었다.[16]

언어학자들도 처음에는 거의 비밀리에, 공식적으로 알리지 않고 심지어 출판물도 없이 비슷한 경로를 따라 확고한 근거로부터 지적 모래지옥으로 자리를 옮겼다. 진실을 말하고 싶은 우리들에게 언어는 실재를 지칭하려는 우리의 시도다. 그러나 20세기 언어학의 발전 양상은—적어도 한동안은—그러한 우리의 시도는 오로지 실패할 수밖에 없다고 시사하는 듯했다. 페르디낭 드 소쉬르(Ferdinand de Saussure)는 윌리엄 제임스가 『실용주의』를 발표한 해인 1907년의 1월 제노바에서 강의를 시작하며 언어학을 새로운 방향으로 세계 떠밀었다. 소쉬르는 사회적 발화(다른 사람에게 발화되는 파롤[parole])와 주관적 언어(사고 수준에서만 알 수 있는 랑그[langue])의 구분을 도입했다. 소쉬르는 개성이 강했고 이는 그가 소통하는 방식에 영향을 주었다. 소쉬르는 아리스토텔레스처럼 강의 노트 없이 즉흥적으로 강의했다. 학생들의 필기만이 소쉬르 강의에 관해 남아 있는 기록의 전부이기 때문에 전문가들은 내용의 정확성을 두고 논쟁을 벌이기도 한다. 소쉬르의 청중이 일반적으로 이해한 바에 따르면 소쉬르는 언어의 효과는 텍스트나 발화에서 각 단어가 다른 모든 단어와 맺는 관계로부터 나온다고 주장했다. 개개의 단어는 다른 단어와 결합하지 않으면 의미를 갖지 않는다. 언어에 의미를 부여하는 것은 단어 간 관계의 구조였고, 이 구조는 특정 텍스트를 초월해 언어 전체로 확장된다. 따라서 의미는 저자의 통제를 벗어난다. 의미는 결코 완전할 수 없다. 왜냐하면 언어는 항상 변화하고 단어 간 관계는 언제나 다시 형성되기 때문이다. 의미는 문화에 의해 구성되는 것이지 실재에 뿌리를 둔 것이 아니다. 독자들은 자율적 존재이고 텍스트를 페이지에서 기억으로 옮기는 과정에서 텍스트를 재구축하거나 왜곡할 수 있다. 소쉬르의 생각은 강의실에서 나와 출판물과 교수법으로 옮겨지기까지 상당히 오랜 시간이 걸렸지만, 점차 언어학에서 정설이 되었다. 대부분의 독자는 수차례의 개정을 거쳐 재구성된 출판물을 통해 소쉬르의 연구를 접했다. 구전으로 전해진 중국 학문의 서양식 버전인 셈이다. 다음 장에서 보게 되겠지만 이렇게 해서 사람들에게 전달된 메시지는, 언어는 실재에 관해서, 또는 언어 그 자체를 제외한 어떠한 것에 관해서도 신뢰할 수 있는 것은 아무것도 말하지 않는다는 것이었다.[17]

소쉬르에 대한 이러한 독해를 푸앵카레와 베르그손과 윌리엄 제임스와 아인슈타인과 양자 역학에 대한 대중의 해석과 나란히 두고 보자. 고정된 시간이나 공간은 없다. 우리는 과학적 주장을 신뢰할 수 없다. 우주의 기본 물질은 예측 불가능하고 설명할 수 없는 방식으로 움직인다. 진리는 상대적이다. 언어는 실재와 결별했다. 확실성의 매듭이 풀리는 동안 상대주의와 상대성 이론은 한데 얽혔다.

상대주의와 상대성 이론 사이에서 과학과 철학은 이전 세대로부터 상속받은 정설의 기반을 서서히 허물었다. 한편 인류학과 심리학 역시 파괴적인 이단들을 만들어냈다. 인류학의 혁명은 프란츠 보애스(Franz Boas)가 인류학 연구를 시작한 미국에서 시작되어 점차 다른 지역으로 확산되었다. 세상에 잘 알려지지 않은 서양 자유주의 전통의 영웅인 독일계 유대인 프란츠 보애스는 미국에서 인류학의 원로이자 인류학을 주재하는 정신이 되었다. 보애스는 그동안 과학자들이 신념을 쏟아붓고 제국들이 노력을 쏟아붓고 금융가들이 현금을 쏟아부은 한 가지 가정을 뒤집었다. 그것은 일부 민족과 사회는 우월한 진화적 지위를 차지한다는 가정이었다. 다윈과 마찬가지로 보애스도 서양인이 원시적이라고 무시한 사람들로부터 가르침을 얻었다. 다만 다윈은 푸에고인들을 보고 혐오감을 느낀 반면 보애스는 이누이트(Inuit)족에게서 영감을 얻었다. 1880년대 보애스는 배핀섬에서 이누이트족과 더불어 지내며 연구를 수행했고 이누이트족이 지닌 현실적 지혜와 창의적 상상력을 알아보았다. 보애스는 공감이 이해의 핵심이라는 통찰을 얻었고 이를 현장 연구자들이 배워야 할 교훈으로 발전시켰다. 이 교훈은 또한 보애스 인생의 규칙이 되었다. 여러 다른 문화의 흥미로운 특이성들을 알아볼 수 있으려면 인류학자들은 그들과 더불어 지내며 그들의 세계관을 공유하기 위해 노력해야 한다. 이제 모든 종류의 결정론은 호소력을 잃고 위험한 것이 되고 일반화는 설득력을 잃는다. 관찰된 차이들을 어느 단일한 설명으로 전부 해석하려는 것은 적절하지 않을 것이기 때문이다.

현장 연구자였던 보애스는 나중에 박물관 큐레이터가 되었고, 자신이 이해하고자 하는 사람들과 유물을 언제나 가까이했다. 보애스는 제자들에게 뉴욕의 강의실에서 서쪽으로 뻗어 있는 철도를 이용해 아메리카 원주민들을 찾아가 직접 연구하고 오라고 했다. 보애스는 이렇게 얻은 결과를 토대로 선배 및 동시대 인류학자들이 "미개한 정신"이라고 부른 것은 사실상 존재하지 않음을 밝혀냈다. 우리가 가진 정신적 장비는 모두 같다. 이는 우리를 둘러싼 물질적 조건이나 기술적 역량, 사회의 복잡도, 교양과 무관하다. 제러드 다이아몬드(Jared Diamond)는 이것을 다음과 같이 간명하게 표현했다. "뉴욕만큼 뉴기니에도 수많은 천재가 있다."[18] 보애스는 일부 인종은 다른 인종보다 지적 활동에 더 잘 적응된 두개골을 갖고 있다고 주장하는 인종주의적 두개골학(craniology)의 오류를 폭로했다. 보애스는 세계에서 가장 영향력 있고 가장 크고 가장 빨리 성장하는 전국 단위의 인류학 학술단체에서 사상이 얼마나 "발달"했느냐에 따라 민족들의 등급을 매길 수 있다는 식의 개념을 금지하는 규정을 마련했다. 보애스는 사람들이 각기 다른 문화에서 각기 다르게 사고하는 이유는 어느 일부가 더 뛰어난 지적 능력을 갖고 있어서가 아니라 모든 정신은 그 정신이 물려받은 전통, 그 정신을 둘러싼 사회, 그 정신이 노출된 환경을 반영하기 때문이라고 결론 내렸다. 보애스는 1911년 강의에서 자신이 수행·감독한 연구의 결과를 이렇게 요약했다.

한 부족의 신념들을 발전시킨 (…) 개개인들의 정신적 태도는 문명 사회 철학자들의 그것과 동일하다. (…) 우리가 우리의 문명이 가치 있다고 여기는 이유는 우리가 이 문명에 참여하고 있기 때문이며 우리가 태어났을 때부터 이 문명이 우리의 모든 행동을 통제해왔기 때문이다. 하지만 우리는 우리와 다른 전통, 그리고 우리와 다른 감정과 이성의 균형에 기반한 다른 문명이 있다고 충분히 상상해볼 수 있다. 우리는 이 문명이 결코 우리의 문명보다 가치가 덜하다고 볼 수 없다. 그 문명의 영향을 받으며 자라지 않은 사람은 결코 그 가치를 알아볼 수 없기 때문이다. (…) 인간 활동의 가치를 평가하는 일반 이론은 인류학 연구를 통해 전보다 더 발전되었고 인류학 연구는 이제 우리가 고백하는 것보다 더 높은 수준의 관용을 가르치고 있다.[19]

사실 이것은 많이 누그러진 표현이었다. 인종주의나 제국주의를 옹호하는 전통적 주장은 이제 더는 들어설 자리가 없었다. 누구도 어떤 민족은 필연적으로 열등하다거나 제국은 자녀를 돌보는 부모나 지적장애아를 돌보는 후견인과 동일한 관리인의 자격을 지닌다고 주장할 수 없게 되었다. 보애스는 반대로 문화간 관계를 재평가할 수 있는 환경을 마련했다. 오늘날 우리가 말하는 이른바 문화적 상대주의는 진지한 인간 사회 연구에서 유일하게 믿을 수 있는 토대가 되었다. 일부 문화는 다른 문화보다 뛰어날지 모르지만, 그러한 판단은 비슷한 가치를 공유하는 문화 사이에서만 가능했다. 하지만 이러한 조건을 만족시키는 경우는 극히 드물다. 모든 문화는 그 자체의 조건에 따라 판단해야 한다고 문화적 상대주의는 말한다.

인류학 현장 연구는 엄청난 양의 다양한 자료를 축적함으로써 상대주의적 경향을 더욱 강화했다. 이러한 자료는 19세기의 거친 위계적 도식에는 도무지 맞지 않았다. 그렇지만 문화적 상대주의는 보애스가 직접적인 영향을 미친 학계 너머로 확산되기까지 상당히 오랜 기간이 걸렸다. 미국 밖에서는 영국 인류학자들이 일찌감치 20세기의 첫 10년간 가장 먼저 보애스의 교훈을 흡수했다. 세계적으로 가장 높은 명망을 누리던 프랑스 인류학자들도 머지않아 긍정적인 반응을 보였고 이때부터 프랑스를 기점으로 상대주의가 전방위로 퍼졌다. 상대주의는 제국들을 지탱해주던 기반을 허물고 다문화 사회들을 건설하는 데 도움을 주었지만 한편으로는 오늘날에도 여전히 해결되지 않은 지적·현실적 문제들을 낳았다. 만일 객관적으로 더 나은 문화라는 것이 없다면, 각 문화가 도덕성에 관해 이해하는 내용이 서로 충돌할 때 어떤 일이 일어날까? 카니발리즘, 영아 살해, 과부를 불에 태우는 관습, 젠더 차별, 사람 사냥, 근친상간, 낙태, 여성 할례, 본인에게 배우자 선택권이 없는 중매혼 등이 모두 문화적 상대주의 아래로 피신할 수 있을까? 선을 긋는다면 어디에 어떻게 그을 수 있을까?[20]

무의식의 횡포

보애스가 제자들과 작업하는 동안, 문화의 해부는 지그문트 프로이트의 심리학으로부터 뜻밖의 신기한 추진력을 얻었다. 이것은 상당히 놀라운 일이다. 프로이트는 대체로 문화적 차이를 인정하지 않았기 때문이다. 프로이트의 목표는 인간의 보편적인 충동을 밝혀 개인의 행동을 설명하는 데 있었다. 하지만 결정적으로 프로이트는 보편적 특성들과 개개인들에 집중하고 문화는 이 둘 사이에 생긴 틈에 놓아둠으로써 문화를 다양하게 해석할 여지를 남겼다. 무의식의 세계를 폭로한다고 주장하는 프로이트 심리학이 널리 퍼지자 성(性)과 유년기의 경험에 관한 전통적인 아이디어들은 도전을 받게 되었다.

프로이트는 20세기의 모델이자 멘토가 되었다. 프로이트는 과학적 통설을 보애스보다도 더 세차게 뒤엎었다. 프로이트의 발견 혹은 주장은 사회들 사이의 관계를 넘어서 개개인의 자아에 관한 이해에 이의를 제기했기 때문이다. 인간의 동기는 상당수가 무의식적이라는 프로이트의 주장은 책임, 정체성, 성격, 양심, 사고 방식 등에 관한 전통적 가정들을 모조리 부정했다. 무의식으로 가는 프로이트의 여정은 1896년에 그가 자기 자신을 대상으로 수행한 실험으로 시작되었다. 이때 프로이트는 이른바 "오이디푸스 콤플렉스"를 폭로했다. 프로이트는 모든 소년에게는 아버지의 자리를 차지하려는 억압된 충동이 있다고 믿었다. 오이디푸스 콤플렉스는 프로이트가 인간의 심리를 구성한다고 본 일련의 무의식적 욕망 중 가장 처음에 제시한 것에 지나지 않았다. 이어서 프로이트는 이른바 심리분석이라는 기법을 발전시켰다. 환자들이 자기 자신의 무의식적 충동을 자각할 수 있도록 설계된 기법이었다. 여기에는 최면이나 프로이트가 선호한 자유 연상 기법을 통해 기억을 자극하는 기법이 사용되었다. 심리분석가들은 이러한 방법을 통해 환자가 자신의 억압된 감정을 탐색하고 신경증을 완화하도록 도움을 줄 수 있었다. 그러면 환자들은 프로이트의—또는 프로이트의 멘토 요제프 브로이어(Josef Breuer)의—치료실에 놓인 긴 의자에서 일어나 전보다 한결 더 자유로워진 발걸음으로 걸어나갔다. 몇 년 전만 해도 히스테릭한 꾀병 환자라고 무시 받던 여성들은 이제 유익한 연구 사례가 되었고, 이는 여성의 사회적 역할을 재평가하는 좋은 결과를 낳았다.

프로이트의 "과학"은 잘 작동하는 듯했으나 가장 엄격한 검증을 통과하는 데는 실패했다. 칼 포퍼는 오이디푸스 콤플렉스가 있는 사람과 없는 사람을 어떻게 구분하느냐고 물었고 심리분석 협회는 이 질문에 크게 출렁였다. 그들은 마치 종교 분파나 비주류 정치 운동 세력처럼 굴며 서로의 오류를 지적하고 반대자들을 협회에서 추방했다. 여하튼 프로이트가 문화의 영향을 과소평가한 것만큼은 확실했다. 문화는 심리 형성에 영향을 주며 각기 다른 시대와 장소에서의 경험은 문화로 인해 다양한 색채를 띤다. G. K. 체스터턴은 "프로이트(Freud), 프로이드(Froid), 나는 이렇게 발음하겠다. 프로드(Fraud, '사기꾼')"라고 비꼬기도 했다. 심리분석은 그 어떤 엄격한 정의에 비추어도 과학이 아니다.[21] 그렇지만 일부 환자들에게는 이 기법이 동료 과학자들에게 인정을 받는지보다도 심리분석이 효험을 발휘한다는 사실이 더 중요했다. 아이디어들을 설득력 있는 글로 전달하는 프로이트의 천재적인 능력도 그의 명성을 널리 퍼뜨리는 데 일조했다. 전쟁 전의 빈(Vienna)의 몇몇 시민들로부터 나온 증거를 통해 보건대 프로이트는 인간의 조건을 조명할 능력을 가진 것처럼 보였다. 프로이트의 주장이 충격적이었던 이유는 점잖은 사회에서 사람들이 좀처럼 입에 올리지 않았던 성 충동에 대해 솔직했기 때문만은 아니었다. 그보다는 좀 더 근본적으로 프로이트는 사실상 "당신은 내 도움 없이 당신이 어째서 그렇게 행동하는지 모르며 실제로 아는 것이 불가능합니다. 당신의 행동은 그 동기의 원천이 무의식에 있기 때문이지요"라고 말하고 있었다. 프로이트는 모든 아동이 사춘기 전에 공통된 성적(性的) 발달 단계를 거치며 모든 성인이 비슷한 경험이나 환상을 억압한다고 주장했다. 프로이트는 심지어 종교의 적들에게 그들이 가장 욕망하는 대상, 즉 신에 대한 과학적 설명을 제공해주는 듯했다. 프로이트는 가장 영향력 있는 저작 중 하나인 『토템과 터부』에서 "신은 근본적으로 격상된 아버지에 지나지 않는다"라고 썼다.[22] 프로이트의 생각은 도덕에 잠재적으로 상당히 충격적인 영향을 끼칠 수 있었다. 우리가 우리 행동의 근거를 스스로 알지 못하면 우리가 스스로를 더 나은 방향으로 변화시킬 수 있는 힘은 제한된다. 개인의 도덕적 책임이라는 개념 자체가 의문시된다. 우리는 죄의식에서 벗어나 우리의 결점과 비행을 양육 환경의 탓으로 돌릴 수 있다.

프로이트의 영향으로 근대 서양에서 내면 성찰은 이제 하나의 의식(儀式)이 되어 춤이나 몸짓의 규칙이 문화를 규정하듯 우리의 문화를 규정한다. 억압은 우리 시대의 악령이고 심리분석가는 우리 시대의 퇴마사다. 그 결과 중 하나는 죄의식, 수치심, 자기 의심, 자책감을 침묵시키는 "기분좋은 사회"다. 성에 대한 솔직함이라는 관습도 마찬가지다. 뇌의 대사적·화학적 불균형이 마치 근본적인 심리적 질병인 양 취급하는—20세기 이래 지금까지 심리치료사들 사이에서 여전히 만연한 태도다—관행도 그렇다. 프로이트가 개시한 가치 혁명—억압과의 싸움, 솔직함에 대한 찬양, 억제의 완화—은 프로이트가 예상했던 것보다 오래갔다. 프로이트가 끼친 좋은 영향과 나쁜 영향 중 어느 것이 더 큰지 따지기는 어렵다. 심리분석과 여타 프로이트 학파의 심리치료는 수백만 명에게 도움을 주었지만 수백만 명에게 괴로움을 주기도 했다. 누군가는 억압으로부터 해방되었지만, 누군가는 망상에 빠졌다거나 도움이 되지 않는 치료를 받는다는 힐난을 들었다.[23]

프로이트가 무의식이 유년기의 경험에 미치는 영향을 강조하자 교육은 심리학자의 놀이터가 되었다. 아이작 바셰비스 싱어(Isaac Bashevis Singer)가 말했듯 "어린이에게는 심리학이 쓸모없는"데도 말이다. 스웨덴의 페미니스트 엘렌 케이(Ellen Key)는 1909년 어린이는 어른과 다르다며 유년기의 재발견을 선언했다. 이 말은 언뜻 뻔하게 들리겠지만 사실 이것은 19세기 서양에서 발달한 유년기의 아이디어를 그대로 반영한 것이었다(504쪽 참조). 하지만 아동 사망률의 변화 양상은 새로운 연구를 자극했다. 나는 잉글랜드에서 교사로 일할 때 19세기에 재학 중에 사망한 소년들을 위해 세워진 수많은 기념비가 늘어선 오래된 회랑을 걸으며 가슴이 아팠던 때를 기억한다. 당시에는 그토록 덧없이 끝나버리는 생명을 위해 대단한 노력을 기울이는 것이 이치에 맞지 않아 보였다. 그러나 점차 아이들이 병에 걸려도 쉽게 죽지 않고 오래 살아남자 어린이도 시간과 마음을 들여 연구하기에 적절한 대상으로 여겨지게 되었다.[24] 가장 영향력 있는 연구자는 스위스의 박식가 장 피아제였다. 학령기 아동들에게 피아제가 미친 영향은 수 세대를 거슬러올라가 추적할 수 있다. 이 어린이들에게는 도전적인 과제가 주어지지 않았다. 피아제가 학령기 아동은 그러한 과제를 수행할 능력이 없다고 말했기 때문이다. 피아제 자신은 어릴 때 신동으로 불렸는데, 환멸을 쉽게 느끼는 많은 교육 전문가처럼 그역시 어린이의 능력을 낮게 평가했다. 피아제는 1920년대는 그 자신에게 돌파구가 된 시기였다고 생각했다. 당시 피아제는 초창기 지능검사의 실험 결과를 처리하는 일을 돕고 있었다. 피아제가 보기에 어린이가 저지른 오류들은 어린이의 정신 과정은 자신의 그것과 구조적으로 다른 독특한 것임을 시사하는 듯했다. 피아제가 이를 설명하기위해 만든 이론은 인류학자들이 보애스가 모은 강력한 증거를 토대로 몰아낸 정신 발달 단계의 원칙들과 놀라우리만큼 유사했다. 피아제의 저작은 보애스의 연구보다는 프로이트와 엘렌 케이의 연구에 비추어 볼 때 더 잘 읽혔다. 피아제가 보기에 "정신 발달"은 사회보다 개인에 적용되는 개념이었다. 정신 발달은 성장 과정에서 예측이 가능하며 보편적 단계에 따라 일어난다. 피아제는 잘못 생각했던 것 같다. 피아제가 보편적이라고 본 것은 대부분 문화적으로 조건화된 것이다. 우리는 성장하면서 경험에 따라 정제되고 문화에 의해 부과된 습관을 획득한다. 오늘날 어린이는 어떤 일괄적인 표준 계획표에 따라 발달하지 않는다는 견해가 갈수록 더 널리 인정받고 있다.

그럼에도 피아제는 오늘날에도 설득력을 발휘하고 있고 학교 교육과정에 피아제의 흔적이 남아 있다. 어린이를 연령에 따라 분류해 같은 종류의 수업을 받게 한다. 각 단계의 모든 어린이를 상대로 한 이러한 수업들은 동일한 난이도의 동일한 과목들로 구성되어 있다. 그결과 각자의 속도에 맞는 수업을 받았다면 사회에 전반적으로 더 많은 기여를 할 수 있었을 일부 아동은 성장이 저해되거나 소외감을 느끼게 된다. 이 점을 깨달은 일부 학교와 대학은 이제 "심하게 높은 지능의(severely gifted)" 어린이를 위한 특별 조치를 마련해 또래가 아니라 더 나이가 많은 학생과 함께 더 높은 기준의 수업을 받을 수 있게 하고 있다. 이러한 이례적인 사례들을 제외해도 오늘날 지배적인 교육 체계는 아동은 성인보다 근본적으로 열등하다는 의심스러운 이론적 토대에 기반을 두고 있기 때문에 근본적으로 아동에게 공정치 못하다. 이것은 인종적으로 규정한 특정 집단이 열등하다고 역사적으로 일반화해온 것보다 조금도 나을 바가 없다. 일부 아동은 많은 성인보다 일반적으로 성숙과 연관 지어지는 특성들을 포함해 훨씬 더 훌륭한 특성을 보인다.[25]

혁신, 도약하다

20세기 초 과학, 철학, 언어학, 인류학, 심리학에 나타나 공중제비를 돌던 수많은 새로운 아이디어들은 다른 분야에서 새로운 출발을 이끌었다. 한층 더 광범위한 현상이 진행되고 있었다. 측정이 사용되는 모든 분야에서 유례없이 급속한 변화가 발견되었다. 특히 인구통계학과 경제학 분야의 자료를 비롯해 모든 종류의 통계 자료가 급증했다. 테크놀로지―20세기의 특징적인 과학 분야―는 새로운 국면을 향해 돌진했다. 19세기가 증기의 시대였다면 20세기는 전기의 시대였다. 1901년 마르코니는 무선으로 문자를 보냈다. 1903년 라이트 형제는 비행에 성공했다. 1907년 플라스틱이 발명되었다. 20세기의 생활양식을 가능하게 한 다른 핵심 신기술―입자 가속기, 고층 건물의 틀을 만드는 철근 콘크리트, 심지어 햄버거와 코카콜라도―모두 제1차세계대전이 발발하기 전부터 있었다. 전화기, 자동차, 타자기 등 19세기 후반의 독창성이 만든 진기한 상품들은 이제 모두 흔한 물건이 되었다.

정치에서도 20세기는 사람들을 깜짝 놀라게 한 새로운 사건들과 함께 찾아왔다. 1901년 노르웨이와 뉴질랜드에 세계 최초로 완성된 형태의 민주주의 체제―여성과 남성이 평등한 정치적 권리를 갖게 되었다는 점에서―가 등장했다. 1904년 러일전쟁에서 일본이 러시아를 상대로 승리를 거두어 백인 제국도 패배할 수 있다는 것을 확인시켜주었다. 그러나 사실 이것은 이미 나온 증거들―영국에 맞선 마오리족의 저항, 에티오피아가 이탈리아에 대항해 거둔 승리―을 불신하거나 은폐하지 않았다면 이미 명백한 사실이었을 것이다. 일본의 사례에 고무되어 독립운동이 활기를 띠었다. 훗날 일본은 아시아 대부분 지역에서 영국, 프랑스, 네덜란드의 제국주의가 자랄 자리를 남겨두지 않을 터였다. 한편 투사들은 인종 평등을 위한 투쟁에서 새로운 자신감을 얻었다. 1911년 최초의 위대한 "대중의 반란"이 멕시코와 중국에서 일어난 혁명들과 함께 시작되었다. 엄청난 격변을 일으킨 이 사건들에 비하면 이후 같은 세기에 발생한 공산주의 혁명은 마치 잠깐의 점멸 신호처럼 보인다. 중국에서는 신해혁명으로 250년 넘게 중국을 지배한 왕조가 무너졌고 수천 년에 걸쳐 이어진 군주제가 종말을 고했다. 멕시코 혁명의 주요 피해자들 역시 그동안 굳건한 기반을 누려온 독점세력인 지주와 교회였다.

20세기 초 세계의 대변동으로 초래된 불안감은 화가들의 작품을 통해 눈으로 직접 확인할 수 있다. 특히 20세기 화가들은 자신들이 직접 본 것보다는 과학과 철학이 묘사한 것을 그리는 경향이 과거 어느 때보다 더 두드러졌다. 이 시기의 혁신적인 예술작품은 과학과 철학이 불러일으킨 동요와 충격을 표현했다. 1907년 큐비즘은 산산이 조각난 거울에 비친 것 같은 파편화된 세계의 이미지를 제시했다. 큐비즘 운동을 창시한 파블로 피카소와 조르주 브라크는 원자론이 시사한 광경─어딘가 서로 잘 맞지 않는 파편들로 이루어진 무질서하고 통제할 수 없는 세계─을 확인시켜주는 듯했다. 그들은 아인슈타인에 관해 들어본 적이 없다고 했지만 언론에 보도된 상대성 이론은 알고 있었을 것이다. 좀처럼 이해되지 않는 현실을 다른 관점에서 포착하려고 노력한 그들은 자신이 속한 시대의 전형적인 불안을 고스란히 드러냈다. 그것은 그때까지 익숙했던 세계상의 해체에서 오는 불안이었다. 피터르 몬드리안의 회화 작품들은 근대적 취향의 예각들을 완벽하게 포착했다. 몬드리안의 작품은 마치 격자무늬로 부기우기 재즈 운율을, 직선으로는 맨해튼 브로드웨이를 재현한 듯했다. 그러한 몬드리안의 작품에서도 1920년대 초의 산산이 조각난 거울의 국면을 엿볼 수 있다. 과거의 몬드리안은 고국 네덜란드의 강둑을 낭만적으로 충실히 그려낸 바 있었다. 이제 강둑은 넓게 펼쳐지고 원자처럼 잘게 쪼개져 있었다. 1911년 바실리 칸딘스키는 러더퍼드가 원자에 관해 설명한 글을 읽고 "두려운 힘을 느꼈다. 마치 세계의 종말이 다가온 듯했다. 모든 것이 힘이나 확실성을 잃고 투명해졌다"고 말했다.[26] 이러한 효과들은 새로운 양식의 출현에 반영되었다. 이 새로운 양식은 실제 대상을 연상시키는 모든 것을 억눌렀다. 칸딘스키가 시작한 이 완전한 "추상" 미술 사조는 대상을 알아볼 수 없게 묘사하거나, 아예 묘사하지 않았다. 추상 미술은 20세기의 남은 기간을 지배했다. 프랑스에서 마르셀 뒤샹은 자신이 아는 과학 지식은 얼마 되지 않는다고 일축했지만, 그 역시 아인슈타인의 세계를 재현하려고 시도했다. 걸작으로 평가받는 뒤샹의 조각 작품 〈큰 유리(Large Glass)〉를 보면 뒤샹이 상대성 이론을 얼마나 자세히 연구했는지 드러난다. 현실이 아코디언의 주름처럼 늘어나는 것처럼 보이는 1912년 회화 작품 〈계단을 내려오는 나부(裸婦)〉에서 뒤샹은 "운동의 추상적 재현을 통해 시간과 공간"을 표현했다고 말한 바 있다. 한편 재즈의 당김음과 언뜻 패턴을 파악할 수 없는 무조음악—아널드 쇤베르크가 1908년부터 빈에서 발전시켰다—의 소음은 일정한 질서에 따라 정리되어 있던 아이디어들을 마구 뒤섞어놓은 양자 역학처럼 과거의 조화를 뒤엎었다. 인류학이 당대 예술에 미친 영향은 과학이 미친 영향보다 더 분명하게 드러난다. 예술가들은 그리스 조각상, 옛 거장들 등 상상력의 전통적인 소재를 민족지학적 수집품이나 삽화를 이용한 장식품으로 대체했다. 피카소, 브라크, 콘스탄틴 브란쿠시(Constantin Brancusi), 칸딘스키가 주도한 청기사파 화가들은 태평양 연안과 아프리카 지역의 "원시적" 조각품을 모방했다. 청기사파 화가들은 이국적 미학의 타당성을 보여주었고 예전에는 "미개"하다고 무시했던 사람들로부터 영감을 얻었다. 피카소가 그린 얼굴들은 팡족(Fang族)의 가면처럼 각이 졌거나 길쭉한 타원 형태를 띤다. 앙드레 드랭은 〈해수욕하는 여자들(baigneuses)〉에서 전통적인 해변 그림에 등장하는 해수욕하는 미인들을 투박한 주물(呪物)처럼 표현했다. 원시주의(primitivism) 화가들이 그린 그림의 소재는 일부는 미술관이나 박물관에 전시된 제국의 약탈물이었고 일부는 1903년 폴 고갱이 사망한 후 회고전에 전시된 것들이었다. 고갱은 1890년대에 스스로 유배를 떠난 타히티에서 영감을 얻어 관능적 표현을 시도했다. 이 시기 고갱의 조각 및 회화 작품에는 낭만적으로 보기엔 지나치게 현실적으로 표현된 엑조티시즘(exoticism, 이국의 정취에 탐닉하는 경향—옮긴이)이 나타난다. 아메리카대륙과 오스트레일리아의 미술 감정사들이 "토착" 미술을 재발견하면서 이러한 영향력의 범위는 더욱 확대되었다.

반작용: 질서의 정치

반작용을 예상할 만했다. 무엇이라도 잃을 것이 있는 사람은 광란의 변화가 두렵기 마련이다. 20세기 초 사상의 지각 변동으로 정신이 산란해진 사람들에게 중요한 화두는 어떻게 카오스를 몰아내고 자신감을 회복할 것인가였다. 초기의 효과적인 반응은 필리포 토마소 마리네티에게서 나왔다. 마리네티는 이탈리아의 댄디이자 독설가요 지성계의 악동이었다. 1909년 마리네티는 동료 예술가들을 위해 선언문을 발표했다. 이 시기 예술가들은 대부분 "모더니즘"을 표방했다. 모더니즘은 새로운 것은 오래된 것보다 우월하다는 신조였다. 마리네티는 여기서 한 발짝 더 나아가고자 했다. 그러니까 미래의 것이 현재의 것보다 우월하다고 생각한 것이다. 그리하여 마리네티는 "미래주의"를 선언했다. 마리네티는 과거의 유산을 뛰어넘는 것만으로 충분하지 않다고 믿었다. 미래파는 전통과 절연하고 그 잔재를 잊고 흔적을 지워야 했다. "미래는 시작되었다"고 마리네티는 선언했다. 이 말은 언뜻 하나 마나 한 쓸데없는 소리로 들릴지 모르지만, 어떤 면에서 그는 옳았다. 마리네티는 20세기의 남은 기간에 다가갈수록 보폭이 커질 변화에 대한 강력한 메타포를 창출했다.

혼란스러운 환경에서 사람들은 흔히 위안을 갈망하기 마련이지만 마리네티는 명백하게 보이는 모든 위안의 원천—정합성, 조화, 자유, 도덕적 통념, 전통적 언어—을 거부했다. 마리네티에게 위안이란 예술적 붙임이나 다름없었다. 미래파는 그보다 전쟁, 권력, 카오스, 파괴를 미화했다. 이러한 것이야말로 인류를 새로움으로 밀어붙일 방법이었다. 미래파는 기계의 아름다움, 힘의 도덕, 횡설수설의 문장론을 찬미했다. 감수성, 온화함, 섬세함 등의 오래된 가치를 물리치고 냉혹함, 솔직함, 강함을 선호했다. 그들은 강압의 상징으로서 "역선(力線, 전자기력 같은 힘이 작용할 때 힘의 방향을 연결한 가상의 선—옮긴이)"이나 미친 듯이 돌아가는 기계를 그렸다. 앞서 화가들은 산업적 에너지의 속도와 리듬을 포착하려고 시도했지만 대체로 실패했다. 터너의 증기 기관차는 흐릿하고 반 고흐의 기차는 우울할 정도로 정적이다. 미래파 화가들은 이들을 능가했다. 그들은 물리학자들이 원자를 쪼개듯 운동을 구성요소들로 나누었고, 영화가 몇 분의 1초짜리 연속적 프레임들로 운동을 표현하는 것을 모방했다. 당시 새로 유행한 내연 기관 덕분에 짜릿할 정도로 빠른 속도를 내는 것이 가능해졌고 이것은 시대 정신을 상징했다. 그들은 빠르게 과거로부터 멀어지고 있었다.

미래파는 20세기 급진적 정치 운동가, 그러니까 파시스트와 공산주의자를 단합시켰다. 파시스트에게 국가는 강자를 위해 봉사했고, 공산주의자는 혁명을 통해 전통을 소각하기를 원했다. 파시스트와 공산주의자는 서로를 싫어했지만 둘 다 전투를 즐겼다. 그들은 처음에는 시가전을, 이후 국가를 장악한 다음에는 과거에서 유례를 찾아볼 수 없는 대규모의 끔찍한 전쟁을 벌였다. 그러나 파시스트와 공산주의자는 진보의 역할이 과거의 파괴에 있다는 데에서 뜻을 같이했다. 사람들은 흔히 당시 정치 지도자들이 "좌초"하거나 실각해 제1차세계대전에 가담했다고 말한다. 그렇긴 하다. 하지만 사람들이 전쟁에 빠져들 때 나타나는 놀랍고도 충격적인 특징이 있다. 그것은 파괴의 사도들이 열성적으로 전쟁을 숭배하고 환대한다는 것이다.

전쟁은 거의 언제나 이미 어느 한 방향을 향해 가고 있는 사건들을 더욱 세차게 몰아간다. 그리하여 제1차세계대전은 기술 발전을 앞당겼고 지배계층을 허물어뜨렸다. 유럽의 타고난 지도자들은 상당수 세상을 떠났다. 유럽 역사의 혼란과 단절은 예정되어 있었다. 시민들은 파괴와 절망 속에서 어디에도 붙잡을 곳 없는 기분을 느꼈다. 잔해에 둘러싸여 평온을 바랄 수 없었고 자신을 헌신할 곳도 없었다. 어마어마한 돈과 목숨을 들여 얻은 것은 평화가 아닌 정치 혁명이었다. 유럽과 유럽 경계지역에서 열두 개의 새로운 주권 국가 또는 사실상의 주권 국가가 출현했다. 초강대국들이 쓰러졌다. 국경이 달라졌다. 해외 식민지는 점령국이 바뀌었다. 전쟁은 단 한 번의 도끼질로 러시아, 독일, 오스트리아·헝가리 제국, 오스만 제국을 쓰러뜨렸다. 영국도 팔하나를 잃었다. 1916년 아일랜드에서 일어난 봉기와 내전은 6년이 지나서야 끝났고 아일랜드섬 대부분 지역이 독립을 쟁취했다. 대규모

이주로 인구가 다시 분배되었다. 전쟁이 끝나고 100만 명 이상의 투르크족과 그리스인이 안전한 땅을 찾아 앞다투어 새로운 국경선을 넘었다. 다른 유럽 제국의 지배를 받는 민족들은 불안해하는 주인들을 보고 입맛을 다시며 유럽에서 또다른 전쟁이 발발하기를 기다렸다. 『인도로 가는 길』의 주인공이 마지막으로 남긴 말은 "그때 우리의 시대가 올 것이다. 그때 우리는 저 빌어먹을 영국인들을 모조리 바다로 쓸어넣을 것이다"였다.

전후의 가난은 극단주의에 유리하게 작용했다. 1920년대와 1930년대 유럽과 아메리카대륙의 재정적 재앙은 수렁에 빠진 서양을 보여주는 듯했다. 전쟁을 일으키고 평화를 망가뜨린 병든 정치보다 더 심각한 염증이 깊어졌다. 사람들은 앞다투어 서양 문명의 문제를 지적하고 나섰다. 반유대주의자들은 "국제적 유대인들"이 세계 경제를 주무르고 비유대인들을 착취해 부를 누린다는 근거 없는 비방과 함께 세계적 시련의 원인은 유대인에게 있다고 주장했다. 우생학 옹호자들은 세계가 지금 괴로움을 겪는 것은 비과학적인 교배 때문이라고 주장했다. "열등한" 계층과 인종 그리고 "유약"하거나 "지적 결함이 있는" 개인들이 다시 나약하고 무익한 자식을 낳도록 격려한 탓에 사회가 갈수록 약해지고 있다는 것이었다. 반교권주의자들은 교회가 과학을 전복하고 대중을 무력하게 만들며 나약함을 조장한다고 비난했다. 공산주의자들은 자본주의자들을 탓했고 자본주의자들은 공산주의자들을 탓했다. 사람들이 탓하는 어떤 대상들은 이성적으로 보건대 믿기지 않을 정도로 매우 훌륭한 것들이었다. 하지만 대중선동가들의 목소리는 이성의 목소리를 묻어버릴 만큼 소란스러웠다. 가난하고 비참한 수백만 명은 선동가들의 주장을 믿을 준비가 되어 있었다. 메가폰의 정치—신랄한 수사, 지나친 단순화, 선지자가 나타났다는 환상, 타인을 향한 쉽디쉬운 비난—가 해결책에 목마른 유권자의 마음을 파고들었다. 그 해결책이 제아무리 단순하고 공격적이고 이른바 "최종적"인 것이라도 좋았다. 복수는 정의의 가장 쉬운 형식이고 희생양은 자기희생의 기꺼운 대체물이다.

당시 가장 지배적이었던 분석에 따르면 탓을 돌려야 할 대상은 이른바 "체제"였다. 마르크스의 예측은 실현되는 듯했다. 가난한 사람은 점점 더 가난해지고 있었다. 자본주의의 실패는 그들을 혁명으로 몰아갈 것이었다. 민주주의는 재앙이었다. 독재자들은 사람들이 공동선을 위해 협력하도록 밀어붙일 터였다. 어쩌면 오로지 전체주의 정부만이 정의를 실현하고 재화의 생산과 분배를 비롯한 생활의 모든 부분을 책임져줄 수 있을지 몰랐다. 이데올로기의 시대가 왔다.

파시즘은 힘, 질서, 국가, 전쟁을 옹호하는 정치 성향이었다. 파시즘의 가치 체계는 개인보다 집단을, 자유보다 권위를, 다양성보다 단합을, 화해보다 복수를, 온정보다 응징을, 약자에 대한 보호보다 강자의 우월함을 중시했다. 파시즘은 반대자, 반체제 인사, 부적응자, 사회 전복세력의 권리 박탈을 정당하게 여겼다. 파시즘이 지성적인 것이라고 할 수 있다면, 그것은 고철 처리장의 압축기로 쇠붙이를 압축하듯 한 무더기의 아이디어들을 아무렇게나 뭉쳐놓은 것에 가까웠다. 그것은 불안정하게 맞물린 집합적·권위적·전체주의적 전통의 조각들을 모아 급조한 이데올로기적 위조물이었다. 파시스트들이 사회주의의 한 분파였는가라는 질문은 전부터 열띤 논쟁을 불러일으켜왔다. 그들은 "재산 몰수가 없는 사회주의"라고 거칠게 요약할 수 있을 만한 정책들을 내세우며 프롤레타리아와 소부르주아지를 그들 편으로 끌어들였다. 파시스트들의 강령은 독립적으로 진화한 신조, 또는 이데올로기를 추구하는 정신 상태, 또는 그저 원칙 없는 기회주의를 일컫는 어떤 그럴듯한 이름 따위로 분류될 수 있을 것이다. 고대 로마에서 '파스케스(fasces)'는 가운데에 도끼 머리를 끼운 나뭇가지 다발이었다. 파스케스는 인민을 회초리로 때리고 도끼로 참수할 수 있는 집정관들의 권력을 상징했고 집정관들은 행진할 때 파스케스를 든 수행원들을 앞세웠다. 고대 로마의 파스케스는 이렇듯 피비린내 나는 법 집행의 아이콘이다. 베니토 무솔리니는 파시즘의 본질을 표현하기 위해 오늘날 우리가 당의 '로고'라고 부를 만한 것으로 파스케스를 채택했다. 회초리를 맞은 붉은 자국과 도끼에 찍힌 깊은 상처. 거리 순찰대가 입던 옷의 색은 바뀌거나 빛에 바랬고, 그들의 의례에 따른 형식이나 경례하는 손의 각도는 바뀔 수 있었다. 하지만 사람들은 겁에 질려 흘리는 땀과 구두굽 소리를 통해 느낌으로 알 수 있었다. 파시스트들의 주술 같은 말장난은 파시즘을 혐오하거나 두려워하는 사람들에게조차 현혹적이었다. 영국의 사회주의 지도자 어나이린 베번은 오늘날의 새뮤얼 골드윈이나 요기 베라(Yogi Berra)처럼 뜻이 모호한 격언으로 발언을 마무리하기로 악명이 높았다. 베번의 말을 들어보자. "파시즘은 새로운 질서가 아니다. 파시즘은 태어나기를 거부하는 미래다."[27]

나치즘은 파시즘의 이 모든 특징을 공유하되 파시즘보다 더한 그 무엇이었다. 파시스트들은 일상적으로 반교권주의적이었던 반면 나치는 적극적으로 종교를 모방했다. 나치는 섭리를 역사로 대체했다.

나치에게 역사는 비인격적이고 강력하고 거친 힘이요, 그 누구도 막을 수 없는 "과정"이었다. 인간의 목숨은 노리개였다. 몽구스에게 던져진 뱀, 고양이에게 던져진 쥐와 다르지 않았다. 역사는 불경한 인종들을 먹어치워 힘을 키우는 굶주린 여신처럼 인신 공양을 요구했다. 천년 왕국설(440쪽 참조)의 얼개와 언어는 나치즘과 잘 맞았다. 역사의 완성은 "천년 제국(thousand-year Reich)"이 될 것이었다. 잘 조직된 의례, 성소와 성역, 아이콘과 성인, 행렬과 황홀경, 찬가와 구호는 신앙 생활과 유사 종교 예배에 필요한 모든 것을 제공했다. 비이성적 도그마가 무릇 그렇듯 나치즘은 추종자들에게 생각을 거치지 않은 동의를 요구했다. 그것은 총통의 절대적 확실성에 대한 순종이었다. 나치들은 고대의 전통적 이교주의로 기독교를 대체하려는 환상을 갖고 있었다. 일부 나치들은 고대 유적 환상 열석을 통과해 베벨스부르크성으로 이어지는 신비로운 길을 "하이마취츠(Heimatschütz)"—'고향 탐사'—라고 불렀다. 하인리히 힘러는 레이선(ley line, 20세기 초 사람들이 역사적 건물들을 잇는다고 믿은 가상의 신비로운 직선. 고대 사회에서 일부러 이 선을 따라 중요한 구조물들을 지었다고 생각했다—옮긴이)들이 독일과 세계의 중심인 베벨스부르크성에서 만난다고 믿었다.[88]

질서의 이데올로기들은 인간애와 동정심을 희생시키며 근대성의 모순을 압축적으로 보여주었다. 기술은 진보했지만 도덕성은 퇴보하거나 기껏해야 정체했다. 나는 부르주아지 지식인이 모이는 만찬이나 학회 자리에서 가끔 도덕적 진보에 대한 확신에 찬 발언을 듣고 깜짝 놀랄 때가 있다. 이를테면 선진국에서 보고된 폭력 건수의 변화는 교육자들이 노력한 증거라고 착각하는 사람들이 있다. 하지만 사실 이러한 수치는 그저 통계 수치에 미처 드러나지 않는 증거의 블랙홀—예를 들면 국가의 강압, 노인이나 태아의 "생명 중단"—로 폭력이 흡수되었음을 보여줄 뿐이다. 또는 전통적 보수주의자들은 오늘날 우리는 특히 기호와 의복에서 예로부터 금지되어온 행동에 대해 우리 시대가 어느 때보다 너그러운 관용을 보인다며 안심한다. 그렇지 않다. 불관용과 불관용이 키우는 분노의 총합은 아마도 줄어들지 않았을 것이다. 요란하게 떠들던 소인배들은 제2차세계대전에서 실패했지만 최종 해결책의 유혹은 완전히 사그라지지 않았다. 사회의 혼란과 복잡한 문제들이 다루기 힘들어지고 변화의 보폭이 위협적일수록 유권자들은 더더욱 권위주의로 되돌아간다. 더 강력한 정책, 더 엄격한 감옥, 테러리스트에 대한 고문, 장벽·추방·배제, 국제단체 탈퇴를 통한 국가적 자기 고립. 어떤 면에서 권위주의는 전통적 경쟁자들을 초월할 수 있는 이데올로기가 되었다. 이 글을 쓰는 지금도 KGB 출신의 블라디미르 푸틴은 미국에서 투박한 공화주의자들의 우상이자 도널드 트럼프의 총아인 듯싶다. 사람들은 혼란과 무지로 어린애가 되며 복잡함을 피해 광신주의와 도그마로 피신한다. 전체주의의 호소력은 여전히 수명을 다하지 않았는지 모른다.

제10장

불확실성의 시대

: 20세기의 망설임들

정신 내부에서 일어나는 일은 정신 외부에서 일어나는 일의 반영이다. 19세기 말 이후 외부세계의 변화가 가속화했고 이는 생각에 격렬한 영향을 미쳤다. 어떤 사람들은 비현실적인 희망을 품었고 어떤 사람들은 버거운 공포를 품었으며 혼란과 당혹이 만연했다. 우리는 변화를 측정할 때 이온, 밀레니엄, 세기, 세대 등의 단위를 사용했다. 하지만 이제는 일주일도 길다. 이것은 (영국 정치가 헤럴드 윌슨이 말했다는 것처럼) 비단 정치에서만이 아니라 모든 종류의 문화에서 그렇다. 변화가 빨라지자 과거의 추적도 미래의 예측도 현재의 이해도 어려워졌다. 불확실성은 사람들을 동요하게 만든다. 절박한 유권자들은 사회 문제들을 두고 대중 선동가와 엉터리 정치가에게 의지한다. 대중 선동가는 트위터에 쉬운 해결책을 제시하고 엉터리 정치가는 번지르르한 말을 늘어놓으며 사태를 지나치게 단순화한 가짜 약을 나누어준다.

변화에 반응해 나타난 아이디어들을 이해하고자 한다면 반드시 그 변화의 맥락을 이해해야 한다. 일단, 가까운 과거의 급속한 변화를 보여주는 가장 큰 단일 지표인 세계 소비량은 20세기에 걸쳐 스무 배가까이 증가했다. 그동안 인구는 겨우 네 배 증가했다. 산업화와 도시화로 소비량은 통제할 수 없을 만큼, 아마도 지탱할 수 없을 만큼 치솟았다. 잠시 멈추어 몇 가지 사실을 돌아보자. 인간이 환경에 유발한 스트레스 증가의 가장 큰 원인은 인구 증가가 아닌 일인당 소비량의 증가에 있다. 무분별한 소비는 주로 부유층의 잘못이다. 최근의 인구 증가는 주로 빈민층 사이에서 일어났다. 한편, 생산량도 소비량과 나란히 증가했다. 부유층 소비자가 살 수 있는 생산품의 종류는 당혹스러울 만큼 크게 증가했다. 이러한 경향은 특히 기술적 혁신, 의료 서비스와 의약품, 금융 상품과 상업 증권에서 두드러졌다. 세계 인구의 증가는 맬서스식 우려에 다시 불을 붙였고 일부 국가에서는 간혹 국민의 사생활에 간섭하는 인구 통제 사업을 개시하기도 했다.[1] 그러나 대부분 문제에서 숫자—특히 빈민층의 숫자—는 잘못이 없다. 우리는 욕심을 일부 내려놓으면 더 많은 사람을 수용할 수 있다.[2]

20세기 들어 수명은 육체적으로 덜 힘든 생계수단 그리고 죽음을 거부하는 의료 기술이 적절히 갖춰진 지역에서 유례없이 크게 늘었다(이러한 수명 연장이 언제까지나 계속되리라고 기대할 수는 없다. 앞으로 늘릴 수 있는 수명의 폭은 훨씬 적을 것이다. 20세기의 전쟁 생존자들은 역경을 겪으며 강인해졌다. 그들의 자녀와 손자 손녀들은 그들보다 아마도 덜 튼튼할 것이다). 길게 잡아 늘인 경험은 대체로 느리게 진행되지만, 연장된 생명의 속도는 느려지지 않는 것처럼 보였다. 늙어가는 사람들에게 사건들은 화살처럼 빠르게 지나간다. 총알처럼 달리는 기차의 차창에서 산울타리를 바라보면 형체가 분간할 수 없을 만큼 뭉개지는 것처럼 말이다. 내가 어릴 때 좋아하던 과학소설의 시간 여행자들은 낯선 세계에 적응하느라 고생했다. 그것은 그들이 원래 속한 세계에서는 오래전에 사라진 시대와 관습의 세계였다. 내가 나이들어 시청한 어느 BBC 방송 프로그램의 주인공은 겨우 40여 년 전으로 이동했다. 하지만 21세기 초의 어린 시청자들에게 1970년대는 도저히 적응할 수 없는 원시 시대처럼 그려졌다. 그곳에는 가정용 컴퓨터나 비디오 게임 콘솔, 휴대전화 등의 필수품이 없었다. 그 프로그램을 보고 있는 나 자신이 시간 여행자가 된 것 같았다. 이제는 모든 사람이 '립 밴 윙클'(Rip Van Winkle, 미국 소설가 워싱턴 어빙의 동명의 단편소설에서 게으른 남성 립 밴 윙클은 산에 올라가 낯선 이를 만나 술을 얻어 마시고 돌아와보니 20년이 지나 있었다—옮긴이)과 비슷한 처지다. 다른 점이 있다면 우리는 립 밴 윙클과 같은 경험을 하기 위해 하룻밤 넘게 보낼 필요가 없으리라는 것뿐이다. 우리는 몰라보게 달라진 매너, 유행, 태도, 환경, 가치, 심지어 도덕까지도 일상적으로 마주친다.

이렇듯 쉽게 변화하는 세계의 불안정성을 견디지 못하는 사람들은 "미래 쇼크"로 고통받는다.[3] 공포, 당혹, 분개가 안정과 안녕과 미래에 대한 확신을 갉아먹는다. 사람들은 변화의 위협을 느낄 때 애착 이불을 움켜쥐는 어린아이처럼 익숙한 것에 손을 뻗는다. 사람들은 자신에게 닥친 일을 이해할 수 없을 때 공황 상태에 빠진다. 그 고전적인 사례가 1789년 여름 프랑스의 시골이었다. 공황 상태에 있던 소농들은 곳간에 곡식을 가득 쌓아놓았다고 짐작되는 사람들을 향해 쇠스랑과 횃불을 쳐들었다. 우리 시대에도 비슷한 사례들을 찾을 수 있다. 피난민과 이주자와 소수자를 공격하고, 종교적 광신주의나 정치적 극단주의가 제공하는 기만적인 위안에 매달리는 모습이 그렇다. 한편 지식인들은 '포스트모던' 전략―무심함, 아노미, 도덕적 상대주의, 과학적 불확정성, 카오스의 전폭적 수용, 무관심(je m'en foutisme)―뒤로 도피한다.

이 장은 아무도 가본 적 없는 불확실한 대양을 가로지르는 탐험가의 여행과 닮았다. 먼저 전통적 확실성의 기반을 침식해 들어간 생각들―제1차세계대전 이전 상대주의의 심화 또는 증대―로 시작한다. 그다음에는 20세기 철학, 새로운 망설임을 표현하는 세계관들, 이제는 버려진 과거의 냉철한 세계관에 대한―유연하면서 실행 가능한―대안적 방법의 모색을 대표하는 관점들을 다루겠다. 실존주의와 포스트모더니즘을 설명하면서 상당히 놀라운 동시대적 사건 또는 결과, 즉 서양인이 아시아의 영향에 전보다 더 수용적인 입장을 취하게 된 이야기도 함께 소개될 것이다. 이데올로기적 확실성을 계속 붙들 수 없었던 사람들의 정치 및 경제 사상을 들여다본 다음 일부 대체로 성공적이지는 못했지만 여전히 사그러들지 않은 시도들을 검토하며 이 장을 마치겠다. 도그마를 내세우고 예전의 확신을 회복하려던 이러한 시도들은 놀랍게도 과학주의와 종교적 근본주의의 모습으로 나타난다.

확정할 수 없는 세계

19세기 말을 향해 갈 즈음 모든 측정 가능한 변화의 그래프는 지면을 벗어났다. 동시대인들은 여기에 주목했다. 프란츠 보애스의 제자로 로봇을 두려워한 토템 연구자 알렉산더 골든와이저(Alexander Goldenweiser)는 문화적 변화는 비활성 국면 사이에서 "솟구치듯 출현한다"고 주장했다. 이것은 스티븐 제이 굴드가 진화는 길게 이어지는 평형상태 사이에서 "단속적으로" 일어난다고 생각한 것과 대체로 비슷했다. 보애스도 "변화의 속도는 어느 때보다 빠르게 증가하고 있다"고 직접 언급했다.⁴ 당대 사랑받은 시인 후고 폰 호프만슈탈은 1905년 "우리 시대의 특성은 다수성과 불확정성이다. (…) 예전 세대에서 확고하다고 여겨졌던 토대들은 실은 미끄러지고 있다"고 말했다.⁵ 1917년 보애스의 또다른 제자 로베르트 로위는 "역치"를 상정했다. 이 값을 넘어서면 문화는 "극도로 느린 성장" 이후 "추진력을 모아 돌진"한다는 것이었다.⁶ 1919년 〈뉴욕타임스〉는 "불안의 정신"이 "과학을 침범"했다고도 표현했다.⁷

양자의 세계에서는 더 많은 모순이 겹겹이 쌓였다. 전자를 관찰한 사람들은 아원자 입자들이 각자 보유한 에너지양과 어긋나 보이는 위치로 이동한다는 사실을 발견했다. 이 입자들은 측정 가능한 속도로와 다르게 움직일뿐더러 절대 그것들이 있을 만한 위치가 아닌 곳에 가 있었다. 닐스 보어와 그의 독일인 동료 베르너 하이젠베르크는 이 현상에 "불확실성" 또는 "불확정성"이라는 이름을 붙였다. 보어와 하이젠베르크가 개시한 논쟁은 생각의 혁명을 불러일으켰다. 이 문제에 관해 생각한 과학자들은 커다란 사물들로 이루어진 세계와 아원자 입자들의 세계는 연속적이므로, 불확정성은 이 두 세계에서 수행된 모든 실험의 타당성을 해친다는 것을 깨달았다. 관찰자는 실험에서 언제나 일정한 역할을 수행하기 때문에 수준에 상관없이 객관적인 관찰이란 있을 수 없다. 과학자들은 다시 그들의 선배인 연금술사들과 동등한 위치로 되돌아갔다. 불안하게 떨리는 별들의 영향 아래 비현실적으로 복합한 증류 장치를 써서 작업한 연금술사들은 결코 동일한 실험 조건을 반복할 수 없었고 따라서 결과를 결코 예측할 수 없었다.

과학자들이 불확실성을 인정하자 다른 학문 분야의 연구자들도 자극을 받았다. 인문학이나 사회학 분야 학자들은 흔히 과학을 선망한다. 과학은 더 많은 주목을 받고 더 많은 명망을 누리며 더 많은 연구비를 동원한다. 과학은 다른 분야의 연구자들이 진리성을 보장받기 위해 선망하는 객관성의 잣대다. 20세기의 철학자, 역사학자, 인류학자, 사회학자, 경제학자, 언어학자, 심지어 일부 문학과 신학 연구자들까지도 주체로서의 지위를 탈피하겠다는 의지를 천명했다. 이들은 스스로를 과학자라 부르며 객관성을 가장했다. 하지만 이것은 기만적인 기획이었던 것으로 판명되었다. 엄격히 과학자라고 불리는 이들과 그들 사이에 공통점이 있었다면 그것은 그들이 소망한 것과는 정확히 반대되는 것이었다. 그들은 모두 자신의 연구 결과에 개입되어 있었다. 객관성이란 것은 키메라(그리스신화에 등장하는 사자의 머리에 염소 몸통에 뱀 꼬리를 단 짐승—옮긴이)처럼 불가능한 희망이었다.

대개 우리는 잃어버린 확실성을 복원하거나 다른 어떤 것으로 대체하려고 분투한다. 확실히 1920년대 사람들은 우리가 확실성의 묘지에 파놓은 구덩이에 발을 헛디디지 않도록 도와줄 믿음직한 표지판이 있어야 한다고 말했다. 이를테면 논리학은 어떨까? 논리학은 여전히 절대 틀릴 수 없는 안내자가 아니던가? 수학은 어떨까? 수는 확실히 변화에 오염되지 않고 양자 역학의 모순에도 영향을 받지 않았다. 이것은 버트런드 러셀과 앨프리드 노스 화이트헤드의 생각이기도 했다. 제1차세계대전이 발발하기 전에 러셀과 화이트헤드는 논리학과 수학은 본질적으로 유사하고 완벽하게 통약 가능(commensurable)한 체계임을 증명했다. 이 증명은 두 사람뿐만 아니라 이 문제에 관해 생각한 다른 모든 사람을 만족시켰다.

그러나 1931년 쿠르트 괴델이 자신의 이름을 단 정리를 내놓으며 러셀과 화이트헤드가 틀렸음을 입증했다. 수학과 논리학은 완전할 수도 있고 일치할 수도 있다. 하지만 완전한 동시에 일치할 수는 없다. 수학과 논리학에는 입증할 수 없는 주장이 포함될 수밖에 없다. 인공지능을 열렬히 지지한 탁월한 연구자 더글러스 R. 호프스태터(Douglas R. Hofstadter)는 천재 그래픽 디자이너 M. C. 에셔(M. C. Escher)의 그림을 통해 괴델의 생각을 표현했다. 에셔는 복잡한 차원을 평면에 표현할 방법을 찾기 위해 1930년대의 수학 저작들을 읽기 시작했다. 에셔는 자신이 자기 자신과 얽힌 구조라는 독특한 주제에 집중했다. 에셔는 자꾸만 자기 자신에게 돌아오는 계단, 수원으로 다시 떨어지는 폭포수, 서로를 그리는 두 개의 손 등의 구조 속에―그가 직접 사용한 표현대로―불가능한 체계들을 감추었다.[8]

괴델은 수학을 신뢰했지만, 괴델의 저작은 다른 사람들의 수학에 대한 신뢰를 잠식해 들어갔다. 괴델은 수(數)는 사고와 독립적인 객관적 실체로서 존재한다고―플라톤이나 피타고라스 못지않게―확신했다. 아무도 셀 사람이 없다고 해도 수는 여전히 존재할 것이었다. 그러나 괴델의 정리는 그 반대의 믿음을 강화했다. 괴델 자신은 우리는 포착(apprehension)을 통해 수를 인식할 수 있다는 칸트의 견해를 수용했지만, 괴델에게 영감을 얻은 사람들은 이를 의심했다. 사람들은 우리가 수라는 것을 과연 알 수 있는가, 그저 가정만 할 수 있는 것이 아니겠는가라는 의구심을 키웠다. 조지 불로스(George Boolos)는 멋진 촌극을 통해 괴델의 논증을 "오로지 단음절 단어만으로" 요약하려고 시도했다. 불로스는 "2 더하기 2가 5라는 것이 증명될 수 없다는 것은 증명될 수 없다"라고 결론 지었다. 이 까다로운 계산이 보여주는 것은 "수학은 헛소리의 모음이 아니다"라는 것이었다.[9] 하지만 일부 독자들은 정반대의 결론을 얻었다.

괴델은 러셀과 화이트헤드가 산술학과 논리학은 상호 대응성(mappability)을 갖는다는 것을 이해시키기 위해 사용한 전통적 방법론의 근간을 뒤흔드는 것으로 그치지 않았다. 괴델은 의도치 않았던 최종적인 영향력을 미쳤다. 이제 수학을 연구하는 철학자들은 비유클리드 기하학이 고전 물리학에 반대하며 생겨난 것처럼 논리학에 반하는 새로운 산술학(arithmetics)을 만들기 시작했다. 이것을 극단으로 몰아붙이면 직관주의적 수학은 각자의 사람에게는 각자의 수학이 있다고 선언할 판이었다. 하나의 증명은 한 사람이나 한 집단에게 일시적으로 만족스러울 수 있지만 그것은 영원히 불안정한 채로 머문다. 패러다임이나 가정은 바뀐다.

앞서 푸앵카레는 모든 종류의 지식에 관한 합의는 일시적이라는 것을 지적함으로써 이미 이러한 새로운 시도들을 상상 가능한 것으로 만들었다. 하지만 푸앵카레는 대부분의 독자들이 수의 실재성에 관한 확신을 그대로 유지할 여지를 남겨두었다. 예를 들어 가장 초기에 나타난 가장 영향력 있는 직관주의자 중 한 명인 암스테르담의 L. E. J.

브라우어르(L. E. J. Brouwer)는 시간의 흐름으로부터 수의 존재를 직관할 수 있다고 생각했다. 각각의 계기하는 순간의 총합이 시간이라는 것이었다. 앞서 본 베르그손이 정신적 구성물로 재해석한 시간이 브라우어르의 통찰과 양립할 수 없는 것이라면 괴델의 작업은 심지어 그보다도 더 전복적이었다. 일찍이 플라톤은 수에 관한 연구는 "정신이 진리에 다가가기 위해 순수한 사고를 사용하도록 강요한다"고 확신했다. 괴델의 연구는 플라톤의 확신에 이의를 제기했다. 이제 산술학은 순수성이나 진리성을 가정할 수 없게 되었다. 플라톤은 "측정된 것과 계산된 것을 신뢰하는 부분이 우리 영혼의 최선의 부분임에 틀림없다"고 말했지만[10] 그 신뢰는 이제 잘못된 자리에 놓인 것처럼 보였다. 신뢰를 상실하고 충동을 포기하는 것은 끔찍한 박탈이었다. 괴델의 증명이 세계가 생각하는 방식에 미친 영향은 방수가 완벽하다고 믿었던 배에서 발견된 흰개미의 영향력에 견줄 만했다. 그것은 명백한 사실이 드러난 데 대한 충격이었다. 수학과 논리학이 물이 새는 배라면 세계는 바보들이 탄 배였다. 괴델로서는 답답한 노릇이었지만 괴델은 "오해를 받았기 때문에 존경을 받았다". 제멋대로 괴델을 추종한 사람들은 괴델의 가장 깊은 신념을 무시하고 카오스의 허가증만을 받아들였다.[11]

위태롭게 비틀거리거나 이미 바닥으로 쓰러진 과거의 우상들―진보, 이성, 확실성―을 여전히 믿는 사람들에게 1930년대는 좋지 않은 시기였다. 한때 서양 세계에서는 그러한 믿음이 합당해 보였다. 하지만 대폭락, 불황, 더스트볼(Dust Bowl, 미국 중서부의 건조 지대. 가뭄이나 지나친 경작으로 생김―옮긴이), 사회 폭력, 범죄의 증가, 전쟁 재발의 위협, 그리고 무엇보다, 아마도 싸움을 거듭하다 결국에는 공멸하고 말 것으로 보이는 화해 불가능한 이데올로기 갈등 등 예측 불가의 위기들이 마구잡이로 펼쳐지는 가운데 서양 세계는 세차게 휘청거렸다.

이미 손길이 닿지 않는 곳까지 추락을 거듭한 아이디어들은 제2차세계대전이 발발하자 도저히 더는 수긍할 수 없게 되었다. 파괴성의 측면에서 제2차세계대전은 앞서 일어난 모든 전쟁의 규모를 능가했다. 폭탄이 대도시를 불태웠다. 이데올로기적 인종 혐오에 기반한 폭력적 충동은 계획적 학살을 선동했다. 사망자 수가 3000만 명을 넘어섰다. 산업은 대량학살을 위한 기계를 생산했다. 일그러진 과학은 인종주의를 유사과학으로 만들었다. 사회가 원하지 않는 약자를 걸러내는 일을 정당화하기 위해 진화론이 동원되었다. 오래된 이상들은 잔인하게 변형되었다. 진보는 이제 인종 위생(racial hygiene)의 형태를 띠었다. 유토피아는 적을 약탈하고 내동댕이치기 좋은 장소였다. 민족주의는 혐오와 전쟁을 정당화하는 구실이었다. 사회주의 역시 개인들을 쥐어짜고 으스러트리는 탈수기로 변했다.

나치들은 유대인을 사회 병폐의 원인으로 지목하고 철두철미한 계산을 통해 유대인들을 제거하는 작업에 착수했다. 나치들은 유대인을 죽음의 수용소로 몰아 밀폐된 방에 집어넣고 독가스를 주입했다. 무의미한 잔혹함이 홀로코스트에 동행했다. 수백만 명이 노예가 되어 소위 과학적 실험중에 굶어죽고 고문당했다. 전쟁과 공포는 혐오를 자극하고 동정심을 마비시켰다. 독일과 일본의 과학자와 의사들은 효율적인 살상 방법을 찾기 위해 인간 기니피그를 대상으로 실험을 자행했다. 이 극악무도한 사건들은 대부분의 문명사회, 가장 잘 교육받은 사람들, 가장 잘 훈련된 군대가 야만성에 조금도 면역력이 없음을 여실히 보여주었다. 앞서 일어난 어떠한 대량학살 사태도 유대인을 상대로 한 나치의 캠페인에 견줄 수 없지만 누구도 이보다 더 끔찍한 사태를 보고 싶지 않을 것이다. 나치 집단 수용소의 경험은 도저히 그림이나 언어로 옮길 수 없을 만큼 끔찍했다. 우리는 전쟁의 마지막 몇 주 동안 잔인하게 다뤄진 쇠약한 모습의 시신들을 산처럼 쌓아올리는 수용소 간수들의 사진 속 모습에서 그 사악함을 조금이나마 감지할 수 있을 뿐이다. 그것은 연합군이 도착하기 전에 생존자를 완전히 몰살시키고 증거를 인멸하려는 필사적인 시도였다. 나치는 소각로를 해체하고 아사한 시체들을 장티푸스가 들끓는 바닥에 버려놓거나 얕게 판 무덤에서 썩게 버려두었다. 홀로코스트에 관한 생생한 회고록을 남긴 프리모 레비는 대량 살상의 기억을 개인의 고통에 대한 스케치에 녹여내고자 노력했다. 예를 들어 한 여성은 "겨울에 밖에 내던져진 개구리처럼 실오라기 하나 걸치지 않았고 이름이 없었으며 눈은 텅 비어 있고 자궁은 차가웠다". 레비는 독자들에게 이 이미지들을 "거리에서, 집에서, 잠자리에 들 때, 자리에서 일어날 때 여러분의 가슴에 새기고, 여러분의 자녀에게 그것들을 재차 알려달라"고 당부했다.[12]

정부와 공교육 기관들은 홀로코스트를 비롯한 이 참상들을 잊지 않기 위한 노력에 참여했다. 우리는 인간의 기억이 얼마나 결함이 많은지 알고 있다(50쪽 참조). 아마도 망각하는 능력을 제외한다면 말이다. 20세기 말 서양에는 "홀로코스트 부정(Holocaust denial)"으로 알려진 기이한 심리적 습관이 만연했다. 나치가 자행한 악행의 규모에 대한 증거가 합리적 이의를 절대로 제기할 수 없을 만큼 명확한데도 이 증거를 인정하기를 거부하는 것이다. 수많은 유럽 국가가 홀로코스트를 부정하는 발언을 불법화해 이들을 통제하려고 노력했다. 이 문제에 관해 생각한 사람들은 대개 명백한 사실로부터 명백한 교훈을 끌어냈다. 문명은 미개할 수 있다. 진보는 아무리 좋아도 신뢰할 수 없다. 과학은 도덕에 긍정적인 효과를 낳지 않았다. 나치즘을 패배시켰지만 좀처럼 세상은 더 나아진 것처럼 보이지 않았다. 스탈린 치하의 러시아에서도 끔찍한 비인간적 행위가 더한 규모로 자행되었다는 사실이 차차 밝혀지자 세계의 문제들에 대한 해결책으로서의 공산주의에 대한 믿음도 와해되었다.

한편 과학은 한 가지 스스로를 구원할 주장을 확보했으니, 그것은 일본과의 전쟁을 끝내는 데 과학이 도움을 주었다는 것이다. 1945년 8월, 미국 비행기는 히로시마와 나가사키에 원자폭탄을 투하했다. 이 두 도시는 사실상 사라졌고 22만 명 이상이 사망했으며 생존자들은 방사능에 노출되었다. 하지만 과학이 얼마나 많은 공을 인정받았을까? 폭탄의 제조와 "전달"에 가담한 개인들은 양심과 싸웠다. 그중에는 내가 노터데임대학교에서 의장을 맡아 추모식을 치른 가톨릭교 조종사 윌리엄 P. 레이널즈(William P. Reynolds)와 원자폭탄 전쟁 연구를 지휘했지만 나중에 신비주의로 물러난 J. 로버트 오펜하이머가 있다.[13] 악을 전달하는 기술의 힘, 그리고 그것에 저항하는 사람들의 도덕적 무능력 사이의 간극은 너무나도 넓었다.

실존주의에서 포스트모더니즘까지

환멸에 찬 사람들에게 새로운 또는 "대안적" 아이디어들은 피난처를 제공했다. 오펜하이머는 힌두교 경전의 강독에 기댔다. 나중에 다시 보겠지만 오펜하이머는 20세기 서양에서 한 가지 흐름을 선도했다. 실패한 신조에서 벗어나 위안을 구하던 대부분 사람들은 실존주의에 더욱 매료되었다. 실존주의는 원래 오래된 철학이었지만 1930년대와 1940년대에 프랑크푸르트 사상가들 덕분에 새로 유행하고 있었다. 오늘날 학계에서 "프랑크푸르트학파"로 불리는 이들은 마르크시즘과 자본주의의 대안을 모색했다. 프랑크푸르트학파는 "소외(alienation)"를 가장 큰 사회 문제로 파악했다. 경제적 경쟁 관계나 근시안적 유물론은 공동체가 뿔뿔이 흩어지게 만들었고, 부단히 움직이는 뿌리 없는 개인들을 남겼다. 마르부르크대학교의 천재 교수 마르틴 하이데거는 우리는 출생과 죽음 사이에 놓인 우리의 존재만을 유일하게 불변하는 것으로 받아들여 삶에 대처할 수 있다고 주장했다. 그렇게 해야 우리는 "되기(becoming)" 또는 자기실현의 기투(企投, projection)를 통해 삶에 맞설 수 있다. 우리가 누구인지는 기투가 펼쳐지는 양상에 따라 달라진다. 하이데거는 개인은 자기 정체성의 창조자나 설계자가 아닌 목자라고 주장했다. 그러나 1945년 하이데거는 나치즘을 지지했다는 오명을 입었고 그의 현명한 발언들은 대체로 무시되었다. 전후에 실존주의를 "새로운 신조"로서 다시 선보이는 역할은 장 폴 사르트르에게 돌아갔다.

사르트르는 말했다. "인간은 어떤 상태일 뿐이다." 아니면 "인간은 자기 스스로 만든 어떤 것일 수밖에 없다. (…) 인간은 자기 자신을 미래로 내던지는 존재이자, 미래에 존재하는 자기 자신을 상상하며 그러한 스스로를 의식하는 존재다". 이러한 자기 모델화는 단지 개인의 선택 문제가 아니었다. 모든 개개인의 행동은 "모범적 행위", 즉 우리 인간이 어떤 종류의 종이 되고 싶은지에 관한 진술이었다. 그러나 사르트르에 따르면 이러한 진술은 결코 객관적일 수 없었다. 신은 존재하지 않는다. 모든 것은 허용된다. "그 결과 인간은 쓸쓸하고 그 어디에도 매달릴 곳이 없다. (…) 존재가 진정으로 본질에 선행한다면 인간은 어떤 고정된 (…) 인간의 본성을 지시함으로써 설명할 수 없다. 다시 말해 결정론은 없다. 인간은 자유롭다. 인간은 자유다." 이 말이 옳다는 것을 인정하지 않고서는 어떠한 윤리도 정당화할 수 없다.[14]

1950년대와 1960년대를 풍미한 사르트르의 실존주의는 제2차세계대전 후 미래를 떠맡은 교육받은 젊은 서양인들이 흔히 갖고 있었던 가정에 양분을 제공했다. 실존주의자들은 그들 스스로를 자기 관조라는 방어벽 안에 가둘 수 있었다. 자기 관조는 추악한 세계에 대한 혐오 속에서 찾은 안전한 공간이었다. 일부는 실존주의자들의 퇴폐주의(데카당스)를 비난했는데 현실적으로 그들의 판단은 크게 틀리지 않았다. 당시 우리 젊은 세대는 모든 형태의 방종을 자기 "되기"의 기투로서 정당화하기 위해 실존주의를 이용했다. 성적 문란, 혁명적 폭력, 무례함, 약물 남용, 법을 공공연히 무시하는 행동은 실존주의자들의 전형적인 악덕들이었다. 당시 수백만 명이 채택하거나 모방한 비트 문화나 1960년대의 방임적 태도는 사실 실존주의 없이는 생각할 수 없었을 것이다. 20세기 후반의 계획 사회에 대한 자유주의자들의 반발

도 어쩌면 마찬가지였을 것이다.[15]

물론 사상가 중에 자기중심주의에 빠지지 않고, 환멸의 철학에 무릎을 꿇지도 않고, 객관적으로 증명 가능한 확실성에 대한 신념을 포기하지 않은 이들이 있었다. 전쟁 전에 프랑크푸르트학파와 경쟁 관계였던 빈학파의 생존자들과 제자들은 의심을 적대시한 지식인들 사이에서 특히 빼어난 활약을 보였다. 빈학파는 오랫동안 후방에서 지연 작전을 수행하며 이른바 '논리실증주의'를 지지했다. 논리실증주의는 경험적 지식, 즉 과학에 대한 신념의 재확인이나 다름없었다. 나는 유명인사이자 논리실증주의의 대변인인 옥스퍼드대학교의 프레디 에이어(Freddie Ayer) 교수가 텔레비전(그때만 해도 지성적이고 교육적인 매체였다)에 출연해 형이상학의 어리석음을 맹렬히 고발하던 모습을 기억한다. 미국에서는 존 듀이와 그의 추종자들이 세계와 잘 지낼 현실적인 방법으로서 실용주의를 부흥시키려고 했다. 그들은 윌리엄 제임스의 실용주의(595쪽 참조)에서 신랄한 상대주의를 걷어내는 것으로 실용주의를 재정식화했다.

실증주의에 대한 도전은 한 이단적인 제자에게서 나왔다. 미국 중서부 출신의 '밴' 콰인('Van' Quine)은 무의미(nonsense)를 몹시 싫어했다. 미국을 위대한 나라로 만든 실용주의의 일부를 유산으로 물려받은 콰인은 현실의 물리적 세계, 또는 그가 표현한 대로 "자연" 세계에서 작동하는 철학을 원했다. 콰인은 철학을 배우는 모든 학생이 그렇듯 플라톤의 동굴을 훤히 꿰뚫어보고 검증될 수 없는 주장들에 관한 김빠진 사변들 말고는 아무것도 보이지 않는 그곳을 떠났다. 전형적인 1930년대 사람이었던 콰인은 철학 교수로서의 삶을 시작하며 과학을 학문의 여왕으로 인정했고, 수많은 역사가나 사회학자가 "사회 과학"을 연구하기를 원한 것처럼 철학도 과학적이기를 원했다. 진리에 이르는 과학적 수단을 숭배한 다른 사람들이 그랬듯 콰인도 불확정성을 접하고 충격으로 휘청였고 직관적 사고를 경계했다. 콰인은 수많은 어휘를 배제했다. '믿음'이나 '생각'처럼 콰인이 보기에 치명적으로 모호한 어휘들은 암세포처럼 제거해버리거나, 아니면 나중에 격언을 말할 때나 써먹을 수 있게 실험용 접시나 병에 바실루스처럼 담아 보존했다. 이상적으로 콰인은 오로지 상징적인 논리적 기호로 표현할 수 있는 문장을 통해서만 의사소통하고 싶었을 것이다. 콰인은 실증주의에 매료되었다. 아마도 실증주의가 입증될 수 있는 사실과 경험적 검증을 옹호했기 때문일 것이다. 콰인은 "생각의 반짝임"을 "눈꺼풀의 떨림"에, "믿음의 상태"를 "신경의 상태"에 빗댔다.[16] 그런데 콰인이 보기에 실증주의자들은 과학적 검사로는 확인될 수 없는 소위 진리라는 것에 지나치게 관대한 태도를 보였다. 1950년에 콰인은 동료 철학자들 앞에서 읽은 두 편의 논문을 통해 그동안 실증주의자들이 인정한 보편 명제들을 떠받치고 있었던 기반을 허물었다. 이 명제들은 증명될 수는 없지만 정의상, 또는 용법상, 또는 "의미"상―"의미"는 콰인이 탄식했던 또하나의 어휘였다―보편 명제였다. 고전적인 예를 들어보자. 우리는 '모든 총각은 결혼하지 않은 남자다'라는 명제에 동의할 수 있다. 이 명제는 단어들의 의미만으로 진위를 파악할 수 있기 때문이다. 반면 '클리프 리처드는 총각이다'라는 명제에는 증거 없이 동의할 수 없다. 콰인은 이러한 구분이 잘못되었다고 주장했다. 콰인이 내세운 논증의 중심에는 "의미"에 대한 거부가 자리해 있었다. 문제의 문장에서 '총각'은 '결혼하지 않은 남자'를 의미하지만 그 자체로는 무의미했다.

콰인의 논증은 왜 중요했을까? 콰인의 논증은 그를 명제의 진위를 검증하는 방법에 대한 새로운 생각으로 이끌었다. 어떤 명제의 진위는 그 명제를 경험 전체와 연관 지음으로써, 그리고 그 명제가 물질세계에서 합당한가 또는 그 명제가 우리가 물질 세계를 이해하는 데 도움을 주는가를 판단함으로써 검증될 수 있었다. 그러나 콰인의 독자 중에 그의 여정의 마지막 단계를 따른 사람은 거의 없었다. 대부분은 이 상호 모순적인 두 가지 결론 중 하나만을 끌어냈다. 일부는 이러한 명제들은 물리법칙이나 수학의 공리만큼 보편적이라는 것을, 비록 결정적으로는 아니어도 충분히 검증될 수 있다는 것을 과학에 의존해 밝히려고 했다. 일부는 콰인이 필연적으로 또는 본질적으로 진리인 명제를 정식화하는 것은 불가능함을 보여주었다는 것을 근거로 형이상학을 완전히 포기했다. 어느 쪽이든 과학은 철학을 통째로 인수해 진리의 시장을 독점한 듯 보였다.[17]

하지만 실증주의와 그 분파들이 수립한 철학적 기획들은 언어 철학자들 때문에 얕고 불만족스러운 것으로 보이게 되었다. 루드비히 비트겐슈타인의 연구는 상징적이었다. 비트겐슈타인은 버트런드 러셀이 감당하기 버거운 제자였다. 비트겐슈타인은 케임브리지대학교에서 열린 러셀의 세미나에서 "탁자 밑에 하마가 없다"는 것을 인정하기를 거부함으로써 자신이 스승으로부터 독립했음을 분명히 알렸다.[18] 러셀은 비트겐슈타인의 지적인 괴팍함이 짜증스러운 한편 감탄스럽기도 했다. 그것은 한 젊은 이단자가 논리실증주의를 포기한 한 가지 방식이었다. 비트겐슈타인이 발산하는 탁월함에는 지식이라는 불순물이 섞여 있지 않았다. 비트겐슈타인은 죽은 유명인들의 저작을 읽는 것은 정신을 어지럽히는 일이라고 생각했고 오로지 자기 생각으로 문제를 풀어가는 방식을 견지했다.

1953년 비트겐슈타인의 『철학적 탐구』가 발표되었다. 이 책의 인쇄된 페이지들은 여전히 강의 노트의 분위기를 풍긴다. 아리스토텔레스나 소쉬르와 달리 비트겐슈타인은 자신이 하는 말의 의미를 학생들이 정확히 이해하지 못하리라고 생각했는지 강의록을 스스로 작성했다. 비트겐슈타인은 청중으로부터 예상했지만 답하지 않은 질문, 자기 자신에게 던지는 조언과 질문 따위를 기록으로 남겼다. 그러던 어느 날 비트겐슈타인의 연구는 잠재적으로 치명적인 바이러스에 감염되었다. 비트겐슈타인은 학생들에게 말했다. "내 목표는 여러분에게 가장된 무의미를 명백한 무의미로 바꾸는 방법을 가르치는 것입니다." 비트겐슈타인은 우리가 언어를 이해하는 것은 언어가 현실과 조응하기 때문이 아니라 언어가 사용 규칙을 준수하기 때문이라고 매우 설득력 있게 주장했다. 비트겐슈타인은 한 학생이 이렇게 질문하는 것을 상상했다. "그러면 선생님은 무엇이 참이고 무엇이 거짓인가를 인간의 합의가 결정한다는 말씀입니까?" 이런 질문도 있었다. "그 말씀은 본질적으로 인간의 행동 말고는 모든 것이 허구라는 뜻입니까?" 이러한 것들은 윌리엄 제임스와 페르디낭 드 소쉬르가 선취한 형태의 회의주의였다. 비트겐슈타인은 스스로 그들과 거리를 두려고 노력했다. "만일 내가 허구를 말한다면 그것은 문법적 허구입니다." 그러나 우리가 앞서 푸앵카레와 괴델의 경우에서 보았듯이 작가의 저작이 미치는 영향은 흔히 그가 의도한 범위를 넘어선다. 비트겐슈타인은 이른바 "대상과 명칭의 모델"에 쐐기를 박아 언어를 의미로부터 결별시켰다.[19]

몇 해 지나 자크 데리다는 소쉬르의 가장 급진적인 해석가가 되었다. 데리다는 기발한 사상가였다. 데리다는 어린 나이에 망명을 겪어 사회적으로 우대받지 못하는 지위를 경험해본 적이 있었고 이 경험은 데리다를—과격파라는 표현이 지나치다면 최소한—악동으로 만들었다. 데리다가 재해석한 소쉬르에서 읽기와 오독, 해석과 오해는 도저히 구분될 수 없는 쌍둥이다. 언어에서 사용되는 단어는 단어 너머의 실재가 아닌 단어 그 자체만 지시한다. 의미는 문화적으로 생성되므로 우리는 우리가 사용하는 언어에 의미를 부여하는 문화적 전제 안에 갇히게 된다. 정치적 올바름(political correctness)을 도모하는 엄격한 언어학적 개혁 프로그램이 데리다의 통찰에 수반되어 또는 뒤따라 추진되었다. 이 프로그램은 이를테면 '불구자(cripple)', '검둥이(negro)', '난쟁이(midget)', '미친(mad)'처럼 역사적으로 남용된 단어나 별칭의 사용을 금했다. 심지어 역사적 자료를 지칭해야 할 때도 마찬가지였다. 이 프로그램은 '다른 능력을 지닌 사람(differently abled, 장애인의 완곡어법)'이나 '성장이 제한된 사람(persons of restricted growth, 왜소증의 완곡어법)' 같은 신조어를 사용하기를 요구했다. 공통의 젠더를 가리키는 단어('man'이나 'he')를 제거하려는 페미니즘 캠페인도 여기에 속한다. 이 캠페인을 추진하는 근거는 이들 단어가 남성을 가리키는 단어와 닮았고 남성에게 유리한 편견을 함축하고 있다는 것이었다.[20]

그렇지만 이른바 포스트모더니즘은 "언어론적 전회(轉回)"로 그치지 않았다. 언어 문제들은 과학적 불확실성과 결합해 지식의 접근성—과 심지어 실재성—에 대한 불신감을 조성했다. 전쟁, 학살, 스탈린주의, 히로시마, 근대 건축 운동이 만들어낸 싸구려 유토피아, 전후 유럽인이 살고 있는 과도한 계획 사회의 음울함과 같은 고통스러운 사건들과 새로운 기회들은 모더니즘에 대한 혐오감을 불러일으켰다. 소외된 사람들은 문화를 되찾아야 했다. 맹렬한 속도로 발전하는 전자 기반 오락 기술이 그들을 도왔다.

　이러한 배경에 미루어 볼 때 포스트모더니즘은 부분적으로 세대적인 영향을 받은 듯 보인다. 베이비붐 세대는 실패한 부모 세대와 절연하고 탈식민주의와 다문화와 다원주의의 시대에 어울리는 감수성을 껴안았다. 북적이는 세계와 지구촌에서 삶의 접촉들과 연약함은 다양한 관점을 갖기를 권장 또는 요구했다. 사람들은 이웃들의 관점을 스스로 채택하거나 시험삼아 경험해보았다. 가치의 위계들은 일단 그것들이 틀려서라기보다 갈등을 유발하기 때문에 피해야 했다. 포스트모더니즘의 감수성은 포착하기 어려운 것, 불확실한 것, 부재한 것, 규정되지 않은 것, 탈주하는 것, 침묵하는 것, 표현될 수 없는 것, 의미 없는 것, 분류될 수 없는 것, 정량화될 수 없는 것, 직관적인 것, 반어적인 것, 애매한 것, 무작위적인 것, 변형적이거나 위반인 것, 비정합적인 것, 모호한 것, 혼란스러운 것, 다원적인 것, 다면적인 것, 다시 말해 냉철한 근대의 감수성이 수용할 수 없는 모든 것에 호응했다. 이러한 접근 방식에 따르면 포스트모더니즘은 다른 "패권적" 사고방식에 대한 예측에 부합하는 문예 사조였다. 다시 말해, 그것은 우리의 역사적 맥락이 부과한, 사회적으로 구성되고 문화적으로 조작된 공식이었다.

프랑스 시인 샤를 보들레르가 남긴 유명한 문구를 보자. 보들레르는 근대를 "덧없는 것, 탈주하는 것, 우발적인 것, 영원하고 불변하는 반쪽을 가진 예술의 또다른 반쪽"이라고 정의했다. 많은 이들이 이 문구를 그대로 가져와 포스트모던을 덧없는 것, 탈주하는 것, 우발적인 것, 영원하고 불변하는 반쪽을 가진 예술의 또다른 반쪽이라고 말하고 싶은 유혹을 느낄 것이다.[21]

1960년대의 특수한 사건들은 포스트모더니즘이 결정화되는 계기를 제공했다. 학생들은 코스모스의 과학적 그림이 모순으로 가득 차 있다는 것을, 이를테면 상대성 이론과 양자 이론—우리 세기의 가장 상찬받는 지적 성취들—은 동시에 옳을 수 없다는 사실을 알게 되었다. 제인 제이콥스(Jane Jacobs)의 저작은 건축물과 도시 계획으로 구현된 근대적 유토피아의 비전에 대한 환멸을 드러냈다.[22] 토머스 쿤과 카오스 이론은 우리 세기의 과학적 반혁명 운동을 완성했다. 과거로부터 물려받은 질서 잡힌 우주의 이미지는 오늘날 우리 삶의 이미지로 대체되었다. 혼란스럽고, 모순적이고, 관찰할 수 없는 사건들과 추적할 수 없는 입자들과 규명할 수 없는 원인들과 예측할 수 없는 결과들로 가득한 삶. 흔히 사람들은 가톨릭교회—현재 세계에서 가장 크고 영향력 있는 종교 단체—도 여기에 이바지했다고 인정하지 않을 것이다. 하지만 제2차 바티칸 공의회는 앞서 제1차에서 보인 기존 태도로부터 선회했다. 그동안 제1차 바티칸 공의회는 인간적 확신의 보고로 통하던 터였다. 이제 가톨릭교회는 의례적 다원주의를 허용했고, 믿음의 다수성에 유례없는 수준의 존중을 표했으며, 주교들의 위상을 교황과 가깝게 끌어올리고 평신도의 위상을 사제와 가깝게 끌어올림으로써 과거의 권위적인 구조에 큰 변화를 주었다.

전통과 상황의 이러한 새로운 조합이 낳은 결과가 짧은 포스트모더니즘의 시대였다. 이 시대는 학계와 예술계에 전율을 일으키고 이채로운 색을 입혔다. 문명은 지식인과 예술가에게 속하는 만큼 이때는 우리가 역사를 시기별로 나눌 때 별도의 이름을 할당해 마땅한 시기였다. 그렇지만 포스트모더니즘의 시대가 있었다고 해도 그것은 오래지 않아 덧없이 사라질 것으로 보인다. 1990년대 이후 세계는 빠르게 포스트모더니즘에서 "포스트모터미즘(postmortemism, '사후[事後] 분석')"으로 옮겨갔다. 포스트모더니스트들에게 구루로 불리며 환영받은 문예 평론가 이하브 하산(Ihab Hassan)은 권태감을 드러내며 자신을 찬미하는 사람들은 "잘못된 전회"를 취했다고 비난했다.[23] 데리다의 제자였던 철학의 희극배우 장 프랑수아 리오타르 역시 포스트모더니스트들의 영웅이었다. 리오타르는 찡그린 표정으로 어깨를 으쓱하며 우리에게─분명 반어를 의도했을 것이다─이 모든 것은 농담이라고 말했다. 데리다 역시 마르크시즘의 미덕들을 재발견하고 그것의 "유령"을 받아들였다. 놀라운 박식가 찰스 젱크스(Charles Jencks, 건축 이론가이자 실천가로서 남긴 업적은 1970년대에 이 용어가 인기를 끄는 데 일조했다)는 포스트모더니즘을 다시 정의하며 포스트모더니즘의 결정적인 특징을 일부 소거했다. 젱크스는 해체를 재구축으로 대체하고, 파스티슈(pastiche, 모방 작품 또는 몇 개의 단편을 연계하여 만든 합성 작품─옮긴이)를 맹비난하고, 예술과 건축과 문학의 정전을 마련한 모더니스트들의 명예를 회복시키자고 주장했다. 수많은 포스트모더니스트들은 "실재의 귀환"에 어떤 것을 내준 듯하다.[24]

과학의 위기

과학에 대한 환멸은 더욱 깊어졌다. 1970년 프랑스 유전학자 자크 모노는 "근대 사회는 약물 중독자처럼 과학에 의존하고 있다"고 말했다.[25] 중독자는 습관을 끊을 수 있다. 20세기 말, 단절의 시점이 다가왔다.

20세기 대부분 기간에 걸쳐 과학은 다른 학문 분야나 정치, 심지어 종교의 의제를 설정했다. 예전에는 과학자들이 후원자나 대중의 요구에 부응했던 것과 달리 이제 과학에서의 발전은 다른 어떤 의제에도 아랑곳하지 않고 모든 분야에서 변화를 추동했다. 과학자들이 생명과 코스모스에 관해 폭로하는 내용은 찬사를 낳고 권위를 발산했다. 하지만 앞 장에서 보았듯이 반대 기류에서는 회의주의와 의심이 가득했고 과학과 철학의 새로운 풍조는 언어와 실재 그리고 이 둘의 관련성에 관한 전통적 아이디어들에 대한 확신을 점차 잠식해나가고 있었다. 그럼에도 대학교와 연구기관에는 어느 때보다 큰 비용을 지출하는 대규모 과학 단체들이 들어섰다. 이 단체들은 그들을 재정적으로 지원하는 정부와 대기업에 지침을 제시하거나, 그들 나름의 목표를 설정하고 자체 프로그램을 추진하기 위한 자금과 독립성을 확보했다.

그렇게 해서 나온 결과는 미심쩍은 것이었다. 새로운 기술은 기존의 문제를 해결하기도 했지만 또다른 새로운 문제를 양산했다. 과학이 인간의 힘을 삶과 죽음의 영역으로 확장하자 도덕적 질문들이 제기되었다. 기술력의 증대는 현실적 질문들을 낳았다. 과학은 램프의 요정 지니(genies)를 유전자(genes)로 대체한 듯했다. 영장류학과 유전학은 인간과 다른 동물 사이의 경계를 모호한 것으로 만들었다. 로봇공학과 인공지능 연구는 인간과 기계 사이의 경계를 허물었다. 도덕적 선택은 진화적 사건이나 유전적으로 미리 정해진 결과에 지나지 않은 것이 되었다. 과학은 인간을 실험의 대상으로 바꾸었다. 무자비한 정권은 생물학을 악용해 인종주의를 정당화하고 정신의학을 악용해 반대자들을 투옥했다. 과학주의는 비(非)과학적 가치를 일체 부정했고 그 나름대로 어느 종교 못지않은 교조적 도그마가 되었다. 과학의 힘이 점점 커지자 사람들은 과학을 두려워하게 되었다. '과학 불안증(science anxiety)'은 일종의 신경성 질병 증후군으로 인정받기에 모자람이 없었다.[26]

이러한 사건들의 영향 아래에서 과학은 결국 기묘한 방식으로 자신의 기반을 점차 약화시켰다. 일반인과 비과학계 지식인은 과학자에 대한 신뢰를 잃었고, 과학자가 세계의 문제를 해결하고 코스모스의 신비를 밝혀낼 수 있으리라는 기대를 점점 내려놓게 되었다. 현실적 실패는 경외감을 더더욱 무너뜨렸다. 특히 의학과 통신에서 과학은 경이로운 성취를 거두었지만 소비자는 결코 만족하는 것 같지 않았다. 모든 발전은 부작용을 낳았다. 기계는 전쟁을 심화시켰고, 환경 자원을 고갈시켰으며, 삶에 어두운 폭탄의 그늘을 드리웠다. 기계는 천상을 관통하고 대지를 오염시켰다. 과학은 파괴의 설계에는 탁월해 보였으나 삶을 고양하고 행복을 증진하는 일에서는 일관된 성과를 보여주지 못했다. 과학은 사람들을 선하게 만드는 일은 아무것도 하지 않았다. 과학은 오히려 사람들이 더 나쁜 행동을 저지를 수 있는 능력을 그 어느 때보다 증대했다. 과학은 인류에게 보편적 혜택을 주기보다는 비대한 서구 권력의 증후 또는 원인이 되었다. 세계의 저변에 깔려 있거나 세계를 포괄하는 질서를 찾아내려는 시도는 오로지 카오스적인 코스모스를 폭로할 뿐이었다. 그곳에서는 결과를 예측하기 어려웠으며 개입은 엉뚱한 결과를 초래했다. 심지어 의료 기술의 발전도 모호한 결과를 가져왔다. 환자의 생명을 연장하려는 목적으로 마련된 치료법은 오히려 더욱 강력한 병원균이 등장하게 만들었다. 건강은 돈을 주고 살 수 있는 상품이 되었으며 불평등이 심화했다. 비용은 이따금 편익을 초과했다. 부유한 나라에서 의료 서비스의 공급은 대중적 기대의 무게와 공공 수요의 부담 때문에 뒤틀렸다. 윌리엄 골딩의 1959년 소설 『파리 대왕』의 불운한 주인공 피기는 "삶은 과학적"이라고 말한다. 다른 소년들은 피기를 죽이고 본능과 야만으로 되돌아감으로써 피기가 틀렸음을 입증한다.

20세기가 끝나갈 즈음 과학을 옹호하는 사람들과 대안을 지지하는 사람들은 분열되었다. 이것은 이따금 문화 전쟁으로도 불린다. 양자 역학은 신비주의의 부활을 부추겼다. 미국의 신학자 데이비드 그리핀(David Griffin)은 이를 두고 과학적 "주술의 귀환(re-enchantment)"이라고 표현했다.[27] 반(反)과학적 반작용이 일어났고, 이것은 피기의 의견을 지지한 사람들, 그리고 신에게 귀의하거나 구루와 대중 선동가에게 의지한 사람들 사이에서 갈등을 일으켰다. 특히 서양에서는 회의주의나 무관심이 구원자를 자처하는 사람들보다 더 큰 호소력을 발휘했다.

환경주의, 카오스, 동양적 지혜

환경주의는 과학적 생태학에 의존하긴 하지만 이 역시 과학주의적 안이함에 대한 반작용의 일부였다. 과학의 악영향은 화학 비료와 살충제의 모습을 띠고 나타나 사람들을 해치고 땅을 오염시켰다. 결과적으로 환경주의는 1960년대에 비교적 갑작스럽게 대중 운동으로 변모했다. 그러나 아이디어로서의 환경주의는 역사가 길다. 모든 사회는 우리가 현실적 환경주의라고 부를 만한 것을 실천한다. 즉, 사람들은 환경을 이용할 때 그들에게 필요하다고 생각하는 자원을 보존하기 위해 합리적인 기준을 설정한다. 인간의 필요와 무관하게 자연은 그 자체로 보존할 가치가 있다고 생각하는 이상적 환경주의도 아주 오래된 아이디어다. 환경주의는 자연을 신성시한 고대의 종교 전통—이를테면 자이나교, 불교, 힌두교, 도교, 고전기 서양의 이교주의—의 일부를 이룬다. 인간이 자연에서 차지하는 그리 대단치 않은 자리를 인정하고 다른 동물, 나무, 바위를 존중하고 심지어 숭배하는—새로운 이름을 붙여보자면—신성 생태학(sacred ecology)은 우리가 인간과 호미니드에게서 찾을 수 있는 가장 초기의 생각 중 하나다(79~137쪽 참조). 근대에 와서 환경주의의 중요성은 18세기 말 낭만주의자들의 감성에서 다시 모습을 드러냈다. 그들은 자연을 세속의 도덕이 적힌 책으로 받들었다(480쪽 참조). 같은 시기에 멀리 떨어진 지역에서 에덴동산을 발견하고 깜짝 놀란 유럽 제국주의자들 사이에서도 환경주의가 발전했다.[28]

이러한 분위기는 19세기에도, 특히 사냥을 위한 땅과 동물 종이 보존되기를 바라는 사냥 애호가들과 산업화 초기에 도시와 광산, 공장의 유해 환경을 빠져나온 사람들 사이에서 여전히 남아 있었다. "황무지"에 대한 사랑은 사람들에게 영감을 불어넣어 존 웨슬리 파월(John Wesley Powell)이 그랜드캐니언을 탐험했고 시어도어 루스벨트는 국립공원의 필요성을 역설했다. 그러나 전 세계적인 산업화는 환경보존을 지지하기에는 식량과 연료에 대한 탐욕이 지나치게 컸다. 무분별한 소비주의는 지구의 자원이 고갈될지도 모른다는 두려움 때문에라도 반작용을 낳을 수밖에 없었다. 20세기는 "태양 아래 새로운 어떤 것"을 경험했다. 그것은 생물권이 도저히 견뎌낼 수 없을 만큼 중단없이 광범위하게 벌어지는 환경 파괴였다.[29] 예수회의 위대한 박식가 피에르 테일라르 드 샤르댕(Pierre Teilhard de Chardin)은 이 위험을 초기에 감지한 예언자였다. 하지만 사람들은 1955년에 사망한 샤르댕을 잘 몰랐고 그의 주장은 좀처럼 반향을 일으키지 못했다. 이즈음 환경에 대한 우려와 그 근거를 담은 과학 출판물이 나오기 시작했지만, 이때 이미 환경주의 운동은 눈가가 촉촉한 낭만주의자들의 기행에 지나지 않는다는 부정적 평판을 얻은 뒤였다. 또는—더 심하게는—"피와 땅"의 상호 순수성의 관계에 관한 기이한 신조를 만들어낸 몇몇 이름난 나치들의 광기에서 기인했다는 인식도 있었다.[30] 환경주의는 문제를 정치화하고 자금을 조성하고 운동을 일으키고 어떤 힘을 휘두를 수 있으려면 홍보에 재능이 있는 고발자가 필요했다. 그리고 1962년 레이철 카슨이 등장했다.

산업화와 집약적 농업은 여전히 세계적으로 확산되는 추세였다. 자연의 적들은 사람들에게 지나치게 익숙한 것이라서 좀처럼 위협적으로 보이지 않았다. 그러나 두 가지의 새로운 상황적 조건이 결합하면서 위협이 가중되어 사람들의 마음을 움직였다. 첫째, 환경 착취가 덜 이루어진 지역들이 탈식민지화하면서 힘을 얻은 지역 엘리트층이 서양의 산업화를 모방해 비대한 경제 거물들을 열심히 따라잡으려고 했다. 둘째, 세계 인구가 급증하고 있었다. 수요의 증가에 발맞춰 새로운 농업 기법은 화학 비료와 살충제로 들판을 뒤덮었다. 카슨의 『침묵의 봄』(1962)은 살충제의 남용을 맹렬히 비판했다. 카슨은 미국을 직접적으로 언급했지만 카슨의 영향력은 전 세계로 퍼져나갔다. 카슨은 더는 봄의 "전령인 철새들"을 볼 수 없고 "낯선 고요함"뿐인 아침을 상상했다.

환경주의는 환경 오염을 바탕으로 세력이 확장되었고 기후 논쟁 속에 번성했다. 환경주의는 과학자들 사이에서 정설이 되었고 정치인들의 수사가 되었다. 신비주의자와 괴짜 예언가도 환경주의를 옹호했다. 일반인들은 불행한 운명에 대한 과장된 예측에 거부감을 드러냈다. 환경 훼손, 화석 연료, 농약, 공장식 농업으로 이득을 얻는 세력은 환경주의를 멸시했다. 활동가와 학자들은 전 세계의 대중이 진심에서 우러난—즉, 사심 없는—생태학에 관심을 두도록 만들기 위해 노력했다. 하지만 환경주의는 여전히 자연보다 인간을 위해 봉사하는 전통적 형태를 띤다. 환경보존은 우리 종에게 환경보존이 필요한 한에서만 대중의 호응을 얻을 수 있는 것 같다. 그러나 댐 건설, '온실가스' 방출, 지속 불가능한 방식의 산림 관리, 규제 없는 도시화, 화학적 오염원의 부적절한 검사 같은 일부 해로운 관례는 감소·억제되었다. 최악의 시나리오에 견주어 볼 때 이제 생물권은 회복 탄성력이 더 높아졌고 자원은 더 풍부해졌으며 기술은 필요에 좀더 부응하는 듯하다. 어쩌면 끔찍한 신탁—온난화로 인한 재앙, 새로운 빙하시대, 새로운 전염병 시대, 일부 전통적 에너지원의 고갈 등—이 현실이 될지도 모르지만 설사 그렇더라도 그것은 오로지 인간 행위자로 인한 결과만은 아닐 것이다.[31]

과학적 확실성에 미래가 있으리라는 대중의 확신은 1960년대에 가장 크게 잠식되었다. 어느 정도는 카슨 덕분이기도 했고, 어느 정도는 과학 철학자 토머스 쿤의 저작에 대한 반응 때문이기도 했다. 과학사를 다룬 가장 영향력 있는 저서로 손꼽히는『과학혁명의 구조』(1960년)에서 쿤은 과학혁명은 새로운 데이터가 아니라 이른바 패러다임 전환의 결과로서 나타난다고 주장했다. 패러다임 전환이란 세계를 보는 방식의 변화와 세계를 묘사하는 새로운 이미지나 언어를 의미했다. 그렇게 쿤은 푸앵카레가 세상에 주입한 회의주의의 약물을 세상에 조금 더 주입했다. 푸앵카레가 그랬듯 쿤도 언제나 대부분의 사람들이 추론한 내용을 거부했다. 과학적 발견은 객관적 사실이 아닌 질문자의 관점에 의존했다. 쿤이 말하는 패러다임이 달라지는 세상에서는 한때 단단하게만 보였던 과학적 사실들은 더욱 깊어진 불확실성에 의해 무른 것이 되어버렸다.[32]

카오스 이론은 한층 더 복잡한 문제들을 촉발했다. 과학자들의 가장 오래된 목표는 세상이 작동하는 방식을 예측(하고 어쩌면 그렇게 해서 관리)할 수 있도록 "자연의 법칙들"을 배우는 것(106쪽, 393쪽 참조)이었다. 1980년대에 카오스 이론을 접한 과학자들은 경이감을 느꼈다. 하지만 일부 과학자들은 예측 불가능성이 과학이 되어버렸다는

제10장 불확실성의 시대

651

데에서 절망감을 느꼈다. 갑자기 예측가능성의 추구가 애초부터 잘못된 개념인 것처럼 보였기 때문이다. 카오스 이론은 기상학을 가장 먼저 뒤흔들었다. 날씨는 언제나 예측하기 어렵고 기상 관측자들은 자주 번민과 좌절에 빠진다. 기상 자료는 절대 결정적일 수 없다. 기상 자료는 작은 원인들이 엄청난 결과들을 초래할 수 있다는 사실을 드러낸다. 이 시기에 세계의 상상력을 사로잡은 한 이미지에서 한 마리 나비의 날갯짓은 일련의 사건들을 촉발해 궁극적으로 태풍이나 해일을 일으켰다. 카오스 이론은 분석의 한 층위를 드러냈다. 이 층위에서 원인과 결과는 도저히 추적할 수 없는 것처럼 보인다. 이 모델은 보편적으로 적용할 수 있는 듯했다. 이것을 임계 질량에 적용하면 지푸라기 하나가 낙타의 등을 무너지게 할 수 있었고, 작은 먼지 알갱이가 산사태를 일으킬 수 있었다. 사실상 설명이 불가능한 어떤 갑작스러운 변동이 시장을 교란하고, 생태계를 망가뜨리며, 정치적 안정을 뒤엎고, 문명을 산산이 부수고, 우주의 질서를 찾으려는 노력을 무효화하고, 진자의 진동과 중력의 작용을 말한 뉴턴 시대 이래 이어져온 전통 과학의 성소를 침범할 수 있었다. 20세기 말의 희생자들에게 카오스에 의한 비틀림은 복잡성의 작용으로 보였다. 그러니까 체계는 다종다양하고 상호연결된 부분에 더 많이 의존하면 할수록 어느 깊은 수준에서의 눈에 보이지 않을 만큼 작은 변화로 인해 전체가 붕괴할 가능성이 더 증가했다. 이 아이디어는 큰 반향을 불러일으켰다. 카오스는 과학 분야에서 거의 누구나 들어보았다고 주장하는, 심지어 이해하고 있다고 주장하는 얼마 되지 않는 주제 중 하나가 되었다.

과학에서 카오스 이론이 낳은 효과는 역설적이었다. 카오스 이론은 더 깊고 높은 수준의 정합성을 탐색하도록 영감을 불어넣었다. 이때의 카오스는 호세 루이스 삼페드로(José Luis Sampedro)의 단편소설과 닮았다. 이 소설에서 어느 은하계 여행자는 마드리드를 방문한다. 여행자는 축구 경기를 코스모스를 모방한 어떤 의식(儀式)으로 착각한다. 심판의 개입 행동은 이 체계의 질서에 존재하는 무작위적 방해 요소들을 상징한다. 이 관찰자는 그곳에 충분히 오래 머무르거나 축구 규칙을 습득한다면 심판이 이 체계의 중요한 부분임을 깨달을 것이다. 이와 비슷하게, 제대로 이해된 카오스는 자연의 법칙이고 결국은 예측 가능한 것일지 몰랐다. 하지만 다른 한편으로 카오스의 발견은 자연은 사실 궁극적으로는 통제할 수 없는 것이라는 추정을 제기했다.

최근에 제기된 또다른 발견과 추측이 똑같은 의혹을 불러일으키고 있다. 노벨상 수상자 필립 앤더슨(Philip Anderson)이 지적했듯 보편적으로 적용할 수 있는 자연의 질서는 없는 것으로 보인다. "어느 한 수준에서 훌륭한 일반 법칙을 찾았다고 해도" 우리는 "그것이 모든 수준에서 적용될 것"이라고 기대할 수 없다. "과학은 스스로의 기반을 약화시킨 것으로 보인다. 과학 발전의 속도가 빠를수록 과학의 역량에 관한 더 많은 질문이 등장한다. 사람들은 과학에 대해 전보다 덜 신뢰하게 되었다."33 예를 들어 진화의 속도를 이해하려면 우리는 반드시 모든 사건에 원인이 있는 것은 아님을 인정해야 한다. 사건들은 무작위로 일어날 수 있고 실제로 그렇다. 엄밀히 말해 무작위적인 것이 설명을 불가능하게 만든다. 무작위적인 돌연변이는 그냥 발생한다. 돌연변이가 무작위적인 데는 다른 이유가 없다. 그리고 이러한 돌연변이가 없다면 진화는 일어날 수 없다. 우리가 가진 지식의 현재 수준으로는 설명할 수 없는 관찰 결과가 차고 넘친다. 양자 물리학은 엄격하게 자기 모순적인 정식들로밖에 설명될 수 없다. 아원자 입자들은 예전에 우리가 운동 법칙이라고 생각했던 것을 따르지 않는다. 수학자들이 말하는 프랙털은 눈송이, 거미줄, 나비 날개의 구조 등 우리가 한때 패턴이라고 생각했던 것들을 비튼다. M. C. 에셔의 판화 작품은 이 인상적인 사실을 예견한 것처럼 보였다.

제2차세계대전 이후 수십 년에 걸쳐 과학주의가 해체되는 동안 서양은 여러 다른 가능성을 재발견했다. 그것은 '동양적 지혜', 대체 의학, 비(非)서구 민족의 전통 과학이었다. 서양의 영향 때문에 한동안 뒤로 물러났거나 가려져 있던 전통들은 이 시기에 되살아나 그동안 서양이 과학에서 누려온 우월한 지위를 약화시켰다. 1947년 닐스 보어가 덴마크 왕에게 기사 작위를 받을 때 기사 문장에 쓸 문양으로 도교의 상징물을 고른 사건을 그 초기 징후로 꼽을 만하다. 보어가 선택한 문양은 물결 모양의 만곡이 빛과 어둠을 가르고 두 개의 점이 찍힌 형상이었다. 우주를 묘사한 듯한 이 문양은 보어가 선도한 분야인 양자 물리학을 시사하는 듯했다. 보어의 기사 문장에는 "대립하는 것들은 상보적이다"라는 문구가 쓰여 있었다. 거의 같은 시기에 전쟁의 참상으로 환멸에 빠진 서양에서 우리가 앞서 만난 오펜하이머(635쪽 참조)는 동양으로 선회한 수많은 서양 과학자 중에서도 유일하게 고대 인도의 문헌에서 위안과 통찰을 구한 사례다.

이 시기에 사람들의 정신에 변화를 일으킨 또다른 중요한 저작이 등장했다. 이 책을 통해 세계 다른 지역—특히 중국—에 대한 서양의 인식에서 진정한 변화가 일어났다. 이 책을 쓴 생화학자 조지프 니덤(Joseph Needham)은 기독교 신앙이 굳건했고 사회적 양심 때문에 번민했다. 니덤은 제2차세계대전에서 영국군과 그들에게 협력하는 중국 동맹군 사이에서 수행된 과학 합동 작전의 총감독을 맡은 바 있었다. 1956년에 니덤은 여러 권에 걸쳐 완성된 『중국의 과학과 문명 *Science and Civilisation in China*』의 제1권을 발표했다. 이 책에서 니덤은 중국 과학은 현대에 와서 평판이 낮아졌지만 과거에는 그 나름의 과학적 전통을 보유하고 있었을 뿐만 아니라 17세기까지 서양인들은 거의 모든 기술적 업적의 기초를 중국으로부터 배웠다는 것을 보여주었다. 서양인이 스스로 세계에 선사한 선물로 간주하는 거의 모든 것은 사실 애당초 중국에서 온 물건이거나 원래 중국의 발명품이거나 중국에서 서양으로 전파된 물건에 의존해 만든 것이었다. 몇 가지 핵심적인 예를 생각해보자. 근대의 통신은 전자 문서가 등장하기 전까지 중국의 발명품—종이와 인쇄술—에 의존했다. 19세기에 세계를 일시적으로 굴복시킨 서양의 화력(火力)은 중국의 화약에 의존한 것이다. 화약은 혹시 중국 기술자들이 발명하지는 않았더라도 적어도 화약이 서양에 소개되기 훨씬 전에 중국에서 이미 상당한 수준으로 발전해 있었다. 근대의 기반시설은 중국의 교각 건설 및 공학 기법에 의존했다. 서양이 보유하고 있는 우월한 해양 기술은 컴퍼스, 방향타, 격벽이 없다면 불가능했다. 이 모두가 서양인이 이 기술을 획득하기 훨씬 오래전부터 중국의 전통적인 해양 기술의 일부였다. 산업혁명은 서양의 산업가들이 중국의 용광로 기술을 전유하지 않았다면 일어나지 못했을 것이다. 중세시대 중국을 여행한 서양인들은 중국의 지폐를 보고 깜짝 놀랐다. 자본주의는 지폐가 없었다면 누구도 구상하지 못했을 것이다. 심지어 서양 과학의 이론적 기반인 경험주의의 역사도 서양보다 중국에서 더 길고 연속적이었다. 한편 인도 과학자들은 자국에서도 과학적 사고가—전 세계적인 영향력을 발휘하지는 못했더라도—고대부터 이루어졌다고 주장했다.

20세기 전반에 서양을 제외한 다른 지역에서는 그저 서양의 우위를 견뎌내거나 서양을 모방하려고 시도하는 것이 전부였다. 그런데 1960년대부터 양상이 크게 달라졌다. 인도는 다른 문화와 가치를 모색하는 젊은 서양인 관광객과 순례자가 즐겨 찾는 지역이 되었다. 영국 록 그룹 비틀스는 마하리시 마헤시 요기(Maharishi Mahesh Yogi)의 발치에 앉았고 페르시아의 전통 악기 시타르로 곡을 연주하기도 했다. 당시 서구 유럽의 부르주아지 젊은이들은 열성적으로 인도 여행을 떠났기 때문에 나는 우리 세대에서 나만 고향에 머물러 있는 듯한 기분이 들기도 했다. 도가의 자연에 대한 기술은 일부 서양인들에게 우주를 해석하는 "대안적인"—당대의 유행어였다—모델들을 제공했다. 그중에는 매우 기발한 상상력이 발휘된 서양인의 상징 '곰돌이 푸'[34]도 있다.

20세기 초 서양의 우위를 대표하는 분야였던 의학도 이제 동양의 영향을 받았다. 서양 군대나 "개화 사절단"과 동행한 의사들은 도리어 "토착" 치료사들로부터 배움을 얻었다. 서양인들은 아마존숲 주민이나 중국 농부, 히말라야 샤먼이 보유한 약에 관한 지식에 깜짝 놀랐고 이내 그들 사이에서 민족식물학(ethnobotany)이 중요한 화두가 되었다. 이렇듯 영향력의 방향이 크게 뒤바뀌면서 20세기 말에 "대안적인" 생활양식이 크게 유행했다. 대체 의학 요법을 접한 서양의 환자들은 인도의 약초와 중국의 침술을 찾았다. 이는 20세기 초에 아시아 학생들이 유행을 좇아 의학을 배우려고 서양을 찾는 상황과 비슷했다. 이제 중국과 인도 의사들은 유럽이나 아메리카로 의술을 배우러 가기도 했지만, 또 그만큼 많은 수가 직접 진료소를 차리기 위해 가기도 했다. 1980년대에 세계 보건 기구는 아프리카의 빈곤층에 대한 의료 서비스를 제공하는 과정에서 전통적 치료사들의 중요성을 알게 되었다. 식민주의를 부인한 여러 정부도 이에 동의했다. 1985년 나이지리아는 병원과 보건 센터에 대안 프로그램들을 도입했고, 남아프리카를 비롯한 여러 아프리카 국가들도 이 선례를 따랐다.

이데올로기 이후의 정치·경제사상

과학만이 홀로 실패의 원천이나 환멸의 초점은 아니었다. 살아남은 이데올로기들이 무너지고 확신했던 처방책들이 형편없는 것으로 드러나며 정치학과 경제학 역시 실패했다. 극우 이데올로기들은 그것들이 도발한 전쟁이 끝난 후 괴짜나 정신병 환자에게만 호소력이 있었다. 그러나 일부 사상가들은 극좌 이데올로기들에 대한 희망을 쉽게 버리지 못했다. 노련한 영국인 간첩 앤서니 블런트(Anthony Blunt)는 1970년대까지 영국 기관의 심층부에서 스탈린을 위해 일했다. 블런트는 엘리자베스 2세 여왕이 소장한 미술품의 감정사였다. 시대의 우상이 된 역사학자로 21세기까지 생존한 에릭 홉스봄은 소련의 선의에 대해 그가 품었던 믿음이 틀렸음을 결코 인정하지 않을 것이다.

1950년대의 위대한 붉은 희망은 중국의 이데올로그 마오쩌둥 (毛澤東)에게 집중되어 있었다(마오쩌둥의 영어 음역은 Mao Zedong 과 Mao Tse-tung이 혼용되고 있다. 전통적 음역 방식에 따르면 Tse-tung 이지만 최근의 중국학자들은 이 방식을 따르지 않고 있고 과거의 문헌에는 이 표기가 여전히 남아 있어 중국 명칭에 익숙하지 않은 독자들이 혼란을 겪고 있다). 1911년에 멕시코와 중국에서 일어난 혁명들은 마르크스가 한 가지 점에서 옳았음을 보여준다. 산업화되지 않은 사회에서 소농들의 힘에 기대어 일어난 혁명은 마르크시스트들이 열망한 결과를 산출할 수 없었다. 하지만 마오의 생각은 달랐다. 마오는 동료 공산주의자들과 달리 마르크스의 저작을 대체로 읽지 않았고 이해도 낮았다. 오히려 그랬기 때문에 마오는 새로운 농민 혁명 전략을 제안할 수 있었던 것인지 모른다. 이 새로운 전략은 러시아 모델에 독립적이었고, 러시아의 조언을 거부했으며, 정통 마르크시즘에 따른 선입견에 영향을 받지 않았다. 스탈린이 말했듯 "마오는 마르크시즘적 진리에서 가장 기초적인 것조차 이해하지 못한 듯했다. 아니, 어쩌면 애초에 이해할 마음조차 없었는지 모른다".[35] 마오도 데카르트나 홉스처럼 지식의 방해를 받지 않은 자기 자신의 탁월함만을 신뢰했다. 마오는 "지나친 독서는 해롭다"고 말했다.[36] 마오의 전략은 중국에 잘 맞았다. 마오는 이 전략을 이후 세간에서 숱하게 인용된 슬로건으로 요약했다. "적이 오면 우리는 도망간다. 적이 멈추면 우리는 적을 괴롭힌다. 적이 도망치면 우리는 추격한다."[37] 마오는 수십 년간 게릴라 부대 지도자로서 거둔 성공은 많지 않았지만 끈질기게 살아남았고 결국 승리했다(나중에 마치 자신이 전투의 귀재인 양 사실을 왜곡했다). 마오는 비상시기에 강했고, 중국 본토 전체를 장악한 1949년부터 정권 유지를 위해 끊임없이 새로운 위기를 일으켰다. 마오의 아이디어는 고갈되었지만 여전히 마오에게는 스스로 사상이라고 부른 것이 많았다. 이따금 마오는 변덕스러운 대규모 말살 캠페인을 추진했다. 마오가 지목한 대상은 좌익과 우익의 인사, 부르주아지 이탈 세력, 이른바 계급의 적, 심지어 쥐와 참새까지 실로 다양했다. 공식적인 범죄율은 낮았지만 상습적으로 이루어지는 국가의 처벌이 이따금 발생하는 범죄보다 더 잔혹했다. 선전은 정권의 악습과 실패를 가렸다. 의지할 수 있는 철학을 갈망하는 서양인들은 마오에게 현혹되었다. 내가 10대였을 때 우리는 전쟁과 불의에 항거하는 시위에서 순진하게 마오의 사상이 담긴 "작은 빨간 책(Little Red Book, 『마오쩌둥 어록』을 말한다—옮긴이)"을 마치 거기에 해법이라도 담긴 양 높이 쳐들어 흔들곤 했다.

마오의 혁명 원칙 중 일부는 놀라우리만치 반동적이었다. 마오는 계급적 원한이 유전된다고 생각했다. 낭만적 연애를 금지했고 한번은 잔디와 화초를 금지하기도 했다. 식량을 축적하고 분배하는 고대 국가의 역할을 진지하게 받아들이고 이를 엄격하게 적용하다 농업을 망쳤다. 마오가 동원한 편법 중에 가장 큰 재앙을 초래한 것은 그가 "무산계급 문화대혁명"이라고 부른 1960년대의 계급 전쟁이었다. 자식은 부모를 고발하고 학생은 교사를 구타했다. 무지한 사람들은 부추김을 받아 지식인들을 학살했고 식자들은 잡역에 배치되었다. 오래된 것은 파괴되고 책은 불태워졌으며 아름다운 것은 멸시받고 학문은 전복되고 노동은 중단되었다. 경제의 팔다리가 모조리 부수어졌다. 효율적인 선전 기계가 거짓된 통계수치와 발전상을 쏟아내는 동안 진실이 바깥으로 조금씩 새어나갔다. 중국이 세계에서 가장 번영하는 강대국, 모범적 문명으로 손꼽히던 과거의 위상을 되찾는 일은 나중으로 미루어졌다. 회복의 징후는 21세기 초가 되어서야 나타나기 시작했다. 그동안 마오가 끼친 영향은 세계의 발전을 저해했다. 마오의 영향은 경제적으로 저개발된 신생 국가에 나쁜 선례를 남기고 어두운 그림자를 드리워 경제적으로 파괴적이고 도덕적으로 부패한 정치적 권위주의와 명령 경제 프로그램을 실험하도록 부추겼다.[38]

신뢰할 수 있는 이데올로기가 부재한 상황에서 서양의 정치·경제적 합의는 경제 성장과 사회 복지 달성이라는 겸허한 기대로 물러섰다. 이 합의의 형성에 가장 많이 이바지한 사상가는 존 메이너드 케인스였다. 학문을 업으로 삼은 경제학자로서는 드물게 돈을 다루는 일에 능숙했던 케인스는 자신의 확률 연구를 영리한 투자로 전환했다. 케인스가 받은 교육, 그리고 잉글랜드의 사교계와 정치 기득권층에서 맺은 친분은 케인스에게 특권으로 작용했다. 케인스는 자기 확신이 강한 사람이었고 이것은 케인스가 세계 미래의 번영을 보장하기 위해 마련한 낙관론적 공식에 투영되었다.

케인스주의는 1920년대 산업화된 경제 체제의 자본주의적 안일함에 대한 반작용이었다. 자동차는 대량 소비 물품이 되었다. 건설은 "탑을 태양까지 높이" 쌓아올렸다.[39] 소수의 "파라오들"이 수백만 명의 주주로 이루어진 피라미드를 통제했다.[40] 대호황은 말 그대로 모든 사람이 잘사는 세상을 기대하게 했다. 그러다 1929년, 세계 주요 시장들이 붕괴하고 은행 시스템들이 무너지거나 휘청였다. 세계는 근대에 들어 가장 절망적인 장기 불황에 돌입했다. 그때 문득 명백한 사실이 눈에 들어왔으니, 그것은 자본주의는 제어되든지 추방되든지 폐기되어야 한다는 것이었다. 프랭클린 D. 루스벨트 대통령은 시장에서 정부가 주도권을 발휘하는 "뉴딜"을 제시했다. 반대자들은 이것이 사회주의적인 계획이라고 비난했지만, 뉴딜은 사실 자본주의의 닳아 해어진 부위를 수선하기 위해 덧댄 천조각이었다. 결국 뉴딜은 자본주의를 무사히 지켜냈다.

케인스는 자본주의를 전반적으로 재고했고 이후 자본주의에 가해진 모든 혁신에 영향을 주었다. 케인스는 시장이 사회에 필요한 수준의 생산과 고용을 외부의 도움 없이 창출한다는 아이디어에 도전을 제기했다. 케인스는 설명했다. 저축은 부와 경제적 잠재력을 일부 고정한다. 게다가 잘못된 예측은 시장을 왜곡한다. 사람들은 낙관론에 빠지면 과도하게 소비하다가 문득 초조해지면 과도하게 절약한다. 정부와 기관은 차관을 들여와 공공사업이나 기반시설에 자금을 대어 실직자들에게 일자리를 마련해주고 경제적 잠재력을 축적할 수 있다. 그리고 이 경제적 잠재력은 이후 현실화하여 이전 사업에 투입된 비용을 메워줄 세수로 돌아올 것이다. 이 아이디어는 케인스의 1936년 저작 『고용, 이자 및 화폐의 일반 이론General Theory of Employment, Interest and Money』에 잘 나타나 있다. 오랫동안 케인스주의는 이 이론을 정책적으로 시도한 모든 정부에게 통하는 듯싶었다. 케인스주의는 정설이 되었고 전 세계에서 유례없이 높은 규모로 이루어진 공공 지출의 증대를 정당화했다.

그러나 경제학은 변동성이 큰 과학이고 경제 법칙은 대체로 오래가지 않는다. 20세기 후반에 걸쳐 선진국의 주요 경제 정책은 두 경쟁적인 만병통치약 '계획'과 '시장' 사이를 오갔다. 공공 지출이 시장보다 딱히 더 합리적인 것은 아님이 드러났다. 1930년대에 공공 지출은 여러 사회를 위기에서 구출했지만 일단 안정기에 들어서면 낭비를 유발하고 생산을 저해하고 기업을 질식시켰다. 1980년대에 케인스주의는 "국가를 되찾고" 경제 규제를 완화하고 시장에 자유를 돌려주려는 광범위한 욕망의 희생양이 되었다. 쓰레기 자본주의, 불안정한 시장, 터무니없는 빈부 격차의 시대가 오고 나서야 사람들은 케인스주의의 교훈을 다시 배울 수 있었다. 우리의 학습은 여전히 한발 늦게 이루어지는 것 같다. 2008년의 규제 완화는 새로운 세계 경제 붕괴─"멜트다운(meltdown)"이라는 표현이 자주 쓰였다─에 일조했다. 미국 행정부는 이 위기에서 탈출하기 위해 케인스주의를 광범위하게 채택하고 차관 도입과 정부 지출을 시도했지만, 다른 정부들은 대체로 케인스 이전의 방식, 즉 '긴축'을 택해 지출을 줄이고 차관을 제한하는 것으로 금융 안정을 도모했다. 세계는 좀처럼 회복의 기미를 보이지 않았고 2016년 미국 대선에서는 다시 규제 완화를 약속하는 정부가 선택을 받았다(하지만 역설적으로 이 정부는 기반시설에 지출을 아끼지 않겠다고 약속했다).[41]

급진주의자들이 상상한 미래는 결코 도래하지 않았다. 급진주의자들의 기대는 인류가 경험한 가장 피비린내 나는 전쟁 속에 흩어졌다. 미합중국이나 프랑스 공화국 같은 국가들은 혁명으로 건설되었고 진정으로 민주적인 제도의 규제를 받는다. 하지만 이들 국가에서도 평범한 사람들은 그들의 삶이나 그들이 형성하고 있는 사회를 장악할 권력을 결코 손에 넣지 못했다. 이토록 큰 낙심 끝에 보통의 자애로운 국가는 과연 어느 정도의 선을 실천할 수 있을까? 국가가 불황에 빠진 경제를 관리하고 전쟁을 일으키기 위해 사회를 조종할 수 있다는 것은 국가의 잠재력이 아직 다하지 않았음을 시사했다. 몰리에르의 희곡에 등장하는 어느 인물의 말처럼 권력욕은 식욕처럼 "먹을수록 느는 법"이었고 일부 정치인은 권력을 영원히 휘두를 기회, 또는 최소한 그들에게 이익이 되는 방향으로 사회의 평화를 유지할 기회를 발견했다. 그러니까 어쩌면 국가는 고대 철학자들이 꿈꾼 덕(270~279쪽 참조)을 실현하지는 못해도 적어도 복지의 도구는 될 수는 있을 터였다. 1880년대에 독일은 정부가 운영하는 보험 제도를 도입했다. 하지만 더욱 급진적 아이디어는 1920년대에 케임브리지대학교 경제학자 아서 피구가 제시한 복지 국가였다. 복지 국가는 부유한 사람들로부터 세금을 거두어 가난한 사람들에게 혜택을 나누어줄 수 있었다. 이것은 고대 전제 국가가 식량 공급을 보장하기 위해 재분배를 강제한 것과 비슷했다. 대규모 공공 지출을 통해 빈사 직전의 경제 체제를 회생하는 방법을 옹호한 케인스의 주장은 이러한 종류의 생각과 맥을 같이했다. 케인스의 가장 강력한 지지자는 윌리엄 베버리지였다.

제2차세계대전 동안 영국 정부는 베버리지에게 사회 보장 제도의 개선을 위한 초안을 마련해달라고 주문했다. 베버리지는 여기서 한 걸음 더 나아가 "더 나은 새로운 세상"을 상상했다. 이 새로운 세상에서 국민 보험 제도와 세금 제도는 보편적 의료 서비스 제도, 실업 급여 제도, 퇴직 연금 제도에 자금을 지원할 것이었다. "승리의 목적은 오래된 세계가 아닌 더 나은 세계에 사는 것"이라고 베버리지는 선언했다.[42] 오늘날까지도 정부 보고서 중에 자국에서 그토록 폭넓은 환대를 받고 해외에서까지 지대한 영향을 발휘한 사례는 찾아보기 어렵다. 루스벨트 대통령은 베버리지의 주장에 고무되어 "부족함이 없는 (free from want)" 미래를 선언했다. 히틀러의 벙커에 사는 사람들은 이 구상을 선망했다. 전후 영국 정부는 거의 초당파적 만장일치로 베버리지의 안을 채택했다.[43]

이제 베버리지의 구상과 비슷한 제도를 갖추지 않은 사회는 현대적이라고 부를 수 없게 되었다. 하지만 국가가 부를 재분배하고 빈곤을 완화하고 의료 서비스를 보장하는 역할을 제한하는 문제는 예나 지금이나 자유와 시장의 자율성 존중이라는 명목하에 거센 논쟁의 대상이 되어왔다. 보편적 혜택은 개인의 삶에 안전과 정의를 가져다주고 사회의 안정과 단결을 꾀할 수 있다. 하지만 보편적 혜택은 돈이 많이 든다. 20세기 말과 21세기 초, 복지 국가가 가장 잘 구현된 서유럽, 캐나다, 오스트레일리아, 뉴질랜드에 두 가지 위협이 제기되었다. 첫째, 인플레이션이 미래를 불안정하게 만들어 각 세대는 앞 세대의 돌봄 비용을 마련하기 위해 고투했다. 둘째, 인플레이션이 어느 정도 통제되고 있을 때라도 선진국 사회 인구의 불균형이 심각해지기 시작했다. 노동 인구가 노화하고, 국가가 비용을 감당할 수 없을 만큼 은퇴자 비율이 증가했으며, 갈수록 늘어나는 사회 복지 비용을 대줄 생산성 높은 젊은 인구는 앞으로 충분하지 않으리라는 것이 점점 더 명백해졌다. 각국 정부는 복지 국가를 해체하지 않고 이 상황에 대처하기 위해 다양한 방법을 강구했다. 미국의 경우 1960년대 이래 역대 대통령들과 의원들이 산발적인 노력을 펼쳤지만 결코 포괄적인 국민 보건

제도를 도입하지는 못했다. 오바마 대통령의 보건 제도는 보수주의자들로부터 신랄한 비판을 받으며 시행되었지만 여기서도 극빈층은 제외되었다. 건강 보험 산업의 영역 다툼을 국가가 건드리지 못했기 때문이다. 오바마케어의 문제점들을 이해하려면 전반적으로 사보험 기반의 복지 개념으로 돌아가고 있는 배경에 주목해야 한다. 사보험 기반의 복지 개념에서 대부분의 개인은 은퇴 비용을 스스로 책임진다. 어느 정도는 보건 비용이나 실업에 대비한 비용도 마찬가지다. 국가는 사회의 주변부만을 담당한다.

복지 국가가 겪는 진통은 사실 더 큰 문제의 일부에 불과했다. 문제는 국가가 지닌 전반적인 결함과 비효율이었다. 주택을 짓는 국가는 따분한 디스토피아를 세웠다. 산업이 국유화되면 생산성은 대개 하락했다. 시장 규제는 성장을 저해했다. 지나친 계획 사회는 엉망으로 작동했다. 환경을 관리하려는 국가의 노력은 일반적으로 오히려 낭비를 초래하고 상황을 더욱 악화시켰다. 20세기 후반에 동유럽, 중국, 쿠바의 명령 경제 체제는 대체로 실패했다. 국가가 강력하게 개입한 스칸디나비아의 혼합 경제 체제 국가들은 이보다 조금 더 나은 수준이었다. 이들 국가들은 보편 복지를 목표로 삼았지만 결국 좌절하고 소외된 개인들의 자살률 높은 유토피아를 낳았다. 역사는 다른 선택들—무정부주의, 자유지상주의, 제한 없는 시장—에도 폐기 처분을 선언했다.

보수주의는 평판이 형편없었다. 케인스는 이렇게 말했다. "현재만 아는 것이 더 보수적인 건지 과거만 아는 것이 더 보수적인 건지 나는 잘 모르겠다."[44] 그렇지만 20세기 후반에 정치학과 경제학에서 가장 큰 기대를 받은 새로운 생각에 영감을 준 전통은 우파에서 나왔다. F. A. 하이에크가 이 새로운 생각의 대부분을 창시했다. 하이에크는 매번 정치적 보수주의를 실각시킨 문제를 솜씨 좋게 풀었다. 그것은 자유와 사회 정의의 균형점을 찾는 문제였다. 18세기 말에 에드먼드 버크(497쪽 참조)가 언급했듯, 훗날 하이에크가 실현한 전통, 즉 "자유와 제약이라는 두 가지 대립 요소를 하나의 일관된 작업 안에 담아내는 일"을 개시하는 것은 "현명하고 탁월하며 결합적 사고가 가능한 정신이 많이 생각하고 깊이 성찰할 때만이 가능"했다.[15] 하이에크의 정신은 이러한 조건에 부합했다. 하이에크의 논증은 보수주의를 뒷받침할 최고의 논증에 가까웠다. 정부 정책은 대개 의도는 좋으나 결과는 나쁘다. 그러므로 가장 작은 정부가 가장 좋은 정부다. 사회를 개선하려는 노력은 언제나 오히려 사회를 개악하기 때문에 가장 현명한 방침은 겸손한 자세로 사회의 불완전한 요소들을 조금씩만 다루는 것이다. 더욱이 하이에크는 개인주의를 옹호하는 전통적인 기독교적 편견을 갖고 있었다. 죄악과 자선은 개인의 책임을 요구하는 반면 "사회 정의"는 그것을 감소시킨다. 하이에크는 1944년 저작 『노예의 길*The Road to Serfdom*』에서 핵심 아이디어를 선포했다. "자연스러운 사회 질서는 의식적인 계획으로 산출되지 않으며 유구한 역사 속에서 스스로 모습을 드러낸다. 그것은 단기적 정부 개입으로는 재연할 수 없는 풍부한 경험과 적응의 과정이다." 사회 질서는 ('사회 계약'을 상정할 필요 없이) 자연스럽게 생겨난다고 하이에크는 시사했다. 이때 법은 그러한 사회 질서의 정수였다. 법은 "인류의 자연적 역사 중 일부로서 (…) 사회와 함께 시작되었고" 따라서 법은 국가보다 먼저 생겨났다. 하이에크는 말했다. 법은 "정부의 권위가 만든 창조물이 아닐뿐더러" 또한 "분명히 주권자의 명령도 아니다".[16] 법의 지배가 지배자의 명령보다 앞선다는 것은 아리스토텔레스 이래 서양 전통에서 매우 전통적이고 항상 강조되었(지만 거의 지켜지지 않았)던 권고였다. 오로지 법만이 자유에 적절한 제약을 가할 수 있었다. "개개인은 지식과 자원을 이용해 최상의 이익을 자유로이 취하되 반드시 법의 지배하에 잘 알려지고 예측할 수 있는 규칙의 맥락 안에서 그리해야 한다"는 것이 하이에크의 주장이었다.[17] 이러한 종류의 신조에서 치명적인 문제는 "이러한 자연법이 무엇인지 국가가 아니라면 누가 말해주는가"다. 이란 이슬람 공화국에서처럼 종교적 일인자가 말해줄까? 아니면 인권과 연관된 국제법이 부상하면서 20세기 말에 큰 권한을 부여받은 비선출직 법학자들이 말해줄까?

과도한 계획 경제의 시기에 등장한 하이에크의 의견은 광야에서 홀로 외치는 목소리였다. 그러나 하이에크는 1970년대에 세계를 장악한 듯한 "보수주의적 전회"의 이론가로 재부상했다. 20세기의 마지막 20년간 선진국의 주류 정치계에는 우경화 바람이 불었다. 하이에크의 영향은 경제 생활에 집중되었다. 이는 하이에크가 1950년대에 시카고대학교에서 잠깐 가르치는 동안 시카고학파 경제학자들 사이에서 그를 추종하는 사람들이 생긴 덕분이다. 시카고대학교는 기부금을 후하게 받았기 때문에 자율적으로 운영될 수 있었다. 시카고시(市)의 교외에 외떨어진 시카고대학교에서 교수들은 서로에게 의지하며 지냈다. 그들은 학계와 거의 교류 없이 지내며 일부는 외부의 선망을 받기도 하고 일부는 관심의 바깥에 머물렀다. 따라서 시카고대학교는 이단자들이 반체제적 견해를 키우기에 적절한 장소였다. 시카고학파 경제학자 중 가장 목소리가 크고 가장 설득력 있는 학자는 밀턴 프리드먼이었다. 시카고학파 경제학자들은 전통 경제학을 거부할 수 있었다. 그들 덕분에 자유 시장은 번영을 이룩할 수 있는 최상의 방법으로 거듭났다. 1970년대에 시카고학파는 계획 경제의 실패로 낙담하고 규제에서 점차 손을 떼고 있었던 여러 정부에 의지할 곳을 제공했다."[18]

과학의 긴축

카오스와 정합성은 서로 경쟁할 때 함께 번성한다. 불확실성은 사람들이 예측 가능한 코스모스로 다시 도피하고 싶게 만든다. 따라서 무슨 종류든 결정론을 옹호하는 사람들은 역설적으로 포스트모던의 세계와 잘 맞았다. 생각이나 행동의 복잡성을 단순화하고 정직한 당혹감을 가장된 자신감으로 대체하기 위해 기계와 유기체를 모델로 삼는 시도가 만연했다. 한 가지 방법은 뇌를 옹호하고 정신을 삭제하려는 시도였다. 사람들은 생각의 엉뚱한 측면들을 이해하고 예측하게 해줄 화학적·전기적·기계적 패턴을 모색했다.

인공지능(artificial intelligence)—사람들이 이러한 시도에서 그 대상을 일컬을 때 흔히 쓰는 표현—을 이해하기 위해서는 잠시 19세기의 시대적 배경을 둘러볼 필요가 있다. 근대 기술의 가장 위대한 탐구 중 하나로 꼽히는 "인간 대신 생각하는 기계"의 탐구는 정신은 기계이고 생각은 기계적인 과정이라는 개념에서 영감을 얻었다. 조지 불

(George Boole)은 우리가 앞서 만난 빅토리아시대 학자들(556쪽 참조)에 속한다. 불은 "생각의 법칙"을 밝혀 지식을 체계화하려고 시도했다. 불은 정식 교육은 띄엄띄엄 받았을 뿐이었고 아일랜드에서 비교적 외떨어져 살았다. 불이 스스로 생각해냈다고 여긴 수학적 발견은 대부분 다른 학자들에게도 이미 익히 알려진 것들이었다. 그러나 불은 독학의 천재였다. 그는 10대에 이진법 연구를 시작했는데 우리가 현대에 흔히 사용하는 십진법이 아닌 이진법을 사용해 셈을 했다. 이러한 불의 노력은 찰스 배비지(Charles Babbage)의 머릿속에 새로운 생각을 심어주었다.

배비지는 1828년부터 케임브리지대학교 루커스 수학 석좌 교수를 지냈다. 앞서 뉴턴이, 나중에는 스티븐 호킹이 차지했던 영예로운 자리였다. 배비지는 불의 저작을 읽고 기계로 계산해 인간의 오류를 없앤 천체 위치표를 제작하려고 시도했다. 당시에도 이미 상업용 기계가 출시되어 간단한 산술적 기능을 수행하고 있었다. 배비지는 이러한 계산기로 복잡한 삼각법을 계산할 수 있게 되기를 바랐다. 그런데 배비지는 이 목표를 기계를 개량하는 것이 아니라 삼각법을 단순화함으로써 이루려고 했다. 삼각법 계산을 덧셈식과 뺄셈식으로 변형시키면 이 계산을 톱니바퀴들에게 맡길 수 있을 터였다. 만일 성공한다면 배비지의 업적은 천체 위치표의 신뢰도를 높여 항해술과 영연방제국의 지도 제작 기술에 일대 혁신을 일으킬 터였다. 배비지는 1833년에 불의 자료를 접했고 그동안 구상하던 비교적 단순한 "차분 기관(difference engine)" 연구를 단념하고 이른바 "해석 기관(analytical engine)"의 개발 계획에 착수했다. 해석 기관 역시 기계적으로 작동했지만, 이진법을 사용했기 때문에 놀랍게도 계산의 범위와 속도가 현대 컴퓨터를 앞지를 정도였다. 배비지의 장치는 초창기 전자식 컴퓨터처럼 천공 카드(일정한 자리에 몇 개의 구멍을 내어 짝 맞춤으로 기호를 나타내는 카드-옮긴이)로 작동되었다. 배비지의 새로운 계획은 예전 계획보다 우수했지만, 특유의 근시안적 관료주의는 여기서도 발휘되어 정부의 후원이 중단되었고 배비지는 사비를 동원해야 했다.

시인 바이런의 딸로 출중한 재능을 타고난 아마추어 수학자 에이다 러브레이스(Ada Lovelace)가 큰 도움을 주었지만 배비지는 결국 해석 기관을 완성하지 못했다. 이 기계의 잠재성이 완전히 실현되기 위해서는 전기의 힘이 필요했다. 맨체스터대학교와 하버드대학교에서 제작한 초기 표본들은 그 크기가 작은 무도회장만 했기 때문에 용도가 제한적이었다. 그러나 컴퓨터의 몸체를 줄여줄 마이크로전자기술, 그리고 컴퓨터들을 서로 연결해줄 전화선과 무선 신호 통신 기술이 결합되면서 데이터를 교환할 수 있게 되었고 컴퓨터는 급속도로 발전했다. 21세기 초에는 지구촌 곳곳에서 컴퓨터 화면이 켜졌고 거의 즉각적인 상호 접속이 가능하게 되었다. 장점과 단점의 경중을 따져보자면 양쪽이 비슷할 듯싶다. 정신에 과도한 정보가 공급되어 한 세대 정도를 아둔하게 만들었는지도 모르겠지만 인터넷은 유용한 작업을 증대시키고 지식을 퍼트렸으며 자유를 제공했다.

컴퓨터 혁명의 속도와 범위는 이것이 얼마나 더 멀리 나아갈 수 있는가라는 질문을 제기했다. 기계가 인간의 정신을 흉내낼 수 있으리라는 희망과 공포가 증폭되었다. 인공지능은 미래의 위협인가 약속인가를 둘러싼 논란이 점점 커졌다. 똑똑한 로봇은 무한정한 기대를 불러일으켰다. 현대 인공지능 연구자들이 존경하는 최고의 암호 해독가 앨런 튜링은 1950년에 이렇게 썼다. "나는 지금 세기가 끝날 즈음이면 어휘의 용법과 지식인들의 여론이 달라져 사람들이 생각하는 기계라는 말을 아무런 반박을 예상하지 않고 쓰게 될 것으로 믿는다."[49] 튜링이 예측한 미래는 아직 오지 않았고 어쩌면 그것은 비현실적인 기대일지 모른다. 인간의 지능은 짐작건대 근본적으로 비기계적이다. 인간의 기계 안에는 유령이 있다. 하지만 컴퓨터는 인간의 생각을 대체하지 않더라도 인간의 생각에 영향을 주고 그것을 감염시킬 수 있다. 컴퓨터는 기억을 좀먹을까, 아니면 기억으로의 접근성을 확대할까? 컴퓨터가 정보를 증대시키면 지식은 잠식될까? 컴퓨터는 네트워크를 확장할까, 아니면 소시오패스들을 끌어모을까? 컴퓨터는 주의 지속 시간을 줄일까, 아니면 멀티태스킹을 가능하게 할까? 컴퓨터는 새로운 기술을 권장할까, 아니면 오래된 기술을 와해할까? 동정심을 쪼그라뜨릴까, 아니면 정신을 확장할까? 혹시 컴퓨터가 이 모든 일을 한다면 그 균형점은 어디에 있을까? 우리는 사이버스페이스가 인간의 심리를 어떻게 바꿀 수 있는지 전혀 이해하지 못하고 있다.[50]

인간은 기계가 아닐지 모르나 유기체임에는 분명하다. 그리고 유기체는 진화의 법칙을 따른다. 이것이 인간의 전부일까? 진화에 관한 다윈의 설명에는 빈틈이 있었고 유전학은 그 빈틈을 채웠다. 합리적이고 객관적인 모든 학생에게 종의 기원에 관한 다윈의 설명이 본질적으로 옳다는 것은 이미 명백한 사실이었지만 한 계통을 다른 계통과 구별해주는 돌연변이의 세대 간 전달이 어떻게 이루어지는지는 아직 아무도 설명하지 못했다. 오스트리아 수도원의 텃밭에서 콩을 기르던 그레고어 멘델이 이에 대한 설명을 제공했다. 19세기 초 뉴욕 도심의 실험실에서 초파리를 키우던 T. H. 모건은 멘델의 설명이 옳다는 것을 증명하고 이를 세상에 알렸다. 유전자는 진화의 작동 방식에서 부족한 연결 고리라고 부를 만했던 어떤 것, 즉 어떻게 자손이 부모의 형질을 물려받을 수 있는가에 대한 설명을 채워주었다. 이 발견으로 이제 진화는 무지한 반(反)계몽주의자가 아니라면 감히 도전할 수 없을 확고한 이론으로 자리잡았다. 진화론에 열광하는 사람들은 점차 지나치게 많은 것을 기대했다. 그들은 진화론으로 설명할 수 없는 종류의 변화—지성적·문화적 변화—까지 진화론으로 설명하려고 했다.

20세기 후반의 DNA 해독 작업은 이러한 추세를 더욱 부추겼고 인간의 자기 인식에 심대한 영향을 미쳤다. 에르빈 슈뢰딩거는 1944년 더블린 강의에서 유전자의 성격을 고찰하며 혁명을 개시했다. 슈뢰딩거는 유전자가 단백질의 일종이라고 추측했다. 나중에 DNA는 핵산의 일종으로 밝혀졌지만, 슈뢰딩거가 유전자의 생김새에 관해 추측한 내용은 가히 선지자적이었다. 슈뢰딩거는 암호를 이루는 요소들이 서로 연결되어 있듯, 유전자 역시 기본 단위들이 사슬을 이루고 있으리라고 예측했다. 이 생명의 "기본 구성요소"를 찾는 연구가 진행되었고, 이 연구는 잉글랜드 케임브리지대학교의 프랜시스 크릭의 실험실에서 특히 활발했다. 시카고대학교에서 생물학을 전공하며 슈뢰딩거의 저작을 읽은 제임스 왓슨도 크릭의 연구팀에 합류했다. 왓슨은 DNA의 엑스레이 사진을 본 즉시 슈뢰딩거가 예측한 구조를 발견할 수 있겠다고 판단했다. 이들 연구팀과 협업한 런던의 한 실험실에는 로절린드 프랭클린(Rosalind Franklin)이 있었다. 프랭클린은 크릭과 왓슨의 구상에 중대한 비판을 제기했고 이는 DNA가 가느다란 두 개의 실이 꼬인 형태를 띠고 있다는 생각을 발전시키는 데 도움을 주었다. 케임브리지 연구팀은 프랭클린과의 협업 과정에서 그녀를 부당하게 대했다는 도덕적 비난을 받았지만, 그들이 발견한 내용의 타당성을 부인하는 사람은 아무도 없었다. 사람들은 케임브리지 연구팀의 연구 결과에 들떴다. 개개인의 유전 암호가 일부 질병을 일으키는 원인이라는 깨달음은 질병의 치료와 예방에서 새로운 길을 열어주었다. 여기서 더 획기적으로 수많은, 어쩌면 모든 종류의 행동을 유전 암호의 변형을 통해 통제할 수 있으리라는 새로운 가능성이 제기되었다. 유전자의 힘은 인간의 본성에 관한 새로운 생각을 제공했다. 인간의 본성은 풀 수 없는 암호에 의해 통제되고 유전자 패턴에 의해 결정된다는 생각이었다.

그 결과, 성격은 계산이 가능한 것처럼 보였다. 유전자 연구는 적어도 우리가 전통적으로 추정했던 것보다 우리를 구성하는 것 중 더 많은 부분이 유전된다고 확인시켜주는 듯했다. 인격(personality)은 분자로 구성된 가느다란 실로 배열될 수 있었고, 특성들은 '파인드 더 레이디(Find the Lady, 반쪽짜리 호두껍데기 세 개를 뒤집은 다음 그중 하나에 콩알 따위를 넣고 배치를 마구 바꾼 다음 어디에 콩알이 있는지 맞히는 놀이—옮긴이)' 놀이의 호두껍데기처럼 자리를 옮겼다. 인지과학자들은 인간의 뇌를 과거 그 어느 때보다 자세히 분석함으로써 비슷한 종류의 유물론적 사고를 자극하고 있다. 신경학 연구는 우리가 생각하고 있을 때 시냅스가 단백질로 이루어진 신경 전달 물질을 방출하는 전기화학적 과정이 일어난다는 사실을 밝혀냈다. 다만 여기서 분명히 해야 할 것은 이러한 측정 결과가 보여주는 것은 생각의 원인이나 구성요소가 아니라 결과 또는 부대 효과일 수 있다는 것이다. 그렇지만 우리는 이러한 결과를 통해 최소한 전통적으로 정신의 작용으로 분류되었던 모든 것이 뇌 안에서 일어난다고 주장할 수 있게 되었다. 이제는 정신이나 영혼 같은 비물질적 요소가 설 자리는 점차 줄어들었다. "영혼은 사라졌다"라고 프랜시스 크릭은 선언했다.[51]

한편 실험연구자들은 우리에게 편리한 결과물을 얻기 위해 비인간 종의 유전 암호를 변형했다. 이를테면 식물은 크기를 키웠고, 동물은 인간에게 더 이득이 되고 더 고분고분하고 더 맛이 좋고 식품으로 상품화하기 더 쉽게 만들었다. 이 분야의 연구는 화려한 성공을 거두며 프랑켄슈타인이나 모로 박사의 다시 만들어진 세계의 유령을 환기했다. 인간은 과거에 농업을 발명하고(155쪽 참조) 지구상에서 생물군을 이동시킴으로써(359쪽 참조) 진화의 경로를 구부러뜨린 적이 있다. 인간은 이제 지금까지 해온 그 어떤 개입보다 가장 큰 개입을 할 수 있는 힘을 손에 넣었다. 환경에 가장 적합한 것이 아닌 인간이 고안한 의제에 가장 잘 맞는 것을 따르는 "부자연" 선택을 할 힘이었다. 예를 들어 우리는 "맞춤 아기(designer baby, 희귀 혈액질환이나 암 등을 앓고 있는 자녀를 치료하는 데 이용할 줄기세포를 얻기 위해 시험관 수정기술을 통해 질환 자녀의 세포조직과 완전히 일치하는 특정 배아를 가려내 이 가운데 질병 유전자가 없는 정상적인 배아를 골라 탄생시킨 아기—옮긴이)" 시장이 있다는 것을 안다. 정자은행은 이미 수익사업으로 자리잡았다. 로봇 산파술(robo-obstetrics)은 유전적으로 전달된 질병의 예방이 가능한 경우 선의의 목적에서 아기의 유전자를 변형한다. 기술은 대개 일단 발명되면 활용을 막기 어렵다. 일부 사회(와 다른 사회의 일부 개인)는 예전 시대의 우생학이 따랐던 노선(567쪽 참조)대로 인간을 조작할 것이다. 도덕성이 의심스러운 선지자들은 이미 질병과 도착적 기질이 제거된 세상에 관해 이야기하고 있다.[52]

유전학은 역설을 품고 있다. 모든 사람의 본성은 선천적이다. 하지만 조작이 가능하다. 그러니 칸트는 틀렸을까? 칸트의 금언 "인간에게는 어떠한 신체적 강제에도 영향을 받지 않는 독립적 자기 결정권이 있다"는 서양에서 전통적으로 많은 사람들의 마음에 큰 울림을 남겼다. 이러한 확신이 없다면 개인주의는 성립될 수 없을 것이다. 결정론은 기독교를 시대에 뒤떨어진 것으로 만들 것이다. 개인의 책임에 기반을 둔 법체계는 무너질 것이다. 물론 세계는 결정론 아이디어에 이미 익숙해졌다. 결정론은 성격이나 잠재력을 불가피한 유전적 특성과 연결 지었다. 이를테면 범죄학은 두개골을 측정하고 뇌의 크기로부터 추론해 개개인을 "범죄자" 부류나 "저급한" 인종에 배치했다(569쪽 참조). 따라서 19세기 사람들이 상대적 지능에 관해 내린 판단은 신뢰할 만하지 않다. 그러나 1905년에 학습 능력에 문제가 있는 아동을 찾아낼 방법을 찾고 있었던 알프레드 비네는 새로운 방법을 내놓았다. 아동의 지식수준이 아닌 학습 역량을 알아내는 간단하고 중립적인 검사를 제안한 것이다. 몇 년 내에 지능지수(IQ)―연령기별로 측정 가능한 "일반 지능"―라는 개념이 보편적인 신뢰를 얻게 되었다. 사실 이것은 부적절한 신뢰였다. 지능 검사는 현실적으로 협소한 범위의 능력만을 예측할 수 있었다. 나는 지능지수가 그리 높지 않은 출중한 학생들을 여럿 봐왔다. 하지만 지능지수는 또다른 횡포를 낳았다. 제1차세계대전이 발발했을 즈음 정책 입안자들은 지능지수를 활용했다. 특히 우생학을 정당화하고 미국에서 이민자를 배제하고 미국군에서 승진자 후보를 선정할 때 지능지수가 활용되었다. 선진국에서 지능지수는 사회 차별의 표준적인 방식이 되어 속성 교육이나 특별 교육의 수혜자를 선별할 때 쓰였다. 지능 검사는 결코 완전히 객관적일 수 없었고 그 결과를 신뢰할 수도 없었다. 하지만 교육 심리학자들은 비판자들이 문제점을 지적하기 시작한 20세기 후반까지도 이 아이디어를 버리지 않고 어설프게 손만 보려고 했다.

지능지수 문제는 20세기에 정치적으로 과열된 주요 과학적 논쟁과 결합했다. 그것은 우파와 좌파를 가른 "자연 대 양육(nature versus nurture)" 논쟁이었다. 사회 변화는 우리의 도덕적 자질과 집단적 성취를 더 나은 방향으로 이끌 수 있다고 생각하는 사람들은 좌파 진영에 모였다. 반대편은 성격과 능력은 대개 유전되므로 사회적 조작으로 변화시킬 수 없다는 증거에 이끌렸다. 사회적 급진주의를 옹호하는 사람들은 보수주의자들과 맞섰고, 보수주의자들은 사회를 개선하겠다는 섣부른 시도로 세상을 도리어 나쁘게 만들고 싶지 않았다. 지능지수 증거는 설득력이 몹시 빈약했지만, 1960년대 말에 각각의 입장을 지지하는 보고서가 경쟁적으로 제시되며 논쟁은 더욱 가열되었다. 버클리대학교의 아서 젠슨(Arthur Jensen)은 지능의 80퍼센트가 유전되므로 흑인은 백인보다 유전적으로 열등하다고 주장했다. 하버드대학교의 크리스토퍼 젱크스(Christopher Jencks) 외 다수의 연구자는 비슷한 지능지수 통계 자료를 근거로 들어 유전의 역할은 미미하다고 주장했다. 논쟁은 조금도 수그러들지 않았고 여전히 같은 종류의 자료가 근거로 사용되었다. 그러다 1990년대에 리처드 J. 헌스타인 (Richard J. Herrnstein)과 찰스 머레이(Charles Murray)가 사회학적 폭탄을 터트렸다. 두 사람은『종형 곡선*The Bell Curve*』에서 유전에 의한 인지적 엘리트층이 불운한 하급계층을 지배한다고 주장했다(이 불운한 하급계층 중에는 불균형적으로 흑인이 많았다). 헌스타인과 머레이는 인지적 계급 갈등이 벌어질 미래를 예상했다.

한편 사회생물학은 이 논쟁을 더욱 부채질했다. 사회생물학은 하버드대학교의 기발한 곤충학자 에드워드 O. 윌슨이 고안한 "새로운 종합"이었다. 윌슨은 진화적 필요가 사회 간 차이점을 규정한다는 견해를 밝혔고 이 견해는 과학계에서 빠르게 지지를 확보했다. 윌슨에 따르면 사회는 진화적 척도에 따라 "상위" 사회와 "하위" 사회로 상대적 위계화가 가능했다.[53] 이것은 마치 사람들이 창조의 순서를 말하는 것과 비슷했다. 동물학자와 생태학자들은 그들이 연구하는 종을 인간에 빗대어 유추했다. 진화 차원에서 인간과 긴밀하게 연관된 침팬지 같은 영장류는 이 목적에 잘 맞았다. 그러나 종간 친연성이 낮은 경우에 이 방법은 별 소용이 없었다. 윌슨의 선배 중 가장 영향력이 큰 학자 콘라트 로렌츠(Konrad Lorenz)는 갈매기와 거위 연구에 비추어 인간을 이해하려고 했다. 로렌츠의 연구 결과는 제2차세계대전 발발 전부터 전쟁이 지속되는 동안에 한 세대의 연구자들이 폭력의 진화적 배경을 조사하도록 영감을 주었다. 로렌츠가 연구한 새들은 식량 경쟁과 짝짓기 경쟁에서 완강하고 거센 공격성을 띠었다. 로렌츠는 인간 역시 폭력적 본능이 반대의 경향성을 압도하리라고 추측했다. 로렌츠의 나치즘에 대한 열광적 반응은 그에게 오점을 남겼다. 학계 비판자들은 로렌츠가 선별한 자료를 문제시했다. 그러나 로렌츠는 노벨상을 받았고 특히 1960년대에 주요 저작이 영어로 소개되어 널리 읽히며 지대한 영향력을 발휘했다.

로렌츠는 갈매기와 거위를 들고 나왔지만, 윌슨은 개미와 벌을 사례로 제시했다. 윌슨에 따르면 인간은 주로 개인끼리 경쟁한다는 점에서 곤충과 달랐다. 개미와 벌은 인간보다 더 사회적인 동물로 집단의 이익을 위한 역할을 수행했다. 윌슨은 생물학적·환경적 제약은 인간의 자유를 손상하지 않는다고 자주 주장했지만, 윌슨의 저작은 쇠사슬에 묶인 듯 좀처럼 유연성을 찾아볼 수 없었다. 글자가 촘촘한 윌슨의 논문은 행간에서 자유를 찾기 어려웠다. 윌슨은 다른 행성에서 지구를 찾은 방문자가 인간을 지구상의 다른 종과 나란히 배치하고 "인문학과 사회 과학을 생물학의 특별 분과로" 축소시키는 것을 상상했다.[54]

인간과 개미를 비교한 윌슨은 여러 인간 문화 사이의 차이—윌슨은 이것을 "유연성"이라고 불렀다—는 행동의 개인차에서 비롯된다고 생각하게 되었다. 이러한 행동의 개인차는 상호작용이 증가함에 따라 "집단 차원으로 확대"되었다. 교류 집단 사이의 문화적 다양성은 각 집단의 규모와 숫자, 그리고 교류의 범위와 관련이 있다는 윌슨의 주장은 그럴듯해 보였다. 그러나 윌슨은 여기에 덧붙여 유전자 전달이 문화적 변화를 일으킨다고 상정하는 오류를 범했다. 윌슨의 이러한 주장은 사실 당대의 최신 자료에 부응한 것이었다. 윌슨이 가장 영향력 있는 저작 『사회생물학Sociobiology』을 집필한 1975년에 동시대 연구자들은 내향성, 신경증, 운동 능력, 정신병을 비롯한 수많은 변수에 해당하는 유전자를 이미 발견했거나 은밀히 상정하고 있었다. 윌슨은 여기서 더 나아가 또다른 이론적 가능성을 끌어냈다. 진화는 또한 사회적 유연성에 유리한 유전자를 "강력하게 선택"한다는 것이었다. 윌슨의 이러한 주장은 예나 지금이나 직접적 증거가 없다.[55]

윌슨의 주장 이후 몇십 년간 새로 나온 경험적 증거는 대부분 윌슨의 견해를 수정한 두 가지 입장을 지지했다. 첫째, 유전자는 행동에 영향을 주지만 그 조합은 예측할 수 없을 만큼 다양하다. 아울러 미묘하고 복잡한 방식을 따르며 우연성이 강하게 작용해 패턴을 쉽게 감지할 수 없다. 둘째, 행동은 다시 유전자에 영향을 준다. 획득된 형질은 유전적으로 전달될 수 있다. 예를 들어 어미 쥐가 새끼를 방치하는 행위는 새끼에게 유전적 변형을 일으켜 이 새끼는 초조하고 신경질적인 쥐로 자라나는 반면 새끼를 잘 돌보는 어미 쥐의 새끼들은 차분한 성향을 키운다. 사회생물학에 관한 논쟁 중에 거의 모든 사람이 지금까지 공유하는 두 가지 근본적인 확신이 있다. 하나는 개인은 자기 자신을 스스로 만들어간다는 것이고, 다른 하나는 사회는 개선할 가치가 있다는 것이다. 그럼에도 유전자가 개인과 사회 사이의 차이를 영속화하고 평등을 결코 이룰 수 없는 이상으로 만든다는 의구심은 여전히 상존한다. 이는 개혁이 저지되고 21세기 초를 보수주의가 장악하는 데 일조했다.[56]

한동안 노엄 촘스키의 저작은 확실성 회복을 위한 반격을 지지하는 듯했다. 촘스키는 정치적으로나 언어학적으로나 똑같이 급진적이었다. 촘스키는 1950년대 중반부터 끈질기게 언어는 문화의 효과 그 이상이라고 주장했다. 촘스키가 보기에 언어는 인간 정신의 뿌리

깊은 특성이었다. 촘스키는 어린이가 말하기를 쉽고 빠르게 배운다는 점에서 출발했다. "어린이는 복잡한 사례를 폭넓게 경험하지 않아도 (…) 오로지 긍정적 증거를 통해 언어를 배운다(교정은 필요 없고 효과도 없다)"는 것을 촘스키는 발견했다.[57] 어린이는 한 번도 들은 적이 없는 단어들을 조합하는 능력이 있었고 이것은 촘스키에게 깊은 인상을 남겼다. 모든 언어가 공유하는 "심층 구조"와 비교하면 언어 간 차이는 피상적으로 보였다. 발화와 문법과 통사(syntax)의 심층 구조들은 단어들이 서로 연관되는 방식을 규제했다. 촘스키는 이 놀라운 관찰을 설명하면서 언어와 뇌는 연결되어 있다고 추측했다. 언어 구조는 우리가 생각하는 방식에 생득적으로 내장되어 있었다. 이러한 이유에서 우리는 말하기를 쉽게 배울 수 있었다. 우리는 진정 "언어는 그냥 자연스럽게 터득하는 것"이라고 말할 수 있었다. 1957년에 촘스키의 이 주장은 실로 혁명적이었다. 당시에는 그 반대가 확고한 정설로 통했기 때문이다. 우리가 앞서 제9장에서 다룬 프로이트의 심리치료, 사르트르의 철학, 피아제의 교육 방식은 모두 양육은 빈 서판에 글씨를 새로 새기는 것과 같다고 보았다. 행동주의도 비슷한 개념을 지지했다. 촘스키에게 논파되기 전까지 한창 인기를 끌었던 행동주의는 우리가 행동하고 말하고 생각하는 능력은 자극에 대한 조건화를 통해 습득된다고 주장했다. 우리는 특정 자극에 사회적 승인이나 불응의 형태로 반응한다는 것이었다. 촘스키가 파악한 언어 능력은, 적어도 촘스키가 초기에 고찰한 바에 따르면, 진화의 범위를 초월해 있었다. 촘스키는 이 언어 능력을 본능이라고 부르는 것을 주저하며 이에 대한 진화적 설명을 내놓기를 거부했다. 촘스키가 그의 생각을 정식화한 방식이 옳다면 우리를 지금의 우리로 만든 것은 경험만도 유전만도 둘의 결합만도 아니었다. 우리의 본성 중 일부가 우리의 뇌에 내장되어 있었다. 촘스키는 여기서 한 걸음 더 나아가 다른 종류의 학습도 이와 비슷할 수 있다고 주장했다. "이는 경험의 방아쇠 효과와 형성적 효과를 통해 인간이 풍부하고 매우 연접적인 지식 체계를 획득할 수 있는 다른 영역에서도 마찬가지이며, 우리가 과학적 지식을 획득하는 방식을 탐구할 때도 이와 비슷한 아이디어들이 의미 있을 것이다. (…) 이는 우리의 정신 구조 때문이다."[58]

촘스키는 인간이 진화된 능력이 부족해 이를 메꾸기 위해 언어를 고안했다는 개념을 거부했다. "동물의 본능에서 발견되는 풍부함과 특수함은 (…) 동물이 일부 영역에서 놀라운 성취를 보이지만 다른 영역에서는 능력이 부족한 이유를 설명해준다. (…) 반면 그러한 본능적 구조가 결핍된 인간은 자유롭게 생각하고 말하고 발견한다"라는 식의 주장을 촘스키는 반박했다. 우리는 흔히 언어 능력을 예찬하고 일부는 이것이 인간만의 독특한 성취라고 주장하기도 하지만 다른 종이 특수한 능력을 지니듯 언어는 우리가 지닌 한 가지 특수한 능력에 지나지 않을지도 모른다고 촘스키는 생각했다. 이를테면 치타는 속도에 특화되어 있고 소는 되새김에 특화되어 있듯 인간은 상징적 의사소통에 특화되어 있다는 생각이었다.[59]

교조주의 대 다원주의

나는 불확실성을 사랑한다. 조심성, 회의주의, 자기 회의, 머뭇거림 같은 것은 우리가 진리로 오를 때 내딛곤 하는 발판이다. 내가 불안해지는 때는 사람들이 스스로에 대한 확신에 차 있을 때다. 그릇된 확실성은 불확실성보다 훨씬 더 나쁘다. 하지만 후자는 전자를 야기한다.

20세기 사회·정치 사상에서는 새로운 교조주의(dogmatism)들이 과학의 새로운 결정론들을 보완했다. 변화는 좋은 것인지 모른다. 변화는 항상 위험하다. 불확실성에 대한 반작용으로 유권자는 대중 선동가가 내세우는 그럴듯한 해결책에 쉽게 현혹된다. 종교는 교조주의와 근본주의로 변질된다. 사람들은 변화의 원인으로 짐작되는 대상, 특히―전형적으로―이민자들과 국제기구를 공격한다. 자원 고갈이 두려워지면 큰 희생을 요구하는 잔혹한 전쟁을 일으킨다. 이러한 반응들은 변화의 형태이되 하나같이 극단적이고 일반적으로 폭력적이며 언제나 위험한 형태의 변화다. 사람들은 보수적인 이유에서, 익숙한 삶의 방식을 붙들기 위해 이러한 형태의 변화를 택한다. 근래의 혁명들도 흔히 우울하리만치 노스탤지어적이었고, 대개 신화 속에서만 존재한 평등이나 도덕성, 조화, 평화, 위대함, 생태적 균형의 황금시대를 추구했다. 20세기의 가장 인상적인 혁명들은 원시 공산주의나 무정부주의, 또는 중세 이슬람의 영광, 또는 기독교 사도들의 미덕, 또는 산업화 이전 붉은 뺨을 한 순수의 시대로 돌아갈 것을 촉구했다.

종교의 역할은 놀라웠다. 20세기 대부분 세속 선지자들은 흔히 종교의 종말을 예언했다. 그들은 물질적 번영이 신을 대신해 곤궁한 사람들을 충분히 만족시켜주리라고 주장했다. 교육은 무지한 사람들이 "그분"에 관해 더는 생각하지 않게 만들리라. 코스모스에 관한 과학적 설명은 신을 불필요한 것으로 만들리라. 그러나 사람들은 정치에서는 실패를, 과학에서는 환멸을 경험했다. 종교는 이제 부흥을 위해 무르익은 채 정합적이고 살기 편안한 우주를 원하는 이들의 곁에 있었다. 20세기 말에 이르러 무신론은 더는 세계에서 가장 두드러지는 추세가 아니었다. 이슬람교와 기독교의 근본주의가 세계에서 가장 큰 움직임을 형성했고 잠재적으로 가장 위험했다. 이것은 그리 놀라운 일은 아니다. 근본주의는 과학주의와 소란스러운 정치 이데올로기들과 마찬가지로 불확실성에 대한 20세기의 반작용, 그러니까 사람들이 선택한 그릇된 확실성 중 하나였다.

앞서 보았듯이 근본주의는 시카고와 프린스턴의 개신교 신학대학에서 시작되었다. 독일 학자들 사이에서 유행한 성서의 비판적 독해에 대한 반발이었다. 여느 책과 마찬가지로 성서도 책이 집필되고 편찬될 당시의 시대상을 반영한다. 저자(또는 원한다면 신적인 저자의 인간 매개자라고 불러도 좋다)들과 편집자들의 의제는 텍스트를 비튼다. 그러나 근본주의자들은 마치 성서의 메시지에는 역사적 맥락과 인간의 오류가 조금도 개입되지 않은 것처럼 읽는다. 근본주의자들은 아무도 도전을 제기할 수 없는 진리라고 착각하는 해석을 성서로부터 끌어낸다. 그들의 신앙은 텍스트에 근거해 세워진다. 어떠한 비판적 주석도 이 텍스트를 해체할 수 없다. 어떠한 과학적 증거도 여기에 이의를 제기할 수 없다. 무엇이든 성전(聖典)을 표방하는 텍스트는 문자 그대로의 해석에 집착하는 교조주의를 불러일으킬 수 있고 실제로 언제나 그렇게 된다. 근본주의라는 이름은 전이가 가능하다. 기독교 성서를 읽는 사람들 사이에서 시작된 근본주의는 이제 이슬람교의 쿠란에 관한 비슷한 신조와 연합되었다.

근본주의는 근대에 속한다. 근본주의는 기원 면에서 최근의 것이고 호소력 면에서는 그보다도 더 최근의 것이다. 이 주장이 직관과 반대되는 것처럼 보일지 모르지만, 왜 근본주의가 근대 세계에서 생겨나 활발히 성장했으며 그 호소력을 여전히 잃지 않는지 이해하기는 어렵지 않다. 이 주제에서 가장 권위 있는 학자인 카렌 암스트롱(Karen Armstrong)에 따르면 근본주의는 적어도 그 포부에서만큼은 과학적이다. 왜냐하면 근본주의는 종교를 이론의 여지가 없는 사실의 문제로 환원될 수 있는 것인 양 다루기 때문이다.[68] 근본주의는 참신성이 없고 단조롭다. 근본주의는 매혹이 벗겨진 종교다. 근본주의는 근대성을 표상하고 과학을 모방하며 공포를 반영한다. 근본주의자들은 세계의 종말, "대(大) 사탄"과 "적그리스도(안티크리스트)", 카오스, 낯선 것, 그리고 무엇보다 세속주의에 대한 두려움을 표현한다.

서로 다른 전통에 속한 근본주의자들도 어떤 과잉—호전성, 다원주의에 대한 적개심, 정치와 종교를 뒤섞으려는 의지—을 공유한다는 점에서 쉽게 알아볼 수 있다. 호전적인 근본주의자들은 사회에 전쟁을 선포한다. 하지만 대부분의 근본주의자들은 사악한 세계에서 어떻게든 잘살아보려는 착하고 평범한 사람들이고, 다른 사람들과 마찬가지로 신앙심은 교회나 모스크의 문 앞에 내려놓는다.

그럼에도 근본주의는 치명적이다. 의심은 모든 신앙에서 필수적인 부분이다. 지적인 기독교도라면 누구나 "주여, 저의 불신을 도우소서"라는 성 안셀무스의 기도에서 배워야 한다. 의심을 부인하는 사람은 누구든 수탉이 세 번 우는 소리를 들어야 한다. 이성은 신이 내린 선물이니 그것을 억누르는 것—18세기 머글턴파 개신교도들은 이성이 사악한 함정이라고 믿고 이성을 억눌렀다—은 일종의 지적 자절(自切, 동물이 위기를 벗어나기 위하여 몸의 일부를 스스로 끊는 일—옮긴이) 행위다. 따라서 폐쇄적인 정신과 비판 능력의 보류를 요구하는 근본주의는 내게 비종교적으로 보인다. 개신교의 근본주의는 성서가 인간의 손길과 약점으로부터 아무런 영향을 받지 않았다는 명백한 거짓말을 받아들인다. 성서나 쿠란에서 폭력과 테러리즘, 피를 동원해 강요하는 도덕적·지성적 순응을 읽어내는 근본주의자들은 성전을 자의적으로 곡해하고 있다. 일부 근본주의 분파에서 보이는 복종의 윤리, 편집증적 관습, 개인의 정체성에 미치는 파괴적 영향, 이른바 적에 대한 혐오나 폭력의 캠페인은 초기 파시스트 조직들을 상기시킨다. 이러한 사람들은 권력을 얻으면 다른 모든 사람의 삶을 비참하게 만든다. 마녀를 사냥하고 책을 불태우고 공포를 퍼뜨린다.[6]

근본주의는 다양성의 가치를 과소평가한다. 불확실성에 대한 반응 중에 근본주의에 필적하되 정반대되는 반응은 종교적 다원주의다. 종교적 다원주의 역시 20세기 내내 비슷한 이야기를 품고 있었다. 힌두교의 위대한 대변자이자 종교적 다원주의의 사도였던 스와미 비베카난다는 1902년 세상을 떠나기 전 이렇게 요청했다. 이때는 아직 확실성의 몰락을 예견할 수 없을 때였다. 비베카난다는 모든 종교의 지혜를 상찬하며 "하나의 진리에 이르는 여러 갈래의 길"을 권했다. 이 방법은 분명 상대주의보다 이점이 있다. 다양한 경험을 권장하기 때문이다. 우리는 다양한 경험을 통해 배우고 성장한다. 이 방법은 다문화적이고 다원적인 세계에 대한 호소력 측면에서 상대주의를 앞선다. 이 방법은 특정 종교를 믿는 사람들에게는 세속주의를 인정하라는 치명적인 인정과도 같다. 한 종교를 다른 종교보다 선호할 이유가 없다면 순수하게 세속적인 철학 역시 똑같이 좋은 길이 아닐까? 다양한 신앙의 무지개를 따라 걷는 그 길에 빛깔의 여러 다른 농도를 추가할 수는 없을까?[62]

　　종교가 지배하는 곳에서 종교는 승리주의자가 된다. 반면 퇴각할 때는 세계 교회주의의 이점을 잘 알아본다. 종교가 지배하는 곳에서 종교는 박해자가 된다. 반면 박해받을 때는 관용을 부르짖는다. 19세기에 기독교 단체들은 세속주의와의 싸움에서 패배하자(574쪽 참조) 경쟁을 멈추고 "폭넓은 세계 교회주의"를 표방하며 모든 분파를 한자리에 모으기 시작했다. 1910년 에든버러 회의는 개신교 선교회들 간의 협력을 도모하며 신자들을 회집했다. 가톨릭교회는 처음에 기독교의 세계 교회주의에 무관심했지만 1960년대에 신자 수가 감소하자 가톨릭교 내부에서도 개혁을 지지하는 분위기가 조성되었다. 20세기 후반에는 가톨릭교, 남부 침례교, 이슬람교가 이례적으로 "신성한 동맹"을 맺고 비종교적인 가치들과 맞섰다. 이들은 미국의 낙태법 완화에 반대하고 세계 보건 기구의 피임 정책에 영향력을 행사하기 위해 힘을 합쳤다. 종교 단체들은 인권을 지지하고 유전자 조작을 저지하기 위해 종파에 상관없이 협력했다. 이처럼 신앙에서 구분이 사라지자, 기꺼이 종교를 대변하려고 하거나 종교인 유권자들에게 호소하려는 공적 인사들은 새로운 정치적 틈새를 포착했다. 미국 대통령 로널드

레이건은 사람들에게 무엇이든 좋으니 종교를 가지라고 촉구했다. 아마도 레이건은 이러한 권유가 오히려 역효과를 낳으리라는 것을 몰랐던 것 같지만 말이다. 당시 영국의 황태자 찰스는 다문화적인 영국에서 "신앙의 수호자"를 자처했다.

종교적 다원주의가 보인 최근의 행적은 인상적이다. 그렇지만 이러한 행보가 앞으로도 지속될 수 있을까? 과거에 종교를 얼룩지게 한 종교적 증오나 폭력 사태들은 정복될 수 있을지 모른다. 그렇지만 여러 종교가 그들 사이의 공통지대를 한 뼘씩 찾을 때마다 각 종교가 자신의 독특한 가치를 주장할 근거는 그만큼 줄어든다.[63] 21세기가 시작된 이래 지금까지 일어난 사건들에 미루어 보면 종교 간의 우애보다는 종교 간의 증오가 더 강력하다. 시아파와 수니파의 교조주의자들은 서로를 살육한다. 자유주의적 성향의 가톨릭교 신자는 알프스산맥 너머의 똑같은 가톨릭교 신자나 보수주의적 성향의 개신교 신자보다는 세속적 인문주의자와 공통점이 더 많은 것 같다. 무슬림은 미얀마에서 불교 신자들이 일으킨 "지하드"에 희생되었다. 기독교 신자는 시리아와 이라크 지역에서 '이라크 레반트 이슬람 국가(IS)'의 광신도에 의해 살해되거나 추방당한다. 종교 전쟁은 시인 엘리자베스 브라우닝 배럿이 노래한 더러운 발굽으로 짓밟는 신처럼 끊임없이 파멸을 퍼뜨리고 저주를 흩뿌리며, 피에 굶주린 신들을 땅에 파묻은 지 오래되었다고 생각했던 세속인들은 당혹감에 휩싸인다.

종교적 다원주의에 대응하는 세속적 다원주의가 있다. 세속적 다원주의 역시 역사가 길다. 다원주의적 미래의 가능성을 보여주는 초창기 징후들은 프란츠 보애스가 제자들과 함께 문화적 상대주의를 위한 근거를 모으기 시작하기 전부터 주류의 바깥에서 모습을 드러냈다. 쿠바는 19세기에 대체로 시대에 뒤처진 듯이 보였다. 쿠바에는 노예제도가 여전히 남아 있었다. 쿠바는 자주 독립을 꾀했지만 매번 미루어졌다. 그러나 미국의 지원을 받아 1898년에 혁명을 일으켜 마침내 스페인 제국을 쳐부순 다음 미국 점령군에 저항했다. 새로운 주권 국가가 된 쿠바의 지식인들은 다양한 전통과 종족과 인종을 모아 하나의 민족(nation)을 만드는 문제와 마주했다. 학자들—처음에는 백인 사회학자 페르난도 오르티스(Fernando Ortiz)가 주도했지만 갈수록 흑인 학자가 많아졌다—은 흑인 문화를 백인 문화와 평등하게 다루었다. 오르티스는 범죄자들의 프로필을 작성하기 위해 수감자들을 면담하는 과정에서 흑인들이 쿠바에 얼마나 많이 이바지했는지 깨달았다. 같은 시기에, 우리가 앞서 보았듯이 미국과 유럽에서 백인 음악가들은 재즈를 발견했고 백인 미술가들은 "부족" 미술을 선망하고 모방하기 시작했다. 프랑스의 지배를 받았던 서아프리카에서 일어난 1930년대 "네그리튀드(Négritude, 흑인 시민들이 일으킨 문화 운동. '흑인임' 또는 '흑인 세계의 문화적 가치'를 의미한다—옮긴이)" 운동에는 탁월한 두 대변자 에메 세제르와 레옹 다마(Léon Damas)가 있었다. 흑인은 서양에서 전통적으로 추앙되는 모든 업적에서 백인과 동등하다는—그리고 어쩌면 어떤 면에서는 그들보다 우월하거나 적어도 그들의 선배라는—확신이 점점 커지고 널리 확산되었다. 흑인의 천재성에 대한 발견은 식민지 지역에서 독립운동을 자극했다. 남아프리카와 미국에서 흑인들은 여전히 법적 평등을 보장받지 못했고 이들에 대한 인종적 편견과 사회적 차별은 끈질기게 지속되었다. 인권 운동가들은 남아프리

카와 미국에서 고난을 겪으며 더욱 강해졌다.[64]

단일한 가치 체계가 보편적 존경을 받을 수 없는 세계에서 우월성에 대한 보편적 주장은 흔들릴 수밖에 없었다. 1950년대 후반과 1960년대에 아프리카에서 백인 제국들이 물러난 것이 가장 눈에 띄는 결과였다. 고고학과 고인류학은 탈식민주의 시대의 우선순위에 부응해 세계사를 다시 생각할 근거들을 발굴했다. 전통적으로 에덴동산—인류의 탄생지—은 아시아의 동단에 위치한 것으로 알려져 있었다. 그러나 에덴의 동쪽 같은 것은 어디에도 없었다. 20세기 초 과학자들은 중국 북경과 인도네시아 자바섬에서 인간으로 식별되는 가장 이른 시기의 화석을 발견하고 이 위험한 가정을 사실로 확정하려고 했다. 그렇지만 그것은 틀린 가정이었다. 1959년 케냐의 올두바이 계곡에서 루이스 리키와 메리 리키 부부가 175만 년 전에 도구를 제작할 줄 알았던 인간을 닮은 생명체의 잔해를 발견했다. 이 발견은 로버트 아드리(Robert Ardrey)가 대담한 생각을 떠올리도록 영감을 주었다. 아드리는 인류가 유일하게 동아프리카에서 진화해 세계 각지로 퍼져 나갔다고 생각했다. 케냐와 탄자니아에서 더 많은 선조가 나타났다. 1960년대에는 두뇌 용량이 큰 호모 하빌리스가 발견되었다. 1984년에 발견된 후기 호미니드인 호모 에렉투스의 뼈대는 100만 년 전 호미니드들이 현대인과 체형이 몹시 비슷했다는 것을 보여주었다. 만약에 100만 년 전 과거에서 찾아온 조상이 공원 벤치나 동네 버스정류장에 같이 있다고 해도 눈 하나 깜짝하지 않을 것 같았다. 1974년 에티오피아에서 도널드 조핸슨이 발굴한 화석을 본 사람들은 더욱 겸허해졌다. 조핸슨은 자신이 발견한 직립 보행을 하는 300만 년 전 호미니드에게 "루시"라는 이름을 붙여주었다. 당시 유행한 비틀스의 곡 〈루시 인 더 스카이 위드 다이아몬드(Lucy in the Sky with Diamonds)〉에서 따온 이름이었다. 이 곡의 제목은 값싼 환각제 LSD를 연상시켰다. 이는 조핸슨의 발견이 정신 착란을 일으킬 정도로 당대에 놀라운 사건 이었음을 시사한다. 이듬해 인근 지역에서 250만 년 된 현무암 도구가 발굴되었다. 이어 1977년에는 370만 년 전의 것으로 추정되는 직립 보행 호미니드의 발자국이 발견되었다. 고고학은 아드리의 이론에 타당성을 부여하는 듯했다. 유럽인들이 아프리카로부터 물러나는 동안 아프리카인들은 역사에서 유럽 중심주의를 서서히 몰아냈다.

19세기 이론가들은 대부분 하나의 종교, 민족성(ethnicity), 정체 성을 가진 "단일" 국가를 선호했다. 그러나 제국주의의 여파로 이제 평화에는 다문화주의가 필수였다. 국경선이 달라지고 이주가 잦아지고 종교가 분화하면서 이제 획일성은 이루기 어려운 것이 되었다. 인종주의가 낡은 것이 되자 동질화 프로젝트는 사실상 실현할 수도 없고 도덕적으로도 옹호할 수 없는 것이 되었다. 민족적 순수성이나 문화적 통일성을 여전히 추구하는 국가들은 트라우마를 남긴 "인종 청소"—"눈물의 길(1838년에 미국에서 체로키족을 오클라호마주 인디언 거류지로 강제 이주시킨 과정을 이르는 말. 이때 1만 5000명의 체로키 부족 가운데 4000여 명이 숨졌다—옮긴이)"이나 무자비한 대량학살을 일컫는 20세기 후반의 완곡어법—의 시대를 맞닥뜨렸다. 한편 민주주의 체제에서 여러 이데올로기가 경쟁하는 와중에 평화를 유지할 유일한 방법은 정치적 다원주의였다. 잠재적으로 양립할 수 없는 관점을 견지하는 정당들은 이제 정치 영역에 동등한 조건으로 공존하는 것을 받아들였다.

어느 시대든 거대 제국에서는 서로 아주 다른 생활 방식을 가진 다양한 민족이 공존했다. 물론 각 제국에는 대개 하나의 지배적인 문화가 있었지만 여러 다른 문화가 용인되었다. 20세기에는 단순한 용인은 더는 충분할 수 없었다. 적대감은 교조주의에 양분을 제공한다. 만일 적이 당신의 의견을 반박한다면 당신은 분명 그 의견의 유일무이한 진실성을 주장할 수밖에 없다. 비합리적인 주장을 지지하는 사람들을 결집하고 싶다면 당신에게 필요한 것은 그들이 마음껏 비방하고 두려워할 공동의 적이다. 그러나 대규모 이주와 열정적인 문화 교류로 형성된 다문화 사회로 구성된 다문명 세계에서 우리는 적대감을 받아들일 여유가 없다. 우리에게는 평화와 협력을 끌어낼 아이디어가 필요하다. 우리에게는 다원주의가 필요하다.

철학에서 다원주의는 일원론과 이항론(171쪽, 174쪽 참조)은 실재를 전부 포괄할 수 없다는 신조를 의미한다. 이 주장은 고대 문헌에서 흔하게 등장하며 어느 한 사회나 국가가 평등한 권리로 다수의 문화들―종교, 언어, 민족, 공통의 정체성, 역사 서술, 가치 체계 등―을 수용할 수 있다는 현대적 신념에 영감을 주었다. 다원주의 아이디어는 서서히 성장했다. 누군가가 이 아이디어를 글로 표현하기에 앞서 실제 경험들이 이 아이디어를 예증했다. 우리는 그 예를 아카드의 사르곤 왕 이래 존재한 고대의 거의 모든 대규모 정복 국가와 제국에서 확인할 수 있다. 사람들은 흔히 다원주의 아이디어를 가장 잘 정식화한 공을 이사야 벌린(Isaiah Berlin)에게 돌린다. 20세기의 격동으로 수많은 지식인이 전 세계의 대학에 흩어져 유목민적 삶을 살았고 벌린도 예외가 아니었다. 벌린은 고국 라트비아를 떠나 옥스퍼드 연구실과 런던 클럽에서 명예로운 자리를 맡았다. 벌린은 다음과 같이 설명했다.

사람들이 추구할 수 있는 가치, 또 실제로 추구하는 가치는 여러 가지가 있고 (…) 그것들은 서로 다르다. 이 가치들의 수는 무한하지 않다. 인간의 가치들, 그러니까 내가 인간의 외관과 인간의 특성을 유지하는 동안 내가 추구할 수 있는 가치의 수는 유한하다. 이를테면 일흔네 개일 수도 있고, 어쩌면 백스물두 개, 아니면 스물여섯 개일 수도 있는데, 여하튼 중요한 것은 그 수가 유한하다는 것이다. 그리고 이것이 만드는 차이점은 이렇다. 만일 어느 한 사람이 이 가치들 중 하나를 추구한다면, 나는 그 사람이 아니지만 그 사람이 어째서 그 가치를 추구하는지, 혹시 내가 그 사람이 처한 상황에서 나 역시 그 가치를 추구하도록 설득되었다면 어떨지를 내가 이해할 수 있다는 것이다. 인간적 이해의 가능성은 여기에서 나온다.

세계를 바라보는 이러한 시각은 문화적 상대주의와는 구분된다. 다원주의는 가령 추악한 행동이나 그릇된 주장, 혐오감을 불러일으키는 특정한 숭배 집단이나 신조까지 포용해야 하는 것은 아니다. 나치즘 또는 이를테면 카니발리즘을 배제할 수 있다. 다원주의는 가치의 비교를 금지하지 않는다. 다원주의는 어느 문화가 가장 좋은 것인지에 관한—만일 그런 게 있다면—평화로운 토론을 허용한다. 벌린의 말을 빌리면 다원주의는 "다수의 가치들은 객관적이며 인류의 본질을 이룬다. 그것들은 인간의 주관적 공상에서 나온 임의적인 창조물이 아니다"라고 주장한다. 다원주의는 우리가 다문화 사회라는 아이디어를 떠올릴 수 있도록 돕고 다문화 사회가 실제로 작동할 수 있도록 돕는다. "모든 사람은 공통된 가치들을 갖고 있는 동시에 (…) 일부는 어떤 다른 가치들을 갖고 있을 것이기에 나는 나 자신의 가치 체계가 아닌 타인의 가치 체계에 입장할 수 있다"고 벌린은 믿었다.[65]

아이러니하지만 다원주의는 반(反)다원주의까지 포용해야 한다. 반다원주의는 여전히 흔하다. 21세기 초 몇 년간 일부 서양 국가에서는 다문화주의에 대한 반감에서 나온 "문화 통합" 정책들이 유권자들에게 인기를 끌었다. 이들 국가에서는 유구한 역사의 공동체들이 세계화를 비롯한 여러 거대한 종합적 흐름에 맞서 자신들의 문화를 방어하는 태세를 취했다. 어디에서나 나와 다른 문화를 가진 이웃과 평화롭게 공존해야 한다고 설득하기가 갈수록 더 어려워지고 있다. 여러 국가가 핵분열 직전의 양상을 보이고 있다. 세르비아, 수단, 인도네시아는 폭력적으로 분리되었다. 체코 공화국과 슬로바키아는 평화롭게 결별했고, 영국의 스코틀랜드나 스페인의 카탈루냐와 바스크는 동거의 조건을 재협상했다. 하지만 다원주의의 아이디어는 여전하다. 다원주의는 다양성이 있는 세계에 대한 유일한 현실적인 미래를 약속하기 때문이다. 다원주의는 유일하게 전 세계 모든 민족이 다 같이 진정으로 고르게 누릴 수 있는 이득을 제공한다. 역설적이지만 다원주의는 어쩌면 우리를 통합할 수 있는 하나의 신조다.[66]

전망

아이디어의 종언?

기억력, 상상력, 의사소통 능력—지금까지 이 책에서 다룬 모든 아이디어를 낳은 정신 능력—은 로봇공학, 유전학, 가상 사회화(virtual socialization)의 영향 아래 변화를 겪고 있다. 이 유례없는 경험은 새로운 사고방식과 새로운 생각을 자극하고 촉진할까? 아니면 저해하고 꺼뜨릴까?

나는 일부 독자가 이 책을 혹시 낙관론적인 마음으로 읽기 시작하지 않았는지 걱정스럽다. 이 책은 진보를 말하리라고, 아이디어는 모두 좋은 것이라고 말하리라고 기대했을지 모르겠다. 이 책은 그러한 기대에 부응하지 않았다. 한 장(章) 한 장 진행되며 드러난 결론들은 이따금 도덕적으로 중립적이다. 정신은 중요하다. 아이디어는 역사의 원동력이다(환경이나 경제나 인구가 역사의 원동력이 아니다. 다만 그것들은 모두 우리의 정신에서 일어나는 일에 영향을 미친다). 아이디어는 예술작품처럼 상상력의 산물이다. 일부 결론들은 진보의 환상을 뒤엎는다. 수많은 좋은 아이디어가 실은 아주 오래된 것이고 수많은 나쁜 아이디어가 실은 아주 새로운 것이다. 어느 아이디어가 효과적이었던 것은 그 자체의 가치 때문이 아니라 그 아이디어가 원활히 소통되고 매력적으로 보일 만한 환경이 조성되었기 때문이다. 진리의 힘은 사람들이 믿는 거짓말의 힘보다 약하다. 우리의 정신에서 나온 아이디어들은 우리가 제정신이 아닌 것처럼 보이게 만들 수도 있다.

신은 나를 낙관주의의 도깨비들로부터 지켜준다. 이 도깨비들이 가하는 고문은 비관주의가 가하는 예측 가능한 고통보다 미묘하고 사악하다. 낙관주의는 거의 언제나 우리를 배신한다. 비관주의는 실망으로부터 우리를 보호한다. 다수의 아이디어, 아니 아마도 대부분의 아이디어는 사악하거나 기만적이거나, 아니면 둘 다이다. 이 책에서 그토록 많은 아이디어를 다룬 이유는 성공적으로 적용된 아이디어는 하나같이 뜻밖의 결과를 가져왔고 그 결과는 흔히 좋지 않았으며 여기에 대응하기 위한 더 많은 생각이 요구되었기 때문이다. 인터넷은 사이버 게토를 창출한다. 이곳에서 비슷한 생각을 가진 사람들은 스스로를 외부와 차단하거나 의견이 다른 사람들을 "친구 목록에서 삭제"한다. 만일 이러한 습관이 널리 퍼진다면 사용자들은 지적 발전의 소중한 원천인 대화와 토론과 논쟁에서 배제될 것이다. 과도한 낙관주의자들은 뼛속 깊이 왜곡된 자아상을 갖고 있어서 주변의 야유에도 아랑곳하지 않고 유전자 변형 기술을 통해 인간을 불멸하게 만든다거나, 인간의 의식을 무기체인 기계에 다운로드해 정신을 신체의 퇴화로부터 지켜낸다거나, 웜홀을 통과해 우리가 아직 폐허로 만들지 않은 다른 행성을 찾아 그곳에 식민지를 건설하는 미래를 상상한다.[1]

하지만 일부 비관주의는 지나치다. 저명한 신경과학자 수전 그린필드(Susan Greenfield)에 따르면 인간 정신의 미래는 전망이 암울하다. 그린필드는 뇌는 "개인화(personalization)"를 통해 정신으로 변환된다고 말한다. 개인화는 기술에 손상되지 않은 기억들과 가상성(virtuality)에 방해받지 않은 경험에 달려 있다. 우리 삶의 서사를 지탱해주는 기억들과 그것들을 형성하는 진짜 경험들이 없다면 우리는 전통적인 의미에서의 생각하기를 멈추고 진화의 '파충류' 국면을 다시 살게 될 것이라고 그린필드는 예측한다.[2] 플라톤의 대화편에 등장하는 타무스 왕은 자신이 살고 있는 시대의 새로운 기술을 보고 이와 비슷한 결과를 예상했다(185쪽 참조). 타무스 왕의 예측은 시기상조였던 것으로 드러났다. 그린필드는 아마도 이론적으로는 옳을지 몰라도 지금까지 나타난 내용으로만 보면 기계가 우리의 인간성을 찬탈할 가능성은 없는 것 같다.

인공지능은 우리가 생각하기를 그만두어도 될 만큼 지능적이지 않다. 더 정확히 말하면 인공지능은 상상적이지도 창의적이지도 않다. 인공지능을 가리는 테스트는 철저하지 않다. 튜링 테스트—인공지능이 인간 대화자인 양 가장하는 테스트—를 통과하거나, 체스게임이나 누가 일반 지식이 많은지 겨루는 경기에서 이기는 데 필요한 것은 지능이 아니다. 당신의 섹스 로봇이 '싫어요'라고 대답할 때에야 당신은 비로소 지능이 인공적임을 알 것이다. 우리가 현실을 포기하기에는 가상 현실은 너무도 얕고 조잡하다. 유전자 변형 기술은—충분히 사악하고 폭압적인 지배계층 아래에서라면—모든 비판 능력이 소거된 부랑자 노예 인종이나 드론을 만들어낼 수도 있을 정도로 잠재력이 강력하다. 하지만 대참사가 덮친 미래를 그리는 과학소설 속이 아니라면 그러한 미래를 소망하는 누군가가 있으리라거나 그러한 조건들이 실제로 충족되는 상황이 있을 거라고 보기 어렵다. 여하튼 보통 사람들이 이러한 문제를 꾸준히 생각하도록 만들 인지학 전문가의 수업이 앞으로도 계속 있을 것이다.

그러니 좋든 나쁘든 우리는 여전히 새로운 생각을 떠올리고 새로운 아이디어를 만들고 혁신적인 적용 방안을 고안할 것이다. 그러나 나는 최근의 새로운 사유가 보이는 이 특징적인 가속화 현상이 어느 날 멈추는 때가 머릿속에 그려지곤 한다. 만일 내 주장이 옳고, 열띤 문화 교환의 시기에는 아이디어가 증가하는 반면 고립은 지적 타성을 낳는다면, 우리는 교류의 감소로 새로운 생각이 증가하는 속도가 위축되는 때를 예상할 수 있다. 역설적이지만 세계화의 효과 중 하나는 교류의 감소가 될 것이다. 완벽하게 글로벌화된 세계에서는 문화의 교환이 차이를 잠식해 결국 모든 문화가 점점 더 비슷해질 것이기 때문이다. 20세기 말을 즈음해 세계화는 거센 흐름이 되었고 어떠한 공동체도 예외가 될 수 없게 되었다. 고립을 자처해 아마존 열대 우림지대에 깊숙이 들어간 집단도 접촉을 완벽하게 피할 수는 없었고 일단 접촉이 시작되면 세계의 다른 지역으로부터 영향을 받기 전으로 돌아가기란 불가능했다. 그 결과 중 하나가 글로벌 문화의 출현이다. 대략 미국과 서유럽을 모델로 삼은 이 글로벌 문화로 인해 사람들은 어디에서든 똑같은 옷을 입고, 똑같은 상품을 소비하고, 똑같은 정치를 실천하고, 똑같은 음악을 듣고, 똑같은 이미지를 선망하며, 똑같은 경기를 즐기고, 똑같은 관계를 맺고 끊으며, 똑같은 언어를 말하거나 말하려고 노력한다. 물론 글로벌 문화는 다양성을 몰아내지 않았다. 글로벌 문화는 마치 양봉업자의 그물망 같아서 그 안에는 수많은 문화가 우글거린다. 모든 교착적 사건은 반작용을 유발한다. 사람들은 전통의 편안함을 향해 손을 내밀어 이미 사라졌거나 그러한 위기에 처한 생활 방식을 부흥·보전하려고 노력한다. 그러나 장기적으로 세계화는 수렴을 촉진하며 앞으로도 그럴 것이다. 다수의 언어와 방언이 없어지거나, 마치 멸종 위기에 처한 동물처럼 보존 정책의 대상이 될 것이다. 전통 의복과 전통 미술은 주변부나 박물관으로 물러날 것이다. 각종 종교는 소멸할 것이다. 지역적 관습이나 오래된 가치들은 사라지거나 관광 상품으로나 살아남을 것이다.

이 추세가 이채로운 이유는 이것은 지금까지 펼쳐진 인간의 이야기를 거꾸로 뒤집기 때문이다. 한 생명체를 상상해보자. 은하계 박물관의 관장인 그녀는 우리가 멸종하고 오랜 시간이 지난 다음 광활한 시공간을 가로질러 우리의 과거를 살펴본다. 관장은 우리 자신의 이야기에 직접 얽혀 있는 우리로서는 결코 취할 수 없는 객관적 입장에 있다. 가상의 유리 케이스 안에서 우리 세계의 얼마 되지 않는 유물을 진열하는 관장에게 다가가 우리의 역사를 간략히 요약해달라고 부탁해보자. 관장의 대답은 짧을 것이다. 은하계 박물관인 이곳에서 자그마한 행성의 단명한 종은 너무나 사소해 긴 이야기가 필요하지 않을 것이기 때문이다. 관장은 아마도 이렇게 말할 것 같다. "여러분에게 흥미로운 점은 단 하나, 여러분의 역사는 발산의 역사였다는 것입니다. 여러분의 행성에 살았던 다른 문화적 동물들은 다양성이 크지 않았습니다. 문화 간 차이의 범위가 좁았지요. 시간이 지나도 변화가 적었고요. 하지만 여러분은 새로운 행동 방식—정신적 행위를 포함해—을 어마어마하게 많이 만들어냈고 그 다양성과 속도는 실로 놀라웠습니다." 적어도 21세기까지는 그랬다. 그러나 21세기 들어 우리의 문화들은 서로 다른 모습이기를 그치고 극적이고 압도적으로 수렴적 추세를 보이고 있다. 이대로라면 우리는 조만간 전 세계에 단 하나의 문화만을 갖게 될 것이다. 그리하여 우리에게는 교류하거나 상호작용할 대상이 없을 것이다. 우리는 우주에서 혼자가 될 것이다. 다른 은하에서 다른 문화를 발견해 생산적 교환을 재개하지 않는다면 말이다. 그 결과가 아이디어의 종언은 아닐 것이다. 그때는 혁신적 생각이 정상적인 속도로, 이를테면 이 책의 제1장이나 제2장에 등장한 사상가들의 속도로, 고립과 분투하며 비교적 그 수는 적었지만 비교적 훌륭한 생각들을 떠올린 그들과 같은 속도로 돌아갈 것이다.

참고문헌

제1장 물질에서 나온 정신: 아이디어의 주요 원천

1   B. Hare and V. Woods, *The Genius of Dogs* (New York: Dutton, 2013), p. xiii.

2   Ch. Adam and P. Tannery, eds, *Oeuvres de Descartes* (Paris: Cerf, 1897-1913), v, p. 277; viii, p. 15.

3   N. Chomsky, *Aspects of the Theory of Syntax* (Cambridge, MA: MIT Press, 1965), pp. 26-7.

4   F. Dostoevsky, *Notes from Underground* (New York: Open Road, 2014), p. 50.

5   A. Fuentes, *The Creative Spark: How Imagination Made Humans Exceptional* (New York: Dutton, 2017); T. Matsuzawa, 'What is uniquely human? A view from comparative cognitive development in humans and chimpanzees', in F. B. M. de Waal and P. F. Ferrari, eds, *The Primate Mind: Built to Connect with Other Minds* (Cambridge, MA: Harvard University Press, 2012), pp. 288-305.

6 G. Miller, *The Mating Mind: How Sexual Choice Shaped the Evolution of Human Behaviour* (London: Heinemann, 2000). 한국어판은 『연애─생존기계가 아닌 연애기계로서의 인간』(동녘사이언스, 2009); G. Miller, 'Evolution of human music through sexual selection', in N. Wallin et al., eds, *The Origins of Music* (Cambridge, MA: MIT Press, 1999), pp. 329-60.

7 M. R. Bennett and P. M. S. Hacker, *Philosophical Foundations of Neuroscience* (Oxford: Blackwell, 2003) 한국어판은 『신경 과학의 철학─신경 과학의 철학적 문제와 분석』(사이언스북스, 2013); P. Hacker, 'Languages, minds and brains', in C. Blakemore and S. Greenfield, eds, *Mindwaves: Thoughts on Identity, Mind and Consciousness* (Chichester: Wiley, 1987), pp. 485-505.

8 이 가설은 한때 인기를 끌었지만 이제는 거의 믿는 사람이 없는 듯하다. 아직 이 가설을 믿는 사람들에게 나는 내 책 *A Foot in the River* (Oxford: Oxford University Press, 2015)에서 90~3쪽과 이 책에 언급된 참고문헌 그리고 다음 책을 참조할 것을 권한다. R. Tallis, *Aping Mankind: Neuromania, Darwinitis and the Misrepresentation of Humanity* (Durham: Acumen, 2011), pp. 163-70.

9 나는 전작 *A Foot in the River*에서 몇 페이지를 할애해 이 내용을 간략하게 설명했다. 이 장의 상당 부분은 동일한 논거를 갱신해 다시 정리한 것이다.

10 R. L. Holloway, 'The evolution of the primate brain: some aspects of quantitative relationships', Brain Research, vii (1968), pp. 121-72; R. L. Holloway, 'Brain size, allometry and reorganization: a synthesis', in M. E. Hahn, B. C. Dudek, and C. Jensen, eds, *Development and Evolution of Brain Size* (New York: Academic Press, 1979), pp. 59-88.

11 S. Healy and C. Rowe, 'A critique of comparative studies of brain size', *Proceedings of the Royal Society*, cclxxiv (2007), pp. 453-64.

12 C. Agulhon et al., 'What is the role of astrocyte calcium in neurophy siology?', *Neuron*, lix (2008), pp. 932-46; K. Smith, 'Neuroscience: settling the great glia debate', *Nature*, cccclxviii (2010), pp. 150-62.

13 P. R. Manger et al., 'The mass of the human brain: is it a spandrel?', in S. Reynolds and A. Gallagher, eds, *African Genesis: Perspectives on Hominin Evolution* (Cambridge: Cambridge University Press, 2012), pp. 205-22.

14 T. Grantham and S. Nichols, 'Evolutionary psychology: ultimate explanation and Panglossian predictions', in V. Hardcastle, ed., *Where Biology Meets Psychology: Philosophical Essays* (Cambridge, MA: MIT Press, 1999), pp. 47-88.

15 C. Darwin, *Autobiographies* (London: Penguin, 2002), p. 50. 한국어판은 『나의 삶은 서서히 진화해왔다―찰스 다윈 자서전』(갈라파고스, 2018)

16 A. R. DeCasien, S. A. Williams, and J. P. Higham, 'Primate brain size is predicted by diet but not sociality', *Nature, Ecology, and Evolution*, i (2017), https://www.nature.com/articles/s41559-017-0112 (최종 접속일: 27 May 2017).

17 S. Shultz and R. I. M. Dunbar, 'The evolution of the social brain: anthropoid primates contrast with other vertebrates', *Proceedings of the Royal Society*, cclxxic (2007), pp. 453-64.

18 F. Fernandez-Armesto, *Civilizations: Culture, Ambition, and the Transformation of Nature* (New York: Free Press, 2001).

19 V. S. Ramachandran, *The Tell-tale Brain* (London: Random House, 2012), p. 4. 한국어판은 『명령하는 뇌, 착각하는 뇌―당신의 행동을 지배하는 뇌의 두 얼굴』(알키, 2012).

20 M. Tomasello and H. Rakoczy, 'What makes human cognition unique? From individual to shared to collective intentionality', *Mind and Language*, xviii (2003), pp. 121-47; P. Carruthers, 'Metacognition in

animals: a sceptical look', *Mind and Language*, xxiii (2008), pp. 58-89.

21 W. A. Roberts, 'Introduction: cognitive time travel in people and animals', *Learning and Motivation*, xxxvi (2005), pp. 107-9; T. Suddendorf and M. Corballis, 'The evolution of foresight: what is mental time travel and is it uniquely human?', *Behavioral and Brain Sciences*, xxx (2007), pp. 299-313.

22 N. Dickinson and N. S. Clayton, 'Retrospective cognition by food-caching western scrub-jays', Learning and Motivation, xxxvi (2005), pp. 159-76; H. Eichenbaum et al., 'Episodic recollection in animals: "if it walks like a duck and quacks like a duck ⋯"', *Learning and Motivation*, xxxvi (2005), pp. 190-207.

23 C. D. L. Wynne, *Do Animals Think?* (Princeton and Oxford: Princeton University Press, 2004), p. 230.

24 C. R. Menzel, 'Progress in the study of chimpanzee recall and episodic memory', in H. S. Terrace and J. Metcalfe, eds, *The Missing Link in Cognition: Origins of Self-Reflective Consciousness* (Oxford: Oxford University Press, 2005), pp. 188-224.

25 B. P. Trivedi, 'Scientists rethinking nature of animal memory', National Geographic Today, 22 August 2003; C. R. and E. W. Menzil, 'Enquiries concerning chimpanzee understanding', in de Waal and Ferrari, eds, *The Primate Mind*, pp. 265-87.

26 J. Taylor, *Not a Chimp: The Hunt to Find the Genes that Make Us Human* (Oxford: Oxford University Press, 2009), p. 11; S. Inoue and T. Matsuzawa, 'Working memory of numerals in chimpanzees', Current Biology, xvii (2007), pp. 1004-5.

27 A. Silberberg and D. Kearns, 'Memory for the order of briefly presented numerals in humans as a function of practice', *Animal Cognition*, xii

(2009), pp. 405-7.

28　B. L. Schwartz et al., 'Episodic-like memory in a gorilla: a review and new findings', *Learning and Motivation*, xxxvi (2005), pp. 226-44.

29　Trivedi, 'Scientists rethinking nature of animal memory'.

30　G. Martin-Ordas et al., 'Keeping track of time: evidence of episodic-like memory in great apes', *Animal Cognition*, xiii (2010), pp. 331-40; G. Martin-Ordas, C. Atance, and A. Louw, 'The role of episodic and semantic memory in episodic foresight', *Learning and Motivation*, xliii (2012), pp. 209-19.

31　C. F. Martin et al., 'Chimpanzee choice rates in competitive games match equilibrium game theory predictions', *Scientific Reports*, 4, article no. 5182, doi:10.1038/srep05182.

32　F. Yates, *The Art of Memory* (Chicago: University of Chicago Press, 1966), pp. 26-31.

33　K. Danziger, *Marking the Mind: A History of Memory* (Cambridge: Cambridge University Press, 2008), pp. 188-97.

34　D. R. Schacter, *The Seven Sins of Memory* (Boston: Houghton Mifflin, 2001). 한국어판은 『기억의 일곱 가지 죄악』(한승, 2006).

35　R. Arp, *Scenario Visualization: An Evolutionary Account of Creative Problem Solving* (Cambridge, MA: MIT Press, 2008).

36　A. W. Crosby, *Throwing Fire: Missile Projection through History* (Cambridge: Cambridge University Press, 2002), p. 30.

37　S. Coren, *How Dogs Think* (New York: Free Press, 2005), p. 11; S. Coren, *Do Dogs Dream? Nearly Everything Your Dog Wants You to Know* (New York: Norton, 2012).

38　P. F. Ferrari and L. Fogassi, 'The mirror neuron system in monkeys and its implications for social cognitive function', in de Waal and Ferrari, eds,

The *Primate Mind*, pp. 13-31.

39 M. Gurven et al., 'Food transfers among Hiwi foragers of Venezuela: tests of reciprocity', *Human Ecology*, xxviii (2000), pp. 175-218.

40 H. Kaplan et al., 'The evolution of intelligence and the human life history', *Evolutionary Anthropology*, ix (2000), pp. 156-84; R. Walker et al., 'Age dependency and hunting ability among the Ache of Eastern Paraguay', *Journal of Human Evolution*, xlii (2002), pp. 639-57, at pp. 653-5.

41 J. Bronowski, *The Visionary Eye* (Cambridge, MA: MIT Press, 1978), p. 9.

42 G. Deutscher, *Through the Language Glass: Why the World Looks Different in Other Languages* (New York: Metropolitan, 2010); S. Pinker, The Language Instinct (London: Penguin, 1995), pp. 57-63.

43 E. Spelke and S. Hespos, 'Conceptual precursors to language', *Nature*, ccccxxx (2004), pp. 453-6.

44 U. Eco, *Serendipities: Language and Lunacy* (New York: Columbia University Press, 1998), p. 22.

45 T. Maruhashi, 'Feeding behaviour and diet of the Japanese monkey (Macaca fuscata yakui) on Yakushima island, Japan', *Primates*, xxi (1980), pp. 141-60.

46 J. T. Bonner, *The Evolution of Culture in Animals* (Princeton: Princeton University Press, 1989), pp. 72-8.

47 F. de Waal, *Chimpanzee Politics* (Baltimore: Johns Hopkins University Press, 2003), p. 19. 한국어판은 『침팬지 폴리틱스』(바다출판사, 2018).

48 J. Goodall, *In the Shadow of Man* (Boston: Houghton Mifflin, 1971), pp. 112-14. 한국어판은 『인간의 그늘에서』(사이언스북스, 2001).

49 J. Goodall, *The Chimpanzees of Gombe: Patterns of Behaviour* (Cambridge, MA: Harvard University Press, 1986), pp. 424-9.

50   R. M. Sapolsky and L. J. Share, 'A Pacific culture among wild baboons:
     its emergence and transmission', PLOS, 13 April 2004, doi:10.1371/
     journal. pbio.0020106.

제2장 생각을 채집하다: 농경 이전의 사고

1   R. Leakey and R. Lewin, *Origins Reconsidered: In Search of What Makes
     Us Human* (New York: Abacus, 1993), 한국어판은『속 오리진』(세종,
     1995); C. Renfrew and E. Zubrow, eds, *The Ancient Mind: Elements of
     Cognitive Archaeology* (Cambridge: Cambridge University Press, 1994).

2   M. Harris, *Cannibals and Kings* (New York: Random House, 1977). 한국
     어판은『식인과 제왕』(한길사, 2000).

3   A. Courbin, *Le village des cannibales* (Paris: Aubier, 1990).

4   P. Sanday, *Divine Hunger* (Cambridge: Cambridge University Press, 1986),
     pp. 59-82.

5   Herodotus, *Histories*, bk 3, ch. 38. 한국어판은『역사』(숲, 2009)를 비롯
     해 여러 판본이 있다.

6   B. Conklin, *Consuming Grief: Compassionate Cannibalism in an
     Amazonian Society* (Austin: University of Texas Press, 2001).

7   L. Pancorbo, *El banquete humano: una historia cultural del canibalismo*
     (Madrid: Siglo XXI, 2008), p. 47.

8   D. L. Hoffmann et al., 'U-Th dating of carbonate crusts reveals
     Neanderthal origins of Iberian cave art', *Science*, ccclix (2018), pp. 912-
     15.

9   D. L. Hoffmann et al., eds, 'Symbolic use of marine shells and mineral
     pigments by Iberian Neanderthals 115,000 years ago', *Science Advances*,

iv (2018), no. 2, doi:10.1126/sciadv.aar5255.

10   C. Stringer and C. Gamble, *In Search of the Neanderthals* (New York: Thames and Hudson, 1993); P. Mellars, *The Neanderthal Legacy* (Princeton: Princeton University Press, 1996); E. Trinkaus and P. Shipman, *The Neanderthals: Changing the Image of Mankind* (New York: Knopf, 1993).

11   C. Gamble, *The Paleolithic Societies of Europe* (Cambridge: Cambridge University Press, 1999), pp. 400-20.

12   I. Kant, *The Groundwork of the Metaphysics of Morals*, [1785] (Cambridge: Cambridge University Press, 2012)(한국어판은 『윤리형이상학 정초』[아카넷, 2018] 외 다수)와 A. MacIntyre, *A Short History of Ethics* (Indianapolis: University of Notre Dame Press, 1998)가 주요 텍스트다. I. Murdoch, *The Sovereignty of Good* (London: Routledge, 1970)(한국어판은 『선의 군림』[이숲, 2020])은 도덕의 애매성을 다룬 다수의 탁월한 소설을 쓴 작가가 도덕률이 객관적인가라는 질문을 탐구한 책이다.

13   C. Jung, *Man and His Symbols* (New York: Doubleday, 1964). 한국어판은 『인간과 상징』(열린책들, 2009).

14   W. T. Fitch, *The Evolution of Language* (Cambridge: Cambridge University Press, 2010); S. Pinker and P. Bloom, 'Natural language and natural selection', *Behavioral and Brain Sciences*, xiii (1990), pp. 707-84.

15   J. Goody, *The Domestication of the Savage Mind* (Cambridge: Cambridge University Press, 1977), pp. 3-7. 한국어판은 『야생 정신 길들이기』(푸른역사, 2009).

16   L. Levy-Bruhl, *Les fonctions mentales dans les sociétés inférieures* (Paris: Presses Universitaires de France, 1910), p. 377.

17   C. Levi-Strauss, *The Savage Mind* (London: Weidenfeld, 1962) 한국어판은 『야생의 사고』(한길사, 1996); P. Radin, *Primitive Man as Philosopher*

(New York: Appleton, 1927).

18 A. Marshack, *The Roots of Civilization* (London: Weidenfeld, 1972).

19 M. Sahlins, *Stone-Age Economics* (Chicago: Aldine-Atherton, 1972). 한국 어판은 『석기시대 경제학』(한울, 2014).

20 J. Cook, *Ice-Age Art: Arrival of the Modern Mind* (London: British Museum Press, 2013).

21 C. Henshilwood et al., 'A 100,000-year-old ochre-processing workshop at Blombos Cave, South Africa', *Science*, cccxxxiv (2011), pp. 219-22; L. Wadley, 'Cemented ash as a receptacle or work surface for ochre powder production at Sibudu, South Africa, 58,000 years ago', *Journal of Archaeological Science*, xxxvi (2010), pp. 2397-406.

22 Cook, *Ice-Age Art*.

23 전체 내용은 다음을 참조할 것. F. Fernandez-Armesto, 'Before the farmers: culture and climate from the emergence of *Homo sapiens* to about ten thousand years ago', in D. Christian, ed., *The Cambridge World History* (Cambridge: Cambridge University Press, 2015), i, pp. 313-38.

24 L. Niven, 'From carcass to cave: large mammal exploitation during the Aurignacian at Vogelherd, Germany', *Journal of Human Evolution*, liii (2007), pp. 362-82.

25 A. Malraux, *La tête d'obsidienne* (Paris: Gallimard, 1971), p. 117.

26 H. G. Bandi, *The Art of the Stone Age* (Baden-Baden: Holler, 1961); S. J. Mithen, *Thoughtful Foragers* (Cambridge: Cambridge University Press, 1990).

27 P. M. S. Hacker, 'An intellectual entertainment: thought and language', *Philosophy*, xcii (2017), pp. 271-96; D. M. Armstrong, *A Materialist Theory of the Mind* (London: Routledge, 1968).

28 '브라이트 운동(Brights movement)', https://en.wikipedia.org/wiki/

Brights_movement (최종 접속일: 2017년 6월 22일).

29   D. Diderot, 'Pensees philosophiques', in *Oeuvres complètes*, ed. J. Assezat and M. Tourneur (Paris: Garnier, 1875), i, p. 166.

30   H. Diels and W. Kranz, *Die Fragmente der Vorsokratiker* (Zurich: Weidmann, 1985), Fragment 177; P. Cartledge, *Democritus* (London: Routledge, 1998), p. 40.

31   B. Russell, *The Problems of Philosophy* (New York and London: Henry Holt and Co., 1912), ch. 1. 한국어판은 『철학의 문제들: 인간과 철학』(이학사, 2000).

32   M. Douglas, *The Lele of the Kasai* (London: Oxford University Press, 1963), pp. 210-12.

33   Radin, *Primitive Man as Philosopher*, p. 253.

34   T. Nagel, *Mortal Questions* (Cambridge: Cambridge University Press, 1980).

35   Aristotle, *De Anima*, 411, a7-8. 한국어판은 『영혼에 관하여』(아카넷, 2018).

36   J. D. Lewis-Williams, 'Harnessing the brain: vision and shamanism in Upper Palaeolithic western Europe', in M. W. Conkey et al., eds, *Beyond Art: Pleistocene Image and Symbol* (Berkeley: University of California Press, 1996), pp. 321-42; J. D. Lewis-Williams and J. Clottes, *The Shamans of Prehistory: Trance Magic and the Painted Caves* (New York: Abrams, 1998).

37   저자의 번역.

38   R. H. Codrington, *The Melanesians: Studies in Their Anthropology and Folklore* (Oxford: Oxford University Press, 1891)는 마나라는 개념을 세계에 소개했고, M. Mauss, *A General Theory of Magic* (London: Routledge, 1972)은 1902년에 초판이 나왔고 이 개념을 일반화했다.

39 B. Malinowski, *Magic, Science and Religion* (New York: Doubleday, 1954), pp. 19-20.

40 H. Hubert and M. Mauss, *Sacrifice: Its Nature and Function* (Chicago: University of Chicago Press, 1972), pp. 172-4.

41 L. Thorndike, *A History of Magic and Experimental Science*, 8 vols (New York: Columbia University Press, 1958).

42 G. Parrinder, *Witchcraft* (Harmondsworth: Penguin, 1958)는 이 분야의 고전으로 심리학적 관점에서 기술되었다. J. C. Baroja, *The World of the Witches* (London: Phoenix, 2001)는 인류학적 관점에서 유럽에 중점을 두고 쓰였다.

43 E. E. Evans-Pritchard, *Witchcraft, Oracles and Magic among the Azande* (London: Oxford University Press, 1929).

44 B. Levack, ed., *Magic and Demonology*, 12 vols (New York: Garland, 1992)는 주요 논문의 선집이다.

45 I. Tzvi Abusch, *Mesopotamian Witchcraft: Towards a History and Understanding of Babylonian Witchcraft Beliefs and Literature* (Leiden: Brill, 2002).

46 B. S. Spaeth, 'From goddess to hag: the Greek and the Roman witch in classical literature', in K. B. Stratton and D. S. Kalleres, eds, *Daughters of Hecate: Women and Magic in the Ancient World* (Oxford: Oxford University Press, 2014), pp. 15-27.

47 L. Roper, *Witch Craze: Terror and Fantasy in Baroque Germany* (New Haven: Yale University Press, 2004); Baroja, *The World of the Witches*.

48 Parrinder, *Witchcraft*.

49 G. Hennigsen, *The Witches' Advocate: Basque Witchcraft and the Spanish Inquisition* (Reno: University of Nevada Press, 1980).

50 A. Mar, *Witches of America* (New York: Macmillan, 2015).

51 G. Zukav, *The Dancing Wu Li Masters* (New York: Morrow, 1979)를 염두에 두었다.

52 C. Levi-Strauss, *Totemism* (London: Merlin Press, 1962) 한국어판은 『오늘날의 토테미즘』(문학과지성사, 2012); E. Durkheim, *The Elementary Forms of Religious Life* (London: Allen and Unwin, 1915) 한국어판은 『종교생활의 원초적 형태』(한길사, 2020); A. Lang, *The Secret of the Totem* (New York: Longmans, Green, and Co., 1905).

53 L. Schele and M. Miller, *The Blood of Kings: Dynasty and Ritual in Maya Art* (Fort Worth: Kimbell Art Museum, 1986).

54 E. Trinkaus et al., *The People of Sungir* (Oxford: Oxford University Press, 2014).

55 K. Flannery and J. Markus, *The Creation of Inequality* (Cambridge, MA: Harvard University Press, 2012); S. Stuurman, *The Invention of Humanity: Equality and Cultural Difference in World History* (Cambridge, MA: Harvard University Press, 2017).

56 M. Sahlins, *Culture and Practical Reason* (Chicago: University of Chicago Press, 1976); P. Wiessner and W. Schiefenhovel, *Food and the Status Quest* (Oxford: Berghahn, 1996)는 문화와 생태를 연회라는 아이디어의 경쟁 "원인들"로 삼고 상호 대조한다; M. Dietler and B. Hayden, *Feasts* (Washington DC: Smithsonian, 2001)는 이 분야를 다룬 논문을 모은 탁월한 선집이다; Hayden은 *The Power of Feasts* (Cambridge: Cambridge University Press, 2014)에서 연회를 권력의 수단으로 보는 이론을 발전시킨다: M. Jones, *Feast: Why Humans Share Food* (Oxford: Oxford University Press, 2007)는 혁신적인 고고학 연구서다.

57 Marshack, *The Roots of Civilization*은 논란이 많은 저작이지만 초기 구석기 시대의 달력 및 여타 표기법을 다룬 탁월한 연구서다; K. Lippincott et al., *The Story of Time* (London: National Maritime Museum, 2000)은 전시회 도록으로 이 분야의 주제를 다룬 최고의 연구서다. J. T. Fraser,

The Voices of Time (New York: Braziller, 1966)과 *Of Time, Passion and Knowledge* (Princeton: Princeton University Press, 1990)는 시간을 기록하는 전략을 고안하고 발전시키려는 인간의 노력을 다룬 매우 흥미로운 저작이다. J. Lindsay, *The Origins of Astrology* (London: Muller, 1971)는 일반 개론서로서 지금까지 나온 책 중 가장 뛰어나다. J. D. North, *Stars, Minds and Fate* (London: Hambledon, 1989)는 논란이 많지만 이 주제를 광범위하게 다루었다. M. Gauquelin, *Dreams and Illusions of Astrology* (Buffalo: Prometheus, 1969)는 21세기 점성술의 과학적 가식을 폭로했다.

58 Plato, *Timaeus*, 47c. 한국어판은 『티마이오스』(아카넷, 2019) 등 여러 번 역서가 있다.

59 S. Giedion, *The Eternal Present* (Oxford: Oxford University Press, 1962)는 무척 흥미로운 개론서다; 자오라 동굴의 증거를 보려면 다음을 참조하자. E. Neumayer, *Prehistoric Indian Rock Paintings* (Delhi: Oxford University Press, 1983). J. E. Pfeiffer, *The Creative Explosion* (New York: Harper and Row, 1982)은 초기 구석기 시대 사람들의 세계의 질서에 대한 탐색에서 예술과 종교의 기원을 추적하는 흥미로운 시도를 담고 있다.

60 K. Whipple et al., eds, *The Cambridge World History of Food*, 2 vols (Cambridge: Cambridge University Press, 2000), ii, pp. 1502-9.

61 M. Douglas, *Purity and Danger* (London: Routledge, 1984)(한국어판은 『순수와 위험』[현대미학사, 1997])는 금기 음식에 관한 연구서 중에서 가장 유용한 저작이다; M. Harris, *Good to Eat* (New York: Simon & Schuster, 1986)은 유물론적 관점에서 쓴 연구 논문들을 모은 의욕적이고 흥미로운 선집이다.

62 F. Fernandez-Armesto, *Near a Thousand Tables* (New York: Free Press, 2003).

63 C. Levi-Strauss, *The Elementary Structures of Kinship* (Paris: Mouton, 1949)은 이 분야의 고전적 저작으로 기본적으로 수많은 공격을 받고 버텨냈다; R. Fox, *Kinship and Marriage* (Cambridge: Cambridge University

Press, 1967)는 그 반대의 주장을 담은 탁월한 연구서다. S. Freud, *Totem and Taboo* (Heller: Leipzig and Vienna, 1913)(한국어판은『종교의 기원』[열린책들, 2020]에 「토템과 터부」로 수록되어 있으며, 다른 판본들도 나와 있다)는 근친상간 금기의 근원을 심리적 금기에서 찾는 책으로 이루 말할 수 없이 탁월한 저작 중 하나다. 위대한 저작이지만 틀린 주장을 담고 있다.

64 K. Polanyi, *Trade and Economy in the Early Empires* (Glencoe: Free Press, 1957). 한국어판은『초기제국에 있어서의 교역과 시장』(민음사, 1994); J. G. D. Clark, *Symbols of Excellence* (New York: Cambridge University Press, 1986); J. W. and E. Leach, eds, *The Kula* (Cambridge: Cambridge University Press, 1983)는 멜라네시아섬의 시스템에 관한 최고의 안내서다.

65 K. Polanyi, *The Great Transformation* (New York: Rinehart, 1944), p. 43. 한국어판은『거대한 전환』(길, 2009) 184~5쪽.

66 L. Pospisil, *Kapauku Papuan Economy* (New Haven: Yale University Press, 1967); B. Malinowski, *Argonauts of the Western Pacific* (London: Routledge, 1932) 한국어판은『서태평양의 항해자들』(전남대학교출판부, 2013).

67 M. W. Helms, *Ulysses' Sail* (Princeton: Princeton University Press, 2014); M. W. Helms, *Craft and the Kingly Ideal* (Austin: University of Texas Press, 1993).

68 A. Smith, *Wealth of Nations*, bk 1, ch. 4. 한국어판은『국부론』(동서문화사, 2016).

제3장 정착된 정신: '문명화된' 사고

1 J. M. Chauvet, Dawn of Art (New York: Abrams, 1996); J. Clottes, *Return to Chauvet Cave: Excavating the Birthplace of Art* (London: Thames and

Hudson, 2003).

2   A. Quiles et al., 'A high-precision chronological model for the decorated Upper Paleolithic cave of Chauvet-Pont d'Arc, Ardeche, France', *Proceedings of the National Academy of Sciences*, cxiii (2016), pp. 4670-5.

3   이 생각은 다음의 저작에서 피력되었다. R. Girard, *Violence and the Sacred* (Baltimore: Johns Hopkins University Press, 1979)(한국어판은 『폭력과 성스러움』[민음사, 2000])는 독특한 고전이다.

4   H. Hubert and M. Mauss, *Sacrifice: Its Nature and Function*, 1898 (Chicago: University of Chicago Press, 1968)은 모든 후속 저작을 위한 의제를 설정했다. 현대의 개괄적 저작을 보려면 다음을 참조하라. M. F. C. Bourdillon and M. Fortes, eds, *Sacrifice* (London: Academic Press, 1980). B. Ralph Lewis, *Ritual Sacrifice* (Stroud: Sutton, 2001)는 유용한 전반적인 역사를 제공하며, 인신 희생에 집중한다.

5   T. Denham et al., eds, *Rethinking Agriculture: Archaeological and Ethnographical Perspectives* (New York: Routledge, 2016), p. 117.

6   나는 이 의견을 *Food: A History* (London: Bloomsbury, 2000)(한국어판은 『음식의 세계사 여덟 번의 혁명』[소와당, 2018])에서 처음 밝혔다. 이 가설에 대한 수많은 검증이 이루어졌고, 결정적이지는 않더라도 충분히 시사적인 결과를 얻었다. 예를 들어 다음을 참조하자. D. Lubell, 'Prehistoric edible land snails in the Circum-Mediterranean: the archaeological evidence', in J. J. Brugal and J. Desse, eds, *Petits animaux et sociétés humaines: Du complément alimentaire aux resources utilitaires (XXIVe rencontres internationales d'archeologie et d'histoire d'Antibes)* (Antibes: APDCA, 2004), pp. 77-98; A. C. Colonese et al., 'Marine mollusc exploitation in Mediterranean prehistory: an overview', *Quaternary International*, ccxxxiv (2011), pp. 86-103; D. Lubell, 'Are land snails a signature for the Mesolithic-Neolithic transition in the Circum-Mediterranean?', in M. Budja, ed., *The Neolithization of Eurasia:*

Paradigms, Models and Concepts Involved, Neolithic Studies 11, Documenta
Praehistorica, xxi (2004), pp. 1-24.

7   D. Rindos, *The Origins of Agriculture: An Evolutionary Perspective*
(Orlando: Academic Press, 1984); J. Harlan, *The Living Fields: Our
Agricultural Heritage* (Cambridge: Cambridge University Press, 1995), pp.
239-40.

8   R. and L. Coppinger, *What is a Dog?* (Chicago: University of Chicago
Press, 2016); B. Hassett, *Built on Bones: 15,000 Years of Urban Life and
Death* (London: Bloomsbury, 2017), pp. 65-6.

9   M. N. Cohen, *The Food Crisis in Prehistory: Overpopulation and the
Origins of Agriculture* (New Haven: Yale University Press, 1977); E.
Boserup, *The Conditions of Agricultural Growth: The Economics of
Agrarian Change under Population Pressure* (London: G. Allen and Unwin,
1965).

10 C. O. Sauer, *Agricultural Origins and Dispersals* (New York: American
Geographical Society, 1952).

11 C. Darwin, *The Variation of Animals and Plants under Domestication* (New
York: Appleton, 1887), p. 327.

12 F. Trentmann, ed., *The Oxford Handbook of the History of Consumption*
(Oxford: Oxford University Press, 2014).

13 B. Hayden, 'Were luxury foods the first domesticates? Ethnoarchaeo
logical perspectives from Southeast Asia', *World Archaeology*, xxxiv
(1995), pp. 458-69; B. Hayden, 'A new overview of domestication',
in T. D. Price and A. Gebauer, eds, *Last Hunters–First Farmers: New
Perspectives on the Prehistoric Transition to Agriculture* (Santa Fe: School of
American Research Press, 2002), pp. 273-99.

14 Jones, *Feast: Why Humans Share Food*; M. Jones, 'Food globalisation in

prehistory: the agrarian foundations of an interconnected continent',
Journal of the British Academy, iv (2016), pp. 73-87.

15   M. Mead, 'Warfare is only an invention -not a biological necessity', in
D. Hunt, ed., *The Dolphin Reader* (Boston: Houghton Mifflin, 1990), pp.
415-21.

16   L. H. Keeley, *War Before Civilization* (Oxford: Oxford University Press,
1996)(한국어판은 『원시전쟁』[수막새, 2014])은 인류의 아득한 과거에 나
타난 폭력성을 매우 설득력 있게 제시한다.

17   B. L. Montgomery, *A History of Warfare* (London: World Publishing,
1968), p. 13.

18   J. A. Vazquez, ed., *Classics of International Relations* (Englewood Cliffs:
Prentice-Hall, 1990)는 일부 핵심적인 텍스트를 담고 있다. R. Ardrey,
The Territorial Imperative (New York: Atheneum, 1966)와 K. Lorenz,
On Aggression (New York: Harcourt, Brace and World, 1963)은 폭력의 생
물학과 사회학에 관한 고전적 저작이다. J. Keegan, *A History of Warfare*
(New York: Vintage, 1993)(한국어판은 『세계전쟁사』[까치, 2018])와 J.
Haas, ed., *The Anthropology of War* (Cambridge: Cambridge University
Press, 1990)는 넓은 맥락에서 증거를 제시한다.

19   R. Wrangham and L. Glowacki, 'Intergroup aggression in chimpanzees
and war in nomadic hunter-gatherers', *Human Nature*, xxiii (2012), pp.
5-29.

20   Keeley, *War Before Civilization*(한국어판은 『원시전쟁』[수막새, 2014]), p.
37; K. F. Otterbein, *How War Began* (College Station: Texas A. and M.
Press, 2004), pp. 11-120.

21   M. Mirazon Lahr et al., 'Inter-group violence among early Holocene
hunter-gatherers of West Turkana, Kenya', *Nature*, dxxix (2016), pp.
394-8.

22 C. Meyer et al., 'The massacre mass grave of Schoneck-Kilianstadten reveals new insights into collective violence in Early Neolithic Central Europe', *Proceedings of the National Academy of Sciences*, cxii (2015), pp. 11217-22; L. Keeley and M. Golitko, 'Beating ploughshares back into swords: warfare in the Linearbandkeramik', *Antiquity*, lxxxi (2007), pp. 332-42.

23 J. Harlan, *Crops and Man* (Washington, DC: American Society of Agronomy, 1992), p. 36.

24 K. Butzer, *Early Hydraulic Civilization in Egypt: A Study in Cultural Ecology* (Chicago: University of Chicago Press, 1976).

25 K. Thomas, ed., *The Oxford Book of Work* (Oxford: Oxford University Press, 2001)는 이루 말할 수 없이 재미있고 흥미로운 인류학 저작이다. Sahlins, *Stone-Age Economics*(한국어판은 『석기시대 경제학』[한울, 2014])는 초기 구석기 시대 풍족함의 관념을 규정했다. 농업으로의 이행과 그것이 노동 관행에 미친 영향에 대한 설명은 Harlan, *Crops and Man*이 탁월하다.

26 Aristotle, *Politics*, 1.3. 한국어판은 『정치학』(도서출판 숲, 2009).

27 L. W. King, ed., *The Seven Tablets of Creation* (London: Luzac, 1902), I, p. 131.

28 L. Mumford, *The Culture of Cities* (New York: Harcourt, Brace, and Company, 1938)는 필수적인 고전이다. P. Hall, *Cities in Civilization* (London: Phoenix, 1999)은 기본적으로 사례 연구 모음집이다. 수메르의 도시들에 관해서는 다음을 참조하자. G. Leick, *Mesopotamia, the Invention of the City* (London: Allen Lane, 2001). A broad modern conspectus is Fernandez-Armesto, *Civilizations*. P. Clark, ed., *The Oxford Handbook of Cities in World History* (Oxford: Oxford University Press, 2013), is a near-comprehensive survey. Hassett, *Built on Bones*, gallops through the disasters urban populations inflict on themselves.

29 Aristotle, *Politics*, 3.10. 한국어판은 『정치학』(도서출판 숲, 2009).

30 S. Dalley, ed., *Myths from Mesopotamia: Creation, the Flood, Gilgamesh, and Others* (Oxford: Oxford University Press, 1989), p. 273.

31 M. Mann, *The Sources of Social Power*, vol. 1 (Cambridge: Cambridge University Press 1986)에서는 역사학을 잘 아는 사회학자의 국가의 기원에 관한 독창적인 관점을 접할 수 있다. T. K. Earle, *Chiefdoms* (New York: Cambridge University Press, 1991)은 유용한 에세이 선집이다.

32 선사시대 미술에 대한 이항론적 해석을 보려면 다음을 참조하라. A. Leroi-Gourham, *Préhistoire de l'art occidental* (Paris: Mazenod, 1965).

33 *Melanippe the Wise*, in August Nauck, ed., *Euripidis Tragoediae superstites et deperditarum fragmenta* (Leipzig: Teubner, 1854), Fragment 484; W. H. C. Guthrie, *A History of Greek Philosophy* (Cambridge: Cambridge University Press, 1962), i, p. 60.

34 Aristotle, *Physics*, 3.4, 203b.

35 Diels and Kranz, *Fragmente*, ii, Fragment 8.36-7.

36 F. Fernandez-Armesto, *Truth: A History* (New York: St Martin's, 1997), p. 36.

37 Taoist Zhuangzi Fung Yu-Lan, *A History of the Chinese Philosophers*, trans. D. Bodde (Princeton: Princeton University Press, 1952), i, p. 223. 한국어판은 『중국철학사』(까치, 1999).

38 B. W. Van Nordern, *Introduction to Classical Chinese Philosophy* (Indianapolis: Hackett, 2011), p. 104.

39 D. W. Hamlyn, *Metaphysics* (Cambridge: Cambridge University Press, 1984)는 유용한 입문서다. 주요 텍스트는 다음과 같다. E. Deutsch and J. A. B. van Buitenen, *A Source Book of Vedanta* (Honolulu: University Press of Hawaii, 1971). J. Fodor and E. Lepore, *Holism: A Shopper's Guide* (Oxford: Blackwell, 1992)는 수많은 철학적·실용적 영향들을 추적한다.

40 Evans-Pritchard, *Witchcraft, Oracles and Magics*는 이 주제를 중요한 의
    제로 인식하게 만든 인류학 사례 연구서다. M. Loewe and C. Blacker,
    Oracles and Divination (London: Allen and Unwin, 1981)은 광범위한
    고대 문화들을 아우른다. C. Morgan, *Athletes and Oracles* (Cambridge:
    Cambridge University Press, 1990)는 고대 그리스의 신탁에 관한 탁월하
    고 선구적인 연구서다. 중국의 후기 단계에 관해서는 다음을 참조하자.
    Fu-Shih Lin, 'Shamanss and politics', in J. Lagerwey and Lu Pengchi,
    eds, *Early Chinese Religion* (Leiden: Brill, 2010), i, pp. 275-318.

41 J. Breasted, *Ancient Records of Egypt* (Chicago: University of Chicago Press,
    1906), iv, p. 55.

42 J. B. Pritchard, ed., *The Ancient Near East: An Anthology of Texts and
    Pictures* (Princeton: Princeton University Press, 2011)(한국어판은 『고대 근
    동 문학 선집』[기독교문서선교회, 2016]), p. 433; M. Lichtheim, *Ancient
    Egyptian Literature: A Book of Readings, ii: The New Kingdom* (Berkeley:
    University of California Press, 1976).

43 Breasted, *Ancient Records of Egypt*, i, p. 747.

44 Pritchard, ed., *The Ancient Near East: An Anthology of Texts and Pictures*,
    (한국어판은 『고대 근동 문학 선집』[기독교문서선교회, 2016]) p. 82.

45 P. Roux, *La religion des turcs et mongols* (Paris: Payot, 1984), pp. 110-24; R.
    Grousset, *The Empire of the Steppes* (New Brunswick: Rutgers University
    Press, 1970)는 전반적으로 중앙아시아에 관한 발군의 저작이다. F.
    McLynn, *Genghis Khan* (Boston: Da Capo, 2015)와 D. Sinor et al., eds,
    The Cambridge History of Inner Asia, 2 vols (Cambridge: Cambridge
    University Press, 1999, 2015)로 내용이 더욱 보완되었다.

46 Plato, *Phaedrus*, 274e-275b. 한국어판은 『파이드로스』(서광사, 2016),
    359~360쪽. 이 외에도 여러 번역본이 있다.

47 J. Goody, *The Interface between the Written and the Oral* (Cambridge:

Cambridge University Press, 1987)은 고전이다; J. Derrida, *Of Grammatology* (Baltimore and London: Johns Hopkins University Press, 1976), G. C. Spivak 번역(한국어판은 『그라마톨로지』[민음사, 2010], 글쓰기란 무엇인가라는 문제를 탐색한다; E. A. Havelock, *The Muse Learns to Write* (New Haven: Yale University Press, 1986)(한국어판은 『뮤즈, 글쓰기를 배우다―고대부터 현재까지 구술과 문자에 관한 생각』[문학동네, 2010]은 조사 연구서다; Yates, *The Art of Memory*는 기억술에 관한 매혹적인 저작이다.

48   S. N. Kramer, *The Sumerians* (Chicago: University of Chicago Press, 1963), pp. 336-41; F. R. Steele, 'The Code of Lipit-Ishtar', *American Journal of Archeology*, lii (1948).

49   J. B. Pritchard, *Archaeology and the Old Testament* (Princeton: Princeton University Press, 1958), p. 211. M. E. J. Richardson, *Hammurabi's Laws* (London: Bloomsbury, 2004)는 함무라비 법전의 좋은 연구서다. H. E. Saggs, *The Babylonians* (Berkeley: University of California Press, 2000)와 J. Oates, *Babylon* (London: Thames & Hudson, 1979)은 역사적 배경을 훌륭하게 서술한다.

50   J. B. Pritchard, ed., *Ancient Near Eastern Texts Relating to the Old Testament* (Princeton: Princeton University Press, 1969), pp. 8-9, 한국어판은 『고대 근동 문학 선집』(기독교문서선교회, 2016); H. Frankfort et al., *The Intellectual Adventure of Ancient Man* (Chicago: University of Chicago Press, 1946), pp. 106-8; B. L. Goff, *Symbols of Ancient Egypt in the Late Period* (The Hague: Mouton, 1979), p. 27.

51   *Shijing*, 1.9 (Odes of Wei), 112. 『시경(詩經)』.

52   J. Needham, *Science and Civilisation in China* (Cambridge: Cambridge University Press, 1956), ii, p. 105. 한국어판은 『중국의 과학과 문명』(까치, 1989).

53   Pritchard, ed., *Ancient Near Eastern Texts*, pp. 431-4; Lichtheim, *Ancient*

Egyptian Literature: A Book of Readings, ii: The New Kingdom, pp. 170-9.

54   The *Mahabharata*, bk 3, section 148.

55   *The Complete Works of Zhuangzi*, ed. B. Watson (New York: Columbia University Press, 2013), pp. 66, 71, 255-6.

56   Ovid, *Metamorphoses*, bk 1, verses 89-112. 한국어판은『변신이야기』(도서출판 숲, 2017).

57   R. Dworkin, *A Matter of Principle* (Cambridge, MA: Harvard University Press, 1985)과 M. Walzer, *Spheres of Justice* (New York: Basic Books, 1983)는 법률 이론의 관점에서 평등을 다룬다. R. Nozick, *Anarchy, State and Utopia* (New York: Basic Books, 1974), and F. Hayek, *The Constitution of Liberty* (Chicago: University of Chicago Press, 1960)는 접근방식을 정치철학에서 가져왔다.

58   J. D. Evans, *Prehistoric Antiquities of the Maltese Islands* (London: Athlone Press, 1971)에서 타르시엔 신전의 증거가 발표되었다. 페미니즘 시각에서의 해석은 다음의 저작들에서 제기되었다. M. Stone, *When God Was a Woman* (New York: Barnes and Noble, 1976)(한국어판은『하느님이 여자였던 시절』[뿌리와이파리, 2005]); M. Gimbutas, *The Civilization of the Goddess* (San Francisco: arper, 1991), and E. W. Gaddon, *The Once and Future Goddess* (New York: Harper, 1989). 더 많은 증거는 다음을 참조하자. B. G. Walker, *The Woman's Dictionary of Symbols and Sacred Objects* (London: HarperCollins, 1988). M. Warner, *Alone of All Her Sex* (London: Weidenfeld and Nicolson, 1976)는 기독교의 성녀 마리아를 여신이라는 관념과 연관 짓는다.

59   F. Nietzsche, *The Antichrist*, ch. 48, 한국어판은『안티크리스트』(아카넷, 2013),『바그너의 경우·우상의 황혼·안티크리스트·이 사람을 보라·디오니소스 송가·니체 대 바그너(1888~1889)』(책세상, 2002) 외 다수의 판본이 있다; F. Nietzsche, *The Anti-Christ, Ecce Homo, Twilight of the Idols and Other Writings*, ed. A. Ridley and J. Norman (Cambridge: Cambridge

University Press, 2005), p. 46.

60 Lichtheim, *Ancient Egyptian Literature: A Book of Readings, i: The Old and Middle Kingdoms*, p. 83; B. G. Gunn, *The Wisdom of the East, the Instruction of Ptah-Hotep and the Instruction of Ke'gemni: The Oldest Books in the World* (London: Murray, 1906), ch. 19.

61 Hesiod, *Theogony, Works and Days, Testimonia*, ed. G. W. Most (Cambridge: Cambridge University Press, 2006), pp. 67, 80-2.

62 Richardson, *Hammurabi's Laws*, pp. 164-80.

63 M. Ehrenberg, *Women in Prehistory* (Norman: University of Oklahoma Press, 1989)는 고고학적 증거에 관한 최고의 입문서다. R. Bridenthal et al., eds, *Becoming Visible* (New York: Houghton Mifflin, 1994)은 여성사의 재발견을 다룬 선구적 선집이다. 하라파 조각상의 맥락에 관해서는 B. and R. Allchin, *The Rise of Civilization in India and Pakistan* (Cambridge: Cambridge University Press, 1982)이 표준적 저작이다. 결혼을 주제로 세계적인 연구가 수행된 좋은 사례는 없다. P. Elman, ed., *Jewish Marriage* (London: Soncino Press, 1967)와 M. A. Rauf, *The Islamic View of Women and the Family* (New York: Speller, 1977)와 M. Yalom, *History of the Wife* (London: Pandora, 2001)는 선별적이고 비교학적인 개요를 제공한다.

64 Frankfort et al., *The Intellectual Adventure*, p. 100.

65 W. Churchill, *The River War* (London: Longman, 1899), ii, pp. 248-50.

66 고전적 저작들은 다음과 같다. J. H. Breasted, *Development of Religion and Thought in Ancient Egypt* (New York: Scribner, 1912); W. M. Watt, *Freewill and Predestination in Early Islam* (London: Luzac and Co., 1948). 다양한 종류의 결정론적 사고에 관한 전반적인 관점에 관해서는 다음을 참조하자. P. van Inwagen, *An Essay on Free Will* (Oxford: Clarendon Press, 1983).

67 I. E. S. Edwards, *The Great Pyramids of Egypt* (London: Penguin, 1993), pp. 245-92.

68 Pyramid text 508. 내가 인용한 번역문의 출처는 다음과 같다. R. O. Faulkner, ed., *The Ancient Egyptian Pyramid Texts* (Oxford: Oxford University Press, 1969), p. 183.

69 Pritchard, ed., *Ancient Near Eastern Texts*, p. 36.

70 Frankfort et al., *The Intellectual Adventure*, p. 106.

71 R. Taylor, *Good and Evil* (New York: Prometheus, 1970)은 전반적인 개론서다. Pritchard, ed., *Ancient Near Eastern Texts*는 매혹적인 문헌들의 선집이다. H. Frankfort et al., *Before Philosophy* (Chicago: University of Chicago Press, 1946)는 고대 윤리학에 대한 풍부한 고찰을 담은 연구서다. W. D. O'Flaherty, *Origins of Evil in Hindu Mythology* (Delhi: Motilal Banarsidass, 1976)는 흥미로운 사례 연구서다.

72 M. W. Muller, *The Upanishads* (Oxford: Clarendon, 1879)(한국어판은 『우파니샤드』[한길사, 2011] 외에 다양한 판본이 있다)는 고전으로 꼽히는 번역본이지만, 선집인 J. Mascaro, *The Upanishads* (New York: Penguin, 1965)가 번역이 탁월하고 잘 읽힌다; M. W. Muller, *Rig-Veda-Sanhita* (London: Trubnew and Co., 1869)는 여전히 표준적인 번역본이지만, 선집인 W. Doniger, *The Rig Veda* (London: Penguin, 2005)를 통해서도 이 텍스트를 음미할 수 있다. N. S. Subrahmanian, *Encyclopedia of the Upanishads* (New Delhi: Sterling, 1985)와 S. Bhattacharji, *Literature in the Vedic Age*, vol. 2 (Calcutta: K. P. Bagchi, 1986)는 현대의 훌륭한 비판적 연구조사서다.

73 W. Buck, ed., *Mahabharata* (Berkeley: University of California Press, 1973), 196. 한국어판은 『마하바라타』라는 제목으로 다양한 판본을 구할 수 있다.

74 멤피스 창세 신화의 맥락에 관해서는 다음을 참조하자. S. Quirke, *Ancient Egyptian Religion* (London: British Museum Press, 1973).

75 Pritchard, ed., *The Ancient Near East: An Anthology of Texts and Pictures*, p. 2.

76 Swami Nikhilānanda, *The Upanishads: Katha, Iśa, Kena, and Mundaka* (New York: Harper, 1949), p. 264.

77 H. H. Price, *Thinking and Experience* (Cambridge, MA: Harvard University Press, 1953)는 생각의 의미라는 주제에 관한 좋은 입문서다. G. Ryle, *On Thinking* (Oxford: Blackwell, 1979)은 생각이란 뇌에서 일어나는 신체적·화학적 활동에 지나지 않는다는 유명한 해답을 제시했다. Cf. pp. 4-17 above.

제4장 위대한 현자들: 이름을 남긴 최초의 사상가들

1 R. Collins, *The Sociology of Philosophies* (Cambridge, MA: Harvard University Press, 1998)와 Guthrie, *A History of Greek Philosophy*, Needham, *Science and Civilisation in China*(한국어판은 『중국의 과학과 문명』[까치, 1989])은 모두 여러 관련 문명의 사고 양식 간 관계를 놀라우리만치 광범위하게 추적한 여러 권짜리 저작들이다; G. E. R. Lloyd, *The Ambitions of Curiosity* (Cambridge: Cambridge University Press, 2002)와 G. E. R. Lloyd and N. Sivin, *The Way and the Word* (New Haven: Yale University Press, 2002)는 그리스와 중국의 사상과 과학을 직접 비교한다.

2 H. Coward, *Sacred Word and Sacred Text* (Maryknoll: Orbis, 1988), and F. M. Denny and R. L. Taylor, eds, *The Holy Book in Comparative Perspective* (Columbia: University of South Carolina Press, 1985).

3 E. B. Cowell, ed., *The Jataka or Stories of the Buddha's Former Birth*, 7 vols (Cambridge: Cambridge University Press, 1895-1913), i, pp. 10, 19-20; ii, pp. 89-91; iv, pp. 10-12, 86-90.

4 H. Hasan, *A History of Persian Navigation* (London: Methuen and Co.,

1928), p. 1.

5   D. T. Potts, *The Arabian Gulf in Antiquity* (Oxford: Oxford University Press, 1991).

6   F. Hirth, 'The story of Chang K'ien, China's pioneer in Western Asia', *Journal of the American Oriental Society*, xxxvii (1917), pp. 89-116; Ban Gu (Pan Ku), 'The memoir on Chang Ch'ien and Li Kuang-Li', in A. F. P. Hulsewe, *China in Central Asia – The Early Stage: 125 B.C.–A.D. 23* (Leiden: E. J. Brill, 1979), pp. 211, 219.

7   V. H. Mair, 'Dunhuang as a funnel for Central Asian nomads into China', in G. Seaman, ed., *Ecology and Empire: Nomads in the Cultural Evolution of the Old World* (Los Angeles: University of Southern California, 1989), pp. 143-63.

8   R. Whitfield, S. Whitfield, and N. Agnew, *Cave Temples of Mogao: Art and History on the Silk Road* (Los Angeles: Getty Publications, 2000), p. 18.

9   M. L. West, ed., *The Hymns of Zoroaster* (London: Tauris, 2010).

10 D. Seyfort Ruegg, 'A new publication on the date and historiography of the Buddha's decease', *Bulletin of the School of Oriental and African Studies*, lxii (1999), pp. 82-7.

11 D. R. Bandarkar, *Asoka* (Calcutta: University of Calcutta, 1925), pp. 273-336.

12 E. R. Dodds, *The Greeks and the Irrational* (Berkeley: University of California Press, 1951), pp. 145-6.

13 *Dao De Jing*, part 2, 78.1.

14 R. M. Gale, *Negation and Non-being* (Oxford: Blackwell, 1976)은 철학 입문서다. J. D. Barrow, *The Book of Nothing* (London: Jonathon Cape, 2000) (한국어판은 『無○眞空 — 철학, 수학, 물리학을 관통하는 Nothing에 관한 우

주론적 사유』[해나무, 2003])은 0의 과학과 수학에 관해 다방면에 걸친 고찰을 담은 매혹적이고 훌륭한 책이다. R. Kaplan, *The Nothing That Is* (Oxford: Oxford University Press, 1999)(한국어판은 『존재하는 무, 0의 세계』[이끌리오, 2003])는 수학에서 무와 0에 관한 문제에 흥미롭고 명료하며 직접적인 접근방식을 취한다.

15 R. Mehta, *The Call of the Upanishads* (Delhi: Motilal Banarsidas, 1970), pp. 237-8.

16 R. M. Dancy, *Two Studies in the Early Academy* (Albany: SUNY Press, 1991), pp. 67-70.

17 P. Atkins, *On Being: A Scientist's Exploration of the Great Questions of Existence* (Oxford: Oxford University Press, 2011), p. 17. 다음의 저작을 참고했다. R. Shortt, *God is No Thing* (London: Hurst, 2016), p. 42; D. Turner, *Thomas Aquinas: A Portrait* (New Haven: Yale University Press, 2013), p. 142.

18 D. L. Smith, *Folklore of the Winnebago Tribe* (Norman: University of Oklahoma Press, 1997), p. 105.

19 D. Cupitt, *Creation out of Nothing* (London: SCM Press, 1990)은 급진적인 기독교 신학자의 수정주의적 저작이다. K. Ward, *Religion and Creation* (Oxford: Clarendon Press, 1996)은 매력적인 비교학적 접근방식을 취한다. P. Atkins, *Conjuring the Universe: The Origins of the Laws of Nature* (Oxford: Oxford University Press, 2018)는 물질론적 설명을 시도한다.

20 J. Miles, *God: A Biography* (New York: Knopf, 1995). 한국어판은 『신의 전기』(지호, 1997).

21 E. E. Evans-Pritchard, 'Nuer time-reckoning', *Africa: Journal of the International African Institute*, xii (1939), pp. 189-216.

22 S. J. Gould, *Time's Arrow* (Cambridge, MA: Harvard University Press,

1987)(한국어판은 『시간의 화살, 시간의 순환―지질학적 시간의 발견에서 신화와 은유』[아카넷, 2012])는 현대 지질학과 고생물학을 특별히 참조한 시간이라는 개념에 대한 탁월한 연구서다. G. J. Whitrow, *Time in History* (Oxford: Oxford University Press, 1989)와 S. F. G. Brandon, *History, Time and Deity* (Manchester: Manchester University Press, 1965)는 문화마다 다른 시간 개념에 대한 훌륭한 비교 연구서다. Lippincott et al., *The Story of Time*은 시간론에 관한 포괄적 연구서다.

23 K. Armstrong, *A History of God* (New York: Ballantine, 1994)(한국어판은 『신의 역사』[동연출판사, 1999])은 신이라는 개념의 역사를 광범위하게 다룬 연구서다. L. E. Goodman, *God of Abraham* (Oxford: Oxford University Press, 1996)과 R. K. Gnuse, *No Other Gods* (Sheffield: Sheffield Academic Press, 1997)는 유대교의 하느님 개념의 기원에 관한 연구서다. M. S. Smith, *The Origins of Biblical Monotheism* (Oxford: Oxford University Press, 2001)은 동일한 주제를 다룬 논쟁적인 수정주의적 저작이다.

24 M. J. Dodds, *The Unchanging God of Love* (Fribourg: Editions Universitaires, 1986)는 아퀴나스가 형식을 부여한 교리에 관한 연구서다. 묵자에 관한 여러 판본의 선집이 나와 있지만 가장 최근의 저작은 다음과 같다. D. Burton-Watson, ed., *Mozi: Basic Writings* (New York: Columbia University Press, 2003).

25 *The Essential Samuel Butler*, ed. G. D. H. Cole (London: Cape, 1950), p. 501.

26 Frankfort et al., *The Intellectual Adventure*, p. 61.

27 C. P. Fitzgerald, *China: A Short Cultural History* (Cambridge: Cambridge University Press, 1961), p. 98.

28 A. Plantinga, 'Free will defense', in M. Black, ed., *Philosophy in America* (Ithaca: Cornell University Press, 1965); A. Plantinga, *God, Freedom and Evil* (The Hague: Eerdmans, 1978).

29 F. Fernandez-Armesto, 'How to be human: an historical approach', in M. Jeeves, ed., *Rethinking Human Nature* (ridge: Eerdmans, 2010), pp. 11-29.

30 Needham, *Science and Civilisation in China*, ii, p. 23. 한국어판은 『중국의 과학과 문명』(까치, 1989).

31 B. Russell, *History of Western Philosophy* (London: Routledge, 2009), p. 41. 한국어판은 『러셀 서양철학사』(을유문화사, 2019).

32 예를 들어 다음을 참조하자. T. Benton, *Natural Relations* (London: Verso, 1993); R. G. Frey, *Interests and Rights: The Case Against Animals* (Oxford: Oxford University Press, 1980); M. Midgley, *Beast and Man* (Hassocks: Harvester, 1980); P. Singer, *Animal Liberation* (New York: Avon, 1990)(한 국어판은 『동물 해방』[연암서가, 2012]).

33 A. Weber, *The Çatapatha-Brāhmaṇa in the Mādhyandina-Çākhā, with Extracts from the Commentaries of Sāyaṇa, Harisvāmin and Dvivedānga* (Berlin, 1849), i, 3.28.

34 Plato, *Republic*, 514a-520a. 한국어판은 원전을 번역한 천병희 역의 『플라톤전집 4 — 국가』(도서출판 숲, 2013) 외에 여러 판본이 있다.

35 같은 책, 479e.

36 Needham, *Science and Civilisation in China*, ii, p. 187. 한국어판은 『중국의 과학과 문명』(까치, 1989).

37 Fernandez-Armesto, *Truth: A History*는 상대주의를 진리의 개념적 역사의 맥락에 놓는다. R. Scruton, *Modern Philosophy* (London: Allen Lane, 1994)는 상대주의를 단단히 방어하는 입장을 취한다. 상대주의를 옹호하는 가장 세련되고 현대적인 입장은 다음에서 볼 수 있다. R. Rorty, *Objectivity, Relativism and Truth* (Cambridge: Cambridge University Press, 1991).

38 Needham, *Science and Civilisation in China*, ii, p. 49. 한국어판은 『중국의 과학과 문명』(까치, 1989).

39 H. Putnam, *Reason, Truth and History* (Cambridge: Cambridge University Press, 1981), pp. 119-20. 한국어판은 『이성. 진리. 역사』(민음사, 2002).

40 W. Burkert, *Lore and Science in Early Pythagoreanism* (Cambridge, MA: Harvard University Press, 1972)은 흥미진진한 연구서다; P. Benacerraf and H. Putnam, eds, *Philosophy of Mathematics* (Cambridge: Cambridge University Press, 1983)(한국어판은 『수학의 철학』[아카넷, 2002])와 J. Bigelow, *The Reality of Numbers* (Oxford: Oxford University Press, 1988)는 수학적 사고의 철학적 배경에 대한 명료하고 충실한 안내서다.

41 Russell, *History of Western Philosophy*, p. 43. 한국어판은 『러셀 서양철학사』(을유문화사, 2019).

42 Needham, *Science and Civilisation in China*, ii, p. 82. 한국어판은 『중국의 과학과 문명』(까치, 1989).

43 Russell, *History of Western Philosophy*, p. 44. 한국어판은 『러셀 서양철학사』(을유문화사, 2019).

44 Needham, *Science and Civilisation in China*, ii, p. 191. 한국어판은 『중국의 과학과 문명』(까치, 1989).

45 Guthrie, *A History of Greek Philosophy*, ii는 이 분야의 권위 있는 전거(典據)로서 철저하고 읽기 쉽다. Plato, *Parmenides*(한국어판은 『플라톤전집 5—테아이테토스 / 필레보스 / 티마이오스 / 크리티아스 / 파르메니데스』[도서출판 숲, 2016]에 수록되어 있다)는 이 주장을 논하는 대화편이다; Dodds, *The Greeks and the Irrational*은 그리스 이성주의의 한계를 폭로하는 선구적 저작이다.

46 H. D. P. Lea, *Zeno of Elea* (Cambridge: Cambridge University Press, 1936); J. Barnes, *The Presocratic Philosophers* (London: Routledge, 1982), pp. 231-95.

47 W. H. C. Guthrie, *Aristotle* (Cambridge: Cambridge University Press, 1981)는 저자가 아리스토텔레스의 사유와 "조우"한 이야기를 탁월하게

풀어낸다.

48 I. Bochenski, *A History of Formal Logic*, trans. I. Thomas (Indianapolis: University of Notre Dame Press, 1961)는 훌륭한 입문서다; J. Lukasiewicz, *Aristotle's Syllogistic* (Oxford: Clarendon Press, 1957)은 귀중한 기술적 해설서다; C. Habsmeier, *Science and Civilisation in China* (Cambridge: Cambridge University Press,1998), vii, p. 1는 그리스 논리학을 세계적 맥락에 위치시키는 데 도움을 준다.

49 Needham, *Science and Civilisation in China*, ii, p. 72. 한국어판은 『중국의 과학과 문명』(까치, 1989).

50 *The Analects of Confucius*, trans. A. Waley (London: Allen and Unwin, 1938), p. 216. 한국어판은 여러 판본의 『논어』.

51 Needham, *Science and Civilisation in China*, ii, p. 55. 한국어판은 『중국의 과학과 문명』(까치, 1989).

52 A. Crombie, *Styles of Scientific Thinking* (London: Duckworth, 1994) 은 분량이 많지만 서양 전통에 관한 매우 유용한 탐구서다. 같은 저자의 *Science, Art and Nature* (London: Hambledon Press, 1996)는 중세시대 이후의 전통을 다룬다.

53 N. Sivin, *Medicine, Philosophy and Religion in Ancient China* (Aldershot: Variorum, 1995)는 도(道)와 과학의 연관성을 다룬 귀중한 에세이 모음집이다. F. Capra, *The Tao of Physics* (Berkeley: Shambhala, 1975)(한국어판은 『현대 물리학과 동양사상』[범양사, 2006])는 독특하지만 영향력 있는 저작으로 현대 양자물리학의 도교적 해석을 지지한다.

54 J. Longrigg, *Greek Medicine* (London: Duckworth, 1998)은 유용한 자료집이다. D. Cantor, ed., *Reinventing Hippocrates* (Farnham: Ashgate, 2001)는 매우 흥미로운 에세이 모음집이다. 전반적인 의학의 역사를 알고자 한다면 R. Porter, *The Greatest Benefit to Mankind* (New York: W. W. Norton, 1999)가 방대하고 잘 읽히며 불경한 재치가 돋보이는 저작이다.

55 Needham, *Science and Civilisation in China*, ii, p. 27. 한국어판은 『중국의 과학과 문명』(까치, 1989).

56 D. J. Rothman, S. Marcus, and S. A. Kiceluk, *Medicine and Western Civilization* (New Brunswick: Rutgers University Press, 1995), pp. 142-3.

57 L. Giles, ed., *Taoist Teachings, Translated from the Book of Lieh-Tzü* (London: Murray, 1912), p. 111.

58 무신론에 대한 비판을 보려면 다음을 참고하자. J. Maritain, *The Range of Reason* (New York: Scribner, 1952). 고전적인 무신론 저작들은 다음과 같다. L. Feuerbach, *Principles of the Philosophy of the Future* (1843), and B. Russell, *Why I Am Not a Christian* (New York: Simon & Schuster, 1967) (한국어판은 『나는 왜 기독교인이 아닌가』[사회평론, 2005]). J. Thrower, *Western Atheism: A Short History* (Amherst: Prometheus Books, 1999)는 명료하고 간결한 입문서다.

59 W. K. C. Guthrie, *The Greek Philosophers from Thales to Aristotle* (London: Routledge, 2013), p. 63.

60 M. O. Goulet-Caze, 'Religion and the early Cynics', in R. Bracht-Brahman and M. O. Goulet-Caze, eds, *The Cynics: The Cynic Movement in Antiquity and Its Legacy* (Berkeley: University of California Press, 1996), pp. 69-74.

61 P. P. Haillie, ed., *Sextus Empiricus: Selections from His Major Writings on Scepticism, Man and God* (Indianapolis: Hackett, 1985), p. 189.

62 W. T. De Bary et al., eds, *Sources of Indian Tradition*, 2 vols (New York: Columbia University Press, 1958), ii, p. 43.

63 *The Epicurus Reader*, ed. L. Gerson (New York: Hackett, 1994)는 주요 텍스트의 선집이다. H. Jones, *The Epicurean Tradition* (London: Routledge, 1992)은 에피쿠로스가 현대에 미친 영향을 추적한다. D. J. Furley, *The Greek Cosmologists*, vol. 1 (Cambridge: Cambridge University Press, 1987)

는 원자론의 그리스적 기원에 관한 대표적 저작이다. M. Chown, *The Magic Furnace* (London: Vintage, 2000)는 원자론의 역사를 다룬 활기 넘치는 대중서다. C. Luthy et al., eds, *Late Medieval and Early Modern Corpuscular Matter Theories* (Leiden: Brill, 2001)는 고대 원자론과 현대 원자론의 틈을 메우는 매혹적인 학술 논문 모음집이다.

64 Needham, *Science and Civilisation in China*, ii, p. 179. 한국어판은 『중국의 과학과 문명』(까치, 1989).

65 C. P. Fitzgerald, *China: A Short Cultural History* (London: Cresset, 1950), p. 86.

66 P. Mathieson, ed., *Epictetus: The Discourses and Manual* (Oxford: Oxford University Press, 1916), pp. 106-7; Russell, *History of Western Philosophy*, p. 251. 한국어판은 『러셀 서양철학사』(을유문화사, 2019).

67 A. A. Long, *Hellenistic Philosophy* (Berkeley and Los Angeles: University of California Press, 1974)(한국어판은 『헬레니즘 철학』[서광사, 2000])는 스토아주의에 관한 내용이 특히 훌륭하다. J. Annas and J. Barnes, eds, *The Modes of Scepticism* (Cambridge: Cambridge University Press, 1985)은 주요 서양 텍스트 모음집이다. J. Barnes, *The Toils of Scepticism* (Cambridge: Cambridge University Press, 1990)은 흥미로운 해석이 담긴 에세이다.

68 J. Legge, ed., *The Chinese Classics*, 5 vols (London: Trubner, 1861-72), ii, p. 190.

69 Needham, *Science and Civilisation in China*, ii, p. 19. 한국어판은 『중국의 과학과 문명』(까치, 1989).

70 A. MacIntyre, *After Virtue* (London: Duckworth, 1981)(한국어판은 『덕의 상실』[문예출판사, 2021])는 훌륭한 입문서다. E. O. Wilson, *On Human Nature* (Cambridge, MA: Harvard University Press, 1978)(한국어판은 『인간 본성에 대하여』[사이언스북스, 2011])는 이 주제에 관한 가장 유물론적 저작으로 손꼽힌다. 낙관론을 가장 자신 있게 옹호하는 저작으로는 M. J.

A. N. C. de Condorcet's *Progrès de l'esprit humain* (1794)(한국어판은 『인간 정신의 진보에 관한 역사적 개요』[책세상, 2019] 외)을 들 수 있을 것이다. 이 책의 저자는 단두대에서 처형될 날을 기다리며 이 책을 썼다.

71 H. Wang and L. S. Chang, *The Philosophical Foundations of Han Fei's Political Theory* (Honolulu: University of Hawaii Press, 1986).

72 C. Ping and D. Bloodworth, *The Chinese Machiavelli* (London: Secker and Warburg, 1976)는 생생하고 대중적인 중국 정치사상사 저작이다. 자세한 내용과 맥락을 알고 싶다면 다음 저작을 참고하자. B. I. Schwartz, *The World of Thought in Ancient China* (Cambridge, MA: Harvard University Press, 1985)(한국어판은 『중국 고대사상의 세계』[살림, 1996]); Y. Pines, *Envisioning Eternal Empire: Chinese Political Thought of the Warring States Era* (Honolulu: University of Hawaii Press, 2009). A. Waley, *Three Ways of Thought in Ancient China* (Palo Alto: Stanford University Press, 1939)는 고전적 입문서다. S. De Grazia, ed., *Masters of Chinese Political Thought* (New York: Viking, 1973) 역시 핵심 텍스트의 번역서다.

73 *Republic*, 473d. 한국어판은 원전을 번역한 천병희 역의 『플라톤전집 4—국가』(도서출판 숲, 2013) 외에 여러 번역서가 있다.

74 K. Popper, *The Open Society and Its Enemies*, vol. 1 (Princeton: Princeton University Press, 1945)(한국어판은 『열린사회와 그 적들』[민음사, 2006])는 플라톤주의의 고전적 비판서다. C. D. C. Reeve, *Philosopher-Kings* (Princeton: Princeton University Press, 1988)는 걸출한 고대인 플라톤을 다룬 역사서다. M. Schofield, *Saving the City* (London and New York: Routledge, 1999)는 고대 철학의 철인 왕 개념에 관한 연구서다.

75 *The Book of Mencius*, 18.8; Legge, ed., *The Chinese Classics*, v, p. 357. On Mencius, K. Hsiao, *History of Chinese Political Thought* (Princeton: Princeton University Press, 2015), i, pp. 143-213는 특히 훌륭하다.

76 Aristotle, *Politics*, 4.4. 한국어판은 『정치학』(도서출판 숲, 2009).

77 P. Pettit, *Republicanism* (Oxford: Oxford University Press, 1997)은 유용한 입문서다. A. Oldfield, *Citizenship and Community* (London and New York: Routledge, 1990)와 R. Dagger, *Civic Virtues* (Oxford: Oxford University Press, 1997)는 현대의 공화주의에 관한 폭넓은 연구서다.

78 R. Cavendish, 'The abdication of King Farouk', *History Today*, lii (2002), p. 55.

79 고대의 맥락은 다음의 저작에서 훌륭하게 다루어졌다. T. Wiedemann, *Greek and Roman Slavery* (Baltimore: Johns Hopkins University Press, 1981). A. Pagden, *The Fall of Natural Man* (Cambridge: Cambridge University Press, 1986)은 아리스토텔레스의 이 신조를 근대 초 혁명의 맥락에 위치시킨다. 이 신조에 대한 고전적 저작은 다음을 참조하자. L. Hanke, *Aristotle and the American Indians* (London: Hollis and Carter, 1959).

80 A. Loombs and J. Burton, eds, *Race in Early Modern England: A Documentary Companion* (New York: Palgrave Macmillan), p. 77; Pagden, *The Fall of Natural Man*, pp. 38-41.

81 F. Bethencourt, *Racisms: From the Crusades to the Twentieth Century* (Princeton: Princeton University Press, 2013).

제5장 신앙을 생각하다: 종교적인 시대의 아이디어들

1 M. A. Cook, *Early Muslim Dogma* (Cambridge: Cambridge University Press, 1981)는 무슬림 사상 연구에서 매우 중요한 자료다. M. A. Cook, *The Koran: A Very Short Introduction* (Oxford: Oxford University Press, 2000)은 최고의 쿠란 입문서다. G. A. Vermes의 저작 *Jesus in His Jewish Context* (Minneapolis: Fortress Press, 2003)는 확대 해석이 지나치다는 비판을 받기도 하지만 유대인 그리스도에 대한 이해를 돕는다.

2   S. Rebanich, *Jerome* (London: Routledge, 2002), p. 8.

3   Augustine, *Confessions*, ch. 16. 한국어판은 『고백록』(서광사, 2014) 외 다수의 번역서가 있다.

4   R. Lane Fox, *Pagans and Christians: In the Mediterranean World from the Second Century AD to the Conversion of Constantine* (London: Viking, 1986).

5   N. G. Wilson, *Saint Basil on the Value of Greek Literature* (London: Duckworth, 1975), pp. 19-36.

6   Gregory the Great, *Epistles*, 10:34; G. R. Evans, *The Thought of Gregory the Great* (Cambridge: Cambridge University Press, 1986), p. 9.

7   B. Lewis, ed., *Islam* (New York: Harper, 1974), ii, pp. 20-1; W. M. Watt, *The Faith and Practice of Al-Ghazali* (London: Allen and Unwin, 1951), pp. 72-3.

8   S. Billington, *A Social History of the Fool* (Sussex: Harvester, 1984)은 간략한 개요서다. V. K. Janik, *Fools and Jesters* (Westport: Greenwood, 1998)는 서지학적 전서다. E. A. Stewart, *Jesus the Holy Fool* (Lanham: Rowman and Littlefield, 1998)은 그리스도에 관한 흥미로운 측면들을 다룬다.

9   W. Heissig, *The Religions of Mongolia* (Berkeley: University of California Press, 1980).

10 M. Rithven, *Historical Atlas of the Islamic World* (Cambridge, MA: Harvard University Press, 2004).

11 R. Bultmann, *Theology of the New Testament* (London: SCM Press, 1955), ii, p. 135.

12 See E. Leach and D. A. Aycock, eds, *Structuralist Interpretations of Biblical Myth* (Cambridge: Cambridge University Press, 1983), 특히 pp. 7-32; J. Frazer, *The Golden Bough* (New York: Macmillan, 1958), i, pp. 158, 405-45. 한국어판은 『황금가지』(한겨레출판, 2003).

13 M. Moosa, *Extremist Shi'ites: The Ghulat Sects* (Syracuse: Syracuse University Press, 1988), p. 188.

14 G. O'Collins, *Incarnation* (London: Continuum, 2002)은 성육신 신조에 관한 직접적이고 흥미로운 해설서다. B. Hume, *Mystery of the Incarnation* (London: Paraclete, 1999)은 감동적인 고찰을 담은 책이다. S. Davis et al., *The Trinity* (Oxford: Oxford University Press, 2002)는 탁월한 에세이 선집이다.

15 *Patrologia Latina*, v, pp. 109-16.

16 W. H. Bright, ed., *The Definitions of the Catholic Faith* (Oxford and London: James Parker, 1874)는 고전적 저작이다. H. Chadwick, *The Early Church* (London: Penguin, 1993)(한국어판은 『초대교회사』[CH북스, 1999])는 이 분야 최고의 역사 연구서이며, J. Danielou, *A History of Early Christian Doctrine* (London: Darton, Longman, and Todd, 1977)은 신학적 배경을 다룬다.

17 J. Emminghaus, *The Eucharist* (Collegeville, MN: Liturgical Press, 1978) 는 훌륭한 입문서다. R. Duffy, *Real Presence* (San Francisco: Harper and Row, 1982)는 가톨릭교 교리를 성찬식의 맥락에 위치시킨다. M. Rubin, *Corpus Christi* (Cambridge: Cambridge University Press, 1991)는 중세 후기 문화의 성찬식을 다룬 탁월한 연구서다.

18 C. K. Barrett, *Paul* (Louisville: Westminster/John Knox, 1994)과 M. Grant, *Saint Paul* (London: Phoenix, 2000)은 성 바울에 관해 읽기 쉽게 쓴 책들이다. A. F. Segal, *Paul the Convert* (New Haven: Yale University Press, 1990)는 유대교의 배경을 다룬 부분이 특히 훌륭하다. J. G. D. Dunn, ed., *The Cambridge Companion to St Paul* (Cambridge: Cambridge University Press, 2003)도 참고할 만한 책이다.

19 *The Fathers of the Church: St Augustine, the Retractions*, trans. M. I. Brogan, R.S.M. (Washington, DC: Catholic University Press, 1968), p. 32.

20 Augustine, *Confessions*, ch. 11. 한국어판은『고백록』(서광사, 2014) 외 다수의 번역서가 있다.

21 W. Hasker, *God, Time and Knowledge* (Ithaca: Cornell University Press, 1989)는 좋은 입문서다. J. Farrelly, *Predestination, Grace and Free Will* (Westminster, MD: Newman Press, 1964)과 G. Berkouwer, *Divine Election* (Grand Rapids: Eerdmans, 1960)도 신학적 영향의 측면에서 참조할 만하다.

22 G. Filoramo, *Gnosticism* (Oxford: Blackwell, 1990)과 E. Pagels, *The Gnostic Gospels* (London: Weidenfeld and Nicolson, 1980)(한국어판은『숨겨진 복음서, 영지주의』[루비박스, 2006]) , 그리고 M. Marcovich, *Studies in Graeco-Roman Religions and Gnosticism* (Leiden: Brill, 1988)은 모두 필수 안내서다.

23 *Contra Haereses*, 1.24.4; H. Bettenson and C. Maunder, eds, *Documents of the Christian Church* (Oxford: Oxford University Press, 2011), p. 38.

24 Augustine, *Confessions*, ch. 2. 한국어판은『고백록』(서광사, 2014) 외 다수의 번역서가 있다.

25 J. Goody, *The Development of the Family and Marriage in Europe* (Cambridge: Cambridge University Press, 1983), pp. 49-60, 146. P. Brown, *The Body and Society* (New York: Columbia University Press, 1988)는 기독교 순결 서약의 초기 역사를 다룬 탁월한 연구서다. P. Aries and A. Bejin, *Western Sexuality* (Oxford: Blackwell, 1985)는 거의 고전의 반열에 오른 책이다. 종래의 도덕성에 도전을 제기하는 데 집중한다.

26 J. N. D. Anderson, *Islamic Law in the Modern World* (New York: New York University Press, 1959).

27 G. Fowden, *Qusayr 'Amra: Art and the Umayyad Elite in Late Antique Syria* (Berkeley: University of California Press, 2004).

28 L. Komaroff and S. Carboni, eds, *The Legacy of Genghis Khan: Courtly*

Art and Culture in Western Asia (New York: Metropolitan Museum of Art, 2002), pp. 256-353.

29 R. Cormack, *Painting the Soul* (London: Reaktion, 1997)은 입문자를 위한 생생한 개론서다. 같은 저자가 쓴 *Writing in Gold* (New York: Oxford University Press, 1985)는 비잔티움 역사에서의 이콘화에 관한 탁월한 연구서다. T. Ware, *The Orthodox Church* (London: Penguin, 1993)는 그리스정교회의 역사에 관한 일반 서적 중 최고다.

30 S. Gayk, *Image, Text, and Religious Reform in Fifteenth-Century England* (Cambridge: Cambridge University Press, 2010), pp. 155-88.

31 Plotinus, *Enneads*, 2.9.16. 한국어판은 『엔네아데스』(지만지, 2015); J. S. Hendrix, *Aesthetics and the Philosophy of Spirit* (New York: Lang, 2005), p. 140.

32 아퀴나스의 신조들에 관해서는 Turner, *Thomas Aquinas*를 참조했다.

33 Thomas Aquinas, *Summa Contra Gentiles*, 7.1. 한국어판은 『대이교도대전』(분도출판사, 2015).

34 C. H. Haskins, 'Science at the court of the Emperor Frederick II', *American Historical Review*, xxvii (1922), pp. 669-94.

35 S. Gaukroger, *The Emergence of a Scientific Culture* (Oxford: Oxford University Press, 2006), pp. 59-76.

36 C. H. Haskins, *The Renaissance of the Twelfth Century* (New York: Meridian, 1957)(한국어판은 『21세기 르네상스』[혜안, 2017])는 이 주제를 다룬 선구적 저작이다. A. Crombie, *Grossteste* (Oxford: Clarendon Press, 1953)는 중요한 인물이 쓴 논쟁적이고 매력적인 연구서다. D. C. Lindberg, *The Beginnings of Western Science* (Chicago: University of Chicago Press, 1992)는 전반적인 맥락을 훌륭하게 소개하는 책이다.

37 E. Gilson, *History of Christian Philosophy in the Middle Ages* (New York: Random House, 1955)는 고전적 저작이다. J. A. Weisheipl, *Friar Thomas*

d'Aquino (New York: Doubleday, 1974)는 아퀴나스의 일대기를 다룬 아마도 여전히 최고의 책일 것이다. 다만, 나중에 나온 Turner, *Thomas Aquinas*도 못지 않게 훌륭하고 특히 아퀴나스의 사상에 관해서는 독보적이다. M. M. Adams, *William Ockham* (Indianapolis: University of Notre Dame Press, 1987)은 오컴에 관한 종합적인 연구서 중 최고다.

38 E. L. Saak, *Creating Augustine* (Oxford: Oxford University Press, 2012), pp. 164-6.

39 Augustine, *Confessions*, 11.3. 한국어판은 『고백록』(서광사, 2014) 외 다수의 번역서가 있다.

40 R. H. Nash, *The Light of the Mind* (Lexington: University Press of Kentucky, 1969)는 아우구스티누스의 이론에 관한 명료하고 예리한 연구서다. D. Knowles, *What Is Mysticism?* (London: Burns and Oates, 1967)은 신비주의에 관한 최고의 간략한 입문서다.

41 D. Sarma, *Readings in Classic Indian Philosophy* (New York: Columbia University Press, 2011), p. 40.

42 H. Dumoulin, *Zen Buddhism: A History*, 2 vols (Bloomington: World Wisdom, 2005), i, p. 85.

43 Dumoulin, *Zen Buddhism*과 T. Hoover, *Zen Culture* (New York: Random House, 1977)는 훌륭한 입문서다. R. Pirsig, *Zen and the Art of Motorcycle Maintenance* (London: Vintage, 2004)(한국어판은 『선과 모터사이클 관리술』[문학과지성사, 2010])는 "질(quality)"이라는 신조를 모색하며 아메리카대륙을 횡단하는 저자의 고전적 이야기이다.

44 Pirsig, *Zen and the Art of Motorcycle Maintenance*, p. 278. 한국어판은 『선과 모터사이클 관리술』(문학과지성사, 2010).

45 Ambrose, *Epistles*, 20:8.

46 B. Tierney, *The Crisis of Church and State 1050–1300* (Englewood Cliffs: Prentice Hall, 1964), p. 175; Bettenson and Maunder, *Documents of the*

Christian Church, p. 121.

47 J. Maritain, *Man and the State* (Washington, DC: Catholic University of America Press, 1951)는 교회와 국가 관계 문제에서 중요한 인물로 손꼽히는 현대 사상가의 고전적인 통찰을 담은 책이다. R. W. Southern, *Western Society and the Church in the Middle Ages* (London: Penguin, 1970)는 중세 교회사를 다룬 최고의 입문서다. A. Murray, *Reason and Society in the Middle Ages* (Oxford: Clarendon Press, 1978)는 흥미롭고 독특한 접근방식을 취하고 있다. O. and J. L. O'Donovan, *From Irenaeus to Grotius: A Sourcebook in Christian Political Thought* (Grand Rapids: Eerdmans, 1999)는 훌륭한 주석이 곁들여진 매우 중요한 사료를 제공한다.

48 P. Brown, 'The rise and function of the holy man in late antiquity', *Journal of Roman Studies*, lxi (1971), pp. 80-101.

49 Bettenson and Maunder, *Documents of the Christian Church*, p. 121.

50 W. Ullmann, *The Growth of Papal Government in the Middle Ages* (London: Methuen, 1970)와 *A History of Political Thought: The Middle Ages* (Middlesex: Penguin, 1965)는 최고의 권위를 인정받는 저작의 정수가 담겨 있다. E. Duffy, *Saints and Sinners* (New Haven: Yale University Press, 1997)는 교황직의 역사를 충분한 근거에 기반해 생생하게 서술한다.

51 G. E. R. Lloyd, *Aristotle: The Growth and Structure of His Thought* (Cambridge: Cambridge University Press, 1968), p. 255.

52 Aristotle, *Politics*, 4.3. 한국어판은 『정치학』(도서출판 숲, 2009).

53 J. H. Burns and T. Izbicki, eds, *Conciliarism and Papalism* (Cambridge: Cambridge University Press, 1997)은 중요한 선집이다. J. J. Ryan, *The Apostolic Conciliarism of Jean Gerson* (Atlanta: Scholars, 1998)은 15세기 공의회수위설의 발전을 다룬 탁월한 저작이다. A. Gewirth, *Marsilius of Padua* (New York: Columbia University Press, 1951)는 마르실리우스에 관한 최고의 연구서다. 같은 저자와 C. J. Nedermann은 다음 책의 훌륭한

번역서를 냈다. Marsilius's *Defensor Pacis* (New York: Columbia University Press, 2001).

54 J. Mabbott, *The State and the Citizen* (London: Hutchison's University Library, 1955)은 이 문제와 관련된 정치 이론에 대한 훌륭한 입문서다. J. Rawls, *A Theory of Justice* (Cambridge, MA: Harvard University Press, 1971)(한국어판은 『정의론』[이학사, 2003])는 사회 계약론을 현대화하려는 인상적인 시도를 담은 저작이다.

55 다음을 참조하자. P. S. Lewis, *Essays in Later Medieval French History* (London: Hambledon, 1985), pp. 170-86.

56 같은 책, p. 174.

57 J. R. Figgis, *The Divine Right of Kings* (Cambridge: Cambridge University Press, 1922)와 M. Wilks, *The Problem of Sovereignty in the Middle Ages* (Cambridge: Cambridge University Press, 2008)는 탁월한 연구서다. Q. Skinner, *The Foundations of Modern Political Thought*, 2 vols (Cambridge: Cambridge University Press, 1978)(한국어판은 『근대 정치사상의 토대 1』[한길사, 2004], 『근대 정치사상의 토대 2』[한국문화사, 2012])는 중세 후기 및 근대 초 정치의 주요 주제들에 대한 귀중한 안내서다.

58 M. Keen, *Chivalry* (New Haven: Yale University Press, 1984).

59 P. Binski, *The Painted Chamber at Westminster* (London: Society of Antiquaries, 1986), pp. 13-15.

60 F. Fernandez-Armesto, 'Colon y los libros de caballeria', in C. Martinez Shaw and C. Pacero Torre, eds, *Cristóbal Colón* (Valladolid: Junta de Castilla y Leon, 2006), pp. 114-28.

61 F. E. Kingsley, ed., *Charles Kingsley: His Letters and Memories of His Life*, 2 vols (Cambridge, Cambridge University Press, 2011), ii, p. 461. M. Girouard, *The Return to Camelot* (New Haven: Yale University Press, 1981)는 18세기에서 20세기까지 기사도의 부활을 다룬 흥미진진한 이

야기를 담고 있다.

62 Keen, *Chivalry*는 대표적 저작이다. M. G. Vale, *War and Chivalry* (London: Duckworth, 1981)는 기사도가 가장 큰 영향력을 발휘한 맥락을 다룬 인상적인 연구서다.

63 B. Lewis, *The Political Language of Islam* (Chicago: University of Chicago Press, 1988), pp. 73-4.

64 C. Hillenbrand, *The Crusades: Islamic Perspectives* (Edinburgh: Edinburgh University Press, 1999)와 K. Armstrong, *Holy War* (New York: Anchor, 2001)는 둘 다 아주 읽기 쉽고 아주 믿을 만한 저작들이다. G. Keppel, *Jihad* (Cambridge, MA: Harvard University Press, 2001)는 현대 이슬람교의 성전(聖戰)이라는 아이디어에 대한 흥미로운 저널리즘적 탐구를 담은 저작이다. J. Riley-Smith, *What Were the Crusades?* (London: Palgrave Macmillan, 2009)는 십자군 전사들이 자신들의 전쟁을 어떻게 이해하고 있었는지를 다룬 훌륭한 저작이다.

65 M. Keen, *Nobles, Knights and Men-at-Arms in the Middle Ages* (London: Hambledon, 1986)는 Maurice Keen이 쓴 유익한 에세이의 모음집이다. 특히 pp. 187-221를 참조하자. 말로의 말은 *Tamburlaine the Great*, Act I, Scene 5, 186-90(한국어판은 『탬벌레인 대왕』[지만지, 2018] 외 다수)에서 인용했다.

66 M. Rady, *Customary Law in Hungary* (Oxford: Oxford University Press, 2015), pp. 15-20.

67 P. O. Kristeller, *Renaissance Thought and Its Sources* (New York: Columbia University Press, 1979)는 독보적이고 간략한 입문서다 R. Black, *Humanism and Education in Medieval and Renaissance Italy* (Cambridge: Cambridge University Press, 2001)는 수정주의적 역사 관점에서 이 주제를 철저하게 다룬 설득력 있는 연구서이다. 다음의 책과 같이 읽을 것을 강력히 권장한다. R. W. Southern, *Scholastic Humanism and the Unification of Europe* (Oxford: Wiley-Blackwell, 2000).

68 R. W. Bulliett, *Conversion to Islam in the Medieval Period: An Essay in Quantitative History* (Cambridge, MA: Harvard University Press, 1979), pp. 16-32, 64-80.

69 *Selected Works of Ramon Llull*, ed. A. Bonner (Princeton: Princeton University Press, 1985)는 라몬 유의 사상을 이해하기 좋은 입문서다. 영적 정복에 관한 논쟁은 1930년대와 1940년대의 저작인 R. Ricard, *The Spiritual Conquest of Mexico* (Berkeley: University of California Press, 1974)에서 주요 용어들이 설정되었다. S. Neill, *A History of Christian Missions* (Harmondsworth: Penguin, 1964)는 기독교의 확산을 전반적으로 간략하게 다룬 최고의 저작이다.

제6장 미래로의 회귀: 흑사병과 추위를 통과한 생각

1 A. W. Crosby, *The Columbian Exchange* (1972), is now best consulted in the 2003 edition (Santa Barbara: Greenwood). 한국어판은 『콜럼버스가 바꾼 세계—신대륙 발견 이후 세계를 변화시킨 흥미로운 교환의 역사』 (지식의숲, 2006).

2 현재 만족스러운 개괄적인 저작은 나와 있지 않지만 J. Belich가 집필중인 저작이 그러한 역할을 해줄지 모르겠다. 다음을 참조하자. W. McNeill, *Plagues and Peoples* (New York: Doubleday, 1976)(한국어판은 『전염병의 세계사』[이산, 2005]); M. Green, ed., 'Pandemic disease in the medieval world', *Medieval Globe*, i (2014).

3 H. Lamb, 'The early medieval warm epoch and its sequel', *Palaeogeography, Palaeoclimatology, Palaeoecology*, i (1965), pp. 13-37; H. Lamb, Climate, History and the Modern World (London: Routledge, 1995)(한국어판은 『기후와 역사』[한울, 2021]); G. Parker, *Global Crisis: Climate Change and Catastrophe in the Seventeenth Century* (New Haven:

Yale University Press, 2013).

4   F. Fernandez-Armesto, ed., *The Global Opportunity* (Aldershot: Ashgate, 1998)와 *The European Opportunity* (Aldershot: Ashgate, 1998)에 실린 논문들에서 개요를 살펴볼 수 있다.

5   H. Honour, *Chinoiserie: The Vision of Cathay* (New York: Dutton, 1968), p. 125.

6   이어지는 단락은 다음 책에 기초해 썼다. F. Fernandez-Armesto, *Américo* (Madrid: Tusquets, 2008), pp. 28-31.

7   F. Fernandez-Armesto, *Amerigo: The Man Who Gave His Name to America* (New York: Random House, 2007), pp. 6-7.

8   W. Oakeshott, *Classical Inspiration in Medieval Art* (London: Chapman, 1969).

9   J. Goody, *Renaissances: The One or the Many?* (Cambridge: Cambridge University Press, 2009).

10   F. Fernandez-Armesto, *Millennium* (London: Bantam House, 1995), p. 59.

11   J. Winckelmann, *Reflections on the Painting and Sculpture of the Greeks* (London: Millar, 1765), p. 4; K. Harloe, *Winckelmann and the Invention of Antiquity* (Oxford: Oxford University Press, 2013). C. H. Rowland et al., eds, *The Place of the Antique in Early Modern Europe* (Chicago: University of Chicago Press, 2000)은 중요한 전시 카탈로그다. F. Haskell, *Taste and the Antique* (New Haven: Yale University Press, 1981)와 *Patrons and Painters* (New Haven: Yale University Press, 1980)는 이 분야에서 으뜸가는 학자의 저작에서 정수만을 모은 책들이다.

12   *Bacon's Essays*, ed. W. A. Wright (London: Macmillan, 1920), p. 204.

13   다음에 이어지는 단락들은 다음의 글에 바탕을 두고 썼다. P. Burke, F. Fernandez-Armesto, and L. Clossey, 'The Global Renaissance', *Journal*

of World History, xxviii (2017), pp. 1-30.

14 F. Fernandez-Armesto, *Columbus on Himself* (Indianapolis: Hackett, 2010), p. 223.

15 콜럼버스에 관한 유익한 책들은 다음과 같다. W. D. and C. R. Phillips, *The Worlds of Christopher Columbus* (Cambridge: Cambridge University Press, 1992); F. Fernandez-Armesto, *Columbus* (London: Duckworth, 1996); Martinez Shaw and Pacero Torre, eds, *Cristóbal Colón*. E. O'Gorman, *The Invention of America* (Westport: Greenwood, 1972)는 이 아이디어를 다룬 논쟁적이고 흥미로운 연구서다.

16 D. Goodman and C. Russell, *The Rise of Scientific Europe* (London: Hodder and Stoughton, 1991)은 훌륭한 개괄을 제공한다.

17 A. Ben-Zaken, *Cross-Cultural Scientific Exchanges in the EasternMediterranean, 1560–1660* (Baltimore: Johns Hopkins University Press, 2010).

18 G. Saliba, *Islamic Science and the Making of the European Renaissance* (Cambridge, MA: Harvard University Press, 2007).

19 D. C. Lindberg, *Theories of Vision from Al-kindi to Kepler* (Chicago: University of Chicago Press, 1976), pp. 18-32.

20 H. F. Cohen, *How Modern Science Came into the World. Four Civilizations, One 17th Century Breakthrough* (Amsterdam: Amsterdam University Press, 2010), especially pp. 725-9.

21 G. W. Leibniz, *Novissima Sinica* (Leipzig?, 1699).

22 S. Schapin, *The Scientific Revolution* (Chicago: University of Chicago Press, 1996).

23 R. Evans, *Rudolf II and His World* (Oxford: Oxford University Press, 1973).

24 F. Yates, *Giordano Bruno and the Hermetic Tradition* (Chicago: University

of Chicago Press, 1964)와 *The Art of Memory*는 핵심적 저작들이다. J. Spence, *The Memory Palace of Matteo Ricci* (New York: Penguin, 1985)(한국어판은 『마테오 리치, 기억의 궁전』[이산, 1999])는 흥미진진한 사례 연구서다.

25 F. Bacon, *Novum Organum*(한국어판은 『신기관』[한길사, 2016]), in J. Spedding et al., eds, *The Works of Francis Bacon*, 4 vols (Cambridge: Cambridge University Press, 2011), iv, p. 237; L. Jardine and A. Stewart, *Hostage to Fortune: The Troubled Life of Francis Bacon* (New York: Hill, 1999).

26 T. H. Huxley, 'Biogenesis and abiogenesis,' in *Collected Essays*, 8 vols (London: Macmillan, 1893-8), viii, p. 229.

27 K. Popper, *The Logic of Scientific Discovery* (London: Routledge, 2002), pp. 6-19.

28 W. Pagel, *Joan Baptista van Helmont* (Cambridge: Cambridge University Press, 1982), p. 36.

29 R. Foley, *Working Without a Net* (New York and Oxford: Oxford University Press, 1993)은 데카르트가 처한 맥락과 그의 영향력을 다룬 도발적인 연구서다. D. Garber, *Descartes Embodied* (Cambridge: Cambridge University Press, 2001)는 중요한 에세이 선집이다. S. Gaukroger, *Descartes' System of Natural Philosophy* (Cambridge: Cambridge University Press, 2002)는 데카르트의 사상을 다룬 도전적인 연구서다.

30 *The Philosophical Writings of Descartes*, ed. J. Cottingham, R. Stoothoff, and D. Murdoch (Cambridge: Cambridge University Press, 1984), i, pp. 19, 53, 145-50; ii, pp. 409-17; iii, p. 337; M. D. Wilson, *Descartes* (London: Routledge, 1978), pp. 127-30, 159-74, 264-70.

31 A. Macfarlane and G. Martin, *The Glass Bathyscaphe: Glass and World History* (London: Profile, 2002).

32 Saliba, *Islamic Science.*

33 J. M. Dietz, *Novelties in the Heavens* (Chicago: University of Chicago Press, 1993)는 흥미로운 입문서다. A. Koestler, *The Sleepwalkers* (London: Hutchinson, 1968)는 초기의 코페르니쿠스 전통을 다룬 탁월하고 매혹적인 저작이다. T. Kuhn, *The Copernican Revolution* (Cambridge, MA: Harvard University Press 2003)은 코페르니쿠스의 영향을 다룬 독보적인 저작이다.

34 R. Feldhay, *Galileo and the Church: Political Inquisition or Critical Dialogue* (Cambridge: Cambridge University Press, 1995), pp. 124-70.

35 D. Brewster, *Memoirs of the Life, Writings, and Discoveries of Sir Isaac Newton*, 2 vols (Edinburgh: Constable, 1855), ii, p. 138. R. Westfall, *The Life of Isaac Newton*, 2 vols (Cambridge: Cambridge University Press, 1994)(한국어판은 『프린키피아의 천재』[사이언스북스, 2001])은 뉴턴의 최고의 전기다. 다음의 저작도 이 책에 견줄 만하다. P. Fara, *Newton: The Making of a Genius* (New York: Pan Macmillan, 2011). M. White, *The Last Sorcerer* (Reading, MA: Perseus, 1998)는 뉴턴이 연금술에 갖고 있었던 관심을 흥미롭게 다룬 대중 서적이다. H. Gilbert and D. Gilbert Smith, *Gravity: The Glue of the Universe* (Englewood: Teacher Ideas Press, 1997)는 중력의 개념을 다룬 흥미로운 대중 역사서다. 뉴턴이 스스로를 어떻게 묘사했는지에 관해 그의 왕립협회 동료 회원이었던 앤드루 램지 (Andrew Ramsay)가 전한 내용을 다음 책에서 확인할 수 있다. J. Spence, *Anecdotes, Observations and Characters, of Books and Men* (London: Murray, 1820), p. 54.

36 Needham, *Science and Civilisation in China*, ii, p. 142. 한국어판은 『중국의 과학과 문명』(까치, 1989).

37 S. Lee, *Great Englishmen of the Sixteenth Century* (London: Constable, 1904), pp. 31-6.

38 J. Carey, ed., *The Faber Book of Utopias* (London: Faber and Faber, 1999)

는 탁월한 선집으로 나는 이 책에서 몇 가지 사례를 가져왔다. K. Kumar, *Utopianism* (Milton Keynes: Open University Press, 1991)은 유익하고 간단하며 짧은 입문서다.

39 N. Machiavelli, *The Prince*, ch. 18. 한국판은 『군주론』(현대지성, 2021) 등 여러 번역본이 있다.

40 D. Wootton의 번역본인 *The Prince* (Indianapolis: Hackett, 1995)가 가장 뛰어나다. H. C. Mansfield, *Machiavelli's Virtue* (Chicago: University of Chicago Press, 1998)는 마키아벨리의 사상의 원천에 관한 깊이 있고 도전적인 연구서다. Q. Skinner, *Machiavelli* (Oxford: Oxford University Press, 1981)(한국어판은 『마키아벨리』[교유서가, 2021])는 섬세하고 짧은 입문서다.

41 J. G. A. Pocock, *The Machiavellian Moment* (Princeton: Princeton University Press, 1975)는 핵심적인 저작이다. G. Q. Flynn, *Conscription and Democracy* (Westport: Greenwood, 2002)는 영국과 프랑스 그리고 미국에서의 징집의 역사를 다룬 흥미로운 연구서다.

42 De Bary et al., eds, *Sources of Indian Tradition*, p. 7.

43 같은 책, pp. 66-7; T. De Bary, ed., *Sources of East Asian Tradition*, 2 vols (New York: Columbia University Press, 2008), ii, pp. 19-21.

44 De Bary, ed., *Sources of East Asian Tradition*은 귀중한 사료 모음집이다. L. Chi-chao, *History of Chinese Political Thought* (Abingdon: Routledge, 2000)는 훌륭한 짧은 입문서다. F. Wakeman, *The Great Enterprise*, 2 vols (Berkeley and Los Angeles: University of California Press, 1985)는 이 시기 중국사의 최고의 입문서다. L. Struve, *Voices from the Ming-Qing Cataclysm* (New Haven: Yale University Press, 1993)은 텍스트를 통해 이 시기를 되살린다.

45 J. T. C. Liu, *Reform in Sung China: Wang-an Shih and His New Policies* (Cambridge, MA: Harvard University Press, 1959), p. 54.

46 De Grazia, ed., *Masters of Chinese Political Thought*에는 유용한 텍스트
    들이 수록되어 있다. 우리가 중세로 여기는 시대에 중국이 맺은 외부와의
    관계에서 중국의 보편주의가 가져온 결과에 관해서는 다음의 저작들을
    참조하자. J. Tao, *Two Sons of Heaven* (Tucson: University of Arizona Press,
    1988)은 매우 흥미로운 저작이다. W. I. Cohen, *East Asia at the Center*
    (New York: Columbia University Press, 2001)(한국어판은 『세계의 중심 동
    아시아의 역사』[일조각, 2009])는 중국 중심 세계관의 맥락에서 본 이 지
    역의 역사에 대한 유용한 연구서다. 지도의 정치적 함의에 관해 나는 다
    음의 저작을 참고했다. J. Black, *Maps and Politics* (Chicago: University of
    Chicago Press, 1998)(한국어판은 『지도, 권력의 얼굴』[심산, 2006]).

47 H. Cortazzi, *Isles of Gold: Antique Maps of Japan* (New York: Weatherhill,
    1992), pp. 6-38.

48 E. L. Dreyer, *Early Ming China: A Political History, 1355–1435* (Stanford:
    Stanford University Press, 1982), p. 120.

49 W. T. De Bary et al., eds, *Sources of Japanese Tradition*, 2 vols (New
    York: Columbia University Press, 2001-5), i, p. 467; M. Berry, *Hideyoshi*
    (Cambridge, MA: Harvard University Press, 1982), pp. 206-16.

50 I. Hirobumi, *Commentaries on the Constitution* (Tokyo: Central University,
    1906). R. Benedict, *The Chrysanthemum and the Sword* (Boston:
    Houghton Mifflin, 1946)(한국어판은 『국화와 칼』[을유문화사, 2019])는 일
    본의 가치관을 다룬 서양의 고전이다. Cortazzi, *Isles of Gold*는 일본의 지
    도 제작법에 관한 훌륭한 입문서다 J. Whitney Hall, ed., *The Cambridge
    History of Japan*, 6 vols (Cambridge: Cambridge University Press, 1989-93)
    은 탁월하다. G. B. Sansom, *A Short Cultural History of Japan* (Stanford:
    Stanford University Press, 1978)은 한 권으로 된 유익한 연구서다.

51 K. M. Doak, *A History of Nationalism in Modern Japan* (Leiden: Brill,
    2007), pp. 120-4; J. and J. Brown, *China, Japan, Korea: Culture and
    Customs* (Charleston: Booksurge, 2006), p. 90.

52 O'Donovan and O'Donovan, eds, *From Irenaeus to Grotius*, p. 728.

53 C. Carr, *The Lessons of Terror: A History of Warfare against Civilians* (New York: Random House, 2003), pp. 78-9.

54 H. Bull et al., *Hugo Grotius and International Relations* (Oxford: Clarendon Press, 1990)는 귀중한 선집이다. 다음은 Vitoria의 정치 관련 논문의 선집을 번역한 책이다. J. Laurence and A. Pagden 편집, *Vitoria: Political Writings* (Cambridge: Cambridge University Press, 1991).

55 C. Maier, *Once Within Borders* (Cambridge, MA: Harvard University Press, 2016), pp. 33-9.

56 L. Hanke, *The Spanish Struggle for Justice in the Conquest of America* (Philadelphia: University of Pennsylvania Press, 1949), p. 125.

57 C. Levi-Strauss, *The Elementary Structures of Kinship* (Boston: Beacon, 1969), p. 46.

58 R. Wokler, 'Apes and races in the Scottish Enlightenment', in P. Jones, ed., *Philosophy and Politics in the Scottish Enlightenment* (Edinburgh: Donald, 1986), pp. 145-68. 제임스 버넷의 이론을 풍자한 저작들은 다음을 참조하자. T. L. Peacock의 소설 Melincourt는 영문학의 가장 위대한 익살스러운 작품 중 하나로 손꼽힌다.

59 N. Barlow, ed., *The Works of Charles Darwin, vol. 1: Diary of the Voyage of the HMS Beagle* (New York: New York University Press, 1987), p. 109.

제7장 전 지구적 계몽: 연합된 세계의 연합된 사상

1 모페르튀이에 관한 이 자료와 그 밖의 다른 자료를 보고자 한다면 다음을 참조하자. Fernandez-Armesto, *Truth: A History*, pp. 152-8.

2 P. L. Maupertuis, *The Figure of the Earth, Determined from Observations*

Made by Order of the French King at the Polar Circle (London: Cox, 1738), pp. 38-72.

3   J. C. Boudri, *What Was Mechanical about Mechanics: The Concept of Force between Metaphysics and Mechanics from Newton to Lagrange* (Dordrecht: Springer, 2002), p. 145 n. 37.

4   G. Tonelli, 'Maupertuis et la critique de la metaphysique', *Actes de la journée Maupertuis* (Paris: Vrin, 1975), pp. 79-90.

5   Parker, *Global Crisis*.

6   F. Fernandez-Armesto, *The World: A History* (Upper Saddle River: Pearson, 2014).

7   L. Blusse, 'Chinese century: the eighteenth century in the China Sea region', *Archipel*, lviii (1999), pp. 107-29.

8   Leibniz, *Novissima Sinica*, preface; D. J. Cook and H. Rosemont, eds, *Writings on China* (Chicago and La Salle: Open Court, 1994).

9   I. Morris, in F. Fernandez-Armesto, ed., *The Oxford Illustrated History of the World* (Oxford: Oxford University Press, 2019), ch. 7. 한국어판은 『옥스퍼드 세계사』(교유서가, 2020), 제7장.

10   E. Gibbon, *The History of the Decline and Fall of the Roman Empire*, ch. 1.

11   Strabo, *Geography*, 3.1. 한국어판은 『로마제국 쇠망사』(2010, 민음사).

12   Gibbon, *Decline and Fall*, ch. 38.

13   P. Langford et al., eds, *The Writings and Speeches of Edmund Burke* (Oxford: Clarendon Press, 1981-), ix, p. 248.

14   D. Hay, *Europe: The Emergence of an Idea* (Edinburgh: Edinburgh University Press, 1957)는 아이디어를 주제로 한 탁월한 역사서다. 긴 역사와 짧은 역사는 다음의 책에서 각각 찾아볼 수 있다. N. Davies, *Europe: A History* (London: Bodley Head, 2014); F. Fernandez-Armesto, *The Times Illustrated History of Europe* (London: Times Books, 1995).

15　D. Diderot, 'L'Art', in *L'Encyclopédie* (1751), i, pp. 713-17.

16　D. Diderot, *Les Eleuthéromanes ou les furieux de la liberté*, in *OEuvres complètes* (Paris: Claye, 1875), ix, p. 16; E. A. Setjen, *Diderot et le défi esthétique* (Paris: Vrin, 1999), p. 78.

17　G. Avenel, ed., *Oeuvres complètes* (Paris: Le Siecle, 1879), vii, p. 184.

18　P. A. Dykema and H. A. Oberman, eds, *Anticlericalism in Late Medieval and Early Modern Europe* (Leiden: Brill, 1993)은 중요한 소론집이다. S. J. Barnett, *Idol Temples and Crafty Priests* (New York: St Martin's, 1999)는 계몽주의의 반교회주의 기원을 신선한 방식으로 다룬다. P. Gay, *The Enlightenment*, 2 vols (New York: W. W. Norton, 1996)(한국어판은 『계몽주의의 기원』[민음사, 1998]는 필로조프들의 세속적 사유에 주로 초점을 두고 서술된 탁월한 저작이다. 적어도 정치 사상 측면에서 종합적 저작으로서 이 책이 지닌 권위에 도전하는 저작은 J. Israel, *The Radical Enlightenment* (Oxford: Oxford University Press, 2002)이다. S. J. Barnett, *The Enlightenment and Religion* (Manchester: Manchester University Press, 2004)은 계몽주의 운동은 분명하게 세속주의적이었다는 생각에 도전을 제기한다. 가장 최근에 나온 비슷한 취지의 저작은 다음을 참조하자. U. Lehner, *The Catholic Enlightenment: The Forgotten History of a Global Movement* (Oxford: Oxford University Press, 2016).

19　J. A. N. de Caritat, Marquis de Condorcet, *Sketch for an Historical Picture of the Progress of the Human Mind*, trans. J. Barraclough (London: Weidenfeld, 1955), p. 201.

20　J. B. Bury, *The Idea of Progress* (London: Macmillan, 1920)는 타의 추종을 불허하는 저작이다. 이 책의 아성에 도전한 책은 R. Nisbet, *History of the Idea of Progress* (New Brunswick and London: Transaction, 1980)로, 기독교 전통의 섭리라는 관념까지 거슬러올라간다.

21　G. W. Leibniz, *Theodicy* (1710; new edn, London: Routledge, 1951) 한국어판은 『변신론』[아카넷, 2014]는 고전적 저작이다; G. M. Ross, *Leibniz*

(Oxford: Oxford University Press, 1984)는 라이프니츠 철학을 전반적으로 다룬 최고의 짧은 입문서다.

22 M. Grice-Hutchinson, *The School of Salamanca* (Oxford: Oxford University Press, 1952), p. 96.

23 T. de Mercado, *Summa de tratos* (Book IV: 'De la antiguedad y origen de los cambios', fo. 3v) (Seville: H. Diaz, 1575).

24 K. Kwarteng, *War and Gold* (London: Bloomsbury, 2014).

25 L. Magnusson, *Mercantilism: The Shaping of an Economic Language* (London: Routledge, 1994)는 훌륭한 개론서다. 나는 아직 읽지 못했지만 대폭 수정된 개정판이 나왔다. *The Political Economy of Mercantilism* (London: Routledge, 2015). I. Wallerstein, *The Modern World-System*, vol. 2 (Berkeley: University of California Press, 1980)(한국어판은 『근대세계체제 1~4』[까치, 2013~2017])은 역사적 배경을 다룬 핵심적 저작이다. 다음의 저작도 마찬가지다. F. Braudel, *Civilization and Capitalism*, 3 vols (London: Collins, 1983).

26 Grice-Hutchinson, *The School of Salamanca*, p. 95.

27 같은 책, p. 94.

28 같은 책, p. 112. 다른 초기 자료는 다음의 선집에서 확인할 수 있다. A. E. Murphy, *Monetary Theory, 1601–1758* (London and New York: Routledge, 1997). D. Fischer, *The Great Wave* (Oxford: Oxford University Press, 1999)는 논란이 있지만 인플레이션의 역사를 다룬 매우 흥미로운 저작이다.

29 A. Smith, *The Wealth of Nations*, bk 4, ch. 5. The standard edition is that edited by R. H. Campbell, A. S. Skinner, and W. B. Todd (Oxford: Oxford University Press, 1976).

30 A. Smith, *Wealth of Nations*, bk 5, ch. 2. 한국어판은 『국부론』(동서문화사, 2016).

31 A. Smith, *Theory of Moral Sentiments* (London: Millar, 1790)(한국어판은 『도덕감정론』[한길사, 2016]), 4.1, 10; *Selected Philosophical Writings*, ed. J. R. Otteson (Exeter: Academic, 2004), p. 74.

32 T. Piketty, *Capital in the Twenty-first Century* (Cambridge, MA: Harvard University Press, 2014). 한국어판은 『21세기 자본』(글항아리, 2014).

33 F. W. Hirst, *Adam Smith* (New York: Macmillan, 1904), p. 236.

34 D. Friedman, *The Machinery of Freedom* (La Salle: Open Court, 1989)은 애덤 스미스의 작업을 근대 자유 경제 체제의 맥락에 위치시킨다. D. D. Raphael, *Adam Smith* (New York: Oxford University Press, 1985)(한국어판은 『애덤 스미스』[시공사, 2002])은 간략하고 훌륭한 입문서다. P. H. Werhane, *Adam Smith and His Legacy for Modern Capitalism* (New York: Oxford University Press, 1991)는 애덤 스미스가 미친 영향을 추적한다.

35 O. Hoffe, *Thomas Hobbes* (Munich: Beck, 2010)는 최고의 저작이다. 홉스의 주요 업적은 다음의 책에서 유익한 분석을 내놓았다. C. Schmitt, ed., *The Leviathan in the State Theory of Thomas Hobbes: Meaning and Failure of a Political Symbol* (Chicago: University of Chicago Press, 2008). A. Rapaczynski, *Nature and Politics* (Ithaca: Cornell University Press, 1987)는 홉스를 로크와 루소의 맥락에 놓는다. N. Malcolm, *Aspects of Hobbes* (Oxford: Clarendon Press, 2002)는 치밀한 에세이들을 모은 매우 유익한 선집이다. 아리스토텔레스 인용문의 출처는 『정치학』의 1권 2장이다.

36 S. Song, *Voltaire et la Chine* (Paris: Presses Universitaire de France, 1989).

37 D. F. Lach, *Asia in the Making of Europe*, vol. 3 (Chicago: University of Chicago Press, 1993)는 핵심 저작이다. 다음의 저작도 중요하다. J. Ching and W. G. Oxtoby, *Discovering China* (Rochester, NY: University of Rochester Press, 1992); W. W. Davis, 'China, the Confucian ideal, and the European Age of Enlightenment', *Journal of the History of Ideas*, xliv (1983), pp. 523-48; T. H. C. Lee, ed., *China and Europe: Images and Influences in Sixteenth to Eighteenth Centuries* (Hong Kong: Chinese

University Press, 1991). 몽테스키외 인용문의 출처는 다음과 같다. Montesquieu, *L'Esprit des lois*, Book XVII, ch. 3. 한국어판은 『법의 정신』 (문예출판사, 2015).

38 N. Russell, 'The influence of China on the Spanish Enlightenment', 터 프스대학교 박사 논문(2017).

39 G. T. F. Raynal, *Histoire philosophique*, i, p. 124; 인용문의 출처는 다음과 같다. Israel, *The Radical Enlightenment*, p. 112.

40 Fernandez-Armesto, *Millennium*, pp. 458-9; *The Americas* (London: Phoenix, 2004), pp. 64-5.

41 P. Fara, *Sex, Botany and Empire* (Cambridge: Icon, 2004), pp. 96-126.

42 M. Newton, *Savage Girls and Wild Boys: A History of Feral Children* (London: Faber, 2002), pp. 22, 32; H. Lane, *The Wild Boy of Aveyron* (Cambridge, MA: Harvard University Press, 1975).

43 T. Ellingson, *The Myth of the Noble Savage* (Berkeley: University of California Press, 2001)는 유용한 개론서다. H. Fairchild, *The Noble Savage* (New York: Columbia University Press, 1928)는 이 개념을 명쾌하게 다룬 역사서다. M. Hodgen, *Early Anthropology* (Philadelphia: University of Pennsylvania Press, 1964)와 Pagden, *The Fall of Natural Man*은 근대 초 민족지학에 의해 생성된 아이디어들에 관한 귀중한 연구서들이다.

44 Rousseau, *Discourse on the Origin of Inequality*(한국어판은 『인간 불평등 기원론』[책세상, 2018] 외 다수의 번역서가 있다). 인용문들의 출처는 다음과 같다. C. Jones, *The Great Nation* (London: Penguin, 2002), p. 29; M. Cranston, *Jean-Jacques: The Early Life and Work* (Chicago: University of Chicago Press, 1991), pp. 292-3; Z. M. Trachtenberg, *Making Citizens: Rousseau's Political Theory of Culture* (London: Routledge, 1993), p. 79.

45 Israel, *The Radical Enlightenment*, pp. 130-1, 700.

46　R. Wokler, *Rousseau, the Age of Enlightenment, and Their Legacies* (Princeton: Princeton University Press, 2012), pp. 1-28.

47　Rousseau, *Du contrat social*, bk 1, ch. 6. T. O'Hagan, *Rousseau* (London: Routledge, 1999)는 루소의 이 글을 특히 잘 설명하고 있다. Rousseau, *Discourse on the Origin of Inequality* (1754)(한국어판은 『인간 불평등 기원론』[책세상, 2018] 외 다수의 번역서가 있다)는 핵심적 저작이다. A. Widavsky, *The Rise of Radical Egalitarianism* (Washington, DC: American University Press, 1991)은 탁월한 입문서다. D. Gordon, *Citizens without Sovereignty* (Princeton: Princeton University Press, 1994)는 이 개념을 18세기 프랑스 사상에서 추적한다. R. W. Fogel, *The Fourth Great Awakening* (Chicago: University of Chicago Press, 2000)은 도발적인 저작으로 급진적 미국 평등주의를 기독교 전통과 연결하고 평등을 이루는 미래가 올 수 있다고 주장한다. A. Sen, *Inequality Reexamined* (Cambridge, MA: Harvard University Press, 1992)는 최근에 진행된 평등에 관한 논의까지 아우르고 미래를 위한 주장을 제시하는 매력적인 에세이다. 일반 의지에 관해서는 다음의 저작들을 참조하자. A. Levine, *The General Will* (Cambridge: Cambridge University Press, 1993)은 루소에서 근대 공산주의까지 이어지는 개념을 추적한다. P. Riley, *The General Will before Rousseau* (Princeton: Princeton University Press, 1986)는 이 개념의 기원에 대한 뛰어난 연구서다.

48　Rousseau, *Du contrat social*, bk 1, ch. 3. 한국어판은 『사회 계약론』(펭귄클래식코리아, 2010) 외 다수의 번역서가 있다.

49　J. Keane, *Tom Paine* (London: Bloomsbury, 1995)은 훌륭한 전기다. E. Foner, *Tom Paine and Revolutionary America* (New York: Oxford University Press, 1976)는 고전적 연구서다. 이 분야에서 루소의 가장 영향력 있는 저작은 *Discourse on Inequality* (1754)(한국어판은 『인간 불평등 기원론』[책세상, 2018] 외 다수의 번역서가 있다)와 *Émile* (1762)(한국어판은 『에밀』[책세상, 2021] 외 다수의 번역서가 있다)이다.

50 O. de Gouges, *Déclaration des droits de la femme et de la citoyenne*, article x; 다음의 판본이 읽기 편하다. (Paris: Republique des Lettres, 2012). 드 구주의 견해는 그녀가 쓴 소설에 흥미롭게 표현되어 있다. *Maria or the Wrongs of Woman*. C. L. Johnson, ed., *The Cambridge Companion to Mary Wollstonecraft* (Cambridge: Cambridge University Press, 2002)는 다루는 범위가 넓고 유익하다.

51 C. Francis and F. Gontier, eds, *Les écrits de Simone de Beauvoir: la viel'écriture* (Paris: Gallimard, 1979), pp. 245-81.

52 D. Diderot, *Encyclopédie méthodique* (Paris: Pantoucke, 1783), ii, p. 222.

53 J. C. D. Clark, *The Language of Liberty* (Cambridge: Cambridge University Press, 1994).

54 F. J. Turner, *The Frontier in American History* (New York: Dover, 1996); F. J. Turner, *Does the Frontier Experience Make America Exceptional?*, R. W. Etulain이 엮고 서문을 썼다. (Boston: Bedford, 1999).

55 M. Cranston, *The Noble Savage: Jean-Jacques Rousseau, 1754–62* (Chicago: University of Chicago Press, 1991), p. 308.

56 E. Burke, *Reflections on the Revolutions in France*, ed. F. M. Turner (New Haven: Yale University Press, 2003), p. 80.

57 A. de Tocqueville, *Democracy in America*, introduction and vol. 1, ch. 17. 한국어판은 『미국의 민주주의』(한길사, 2002). 최근에 나온 책은 다음과 같다. H. C. Mansfield and D. Winthrop (Chicago: University of Chicago Press, 2000). J. T. Schneider, ed., *The Chicago Companion to Tocqueville's Democracy in America* (Chicago: University of Chicago Press, 2012)는 포괄적인 내용을 다룬다.

58 C. Williamson, *American Suffrage from Property to Democracy* (Princeton: Princeton University Press, 1960)는 미국 참정권의 역사를 추적한다. 미국의 민주주의 아이디어들을 유럽이 어떻게 수용했는지에 대한 흥미로

운 분석은 영향력 있는 작가의 다음 저작에서 볼 수 있다. J. Bryce, *The American Commonwealth* (London: Macmillan, 1888).

59 Locke, *An Essay Concerning Human Understanding*, bk 2, ch. 1. 한국어판은 『인간지성론』(동서문화사, 2011).

60 A. J. Ayer, *Language, Truth and Logic* (London: Gollancz, 1936)은 논리 실증주의의 가장 대담한 저작이다. 이 저작에 대한 비판을 보려면 다음을 참조하자. Putnam, *Reason, Truth and History*. See pp. 363-5. 한국어판은 『이성. 진리. 역사』(민음사, 2002).

61 R. Spangenburg and D. Moser, *The History of Science in the Eighteenth Century* (New York: Facts on File, 1993)는 짧고 대중적인 입문서다. A. Donovan, *Antoine Lavoisier* (Oxford: Blackwell, 1993)는 당대 과학을 명료하게 서술하면서 이것을 배경으로 주인공 라부아지에를 소개한 훌륭한 전기다. R. E. Schofield, *The Enlightenment of Joseph Priestley*, and *The Enlightened Joseph Priestley* (University Park: Pennsylvania State University Press, 1998, 2004)는 라부아지에의 경쟁자를 주인공으로 한 역시 인상적인 전기다.

62 L. Pasteur, *The Germ Theory and Its Applications to Medicine and Surgery* (1909).

63 R. W. Reid, *Microbes and Men* (Boston: E. P. Dutton, 1975)은 세균설에 관한 흥미로운 역사서다. A. Karlen, *Man and Microbes* (New York: Simon & Schuster, 1995)(한국어판은 『전염병의 문화사』[사이언스북스, 2001])는 미생물이 옮긴 전염병에 관한 논쟁적이고 어두운 조사서다. L. Garrett, *The Coming Plague* (New York: Farrar, Straus and Giroux, 1994)는 미생물 진화의 현재 상태에 관해 세계에 던지는 탁월한 경고를 담고 있다.

64 *Papers and Proceedings of the Connecticut Valley Historical Society* (1876), i, p. 56. M. J. McClymond and G. R. McDermott, *The Theology of Jonathan Edwards* (Oxford: Oxford University Press, 2012)(한국어판은 『한 권으로 읽는 조나단 에드워즈 신학』[부흥과개혁사, 2015])는 가장 완전한 연

구서다.

65   *George Whitefield's Journals* (Lafayette: Sovereign Grace, 2000).

66   *OEuvres complètes de Voltaire*, ed. L. Moland (Paris: Garnier, 1877-85), x, p. 403.

67   T. Blanning, *The Triumph of Music* (Cambridge, MA: Harvard University Press, 2008).

68   Baron d'Holbach, *System of Nature*. 인용문의 출처는 다음과 같다. Jones, *The Great Nation*, pp. 204-5.

69   Fernandez-Armesto, *Millennium*, pp. 379-83.

70   I. Berlin, *The Roots of Romanticism* (Princeton: Princeton University Press, 2001)(한국어판은 『낭만주의의 뿌리』[필로소픽, 2021])은 도전적인 강의록 모음집이다. W. Vaughan, *Romanticism and Art* (London: Thames and Hudson, 1994)는 생생한 연구서다. D. Wu, *Companion to Romanticism* (Oxford: Blackwell, 1999)은 영국 낭만주의 문학의 연구서로서 집필되었지만 훨씬 더 폭넓게 유용한 책이다. 마지막 암시의 출처는 W. E. Gladstone의 1886년 6월 28일 리버풀 연설문이다. P. Clarke, *A Question of Leadership* (London: Hamilton, 1991), pp. 34-5.

제8장 진보의 전환기: 19세기의 확실성

1   I. Kant, *Critique of Pure Reason*, ed. P. Guyer and A. W. Wood (Cambridge: Cambridge University Press, 1998). 한국어판은 『순수이성비판 1,2』(아카넷, 2006).

2   *The Collected Works of William Hazlitt*, ed. A. R. Waller and A. Glover (London: Dent, 1904), x, p. 87.

3   T. R. Malthus, *Population: The First Essay* (Ann Arbor: University of

Michigan Press, 1959), p. 5. 한국어판은 『인구론』(동서문화사, 2016).

4   W. Hazlitt, *The Spirit of the Age* (London: Templeman, 1858), p. 93.

5   A. Pyle, ed., *Population: Contemporary Responses to Thomas Malthus* (Bristol: Thoemmes Press, 1994)는 초창기에 나온 비판적 글들을 모은 흥미진진한 선집이다. S. Hollander, *The Economics of Thomas Robert Malthus* (Toronto: University of Toronto Press, 1997)는 철저하고 권위적인 연구서다. M. L. Bacci, *A Concise History of World Population* (Oxford: Blackwell, 2001)은 인구통계학적 역사의 유용한 입문서다. A. Bashford, *Global Population: History, Geopolitics, and Life on Earth* (New York: Columbia University Press, 2014)는 인구 불안 문제를 균형적인 시각에서 다룬다.

6   Langford et al., eds, *Writings and Speeches of Edmund Burke*, ix, p. 466.

7   Burke, *Reflections on the Revolution in France*는 이 전통에 관한 기초 텍스트다. 버크가 확립한 보수주의는 토머스 러브 피콕의 1830년 소설에서—아마도 희화화에 가깝다고도 할 수 있지만—탁월하게 풍자되었다. T. L. Peacock, *The Misfortunes of Elphin*. M. Oakeshott, *Rationalism in Politics* (London: Methuen, 1962)과 R. Scruton, *The Meaning of Conservatism* (London: Macmillan, 1980)은 탁월한 현대 저작들이다. R. Bourke, *Empire and Nation: The Political Life of Edmund Burke* (Princeton: Princeton University Press, 2015)는 거장의 저작답게 노련하고 생생하다.

8   D. Newsome, *Godliness and Good Learning* (London: Cassell, 1988), p. 1.

9   E. Halevy, *The Growth of Philosophic Radicalism* (London: Faber, 1952)은 여전히 으뜸가는 저작이다. J. R. Dinwiddy, *Bentham* (Stanford: Stanford University Press, 2003)은 간략한 입문서다. G. J. Postema, *Jeremy Bentham: Moral, Political, and Legal Philosophy*, 2 vols (Aldershot: Dartmouth, 2002)는 이 주제를 다룬 중요한 에세이들을 모은 유용한 선집이다.

참고문헌

10 *The Collected Letters of Thomas and Jane Welsh Carlyle* (Durham: Duke University Press, 1970-in progress), xxxv, pp. 84-5.

11 A. Bain, *James Mill* (Cambridge: Cambridge University Press, 2011), p. 266; cf. J. S. Mill, *Utilitarianism* (London: Parker, 1863), pp. 9-10.

12 G. W. Smith, ed., *John Stuart Mill's Social and Political Thought*, 2 vols (London: Routledge, 1998), ii, p. 128.

13 H. H. Asquith, *Studies and Sketches* (London: Hutchinson and Co., 1924), p. 20.

14 J. S. Mill, *On Liberty* (London: Longman, 1867), p. 44. 한국어판은 『자유론』(문예출판사, 2022) 외 다수의 번역서가 있다. 기독교 전통에 뿌리를 둔 자유주의의 기원에 관한 장기적 시각을 접하고 싶다면 다음 저작을 참조하자. L. Siedentop, *Inventing the Individual: The Origins of Western Liberalism* (Cambridge, MA: Harvard University Press, 2017)(한국어판은 『개인의 탄생—양심과 자유, 책임은 어떻게 발명되었는가?』[부글북스, 2016]).

15 A. Ryan, *The Philosophy of John Stuart Mill* (London: Macmillan, 1987)은 탁월한 입문서다. J. Skorupski, *John Stuart Mill* (London: Routledge, 1991)은 유용하고 간결하면서도 함축적이다. M. Cowling, *Mill and Liberalism* (Cambridge: Cambridge University Press, 1990)은 대단히 훌륭하고 설득력 있는 연구서다.

16 E. O. Hellerstein, *Victorian Women* (Stanford: Stanford University Press, 1981)은 근거를 모은 귀중한 선집이다. C. Heywood, *Childhood in Nineteenth-Century France* (Cambridge: Cambridge University Press, 1988)는 노동법 문제를 다룬 훌륭한 연구서다. L. de Mause, ed., *The History of Childhood* (New York: Harper, 1974)는 선구적인 에세이 선집이다.

17 W. Irvine, *Apes, Angels and Victorians* (New York: McGraw-Hill, 1955).

18 S. Fraquelli, *Radical Light: Italy's Divisionist Painters, 1891–1910*

(London: National Gallery, 2008), p. 158.

19 J. C. Petitfils, *Les socialismes utopiques* (Paris: Presses Universitaires de France, 1977). A. E. Bestor, *Backwoods Utopias, the Sectarian and Owenite Phases of Communitarian Socialism in America, 1663–1829* (Philadelphia: University of Pennsylvania Press, 1950)는 이 전통과 관련한 미국의 실험들에 관해 여전히 타당한 저작으로 꼽힌다.

20 E. Norman, *The Victorian Christian Socialists* (Cambridge: Cambridge University Press, 1987), p. 141.

21 L. Kolakowski and S. Hampshire, eds, *The Socialist Idea* (London: Quartet, 1974)는 탁월하고 비판적인 입문서다. C. J. Guarneri, *The Utopian Alternative* (Ithaca: Cornell University Press, 1991)는 미국의 산간 오지에서 실천된 사회주의에 관한 훌륭한 연구서다. C. N. Parkinson, *Left Luggage* (Boston: Houghton Mifflin, 1967)는 아마도 사회주의 비판서 중 가장 재미있는 저작일 것이다.

22 D. Ricardo, *On the Principles of Political Economy and Taxation* [1817] (London: Dent, 1911)(한국어판은 『정치경제학과 과세의 원리에 대하여』[책세상, 2019])은 기초적인 저작이다. G. A. Caravale, ed., *The Legacy of Ricardo* (Oxford: Blackwell, 1985)는 리카도의 영향을 다룬 에세이 선집이다. S. Hollander, *The Economics of David Ricardo* (London: Heinemann, 1979)는 철저한 연구서다. 같은 저자가 쓴 다음의 책은 저자의 최신 에세이의 모음집이다. *Ricardo: The New View*, i (Abingdon: Routledge, 1995).

23 *The Works and Correspondence of David Ricardo*, ed. P. Saffra (Cambridge, Cambridge University Press), ix, p. 29.

24 Ricardo, *On the Principles of Political Economy and Taxation*, chs. 1, 5, p. 61(한국어판은 『정치경제학과 과세의 원리에 대하여』[책세상, 2019]); *The Works of David Ricardo, Esq., MP* (London: Murray, 1846), p. 23.

25 후자는 근거가 잘 갖춰진 피케티의 논지를 따랐다. Piketty, *Capital in the*

Twenty-First Century. 한국어판은 『21세기 자본』(글항아리, 2014).

26 K. Marx and F. Engels, *The Manifesto of the Communist Party* (New York: International, 1948), p. 9. 한국어판은 『공산당 선언』(도서출판b, 2018) 외 다수의 번역본이 있다.

27 Popper, *The Open Society and Its Enemies*, vol. 2(한국어판은 『열린사회 와 그 적들』[민음사, 2006])는 탁월한 연구서이자 충격적인 비판서다. D. McLellan, *Marx: Selected Writings* (Oxford: Oxford University Press, 2000)는 마르크스에 관한 훌륭한 입문서다. F. Wheen, *Karl Marx* (New York: Norton, 2001)(한국어판은 『마르크스 평전』[푸른숲, 2001])는 생생하 고 통찰력 있는 전기다.

28 버클리의 이론은 다음의 저작에 등장한다. *The Dialogues between Hylas and Philonous* (1713). F. H. Bradley, *Appearance and Reality* (London: Swan Sonnenschein and Co., 1893)는 극단적인 형식의 관념론을 보여주 는 고전적인 글이다. G. Vesey, ed., *Idealism: Past and Present* (Cambridge: Cambridge University Press, 1982)는 관념론의 역사를 다룬다.

29 G. W. F. Hegel, *The Encyclopedia Logic*, ed. T. F. Geraets et al. (Indianapolis: Hackett, 1991)(한국어판은 『대논리학』[자유아카데미, 2022]); cf. *Grundlinien der Philosophie des Rechts oder Naturrecht und Staatswissenschaft im Grundrisse* (Berlin, 1833), p. 35; G. A. Magee, *The Hegel Dictionary* (London: Continuum, 2010), pp. 111 ff.는 헤겔의 개념들 을 이해할 수 있도록 훌륭하게 풀어놓았다.

30 G. W. F. Hegel, *Lectures on the Philosophy of History*, trans. J. Sibree (London: Bell, 1914), p. 41.

31 S. Avineri, *Hegel's Theory of the Modern State* (Cambridge: Cambridge University Press, 1974)는 핵심적 개념들을 명료하게 소개해준다. E. Weil, *Hegel and the State* (Baltimore: Johns Hopkins University Press, 1998)는 독 자가 호감을 느낄 수 있는 글로서 헤겔이 창시한 정치사상의 계열들에 관 한 흥미로운 논의를 담고 있다. R. Bendix, *Kings or People* (Berkeley and

Los Angeles: University of California Press, 1978)은 인민 주권의 부상에 관한 중요한 비교 연구서다.

32 *Thomas Carlyle's Collected Works* (London: Chapman, 1869), i, pp. 3, 14-15.

33 J. Burckhardt, *Reflections on History* [1868] (Indianapolis: Library Classics, 1943), pp. 270-96(한국어판은 『세계사적 성찰』[신서원, 2010]; 다수의 판본이 있다.

34 T. Carlyle, *On Heroes, Hero-worship and the Heroic in History* [1840] (London: Chapman, n.d. [1857]), p. 2. 한국어판은 『영웅숭배론』(한길사, 2003).

35 T. Carlyle, *Past and Present* (New York: Scribner, 1918), p. 249.

36 H. Spencer, *The Study of Sociology* (New York: Appleton, 1896), p. 34.

37 O. Chadwick, *The Secularization of the European Mind in the Nineteenth Century* (Cambridge: Cambridge University Press, 1975)는 이 맥락에 관한 탁월한 연구서다.

38 Carlyle, *On Heroes*(한국어판은 『영웅숭배론』[한길사, 2003])는 대표적인 텍스트다. F. Nietzsche, *Thus Spake Zarasthustra* [1883], ed. G. Parkes (Oxford: Oxford University Press, 2005)(한국어판은 『차라투스트라는 이렇게 말했다』[책세상, 2015])에는 이 주제에 관한 니체의 생각이 담겨 있다.

39 Nietzsche, *Thus Spake Zarathustra*, Prologue, part 3, p. 11. 한국어판은 『차라투스트라는 이렇게 말했다』(책세상, 2015). 의식 있는 선동가로서의 니체에 관한 글은 다음을 참고하자. S. Prideau, *I Am Dynamite: A Life of Nietzsche* (New York: Duggan, 2018)(한국어판은 『니체의 삶』[비잉, 2020]).

40 L. Lampert, *Nietzsche's Task: An Interpretation of Beyond Good and Evil* (New Haven: Yale University Press, 2001); F. Nietzsche, *Beyond Good and Evil*, ed. W. Kaufmann (New York: Random House, 1966), pp. 101-2, 198. 한국어판은 『선악의 저편』(아카넷, 2018) 외 다수가 있다.

41 B. Russell, *History of Western Philosophy*, p. 690. 한국어판은 『러셀 서양 철학사』(을유문화사, 2019).

42 S. May, *Nietzsche's Ethics and His War on 'Morality'* (Oxford: Oxford University Press, 1999). F. Nietzsche, *On the Genealogy of Morality* (Cambridge: Cambridge University Press, 1994)(한국어판은 『도덕의 계보』 [아카넷, 2021])는 C. Diethe가 번역하고 K. Ansell이 엮은 영역본을 추천 한다. 다음의 에세이집은 유용하다. R. Schacht, ed., *Nietzsche, Genealogy, Morality* (Berkeley: University of California Press, 1994).

43 F. Nietzsche, *The Will to Power* (New York: Vintage, 1968), p. 550. 한국 어판은 『권력 의지』(부글북스, 2018).

44 A. Schopenhauer, *The World as Will and Idea* (1818)(한국어판은 『의지와 표상으로서의 세계』[을유문화사, 2019])와 Nietzsche, *The Will to Power*(한 국어판은 『권력 의지』[부글북스, 2018])는 핵심 텍스트다. B. Magee, *The Philosophy of Schopenhauer* (Oxford: Oxford University Press, 1983)는 가 장 좋은 입문서다. J. E. Atwell, *Schopenhauer on the Character of the World* (Berkeley: University of California Press, 1995)는 의지라는 신조에 집중한 책이다. D. B. Hinton, *The Films of Leni Riefenstahl* (Lanham: Scarecrow, 1991)은 레니 리펜슈탈의 작품에 대한 솔직한 입문서다.

45 Quoted in W. Laqueur, *Guerrilla: A Historical and Critical Study* (New York: Little Brown, 1976), p. 135.

46 다음을 참조하자. F. Trautmann, *The Voice of Terror: A Biography of Johann Most* (Westport: Greenwood, 1980).

47 내가 아는 한 이 슬로건은 다음의 책을 통해 처음에는 영어로 보도되었 고 이후 입에서 입으로 전해졌다. H. Brailsford, *Macedonia: Its Races and Their Future* (London: Methuen, 1906), p. 116. 다음의 저작도 참조하자. M. MacDermott, *Freedom or Death: The Life of Gotsé Delchev* (London: Journeyman, 1978), p. 348; W. Laqueur, *Terrorism: A Study of National and International Political Violence* (Boston: Little, Brown, 1977), p. 13. K.

Brown, *Loyal unto Death: Trust and Terror in Revolutionary Macedonia* (Bloomington: Indiana University Press, 2013)는 그루에프의 배경을 훌륭하게 다루었다.

48 W. Laqueur, *The Age of Terrorism* (Boston: Little, Brown, 1987)은 훌륭한 입문서다; W. Laqueur, ed., *The Guerrilla Reader* (London: Wildwood House, 1978)와 *The Terrorism Reader* (London: Wildwood House, 1979)는 유용한 선집이다. P. Wilkinson, *Political Terrorism* (London: Macmillan, 1974)은 이 문제를 현실적인 관점에서 다룬 조사서다. J. Conrad, *The Secret Agent* (London: Methuen, 1907)(한국어판은 『비밀 요원』[문학과지성사, 2006])와 G. Greene, *The Honorary Consul* (New York: Simon and Schuster, 1973)(한국어판은 『명예영사』[한국학술정보, 2003])은 테러리즘을 매우 통찰력 있게 다룬 소설들이다.

49 P. Kropotkin, *Anarchism: A Collection of Revolutionary Writings*, ed. R. Baldwin (Mineola: Dover, 2002), p. 123.

50 C. Cahm, *Kropotkin and the Rise of Revolutionary Anarchism* (New York: Cambridge University Press, 1989). 크로폿킨의 회고록을 영역본으로 읽을 수 있다. *Memoirs of a Revolutionist* (New York: Dover, 1988). A. Kelly, *Mikhail Bakunin* (New Haven: Yale University Press, 1987)은 아마도 바쿠닌에 관한 최고의 책일 것이다. D. Morland, *Demanding the Impossible* (London and Washington, DC: Cassell, 1997)은 심리적 관점에서 19세기 무정부주의를 다룬 연구서다.

51 H. D. Thoreau, 'On the duty of civil disobedience', in D. Malone-France, ed., *Political Dissent: A Global Reader* (Lanham: Lexington Books, 2012), p. 37.

52 J. Rawls, *A Theory of Justice* (Cambridge, MA: Harvard University Press, 1971), pp. 364-88. 한국어판은 『정의론』(이학사, 2003). 다음을 참조하자. R. Bleiker, *Popular Dissent, Human Agency and Global Politics* (Cambridge: Cambridge University Press, 2000); J. M. Brown, *Gandhi and*

Civil Disobedience (New York: Cambridge University Press, 1977).

53 E. E. Y. Hales, *The Catholic Church and the Modern World* (London: Eyre and Spottiswoode, 1958)는 좋은 출발점이다. B. Duncan, *The Church's Social Teaching* (Melbourne: Collins Dove, 1991)은 19세기 말과 20세기 초를 다룬 유용한 저작이다. D. O'Brien and T. Shannon, eds, *Catholic Social Thought: Encyclicals and Documents from Pope Leo to Pope Francis* (Maryknoll: Orbis, 2016)는 유용한 문서들을 모은 선집이다. J. S. Boswell et al., *Catholic Social Thought: Twilight or Renaissance?* (Leuven: Leuven University Press, 2001)는 이 분야를 공들여 다룬 에세이집이다.

54 A. R. Vidler, *A Century of Social Catholicism* (London: SPCK, 1964)은 가장 중요한 저작이다. 그다음으로 중요한 저작은 다음 책이다. P. Misner, *Social Catholicism in Europe* (New York: Crossroad, 1991). L. P. Wallace, *Leo XIII and the Rise of Socialism* (Durham: Duke University Press, 1966)은 중요한 맥락을 제공한다. A. Wilkinson, *Christian Socialism* (London: SCM, 1998)은 영국의 노동자 정치에 기독교가 미친 영향을 추적한다. W. D. Miller, *Dorothy Day* (San Francisco: Harper and Row, 1982)는 근대의 선도적인 가톨릭교 사회운동가의 훌륭한 전기다.

55 다음에서 인용했다. M. Hirst, *States, Countries, Provinces* (London: Kensal, 1986), p. 153.

56 N. Leask, 'Wandering through Eblis: absorption and containment in romantic exoticism', in T. Fulford and P. J. Kitson, eds, *Romanticism and Colonialism: Writing and Empire, 1730–1830* (Cambridge: Cambridge University Press, 1998), pp. 165-83; A. and N. Jardine, eds, *Romanticism and the Sciences* (Cambridge: Cambridge University Press, 1990), pp. 169-85.

57 E. Gellner, *Nations and Nationalism* (Ithaca: Cornell University Press, 2008), p. 47.

58 E. Gellner, *Nationalism* (London: Phoenix, 1998)은 탁월한 입문서

다. B. Anderson, *Imagined Communities* (New York: Verso, 1991)(한국어판은 『상상된 공동체』[길, 2018])는 민족주의와 정체성을 다룬 선구적인 연구서다. E. Hobsbawm and T. Ranger, eds, *The Invention of Tradition* (Cambridge: Cambridge University Press, 1983)(한국어판은 『만들어진 전통』[휴머니스트, 2004])은 민족적 차원에서의 자기 이야기 만들기(self-extemporization)에 관한 에세이를 모은 흥미로운 선집이다. R. Pearson, ed., *The Longman Companion to European Nationalism, 1789-1920* (London: Longman, 1994)는 유용한 참고 저작이다. D. Simpson, *Romanticism, Nationalism and the Revolt against Theory* (Chicago: University of Chicago Press, 1993)는 훌륭하고 간략한 개요서다. L. Hagendoorn et al., *European Nations and Nationalism* (Aldershot: Ashgate, 2000)은 중요한 에세이 모음집이다.

59 다음에서 인용. Popper, *The Open Society and Its Enemies*, i, p. 300. 한국어판은 『열린사회와 그 적들』(민음사, 2006).

60 Davies, *Europe: A History*, p. 733.

61 J. G. Fichte, *Reden an deutsche Nation* (Berlin: Realschulbuchhandlung, 1808)은 기본 텍스트다. A. J. P. Taylor, *The Course of German History* (London: Routledge, 2001)는 탁월한 논증을 담고 있다. A. J. LaVopa, *Fichte, the Self and the Calling of Philosophy* (Cambridge: Cambridge University Press, 2001)는 피히테의 생각을 맥락 속에서 이해할 수 있도록 돕는다.

62 T. B. Macaulay, *Critical and Historical Essays*, 3 vols (London, 1886), ii, pp. 226-7.

63 T. B. Macaulay, *The History of England*, 2 vols (London: Longman, 1849), ii, p. 665.

64 Macaulay, *The History of England*는 19세기 영국 신화의 출발점이다; D. Gilmour, *Rudyard Kipling* (London: Pimlico, 2003)은 영국다움을 가장 예찬한 인물을 다룬 최고의 전기다. 로즈의 인용문은 p. 137에 있다. N.

Davies, *The Isles* (London: Macmillan, 2000)는 최고의 저작일 뿐만 아니라 영국사를 한 권으로 다룬 책 중에 가장 논쟁적인 책이다.

65 I. Zangwill의 1908년 희곡 *The Melting Pot*. 1막.

66 R. Horsman, *Race and Manifest Destiny* (Cambridge, MA: Harvard University Press, 1990)는 생생하고 논쟁적인 연구서다. W. Cronon, ed., *Under an Open Sky* (New York: W. W. Norton, 1994)는 서부 개척시대와 그 생태적 영향에 관한 탁월한 연구서다. W. Cronon, *Nature's Metropolis* (New York: W. W. Norton, 1992)는 시카고의 성장에 관한 흥미진진한 연구서다.

67 F. Fernandez-Armesto, 'America can still save the world', *Spectator*, 8 January 2000, p. 18.

68 J. Farina, ed., *Hecker Studies: Essays on the Thought of Isaac Hecker* (New York: Paulist Press, 1983)는 훌륭한 입문서다. W. L. Portier, *Isaac Hecker and the Vatican Council* (Lewiston: Edwin Mellen, 1985)은 견실한 연구서다. J. Dolan, *The American Catholic Experience* (Indianapolis: University of Notre Dame Press, 1985)와 P. Gleason, *Keeping Faith* (Indianapolis: University of Notre Dame Press, 1987)는 미국 가톨릭주의를 다룬 훌륭한 역사서들이다.

69 Z. Sardar and M. Wynn Davies, *Why Do People Hate America* (London: Icon, 2005)(한국어판은 『증오 바이러스, 미국의 나르시시즘』[이제이북스, 2003])는 탁월한 개설서다. J. S. Nye, *The Paradox of American Power* (New York: Oxford University Press, 2002)(한국어판은 『제국의 패러독스』 [세종연구원, 2002])는 면밀하고 설득력 있는 연구서다.

70 I. Jack, ed., *Granta 77: What We Think of America* (London: Granta, 2002), p. 9.

71 Han-yin Chen Shen, 'Tseng Kuo-fan in Peking, 1840-2: his ideas on statecraft and reform', *Journal of Asian Studies*, xxvi (1967), pp. 61-80 at

p. 71.

72 I. Hsu, *The Rise of Modern China* (New York: Oxford University Press, 1999)는 관련 시기의 중국사 저작 중 최고다. S. A. Leibo, *Transferring Technology to China* (Berkeley: University of California Press, 1985)는 자강 운동의 한 갈래를 다룬 탁월한 연구서다. R. B. Wong, *China Transformed* (Ithaca: Cornell University Press, 2000)는 핵심 저작이다.

73 다음에서 인용. C. Holcombe, *A History of East Asia* (Cambridge: Cambridge University Press, 2017), p. 245.

74 F. Yukichi, *Autobiography* (New York: Columbia University Press, 1966)(한 국어판은 『후쿠자와 유키치 자서전』[이산, 2006])는 일본에서 "서양을 발견 한 인물"로 손꼽히는 후쿠자와 유키치의 흥미로운 자서전이다. 제6장의 목록에 포함된 저작들도 참조하자.

75 'The man who was' (1889), in R. Kipling, *Life's Handicap* (New York: Doubleday, 1936), p. 91.

76 A. F. Salahuddin Ahmed, *Social Ideas and Social Change in Bengal, 1818– 35* (Leiden: Brill, 1965), p. 37.

77 S. Chaudhuri, *Renaissance and Renaissances: Europe and Bengal* (University of Cambridge Centre for South Asian Studies Occasional Papers, no. 1, 2004), p. 4.

78 D. Kopf, *The Brahmo Samaj and the Shaping of the Modern Indian Mind* (Princeton: Princeton University Press, 1979)는 깊은 통찰력이 돋보이 는 저작이다. G. Haldar, *Vidyasagar: A Reassessment* (New York: People's Publishing House, 1972)는 탁월한 인물화를 그려냈다. Bankimchandra Chattopadhyaya가 내부에서 들여다본 경험을 토대로 쓴 에세이를 M. K. Haldar가 소개한 책 *Renaissance and Reaction in Nineteenth-Century Bengal* (Calcutta: Minerva, 1977)은 날카롭고 뛰어난 직관이 돋보이며 도 발적이다. M. Rajaretnam, ed., *José Rizal and the Asian Renaissance* (Kuala

Lumpur: Institut Kajian Dasar, 1996)는 일부 도발적인 에세이들이 포함되어 있다.

79 N. Keddie, *Sayyid Jamal al-Din al-Afghani* (Berkeley: University of California Press, 1972). A. Hourani, *Arabic Thought in the Liberal Age* (Cambridge: Cambridge University Press, 1983)는 핵심 저작이다. Ziauddin Sardar는 오늘날 서양에 우호적인 이슬람 전통의 화신이나 다름없다. 일례로 다음 저작을 참조하자. *Desperately Seeking Paradise: Journeys of a Sceptical Muslim* (London: Granta, 2005).

80 I. Duncan, 'Darwin and the savages', *Yale Journal of Criticism*, iv (1991), pp. 13-45.

81 C. Darwin, *On the Origin of Species* (London: Murray, 1859), p. 490. 한국어판은 『종의 기원』(사이언스북스, 2019) 외 다수의 판본이 있다.

82 *On the Origin of Species* (1859)(한국어판은 『종의 기원』[사이언스북스, 2019] 외) and *The Descent of Man* (1872)(한국어판은 『인간의 유래』[한길사, 2006] 외)은 진화론을 정립하고 인류를 진화론의 맥락에 놓은 저작들이다. N. Eldredge, *Time Frames* (New York: Simon & Schuster, 1985)는 최고의 현대 비판서다. A. Desmond and J. Moore, *Darwin* (New York: W. W. Norton, 1994)은 최고의 다윈 전기다. 흥미진진하고 도전적이다. 다음의 저작은 두 권으로 구성되어 있으며 더 철저하지만 다소 고루하다. J. Browne, *Charles Darwin* (New York: Knopf, 1995).

83 R. C. Bannister, *Social Darwinism: Science and Myth in Anglo-American Social Thought* (Philadelphia: Temple University Press, 1989), p. 40.

84 H. Spencer, *An Autobiography*, 2 vols (London: Murray, 1902), i, p. 502; ii, p. 50.

85 M. Hawkins, *Social Darwinism in European and American Thought* (Cambridge: Cambridge University Press, 1997), pp. 81-6.

86 K. Taizo and T. Hoquet, 'Translating "Natural Selection" in Japanese',

Bionima, vi (2013), pp. 26-48.

87 D. Pick, *Faces of Degeneration: A European Disorder, c. 1848–1918* (Cambridge: Cambridge University Press, 1993).

88 N. Stepan, *Picturing Tropical Nature* (Ithaca: Cornell University Press, 2001).

89 H. Krausnick et al., *Anatomy of the SS State* (New York: Walker, 1968), p. 13; Fernandez-Armesto, *A Foot in the River*, p. 63.

90 Browne, *Charles Darwin*, i, p. 399.

91 G. Best, *Humanity in Warfare* (New York: Columbia University Press, 1980), pp. 44-5, 108-9.

92 G. W. F. Hegel, *Elements of the Philosophy of Right*, ed. A. Wood (Cambridge: Cambridge University Press, 1991), p. 361.

93 P. Bobbitt, *The Shield of Achilles* (New York: Knopf, 2002)는 국제 관계에서의 전쟁을 매파적 관점에서 다룬 흥미로운 책이다. B. Heuser, *Reading Clausewitz* (London: Random House, 2002)는 클라우제비츠의 사상과 그의 영향력을 다룬다. M. Howard, *Clausewitz* (Oxford: Oxford University Press, 2002)는 간결하지만 함축적이고 설득력 있는 입문서다.

94 C. von Clausewitz, *On War*, trans. J. J. Graham, 3 vols (London: Routledge, 1968), i, pp. 2; ii, p. 24. 한국어판은 『전쟁론』(갈무리, 2016) 외 다수의 번역서가 있다.

95 G. Ritter, *The Sword and the Scepter*, 2 vols (Miami: University of Miami Press, 1969)는 독일 군국주의에 대한 고전적 연구서다. V. R. Berghahn, *Militarism* (Leamington Spa: Berg, 1981)과 N. Stargardt, *The German Idea of Militarism* (Cambridge: Cambridge University Press, 1994)은 1860년대 이후 시기에 대한 유용한 입문서들이다. S. Finer, *The Man on Horseback* (New York: Praeger, 1965)은 군대의 사회적·정치적 역할에 대한 탁월한 탐구를 담고 있다.

96 H. Pross, ed., *Die Zerstörung der deutschen Politik: Dokumente 1871–1933* (Frankfurt: Fischer, 1959), pp. 29-31.

97 A. Bowler, 'Politics as art: Italian futurism and fascism', *Theory and Society*, xx (1991), pp. 763-94.

98 B. Mussolini, *Doctrine of Fascism*, para. 3; C. Cohen, ed., *Communism, Fascism and Democracy: The Theoretical Foundations* (New York: Random House, 1972), pp. 328-39.

99 B. V. A. Rolling, 'The sin of silence', *Bulletin of the Atomic Scientists*, xxxvi (1980), no. 9, pp. 10-13.

100 K. Fant, *Alfred Nobel* (New York: Arcade, 1993)은 노벨에 대해 진정으로 유용한 유일한 연구서다. L. S. Wittner, *The Struggle against the Bomb*, 2 vols (Stanford: Stanford University Press, 1995-7)은 핵무기 폐기 운동에 관한 종합적 연구서다. 스탠리 큐브릭(Stanley Kubrick)의 1964년 영화 〈닥터 스트레인지러브Dr Strangelove〉는 냉전 시대를 매력적으로 표현한 블랙코미디 영화다.

101 F. Galton, 'Hereditary talent and character', *Macmillan's Magazine*, xii (1865), pp. 157-66, 318-27; F. Galton, 'Eugenics: its definition, scope, and aims', *American Journal of Sociology*, x (1904), no. 1, pp. 1-25.

102 F. Galton, *Essays in Eugenics* [1909] (New York: Garland, 1985). M. S. Quine, *Population Politics in Twentieth-Century Europe* (London: Routledge, 1996)은 이 전후 사정을 탁월하게 서술한다. M. B. Adams, ed., *The Well-Born Science* (New York: Oxford University Press, 1990)는 중요한 에세이 모음집이다. M. Kohn, *The Race Gallery* (London: Jonathan Cape, 1995)는 인종 과학의 발흥에 관한 연구서다. C. Clay and M. Leapman, *Master Race* (London: Hodder and Stoughton, 1995)는 나치의 우생학 프로젝트에 대한 끔찍한 이야기다. Bashford, *Global Population*은 필수 텍스트다.

103 Bethencourt, *Racisms*.

104 A. Thomson, *Bodies of Thought: Science, Religion, and the Soul in the Early Enlightenment* (Oxford: Oxford University Press, 2008), p. 240.

105 A. de Gobineau, *The Inequality of Human Races* (New York: Howard Fertig, 1999), is the starting point. C. Bolt, *Victorian Attitudes to Race* (London: Routledge, 1971)와 L. Kuper, ed., *Race, Science and Society* (Paris: UNESCO, 1975)는 현대의 탁월한 연구서들이다.

106 Nietzsche, *Beyond Good and Evil*, p. 118. 한국어판은 『선악의 저편』(아카넷, 2018) 외 다수가 있다.

107 D. Cohn-Sherbok, *Anti-Semitism* (Stroud: Sutton, 2002)은 균형이 잘 잡혀 있고 철저한 조사에 바탕한 연구서다. N. Cohn, *Europe's Inner Demons* (Chicago: University of Chicago Press, 2001)는 반유대주의의 계통에 관한 고전적이고 논쟁적인 조사서다. H. Walser Smith, *The Butcher's Tale* (New York: W. W. Norton, 2003)은 흥미로운 사례 연구서다. P. Pulzer, *The Rise of Political Anti-Semitism in Germany and Austria* (Cambridge, MA: Harvard University Press, 1988)는 정보 수집이 잘 되어 있으며 설득력 있는 연구서다. S. Almog, *Nationalism and Antisemitism in Modern Europe* (Oxford: Pergamon Press, 1990)은 간략한 개관을 제공한다.

108 F. Adler, *The Religion of Duty* (New York: McClure, 1909), p. 108.

109 M. Knight, ed., *Humanist Anthology* (London: Barrie and Rockliff, 1961)는 유용한 선집이다, *The Secularization of the European Mind*는 19세기 "신앙의 위기"에 관한 탁월한 서술을 담고 있다. 다음 책도 같은 주제를 다룬다. A. N. Wilson, *God's Funeral* (New York: W. W. Norton, 1999).

110 Kristeller, *Renaissance Thought and Its Sources*는 앞선 시대의 무관한 전통에 관한 뛰어난 요약서다. 다음 책은 보완적인 내용을 담고 있다. P. Burke, *Tradition and Innovation in Renaissance Italy* (London: Fontana, 1974).

III 다음을 참조하자. K. Armstrong, *The Battle for God: Fundamentalism in Judaism, Christianity and Islam* (New York: HarperCollins, 2000).

제9장 카오스의 역습: 확실성을 풀어헤치다

I J. Chevalier, *Henri Bergson* (Paris: Plon, 1926), p. 40. L. Kolakowski, *Bergson* (Oxford: Oxford University Press, 1985)은 베르그손에 관한 최고의 입문서다. A. R. Lacey, *Bergson* (London: Routledge, 1989)와 J. Mullarkey, *Bergson and Philosophy* (Indianapolis: University of Notre Dame Press, 1999)는 우아함은 덜하지만 내용은 더 자세하다.

2 Chevalier, *Henri Bergson*, p. 62.

3 H. Bergson, *Creative Evolution* (Boston, MA: University Press of America, 1983), p. 161. 한국어판은 『창조적 진화』(아카넷, 2005) 외.

4 H. Bergson, *Données immédiates de la conscience* [1889] in *Oeuvres* (Paris, 1959), p. 67; Chevalier, *Henri Bergson*, p. 53. 한국어판은 『의식에 직접 주어진 것들에 관한 시론』(아카넷, 2001).

5 H. Bergson, *La perception du changement* (Oxford: Oxford University Press, 1911), pp. 18-37. 한국어판은 「변화의 지각」으로 『사유와 운동』(문예출판사, 1993)에 수록되어 있다.

6 같은 책, pp. 12-17.

7 M. and R. Humphrey, *Stream of Consciousness in the Modern Novel* (Berkeley: University of California Press, 1954).

8 T. Dantzig, *Henri Poincaré, Critic of Crisis* (New York: Scribner, 1954), p. 11.

9 H. Poincare, *The Foundations of Science* (Lancaster, PA: Science Press, 1946), p. 42.

10 같은 책, pp. 208, 321.

11 C. P. Snow, 'Einstein' [1968], in M. Goldsmith et al., eds, *Einstein: The First Hundred Years* (Oxford: Pergamon, 1980), p. 111.

12 J. A. Coleman, *Relativity for the Layman* (New York: William-Frederick, 1954)은 유쾌한 입문서다. R. W. Clark, *Einstein* (New York: Abrams, 1984)과 W. Isaacson, *Einstein's Universe* (New York: Simon & Schuster, 2007)는 빠뜨릴 수 없는 전기들이다. J. R. Lucas and P. E. Hodgson, *Spacetime and Electromagnetism* (Oxford: Oxford University Press, 1990)은 물리학과 철학을 함께 조명한다. D. Bodanis, *Einstein's Greatest Mistake* (Boston: Houghton, 2015)(한국어판은 『아인슈타인 일생 최대의 실수』[까치, 2017])와 M. Wazeck, *Einstein's Opponents* (Cambridge: Cambridge University Press, 2014)는 아인슈타인의 영향력이 줄어든 시기를 설명한다.

13 W. James, *Pragmatism* (New York: Longman, 1907), p. 51. 한국어판은 『실용주의』(아카넷, 2008).

14 R. B. Perry, *The Thought and Character of William James*, 2 vols (London: Oxford University Press, 1935), ii, p. 621.

15 James, *Pragmatism*, p. 115. 한국어판은 『실용주의』(아카넷, 2008).

16 C. S. Peirce, *Collected Papers* (Cambridge, MA: Harvard University Press, 1965)와 James, *Pragmatism*은 핵심 텍스트다. G. Wilson Allen, *William James* (New York: Viking, 1967)는 최고의 전기다. J. P. Murphy, *Pragmatism from Peirce to Davidson* (Boulder: Westview, 1990)은 최고의 연구서다.

17 필수 안내서는 다음을 참조하자. C. Saunders, ed., *The Cambridge Companion to Saussure* (Cambridge: Cambridge University Press, 2004).

18 J. Diamond, *Guns, Germs, and Steel* (New York: Norton, 1998), p. 2. 한국어판은 『총, 균, 쇠』(문학사상, 2013).

19 F. Boas, *The Mind of Primitive Man* (New York: Macmillan, 1911), pp. 113, 208-9.

20 B. Kapferer and D. Theodossopoulos, eds, *Against Exoticism: Toward the Transcendence of Relativism and Universalism in Anthropology* (New York: Berghahn, 2016). Boas, *The Mind of Primitive Man*은 핵심 텍스트다; G. W. Stocking, *A Franz Boas Reader* (Chicago: University of Chicago Press, 1974)는 유용한 선집이다. J. Hendry, *An Introduction to Social Anthropology* (London: Macmillan, 1999)는 훌륭한 기본 입문서다.

21 F. Crews, *Freud: The Making of an Illusion* (New York: Metropolitan, 2017).

22 S. Freud, *Totem and Taboo* (London: Routledge, 2001), p. 171. 한국어판은 『종교의 기원』(열린책들, 2020)에 「토템과 터부」로 수록되어 있으며 그 외 여러 번역서가 나와 있다.

23 H. F. Ellenberger, *The Discovery of the Unconscious* (New York: Basic, 1981). P. Gay, *Freud: A Life for Our Time* (New York: Norton, 2006)(한국어판은 『프로이트』[교양인, 2011])은 다음 책들과 대조해 읽어야 한다. J. M. Masson, *The Assault on Truth* (New York: Harper, 1992); F. Forrester, *Dispatches from the Freud Wars* (Cambridge, MA: Harvard University Press, 1997); Crews, *Freud*.

24 E. Key, *The Century of the Child* (New York: Putnam, 1909).

25 J. Piaget, *The Child's Conception of Physical Causality* (New York: Harcourt, 1930)는 핵심 저작이다. M. Boden, *Piaget* (New York: Fontana, 1994)는 탁월하고 짧은 입문서다. P. Bryant, *Perception and Understanding in Young Children* (New York: Basic, 1984)과 L. S. Siegel and C. J. Brainerd, *Alternatives to Piaget* (New York: Academic Press, 1978)는 수정주의적 관점에서 저술된 탁월한 저작들이다. P. Aries and G. Duby, *A History of Private Life* (Cambridge, MA: Harvard University Press, 1987-91)는 가족 관계의 역사의 배경을 도전적이고 장기적이고 폭

넓게 탐구한다. De Mause, ed., *The History of Childhood*는 선구적인 에세이집이다.

26 P. Conrad, *Modern Times, Modern Places* (New York: Knopf, 1999), p. 83.

27 M. Foot, *Aneurin Bevan: A Biography, Volume 1: 1897-1945* (London: Faber, 1963), p. 319.

28 E. Nolte, *Der europäische Burgerkrieg* (Munich: Herbig, 1997)는 현대 이데올로기적 갈등의 역사를 다룬 탁월한 저작이다. M. Blinkhorn, *Fascism and the Far Right in Europe* (London: Unwin, 2000)은 훌륭하고 간략한 입문서다. S. J. Woolf, ed., *Fascism in Europe* (London: Methuen, 1981)은 유용한 해설서다. C. Hibbert, *Benito Mussolini* (New York: Palgrave, 2008)는 여전히 가장 생생한 전기다. 하지만 다음의 전기도 재미있고 권위 있는 저작이다. D. Mack Smith, *Mussolini* (New York: Knopf, 1982).

제10장 불확실성의 시대: 20세기의 망설임들

1 M. J. Connelly, *Fatal Misconception: The Struggle to Control the World's Population* (Cambridge, MA: Harvard University Press, 2008); I. Dowbiggin, *The Sterilization Movement and Global Fertility in the Twentieth Century* (Oxford: Oxford University Press, 2008).

2 소비 폭발을 다룬 좋은 역사서가 나와 있다. F. Trentmann, *Empire of Things* (London: Penguin, 2015).

3 이 용어는 원래 앨빈 토플러가 사용했다. *Future Shock* (New York: Random House, 1970). 한국어판은 『미래 쇼크』(한국경제신문, 1989).

4 Fernandez-Armesto, *A Foot in the River*, p. 197.

5 H. von Hofmannsthal, *Ausgewählte Werke, ii: Erzählungen und Aufsätze* (Frankfurt: Fischer, 1905), p. 445.

6 R. L. Carneiro, *Evolutionism in Cultural Anthropology: A Critical History* (Boulder: Westview, 2003), pp. 169-70.

7 'Prof. Charles Lane Poor of Columbia explains Prof. Albert Einstein's astronomical theories', *New York Times*, 19 November 1919.

8 D. R. Hofstadter, *Gödel, Escher, Bach* (New York: Basic, 1979). 한국어판 은 『괴델, 에셔, 바흐』(까치, 2017).

9 G. Boolos, 'Godel's Second Incompleteness Theorem explained in words of one syllable', *Mind*, ciii (1994), pp. 1-3. 아울러 Luke Wojtalik 씨와 콰 인에 관해 나눈 대화에서도 도움을 얻었다.

10 Plato, *Republic*, X, 603. 한국어판은 원전을 번역한 천병희 역의 『플라톤 전집 4 — 국가』(도서출판 숲, 2013) 외에 여러 번역서가 있다.

11 R. Goldstein, *Incompleteness: The Belief and Paradox of Kurt Gödel* (New York: Norton, 2005), p. 76; 다음도 참조하자. L. Gamwell, *Mathematics and Art* (Princeton: Princeton University Press, 2015), p. 93. Hofstadter, *Gödel, Escher, Bach*는 인공지능을 옹호하는 주장이 담겨 있긴 하지만 괴델을 탁월하게 다룬 책이다. M. Baaz et al., eds, *Kurt Gödel and the Foundations of Mathematics: Horizons of Truth* (Cambridge: Cambridge University Press, 2011)는 현재 가장 중요한 저작이다.

12 P. Levi, *Survival in Auschwitz and the Reawakening* (New York: Summit, 1986), p. 11.

13 A. Kimball Smith, *A Peril and a Hope: The Scientists' Movement in America* (Cambridge, MA: MIT Press, 1971), pp. 49-50.

14 J. P. Sartre, *Existentialism and Human Emotions* (New York: Philosophical Library, 1957), pp. 21-3.

15 C. Howells, ed., *The Cambridge Companion to Sartre* (Cambridge: Cambridge University Press, 1992)와 S. Crowell, ed., *The Cambridge Companion to Existentialism* (Cambridge: Cambridge University Press,

2012)은 그 기원과 결과를 추적한다. N. Mailer, *An American Dream* (New York: Dial, 1965)(한국어판은 『아메리카의 꿈』[중앙출판사, 1995])은 실존주의적 반영웅이 겪는 공포스러운 현실을 묘사한다. 주인공은 그 자신을 제외하고 자기 삶에서 만나는 모든 사람의 삶을 황폐하게 만든다.

16   L. E. Hahn and P. A. Schlipp, eds, *The Philosophy of W. V. Quine* (Peru, IL: Open Court, 1986), pp. 427-31.

17   A. Orenstein, *W. V. Quine* (Princeton: Princeton University Press, 2002) 은 최고의 입문서다. R. Gibson, ed., *The Cambridge Companion to W. Quine* (Cambridge: Cambridge University Press, 2004)을 통해 그 영향과 결과를 모두 추적할 수 있다. H. Putnam은 *Mind, Reality and Language* (Cambridge: Cambridge University Press, 1983), pp. 33-69에서 훌륭한 비판을 제시한다.

18   B. Russell, *Autobiography*, 3 vols (London: Methuen, 1967), I. 한국어판은 『러셀 자서전』(사회평론, 2003).

19   L. Wittgenstein, *Philosophical Investigations*, trans. G. Anscombe et al. (Oxford: Blackwell, 2010)가 최고의 판본이다(한국어판은 『철학적 탐구』 [책세상, 2019]). A. C. Grayling, *Wittgenstein: A Very Short Introduction* (Oxford: Oxford University Press, 2001)은 간결함, 가독성, 회의적 관점을 두루 갖췄다.

20   F. de Saussure, *Premier cours de linguistique générale* (1907), *d'après les cahiers d'Albert Riedlinger*, ed. and trans. E. Komatsu and G. Wolf (Oxford: Pergamon, 1996)(한국어판은 『소쉬르의 1차 일반언어학 강의: 1907－알베르 리들링제의 노트』[그린비, 2021])는 좋은 출발점이다. J. 데리다의 책은 대체로 이해하기 어렵지만 *Of Grammatology* (Baltimore: Johns Hopkins University Press, 2016)(한국어판은 『그라마톨로지』[민음사, 2010])는 아마도 가장 명료한 저작으로 꼽을 수 있을 것이다. *Basic Writings* (New York: Routledge, 2007)는 훌륭한 선집이다.

21   이 단락과 이어지는 다음 두 단락은 다음의 책의 관련 내용을 기반으로

삼았다. F. Fernandez-Armesto, 'Pillars and post: the foundations and future of post-modernism', in C. Jencks, ed., *The Post-Modern Reader* (Chichester: Wiley, 2011), pp. 125-37.

22 J. Jacobs, *The Death and Life of Great American Cities* (New York: Random House, 1961). 한국어판은 『미국 대도시의 죽음과 삶』(그린비, 2010).

23 I. Hassan, *The Postmodern Turn* (Columbus: Ohio State University Press, 1987), p. 211.

24 H. Foster, *The Return of the Real: The Avant-Garde at the End of the Century* (Cambridge, MA, and London: MIT Press, 1996), pp. 205-6. 한국어판은 『실재의 귀환』(2010, 경성대학교출판부).

25 J. Monod, *Chance and Necessity* (New York: Vintage, 1972), pp. 169-70.

26 J. V. Mallow, *Science Anxiety* (Clearwater: H&H, 1986).

27 D. R. Griffin, *The Reenchantment of Science: Postmodern Proposals* (Albany: SUNY Press, 1988).

28 J. Prest, *The Garden of Eden: The Botanic Garden and the Re-Creation of Paradise* (New Haven: Yale University Press, 1981); R. Grove, *Green Imperialism: Colonial Expansion, Tropical Island Edens and the Origins of Environmentalism, 1600–1860* (Cambridge: Cambridge University Press, 1995).

29 J. McNeill, *Something New under the Sun* (New York: Norton, 2001). 한국어판은 『20세기 환경의 역사』(에코리브르, 2008).

30 A. Bramwell, *Blood and Soil: Richard Walther Darré and Hitler's 'Green Party'* (London: Kensal Press, 1985).

31 D. Worster, *Nature's Economy* (San Francisco: Sierra Club, 1977)(한국어판은 『생태학, 그 열림과 닫힘의 역사』[아카넷, 2002])는 환경주의적 사유를 다룬 탁월한 역사서다. 다음의 저작은 보완적인 내용을 담고 있다. A. Bramwell, *Ecology in the Twentieth Century* (New Haven: Yale University

Press, 1989). McNeill, *Something New under the Sun*(한국어판은 『20세기 환경의 역사』[에코리브르, 2008])은 21세기의 환경 파괴에 대한 우려가 담긴 훌륭한 역사서다.

32 T. Kuhn, *The Structure of Scientific Revolutions* [1962] (Chicago: University of Chicago Press, 1996)(한국어판은 『과학혁명의 구조』[까치, 2013])는 핵심 저작이다. A. Pais, *Niels Bohr's Times* (Oxford: Oxford University Press, 1991)는 탁월한 전기다. Zukav, *The Dancing Wu-Li Masters*는 논란은 있지만 시사점이 많은 저작으로서 동양 철학의 관점에서 현대 물리학을 설명한다.

33 P. W. Anderson, *More and Different: Notes from a Thoughtful Curmudgeon* (Singapore: World Scientific, 2011). J. Gleick, *Chaos: Making a New Science* (New York: Viking, 1987)(한국어판은 『카오스』[동아시아, 2013])는 카오스 이론의 탁월한 고전적 저작이다. J. Horgan, *The End of Science* (New York: Basic, 1996)는 과학자들과의 흥미로운 인터뷰에 기반해 과학의 성공을 그것의 한계를 보여주는 증거로 솜씨 좋게 설명한다.

34 B. Hoff, *The Tao of Pooh* (London: Penguin, 1983). 한국어판은 『곰돌이 푸, 인생의 맛』(더퀘스트, 2019).

35 D. Wilson, *Mao: The People's Emperor* (London: Futura, 1980), p. 265.

36 S. A. Smith, ed., *The Oxford Handbook of the History of Communism* (Oxford: Oxford University Press, 2014), p. 29.

37 Mao Zedong, *Selected Works*, 5 vols (Oxford: Pergamon, 1961-77), ii, p. 96.

38 P. Short, *Mao: The Man Who Made China* (London: Taurus, 2017)는 최고의 연구서다. J. Chang, *Wild Swans* (New York: Simon & Schuster, 1991)(한국어판은 『아이링, 칭링, 메이링』[까치, 2021])는 문화대혁명의 참여자이자 생존자가 쓴 흥미로운 개인적 회고록이다.

39 'Songs of the Great Depression', http://csivc.csi.cuny.edu/history/files/lavender/cherries.html. (최종 접속일: 25 November 2017).

40 F. Allen, *The Lords of Creation* (New York: Harper, 1935), pp. 350-1.

41 R. Skidelsky, *John Maynard Keynes* (New York: Penguin, 2005)(한국어판은 『존 메이너드 케인스』[후마니타스, 2009])는 웅장한 전기다. R. Lechakman, *The Age of Keynes* (New York: Random House, 1966)와 J. K. Galbraith, *The Age of Uncertainty* (Boston: Houghton, 1977)(한국어판은 『불확실성의 시대』[홍신문화사, 2011])는 케인스의 영향력에 바치는 찬사다. J. Schumpeter, *Capitalism, Socialism and Democracy* (New York: Harper, 1942)(한국어판은 『자본주의 사회주의 민주주의』[북길드, 2016])는 케인스에 대한 흥미롭고 영향력 있는 초기의 답변이다.

42 W. Beveridge, *Social Insurance and Allied Services* (London: HMSO, 1942), para. 458.

43 J. Harris, *William Beveridge* (Oxford: Oxford University Press, 1997)는 훌륭한 전기다. D. Fraser, *The Evolution of the British Welfare State* (New York: Palgrave, 2009)는 현대 사회 및 정치 사상의 관련된 전통들을 추적한다. F. G. Castles and C. Pirson, eds, *The Welfare State: A Reader* (Cambridge: Polity, 2009)는 유용한 선집이다. J. C. Scott, *Seeing Like a State* (New Haven: Yale University Press, 1999)(한국어판은 『국가처럼 보기』[에코리브르, 2010])는 국가의 공공 계획을 전반적으로 비판한 탁월한 당파적 저작이다.

44 J. M. Keynes, *The End of Laissez-Faire* (London: Wolf, 1926), p. 6.

45 E. Burke, *Reflections on the Revolution in France* (London: Dent, 1910), para. 403, p. 242.

46 같은 책, p. 69.

47 J. Gray, *Hayek on Liberty* (London: Routledge, 1998), p. 59.

48 C. Kukathas, *Hayek and Modern Liberalism* (Oxford: Oxford University Press, 1989)과 R. Kley, *Hayek's Social and Political Thought* (Oxford: Oxford University Press, 1994)는 유용하다. Gray, *Hayek on Liberty*는

탁월하고 통찰력이 돋보이는 저작이다; G. R. Steele, *The Economics of Friedrich Hayek* (New York: Palgrave, 2007)는 이 분야의 출중한 저작이다. 시카고학파에 관한 유용한 에세이들을 다음의 저작에서 찾아볼 수 있다. R. Emmett, ed., *The Elgar Companion to the Chicago School of Economics* (Northampton, MA: Elgar, 2010). J. van Overfeldt, *The Chicago School: How the University of Chicago Assembled the Thinkers Who Revolutionized Economics and Business* (Evanston: Agate, 2008)는 시카고학파의 형성을 다룬 흥미로운 저작이다.

49 A. M. Turing, 'Computing machinery and intelligence', *Mind*, lix (1950), pp. 433-60. 한국어판은 『앨런 튜링, 지능에 관하여』 중 「계산 기계와 지능」(에이치비프레스, 2019).

50 Hofstadter, *Gödel, Escher, Bach*(한국어판은 『괴델, 에셔, 바흐』[까치, 2017])는 "인공지능"에 관해 지금까지 집필된 변명서 중—궁극적으로 설득력은 없지만—가장 탁월하다. K. Hafner, *Where Wizards Stay Up Late* (New York: Simon & Schuster, 1996)(한국어판은 『인터넷의 기원』[지식함지, 2016])는 인터넷의 기원을 다룬 생생한 역사서다. J. M. Dubbey, *The Mathematical Work of Charles Babbage* (Cambridge: Cambridge University Press, 2004)는 아마도 배비지에 관한 최고의 저작일 것이다.

51 F. Crick, *The Astonishing Hypothesis: The Scientific Search for the Soul* (New York: Scribner, 1994), pp. 6-7. 한국어판은 『놀라운 가설—영혼에 관한 과학적 탐구』(궁리, 2015).

52 J. D. Watson, *The Double Helix* (New York: Atheneum, 1968)(한국어판은 『이중나선』[궁리, 2006] 외 다수)는 DNA 발견자 중 한 명의 아주 개인적인 회고록이다; 다음 책을 반드시 함께 참조하자. B. Maddox, *Rosalind Franklin* (New York: HarperCollins, 2002)(한국어판은 『로잘린드 프랭클린과 DNA』[양문, 2004])은 크릭과 왓슨의 경쟁자에 관한 매력적인 이야기다. J. E. Cabot, *As the Future Catches You* (New York: Three Rivers, 2001)(한국어판은 『두려운 미래 친근한 미래』[럭스미디어, 2003])는 '게놈'

과 '게놈 기술'에 관한 탁월한 저작이다.

53 내 책 *A Foot in the River*에서 일부 내용을 가져왔다.

54 E. O. Wilson, *Sociobiology* (Cambridge, MA: Harvard University Press, 1975), p. 547. 한국어판은 『사회생물학』(민음사, 1992).

55 같은 책, p. 548.

56 Wilson, *Sociobiology*는 고전적 저작이다. R. Hernstein and C. Murray, *The Bell Curve* (New York: Free Press, 1994)는 냉담하리만치 환원주의적 논리로 의견을 양분한다. C. Jencks, *Inequality* (New York: Basic Books, 1972)는 전통적인 자유주의적 입장에 대한 훌륭한 요약을 담고 있다.

57 N. Chomsky, *Knowledge of Language* (Westport: Praeger, 1986), p. 55. 한국어판은 『언어지식』(아르케, 2000).

58 같은 책, p. 272.

59 같은 책, p. 273.

60 Armstrong, *The Battle for God*, pp. 135-98.

61 M. E. Marty and R. S. Appleby, eds, *Fundamentalisms Observed* (Chicago: University of Chicago Press, 1991)와 G. M. Marsden, *Fundamentalism and American Culture* (New York: Oxford University Press, 1980)는 흥미진진한 연구서들이다.

62 R. Rolland, *The Life of Vivekananda and the Universal Gospel* (Calcutta: Advaita Ashrama, 1953)은 스와미에게 호의적인 입장에서 집필된 입문서다.

63 E. Hillman, *The Wider Ecumenism* (New York: Herder and Herder, 1968)은 종파를 초월한 세계 교회주의라는 까다로운 주제를 다룬다. M. Braybrooke, *Interfaith Organizations* (New York: Edwin Mellen, 1980)는 유용한 역사서다.

64 G. Davis, *Aimé Césaire* (Cambridge: Cambridge University Press, 1997)는 시인 에메 세제르의 사상을 연구한 책이다. L. W. Levine, *Black Culture* *and Black Consciousness* (New York: Oxford University Press, 1978)는 미국의 흑인 운동 역사를 다룬 흥미로운 저작이다. A. Haley, *Roots* (New York: Doubleday, 1976)(한국어판은 『뿌리』[열린책들, 2009])는 아프리카인으로서의 정체성을 지키며 아메리칸 드림을 이루려고 시도한 한 아프리카계 미국인이 겪은 "허구적" 순례의 기록으로 당대 큰 영향을 끼쳤다.

65   I. Berlin, in *New York Review of Books*, xlv, no. 8 (1998); H. Hardy, ed., *The Power of Ideas* (Princeton: Princeton University Press, 2013), pp. 1-23.

66   A. Lijphart, *Democracy in Plural Societies* (New Haven: Yale University Press, 1977)는 다원주의의 문제를 신중하고 설득력 있으며 희망적으로 다룬 연구서다. J. Gray, *Isaiah Berlin* (Glasgow: HarperCollins, 1995)은 현대 다원주의의 위대한 대변자에 관한 흥미롭고 통찰력 있는 연구서다. R. Takaki, *A Different Mirror* (New York: Little, Brown, 1993)는 다문화적 미국의 역사에 대한 활기차고 흥미로운 역사서다.

전망: 아이디어의 종언?

I   M. Kaku, *The Future of Humanity: Terraforming Mars, Interstellar Travel, Immortality, and Our Destiny Beyond* (London: Allen Lane, 2018). 한국어판은 『인류의 미래―화성 개척, 성간여행, 불멸, 지구를 넘어선 인간에 대하여』(김영사, 2019).

2   S. Greenfield, *Tomorrow's People: How 21st-Century Technology Is Changing the Way We Think and Feel* (London: Allen Lane, 2003).

역자 후기

　　지금은 이런저런 사정으로 멈추었지만 한동안 나는 서양 철학을 공부하는 재미에 푹 빠져 있었고 작년에는 근대 합리론을 대표하는 철학자들인 데카르트와 스피노자, 라이프니츠의 주요 저작을 읽는 세미나에 참여했다. 그때 들었던 여러 생각 중 하나가 인류 지성사에서 어느 날 갑자기 혼자 튀어나온 사상은 없다는 것이었다. 근대 철학을 개시했다고 알려진 데카르트의 저작은 자세히 살피면 살필수록 중세 철학과 단절된 면 못지않게 연속적인 면이 두드러졌다. 또한 이제는 널리 알려진 사실이고 이 책의 저자 펠리페 페르난데스아르메스토도 언급하듯이 근대 물리학의 선구자인 뉴턴은 의외로 연금술 연구에 긴 시간을 할애했고 많은 부분을 빚졌다. 페르난데스아르메스토는 우리 시대에 우리와 함께하는 그 모든 관념, 사상, 이념, 아이디어, 그러니까 그 모든 생각에는 제각각의 연원과 사연이 있다고 본다. 간혹 어떤 생각은 우연한 계기로 종잡을 수 없는 방향으로 펼쳐지며 모든 생각은 전파의 과정에서 오염되고 변질되기에, 생각의 역사는 "여기저기를 미친듯이 덧댄 포장도로"이지만 저자는 "이곳을 주파할 직선로"이자 "이 모든 긴장과 모순을 끌어안으면서도 우리가 여전히 수긍할 수 있는 하나의 이야기"를 이 책에 담아보겠다는 야심만만한 포부를 서문에서 밝힌다.

따라서 이 책의 주인공은 사상가들이 아닌 생각들이지만, 이 생각들은 평범한 생각과 다르다. 저자 페르난데스아르메스토가 상상력의 산물이라고 말하는 이러한 생각들은 영어 원문에서 주로 'idea'라는 단어로 지칭된다. 그런데 영어 단어 idea는 아주 흔하게 쓰이는 단어이고 그만큼 이 단어가 품는 의미도 광범위하다. 흔히 알듯이, 영어로 '좋은 생각이 있다'고 말할 때 이 단어를 쓴다. 이때의 'idea'는 대체로 가벼운 계획이나 구상을 뜻하며, 이 영어 단어에서 유래한 한국어 단어 '아이디어'는 흔히 이 의미로 사용된다. 'idea'는 또한 개념이나 관념이라는 의미로도 사용된다. 가령 '무(無)라는 관념'을 영어로 옮긴다면 여기서 관념이라는 말은 notion이나 concept로 옮길 수 있지만 idea로 옮겨도 무방할 것이다. 또한, '동양 사상'이나 '유토피아 사상' 등에서 사상을 뜻하는 단어로 idea가 사용될 수 있다. 아울러, 누군가가 자기 이념이나 신념을 따른다고 말할 때 흔히 복수형 형태로 이 단어가 사용된다. 이 책에서도 idea라는 단어는 앞서 말한 다양한 층위의 의미를 포괄하지만, 동시에 저자는 이 'idea'를 상상력의 산물이자 다른 동물보다 인간의 정신이 유독 많이 만들어내는 특별한 종류의 생각으로 규정한다. 이 책을 번역하면서 한국어판에서 이 역할을 감당할 한국어 단어를 찾아내기 위해 고심했지만 결국에는 원어를 음차해 '아이디어'로 옮겼다. '생각'이라는 단어가 더 포괄적이기는 하나 저자가 'thought'나 'thinking'이라는 단어를 idea와 간혹 구분해 사용하고 있고 관념, 사상, 이념 등의 한국어 단어는 영어 단어 idea에 비해 포괄하는 의미의 범위가 지나치게 좁다고 생각했기 때문이다. 독자들이 부디 외래어로서 '아이디어'의 사전적 의미에 방해받지 않고, 저자가 이 책에서 이 단어에 특별히 담고자 한 고유한 의미를 알아채어 읽어주기를 바란다. 다행히 저자가 서문과 1장에서 이 책에서 '아이디어(idea)'가 띠는 의미를 자세히 설명하고 있으니 글의 맥락을 통해 저자의 의도가 충분히 잘 전달되리라고 기대한다. 어쨌든 저자는 큰 틀에서 이 책의 주제를 생각의 역사나 사상의 역사 또는 지성사로 보고 있으며, 그가 자주 사용하는 용어 '아이디어'도 정신의 산물로서 관념이나 생각 또는 사상, 이념 등을 두루 지칭한다.

2장에서부터 이 책의 주인공인 생각 또는 아이디어의 면면이 본격적으로 다루어지는데 저자는 우리가 지금 유적으로 확인할 수 있는 가장 오래된 아이디어는 지금으로부터 무려 80만여 년 전 스페인 아타푸에르카 동굴에서 축제를 벌인 호미니드들의 정신에서 나왔다고 본다. 저자는 이들의 유해에서 카니발리즘의 흔적을 발견할 수 있으며 이것은 단순히 배고픔을 달래거나 생존하기 위한 행위가 아니라 망자의 힘을 자신의 것으로 만들거나 그의 사후를 돌보는 등 어떤 상상이 수반된 행위였으리라고 추정한다. 지질 시대로 따지면 플라이스토세의 마지막 빙하 시대가 도래하기 전, 주로 수렵과 채집 활동에 의존해 생활한 호미니드와 호미닌이 남긴 흔적에서 이미 감각 세계에 대한 의심과 질서에 대한 상상이 나타났음을 알 수 있다는 것이 저자의 설명이다. 저자에 따르면 놀랍게도 영혼, 사후세계, 주술, 마나, 토테미즘, 신, 물활론, 권력의 세습, 시간, 금기 등의 관념이 이 시기에 이미 출현했다. 이어 3장에서는 빙하 시대 이후 농경과 목축을 시작하고 정착 생활을 한 선조들의 생각을 살피는데 대체로 인류의 4대 초기 문명에서 나타난 생각이 주를 이룬다. 제사, 농사, 놀이와 분리된 노동, 도시, 국가, 이원론 또는 일원론에 기반을 둔 우주관, 법과 평등, 운명론, 불멸성 등의 관념이 이 시기에 등장한다. 이후 이어지는 나머지 장들에서 등장하는 고대, 중세, 근대, 현대의 대부분 우리에게 익숙한 사상과 이념은 어찌 보면 2장과 3장에 제시된 생각들의 변주에 지나지 않는다. 게다가 이러한 생각의 변화는 반드시 좋은 방향으로만 펼쳐지지 않았다. 만일에 생각이 좋은 방향으로만 변화했다면, 다시 말해 인류의 생각이 그저 진보만을 거듭했다면, 우리는 전례 없는 규모의 비극적 참상을 빚은 양차 대전을 아마도 겪지 않았을 것이다. 이 비극을 초래한 파시즘을 다룬 9장의 '반작용: 질서의 정치'는 2019년 영국 주간지 〈이코노미스트〉에 저자 인터뷰와 함께 실리기도 했다.

저자는 영국 학자이지만 부제에서 말하는 "우리의 생각"에서 "우리"는 서양인만을 지칭하지 않는다. 저자는 책의 초반에서 생각의 출현과 이주의 양상을 유라시아 고리를 중심으로 서술하고, 이때의 균형추는 굳이 말하면 아시아 쪽에 좀더 기울어 있는 듯 보인다. 그러나 이 추는 점차 유럽과 북미, 즉 서양 쪽으로 기울다 나중에는 생각이 발산하는 방향이 주로 서양에서 동양으로 또다시 바뀐다. 동서양의 사상적 영향력이 변화한 이러한 양상은 저자에게 중요한 주제 중 하나다. 그런데 책의 말미에 이르러 저자는 오늘날에는 주도권의 변화를 따지는 것이 별 의미가 없어 보일 만큼 세계의 생각이 하나로 수렴되어가는 추세가 나타나고 있음을 묘사한다. 이 추세는 미래에 어떤 결과를 빚을까? 이 추세가 계속된다면 인류의 생각하는 속도는 이 책의 1장과 2장에서 다룬 호미니드나 호미닌 시대 생각의 속도로 돌아가리라고 전망하는 저자의 태도는 초연하기 이를 데 없다. 저자가 보기에 원시인은, 아니 과거의 그 어떠한 생각도, '미개'했던 적이 없으므로 우리 인류의 생각하는 속도가 원시인의 그것으로 돌아가는 것에는 아무런 문제가 없다. 사실 이 책 전반에서 저자는 진보의 신화에 갇힌 정신들을 자주 꼬집는다. 저자는 말한다. "미개함은 과거의 특성이 아니다. 그것은 그저 일부 정신들의 결함일 뿐이다."

찾아보기

DNA   361, 672-673

ㄱ

가톨릭교 123, 289, 307, 309-310, 312, 321, 329, 339-340, 367-369, 380, 387, 429, 433, 435, 478, 530-535, 545, 634, 643, 686-687

간디, 모한다스 527, 529

갈릴레오 갈릴레이 391-392, 472

감각 27, 29, 35, 50-52, 60, 64, 84, 95, 105-110, 112-113, 118, 127, 134, 137, 204, 223, 246-247, 250, 252-253, 256-258, 266, 327, 331, 333, 387, 393, 419, 424-425, 471-473, 475-476, 478, 537, 585, 589

개신교 123, 154, 166, 217, 316, 329, 417, 468, 510, 533-534, 575, 683, 685-687

거스리, 월터 255

거짓 기억 52-54

젤라시우스, 교황 338

결정론 157, 387, 496, 506, 586, 600, 636, 668, 675, 682

결혼 68, 126, 141-142, 194-195, 311-312, 354, 531, 567, 638-639

경작 156, 158, 166, 170, 631

경전 140, 214, 217, 230, 293, 334, 553, 635

경제학 128, 140, 143, 441-442, 444-447, 489, 492, 507-509, 608, 628, 657, 660-661, 663, 665, 667-668

경험론 260, 262, 266, 324, 381, 393

계급 197, 275, 351, 353, 396, 483, 504, 507, 510-511, 552, 659, 677

계몽주의 372, 419, 431, 433-436, 440, 453, 455, 459, 462, 466-468, 470, 476, 479, 487-490, 569, 571, 582, 672

고갱, 폴 612

고대 그리스 90-91, 185, 198, 215, 231-232, 248, 252, 287, 297, 332, 334, 367-368, 374, 382, 389, 429, 437, 468, 507

ㅂ

에번스프리처드, E. E. 120

에셔, M. C. 629, 654

에우제니오 2세, 교황 347

에피쿠로스 267-268

엠페도클레스 227

『여씨춘추』 258

여유량 406-407

연금술 155, 382-384, 393, 462, 628

열자 264, 395

영국 43, 91, 100, 132, 310, 345, 348, 400, 403, 405, 428, 430, 433, 435, 437, 449, 456-458, 462, 471, 478, 482, 489-490, 493-495, 497-504, 517-518, 529, 534, 539, 541-544, 547, 550, 552-555, 576, 584, 595, 602, 609, 614-615, 617, 623, 655-657, 663-664, 687, 693

영웅 숭배 517, 519

영혼 27, 40, 81, 84, 86, 105, 108, 110-114, 116-117, 128-130, 146, 153, 176, 178, 202-203, 205, 222-224, 243, 247, 259-260, 262, 268, 296, 310, 325, 327, 337, 350, 352, 382, 387, 413, 417, 521-522, 536, 546, 585, 631, 674

예리코 153, 168

예수 그리스도 213-214, 216, 225-227, 237, 240-241, 277-279, 285-290, 293-302, 304-305, 309, 311-313, 316-317, 319, 328-329, 335-338, 341, 345-346, 351, 354, 363, 375, 380, 388, 392, 402, 409, 412, 416, 427, 429, 434, 452, 478-479, 545, 571, 575, 649, 684

예수회 329, 363, 375, 380, 388, 392, 409, 412, 427, 434, 452, 649

예술 29, 37, 41, 63, 90, 93, 101, 103, 105, 127, 138, 150, 152, 161, 184, 190, 200, 219, 238, 315-318, 364-370, 373-374, 381, 395, 428, 432, 436-437, 481, 488, 490, 504-508, 519-520, 564, 571-572, 583-584, 610-613, 643-644, 697

예외주의 545, 547

예측력 32, 55-64, 68

ㅈ

자본주의 144, 274, 339, 362, 443, 445, 447, 503, 507, 509-511, 534, 548, 572, 595,
    615-616, 635, 656, 660-662

자연재해 211, 260

자유주의 272, 446, 448, 462, 496-497, 500, 502-503, 517, 527, 533, 547-549, 553,
    562, 599, 636, 687

자이나교 214, 222, 267, 648

장건 220

『장자』 190

전염병 99, 236, 359, 361, 363, 426, 436, 495, 572, 651

전쟁 30, 53, 72, 81, 129-130, 161-164, 167, 170, 181, 192, 212, 218, 220, 228, 235-
    236, 238, 244, 258, 274, 280, 328, 335, 346-351, 359, 362, 364, 381, 400-
    401, 403, 412-413, 425, 431, 442, 446, 451, 464, 467, 479, 489, 491-492,
    495, 509, 519-520, 523-524, 526, 528, 538, 543, 547-550, 557, 561-566,
    573, 584, 604, 609, 613-616, 624, 631-634, 637, 642, 646-647, 654, 657,
    659, 662-663, 677, 682, 684, 687

전제주의 451-453, 582

전체론 175-176

전체주의 461, 515, 616, 619

정신 26-28, 30-32, 35, 38-41, 43, 45, 52, 55-56, 63, 65, 73-74, 81, 85, 92, 94-101,
    106, 108-111, 113-115, 118, 122, 124-125, 131, 137-138, 151, 154, 156-
    161, 163, 167, 172, 176, 193, 196, 200, 205-208, 225, 240, 243, 246, 250,
    253, 257, 260, 266, 269, 271, 289, 291, 299, 306-307, 309-310, 312, 318,
    325, 327, 330, 333-336, 338, 347, 359, 362, 379, 384, 386, 388, 390, 393,
    407, 415, 425, 431, 437-438, 443, 452, 470-471, 473, 476, 480, 487, 490,
    499, 502, 510, 513-515, 517-519, 521, 526-527, 536, 538, 540, 545, 560,
    562, 565-567, 569, 572, 584-589, 596, 599-601, 607, 612-613, 617, 623,
    627, 631, 640, 646, 654, 657, 666, 668, 670-671, 674, 678-679, 681, 685,
    690, 697-699, 701

지은이____

펠리페 페르난데스아르메스토
Felipe Fernández-Armesto

옥스퍼드대학에서 학부와 대학원을 마친 뒤 런던대학과 터프츠대학에 재직했고, 현재 노터데임대학의 윌리엄 P. 레이놀즈 문예 석좌교수로 있다. 여러 분야와 분과를 아우르며 27개 언어로 출간된 저술 활동으로 존 카터 브라운 메달, 세계사협회 저작상, 에스파냐 지리−음식 저술상, 그리고 최근에 에스파냐에서 교육·예술 분야 최고의 영예인 '알폰소 10세 현왕 대십자훈장'을 받았다. 현재 미국 인디애나주에 살고 있다.

저서로 『개척자들Pathfinders』(세계사협회 저작상 수상작), 『음식의 세계사 여덟 번의 혁명Food: A History』(국제요리전문가협회 저술상 수상작), 『콜럼버스Columbus』(NCR 도서상 수상작), 그리고 CNN에서 10부작 다큐멘터리로 제작된 『밀레니엄Millennium』 등이 있다. 세계사의 최신 명저로 통하는 『옥스퍼드 세계사』의 편저자이다.

옮긴이____

홍정인

연세대학교 심리학과와 이화여자대학교 통역번역대학원 한영번역학과를 졸업했다. 옮긴 책으로 『복스 포풀리』 『메멘토 모리』 『고립의 시대』 『여성이 말한다』 『상실의 기쁨』 『옥스퍼드 책의 역사』가 있고, 공역으로 〈마스터스 오브 로마〉 시리즈와 『제인 구달 평전』 등이 있다.

생각의 역사

우리의 생각, 그리고 우리가 그것을 생각하게 된 경로

—

초판 1쇄 발행 2024년 12월 1일
초판 2쇄 발행 2024년 12월 24일

—

지은이   펠리페 페르난데스아르메스토
옮긴이   홍정인

—

편집   이고호 황도옥 이원주 이희연
디자인   김이정 김하얀
마케팅   김선진 김다정
브랜딩   함유지 함근아 박민재 김희숙 이송이 박다솔 조다현 배진성 이서진
저작권   박지영 형소진 최은진 오서영
제작   강신은 김동욱 이순호
제작처   한영문화사 신안제책사

—

펴낸곳   (주)교유당
펴낸이   신정민
출판등록   2019년 5월 24일 제406-2019-000052호

—

주소   10881 경기도 파주시 회동길 210
전화   031.955.8891(마케팅) | 031.955.2680(편집) | 031.955.8855(팩스)
전자우편   gyoyudang@munhak.com

—

인스타그램   @gyoyu_books | 트위터 @gyoyu_books | 페이스북 @gyoyubooks

—

ISBN   979-11-93710-72-2 03900